V&R

Arbeiten zur Geschichte des Pietismus

Im Auftrag der Historischen Kommission
zur Erforschung des Pietismus

Herausgegeben von
Hans Schneider, Christian Bunners
und Hans-Jürgen Schrader

Band 52

Vandenhoeck & Ruprecht

Michael Kannenberg

Verschleierte Uhrtafeln

Endzeiterwartungen im württembergischen Pietismus
zwischen 1818 und 1848

Vandenhoeck & Ruprecht

Meiner Frau
und meinen Töchtern

Bibliografische Information der Deutschen Nationalbibliothek
Die Deutsche Nationalbibliothek verzeichnet diese Publikation in der
Deutschen Nationalbibliografie; detaillierte bibliografische Daten
sind im Internet über http://dnb.d-nb.de abrufbar.

ISBN 978-3-525-55838-6

Umschlagabbildung:
Philipp Matthäus Hahn, Weltmaschine 1769;
Foto: Peter Frankenstein, Hendrik Zwietasch;
Landesmuseum Württemberg.

Gedruckt mit freundlicher Unterstützung
der BERTHOLD LEIBINGER STIFTUNG,
des Dissertationenfonds der Universität Basel und
der Evangelischen Landeskirche in Württemberg.

Inhalt

Vorwort und Dank

Am Anfang dieser Arbeit stand der Zuspruch meiner Frau, das Projekt einer Promotion doch noch anzupacken. Dieses Buch entstand daraus. Es ist die überarbeitete Fassung meiner Dissertation, die im Sommersemester 2005 von der Theologischen Fakultät der Universität Basel angenommen wurde.

Meine akademischen Lehrer haben auf je eigene Weise Entscheidendes zum Gelingen beigetragen, an erster Stelle Professor Dr. Ulrich Gäbler, der mir 1990 das Angebot zur Promotion unterbreitete und es über ein knappes Jahrzehnt hinweg aufrechterhielt. Ich danke ihm für das Vertrauen, für die Anregungen, mit denen er den Beginn der Arbeit begleitet hat und schließlich für das Zweitgutachten. Wegen Professor Gäblers damaliger Verpflichtungen als Rektor der Universität Basel übernahm Professor Dr. Martin Jung die Betreuung des Projektes. Er ermunterte mich zu dem Thema der endzeitlichen Erwartungen und hat die Entstehung der Arbeit – auch nach seinem Wechsel nach Osnabrück – mit anhaltendem Interesse und vielfachem Zuspruch begleitet, wofür ich ihm herzlich danke. Im Herbst 2002 übernahm Professor Dr. Thomas K. Kuhn die Betreuung meiner Arbeit. Seine konstruktive Kritik hat ihre Vollendung wesentlich gefördert. Ich danke ihm für das Erstgutachten und für die freundschaftliche Begleitung in den vergangenen Jahren. Professor Dr. Rudolf Brändle, der Kirchengeschichtlichen Sozietät und ihren Teilnehmerinnen und Teilnehmern danke ich für viele anregende und bereichernde Diskussionen und für die wohlwollende Aufnahme des württembergischen Gastes in Basel.

Der Historischen Kommission zur Erforschung des Pietismus danke ich für die Einladung zu ihrer Nachwuchswissenschaftlertagung, die vom 17.–20. März 2002 in Spiez unter der Leitung von Professor Dr. Rudolf Dellsperger (Bern) stattfand, sowie für die Aufnahme in die Reihe »Arbeiten zur Geschichte des Pietismus«.

Bei meinen Forschungen hat mich das Gespräch mit vielen Ratgeberinnen und Ratgebern bereichert. Namentlich bedanken möchte ich mich bei Kirchenoberarchivdirektor Dr. Hermann Ehmer und PD Dr. Ulrike Gleixner.

Unzählige Male sind Mitarbeiterinnen und Mitarbeiter der von mir aufgesuchten Archive und Bibliotheken in ihre Magazine gestiegen, um mich mit neuem Quellenmaterial zu versorgen. Ihnen für ihre unermüdliche Arbeit zu danken, ist mir ein Herzenswunsch. Stellvertretend seien genannt: Frau Magdalene Popp-Grilli von der Württembergischen Landesbibliothek

Stuttgart, Herr Paul Jenkins vom Archiv der Basler Mission, Herr Horst Witteck vom Archiv der Brüdergemeinde Korntal sowie Herr Michael Bing, Herr Andreas Butz und Herr Dr. Bertram Fink vom Landeskirchlichen Archiv Stuttgart.

Beim Korrekturlesen habe ich wertvolle Hilfe erfahren, für die ich Herrn Wolfgang Kunzfeld, Ingelfingen, meinem Schwiegervater, Dr. Hermann Schick, Marbach, und meiner Mutter, Hannelore Kannenberg, Stuttgart, herzlich danke.

Der Berthold Leibinger Stiftung, Ditzingen, dem Dissertationenfonds der Universität Basel und der Evangelischen Landeskirche in Württemberg verdanke ich namhafte Zuschüsse, die den Druck der Arbeit ermöglicht haben.

Ich danke der Evangelischen Kirchengemeinde Hausen an der Fils und deren damaligem zweiten Vorsitzenden Hans Büchele für den Freiraum, den sie mir überließen, zum 600-Jahr-Jubiläum der Hausener Kirche eine Festschrift zu verfassen. Die Arbeit an dieser Schrift ließ in mir den Wunsch neu aufkeimen, mich kirchengeschichtlicher Forschung zu widmen. Der Evangelischen Kirchengemeinde Unterböhringen und ihrem zweiten Vorsitzenden Eugen Zoller danke ich für meine Studierstube im Unterböhringer Pfarrhaus, unter dessen Dach ein Großteil dieser Arbeit entstanden ist. Der Blick aus dem Fenster auf den Kirchturm, dessen Uhr und darüber hinaus wird mir immer in guter Erinnerung bleiben.

Um noch einmal zu den Anfängen zurückzukehren: Drei Pfarrer waren es, die mich im Laufe von zwei Jahrzehnten auf die Spur der Theologie und der wissenschaftlichen Arbeit gesetzt haben. Mein Konfirmator Pfarrer Harold Stierle erkannte und weckte in mir die Lust an den Schätzen der Weisheit und der Erkenntnis. Von Pfarrer Wilhelm Wurster lernte ich, dass der Brunnen der Vergangenheit zwar tief und wohl auch unergründlich ist. Gleichwohl wusste er vorzuleben, dass der Hinabstieg in jene Tiefen auch im Pfarramt notwendig und möglich ist. Pfarrer Albrecht Frenz schließlich erinnerte mich an die Weite des Horizonts, den die Theologie eröffnen kann. Aller Dank, den ich in der Vergangenheit versäumt habe, sei diesen drei Lehrern der Weisheit hiermit ausgesprochen.

Meine Frau und meine beiden Töchter waren die stetigen Begleiterinnen während des Entstehens dieser Arbeit. Sie haben es möglich gemacht, dass ich mich in die Wissenschaft vertiefen und regelmäßig auch wieder daraus auftauchen konnte. Ihnen gilt mein erster und letzter Dank, ihnen sei diese Arbeit von ganzem Herzen gewidmet.

Künzelsau, im Juni 2007   Michael Kannenberg

»Der Winter bringt den Frühling nicht, sondern der Frühling verdrängt den Winter; so ist es mit den Seelen und mit der Kirche.«

Johann Albrecht Bengel
zitiert bei J. C. F. Burk, Bengel, S. 575

»Der Winter geht nun bald davon, / die volle Blüthe zeigt sich schon: / wie wenig Tage sind zu zehlen, / so kriegt die Kirche Christi Luft, / bringt ihre Garben heim und ruft: / ach unsre Hofnung konnt nicht fehlen!«

Aus dem Gesangbuch der evangelischen Brüdergemeine, Nr. 1011
zitiert bei Johann Jakob Friederich, Glaubens- und Hoffnungs-Blik, [2]1801, S. 204

»Wir haben einen kalten Mayen – ich habe noch keinen so erlebt – wie ist es bei Euch –, es ist – 1836.«

Christian Elsäßer, Wilhelmsdorf,
an Gottlieb Wilhelm Hoffmann, Korntal, 30. Mai 1836

»The time passed so strangely, as if every winter were the same winter, and every spring the same spring.«

Marilynne Robinson, Gilead, New York 2004, S. 44

Einleitung

Im Jahr 1836 brachte der württembergische Pfarrer und Schriftsteller Gustav Schwab (1792–1850) ein Ereignis in poetische Gestalt, das über ein Jahrhundert zurücklag und dessen Auswirkungen den Pietismus in Schwabs Heimat je länger, je mehr bewegt und aufgerüttelt hatten. Schwab versetzte sich in seinem Gedicht über »die Weissagung des Chiliasten« in die Studierstube des damaligen Klosterpräzeptors von Denkendorf, Johann Albrecht Bengel (1687–1752), der bei der nächtlichen Vorbereitung seiner Predigt zum ersten Adventssonntag 1724 zu einer entscheidenden Entdeckung bei der Erklärung der Offenbarung Johannis gelangte:

> »Tiefstill ist's in der nächt'gen Stube,
> Wo nur das Herz des Forschers schlägt,
> Wie in der öden Eisengrube
> Des Bergmanns Hammer nur sich regt.
> Zum Stumpf gebrannt nickt schon die Kerze,
> Sie leuchtet schwach der dunkeln Schrift,
> Da wo sein Geist im Wort von Erze
> Der Offenbarung Räthsel trifft.«[1]

Schwab, selbst Theologe und mit den Schwierigkeiten vertraut, die dem Exegeten bei der Auslegung der Johannesoffenbarung gegenübertraten, sah den späteren Prälaten vor sich, wie er Licht in die dunklen Bibelstellen zu bringen versuchte:

> »Vergangenheit ruht ausgebeutet
> In der Geschichte hellem Schatz,
> Allein die Zukunft, ungedeutet,
> Liegt schwer im Finstern, Satz an Satz.
> Vergebens bohren sich die Blicke
> In ihre Dämmerschichten ein:
> Nicht klarer werden die Geschicke –
> Und jetzt erlischt der Kerze Schein.«[2]

Vor Bengels Augen und Ohren, so Schwabs poetische Illustration der nächtlichen Entdeckung, beginnt sich das Panorama der apokalyptischen

---

1 SCHWAB, Gedichte, S. 121. In der Überschrift datiert Schwab das Ereignis irrtümlicherweise ins Jahr 1740, in dem Bengels *Erklärte Offenbarung* erstmals erschien. Nach Burk, seinem ersten Biographen, machte Bengel seine Entdeckung bereits 1724 (BURK, Bengel, S. 264f).

2 SCHWAB, Gedichte, S. 121.

Ereignisse aufzutun. Die Schleier über den kommenden Zeiten lichten sich. Die Rätsel der Offenbarung, auch jenes der »Zauberzahl«[3], kommen ihrer Auflösung näher: Bengels ›Entdeckung‹ bestand darin, die in Offb 13,18 genannte Zahl 666 auf die Frist zwischen den Jahren 1143 und 1809 zu beziehen und diesen ›apokalyptischen Schlüssel‹ zum Grundpfeiler seiner weiteren chronologischen Berechnungen zu machen.[4] Diese führten ihn schließlich auf das Jahr 1836 als das Ende der antichristlichen Kämpfe und den Beginn eines ersten tausendjährigen Friedensreiches auf Erden:

> »Thauwetter weht, die Winde jagen,
> Das Thier ist aus dem Abgrund los,
> Es tobet Kampf, die Völker zagen
> Bei Harmageddons Schlachtentos.
> Getrost, die Schlange wird gebändigt;
> Erschienen ist das große Jahr,
> Das erst mit tausend Jahren endigt,
> Eins wie das andre sonnenklar.«[5]

Das »große Jahr« 1836 war vor Schwabs Augen angebrochen. Doch Bengels Hoffnungen hatten sich nicht in der von ihm vorausgesehenen Weise realisiert. Das Gedicht von der »Weissagung des Chiliasten« endete daher mit der freundlichen, aber unüberhörbaren Verabschiedung von dem Prälaten und seiner Entdeckung:

> »So sang der Greis mit Sehermuthe,
> Der aus dem offnen Buch ihm quoll;
> Fern, fern glaubt' er die Scythenruthe,
> Die Gog und Magog binden soll.
> Das Jahr, den Enkeln zubeschieden,
> Stand vor ihm knospend, rosengleich.
> Er selbst ging ein zu Jesu Frieden
> In's mehr als tausendjähr'ge Reich.«[6]

Für ungefähr ein Jahrhundert schien es, als seien die kommenden Zeiten entschleiert, als stehe die endzeitliche Zukunft allen deutlich vor Augen. Doch als Schwab sein Gedicht schrieb, hatte sich der Blick wieder eingetrübt. Wenige Jahre später konnte der Herausgeber des *Christenboten* seiner Leserschaft nur noch »die verschleierte Uhrtafel der letzten Zeiten« vor Augen malen.[7]

---

3 Ebd., S. 123.
4 In einem Brief schrieb Bengel am 22. Dezember 1724: »Unter dem Beistand des Herrn habe ich die Zahl des Thieres gefunden: es sind 666 Jahre von 1143–1809. Dieser apokalyptische Schlüssel ist von Wichtigkeit, [...] denn diejenigen, welche jetzt geboren werden, kommen in wunderbare Zeiten hinein.« (Zit. nach BURK, Bengel, S. 265).
5 SCHWAB, Gedichte, S. 124.
6 Ebd., S. 124f.
7 ChB 10 (1840), Sp. 6. Vgl. dazu unten Kapitel 4, Abschnitt II. 3. *Neujahrs-Betrachtungen.*

Was für Bengel erhoffte Zukunft jenseits seines eigenen Lebenshorizontes gewesen war, wurde für Schwab und seine Generation zur erlebten Gegenwart und als solche in der vorliegenden Arbeit zum Gegenstand kirchengeschichtlicher Forschung. Schwabs Gedicht lenkt das Augenmerk auf einen viel beachteten und oft missverstandenen Zusammenhang der württembergischen Kirchengeschichte: Bengels Berechnung, im Jahr 1836 werde ein göttliches Friedensreich auf Erden seinen Anfang nehmen.[8] Des Prälaten Ankündigung ist gewissermaßen die zentrale Achse dieser Arbeit; ihre Auswirkungen im Vorlauf des Jahres 1836 und ihre Verarbeitung nach dem Verstreichen desselben sind im Wesentlichen der Stoff, der sich um dieses Zentrum gliedert.

In drei Schritten werde ich einleitend über das Vorhaben meiner Arbeit Rechenschaft ablegen: Ein erster Abschnitt über *Horizont und Hintergrund* der Arbeit benennt deren Fragestellung und Abgrenzung, schildert in aller Kürze die Vorgeschichte und schließt mit der Darstellung des Forschungsstands. Über *Quellen und Methoden* meiner Arbeit informiert der zweite Abschnitt. Ein dritter Schritt schließt sich an, *Aufbau und Gestaltung* der Arbeit im Einzelnen näher vorzeichnend.

I. Horizont und Hintergrund

Zuerst werden die Fragestellung und die nähere Abgrenzung des Themas dargelegt, um den Horizont der Arbeit genauer zu erläutern. Zum Hintergrund gehören zum einen die unterschiedlichen Vorgeschichten, die in ihrer Bedeutung für den Untersuchungszeitraum in der Form kurzer Abrisse gegeben werden: chiliastische Traditionen, Separatismus und Auswanderung, zum anderen gehört dazu der Forschungsstand.

1. Fragestellung und Abgrenzung

Das Thema der Arbeit verknüpft drei Elemente: Die *Endzeiterwartungen*, wie sie im *württembergischen Pietismus* in einem näher bezeichneten Zeitraum, nämlich *zwischen 1818 und 1848*, anzutreffen waren. Unter *Endzeiterwartungen* sind im vorliegenden Zusammenhang alle Vorstellungen zu verstehen, die sich mit einer zukünftigen, ja unmittelbar bevorstehenden Verwandlung der Welt beschäftigen. Zu diesen Vorstellungen zählen vor allem die Erwartung der Wiederkunft Christi und der Anbruch eines göttlichen Friedensreiches auf Erden. Andere Vorstellungen gliedern sich in differenzierter Weise an diese an: das Auftreten des Antichrists als einer

---

8 Vgl. einführend JUNG, 1836.

widergöttlichen Macht, die Verfolgung und Leidenszeit der Christen, der
Kampf zwischen Antichrist und wiederkehrendem Christus, die Auferstehung einer ersten Zahl von auserwählten Christen, die mit Christus im Friedensreich herrschen werden. Alle diese und andere Vorstellungen beziehen
sich auf biblische Zusammenhänge, vor allem aus dem alttestamentlichen
Buch des Propheten Daniel, den synoptischen Apokalypsen (Mt 24f; Mk 13;
Lk 21) und vor allem der Johannesoffenbarung. Im Gegensatz zum schein-
baren Wortsinn sind unter Endzeiterwartungen also nicht allein die Erwartung eines letzten Gerichtes und des Endes der Welt als Ganzer zu verstehen. Der Begriff der Endzeit deutet vielmehr auf das Ende der Welt in ihrer
gegenwärtigen Verfassung und ihre Verwandlung in einen besseren Stand
hin. Genau genommen müsste also von *millenarischen* Endzeiterwartungen
die Rede sein.[9] In der Forschung werden dabei Prämillenarismus und
Postmillenarismus unterschieden. Der Prämillenarismus geht davon aus,
dass dem Anbruch des tausendjährigen Reichs eine umfassende Krisen- und
Katastrophenphase vorausgeht, die erst der wiederkehrende Christus beendet. Seine Wiederkunft markiert den Beginn des tausendjährigen Reiches.
Der Postmillenarismus dagegen erwartet die Wiederkehr Christi erst am
Ende des tausendjährigen Reiches, das sich demnach in einem mehr oder
weniger kontinuierlichen Prozess unter menschlicher Mitwirkung aus der
Gegenwart herausentwickelt.[10]

Wenn ich im Weiteren vom *württembergischen Pietismus* spreche – und
das im Blick auf die erste Hälfte des 19. Jahrhunderts –, dann kann das

---

9   Einführungen in das Thema *Endzeiterwartungen* sind im deutschsprachigen Raum rar;
vgl. jetzt die konzise und prägnante Darstellung durch GÄBLER, Geschichte, Gegenwart, Zukunft,
im 4. Band der *Geschichte des Pietismus*. Im angelsächsischen Bereich dagegen ist die Literatur
mittlerweile kaum noch überschaubar. Eine erste Schneise schlägt DANIELS, Millennialism, eine
1992 erschienene, ausführlich kommentierte internationale Bibliographie zum Thema. Einen
Querschnitt durch den Forschungsstand bietet die dreibändige *Encyclopedia of Apocalypticism*
(1999), eine chronologisch und thematisch angelegte Sammlung von Überblicksaufsätzen. Sehr
hilfreich ist auch die von RICHARD LANDES herausgegebene *Encyclopedia of millennialism and
millennial movements* (2000), eine lexikalische Sammlung einführender Artikel.

10   Vgl. BAUCKHAM, Art. Chiliasmus, S. 739; WHALEN, Art. Postmillennialism; DERS., Art.
Premillennialism. Die Prägnanz der Begriffe Postmillenarismus und Prämillenarismus wird in der
amerikanischen Forschung allerdings schon seit längerem bezweifelt (DAVIDSON, Logic, S. 28–34;
BLOCH, Republic, S. 41 u. 242 Anm. 53; O'LEARY, Arguing, S. 12 u. 235f Anm. 52 u. 54), da sie
die Aufmerksamkeit auf das Detail des *Zeitpunkts* von Christi Wiederkehr lenken, die wesentlich
wichtigere Frage nach der jeweils anders verstandenen *Qualität* des endzeitlichen Geschehens aber
verdecken. CATHERINE WESSINGER hat dagegen die Begriffe ›Progressive Millennialism‹ und
›Catastrophic Millennialism‹ vorgeschlagen (Art. Progressive Millennialism; Art. Catastrophic
Millennialism). Da die Nomenklatur der Endzeiterwartungen schon verzwickt genug ist (vgl. die
unzählbaren Fußnoten über die Schreibweise des Begriffes ›Millenarismus‹, z.B. HOLTHAUS,
Prämillenniarismus, S. 191 Anm. 2), verbleibe ich bei der hergebrachten Begrifflichkeit. Es sei
aber festgehalten, dass der entscheidende Differenzpunkt der Begriffe Post- und Prämillenarismus
in unterschiedlichen Annahmen hinsichtlich der *Qualität* endzeitlicher Vorgänge besteht.

nicht ohne einen Seitenblick auf die jüngste Pietismus-Debatte geschehen. Definition und Umfang des Pietismus-Begriffes stehen im Mittelpunkt der vor allem zwischen Martin Brecht, Johannes Wallmann und Hartmut Lehmann ausgetragenen Diskussion.[11] Während Brecht auf den Pietismus als Frömmigkeitsbewegung abhebt, betont Wallmann die sozial greifbare Gestalt des Pietismus als Reformbewegung.[12] Als Frömmigkeitsbewegung verstanden, findet sich der Pietismus in unterschiedlichen Ausformungen in Europa und Nordamerika vom beginnenden 17. Jahrhundert bis zur Gegenwart. Als Reformbewegung verstanden, wird der Pietismus-Begriff im Wesentlichen auf die von Philipp Jakob Spener (1635–1705) in Frankfurt ausgehende Initiative zur Erneuerung der protestantischen Kirche und ihre unterschiedlichen Fortführungen vor allem in Halle, in Württemberg, in Herrnhut und im separatistischen Pietismus beschränkt und als Epochenbegriff verwendet, der auf die Zeit von 1670 bis zum ausgehenden 18. Jahrhundert begrenzt sei.[13] Während sich jedoch mit dem von Spener 1670 in Frankfurt am Main gegründeten *Collegium pietatis* ein Startpunkt benennen lässt, der die sozial greifbare Gestalt der Reformbewegung Pietismus darstellt, fällt es schwerer, das Ende des Pietismus als Epoche sinnvoll zu benennen.[14] Die Übergänge zu den Erweckungsbewegungen des 19. Jahrhunderts sind fließend, eine deutliche Epochengrenze nicht ist erkennbar.[15]

Über die missliche Unterscheidung zwischen einer sich in literarischen Texten äußernden Frömmigkeitsbewegung und einer in sozialen Gruppen greifbaren Erneuerungsbewegung käme man hinaus, wenn man konsequent

---

11 Vgl. als wesentliche Stationen der mittlerweile ein Jahrzehnt andauernden Debatte: WALLMANN, Fehlstart; BRECHT, Konzeption; WALLMANN, »Pietismus« – mit Gänsefüßchen; DERS., Eine alternative Geschichte; LEHMANN, Pietismusbegriff; WALLMANN, Pietismus – ein Epochenbegriff; LEHMANN, Erledigte und nicht erledigte Aufgaben. MARTIN GIERL, Im Netz der Theologen, hat die Debatte mit einigem gegen die kirchengeschichtliche Pietismusforschung gerichteten Furor kommentiert.

12 BRECHT, Einleitung, in: GdP, Bd. 1, S. 1–10, hier S. 1: »Der Pietismus ist die bedeutendste Frömmigkeitsbewegung des Protestantismus nach der Reformation und als solche primär ein religiöses Phänomen.« WALLMANN, Der Pietismus (1990), S. 7: »Der Pietismus ist eine im 17. Jahrhundert entstehende, im 18. Jahrhundert zu voller Blüte kommende *religiöse Erneuerungsbewegung* im kontinentaleuropäischen Protestantismus, neben dem angelsächsischen Puritanismus die bedeutendste religiöse Bewegung des Protestantismus seit der Reformation.«

13 Vgl. WALLMANN, »Pietismus« – mit Gänsefüßchen, S. 463f.

14 Das ist die Achillesferse von Wallmanns engerem Pietismus-Begriff; vgl. WALLMANN, Was ist Pietismus?, S. 20, wo er der Frage ausweicht, »ob der Pietismus außer einem Anfang auch ein Ende hat«.

15 Zum Verhältnis von Pietismus und Erweckungsbewegung vgl. die grundsätzlichen Überlegungen von JUNG, Protestantismus, S. 64ff; vgl. auch BRECHT, Pietismus und Erweckungsbewegung; KUHN, Art. Erweckungsbewegungen; LEHMANN, Charakterisierung. – Im Übrigen erscheint es mir wenig sinnvoll, Richtungsbegriffe (wie ›Pietismus‹ oder ›Aufklärung‹) als Epochenbegriffe zu verwenden. Nicht einmal in Württemberg war der Pietismus zu irgendeiner Zeit ein Mehrheitsphänomen, das es erlaubte, nach ihm eine Epoche zu benennen.

die *Kommunikationsgeschichte* des Pietismus untersuchte.[16] Dann würden
drei kommunikative Gestalten des Pietismus in ihrer Differenz wie in ihrem
Zusammenhang erkennbar: (1) der *Erbauungspietismus* des 17. Jahrhunderts, der sich vor allem in der Abfassung, dem Erwerb und der Lektüre von
Erbauungsschriften manifestierte[17]; (2) der mit Spener beginnende *Versammlungspietismus*, der das neue kommunikative Element der Konventikel und
Sozietäten aufbrachte; und (3) der *Erweckungspietismus* des beginnenden
19. Jahrhunderts, der sich insbesondere im Aufsuchen einer breiteren Öffentlichkeit durch innovative Formen neuer Kommunikationsmittel und -wege
auszeichnete.[18] Unverkennbar ist dabei der Einfluss durch die Aufklärung
und ihr Sozietäts- und Publikationswesen.[19]

Im Lichte dieses Zusammenhanges erscheinen die Kontinuitätslinien des
württembergischen Pietismus vom 17. bis zum 20. Jahrhundert weniger als
Ausnahme, denn als exemplarischer Verlauf.[20] Die wesentlichen Merkmale
des Pietismus – die Sammlung der Frommen, die Hoffnung besserer Zeiten
und die Mahnung zum Bibellesen[21] – waren auch nach 1800 für die pietistischen Kreise in Württemberg prägend. Es ist daher angemessen, auch für
die Zeit zwischen 1818 und 1848 vom württembergischen *Pietismus* zu
sprechen. Die neue Ausformung, die er durch eine junge Pfarrergeneration
nach 1820 erfuhr, wird entsprechend der obigen Differenzierung unter dem
Begriff des *Erweckungspietismus* zutreffend erfasst.

---

16   Vgl. dazu unten Abschnitt II. 2. *Methodendiskussion.*
17   Textproduktion und -rezeption lassen sich nicht voneinander trennen. Der ausgiebigen
Schriftenproduktion der Arndtschen Frömmigkeitsbewegung stand unzweifelhaft ein entsprechen-
des Kauf- und Leseinteresse gegenüber (vgl. BRECHT, Das Aufkommen der neuen Frömmigkeitsbewegung in Deutschland, in: GdP, Bd. 1, S. 113–203, hier S. 186; dazu WALLMANN, Fehlstart,
S. 221 Anm. 4).
18   In ähnlicher Weise spricht LEHMANN von der Erschließung neuer »Aktionsfelder«
(Pietismusbegriff, S. 36), bzw. von der »Verwendung moderner Kommunikationsmittel« (Charakterisierung, S. 16). GÄBLER, »Erweckung«, S. 169–178, erhebt fünf Motive der Erweckungsbewegung: prophetisches Bewusstsein, Chiliasmus, Universalismus, Individualismus und Vereins-
bildung. Sie sind um ein sechstes zu ergänzen: Öffentlichkeit. Anders als der Pietismus des
18. Jahrhunderts versuchte der Erweckungspietismus auf vielfältige Weise die kirchliche *und* die
außerkirchliche Öffentlichkeit zu erreichen – durch Vereinsaktivitäten, Anstalten, Missionsfeste,
Zeitschriften etc. Die Formen der Kommunikation zielten (über das Sozietätswesen des 18. Jahrhunderts hinaus) immer mehr auf Öffentlichkeit und gesellschaftliche Wahrnehmbarkeit. Im
Übrigen wird auch in der neueren Kommunikationswissenschaft die Entstehung von Öffentlichkeit
als Epochengrenze angesehen, vgl. SCHMOLKE, Theorie, S. 237.
19   Zum Einfluss der Aufklärung auf Pietismus und Erweckung vgl. GÄBLER, »Erweckung«;
KUHN, Art. Erweckungsbewegungen.
20   Vgl. dagegen WALLMANN, »Pietismus« – mit Gänsefüßchen, S. 470, der die Kontinuitätslinien zwar konzediert, aber als »Ausnahme« einordnet. Dass Wallmann in diesem Zusammenhang neuerdings von einer »Württembergisierung« der Pietismusforschung spricht (DERS., Pietismus – ein Epochenbegriff, S. 215–220), dürfte die Debatte – zumal angesichts des Eklektizismus
seiner Argumente – eher behindern als befördern.
21   WALLMANN, Was ist Pietismus?, S. 22f.

Schließlich bedarf die Wahl des Beobachtungszeitraums einer näheren Begründung. Die genannten Jahreszahlen *1818 und 1848* sind nicht im Sinne starrer Grenzen zu verstehen, sondern markieren jeweils innere Zusammenhänge, die sich mit den beiden Jahren verbinden lassen, aber nicht auf diese beschränkt bleiben. Das Jahr 1818 steht zum einen für das Abebben der Auswanderungswelle, in deren Verlauf 1816 und 1817 viele pietistische und separatistische Württemberger nach Russland ausgewandert waren. Zum anderen genehmigte der württembergische König im Jahr 1818 die Gründung einer vom Konsistorium unabhängigen religiösen Gemeinde und schuf damit für das Verbleiben millenarisch orientierter Pietisten in Württemberg eine neue organisatorische Grundlage. Die vorliegende Arbeit beschäftigt sich also dezidiert mit denjenigen württembergischen Pietisten, die im Land blieben und nicht den Weg der Auswanderung wählten.[22] Die andere Jahreszahl 1848 repräsentiert das Ende einer Entwicklung, die in den revolutionären Ereignissen kulminierte, deren Verlauf und Scheitern neue Voraussetzungen für das Verhältnis von Kirche und Staat sowie die öffentliche Stellung der Konfessionen schuf.[23] Außerdem steht das Jahr 1848 für Wegscheiden, die sich innerhalb des württembergischen Pietismus abzuzeichnen begannen: Wilhelm Hofacker (1805–1848) stirbt, bei Christian Gottlob Barth (1799–1862) zeigen sich erste Anzeichen der Resignation, Sixt Karl Kapff (1805–1879) beginnt seine Auseinandersetzung mit den radikaleren Brüdern Paulus auf dem Salon bei Ludwigsburg und wird in der Folgezeit zur Leitfigur im württembergischen Pietismus.[24]

Die drei Jahrzehnte zwischen 1818 und 1848 markieren allerdings auch einen inneren Zusammenhang, auf den oben schon hingewiesen wurde: das Anwachsen einer endzeitlichen Stimmung im Kreise derjenigen württembergischen Pietisten, die hoffen konnten, den von Bengel prognostizierten Anbruch eines göttlichen Friedensreiches 1836 selbst miterleben zu können, die Enttäuschung, als sich die Hoffnungen nicht verwirklichten, und das anschließende Abflauen und Verarbeiten der enttäuschten Erwartungen. Richard Landes, Leiter des *Center for Millennial Studies* an der Boston University, hat die drei Phasen in einem wegweisenden Aufsatz als typisch für den Verlauf millenarischer Bewegungen nachgezeichnet: Sie beginnen mit einer Periode, in der apokalyptische Erwartungen wachsen und sich in Gemeinschaftsbildungen und vorbereitenden Aktivitäten manifestieren. Es

---

22 Insofern knüpft meine Arbeit mit anderer Perspektive an die Arbeit von RENATE FÖLL, Sehnsucht nach Jerusalem, an, die ihren Schwerpunkt in der Phase von 1800 bis 1820 hat. Eine Ausnahme von der Maßgabe, nur die Pietisten in den Blick zu nehmen, die nicht auswanderten, mache ich in Kapitel 1, Abschnitt III. mit der von Ignaz Lindl inspirierten Auswanderung, die als Beispiel für die Optionen steht, die Pietisten im Land auch noch nach der Gründung Korntals hatten.

23 Vgl. NOWAK, Geschichte, S. 125f.

24 Vgl. im Näheren unten Kapitel 4, Abschnitt IV.

folgt eine Phase der Unsicherheit, in der sich die Erwartungen nicht in der erhofften Weise realisieren. Schließlich müssen in einer dritten Phase die Anhänger der millenarischen Bewegung wieder in den normalen Alltag zurückkehren, indem sie entweder ihre Erwartungen modifizieren, um als Gemeinschaft fortbestehen zu können, oder sich als organisierte Gemeinschaft auflösen.[25] Auch der württembergische Pietismus zwischen 1818 und 1848 lässt sich in diesem Sinne als millenarische Bewegung beschreiben. Die vier Kapitel meiner Arbeit bilden den Verlauf mit seinen drei Phasen ab: *Endzeitliche Erwartungen waren im württembergischen Pietismus auch nach dem Abebben der Auswanderungswelle 1816/17 und nach der Gründung Korntals 1818 weit verbreitet (Kapitel 1 und 2: Phase 1), erfuhren aber durch das Nichteintreffen der von Bengel berechneten Ereignisse eine nachhaltige Enttäuschung (Kapitel 3: Phase 2), deren in der Folge bis 1848 weithin erfolgreiche Verarbeitung schließlich den württembergischen Pietismus in die Position einer die Volkskirche mitgestaltenden Kraft beförderte (Kapitel 4: Phase 3).*

Und noch in einem weiteren Sinn stellen die Jahre zwischen 1818 und 1848 einen inneren Zusammenhang dar, der meiner Arbeit als Subtext zugrundeliegt. Denn eine junge Generation pietistischer Pfarrer begann damals, mit neuen Kommunikations- und Aktionsformen die Gestalt des württembergischen Pietismus umzuwandeln. Der Prozess vollzog sich innerhalb der genannten drei Jahrzehnte und ein entscheidender Katalysator der Umwandlung waren eben die endzeitlichen Erwartungen, deren Blüte, Enttäuschung und Verarbeitung von den jungen pietistischen Pfarrern auf prägende Weise begleitet und beeinflusst wurden. Dieser Subtext lässt sich ebenfalls durch die vier Kapitel meiner Arbeit verfolgen: *Endzeitliche Erwartungen waren in pietistischen Kreisen Württembergs auch nach dem Abebben der Auswanderungswelle 1816/17 und nach der Gründung Korntals 1818 so weit verbreitet (Kapitel 1), dass eine junge pietistische Pfarrergeneration sich mit ihnen auf spezifische Weise auseinandersetzen musste (Kapitel 2); die sich seit 1832 ausbreitende Enttäuschung über das Nichteintreffen der erwarteten Ereignisse konnte von den jungen Pfarrern weitgehend aufgefangen werden (Kapitel 3); der von ihnen initiierte Konsolidierungsprozess führte anschließend weite Kreise des württembergischen Pietismus in den Rahmen der Landeskirche zurück, während sich ein kleinerer Teil radikalisierte und einzelne der jungen Pfarrergeneration der endzeitlichen Resignation verfielen (Kapitel 4).*

Meiner Arbeit liegt also der Gedankengang zugrunde, den württembergischen Pietismus zwischen 1818 und 1848 als millenarische Bewegung zu beschreiben, in der einer jungen Pfarrergeneration die Aufgabe zufiel, deren

---

25 LANDES, On Owls, Roosters, and Apocalyptic Time, S. 53–56; vgl. auch O'LEARY, Prophecy.

Anwachsen kritisch zu begleiten, ihre Enttäuschung aufzufangen und ihre Rückkehr in den Alltag zu organisieren. Insofern kann das Folgende auch als eine Geschichte des württembergischen Pietismus zwischen 1818 und 1848 gelesen werden.

2. Chiliastische Traditionen in Württemberg

In der Eschatologie der meisten Reformatoren war für den Chiliasmus kein Platz. Sie gingen davon aus, dass die Wiederkunft Christi unmittelbar zum Jüngsten Gericht, Untergang der alten Welt und dem Anbruch der Ewigkeit führen werde.[26] Noch vor dem Aufkommen des Pietismus im 17. Jahrhundert hielt jedoch der Chiliasmus Einzug in die protestantische Frömmigkeit. Die Hoffnung besserer Zeiten für die Kirche auf Erden wurde auch in Württemberg zum Merkmal pietistischer Theologen, sowohl der separatistisch orientierten als auch der dem Kirchenregiment nahestehenden.[27]

Bezog sich also im Pietismus die endzeitliche Naherwartung nicht mehr auf das nahe Weltende, sondern auf den Anbruch eines tausendjährigen Friedensreiches, so unterzog *Johann Albrecht Bengel* diese chiliastischen Hoffnungen einer erheblichen Korrektur und Relativierung.[28] Mit seinem heilsgeschichtlichen Biblizismus fasste er die Bibel als Kompendium der Universalgeschichte auf, das vollständige Auskunft über Vergangenheit, Gegenwart und Zukunft gebe. In der Interpretation der Johannesoffenbarung kombinierte er die von Luther vorgezogene kirchengeschichtliche Auslegung mit der von Spener beförderten Deutung des Kapitels 20 auf die Zukunft. Damit schloss er aus, dass sich die dort erwähnten tausend Jahre auf eine schon vergangene Zeitspanne beziehen könnten. Bengels chronologische Forschungen führten ihn allerdings dazu, die chiliastisch wichtigen Termine nicht als nahe bevorstehend anzunehmen, sondern verschoben sie auf Zeitpunkte jenseits der Lebenszeit seiner Zeitgenossen.[29] In der Konsequenz zog Bengels heilsgeschichtlicher Biblizismus damit eine eigentümliche »Relativierung der Naherwartung«[30] nach sich und ermöglichte einen erweiterten Spielraum für pietistische Kirchenpolitik.[31]

---

26   Vgl. BAUCKHAM, Chiliasmus, S. 738.

27   Vgl. BRECHT, Chiliasmus; WALLMANN, Pietismus, S. 124–129.

28   Seine populärsten Schriften waren die Auslegungen zur Johannesoffenbarung: BENGEL, Erklärte Offenbarung (1740); DERS., Sechzig erbauliche Reden (1748). Zur Verbreitung von Bengels Schriften um 1820 vgl. unten Kapitel 1, Abschnitt V. 2. *Verbreitete Lesestoffe* und V. 3. *Endzeitliche Lektüren.*

29   Vgl. WALLMANN, Pietismus, S. 136f; GROTH, Wiederbringung, S. 70–77 (Anm., S. 292–297); JUNG, 1836, S. 100–105.

30   GROTH, Wiederbringung, S. 297 Anm. 110; vgl. auch SAUTER, Zahl, S. 34.

31   Dass Endzeitberechnungen jenseits der eigenen Lebenszeit einen erweiterten Horizont für Kirchenpolitik eröffnen, betont O'LEARY, Arguing, S. 48f.

Bengels wichtigster Schüler, *Friedrich Christoph Oetinger* (1702–1782), führte das heilsgeschichtliche System seines Lehrers fort und erweiterte es zu einer theosophischen Gesamtschau der Geschichte und Natur umfassenden Wirklichkeit.[32] Bengels chronologische und chiliastische Forschungen waren für ihn dabei selbstverständliche Grundlage. Allerdings überwand er die mit dessen Berechnungen verbundene Sistierung der Naherwartung auf zweierlei Weise: Intensiver als Bengel zeichnete er in seinen Schriften ein anschauliches Bild der menschlichen und naturhaften Verhältnisse in dem künftigen Gottesreich. Zusätzlich äußerte er sich ausführlich über die Notwendigkeit und Möglichkeit, sich auf die – wenn auch jenseits der eigenen Lebenszeit – kommenden Ereignisse vorzubereiten, indem er empfahl, das gegenwärtige Leben proleptisch an den zukünftigen Verhältnissen im Gottesreich auszurichten.[33] Damit sorgte er – deutlicher als Bengel – für eine Verschränkung von Endzeit und Gegenwart. Wo Bengels Forschungen die Naherwartung relativiert hatten, sorgten Oetingers Schriften für deren Wiederbelebung.

Zur Popularisierung der endzeitlichen Anschauungen Bengels und Oetingers trug dann Wesentliches *Philipp Matthäus Hahn* (1739–1790) bei, zum einen durch seine chiliastischen Schriften, zum anderen durch die von ihm gehaltenen Erbauungsstunden, deren Wortlaut später veröffentlicht wurde und dadurch in breitere Kreise gelangte.[34] Der zeitweilige Vikar Oetingers in Herrenberg machte sich auch als Erfinder und Naturforscher einen Namen.[35] An seinen astronomischen Uhren, »Weltmaschinen« genannt, die nicht nur den Ablauf des Tages, sondern auch der Jahre und Jahrhunderte anzeigten, war seine von Bengel geprägte Auffassung der Weltgeschichte ablesbar: Im Jahr 1836 erwartete er den Anbruch des Königreichs Christi auf Erden, zwei Jahrtausende später das Ende der Geschichte und das Neue Jerusalem. Mit der Zeit begann sich Hahn jedoch von Bengels Berechnungen und dessen striktem Biblizismus abzuwenden, eine Entwicklung, die durch Hahns frühen Tod abgebrochen wurde.[36]

---

32   Aus Oetingers Werkverzeichnis sei als grundlegend erwähnt: [OETINGER], Die Güldene Zeit. Zu Oetingers Schriften insgesamt vgl. GUTEKUNST/ZWINK, Zum Himmelreich gelehrt.

33   JUNG, 1836, S. 106–109; vgl. auch BRECHT, Der württembergische Pietismus, S. 273f. Das Motiv der endzeitlichen Prolepse wurde immer wieder aufgegriffen: vgl. unten Kapitel 1, Abschnitt IV. 3. *Ein eigenes Leben in einer endzeitlichen Lebenswelt*; Kapitel 3, Abschnitt II. 3. *Verteidigung des Apokalyptikers*; Kapitel 3, Abschnitt IV . 2. *Schwierigkeiten mit dem Reich Gottes*.

34   [HAHN], Hauptsache; DERS., Erbauungsstunden. Zu Hahns chiliastischen Schriften vgl. BREYMAYER, Bengelische Erklärung.

35   Zu Hahn als Erfinder und Forscher vgl. auch unten Kapitel 4, Abschnitt III. 1. *Das Ungeheuer, von dem die Offenbarung schreibt.*

36   Zu Hahns Abwendung von Bengel vgl. BREYMAYER, Bengelische Erklärung, S. 189–192. In der Korrespondenz mit dem Theologen, Pädagogen und späteren badischen Kirchenrat Johann Ludwig Ewald (1748–1822) setzte sich Hahn intensiv mit der Auslegung der Johannesoffenbarung durch Johann Gottfried Herder (1744–1803) auseinander. Das Gespräch mit Ewald scheint die Bereitschaft zu einer vorsichtigen Lösung von Bengel gefördert zu haben (vgl. KIRN, Deutsche Spätaufklärung, S. 68).

Welchen weiteren Einfluss er innerhalb seiner umfassenden brieflichen Kommunikationsnetze und in seinen Erbauungsstunden auf die endzeitliche Diskussion genommen hätte, bleibt Spekulation.[37]

Der letzte Vikar von Philipp Matthäus Hahn war es schließlich, der die Jahrhundertwende überbrückte und die Bengelschen Erwartungen an die Generation weitergab, die zu eigenen Lebenszeiten auf deren Erfüllung hoffen konnte: *Johann Jakob Friederich* (1759–1827). Er veröffentlichte im Jahr 1800 seinen *Glaubens- und Hoffnungs-Blik des Volks Gottes*, eine Schrift, deren zwei Auflagen in den pietistischen Versammlungskreisen und nachfolgend, wenn auch in anderem Sinne, bei der Kirchenleitung für erhebliche Unruhe sorgten.[38] Denn auf beiden Seiten wurde die Schrift in erster Linie als Aufruf zur Auswanderung nach Palästina aufgefasst. Das war sie auch. Der Pfarrer von Winzerhausen bei Marbach am Neckar zeigte in ihr, dass mit dem Jahr 1800 die Endzeit, also die letzte Zeit antichristlicher Verfolgungen vor dem Anbruch des tausendjährigen Reiches, begonnen habe. Wer den Verfolgungen entgehen wolle, müsse sich an den von Gott vorbereiteten Zufluchtsort am Zion in Jerusalem begeben.[39] Dass es zuvor allerdings noch eines göttlichen Signales bedurfte, nämlich der von offizieller Seite ausgehenden Erlaubnis für Juden, nach Israel zurückzukehren und dort mit dem Wiederaufbau des Tempels zu beginnen, hatte Friederich in der ersten Auflage seiner Schrift wohl nicht deutlich genug gemacht. Noch während er eine zweite verbesserte Auflage vorbereitete, machte sich im Frühjahr 1801 im Zabergäu bereits eine Gruppe von 22 Personen um die Visionärin Maria Gottliebin Kummer (1756–1828) aus Cleebronn auf den Weg nach Jerusalem. In Wien wurden sie vom württembergischen Gesandten an der Weiterreise gehindert und ohne Reisepässe in ihre Heimat zurückgeschickt. Von der nachfolgenden amtlichen Untersuchung war auch Friederich betroffen, denn die Auswanderungswilligen hatten seinen *Glaubens- und Hoffnungs-Blik* mit sich geführt.[40] In der zweiten Auflage hatte er unterdessen seine Ansichten präzisiert: Erst beim Aufkommen antichristlicher Verordnungen in ihren Heimatländern – »wenn Babylon anfängt zu republikanisiren«[41] – sollten die gläubigen Christen aufbrechen. Dieser Zeitpunkt war für Friederich noch nicht gekommen:

---

37 Vgl. BRECHT, Der württembergische Pietismus, S. 279–282; JUNG, 1836, S. 109–112. Zu Hahns weit ausgreifenden Kommunikationsnetzen vgl. WEIGELT, Lavater, S. 54–67.

38 FRIEDERICH, Glaubens- und Hoffnungs-Blik, [1]1800, [2]1801.

39 DERS., Glaubens- und Hoffnungs-Blik, [1]1800, S. 9.

40 Zu den Vorgängen um Maria Gottliebin Kummer vgl. die ausführliche, aber polemische Darstellung bei HENKE, Actenmäßige Geschichte (zum gescheiterten Auswanderungsversuch bes. S. 285–292); aus neuerer Zeit vgl. LIPPOTH, Kummer; FÖLL, Sehnsucht, S. 84ff; LEHMANN, Pietismus und weltliche Ordnung, S. 152–155.

41 FRIEDERICH, Glaubens- und Hoffnungs-Blik, [2]1801, S. 9.

»Indessen aber müssen wir stille seyn, und jeder im strengsten Gehorsam seinem Fürsten treu und auf seinem Posten bleiben. So lang auch klein Asien Syrien und Canaan unter gegenwärtiger Verfassung stehen, ist es weder des Herrn Wille noch thunlich und rathsam dahin zu ziehen. Wir müssen also warten, bis der Herr seinem Volk Raum zur Herberg daselbst macht; und sobald diß geschieht, werden gewiß diejenige, denen das Wohl Jerusalems und des Volks Israel am Herzen liegt, gleichfalls mit den Juden nach dem Lande Israel ziehen, um dort die Zukunft des Herrn zu erwarten, und Zuschauer und Zeugen der grosen Dinge zu seyn, welche daselbst geschehen werden.«[42]

Im Zuge der Untersuchung gegen ihn gelang es Friederich, die Behörden von seinen lauteren Motiven zu überzeugen. Nicht der Auswanderungsgedanke sei für ihn im Vordergrund gestanden, sondern das Bestreben, den pietistischen Kreisen eine Alternative zum zeitgenössischen Revolutionsgeist vor Augen zu malen. Nachdem die von Frankreich ausgehenden revolutionären Bewegungen in den Jahren zuvor auch Württemberg erreicht hatten, sah sich Friederich zu dem Bekenntnis gezwungen, er sehe »jede Revolutions-Liebe als Zeichen des Antichristenthums« an und versuche »seine Glaubens-Genossen von aller Theilnahme an Revolutionen abzuhalten«.[43] Vielleicht waren das Schutzbehauptungen, um von dem Thema Auswanderung abzulenken. Doch immerhin griff Friederich das Stichwort Revolution in seiner Schrift mehrmals auf und unterzog es einer markanten Umbesetzung. Er benutzte den Begriff für die von ihm erwarteten endzeitlichen Ereignisse und machte ihn dadurch pietistisch verwendbar:

»Das Land Israel ware von jeher, und wird auch ins künftige seyn, der erhabene feyerliche Schauplaz der wichtigsten Begebenheiten; ja es ist der Mittelpunkt, von wo aus die heilsamste, das antichristische Unwesen stürzende, Christenthums-Revolution zum gesegnetsten Wohlstande aller Völker erfolgen, und die neue glücklichste theocratische Staats-Verfassung in alle Länder ergehen wird.«[44]

Friederichs christlicher Zionismus sollte innerhalb der pietistischen Versammlungen als Mittel gegen den politischen Revolutionsgeist wirken. Entsprechend kam die Schrift auch nicht in den öffentlichen Buchhandel,

---

42 Ebd., S. 11f.
43 So im Verhör vor dem Oberamt Marbach am 19. Oktober 1801, zit. bei LEHMANN, Pietismus und weltliche Ordnung, S. 153.
44 FRIEDERICH, Glaubens- und Hoffnungs-Blik, [2]1801, S. 118. Friederich führte die Umbesetzung des Revolutions-Begriffs noch fort: »Wie also von dem Lande Israel und zwar aus Zion vor 1800 Jahren die wohlthätigste und merkwürdigste Revoluzion begann, welche die heidnische Tempel, Gözen und Altäre, stürzte, an deren statt das Christenthum pflanzte, und ihr wohlthätiges Licht, welches die heidnische Finsterniß und Aberglauben verdrang, bis an der Welt Ende verbreitete, [...] eben so haben wir nun, nachdem die tiefe antichristische Finsterniß das Erdreich, und grauenvolles Dunkel die Völker, bedeckt, [...] aus dem Lande Israel, Hülfe und die seeligste beglükkendste, und für alle Weltgegenden allerwohlthätigste, Gegenrevoluzion unfehlbar zu gewarten.« (S. 121).

sondern wurde ausschließlich in Versammlungskreisen verbreitet.[45] Dort
entfaltete sie allerdings nachhaltige Wirkung und führte anderthalb Jahrzehnte später einige ihrer Leserinnen und Leser zur endzeitlich motivierten
Auswanderung. Friederich zählte nicht zu ihnen.[46]

3. Separatismus und Auswanderung

Als sich in den Jahren 1816 und 1817 immer mehr pietistische Württemberger zur Auswanderung nach Russland entschlossen, hatten Staat und
Kirche einerseits und separatistisch gesinnte Pietisten andererseits schon
eine langwierige Geschichte der Konflikte und Auseinandersetzungen hinter sich. Dieses Konfliktfeld gehört neben dem Einfluss chiliastischer Theologen zur Vorgeschichte der Endzeiterwartungen im württembergischen
Pietismus zwischen 1818 und 1848.[47]

Schon lange vorher waren im Land pietistisch-separatistische Gruppen
entstanden, die sich gegenüber den staatlichen und kirchlichen Autoritäten
teils skeptisch, teils kritisch, bisweilen aggressiv verhielten.[48] In der Pro-
testhaltung der separatistischen Pietisten kam ihre Ablehnung des sich unter
dem Mantel der Aufklärung verhüllenden absolutistischen Staates der Her-
zöge Karl Eugen (1728–1793; Regierung seit 1744) und Friedrich (1754–
1816; Regierung seit 1797) zum Ausdruck. Mit der Gruppenbildung unternahmen sie den Versuch, sich unabhängig und unbeobachtet von Vertretern
des Staates – seien es Amtsleute oder Pfarrer – zu versammeln und die
eigene Subkultur zu pflegen.[49] Mehr oder weniger alle diese Gruppen teilten
endzeitliche Erwartungen, in denen sie sich über ihre gesellschaftliche
Unterordnung und Randlage hinwegsetzten. Innerhalb der Gruppen gewan-
nen die auf die Endzeit gerichteten Hoffnungen ein Eigenleben, das auch
von den pietistischen Theologen nicht mehr kontrollierbar war. Charismati-
sche Führungsgestalten übernahmen und leiteten die verborgene Kommunikation dieser Gruppen, so im Falle des Iptinger Leinewebers Johann Georg
Rapp (1757–1847), der unter den Pietisten seines Heimatortes und der
umliegenden Gegend mehrere hundert Anhänger fand, die seine separatistischen Anschauungen teilten. Ihre millenarische Naherwartung ließ sie

---

45   LEHMANN, Pietismus und weltliche Ordnung, S. 153f; FÖLL, Sehnsucht, S. 60f.

46   Zu Friederichs Leben und Werk vgl. FRITZ, Friederich; GÄBLER, Geschichte, Gegenwart,
Zukunft, S. 37f; zur Wirkungsgeschichte vgl. auch LEHMANN, Pietistic Millenarianism (außerdem
s. unten Kapitel 1, Abschnitt I. 2. *Chiliastische Theologen*).

47   Nach wie vor grundlegend: LEIBBRANDT, Auswanderung; dazu jetzt: FRITZ, Radikaler
Pietismus.

48   Einen Eindruck von der Vielfalt der Gruppen vermittelt TRAUTWEIN, Freiheitsrechte,
S. 326–335; vgl. auch LEHMANN, Pietismus und weltliche Ordnung, S. 135–146.

49   Zu der verborgenen Kommunikation dieser Gruppen vgl. SCOTT, Domination (vgl. auch
unten Kapitel 1, Abschnitt V. 4. *Privatversammlungen als Orte verborgener Kommunikation*).

nach einem Bergungsort Ausschau halten, den man in Nordamerika zu finden glaubte. Im Sommer 1803 wanderten Rapp und ungefähr 700 seiner Anhänger dorthin aus und gründeten im Staat Pennsylvania die Siedlung Harmony.[50]

Nicht zum auswandernden Pietismus gehörten die Versammlungen, die auf den Sindlinger Theosophen Michael Hahn (1758–1819) und auf den Haiterbacher Stadtpfarrer Christian Gottlob Pregizer (1751–1824) zurückgingen.[51] Die beiden charismatischen, aber äußerst verschiedenartigen Gestalten wurden um 1800 zum Ausgangspunkt zahlreicher Gemeinschaftsgründungen im popularen Pietismus Württembergs. Während Hahn die Notwendigkeit der Heiligung ins Zentrum seiner Theologie stellte, betonte Pregizer die Freude an der Taufgnade. Der Charakter der auf Hahn zurückgehenden sogenannten michelianischen Versammlungen und derjenigen, die sich auf Pregizer beriefen, meist Pregizerianer genannt, war demnach denkbar unterschiedlich. Was sie jedoch miteinander verband, waren die vergleichbaren endzeitlichen Anschauungen, die in den Traditionen Bengels und Oetingers wurzelten und die Lehren vom tausendjährigen Reich und einer Wiederbringung aller umfassten. Beide Gruppierungen hielten sich, dank der Autorität ihrer Gründer, in distanzierter Loyalität zur Landeskirche.

Wo die charismatischen Führer fehlten, äußerte sich der separatistische Pietismus vor allem in individuellem Oppositionsverhalten: Man verweigerte den Kriegsdienst oder die Eidesleistung, duzte Vertreter der Obrigkeit oder behielt angesichts höhergestellter Personen demonstrativ die Kopfbedeckung auf.[52] Im kirchlichen Bereich wurde der Gottesdienst- und Abendmahlsbesuch verweigert; einige tauften ihre Kinder selbst. Unter Herzog Friedrich, der 1803 zum Kurfürsten erhoben und 1806 als König gekrönt wurde, verschärfte sich die Situation zunehmend. Friedrichs absolutistische Kirchenpolitik ließ für abweichendes religiöses Verhalten immer weniger Spielräume. Hatte er im Jahr seiner Krönung noch die Gründung der unabhängigen Gemeinde Königsfeld durch Kolonisten der Herrnhuter Brüdergemeine genehmigt, so verhängte er im folgenden Jahr ein Auswanderungsverbot und setzte Anfang 1809 eine neue Liturgie in Kraft, die von aufklärerischen Gedanken beeinflusst war und in pietistischen und separatistischen Kreisen heftige Ablehnung erfuhr.[53] Pfarrer Friederich in Winzerhausen weigerte sich, die neue Liturgie anzuwenden und wurde 1810 aus

---

50   Vgl. EHMER, Der ausgewanderte Pietismus, S. 326–344.
51   Zu Michael Hahn vgl. TRAUTWEIN, Theosophie; zu Pregizer vgl. MÜLLER, Pregizer; zu beiden vgl. BRECHT, Der württembergische Pietismus, S. 283–286.
52   Vgl. TRAUTWEIN, Freiheitsrechte, S. 324, 330ff. Als zwei Fallbeispiele vgl. FRITZ, Rottenacker; SCHICK, Marbach.
53   Zu König Friedrichs Kirchenpolitik vgl. SCHÄFER, Zu erbauen, S. 203–208. Zur Ablehnung der neuen Liturgie vgl. als Fallbeispiel FRITZ, Entstehung.

dem Pfarramt entlassen. Er zog daraufhin nach Leonberg in die Nachbarschaft Gottlieb Wilhelm Hoffmanns (1771–1846), des späteren Gründers der unabhängigen Gemeinde Korntal.[54]

Unter dem Einfluss Bengels, Johann Heinrich Jung-Stillings (1740–1817), der Baronin Juliane von Krüdener (1764–1824) und vor allem Friederichs *Glaubens- und Hoffnungs-Blik* richtete sich das Augenmerk der radikalen Pietisten wieder nach Osten. Nicht Jerusalem, das wegen der politischen Verhältnisse kaum als Auswanderungsziel in Frage kam, sondern Russland trat ins Zentrum der Hoffnungen: Es lag zum einen auf dem Weg Richtung Palästina; man konnte also dem wiederkehrenden Christus ein Stück näher kommen. Zum anderen ließen die pietistischen Verbindungen zu Zar Alexander I. die Hoffnung auf einen Bergungsort im russischen Reich aufkeimen.[55] Die Hoffnungen verdichteten sich zu konkreten Auswanderungsplänen, als die Jahre seit 1811 in Württemberg eine Missernte nach der anderen zeitigten. Die soziale und wirtschaftliche Situation bedrohte Kleinbauern und Winzer in ihrer Existenz. Eine Auswanderungswelle in den Jahren 1816 und 1817 war die Folge. Der Anteil der religiös motivierten Auswanderer ist umstritten, dürfte aber bei den nach Russland Ausgewanderten aus pietistisch geprägten Herkunftsorten hoch gewesen sein.[56] Sie vereinten sich in sogenannten Harmonien, die sich in Ulm zur Einschiffung auf der Donau versammelten und über Wien, Ismail und Odessa das Ziel Kaukasus anstrebten. Wohl mehrere tausend pietistische Württemberger verließen ihre Heimat nicht zuletzt aus millenarischen Motiven, weil sie hofften, den antichristlichen Verfolgungen in der letzten Zeit vor Christi Wiederkehr an einem Zufluchtsort im fernen Russland zu entgehen. Dass sie dort zumeist kein Paradies antrafen, ist ein anderes Thema und kann hier nur anmerkungsweise erwähnt werden.[57]

4. Forschungsstand

Einen signifikanten Aufschwung erfuhr die Literatur zu endzeitlichen Fragen im Umfeld der vergangenen Jahrtausendwende. Historische und kirchenhistorische Tagungen, Aufsatzbände und Sonderhefte von Zeitschriften widmeten sich apokalyptischen, chiliastischen und utopischen Gegenständen.[58]

---

54 Vgl. FRITZ, Friederich, S. 170–185; LEHMANN, Pietismus und weltliche Ordnung, S. 162ff.
55 Vgl. BRECHT, Aufbruch; FÖLL, Sehnsucht, S. 97–111.
56 Vgl. FÖLL, Sehnsucht, S. 122–130. Vgl. als Fallbeispiel GESTRICH, Pietistische Rußlandwanderung. Zur religiösen Interpretation der Hungerkrise und kirchlichen Stellungnahmen dazu vgl. GESTRICH, Religion in der Hungerkrise.
57 Vgl. FÖLL, Sehnsucht, S. 131–164.
58 Als Beispiele seien genannt: Jahrhundertwenden, hg. v. MANFRED JAKUBOWSKI-TIESSEN u.a. (1999); Apocalyptic Time, hg. v. ALBERT I. BAUMGARTEN (2000); Millenarianism and Messianism, 4 Bd., hg. v. RICHARD H. POPKIN u.a. (2001). Verschiedene Zeitschriften widmeten dem

Der Horizont des Themas wurde durch die Untersuchungen beachtlich aus-
geweitet. Nach wie vor gibt es aber kaum Querbezüge zwischen der angelsächsischen und der kontinentalen Forschungsarbeit. Amerikanische Mille-
narismus-Studien fließen in die kirchengeschichtliche Arbeit Mitteleuropas
immer noch selten ein, Anknüpfungspunkte müssen erst geschaffen werden.[59]
	Die einschlägige Literatur zum württembergischen Pietismus im 19.
Jahrhundert ist durchaus überschaubar und bietet noch vielfältige For-
schungslücken dar. Der Blick meiner Arbeit richtet sich speziell auf diejenigen pietistischen Württemberger, die nicht auswanderten. Sie bildeten die
Generation, die in der Heimat das Näherkommen und Verstreichen des
Jahres 1836 erleben sollte. In den Überblickswerken zur württembergischen
Kirchengeschichte und zur Geschichte des Pietismus wurde die Bedeutung
der Endzeiterwartungen für die Generation der Daheimgebliebenen meist
kurz abgehandelt. Christoph Kolb beschrieb in dem Standardwerk *Württembergische Kirchengeschichte* von 1893 selbst die Entstehung Korntals
und Wilhelmsdorfs, ohne näher auf die chiliastischen Erwartungen einzugehen.[60] Größere Aufmerksamkeit widmete der Fragestellung Heinrich
Hermelink in seiner *Geschichte der evangelischen Kirche in Württemberg*,
die 1949 mit dem Untertitel *Das Reich Gottes in Wirtemberg* erschien.
Besonders im Zusammenhang des 1831 gegründeten *Christenboten* ging er
auf die »Vorstellungen des baldigen Weltendes« ein, »wie sie im Lande
infolge der Bengelschen Berechnungen und Voraussagen nach der Offenbarung Johannis« umgingen.[61] Auch Gerhard Schäfer streifte in seiner *Geschichte der Evangelischen Landeskirche in Württemberg* von 1984 am Rande
»das durch *Bengel* gestellte Problem«, führte es aber nicht weiter aus.[62] In

---

Thema spezielle Hefte oder Bände, u.a.: Union Seminary Quarterly Review 49 (1995), H. 1;
WerkstattGeschichte 24 (1999): »Millennium«; Zeitsprünge. Forschungen zur frühen Neuzeit, 3
(1999), H. 3/4: »Jahrhundertenden, Jahrtausendenden, Enden der Welt«; Journal of Religious
History 24 (2000), H. 1; Zeitschrift für bayerische Kirchengeschichte 69 (2000). Einen zusammen-
fassenden Überblick über die rund um das Jahr 2000 erschienene einschlägige Literatur verschafft
MEUMANN, Zurück in die Endzeit.
	59	Aus der umfangreichen Literatur seien die für meine Argumentation wichtigsten Studien
genannt: DAVIDSON, Logic (1977; über die argumentativen Strategien des Millenarismus);
HARRISON, Popular Millenarianism (1979; über die Eigenarten des popularen Millenarismus);
BLOCH, Visionary Republic (1985; über die Verknüpfung von Millenarismus und Politik);
O'LEARY, Arguing (1994; nach DAVIDSON die wichtigste Arbeit zu millenarischen Argumentati-
onsmustern); LANDES, On Owls, Roosters, and Apocalyptic Time (1995; über die drei Phasen
millenarischer Bewegungen und die übliche Verborgenheit ihrer Dokumentation). An ausgewählten
Stellen werde ich erste Anknüpfungspunkte aufzeigen; vgl. unten Abschnitt II. 1. *Quellenkunde*, u.ö.
	60	KOLB, Das neunzehnte Jahrhundert, S. 597–608, 621–629, zu Korntal bes. S. 625ff.
	61	HERMELINK, Geschichte, S. 343–386, zum *Christenboten* bes. S. 376–379 (Zitat S. 377).
Zum *Christenboten* vgl. unten Kapitel 3, Abschnitt III.
	62	SCHÄFER, Zu erbauen, S. 223–259, zu Bengels Berechnung auf 1836 vgl. S. 223, 258f
(Zitat S. 258). In einem Aufsatz zu Ludwig Hofacker hatte Schäfer noch wenige Jahre vorher die
Bedeutung des Jahres 1836 für Hofacker stark betont (SCHÄFER, Hofacker, bes. S. 376).

der neuen vierbändigen *Geschichte des Pietismus* (1993–2004) schließlich wird von Gustav Adolf Benrath die Naherwartung in Korntal und bei Christian Gottlob Barth erwähnt, ohne die Zusammenhänge näher auszuleuchten.[63] Die genannten Überblicksdarstellungen bieten damit ein lückenhaftes und uneinheitliches Bild. Ähnliches ist bei den wenigen einschlägigen Monographien festzustellen. Die historische Beschäftigung mit dem württembergischen Pietismus nach 1800 war – von seltenen Ausnahmen abgesehen[64] – lange Zeit eine Domäne der pietistischen Eigengeschichtsschreibung. Vor allem Biographien und biographische Sammelwerke modellierten das Selbstbild des Pietismus im Sinne einer Genealogie frommer Männer.[65] Diese Erinnerungskultur prägte auch noch für längere Zeit die im engeren Sinn wissenschaftliche Auseinandersetzung, die 1925 der Tübinger Kirchengeschichtler Karl Müller mit einem Vortrag über »Die religiöse Erweckung in Württemberg am Anfang des 19. Jahrhunderts« eröffnete. Müller griff auf die Korrespondenz württembergischer Pfarrer mit Herrnhut zurück und konnte dadurch ein neues Bild von dem Einfluss Ludwig Hofackers (1798–1828) und seiner jungen pietistischen Pfarrkollegen auf das Verhältnis von Pietismus und Landeskirche zeichnen. Durch die einseitige Auswahl seiner Quellen überzeichnete Müller allerdings die Bedeutung des Pfarrstandes. Den popularen Pietismus sah er nur in seiner Reaktion auf Initiativen aus dem Kreis der erweckten Pfarrer um Ludwig Hofacker.[66] Anders in Hartmut Lehmanns umfassender sozialgeschichtlicher Studie über »Pietismus und weltliche Ordnung in Württemberg«. Lehmanns breit angelegter Zugriff eröffnete den Blick auf die Zusammenhänge von Lehre und Leben, theologischen Ansichten und gesellschaftlichen Folgen. Im Gegensatz zu Müller räumte er auch den chiliastischen Erwartungen der württembergischen Pietisten angemessenen Raum ein. Allerdings unterschätzte er den Einfluss von Bengels Berechnungen auf den nicht ausgewanderten Pietismus nach 1818.[67] Dezidiert als millenarische Bewegung

---

63 BENRATH, Erweckung, S. 230–237, zu Korntal S. 232, zu Barth S. 234.

64 Schon frühzeitig gab es vereinzelte Versuche, den popularen Pietismus Württembergs als historisches Phänomen zu beschreiben. Hervorzuheben ist der unter Beiziehung konsistorialer Quellen entstandene, detailreiche *Abriß einer Geschichte der religiösen Gemeinschaften in Württemberg* des damaligen Stuttgarter Hofpredigers und Oberkonsistorialrates CARL GRÜNEISEN. Vgl. auch HAUG, Sekte der Michelianer.

65 Exemplarisch die insgesamt vier von WILHELM CLAUS und FRIEDRICH BUCK herausgegebenen Bände *Württembergische Väter*, die zwischen 1887 und 1905 erstmals erschienen. Zur pietistischen Eigengeschichtsschreibung vgl. BRECHT, Anfänge; GLEIXNER, Fromme Helden.

66 MÜLLER, Erweckung; zum Verhältnis von popularem Pietismus und Pfarrstand vgl. S. 26: »In den Gemeinden lagen wohl die festesten Ueberlieferungen des Pietismus. Aber die Erweckung selbst, d.h. die neue Initiative, die Kraft des Aufschwungs geht durchaus vom Pfarrstand aus und wirkt erst durch ihn auch auf die Laienkreise.«

67 LEHMANN, Pietismus und weltliche Ordnung; zum Einfluss von Bengels Berechnungen vgl. S. 200f.

nahm Hans-Volkmar Findeisen den »Pietismus in Fellbach 1750–1820« in
den Blick. Seine sozialgeschichtlich orientierte Lokalstudie gewährt tiefere
Einsichten in die örtlichen und familiären Verflechtungen pietistischer
Gemeinschaften, leidet aber unter einer einseitigen Funktionalisierung des
Religionsbegriffes.[68] Speziell den Endzeiterwartungen im württembergi-
schen Pietismus widmete sich jüngst Andreas Gestrich in einem längeren
Aufsatz. Allerdings endet sein Untersuchungszeitraum mit dem frühen 19.
Jahrhundert. Die Zeit nach der Auswanderungswelle 1817 bleibt weitge-
hend unberücksichtigt.[69] Etwas weiter ging Renate Föll in ihrer Tübinger
Magisterarbeit »Sehnsucht nach Jerusalem. Zur Ostwanderung schwäbischer
Pietisten«, indem sie die Gründungsgeschichte Korntals einbezog. Aber
auch sie legte den Schwerpunkt ihrer mentalitätsgeschichtlichen Studie auf
die Zeit vor 1820, wobei sie ausführlich Friederichs *Glaubens- und Hoffnungs-Blik* und dessen Wirkungsgeschichte würdigte.[70] Bengels Berechnungen und ihr Einfluss auf den württembergischen Pietismus nach ihm
wurden erstmals von Martin Jung zum selbständigen Thema einer wissenschaftlichen Untersuchung gemacht. In einem Aufsatz berichtige er verschiedene Missverständnisse und stellte die Genealogie des Gedankens von
Bengel selbst bis zu dessen Enkel und erstem Biographen Johann Christian
Friedrich Burk (1800–1880) dar. Allerdings berücksichtigte er dabei fast
ausschließlich Theologen.[71] Eine gründliche Aufarbeitung endzeitlicher
Einstellungen im württembergischen Pietismus nach 1820 unter Einbezie-
hung handschriftlicher Quellen fehlt damit weiterhin.

Die Zahl biographischer Arbeiten mit wissenschaftlichem Anspruch hat
sich in den vergangenen Jahren sichtbar vermehrt.[72] Sie verstärken allerdings den Eindruck, als sei die Geschichte des württembergischen Pietismus nach 1820 im Wesentlichen nur von einigen wenigen Männern, Pfarrern zumal, bestimmt worden. Es wird im Rahmen dieser Arbeit zu zeigen
sein, dass die vom Pfarrstand ausgehenden Initiativen ihrerseits eine Reaktion auf die Verhältnisse in den Gemeinden und Privatversammlungen
waren. Um den württembergischen Pietismus nach 1820 korrekt erfassen zu
können, sind seine inneren Kommunikationswege zwischen Laien und
Pfarrern und – soweit möglich – innerhalb dieser Gruppen nachzuzeichnen.
Nur dann besteht die Chance, den Bahnen biographischer Verengung, die
durch die pietistische Erinnerungskultur vorgeprägt sind, zu entkommen.[73]

---

68 FINDEISEN, Pietismus in Fellbach; zur Kritik an Findeisen vgl. FÖLL, Sehnsucht, S. 200f.
69 GESTRICH, Am letzten Tag; vgl. auch DERS., Pietismus und ländliche Frömmigkeit, S. 348f.
70 FÖLL, Sehnsucht.
71 JUNG, 1836.
72 HENNINGER, Friedrich Jakob Philipp Heim; MAIER, Johann Georg Freihofer; RAUPP,
Barth; KIRN, Ludwig Hofacker. Zu J. C. Blumhardt vgl. außerdem GROTH, Chiliasmus.
73 Das von Ulrike Gleixner formulierte Fazit ihrer Forschungen über Biographie, Traditionsbildung und Geschichtsschreibung im württembergischen Pietismus kann als fortwährende

Schließlich ist noch eine kulturgeschichtliche Aufarbeitung des Themas zu erwähnen: die in den Jahren 1999 und 2000 gezeigte Ausstellung *Apokalypse – Endzeiterwartungen im evangelischen Württemberg* im Landeskirchlichen Museum Ludwigsburg, die von dessen damaligem Leiter Eberhard Gutekunst zusammengestellt wurde. Die Ausstellung und der sie begleitende Katalog[74] lenkten die Aufmerksamkeit der landeskirchlichen Öffentlichkeit auf ein Thema, das lange Zeit weniger von historischer Aufarbeitung als von anekdotischen Überlieferungen geprägt war. Exemplarisch kann man sich das an der Frage vor Augen führen, ob 1819 die ersten Korntaler Siedler, in der Erwartung, 1836 würden sie ihre Häuser nicht mehr benötigen, dieselben nicht auf Dauer bauten oder ob gerade diese Bauten eine erstaunliche Solidität besaßen.[75] Auch die bisweilen noch zu lesende Behauptung, die pietistischen Württemberger hätten an den Untergang der Welt im Jahr 1836 geglaubt, gehört hierhin.[76] Die Ludwigsburger Ausstellung lenkte den Blick zurück auf die – vor allem bildlichen – Quellen. Meine Arbeit ergänzt diesen Blick um eine Relektüre der (hand-)schriftlichen Quellen, soweit diese vorhanden und zugänglich sind.

Als Ertrag des Forschungsstandes kann festgehalten werden: (1) In methodischer Hinsicht sind erste Querverbindungen zur angelsächsischen Millenarismus-Forschung zu knüpfen. (2) Handschriftliche Quellen sind zum Thema Endzeiterwartungen besonders für die Zeit nach 1820 noch weitgehend unaufgearbeitet. (3) Die Kommunikationswege zwischen Theologen und pietistischen Laien müssen in den Blick genommen werden.

Mahnung dienen: »Postumer Ruhm und Aufnahme der Helden ins pietistische Walhall haben das Geschichtsbild über den Pietismus nachhaltig geprägt. Manches an der dargestellten Heroisierung männlicher Pietisten lässt sich auch in der neueren, sich als kritisch verstehenden Pietismusforschung finden. Viel gravierender aber ist, dass sich im Forschungsfeld Pietismus und Bürgertum als strukturierendes Element der Wissensproduktion ein eingelagertes Vorverständnis dieser Bewegung als eine Generationenabfolge frommer Männer mit hervorragenden Leistungen bis heute als erkenntnisleitende Vorannahme für die beteiligten Wissenschaften ungebrochen erhalten hat. Die vermeintliche Trennung zwischen familialer, populärer und wissenschaftlicher Geschichtsschreibung über den Pietismus ist von daher auch eine Illusion.« (GLEIXNER, Pietismus und Bürgertum, S. 407).

74   Apokalypse. Vgl. darin die Aufsätze von BOTZENHARDT, Bengel und die Folgen, und FROMMER, 1836 – und danach?

75   Ersteres behauptet SCHÄFER, Zu erbauen, S. 227, letzteres SAUTER, Endzeit- oder Endvorstellungen, S. 380. Zu den anekdotischen Überlieferungen um Korntal vgl. FÖLL, Sehnsucht, S. 185ff, und die kleine Ausstellung zur Geschichte der Siedlung Korntal in der dortigen »Gemeindegalerie« am Saalplatz.

76   Vgl. JUNG, 1836, S. 93–97.

II. Quellen und Methoden

Bei der Erörterung des Forschungsstandes hat sich die Forderung nach einer Auswertung der Kommunikationswege im württembergischen Pietismus ergeben. Damit ist die Frage nach den Methoden dieser Arbeit aufgeworfen. Vorher jedoch zu deren Mitteln. Was sind die Quellen dieser Arbeit? Das Thema Endzeiterwartungen verlangt nach einer eigenen Quellenkunde.

1. Quellenkunde

Wer sich der Aufgabe stellt, die Endzeiterwartungen in einer bestimmten Epoche auszuleuchten, steht vor dem prinzipiellen Problem einer spezifischen Quellenknappheit. Drei Ursachen können dafür namhaft gemacht werden.

1. Endzeiterwartungen sind – historisch gesehen – durchweg enttäuschte Erwartungen, die sich nicht wirklich zur Überlieferung an spätere Generationen eignen. Wer in seinen Erwartungen enttäuscht wurde, neigt dazu, die Erinnerungen an jene Zeit der gespannten Erwartung zu modifizieren. Die Erwartungen werden in der Erinnerung kleiner, die Begleitumstände treten in den Vordergrund. Der Nachwelt bietet sich dann ein Bild von großen Predigern und überfüllten Kirchen dar, von immensen Missionsanstrengungen und blühenden Anstalten. Doch die Motive hinter all dem bleiben seltsam undeutlich. Ein endzeitliches Movens wird im Nachhinein häufig verschwiegen.[77]

2. Wer in Erwartung lebt, weiß, dass seine Hoffnungen enttäuscht werden können. Und dieses Wissen ist umso existenzieller, je näher man sich der Erfüllung jener Erwartungen glaubt, zumal zu eigenen Lebzeiten. Ob Philipp Jakob Spener in seiner Neujahrspredigt 1701 den Anbruch des Reiches Christi auf Erden erst für die folgende Jahrhundertwende erwartet[78] oder Johann Albrecht Bengel um 1740 dasselbe Ereignis für den Juni 1836 berechnet, eines bleibt gleich: Eine Erfüllung ihrer Erwartungen werden sie nicht selbst erleben. Anders dagegen im Jahr 1818 und danach: Wer jetzt auf Bengel setzte, konnte darauf behaftet werden. Wer sich öffentlich zum Thema äußerte, musste damit rechnen, mit Bengel ins Recht oder eben auch Unrecht gesetzt zu werden. Die Folge war eine gewisse Arkandisziplin,

---

77   Vgl. FRIED, Aufstieg, S. 66: »Gewöhnlich gehen derartige Auskünfte unter, kaum daß sie sich als irrig erwiesen; die Befürchtungen, die sie hervorbrachten, werden verdrängt, umgedeutet, schleunigst vergessen [...]. Historiker übersehen das gewöhnlich und deduzieren aus der psychischen Damnatio memoriae die Nichtexistenz des Verdrängten. Sie sollten schleunigst bei Psychologen in die Lehre gehen.« (Hierzu auch die klassische Studie: FESTINGER/RIECKEN/SCHACHTER, When Prophecy Fails).
78   Vgl. JAKUBOWSKI-TIESSEN, Eine alte Welt, S. 183ff.

eine Scheu, seine Erwartungen nachprüfbar öffentlich zu machen. Also nicht nur die schon enttäuschten, sondern auch die noch nicht enttäuschten Erwartungen erfuhren eine Art von Verschleierung.

3. Endzeitlich orientierte Gruppen hinterlassen als solche möglichst wenig Anhaltspunkte ihrer Tätigkeit, denn sie werden von den Vertretern der staatlichen oder kirchlichen Autoritäten in der Regel verdächtigt, zu den öffentlichen Ordnungen in Opposition zu stehen oder gar aktiv gegen sie vorgehen zu wollen.[79] Pietistische Privatversammlungen und die in ihnen geäußerten Anschauungen sind daher selbst im Württemberg des Pietisten-Reskripts eine für den Historiker nur schwer zu erfassende Größe.[80]

Quellen millenarischer Erwartungen tendieren zum Verschwinden oder werden einer nachträglichen Überarbeitung unterzogen.[81] Für den Historiker bedeutet das eine mühsame Suche nach den erhaltenen Spuren einer sich dem Zugriff entziehenden Überlieferung. Er darf nichts für gesichert halten, das nicht durch zeitnahe, authentische Quellen belegt werden kann. Erinnerungen aus der Rückschau und Behauptungen Außenstehender können nur mit erhöhter Vorsicht einbezogen werden. Was heißt das für die Quellen der vorliegenden Arbeit?

1. *Private handschriftliche Quellen.* Briefe, Zirkularkorrespondenzen, Tagebücher und Reiseberichte sind nicht nur zeitnahe Quellen, die über Verhältnisse zum Zeitpunkt ihrer Abfassung Auskunft geben, sondern bieten durch ihren privaten Charakter auch Einsicht in Gedankengänge, die deren Autoren nicht der Öffentlichkeit preisgeben wollten.[82] Über weite Strecken basiert meine Arbeit auf solchen privaten handschriftlichen Quellen. Als wichtigste Bestände nenne ich: die Zirkularkorrespondenzen württembergischer Pfarrer[83] und die reichhaltigen Korrespondenzbestände im Spittler-Archiv Basel und im Knapp-Archiv Stuttgart.[84] Einen in vielerlei Hinsicht exklusiven Bestand bilden die Reiseberichte der Herrnhuter Diaspora-Prediger.[85] Sie waren zur Information der Unitätsleitung bestimmt

---

79   Grundlegend dazu Scott, Domination. Als die elementaren Formen des politischen Handelns solcher Gruppen nennt Scott: informelle Leitung, mündlichen Diskurs, heimlichen Widerstand. Es liegt in der Logik der Dinge, dass diese Formen keine Zeugnisse hinterlassen (vgl. S. 200: »The logic of infrapolitics is to leave few traces in the wake of its passage. By covering its tracks it not only minimizes the risks its practitioners run but it also eliminates much of the documentary evidence that might convince social scientists and historians that real politics was taking place.«)

80   Vgl. dazu vor allem Kapitel 1, Abschnitt V.

81   Grundlegend dazu Landes, On Owls, Roosters, and Apocalyptic Time, S. 56–59 (»The Documentary Vestiges of Apocalyptic Time«).

82   Zum Brief als historischer Quellengattung vgl. Maurer, Briefe.

83   WLB Stuttgart, Cod. hist. 4° 451a–h (Zirkularkorrespondenz Hofacker; 1823–1868); Cod. hist. 4° 505a–c (Zirkularkorrespondenz Burk; 1824–1828).

84   StA Basel, PA 653 (Spittler-Archiv), Abt. V: Briefe an Christian Friedrich Spittler; LKA Stuttgart, D 2 (Knapp-Archiv), u.a. Nr. 81–86: Briefe von und an Albert Knapp.

85   UA Herrnhut, R. 19. B. l: Berichte aus Württemberg.

und damit für eine sehr eingeschränkte Öffentlichkeit. Sie sind aus der Sicht des teilnehmenden Beobachters verfasst. In der Stellung der Reiseprediger zu den von ihnen besuchten pietistischen Versammlungen verband sich die Nähe und Sympathie des Glaubensbruders mit der Fremdheit und Distanz des Nicht-Württembergers auf eine für den Historiker glückliche Weise.[86]

2. Staatliche und kirchenamtliche Quellen. Sahen staatliche oder kirchliche Stellen die hergebrachte Ordnung in Gefahr, traten sie auf den Plan. Die dabei entstandenen handschriftlichen Quellen habe ich an zweiter Stelle herangezogen. Es sind dies im Wesentlichen die Bestände des Landeskirchlichen Archivs Stuttgart und des Staatsarchivs Ludwigsburg.[87] Hier kamen Endzeiterwartungen als bedrohliche Anomalie in den Blick, als unerwünschte Gefahr für die bürgerliche Ordnung. Der normative Blick von außen bedingt Unschärfen in der Wahrnehmung. Im Einzelfall vermitteln solche Quellen gleichwohl eine wenigstens ungefähre Einsicht in ansonsten verborgen bleibende Verhältnisse.[88]

3. Zeitungen, Zeitschriften und andere Periodika. Neben den handschriftlichen Quellen bildet die pietistische Presse den wichtigsten gedruckten Quellenbestand. An erster Stelle ist hier der 1831 gegründete *Christenbote* zu nennen, der in kurzer Zeit eine führende Stellung unter den pietistischen Periodika in Württemberg erlangte.[89] Mit Hilfe des *Christenboten* vermochten es sein Gründer Christian Burk und dessen Freundeskreis spontan und breit gestreut Einfluss auf die Privatversammlungen im ganzen Land zu nehmen. Gleichzeitig hatte der württembergische Pietismus erstmals ein Informationsorgan, das auch außerhalb der pietistischen Kreise wahrgenommen wurde.

4. Predigten. Eine Quellengattung eigener Problematik sind gedruckte Predigten. Sie verleiten dazu, vorschnell Aussagen über Mentalität und Gedankenwelt ihrer angenommenen Hörerschaft zu machen. Doch oftmals ist bei gedruckten Predigten unbekannt, ob sie in der vorliegenden Gestalt überhaupt je auf der Kanzel gehalten wurden. Manche gedruckte Predigt ist von Anfang an ein literarisches Produkt.[90] Allerdings lassen gedruckte Predigten durchaus Rückschlüsse auf die Intentionen ihrer Autoren zu. Der vom Prediger imaginierte Hörer oder die von ihm imaginierte Leserin lassen

---

86 Eine Edition der Herrnhuter Reiseberichte gehört zu den dringlichsten Desiderata der württembergischen Kirchengeschichtsforschung.

87 LKA Stuttgart, A 26: Allgemeine Kirchenakten; hier besonders die Büschel 462 (Korntal) und 464 (Pietisten, Hauptakten); außerdem die einschlägigen Bestände der Dekanatsarchive. – StA Ludwigsburg, hier besonders die Akten zur unabhängigen Gemeinde Korntal (E 173 III Bü 7505f).

88 Exemplarisch verweise ich auf die konsistoriale Umfrage nach pietistischen Privatversammlungen bei allen württembergischen Pfarrämtern aus dem Jahr 1821 (LKA Stuttgart, A 26, 464, 2; sowie diverse Bestände bei den Dekanatsarchiven; vgl. unten Kapitel 1, Abschnitt V.).

89 Zum *Christenboten* vgl. unten Kapitel 3, Abschnitt III.

90 Vgl. dazu unten Kapitel 3, Abschnitt IV. 1. *Wilhelmsdorf und das Predigtbuch.*

sich näher beschreiben. Und damit werden auch Predigtbände zu wertvollen Quellen der endzeitlichen Vorstellungen ihrer Autoren.

5. *Flugschriften*. Eine leider allzu vergängliche Quellengattung sind die Flugschriften, deren Zeitgebundenheit und Marginalität sie nur selten hat Eingang in Archive und Bibliotheken finden lassen. Der Forscher ist oftmals auf Zufallsfunde angewiesen, deren Verbreitung in ihrer Entstehungszeit er zudem meist nur schwer einschätzen kann. Man darf allerdings von einem regen Handel mit Traktaten und Kleinliteratur ausgehen.[91]

2. Methodendiskussion

In erster Linie ist diese Arbeit eine kirchengeschichtliche. Kirchengeschichte wird hier allerdings mit einem kulturwissenschaftlich interessierten Blick betrieben und als Geschichte christlicher, in diesem Fall protestantischer Wissenskulturen und des aus ihnen erwachsenden religiösen Handelns verstanden. Sie tritt damit in die nähere oder weitere Nachbarschaft anderer Methoden und Disziplinen und muss Rechenschaft über ihr Verhältnis zu diesen ablegen.

1. *Theologiegeschichte*. Die meisten der erreichbaren Quellen stammen von Theologen. Für eine theologiegeschichtliche Untersuchung wäre das kein Schaden. Wer jedoch wissen will, welchen Stellenwert Theologie im Alltag hatte, der fragt nicht nur danach, was Theologen gedacht haben, sondern der will auch etwas wissen über die einfachen Leute: Bauern und Handwerker, Frauen, Landleute. Was haben sie gedacht? Wie haben sie ihre Wirklichkeit erfahren? Haben sie in endzeitlicher Erwartung gelebt? Welche Folgen hatte das für ihren Alltag, für die Begegnung und Kommunikation mit anderen?[92] Menschen aus bildungsfernen Lebensverhältnissen hinterlassen jedoch nur wenige Zeugnisse ihrer Gedanken und Vorstellungen. Wer ihnen forschend näher kommen möchte, ist auf Umwege angewiesen. Ein solcher Umweg ist die Frage nach der Kommunikation zwischen Theologen und Laien.[93] Theologen, zumal wenn sie im Pfarramt tätig sind, reagieren mit ihren mündlichen und schriftlichen Äußerungen auf Vorstellungen und Vorgänge, mit denen sie in ihren Gemeinden konfron-

---

91 Vgl. unten Kapitel 2, Abschnitt III. 1. *Apokalyptischer Buchmarkt*.

92 Vgl. dazu GIERL, Rezension Brecht, S. 204: »Haben die Theologen den Pietismus in die Welt gesetzt – welche Frage könnte brisanter sein als die, was der Pietismus denn ›macht‹ in der Welt? Beantwortet man sie nicht, scheint es plötzlich zwei beunruhigend getrennte ›Pietismen‹ zu geben: den Theologen-Pietismus, vertraut nach Namen und Lehren, und den Pietismus, gelebt zwar, dennoch nur dunkel bekannt, in den Gemeinden – den Pietismus der Leute, die ihn brauchten und gebrauchten in ihrer Lebenswelt.«

93 Vgl. noch einmal GIERL, Rezension Brecht, S. 204, der das Zitat der vorigen Anmerkung fortsetzt: »Die Beschäftigung mit der Praxis der Theologen und der Rezeption vermöchte in die Mauer zwischen den Bereichen Fenster zu setzen.«

tiert werden. Theologie entsteht nicht im luftleeren Raum, sondern hat Anlässe. Quellen von Theologen lassen sich daher auf zweierlei Weise befragen: Zum einen, auf welche Vorstellungen oder Vorgänge reagieren sie und was suchen sie an Einstellungen oder Handlungen zu bewirken? Zum anderen, wie wird in ihnen über die von ihren Autoren im gemeindlichen Alltag geübte Praxis reflektiert?[94] Werden Quellen aus Theologenhand auf diese Fragen hin untersucht, so lässt sich ein wenigstens partielles Bild der Kommunikation zwischen Theologen und Laien ermitteln. Diese Arbeit geht über eine theologiegeschichtliche Untersuchung hinaus, indem sie nach den wechselseitigen Einflüssen zwischen Autoren und Leser- bzw. Hörerschaft fragt und diese in den Mittelpunkt stellt.

2. *Sozialgeschichte.* Die von seriellen Quellen und quantifizierenden Methoden ausgehende sozialgeschichtliche Nachfrage verspricht Aufschlüsse über den Zusammenhang von Religiosität und sozialen Umständen. Sie hat jedoch bei der Erforschung des württembergischen Pietismus bisher »mehr Desiderate als Ergebnisse« hervorgebracht.[95] Vor einer weitreichenden Theoriebildung müsste sie durch eine breit angelegte Zahl von lokalgeschichtlichen Studien erst einmal auf eine tragfähige Basis gestellt werden. Anderenfalls unterläge sie allzu leicht der Gefahr einer funktionalistischen Reduktion, die Frömmigkeit vorschnell als Produkt sozialer Verhältnisse verstehen will.[96]

3. *Mentalitätsgeschichte.* Dem Dilemma der Sozialgeschichte versucht seit einiger Zeit auch die kirchengeschichtliche Forschung zu entkommen,

---

94 Wenn sich Pfarrer in einer Zirkularkorrespondenz brieflich miteinander austauschen, dann sind nicht nur ihre theologischen Diskussionen interessant, sondern gerade auch Aussagen über ihre Amtspraxis, z.B. ihr Verhältnis zu den jeweils am Ort befindlichen Privatversammlungen (vgl. unten Kapitel 2, Abschnitt I. 4. *Pietistische Pfarrer und Privatversammlungen*).

95 GESTRICH, Pietistische Dörfer, S. 28, vor dem Hintergrund einer eingehenden Kritik der Ansätze von TRAUTWEIN, Religiosität und Sozialstruktur, und LEHMANN, Pietismus und weltliche Ordnung. Gestrichs Forderung, eine »historische Kartographie« (ebd.) des popularen Pietismus in Württemberg zu erstellen, kann nur nachdrücklich unterstützt werden. Vgl. auch LEHMANN, Probleme.

96 Das unten in Kapitel 1, Abschnitt III. vorgestellte Beispiel der durch Ignaz Lindl im Heidenheimer Oberamt ausgelösten Auswanderung mahnt zur Vorsicht vor Verallgemeinerungen. Zu den endzeitlich motivierten Auswanderern zählten Angehörige unterschiedlichster sozialer Herkunft. Funktionalistische Erklärungen endzeitlicher Anschauungen – als seien letztere allein aus Armut, Marginalisierung oder Unterdrückung erklärbar – stoßen damit sehr schnell an deutliche Grenzen. Zur Kritik an einer funktionalistischen Reduktion vgl. BRECHT, Einleitung, in: GdP, Bd. 1, S. 1–10, der betont, dass »Frömmigkeit nicht lediglich ein Produkt der sozialen Umstände ist, so sehr sie dadurch beeinflußt sein mag, sondern ein eigenständiger Faktor, von dem seinerseits Impulse ausgehen« (S. 7); sowie GRAF, Wiederkehr, S. 109: »Wer mit seinen analytischen Begriffen den religiösen Glauben eines anderen, wie differenziert auch immer, zu erfassen und die Funktion zu bezeichnen sucht, die dieser Glaube für eben diesen Menschen – oder Religion für die Gesellschaft – hat, muß durch methodische Reflexion eine elementare Grenze seines eigenen Tuns akzeptieren lernen: Der Glaube ist für einen frommen Menschen etwas qualitativ anderes als eine Funktion von x oder ein Nutzen für y.«

indem sie auf das Konzept der Mentalitätsgeschichte zurückgreift.[97] Letztere fragt nach langfristigen und unbewussten Einstellungen, nach mentalen Dispositionen, die dem Handeln und Kommunizieren voraus liegen.[98] Da die Kirchengeschichte aber letztlich meist doch nach bewussten Einstellungen, Meinungen und Lehren fragt, verbleibt sie im Bereich einer »Sozialgeschichte der Ideen« und verfehlt den Begriff der Mentalitätsgeschichte.[99] Endzeitliches Handeln und Kommunizieren einerseits und deren mentale Dispositionen, also Mentalitäten andererseits dürfen nicht miteinander verwechselt werden.

4. *Kommunikationsgeschichte.* Fragt Kirchengeschichte nicht nur nach theologischen Diskursen oder kirchlichen Institutionen, sondern weitergehend nach »Religion als Deutungs- und Kommunikationssystem [...], das weltanschauliche Codes, soziale Beziehungen und Lebensweisen prägt«[100], begibt sie sich in unmittelbare Nachbarschaft zur neueren Kulturgeschichte, genauer: einer kulturwissenschaftlich verstandenen Kommunikationsgeschichte.[101] Die Kirchengeschichtsschreibung erfährt damit eine Ausweitung ihrer Forschungsperspektiven auf die Vielfalt religiöser Kommunikation und ihrer Akteure.[102] Sie fragt nach Motiven und Intentionen der Kommunizierenden, nach Orten, Mitteln und Wegen der Kommunikation: Was bewegt die Akteure der Kommunikation, was wollen sie erreichen? Welche

---

97   Zum Mentalitätsbegriff in der kirchengeschichtlichen Forschung vgl. KUHLEMANN, Mentalitätsgeschichte; BLASCHKE/KUHLEMANN, Religion, S. 12–21.

98   Vgl. GRAUS, Mentalität; SELLIN, Mentalitäten, S. 104: »Mentalitäten lassen sich als kollektive Dispositionen beschreiben, und es wird angenommen, daß die Angehörigen einer Gruppe sich in der Regel, wenn auch nicht in jedem Einzelfall, entsprechend der Mentalität der Gruppe verhalten. Genau genommen handelt es sich hierbei um gesellschaftlich vermitteltes Wissen, vermöge dessen der einzelne eine bestimmte Situation so oder anders deutet und die seiner Zeit und Soziallage angemessenen Mittel zu ihrer Bewältigung ergreift.«

99   GRAUS, Mentalität, S. 379, warnt: »Meinungen und Lehren reflektieren zweifellos zum Teil Mentalitäten – und sie beeinflussen sie (zum Beispiel kirchliche Dogmen, nationale Ideologien), aber sie sind mit ihnen nicht identisch, und Mentalitätsgeschichte ist keine ›Sozialgeschichte der Ideen‹. Mentalitäten können von den Beteiligten (Insidern) nicht formuliert werden« und definiert: »Mentalität ist der gemeinsame Tonus längerfristiger Verhaltensformen und Meinungen von Individuen innerhalb von Gruppen.« Er unterscheidet daher »den Begriff Mentalität für die Forschung sowohl von der Untersuchung von Vorstellungen einer Zeit (l'imaginaire) als auch von der Ideen- und Ideologiegeschichte«.

100   ALTERMATT/METZGER, Religion und Kultur, S. 191. Vgl. zum Zusammenhang von Kirchen- und Kulturgeschichte auch DELGADO, Religion und Kultur; KUHN, Krisen, S. 452f.

101   Zur Kommunikationsgeschichte vgl. SCHMOLKE, Theorie; KELBER, Geschichte.

102   Kommunikation verstehe ich in einem weiten Sinn als kulturellen Prozess des Austausches – also der Produktion, Mitteilung und Aneignung – von Information. Zum Begriff der Kommunikation vgl. MÖRTH, Kommunikation; KASCHUBA, Öffentliche Kultur; SANDBOTHE, Medien. In den letzten Jahren wird auch in der Geschichtswissenschaft dem Begriff der Kommunikation vermehrt Aufmerksamkeit zugewendet, speziell am Frankfurter SFB 435 »Wissenskultur und gesellschaftlicher Wandel« (vgl. dazu zuletzt SCHORN-SCHÜTTE, Politische Kommunikation) sowie am Bielefelder SFB 584 »Das Politische als Kommunikationsraum in der Geschichte«.

Haltungen oder Handlungen wollen sie fördern oder auslösen? Welche Mittel oder Foren werden zur Kommunikation genutzt? Wie kommen und bleiben deren Partner in Kontakt? Wie wird durch Kommunikation Wissen neu strukturiert?[103] Indem sich diese Arbeit in die Nachbarschaft der Kommunikationsgeschichte begibt, möchte sie einige Bausteine zu einer Beschreibung des württembergischen Pietismus als eines vielgestaltigen Kommunikationsraumes beitragen.[104]

Unter der Rede vom *Kommunikationsraum* soll dabei derjenige sozial oder topographisch umgrenzte Raum verstanden werden, den Menschen mit einem spezifischen Denkstil[105] und bestimmten kommunikativen Strukturen und Aktionsformen ausbilden. Ein solcher Raum kann soziale Gestalt annehmen, z.B. durch die Mitglieder einer pietistischen Privatversammlung; er kann sich aber auch topographisch lokalisieren lassen, z.B. durch die Wohnstube des Handwerkers, in der sich die Privatversammlung regelmäßig zur Erbauungsstunde einfindet. Soziale und topographische Raumanordnungen bilden den Zusammenhang eines Kommunikationsraums.[106] Die im

---

103 Für die Grundzüge einer Kommunikationsgeschichte des Pietismus sind auch die programmatischen Hinweise bei LEHMANN, Horizonte, heranzuziehen. Vgl. außerdem DERS., Grenzüberschreitungen; JAKUBOWSKI-TIESSEN, Eigenkultur, S. 203–206.

104 Zwei weitere methodische Zugänge stehen dem hier skizzierten nahe: (1) das von dem Frankfurter SFB 435 »Wissenskultur und gesellschaftlicher Wandel« geförderte Forschungskonzept der Wissenskulturen fragt nach der Entstehung und dem Transfer von Wissen in sozialen Kontexten, vgl. dazu PAHL, Kirche; (2) die Diskursanalyse fragt nach den *Orten*, an denen Wissen entsteht, nach den Regelmäßigkeiten seiner *Einschreibung*, nach den *Grenzen*, die dadurch gezogen werden und nach dem durch diese drei Aspekte konstituierten ideellen *Archiv*, auf dessen Basis ein bestimmter sozialer Sprachraum generiert wird, vgl. dazu SARASIN, Geschichtswissenschaft, S. 34f und S. 58: »Diskurse definieren Räume des Sprechens – Räume mit ihren Grenzen, ihren Übergängen zu anderen Diskursen und mit ihren Subjektpositionen.« – Gleichwohl greife ich nicht auf das begriffliche Arsenal der Diskursanalyse zurück, da ich auf die von ihr sistierte hermeneutische Dimension einer Nachfrage nach Motiven und Intentionen historischer Subjekte nicht verzichten möchte (zum Programm einer hermeneutischen Kulturgeschichte vgl. ebd., S. 27f und DANIEL, Kompendium, S. 7–25, bes. 17–19).

105 Der Begriff geht auf den polnischen Mikrobiologen und Wissenschaftstheoretiker Ludwik Fleck (1896–1961) zurück, der mit seiner Lehre vom Denkstil und Denkkollektiv nicht nur seine eigenen Disziplinen befruchtete: »Der Denkstil besteht, wie jeder Stil, aus einer bestimmten Stimmung und der sie realisierenden Ausführung. Eine Stimmung hat zwei eng zusammenhängende Seiten: sie ist Bereitschaft für selektives Empfinden und für entsprechend gerichtetes Handeln. Sie schafft die ihr adäquaten Ausdrücke: Religion, Wissenschaft, Kunst, Sitte, Krieg usw., je nach der Prävalenz gewisser kollektiver Motive und der angewandten kollektiven Mittel. Wir können also *Denkstil als gerichtetes Wahrnehmen, mit entsprechendem gedanklichen und sachlichen Verarbeiten des Wahrgenommenen, definieren.*« (FLECK, Entstehung, S. 130; vgl. zu Flecks Denkstil-Lehre auch EGLOFF (Hg.), Tatsache). In den historischen Disziplinen steht eine angemessene Würdigung von Flecks Denkstil-Lehre weithin noch aus, vgl. aber FRIED, Aufstieg, S. 15 u.ö.

106 Zum Begriff des Kommunikationsraums vgl. SCHWERHOFF, Kommunikationsraum, bes. S. 142; LÖW, Raum, S. 57f: »Räume sind stets neu zu produzierende und reproduzierende (An)Ordnungen, welche nicht nur aus platzierten Gütern und gebauten Materialien bestehen, sondern den Menschen in einem über Wahrnehmung und Kognition verlaufenden Syntheseprozess

ersten Kapitel dieser Arbeit näher beschriebenen fünf Beispiele kommunikativer Situationen, ihr jeweiliges Setting und ihre spezifischen Inhalte,
lassen es sinnvoll erscheinen, im Falle des württembergischen Pietismus um
1820 von einem *endzeitlichen Kommunikationsraum* zu sprechen, in dem
durch entsprechende kommunikative Formen ein endzeitlicher Denkstil
gepflegt wurde.

Ein letzter methodischer Gedankengang macht die Vorzüge der kommu-
nikationsgeschichtlichen Nachfrage sowohl gegenüber einer theologiege-
schichtlichen als auch einer sozialgeschichtlichen Untersuchung deutlich:
Während die Theologiegeschichte nur den intellektuellen oder auch elitären
Diskurs der Theologen zu Gesicht bekommt, widmet sich die Sozialgeschichte vornehmlich den Lebensverhältnissen einfacher Leute. Erst unter
dem Leitbegriff der Kommunikation geraten alle Erscheinungsweisen des
württembergischen Pietismus gleicherweise und in ihren vielfältigen Verflechtungen in den Blick. Aufgrund ihrer Kommunikationsmittel und -wege
lassen sich am Anfang des 19. Jahrhunderts drei Erscheinungsweisen des
württembergischen Pietismus unterscheiden: (1) *pietistische Theologen*
traten durch Konferenzen und Korrespondenzen miteinander in Verbindung
und durch Predigten, Periodika und andere Druckschriften an die Öffentlichkeit; (2) *bürgerliche Pietisten* – Angehörige bildungsnaher Lebensverhältnisse und deren Familien: Akademiker, Beamte, Lehrer, Kaufleute –
waren durch das Netzwerk der Christentumsgesellschaft miteinander
verbunden und organisierten erste karitative Initiativen; (3) der *populare
Pietismus* – Angehörige bildungsferner Lebensverhältnisse und deren Familien: vornehmlich Bauern und Handwerker – fand sich in Privatversammlungen zusammen.[107] Es sei noch einmal betont: Der Unterscheidung von
drei Erscheinungsweisen liegt keine soziologische Analyse zugrunde,
sondern die Beobachtung unterschiedlicher kommunikativer Aktionsformen.

einbinden. [...] Die meisten räumlichen (An)Ordnungen sind institutionalisiert und werden entweder
durch Zäune, Mauern etc. abgesteckt, durch symbolische Zeichen markiert oder durch Erfah-
rungswissen vermittelt. Diese zu Institutionen materialisierten räumlichen Arrangements verfestigen
sich zu Anordnungsstrukturen der Gesellschaft. Sie strukturieren das Handeln vor. Gleichzeitig
existieren sie auf Dauer nur, weil im Handeln individuell und kollektiv auf sie Bezug genommen
wird. Raum bringt Ordnungsformen hervor, die in aktiven Platzierungen rekursiv reproduziert
werden.«

107 Vgl. im Anhang Tabelle 1: Pietistische Kommunikation in Württemberg am Anfang des
19. Jahrhunderts.

III. Aufbau und Gestaltung

Schließlich noch einige Hinweise zum Aufbau und zur Gestaltung der Arbeit. Die Darstellung gliedert sich in vier Kapitel, die wiederum in römisch nummerierte Abschnitte und arabisch nummerierte Unterabschnitte eingeteilt sind. Querverweise innerhalb der Arbeit beziehen sich meist auf diese Unterabschnitte. Kapitel 1 schildert an fünf Beispielen die *Kommunikation der Endzeit* im einheimisch gebliebenen württembergischen Pietismus nach dem Abebben der Auswanderungswelle von 1816 und 1817. Das Schwergewicht liegt dabei auf der Untersuchung, welchen Stellenwert endzeitliche Erwartungen im popularen Pietismus besaßen. Dem stehen in Kapitel 2 die Positionen erweckter Pfarrer *zwischen Unruhe und Ordnung* gegenüber, die theologischen Strategien, mit denen sie auf die in ihren Gemeinden anzutreffenden endzeitlichen Erwartungen reagierten. Das Heranrücken des Jahres 1836 brachte den württembergischen Pietismus an eine Wende. In Kapitel 3 wird gezeigt, wie pietistische Theologen versuchten, die *enttäuschten Erwartungen* aufzufangen und die Versammlungskreise der Landeskirche wieder anzunähern. Der weitere Verlauf dieses Prozesses kommt in Kapitel 4 zur Sprache. Dabei erlebte der württembergische Pietismus im Vormärz eine ambivalente Entwicklung *zwischen Konsolidierung und Resignation*. Der *Schluss* konturiert ein letztes Mal den württembergischen Pietismus zwischen 1818 und 1848 als millenarische Bewegung zwischen Korntal und Konsistorium.

Im *Anhang* finden sich alle notwendigen Beigaben: das Abkürzungsverzeichnis, die Tabellen sowie die Verzeichnisse der verwendeten Archivalien, gedruckten Quellen, Zeitungen und Zeitschriften, Hilfsmittel und der sonstigen Literatur. Daneben finden sich dort Biogramme der auftretenden Personen mit biographischen Kurzinformationen. Für die Lebensdaten von Personen, die nur in den Fußnoten erwähnt werden, sei grundsätzlich auf diese Biogramme verwiesen. Im Text selbst werden Lebensdaten in der Regel nur bei der ersten Nennung einer Person angeführt.

Zitate aus gedruckten Quellen werden diplomatisch treu wiedergegeben, abgesehen von der Aufhebung der doppelten Großschreibung am Beginn der Gottesbezeichnungen (GOtt, HErr, JEsus). Sämtliche Hervorhebungen durch Kursivierung, Sperrung oder Fettdruck werden kursiv wiedergegeben. Zitate aus handschriftlichen Quellen werden im Buchstabenbestand diplomatisch treu wiedergegeben, abgesehen von der Auflösung der Verdoppelungsstriche über den Buchstaben ›m‹ und ›n‹. Die Groß- und Kleinschreibung sowie die Zeichensetzung werden zur besseren Lesbarkeit dem heutigen Gebrauch angenähert, Abkürzungen in der Regel aufgelöst. Archivsignaturen werden dem Gebrauch des jeweiligen Archivs entsprechend genau wiedergegeben.

Kapitel 1:
Kommunikation der Endzeit
Millenarische Anschauungen im
württembergischen Pietismus

Ein schillernder Titel: Kommunikation der Endzeit. So schillernd wie manches Leben, manche Geschichte, der wir in diesem Kapitel nachgehen werden. Das allerdings wäre nicht Grund genug, einen solch mehrdeutigen Titel zu wählen. Die Mehrdeutigkeit entspricht vielmehr dem zu erzählenden Gegenstand. Zum einen wird in einem temporalen Sinn von Kommunikation in der Endzeit berichtet werden. Alle Menschen, die im Weiteren auftreten werden, waren davon überzeugt, in einer Zeit zu leben, die auf eine entscheidende Wende zulief. Ein Aspekt dieses Kapitels wird also sein zu ermitteln, worüber Menschen miteinander sprachen, die sich selbst und ihre Welt in einer letzten Zeit wähnten. Was ist ihnen wichtig? Was wird zum Thema der mündlichen oder schriftlichen Kommunikation? Insofern hat der Genitiv des Titels dann auch einen materialen Sinn: Die Endzeit war Inhalt der Kommunikation. Es ging darum, andere an der eigenen Einsicht in die Zeichen der Zeit teilhaben zu lassen. Der Gedanke der Teilhabe weist des Weiteren auf einen performativen Sinn des Titels hin: Im Akt des Mitteilens endzeitlicher Erwartungen vollzieht und verwirklicht sich Endzeit. Wo über endzeitliche Themen gesprochen und geschrieben wird, entsteht eben dadurch ein endzeitlicher Raum der Kommunikation. Schließlich deutet sich im Begriff der Teilhabe der partitive Sinn des Titels an. Es wird speziell um Kommunikation gehen, weniger um Ideen oder Verhältnisse. Eine Ideen- oder Sozialgeschichte endzeitlicher Erwartungen wird allenfalls gestreift werden. Im Zentrum steht dagegen der kommunikative Aspekt endzeitlicher Mentalität: Gespräche, Briefe und Tagebücher, Flugschriften, Predigten, Versammlungen – alles Gelegenheiten der Kommunikation, Anlässe, sich über endzeitliche Erwartungen auszutauschen. In den folgenden fünf Abschnitten werden unterschiedliche Facetten endzeitlicher Kommunikation erkennbar werden. Zuerst kommen drei Männer und eine Frau an verschiedenen Orten in Württemberg in je eigenen kommunikativen Situationen zur Sprache. An ihren Beispielen wird der endzeitliche Kommunikationsraum deutlich, in dem sie sich bewegten. Die Quellen stammen aus den Jahren 1818 bis 1828. Zunächst begleiten wir einen Basler Missionsschüler auf seiner Vakanzreise im Sommer 1818 durch Württemberg. Wir begegnen dabei Personen und Themen, die im Laufe dieser Arbeit noch häufiger auftauchen werden, und lernen die unterschiedlichen Formen des württembergischen Pietismus kennen. Im zweiten Abschnitt wenden wir uns der Gründung der von der Landeskirche unabhängigen Gemeinde Korntal zu und fragen nach deren Motiven. Ein dritter Abschnitt behandelt an einem Fallbeispiel aus dem östlichen Landesteil Württembergs die Wirkungen apokalyptischer Predigt. Welche Bedeutung endzeitliche Erwartungen im Kontext einer individuellen Biographie erlangen können, bringt der vierte Abschnitt zur Sprache. Abschließend wird ein Blick auf endzeitliche Einstellungen unter denjenigen geworfen, die keine schriftlichen Zeugnisse hinterlassen haben: den einfachen Leuten im pietistischen Württemberg.

I. Endzeit im Gespräch

Am 5. August 1818 brach in Basel der Missionsschüler Wilhelm Dürr (1790–1862) zu einer zweimonatigen Vakanzreise ins Württembergische auf. Das Ziel war Kaltenwesten, heute Neckarwestheim, Dürrs Heimatort südlich von Heilbronn. Zwei Jahre früher war Dürr als erster Zögling in die neu gegründete Missionsschule in Basel aufgenommen worden.[1] Als deren Komitee im März 1816 darüber beriet, wie der Unterricht und das gemeinsame Leben in der Schule zu gestalten seien, wurden zugleich auch Bestimmungen über die Vakanzzeiten formuliert. Die Missionszöglinge sollten während ihrer Ferien Freunde auf dem Land besuchen und dabei Kenntnisse im Landbau und anderen wirtschaftlichen Fragen sammeln. Daneben hatten sie den Auftrag, Aufsätze über unterwegs gemachte Erfahrungen und Beobachtungen zu verfassen und nach der Reise bei der Schulleitung abzugeben. Man versprach sich davon »eine kleine Vorübung« für spätere Berichte von Missionsposten aus.[2] Offensichtlich nahm man von diesen Bestimmungen aber bald wieder Abschied. Noch bevor der erste Jahrgang von Schülern sich im Sommer 1817 auf die Vakanzreise machte, stellte das Komitee lapidar fest: »Die Zöglinge reisen meistens auf Besuch in ihre Heimath. [...] Die ihnen bestimmte Beschäftigung besteht bloß in der getreuen Führung eines Journal's.«[3] Die Journale oder Tagebücher waren der Schulleitung nach der Rückkehr abzugeben. Nachträgliche Korrekturen an

---

1   SCHLATTER, Geschichte der Basler Mission, Bd. 1, S. 26 und 35. Das Personalfaszikel von Wilhelm Dürr (ABM Basel, BV 1) enthält auch einen handgeschriebenen Lebenslauf, der 1930 im *Christenboten* (Nr. 26 vom 29. Juni) auszugsweise abgedruckt wurde.

2   ABM Basel, Komiteeprotokolle, Bd. 1 (1815/16), S. 30 (7. März 1816).

3   Ebd., Bd. 2 (1817), S. 21 (28. Juli). Genauere Vorgaben für den Inhalt der Tagebücher wurden nicht gemacht, zumindest nicht schriftlich festgehalten.

der Rechtschreibung von fremder Hand zeigen, dass die Tagebücher im Missionshaus gelesen und wahrgenommen wurden.

1. Vakanzreisen ins pietistische Württemberg

Ein großer Teil der Basler Missionszöglinge (wie auch ihrer Lehrer) stammte aus Württemberg. Da sie während der Vakanz meistens in die Heimat reisten, sind ihre Vakanztagebücher aufschlussreiche Quellen für erweckte Kommunikation in pietistischen Kreisen des damaligen Württemberg. Wilhelm Dürrs Tagebuch aus dem Jahr 1818 ist dafür ein illustratives Beispiel. Im Blick auf seine Sprache und die angeschnittenen Themen kann es als repräsentativ gelten. Auch mit seiner ungelenken Handschrift, die den ungeübten Schreiber offenbart, gleicht es vielen anderen Journalen. Aus der Gesamtheit der erhaltenen Tagebücher ragt es lediglich durch eine gewisse naive Redseligkeit und Ausführlichkeit heraus.[4]

Doch zunächst ein Wort zum Quellenwert der Vakanztagebücher überhaupt. Sie geben Auskunft über den Reiseverlauf, über Besuche und Übernachtungen, sie berichten über Gespräche, die der Verfasser unterwegs führte, Predigten, die er hörte, Versammlungen, an denen er teilnahm oder die er selbst hielt. Selbst die Tagebücher, die sich auf den äußeren Verlauf der Reise beschränken, enthalten damit wichtige Informationen über die äußeren Strukturen pietistischer Kommunikation. Nur in seltenen Fällen standen den reisenden Zöglingen Verkehrsmittel wie Kutschen oder Schiffe zur Verfügung. Der Großteil der Strecke wurde zu Fuß zurückgelegt. Die Tagesetappen orientierten sich an günstigen Gelegenheiten zur Übernachtung. Das waren, wann immer möglich, die Heimatorte von Mitschülern oder, häufiger, gastfreie Häuser von bekannten Erweckten des Landes. Waren diese nicht an einem Tag erreichbar, wurde ausnahmsweise auch in Gasthäusern übernachtet. Der Verlauf von Wilhelm Dürrs Reise liest sich beinahe wie das Adressbuch des damaligen pietistischen Württemberg: Haiterbach, Nagold, Sindlingen, Calw, Leonberg, Stuttgart, Esslingen, Marbach, Besigheim. Der Vergleich mit anderen Vakanztagebüchern macht deutlich: Es gab ein Netz von Anlaufstationen, wo die Missionsschüler mit Kost und Logis rechnen konnten. Oft waren es Häuser pietistischer Pfarrer oder bekannter erweckter Familien. Da das Netz aber auch Lücken hatte,

---

4   ABM Basel, QS-10.1,1: [Wilhelm Dürr], »ReißJournal welches ich auf meiner lezten vacanz Reiße nach Würtemberg im Jahr 1818 aufgenommen habe«, 2 Hefte im Oktavformat (die Zuschreibung an Wilhelm Dürr ergibt sich aus verschiedenen inhaltlichen Angaben: Vorname, Alter, Heimatort); im folgenden zitiert als: Dürr, Tagebuch. In den zwei Faszikeln des Bestandes QS-10.1 sind ca. 70 Vakanztagebücher aus den Jahren 1817 bis 1841 aus unbekannten Gründen separat gesammelt worden. Weitere Vakanztagebücher finden sich unregelmäßig in einzelnen Personalfaszikeln, so auch in dem von Wilhelm Dürr (BV 1) ein weiteres, kürzeres aus dem Jahr 1817.

wählten die Reisenden immer wieder dieselben Routen. Zum einen konnten sie dann weite Strecken gemeinsam zurücklegen, zum anderen brauchten sie sich keine größeren Gedanken wegen der Übernachtung machen. Auch für die Gastgeber war das System von bewährten Reisestrecken von Vorteil, denn man konnte den Missionsschülern Nachrichten oder Post mit auf den Weg geben. In erster Hinsicht können die Tagebücher damit als Informationsquelle für das Kommunikationsnetz dienen, das die württembergischen Pietisten untereinander verband.

Ein zweiter Blick richtet sich auf den inneren Gehalt der Einträge. Breiten Raum nahm in vielen Tagebüchern das Seelenleben des Verfassers ein, oder besser: sein Glaubensleben, seine Anfechtungen und Tröstungen. Der Leser erhält mehr oder weniger fragmentarischen Einblick in den Ausschnitt einer erweckten Biographie. Dabei darf nicht übersehen werden: Es handelte sich um angeordnete Tagebücher! Ihre Verfasser wussten, dass ihre Aufschriebe gelesen, vielleicht auch kommentiert werden würden. Sie konnten diesen Umstand aber nutzen, indem sie besonders das festhielten, was die Übereinstimmung ihrer Person mit ihrer Lebenswelt bezeugte. So berichteten sie in ihren Tagebüchern von Anfechtung und Trost. Sie erzählten von Gottesdiensten und Versammlungen. Sie passten sich mit ihrer von der Bibel geprägten Sprache der Sprachwelt ihrer erweckten Umgebung an. Sie verbanden mit weltlichen Dingen geistliche Assoziationen und dachten in Gegensätzen, wie bekehrt oder unbekehrt. Und sie taten dies alles nicht willkürlich, sondern weil sie teilhatten an dem erweckten Denkstil, der ihr Denken, Empfinden und Handeln bestimmte.[5] In ihren Vakanztagebüchern schrieben die Missionsschüler also nicht an ihrer individuellen Biographie, sondern an einem kollektiven Text, der das im Missionshaus und unter Erweckten gemeinsam Anerkannte und für wichtig Gehaltene wiedergab.[6]

Wenn also in Wilhelm Dürrs Tagebuch seiner Vakanzreise im Jahr 1818 das Gespräch immer wieder auf das Thema Endzeit kam, dann konnte das nur bedeuten: Das Thema war nicht nur in aller Munde, sondern wurde von Dürr auch für so entscheidend gehalten, dass er es in seinen Notizen vorrangig festhielt. Letzteres ist nach der Lektüre des Tagebuchs evident, ersteres muss allerdings erst geprüft werden. Es wäre ja denkbar, dass Dürr auf das Thema nur in bestimmten Kreisen des württembergischen Pietismus stieß, während es anderswo keine Rolle spielte. Die Aufgabe dieses Abschnittes wird es also sein, am Beispiel der von Wilhelm Dürr im Sommer 1818 festgehaltenen Begegnungen und Gespräche zu fragen, wie weit die verschiedenen Erscheinungsweisen des württembergischen Pietismus durch

---

5   Zum Begriff des Denkstils vgl. oben Einleitung, Abschnitt II. 2. *Methodendiskussion.*

6   Die Vakanztagebücher können daher nur in einem eingeschränkten Sinn als Selbstzeugnisse angesehen werden. Zur neueren Diskussion über Selbstzeugnisse als Quellen vgl. RUTZ, *Ego-Dokument.*

endzeitliche Erwartungen geprägt waren. Drei Gruppen sind dabei zu unterscheiden: pietistische Theologen, bürgerliche Pietisten und der populare Pietismus.[7] Wilhelm Dürr begegnete auf seiner Reise Vertretern aller drei Gruppen und hielt die Gespräche mit ihnen in seinem Tagebuch fest, das sich damit zu einer Tour d'horizon durch den damaligen Pietismus in Württemberg eignet.

2. Chiliastische Theologen

Gleich zu Anfang seiner Reise, am 10. August 1818, traf sich Dürr in Haiterbach mit dem dortigen Stadtpfarrer Christian Gottlob Pregizer, der zum Initiator vieler Privatversammlungen geworden war. Unter dem Einfluss der »Geistlichen Schatzkammer« von Stephan Prätorius hatte er eine Freudentheologie entwickelt, in deren Mittelpunkt die in der Taufe vermittelte Gnade und die dadurch erlangte unwiderrufliche Befreiung von der Sünde standen. Die von ihm geprägten Versammlungen separierten sich nicht von der Landeskirche, führten in ihr aber ein ausgeprägtes Eigenleben.[8]

In der Unterhaltung mit Dürr erwähnte Pregizer, er werde von manchen »ein Großsprecher« genannt, worauf er geantwortet habe, von so großen Sakramenten und so großen Verheißungen könne man nie groß genug reden.[9] Pregizers Wesen und Anschauungen sind in dieser Szene treffend zusammengefasst: Sein autoritativ auftretendes Selbstbewusstsein und seine Theologie, in der nicht nur die Taufe, sondern auch die endzeitlichen Verheißungen eine bedeutende Rolle spielten. So erzählte er Dürr von einem Reiseprediger, der ihn getadelt habe, weil er von der Wiederbringung aller Dinge, von der in der Bibel nichts stehe, gesprochen habe. Pregizer hielt also, in gut württembergischer Tradition, an der Lehre von der Allversöhnung fest.[10] Gegenüber Dürr präzisierte er seine Auffassungen, indem er betonte, wer Gottes Sohn im Glauben annehme, werde zu den Erstlingen gehören, die mit Christus im tausendjährigen Reich regieren würden; die anderen müssten erst »dort im Feuersee ausgebrannt werden«.[11] Dürr ließ es

7   Vgl. zu dieser Unterscheidung oben Einleitung, Abschnitt II. 2. *Methodendiskussion.*

8   Dürr, Tagebuch, Heft 1, S. 10–13. Zu Pregizer vgl. MÜLLER, Pregizer; BRECHT, Der württembergische Pietismus, S. 286, und oben Einleitung, Abschnitt I. 3. *Separatismus und Auswanderung.* Zu Prätorius' *Geistlicher Schatzkammer* (in der Bearbeitung von Martin Statius zuerst Lüneburg 1636 herausgegeben) und deren Bedeutung für Pregizer und die von ihm beeinflussten Privatversammlungen vgl. DÜKER, Freudenchristentum, S. 291–294, und unten Abschnitt V. 2. *Verbreitete Lesestoffe.*

9   Dürr, Tagebuch, Heft 1, S. 10f.

10   Ebd., S. 11 (unter Verweis auf Eph 1,9f und Jes 45,23–25). Zur Wiederbringungslehre bei Pregizer vgl. GROTH, Wiederbringung, S. 162–171.

11   Dürr, Tagebuch, Heft 1, S. 13. Pregizer bezog sich auf das Bild des apokalyptischen Feuerpfuhls, in dem die antichristlichen Mächte ihr Ende finden sollen (Offb 19,20; 20,10). Ein

offen, ob er Pregizer so ausführlich zitierte, weil er seine theologischen Deutungen für richtig oder nur für originell und deswegen erwähnenswert hielt. Zweierlei kann man auf jeden Fall festhalten: Pregizer sprach mit dem Missionsschüler über Verheißung, Wiederbringung, Erwählung und Ereignisse der letzten Zeit und Dürr dokumentierte diese Unterredung in seinem Tagebuch, das er in Basel abgeben sollte. Vieles spricht dafür, dass auch in der Basler Missionsschule über solche Themen, wie die Wiederbringung aller Dinge und ob und wie man sie vermitteln sollte, gesprochen wurde. Indem Dürr die Unterredung mit Pregizer in seinem Tagebuch festhielt, knüpfte er an solche Gespräche an.

Während Dürr mit Pregizer auf seiner Reise nur eine Begegnung hatte, kam er mit dem damals in Leonberg lebenden Johann Jakob Friederich mehrere Male zusammen.[12] Im Laufe von sechs Wochen traf er den Pfarrer an sieben verschiedenen Orten zwischen Nagold und Heilbronn.[13] Er nahm an von Friederich geleiteten Versammlungen teil, begleitete ihn auf den Wegen von einem Ort zum anderen, unterbrach sogar den Aufenthalt an seinem Geburtsort Kaltenwesten, um – von Friederich dazu aufgefordert – einer Rede des Pfarrers in Heilbronn beizuwohnen. Dürrs Tagebuch dokumentiert nicht nur die intensive Verbindung des Missionsschülers mit Friederich, sondern auch die überaus rege Reisetätigkeit des letzteren und widerspricht damit dem bisher bekannten Bild des zurückgezogen in Leonberg und später in Korntal lebenden zwangspensionierten Pfarrers.[14] Offensichtlich war Friederich von Leonberg aus als Reiseprediger tätig

---

beredtes Zeugnis von Pregizers endzeitlichen Anschauungen bildet ein Bericht, den er im Jahr 1821 aus Veranlassung einer konsistorialen Umfrage wegen der Privatversammlungen verfasste (LKA Stuttgart, A 26, 464, 2). Darin antwortete er auf die Frage nach den bei den Versammlungen vorherrschenden endzeitlichen Meinungen: »Nicht die Meynungen, sondern die bestimmte positive Bibel-Wahrheiten von dem noch kommenden Menschen der Sünde und Sohn des Verderbens, (2 Thess. 2) dem eigentlich so genannten Widerchrist, von der lezten Weltzeit, und ihren schröklichen evenements als gewissen Vorbotten der sich nähernden Zukunft des Richters aller Welt, wie auch von den lezten 1000 Jahren des noch auf dem ganzen Erdboden unter Juden und Heyden herrlich sich offenbarenden Königreichs Jesu nach der unfehlbaren ganzen Bibellehre des alten und neuen Testaments verbreiten sich in allweg hier und in der Gegend bey den ächten Freunden aller Bibelwahrheiten immer mehr, so sehr auch dieselben in unsern Zeiten von anders denkenden und glaubenden bezweifelt, bespöttelt, verlacht und verworfen werden. Sed nihilo minus veritas divina vincit, regnat, triumphat.« (Zu der Umfrage im Ganzen vgl. unten Abschnitt V.).

12   Zu Friederich vgl. oben Einleitung, Abschnitt I. 2. *Chiliastische Traditionen in Württemberg* und I. 3. *Separatismus und Auswanderung.*

13   Dürr, Tagebuch, Heft 1, S. 14 (Nagold), 16–20 (Leonberg), 27–29 (Esslingen und Stuttgart-Berg); Heft 2, S. 5f (Heilbronn), 16 (Lauffen a. N.), 20 (Stuttgart und Stuttgart-Berg). In Stuttgart-Berg logierte Friederich wohl bei dem Taufpaten seiner Kinder, J. G. Boley, dem Leiter der dortigen Pietistenversammlung, vgl. FRIEDERICH, Rede am Grabe, S. 228.

14   Anna Schlatter (1773–1826) traf auf ihrer Reise zu den Zentren der Erweckung in Deutschland im Jahr 1821 Friederich in Korntal. Ihr Bericht lässt von dessen Reisetätigkeit nichts ahnen (SCHLATTER, Reise nach Barmen, S. 230ff).

geworden.[15] Möglicherweise standen seine Besuche auch mit den Plänen für neu zu gründende religiöse Gemeinden in Zusammenhang.[16] Friederich hatte in Leonberg immerhin engen Kontakt zu Gottlieb Wilhelm Hoffmann und gehörte zu den ersten Siedlern Korntals.[17] Offensichtlich versuchte Friederich, der durch keinerlei Amtsverpflichtungen gebunden war, mit seiner ausgeprägten Vortragstätigkeit in den Kreisen des popularen Pietismus zu wirken. Allerdings hat er in dieser Tätigkeit kaum Spuren hinterlassen. Von seinen Reden in den Versammlungen existieren, soweit bekannt, keine Mitschriften und kaum indirekte Zeugnisse: ein erster Hinweis auf die verborgene Kommunikation der Privatversammlungen.[18]

Abgesehen von Dürrs Tagebuch gibt es nur ein weiteres Dokument, das über Friederichs Anschauungen kurz vor seinem Umzug nach Korntal Auskunft geben kann. Im Laufe des Jahres 1817 hatte er ein umfangreiches Manuskript über den Zustand nach dem Tod und die Auferstehung der Toten verfasst.[19] Anlass war der Tod seiner ersten Frau im August 1816 gewesen, der ihn – nachdem vorher schon fünf seiner Kinder gestorben waren – in eine schwere Lebenskrise führte. Er begegnete seiner Verzweiflung, indem er aus der Bibel das Ergehen der Toten bis zur Auferstehung des Leibes zu ermitteln suchte. Seine Forschungen brachten ihm nicht nur eine wesentliche Beruhigung seiner persönlichen Zweifel, sondern zogen auch eine Gewichtsverlagerung seiner theologischen Anschauungen nach sich. Er betonte zwar in der Vorrede zu seinem Manuskript, die Johannesoffenbarung sei für ihn nach wie vor »in der goldenen Kette der heiligen

15 Bestätigt werden Dürrs Angaben durch ein weiteres Vakanztagebuch des Missionszöglings Gottlieb Christoph Deininger. Er traf im August 1819 Friederich in Korntal bei einem Gottesdienst und in Stuttgart-Berg bei einer Versammlung (ABM Basel, QS-10.1,1: »Reise-Journal von Gottlieb Christoph Deininger« [1819], S. 8–10). In einem Bericht aus dem Jahr 1821 erwähnt der Münsinger Dekan Johann Ludwig Ziegler Besuche Friederichs bei den Versammlungen seiner Diözese (LKA Stuttgart, A 26, 464, 2: Bericht von Dekan Ziegler, Münsingen, 24. Oktober 1821).

16 Darauf deutet Dürrs Bemerkung hin, er habe am 13. August 1818 in Leonberg an einer Versammlung teilgenommen, die »wegen der Gemeine, die errichtet werden soll«, zusammengekommen sei (Dürr, Tagebuch, Heft 1, S. 17). Als Teilnehmer nennt er namentlich Michael Hahn und Friederich.

17 StA Ludwigsburg, E 173 III Bü 7505, Nr. 15: »Verzeichnis der in die gnädigst privilegirte Gemeinde nach Kornthal bis jezt aufgenommenen Mitglieder«, 16. März 1819.

18 Vielleicht hat sich manches in privaten, der Öffentlichkeit nicht zugänglichen Archiven erhalten. Das würde den nach außen abgeschlossenen Charakter der Kommunikation in den Privatversammlungen nur bestätigen (vgl. unten Abschnitt V. 4. *Privatversammlungen als Orte verborgener Kommunikation*).

19 ABG Korntal: [JOHANN JAKOB] FRIEDERICH, Betrachtungen über den Zustand eines Christen von seinem Abscheiden an biß hin zur Auferstehung des Leibes, aus den Belehrungen der heiligen Schrift, zu christlich wahrer Beruhigung über unsere im Herrn entschlafene Lieben, 3 Tl. in 4 Bd., 1817 (im weiteren: FRIEDERICH, Betrachtungen). Über den Zustand der Seele nach dem Tod hatte schon Philipp Matthäus Hahn eine ausführliche Korrespondenz geführt, vgl. HAHN, Hinterlassene Schriften, Bd. 1, S. 120–148.

Schriften alten und neuen Testaments der hervorstrahlendste unschäzbarste Prillant«.[20] Im Zentrum des neuen Werkes stand aber nicht mehr – wie im *Glaubens- und Hoffnungs-Blik* von 1800 – der christlich-endzeitliche Zionismus mit seiner Aussicht auf eine diesseitige Sammlung der wahrhaft Glaubenden in und um Jerusalem, sondern die Hoffnung auf eine Einkehr in das jenseitige, »himmlische Vaterland«, wo er erwartete, mit seinen verstorbenen Angehörigen wieder vereint zu werden.[21] Friederichs persönliches Schicksal hatte in der Tendenz eine Individualisierung und Spiritualisierung seiner Endzeiterwartungen zur Folge. Das heißt aber nicht, er hätte seine chiliastische Zeitdiagnose aufgegeben. Er ging weiterhin davon aus, *»in der Zeit des Abfalls, in der antichristlichen Zeit«* zu leben und berief sich dafür zum einen auf die Schriften der württembergischen Pietisten Bengel, Oetinger und Magnus Friedrich Roos (1727–1803), zum anderen auf den Breslauer Theologen und Alt-Lutheraner Johann Gottfried Scheibel (1783–1843).[22]

Wie wirkten sich Friederichs veränderte Erwartungen auf sein öffentliches Wirken in den Privatversammlungen aus? Er hatte das Manuskript über die Auferstehung der Toten zwar nur für sich selbst und für nahe Freunde verfasst und dessen Drucklegung ausdrücklich untersagt.[23] Es wäre jedoch verwunderlich, wenn die inhaltlichen Erwägungen des Werkes nicht auch in die öffentlichen Äußerungen Friederichs Eingang gefunden hätten. Besonders die im Manuskript aufgestellte These: »Wie wir uns hauptsächlich am Ende unseres Glaubenslauffes verhalten, so wird es uns angerechnet, als ob wir uns in unserem ganzen Lauff also verhalten hätten«[24], schien für Friederich großes Gewicht zu besitzen. Sowohl in Esslingen als auch in Heilbronn sprach er über das Thema.[25] Seine biographische Betroffenheit macht nachvollziehbar, warum die Frage nach dem Ergehen der Verstorbenen in Friederichs Ausführungen breiten Raum einnahm. Die Frage nach der Zukunft der Welt war für ihn nicht mehr zu trennen von der Frage nach der persönlichen Zukunft, nach den Bedingungen der Möglichkeit, in das »himmlische Vaterland« hinüber zu gelangen. Das Verhältnis von Ethik

---

20   Friederich, Betrachtungen, Bd. 1, S. 17.

21   Ders., Betrachtungen, Bd. 2, S. 467. Vgl. auch Föll, Sehnsucht, S. 196.

22   Friederich, Betrachtungen, Bd. 1, S. 23. Die Erwähnung Scheibels überrascht, da er in Württemberg sonst kaum rezipiert wurde. Sie zeigt aber, dass Friederich auch neuere Literatur zur Kenntnis nahm und für seine Zwecke verarbeitete. Was er von Scheibel gelesen hatte, sagte er nicht. Zu denken wäre z.B. an: Belehrung der Schrift über das Ende der Welt. Predigt, Breslau 1816.

23   Friederich, Betrachtungen, Vorsatz zu Bd. 1: »Meiner Frau und Kindern – darf durchaus nicht gedrukt werden.« Vgl. dagegen am Ende der Vorrede, Bd. 1, S. 24: »Endlich nur noch wenige Worte des Verfassers an seine Freunde über die Ursache der Entstehung und den Haupt-Endzwek dieser Abhandlung.« Es folgen Bemerkungen über seine überwundene Lebenskrise.

24   Friederich, Betrachtungen, Bd. 1, § 6.

25   Dürr, Tagebuch, Heft 1, S. 27 (Esslingen), Heft 2, S. 6 (Heilbronn).

und Eschatologie trat für Friederich in den Vordergrund. War es möglich, trotz eines sündhaften Lebens von Gott angenommen zu werden? Eine christologische Lösung des Problems im Sinne Luthers schien Friederich nicht zu genügen. Er ergänzte sie zu seiner eigenen Beruhigung durch den Gedanken einer rückwirkenden Heiligung zum Zeitpunkt des Todes. Nach Dürr habe er gesagt, »wie Gott am Ende unsers Lebens uns antreffe, so werde man behandelt und angesehen werden, als ob unser ganzer Lauf so gewesen wäre.« Friederich habe hinzugefügt: »Daß wir gar nicht nöthig haben, wenn wir gefallen seyen, unsere Hoffnung aufzugeben.«[26] Neben solchen Bemerkungen aus dem Grenzgebiet zwischen Ethik und Eschatologie äußerte sich Friederich aber auch zu traditionellen chiliastischen Themen. Bei einer Versammlung in Leonberg eröffnete er die Aussprache mit Gedanken zur ersten Auferstehung, also der Vorstellung, eine Gruppe auserwählter Christen werde am Beginn des tausendjährigen Reiches einer vorgezogenen Auferstehung gewürdigt, um mit Christus zu regieren. Schon mit Pregizer hatte Dürr über das Thema gesprochen. Er hielt in seinen Notizen fest, Friederich habe sich mit Nachdruck gegen die Auffassung gewandt, die erste Auferstehung sei ein Geheimnis. Sie sei vielmehr Gottes Wort und könne nicht bestritten werden.[27] Das von Bengel und seinen Schülern herrührende biblizistische Erbe ist unverkennbar. Versucht man Friederichs Anschauungen im Jahr 1818 zusammenzufassen, so ergibt sich ein ambivalentes Bild aus traditionellen Elementen des württembergischen Pietismus und individuellen Ergänzungen, die auf sein persönliches Schicksal zurückzuführen sind. Der Wunsch, nach dem Tod mit nahen Angehörigen wieder vereint zu werden, markiert dabei den Übergang von der chiliastischen Erwartung einer ersten Auferstehung, die das Kollektiv der wahrhaft Glaubenden umfassen sollte, zu einer individualisierten Wiedersehenshoffnung, die sich seit Anfang des 19. Jahrhunderts in bürgerlichen Kreisen verbreitete.[28] Bei Friederich deutet sich damit eine Tendenz an, der man in den folgenden Jahren immer wieder begegnet: die Individualisierung endzeitlicher Erwartungen.[29]

3. Bürgerliche Organisatoren

Kommunikationsgeschichtlich sind von den pietistischen Theologen die bürgerlichen Pietisten zu unterscheiden. Letztere traten nicht durch das gesprochene oder geschriebene Wort, sondern durch ihre organisatorische Tätigkeit an die Öffentlichkeit. Dürr berichtete in seinem Tagebuch von

26   Dürr, Tagebuch, Heft 1, S. 27.
27   Ebd., S. 17f.
28   DICKENBERGER, Poesie, S. 23–26.
29   Vgl. unten Kapitel 2, Abschnitt II. 4. *Hofacker und seine Hörerschaft* u. ö.

drei Treffen mit Vertretern des bürgerlichen Pietismus und jedes Mal kam auch das Thema Endzeit zur Sprache. In Leonberg nahm Dürr am 13. August 1818 an einer Zusammenkunft teil, auf der das weitere Vorgehen wegen einer neu zu gründenden, von der Landeskirche unabhängigen Gemeinde beraten werden sollte. Anwesend waren unter anderen der Leonberger Kaufmann Johann Friedrich Josenhans (1769–1850), Pfarrer Friederich und Michael Hahn.[30] Leider hielt Dürr in seinem Tagebuch nicht fest, was auf der Sitzung wegen der zu gründenden Gemeinde besprochen wurde. Aus seinen Notizen wird aber ein Stück weit die Motivation für solche organisatorische Tätigkeiten deutlich. In der das Treffen eröffnenden geistlichen Aussprache wurde die Frage nach der ersten Auferstehung und wie man zu ihr heranreifen könne verhandelt. Michael Hahn habe darauf mit einem Bild geantwortet: Die Früchte, die an einem sommerlichen, also sonnigen Platz stünden, würden eben eher reif als diejenigen, die von der Sonne nur den halben Tag beschienen würden. So hätten die Gläubigen ihre Herzen der Gnadenwirkung Gottes zu öffnen, um erleuchtet werden zu können. Hahn zog den Schluss, wer sich in der Nähe Gottes aufhalte und in seiner Gemeinschaft wandle, der werde »auch bälder zur Auferstehung reif werden«, sprich: an der ersten Auferstehung teilnehmen.[31]

Das kommende tausendjährige Reich und die Frage, ob man an der ersten Auferstehung teilhaben und mit Christus in jenem Reich regieren werde, wurden vielerorts behandelt. Michael Hahns Beitrag zu dem Gespräch in Leonberg zeigt die ethische Bedeutung des Themas. Nur eine bestimmte Glaubens- und Lebenshaltung versprach eine Teilnahme an der ersten Auferstehung. Hier deutet sich eine stets wiederkehrende Gedankenverbindung an: Die nahe gekommene Endzeit verlangte nach einem ihr entsprechenden, aktiv gestalteten Glauben und Leben. Von einer irgendwie gearteten Passivität oder Nachlässigkeit angesichts der kommenden Ereignisse konnte keine Rede sein. Vielmehr wurden die in endzeitlicher Erwartung Lebenden, wie die im August 1818 in Leonberg Versammelten, zu Aktivität und Bewegung veranlasst. Die Gründung einer unabhängigen Gemeinde in Korntal ein Jahr später war eine Konsequenz davon, wir kommen darauf im folgenden Abschnitt zurück.

Kurz nach der Versammlung in Leonberg besuchte Dürr in Esslingen Friederike Margaretha Hartmann, geb. Flattich (1759–1838).[32] Die gebildete

---

30   Dürr, Tagebuch, Heft 1, S. 17–19. Auch Gottlieb Wilhelm Hoffmann wird anwesend gewesen sein, Dürr erwähnt ihn allerdings nicht. Zum Pietismus in Leonberg vgl. JUNG, Pietismus in Leonberg.

31   Dürr, Tagebuch, Heft 1, S. 19. Zu Michael Hahn vgl. oben Einleitung, Abschnitt I. 3. *Separatismus und Auswanderung.*

32   Dürr, Tagebuch, Heft 1, S. 20–22. Friederike Hartmann war eine Tante von Beate Paulus (vgl. unten Abschnitt IV.). Zu Friederike Hartmann vgl. EHMER, Flattich, S. 95 und 161.

Pfarrwitwe war mit vielfältigen pädagogischen und seelsorglichen Aufgaben beschäftigt. Als Leiterin des Jungfrauenvereins in Esslingen trug sie
für bis zu 80 junge Frauen Verantwortung.[33] Daneben ging sie einer regen
Besuchstätigkeit, wohl vornehmlich bei Frauen, nach. Hier zeigen sich erste
Anfänge pietistischer Frauenarbeit in Württemberg. Im Gespräch mit Dürr
wurden die Schwerpunkte ihres theologischen Denkens deutlich, die sie zu
ihrer Tätigkeit motivierten: die Bedeutung der Person Christi, die Notwendigkeit der Bekehrung und schließlich der endzeitliche Horizont des
Lebens in der Welt.[34] Zwei Aspekte waren für Friederike Hartmann dabei
wichtig: Zum einen die Wachsamkeit gegenüber der Entwicklung der Zeit,
anderswo ›Zeichen der Zeit‹ genannt. Pietistisches Endzeitdenken versuchte
aus weltlichen Vorgängen den Stand der endzeitlichen Entwicklung zu
ermitteln und mit dem aus der Bibel bekannten, mutmaßlichen endzeitlichen Ablauf zu vergleichen. Besondere Aufmerksamkeit kam dabei dem
Papsttum zu, denn der Papst wurde mit in der Johannesoffenbarung erwähnten widergöttlichen Mächten gleichgesetzt. Je mehr Nachrichten über den
Papst bekannt wurden, desto mehr wurde man an seine erwartete Rolle im
Ablauf der apokalyptischen Ereignisse erinnert. Daraus folgt der zweite
Aspekt des Lebens in einer endzeitlichen Welt: die Notwendigkeit, sich zu
bekehren, um den Versuchungen und Gefahren der kommenden Ereignisse
zu entgehen. Denn nur wer ihnen unbeschadet entging, konnte darauf
hoffen, zu den Auserwählten der ersten Auferstehung im tausendjährigen
Reich zu gehören. Notwendig war also eine entsprechende Vorbereitung,
um die bevorstehenden Prüfungen bestehen zu können. Diese beiden
Aspekte – Wachsamkeit gegenüber der Entwicklung der Zeit und Vorbereitung auf die kommenden Prüfungen – zu vermitteln, war ein wesentliches
Motiv für die pädagogische und seelsorgliche Arbeit der Pfarrwitwe
Hartmann. Ob sie sich mit jungen unverheirateten Frauen traf oder Ehefrauen und Witwen in deren Häusern besuchte: Der endzeitliche Horizont
des Lebens in der Welt motivierte ihre Tätigkeit und bestimmte den Inhalt
der mit den Frauen geführten Unterhaltungen.

Einer verwandten Art der Gesprächsführung begegnen wir bei einem
weiteren prominenten Vertreter des bürgerlichen Pietismus, mit dem Wilhelm Dürr auf seiner Vakanzreise zusammentraf. Und wiederum stand am
Ende des Gesprächs eine endzeitliche Schlussfolgerung. Am 26. September
1818 besuchte Dürr in Leonberg den dortigen Notar und Amtsbürgermeister

---

33 Zum Thema Mädchenbildung in Württemberg vgl. jetzt DE LA ROI-FREY, Schulidee:
Weiblichkeit.
34 Dürr, Tagebuch, Heft 1, S. 20: »Nebst der Lehre von Christo und der Bekehrung unterlas-
se sie auch nicht daran zu erinnern in welcher Zeit wir leben, welch eine Wachsamkeit nöthig sey,
in Ansehung deß Pabstthums. Wie nöthig es sey, sich zu bekehren um nicht in der Stunde der
Versuchung dahin geschwemmt zu werden.«

Gottlieb Wilhelm Hoffmann, der mit der Regierung wegen einer zu gründenden Gemeinde in Verhandlungen stand. Einige Tage zuvor hatte Dürr beschlossen, seine Rückreise nach Basel um einige Tage zu verschieben, da der Leiter der Basler Missionsschule, Inspektor Christian Gottlieb Blumhardt (1779–1838), in Stuttgart erwartet wurde.

»Als wir Herrn Bürgermeister Hofman besuchten fragte er uns, ob unser Herr Inspector angekommen sey? Wir sprachen nein. Er fuhr fort, erwartet ihr ihn dan jezt nicht mehr, weil er weil er [!] schon so oft zu bald erwartet worden sey?? Wir sprachen, desto bälder erwarten wir ihn, weil die Zeit verfloßen ist. So, sprach er, ist es mit der Zukunft der Erscheinung des Herrn (Off 19). Viele haben Ihn schon oft gar nahe erwartet, und da Er ihrem Erwarten nach nicht gekommen, so haben sie u. andere die Hoffnung aufgegeben, daß Er kommen werde. Gewiß ist es, daß Er kommen wird, nur wißen wir die Stunde nicht, welches uns desto mehr zur Wachsamkeit antreiben solle.«[35]

Hoffmann wendete hier die für pietistische Kommunikation typische Gedankenfigur der »Transgression auf das Himmlische« an. Man bezeichnet damit den gedanklichen Sprung von einem Vorgang des weltlichen Alltags zu einer geistlichen Betrachtung, wobei »eine gewisse Schroffheit und Kürze des Schlusses vom Irdischen aufs Geistliche die Regel zu sein« scheint.[36] So auch bei Hoffmann: Einen weltlichen Vorgang, die bisher vergeblich erwartete Ankunft des Inspektors, übertrug er auf einen geistlichen, die erwartete Erscheinung Christi. Typisch ist die Szene aber auch wegen des Inhalts der Transgression. Auch wenn das Warten noch kein Ende gefunden hat, die Erscheinung des Herrn ist nahe herbeigekommen. Hoffmanns Fazit lautete: Vergebliches Warten darf nicht zur Aufgabe der Hoffnung führen, sondern hält zu noch verstärkter Wachsamkeit an. Worin die Wachsamkeit bestehen sollte, blieb bei Dürr unerwähnt. Hätte er Hoffmann gefragt, wäre die Antwort wohl ähnlich ausgefallen wie bei der Esslinger Pfarrwitwe Hartmann: in der Bekehrung und der Vorbereitung auf die unausweichlich kommenden Ereignisse und Prüfungen. Oder anders gesagt: in einer auf Dauer gestellten aktiven Erwartungshaltung.

Für Hoffmann stand es außer jeder Frage, dass die ihn besuchenden Missionszöglinge die von ihm vorgenommene »Transgression auf das Himmlische« akzeptieren und gedanklich nachvollziehen würden. Es war für ihn ebenfalls selbstverständlich, das Thema des Wartens auf Christi Wiederkunft in das Gespräch einfließen zu lassen. Es bedurfte keiner längeren Hinführung, sondern alle wussten, wovon die Rede ist. Hoffmann und die

---

35   Dürr, Tagebuch, Heft 2, S. 21f. Zu Hoffmann vgl. den folgenden Abschnitt II.
36   Vgl. SCHARFE, Andachtsbilder, S. 243f (Zitat S. 244). Nach NARR, Stellung des Pietismus, S. 54, geht die Formulierung »Transgression auf das Himmlische« auf den württembergischen Pfarrer und Erbauungsschriftsteller Andreas Hartmann (1677–1729) zurück.

Missionsschüler waren Teil eines endzeitlichen Kommunikationsraumes, pflegten einen endzeitlichen Denkstil. Wo die Pfarrwitwe Hartmann, um sich den Zugang zu den Frauen nicht zu verbauen, das Gespräch nur behutsam auf das Thema der Bekehrung im endzeitlichen Horizont hinlenken konnte, musste Hoffmann gegenüber den künftigen Missionaren keine solche Vorsicht walten lassen. Sie teilten seine Schlussfolgerungen.

Dürrs Begegnungen mit bürgerlichen Pietisten haben gezeigt: Endzeitliche Themen waren in dieser Gruppe ein alltäglicher Bestandteil der Kommunikation, sei es im Gespräch unter vier Augen, wie mit der Pfarrwitwe Hartmann, sei es in der Unterhaltung einer Gruppe, wie zwischen Hoffmann und den ihn besuchenden Missionsschülern, oder sei es bei formelleren Anlässen der Kommunikation, wie bei der Zusammenkunft in Leonberg. Dürr und alle seine Gesprächspartner des bürgerlichen Pietismus bewegten sich in einem endzeitlichen Kommunikationsraum, dessen Themen, Probleme und Fragen allen bekannt und zugänglich waren. Die Antworten mochten allerdings unterschiedlich sein, das wird deutlich werden, wenn wir Dürrs Begegnungen mit popularen Pietisten in den Blick nehmen.

4. Populare Frömmigkeit und Privatversammlungen

Der Missionsschüler kam auf seiner Vakanzreise nicht nur mit prominenten Vertretern des bürgerlichen Pietismus zusammen. Glücklicherweise hielt er in seinen Aufzeichnungen auch einige Treffen mit Menschen aus den popularen Kreisen des württembergischen Pietismus fest.

In Nagold aß Dürr am 11. August 1818 mit der Familie des Färbers Johann Abraham Scholder (gest. 1831) zu Mittag. Scholder hatte dort unter dem Einfluss Michael Hahns für eine Neubelebung der Privatversammlung gesorgt.[37] Nach dem Essen, so Dürr, habe sich die ganze Familie niedergekniet und Scholder aus den Psalmen und aus der Johannesoffenbarung vorgelesen. Dieser Brauch sei »bey den mehrsten Brüdern im Würtembergischen gebräuchlich«, viele läsen auch ausschließlich aus der Offenbarung vor.[38] Es fällt auf, dass Dürr den von ihm beschriebenen Brauch erklärte. Er wandte sich indirekt an seine Basler Mitleser, für die er die württembergischen Verhältnisse erläuterte. Im Folgenden erwähnte er die Vorbehalte, die viele Christen gegen dieses letzte Buch der Bibel hätten. Dürr verteidigte dagegen die Vorliebe der Württemberger für das Buch der Offenbarung: Wegen Schwärmereien und Missbräuchen dürfe man nicht die Weissagung selbst hintansetzen. Die Wahrheit von Christus bleibe die Hauptsache und

---

37 Zu Scholder vgl. TRAUTWEIN, Pietismus in Nagold, S. 140; Hahn'sche Gemeinschaft, Bd. 2, S. 352f.
38 Dürr, Tagebuch, Heft 1, S. 14.

wer sich an diese halte, dürfe sich auch in der Offenbarung umsehen, »und besonders wir in unserm Abendlande wo das Thier, das Pabstthum sein Territorium hat«.[39] Die Szene und ihre Aufbereitung durch Dürr zeigt zweierlei: Zum einen war die Johannesoffenbarung verbreiteter Lesestoff im popularen Pietismus Württembergs. Auch untere Bevölkerungsschichten hatten Anteil an dem endzeitlichen Kommunikationsraum. Zum anderen war sich Dürr darüber bewusst, dass diese »apokalyptischen« Lektüren außerhalb pietistischer Kreise oder außerhalb Württembergs mit Skepsis oder Ablehnung beobachtet wurden. Möglicherweise wurden die Missionsschüler im Basler Missionshaus ausdrücklich davor gewarnt, sich auf ihren Reisen auf Schwärmereien und missbräuchliche Auslegungen der Offenbarung gesprächsweise einzulassen. Vielleicht stand unausgesprochen auch gerade die Differenz von bürgerlichem und popularem Pietismus im Hintergrund. Alle Mitglieder der Basler Missionsleitung und alle Lehrer der Missionsschule entstammten dem bürgerlichen Pietismus Basels oder Württembergs. Die meisten Missionsschüler waren aber Handwerker- oder Bauernsöhne und hatten vor ihrer Aufnahme in die Missionsschule ebenfalls ein Handwerk gelernt oder auf dem Hof ihrer Eltern gearbeitet.[40] Wenn Dürr also in seinem Tagebuch populare Verhältnisse oder Bräuche erklärte und rechtfertigte, dann war das gleichzeitig eine Rechtfertigung seiner eigenen biographischen Herkunft; so auch in einer umfänglichen Apologie des popularen Pietismus in Württemberg, die er seinem Tagebuch (und damit seinen Mitlesern im Missionshaus) anvertraute:

»Ich muß auch das noch in Hinsicht der Würtemberger Brüder bemerken, wie viele so manches an ihnen zu tadeln u. auszusezen wißen; daß sie nehmlich reich an Liebe sind. Es gibt vielerley Gesinnungen u. Meinungen unter ihnen. Aber bey den mehrsten betrift es nur neben Dinge. Ich hatte bey allen etwas Gutes finden können und kam mit den mehrsten gut aus, weil ich von Nebendingen nichts wißen wollte. Ausgeartete Schwärmer gibt es leyder unter ihnen, aber was können redliche für solche?«[41]

Aus Dürrs Einlassung wird deutlich, dass es bei den Haupt- und Nebendingen vor allem um endzeitliche Anschauungen ging, über die teils Konsens, teils Dissens herrschte. Dürrs Verteidigungslinie hatte dabei eine doppelte Zielrichtung: Zum einen wollte er nachweisen, sich selbst nicht auf die sogenannten Nebendinge eingelassen zu haben. Er führte nicht im einzelnen aus, was er darunter verstand; denkbar wären Spekulationen über die Chronologie der endzeitlichen Ereignisse, detaillierte Identifikationen bekannter Personen mit Figuren der Johannesoffenbarung oder andere Überlegungen, die keinen unmittelbaren Zusammenhang mit dem Glaubensleben hatten.

---

39   Ebd., S. 15.
40   JENKINS, Towards a definition, S. 4; DERS., Wenn zwei Welten sich berühren, S. 452.
41   Dürr, Tagebuch, Heft 1, S. 38.

Auf solche oder ähnliche Gesprächsthemen habe er sich jedenfalls nicht eingelassen. Zum anderen wollte Dürr den popularen Pietismus vom Vorwurf der Schwärmerei und des Meinungsstreits befreien. Bei allen unterschiedlichen Ansichten, die er auf die jeweiligen Einflüsse Pregizers, Michael Hahns und Friederichs zurückführte, gebe es doch einen breiten Konsens an zentralen endzeitlichen Anschauungen. Er zählte dazu (1) die Ausrichtung an den göttlichen *Verheißungen*, also den auf die Zukunft des Gottesreiches gerichteten Blick, (2) die *Warnung* vor bevorstehenden Verfolgungen durch antichristliche Mächte und vor dem künftigen Gottesgericht und (3) die *Wachsamkeit* gegenüber allen Anzeichen endzeitlicher Entwicklungen.[42] Was schließlich zu allen drei Punkten hinzukommen musste, war die Anwendung auf das eigene Leben. Mit diesem Konsens sah Dürr den Hauptstrom des popularen Pietismus in Württemberg charakterisiert.

Eine weitere Szene zeigt, wie Dürr selbst versuchte, den endzeitlichen Konsens in der Kommunikation mit popularen Pietisten weiterzuvermitteln und zu festigen. In den beiden nach Geschlechtern getrennten Privatversammlungen seines Heimatortes Kaltenwesten hielt Dürr mehrere Male Erbauungsstunden ab.[43] In der Versammlung der Frauen wurde kursorisch die Johannesoffenbarung gelesen, wobei man Bengels *Sechzig erbauliche Reden über die Offenbarung* als Lesehilfe gebrauchte. Dürr hielt sich an diese ihm vorgegebene Praxis, nutzte aber seine Gesprächsleitung für eine bemerkenswerte Akzentverschiebung. Denn er führte auch gegenüber den Frauen die Unterscheidung von Haupt- und Nebensachen bei endzeitlichen Fragen ins Feld und legte sie restriktiv aus. War im Gespräch mit der Esslinger Pfarrwitwe Hartmann oder dem Leonberger Notar Hoffmann noch die endzeitliche Wachsamkeit als eine Hauptsache erschienen, so erklärte Dürr sie im Gespräch mit den Frauen zur Nebensache. Wichtiger sei die Bekehrung, also die Sorge um das eigene Glaubensleben. Was Dürr vorher als endzeitlichen Konsens beschrieben hatte, fand hier eine weitere Zuspitzung. Die Trias Verheißung-Warnung-Wachsamkeit wurde auf das Thema der Bekehrung konzentriert. Zwischen den Zeilen hört man die Furcht vor übertriebenen Spekulationen wegen zukünftiger Ereignisse, ohne zuvor auf diese vorbereitet zu sein. Dürr unterstrich die von ihm vorgenommene Akzentverschiebung von der Wachsamkeit auf die Bekehrung durch den Rekurs auf eine Autorität des kirchlichen Pietismus. Schon der frühere Dekan von Lauffen am Neckar, Karl Friedrich Harttmann (1743–1815), habe gesagt: »Festungen die den Krieg überdauern sollen, müßen bey Friedens-Zeiten gebauet werden.«[44] Harttmann hatte durch sein Pre-

---

42 Ebd., S. 39f.
43 Ebd., S. 41f; Heft 2, S. 6.
44 Dürr, Tagebuch, Heft 1, S. 41.

digtbuch in Versammlungskreisen weite Verbreitung und hohes Ansehen gewonnen.[45] Indem sich Dürr auf ihn berief, bewegte er sich innerhalb der Grenzen des endzeitlichen Konsenses und sorgte für dessen Vermittlung und Festigung.

Diese Beobachtung findet fast überall ihre Bestätigung, wo Dürr in seinem Tagebuch die von ihm zur Kenntnis genommene Literatur erwähnte. Immer wieder hielt er fest, welche Bücher er las, kaufte oder geschenkt bekam.[46] Vielleicht wollte er auf diese Weise gegenüber der Leitung des Missionshauses Rechenschaft über seine intellektuelle Beschäftigung ablegen, vielleicht aber auch nachweisen, dass er sich nicht auf separatistische oder andere – aus der Sicht seiner Lehrer – fragwürdige Literatur einließ. Denn in der Liste der von Dürr erwähnten Bücher finden sich neben Johann Arndt (1555–1621) und August Hermann Francke (1663–1727) ausschließlich württembergische Pietisten des 18. Jahrhunderts: Bengel und andere Theologen aus dessen Schülerschaft. Lediglich Philipp Matthäus Hahn (1739–1790), der Bengels und Oetingers Theologie kreativ weiterentwickelte, lässt sich nicht ohne weiteres in diese Reihe einordnen. In den meisten Fällen beschäftigte sich Dürr aber mit Literatur, die für den Hauptstrom des kirchlichen Pietismus in Württemberg und darüber hinaus stehen konnte. Und er benutzte sie nicht nur selbst, sondern sorgte auch für ihre Verbreitung, indem er für seine Schwestern Hillers *Schatzkästlein* und Bengels *Sechzig erbauliche Reden über die Offenbarung* kaufte.[47]

In allen Werken, die Dürr erwarb, stand die Praxis pietatis im Vordergrund. Seine Haltung in der Frauenversammlung in Kaltenwesten fand hier ihre Fortsetzung. So sehr er an endzeitlichen Themen interessiert war und entsprechende Gespräche in seinem Tagebuch regelmäßig festhielt, wenn es an die Vermittlung in den Kreisen des popularen Pietismus – sei es in Versammlungen, sei es unter seinen Verwandten – ging, legte er sich eine deutlich wahrnehmbare Beschränkung auf. Mit Theologen wie Pregizer oder Friederich sprach er über die Wiederbringung aller Dinge oder die erste Auferstehung, gegenüber den Frauen der Privatversammlung in Kaltenwesten betonte er dagegen die Notwendigkeit der Bekehrung, also die Sorge um das gegenwärtige Glaubensleben. Tendenziell leistete auch er damit einer Individualisierung der Endzeiterwartungen Vorschub.

Als Fazit dieses ersten Untersuchungsganges kann festgehalten werden: Wo immer Wilhelm Dürr auf seiner Vakanzreise durch Württemberg hinkam,

---

45   HARTTMANN, Predigten über die Sonn-, Fest- u. Feiertags-Evangelien. Vgl. G. F. HARTTMANN, Harttmann, ein Charakterbild.
46   Vgl. im Anhang Tabelle 2: Bücher, die von Wilhelm Dürr in seinem Vakanztagebuch 1818 erwähnt werden.
47   Dürr, Tagebuch, Heft 2, S. 15f.

wurde auch über das Thema Endzeit gesprochen. Alle Gruppen des württembergischen Pietismus waren an der endzeitlichen Kommunikation beteiligt: Theologen, bürgerliche und populare Pietisten. Sie waren miteinander in einem endzeitlichen Kommunikationsraum verbunden, in dem alle an denselben Themen, Problemen und Fragen teilhatten: Darf man auf eine Wiederbringung aller Dinge hoffen und darf man sie öffentlich vertreten? Wie kommt man zur ersten Auferstehung im tausendjährigen Reich? Wie bereitet man sich angemessen auf kommende Prüfungen und antichristliche Verfolgungen vor? Wann ist mit der Wiederkunft Christi zu rechnen? Dürrs Aufzeichnungen gewähren einen ersten Einblick in diese Fragenkreise und lassen unterschiedliche Antworten und Lösungsansätze erkennen, abhängig von der jeweiligen Kommunikationssituation. So unterschied die Pfarrwitwe Hartmann in ihrer Gesprächsführung, ob sie mit einer Versammlungsteilnehmerin sprach oder mit einer jungen Frau, die mit pietistischer Kommunikation nicht vertraut war. Oder Dürr selbst bezeichnete in seinem Tagebuch die Wachsamkeit angesichts der endzeitlichen Entwicklungen als unerlässlich, während er sie in der Unterredung mit den Frauen einer Privatversammlung zur Nebensache erklärte und stattdessen das Schwergewicht auf die jetzt notwendige Bekehrung legte. Die Beispiele verdeutlichen: Endzeiterwartungen waren keine statischen Gebilde, sondern fanden erst in der Kommunikation auf differenzierte Weise ihre Ausgestaltung. Ihre Veränderungen, Eingrenzungen und manchmal auch Verhüllungen, die sie in der Kommunikation erfuhren, werden uns in den folgenden Abschnitten und Kapiteln immer wieder begegnen.

II. Die Gründung Korntals:
Modell der Kooperation oder endzeitliche Separation?

Die Verhüllung endzeitlicher Argumentation gehört zur Gründungsgeschichte der vom Konsistorium unabhängigen Gemeinde in Korntal bei Stuttgart, mit der ein neues Kapitel des württembergischen Pietismus begann. Nicht mehr separatistische Einzelgänger waren es, die sich da von der offiziellen Kirche abwandten, sondern Männer und Frauen, die zum Kern damaliger pietistischer Kreise im Land gehörten. Im Herzen des alten Württembergs, in Leonberg, Böblingen, Marbach, Calw, Fellbach und anderen kleineren Orten rund um Stuttgart waren die Vordenker und Organisatoren der zu gründenden Gemeinde ansässig.[48] Was bewog sie, das Projekt voran-

---

48 Vgl. ABG Korntal, Archiv I A, Nr. 3: Brief von Anton Egeler an G. W. Hoffmann, Nebringen, 19. September 1817; ebd., Nr. 11: Brief von J. Conrad an G. W. Hoffmann, Marbach, 13. September 1818.

zutreiben? Was waren die Triebkräfte, die sie auf eine Trennung von der Landeskirche drängen ließen? Handelte es sich um Spätfolgen der von König Friedrich durchgesetzten absolutistischen Kirchenpolitik, die sich in einem neuen Gesangbuch (1791) und einer neuen Liturgie (1809) geäußert hatte? Doch nach seinem Tod und dem Regierungsantritt von König Wilhelm I. im Jahr 1816 folgte eine Phase der Lockerung: Ausnahmen vom Gebrauch der neuen Liturgie wurden erlaubt, das von Friedrich 1807 verhängte Auswanderungsverbot aufgehoben. Was bewegte württembergische Pietisten zur Gründung Korntals? Die Antwort wird einen bemerkenswerten Unterschied zwischen öffentlicher Argumentation und verborgener Motivation zu Tage fördern.

1. Öffentliche Argumentation

Als das Königreich Württemberg zu Beginn des Jahres 1817 im Begriff stand, erneut viele Untertanen durch Auswanderung zu verlieren, forderte die Regierung die Landvogtei- und Oberämter in einem Erlass vom 14. Februar dazu auf, nach Mitteln und Wegen zu suchen, wie der weiteren Auswanderung zu wehren sei.[49] Der Leonberger Notar und Bürgermeister Gottlieb Wilhelm Hoffmann legte daraufhin am 28. Februar 1817 eine Eingabe vor, in der er König Wilhelm den Vorschlag und die Bitte unterbreitete, die Auswanderung durch Gründung unabhängiger religiöser Gemeinden innerhalb der Grenzen des Landes einzudämmen. Hoffmanns schnelle Reaktion zeigt, dass ihn das Projekt schon länger bewegt hatte.[50] Auf geschickte Weise verstand er es, sein religiöses Interesse an unabhängigen Gemeinden mit dem Ordnungsinteresse des Königs zu verknüpfen, dem viel daran gelegen sein musste, die durch die Auswanderung ausgelöste neuerliche Unruhe im Land zu dämpfen. In seiner Argumentation unterstellte Hoffmann darauf ab, es gebe eine namhafte Anzahl durchaus gewissenhafter, fleißiger und teilweise vermögender Leute im Land, die sich wegen der Einschränkung ihrer Gewissensfreiheit zur Auswanderung genötigt fühlten. Hoffmann verwies dabei auf die neue – von der Aufklärung inspirierte – Liturgie, die für viele weiterhin nicht annehmbar sei.[51] Und er ergänzte, die meisten Prediger Württembergs seien von der reinen lutherischen Lehre abgewichen. Er unterstellte damit, die von ihm benannten

---

49   REYSCHER, Sammlung der württembergischen Geseze, Bd. 15/1, S. 880–883.
50   Der Text der Eingabe in: [HOFFMANN], Geschichte und Veranlassung, S. 3–6. Zu Hoffmann vgl. GESTRICH, Hoffmann, und oben Abschnitt I. 3. *Bürgerliche Organisatoren*; zu früheren Gemeindegründungsplänen vgl. G. F. HARTTMANN, Karl Fr. Harttmann, S. 268.
51   Zwischen 1812 und 1816 hatte Hoffmann mehrmals Bittschriften für Bürger aufgesetzt, die bei Taufen oder Trauungen die alte Liturgie verwendet wissen wollten, vgl. FRITZ, Entstehung, S. 180–185.

Auswanderungswilligen hätten innerhalb Württembergs kaum eine Gelegenheit, ihrem Glauben und ihrem Gewissen gemäß zu leben. Nur wenn man vom Konsistorium unabhängige Gemeinden gründe, könnte ein großer Teil dieser Leute von der Auswanderung abgehalten werden. Um der im Land entstandenen Unruhe entgegenzuwirken, legte Hoffmann dem König nahe, eine staatlich geregelte Separation im Innern zuzulassen. Innerhalb festgelegter – geistiger und räumlicher – Grenzen sollte es möglich sein, ein von der offiziellen Kirche abweichendes religiöses Lebensmodell umzusetzen. Hoffmanns Argumentation hob also ausschließlich auf die geforderte Religions- und Gewissensfreiheit ab.

Auf Anforderung der Regierung präzisierte Hoffmann seine Pläne hinsichtlich der bürgerlichen und kirchlichen Verfassung der zu gründenden Gemeinden mehrmals.[52] Der König willigte schließlich ein. Am 1. Oktober 1818 wurden den zu gründenden Gemeinden unter anderen folgende Privilegien eingeräumt: Die Gemeinden sollten ihre Lehrer, Prediger und Vorsteher selbst wählen dürfen; sie waren von der Aufsicht durch das Konsistorium befreit und direkt dem Kultusministerium unterstellt; die Gemeinden durften unter bestimmten Bedingungen ihre Gemeindeglieder selbst aufnehmen oder ausschließen; sie waren von Eidesleistungen und Zunftordnungen befreit; schließlich wurde ihnen das Recht zugestanden, Bibelanstalten und Heidenmissionsinstitute einzurichten.[53] Hoffmann hatte sein öffentlich ausgesprochenes Ziel erreicht: Religions- und Gewissensfreiheit für sich und seine Anhänger.

Bis zu diesem Zeitpunkt war die Gründung unabhängiger Gemeinden weitgehend Verhandlungsgegenstand zwischen pietistischen Kreisen und der staatlichen und kirchlichen Verwaltung gewesen. Als Hoffmann jedoch Ende 1818 in einer Flugschrift[54] die Vorgänge publik machte, begann eine öffentlich ausgetragene Debatte, in deren Verlauf die Motivation, unabhängige Gemeinden zu gründen, unter ein neues Licht geriet. Zwischen 1818 und 1822 entstanden allein 14 Streitschriften, elf davon gedruckt, die auf Hoffmanns Pläne und die spätere Gründung Korntals reagierten. Die Abfolge der Veröffentlichungen teilte sich in zwei Phasen, in denen sich öf-

---

52 Vgl. HESSE, Korntal, S. 13–19; LEHMANN, Pietismus und weltliche Ordnung, S. 179–183. Außerdem enthalten die Berichte des Herrnhuter Reisepredigers Johann Georg Furkel die detaillierte Schilderung eines Zeitzeugen. Furkel hatte einerseits Kontakt zu Hoffmann und Michael Hahn und erfuhr so aus erster Hand über die Pläne. Andererseits wurde er vom Konsistorialrat Friedrich Gottlieb Süskind über die Verbindungen Hoffmanns mit Königsfeld bzw. Herrnhut befragt. Vgl. den zweiten und dritten Teil seines Berichtes von 1817 (UA Herrnhut, R. 19. B. l. 7, Nr. 75–80). Hier (Nr. 78) findet sich auch die Mitteilung, Hoffmann habe sich »am Reformations-Jubel-Fest gegen seinen Special förmlich von der Kirche losgesagt«!

53 [HOFFMANN], Geschichte und Veranlassung, S. 95f.

54 [HOFFMANN], Geschichte und Veranlassung.

fentliche Argumentation und verborgene Motivation Hoffmanns widerspiegelten.[55]

Gewissensfreiheit und Pfarrerkritik waren die durch Hoffmanns öffentliche Argumentation vorgegebenen Streitpunkte, die während der ersten Phase die Diskussion prägten. Zunächst antwortete der Tübinger Theologieprofessor Jonathan Friedrich Bahnmaier (1774–1841) auf Hoffmanns Schrift. In seinem anonym erschienenen Traktat »Bruder Ulrich an die lieben Brüder der neuen Gemeinden in Würtemberg« wehrte er sich gegen den Vorwurf, die meisten württembergischen Pfarrer seien von der reinen lutherischen Lehre abgewichen, und kritisierte die den unabhängigen Gemeinden versprochenen Privilegien.[56] Der Streit war eröffnet und erfasste auch die Gemeinden. Ein Pfarrer aus der Waiblinger Gegend wusste dem Dekan zu berichten, in seiner Gemeinde sei Hoffmanns Schrift »gewaltig im Umlauf«, was »nicht zum Vortheil unsrer unschuldigen Kirche« sei, er lasse aber »den Bruder Ulrich so viel möglich entgegen wirken«.[57] Hier kann man exemplarisch beobachten, wie Flugschriften kommunikativ eingesetzt und gebraucht wurden, also nicht nur Stationen eines intellektuellen Streits ohne gemeindliche Realität waren. Ob der genannte Pfarrer Bahnmaiers Schrift in seiner Gemeinde verteilte, aus ihr bei Gelegenheit vorlas oder sich in seinen Predigten auf ihre Argumentation stützte, ließ er nicht durchblicken. Dass Hoffmanns oder Bahnmaiers Schriften nicht nur für die Studierstube geschrieben waren, ist allerdings unübersehbar. Der Pfarrer

---

55 Gedruckte Streitschriften: [BAHNMAIER], Bruder Ulrich an die lieben Brüder der neuen Gemeinden in Würtemberg [...], 1818; [BARTH], Ueber die Pietisten mit besonderer Rücksicht auf die Württembergischen und ihre neuesten Verhältnisse [...], 1819; BILFINGER, Bemerkungen gegen die religiösen Ansichten der neuen Gemeinde in Württemberg, 1819; WERNER, Freimüthige Betrachtungen über die neue politisch-religiöse Gemeinde in Württemberg, 1819; [BARTH], Hoffmännische Tropfen gegen die Glaubensohnmacht. Worte des Friedens über die neue Württembergische Gemeinde, 1820; Die unlängst angepriesenen Hofmännischen Tropfen gegen die Glaubens-Ohnmacht [...], 1820; STEUDEL, Ein Wort der Bruder-Liebe an und über die Gemeinschaften in Würtemberg, namentlich die Gemeinde in Kornthal, [...], 1820; KELLER, Doctor Martin Luthers prophetische Aeuserungen über das Wesen der Kornthaler-Gemeinde, 1820; [GÖSS], Lebensgeist für die Glaubens-Ohnmacht gewisser vermeintlich starker Christen im Königreich Würtemberg [...], 1821; WURSTER, Betrachtungen über das Wesen und die Verhältnisse der Pietisten, 1821; Die Schattenseite des Pietismus. Den »Betrachtungen über das Wesen und die Verhältnisse der Pietisten« [...] gegenüber gestellt, 1822. – Daneben entstanden in der Ludwigsburger Diözese im Jahr 1819 drei Synodalaufsätze zum Thema »Was möchte von der in Kornthal angesiedelten Secte für unsre Würtembergische evangelische Kirche gutes zu hoffen, oder schlimmes zu fürchten seyn?«. Ihre Autoren sind Friedrich Breuning, Pfarrer in Möglingen (ABG Korntal, Archiv I A. 1819, Nr. 8); Christian Immanuel Hoffmann, Pfarrer in Beihingen (LKA Stuttgart, DA Ludwigsburg, Nr. 79b); Karl August Gottlieb Zenneck, Pfarrer in Heutingsheim (LKA Stuttgart, DA Ludwigsburg, Nr. 90c).

56 [BAHNMAIER], Bruder Ulrich, S. 4–14; vgl. NARR, Lebens- und Charakterbild, bes. S. 361 Anm. 21.

57 LKA Stuttgart, DA Waiblingen, Nr. 3, 75: Bericht von Pfr. W. Fr. Hellwag, Strümpfelbach, 25. Febr. 1819.

beschwerte sich weiterhin, Hoffmann habe durch einen persönlichen Besuch unter Mitgliedern seiner Gemeinde den Wunsch geweckt, bei Taufen die alte Liturgie mit der ausdrücklichen Absage an Werk und Wesen des Teufels zu verwenden, wovon vorher nie die Rede gewesen sei. Hoffmann war offensichtlich als reisender Agent seiner Pläne im Land unterwegs. Er besuchte Privatversammlungen vornehmlich im näheren Umkreis Stuttgarts, verteilte seine Werbeschrift für die Gründung unabhängiger Gemeinden, sammelte die Unterschriften derer, die sich ihnen anschließen wollten und forderte dazu auf, die seit 1816 erlaubte Möglichkeit, auf Antrag seine Kinder nach der alten Liturgie taufen zu lassen, reichlich zu nutzen.[58] Zumindest mancherorts sorgte also Hoffmann selbst dafür, dass seine Forderung nach Gewissensfreiheit von Versammlungsmitgliedern unterstützt und weitergetragen wurde.

In dem erwähnten Bericht wurde aber auch darauf hingewiesen, dass Hoffmanns Werbetätigkeit unterschiedlich erfolgreich war. Ein vierzigjähriger Schuhmacher, der »sich auch mit Hoffmann eingelaßen«, aber mittlerweile wieder von diesem abgewandt hatte, wolle nun nach Russland auswandern, »um Jerusalem vorläufig näher zu kommen«. Er versprach sich offensichtlich nichts von einer Separation im Innern, wie sie Hoffmann anstrebte. Der Bericht ergänzte, der Schuhmacher spreche »vieles von den letzten Zeiten, vom Antichrist, der vor der Thür seye, von falscher Lehre, die bereits überall im Schwang gehe, wo er doch hier wenigstens noch nichts von Neologie, oder dem Rationalismus zu hören hatte.«[59] Zwischen Pfarrerkritik, geforderter Gewissensfreiheit und endzeitlichen Erwartungen bestand also ein enger Zusammenhang. In seinen Eingaben an die Regierung hatte Hoffmann die ersten beiden Punkte argumentativ verwendet, nicht jedoch die damit verbundenen endzeitlichen Erwartungen. Wie Hoffmann dazu stand, ließ der Bericht offen.

Hatte Bahnmaier gegenüber Hoffmann den Vorwurf geäußert, seine Kritik am württembergischen Pfarrerstand sei überzogen, so ging der Neuenstädter Diakon Karl Bernhard Bilfinger (1782–1855) einen Schritt weiter. Er wollte zeigen, dass der Zweck der neuen Gemeindegründung nur vorgeblich ein rein religiöser sei, und stellte damit den Vorwurf in den Raum, öffentliche Argumentation und verborgene Motivation seien verschieden.

---

58 Am 25. August 1818 legte Hoffmann der Regierung ein »Verzeichnis der Familien, die Theilnehmer der neu einzurichtenden religiösen Gemeinden werden wollen« vor (StA Ludwigsburg, E 173 III Bü 7505, Nr. 11). Es enthielt die Namen von rund 700 Familienvorständen, die für insgesamt ca. 3150 Personen aus 84 Orten des mittleren Neckarraumes unterschrieben hatten. Der oberamtliche Auftrag, ein solches Verzeichnis anzufertigen, stammte vom 8. August 1818. Entsprechend schnell hatte Hoffmann gehandelt.

59 LKA Stuttgart, DA Waiblingen, Nr. 3, 75: Bericht von Pfr. W. F. Hellwag, Strümpfelbach, 25. Februar 1819.

Hoffmann habe die Regierung über seine wahren Motive im Unklaren gelassen und gebe in Wahrheit die religiösen Beweggründe nur vor, um gewisse bürgerliche Privilegien zu erlangen. Bilfingers Vorwurf wird zu prüfen sein. Auch er kam im Übrigen auf die Endzeiterwartungen der Pietisten zu sprechen, ohne allerdings darauf einzugehen, welche Rolle sie für Hoffmann spielten.[60]

Die durch die Kritiker angefachte Debatte hatte unterdessen nicht mehr nur Pläne, sondern eine konkrete Gemeindegründung zum Gegenstand. Hoffmann kaufte im Januar 1819 das ehemalige Rittergut Korntal, zwischen Leonberg und Stuttgart gelegen. Eine im Februar gegründete Güterkaufgesellschaft war für die Verteilung von Grund und Boden an die sich bald einfindenden Siedler zuständig. Im August folgte die definitive Erteilung des Privilegiums durch den König und schon im November wurde der Betsaal unter Beteiligung mehrerer tausend Besucher eingeweiht.[61] Bereits vorher hatte ein Strom neugieriger Besucher eingesetzt, der allsonntäglich die Wege nach Korntal bevölkerte, um dort am Gottesdienst teilzunehmen. Der Augenzeugenbericht des in der Nähe, in Möglingen amtierenden Pfarrers Friedrich Breuning (1775–1866) schilderte die Vorgänge mit kritischer Distanz:

»Der Reiz der Neuheit oder Geistes-Drang lokt an heiteren Sonn- und Festtagen Schaaren von Menschen, hohe und niedere, Pietisten und Asperger Separatisten, auch andre Neugierige in Menge nach Kornthal, deren freilich viele so ermüdet ankommen, daß sie die 1 bis 2 Stunden lange Predigt hindurch schlafen, und oft in der Wirthsstube oder an den Tischen im freyen wieder munter werden.«[62]

Breuning fand dabei durchaus auch freundliche Worte für die Korntaler, denen er »eine gewisse Zuversichtlichkeit und ein Gefühl anständiger Freiheit und Gleichheit unter ihnen«[63] nachsagte, wodurch sie vorteilhaft auf

---

60   BILFINGER, Bemerkungen, S. 63f: »Es war von jeher die Krankheit gottseeliger Menschen, von künftigen Zeiten mehr zu wissen als Christus gesagt hat.«

61   HESSE, Korntal, S. 39–44. Im Übrigen enthält das Protokollbuch der Güterkaufgesellschaft (Gemeindegalerie Korntal) den einzigen schriftlichen Hinweis auf Bengels Berechnungen, der sich in den frühen Verwaltungsakten Korntals finden lässt: Der Kaufvertrag für das Rittergut Korntal legte Ratenzahlungen fest, die bis 1836 terminiert waren, bis zu dem von Bengel errechneten Beginn des göttlichen Friedensreiches! Über die Feierlichkeiten anlässlich der Einweihung berichtete ausführlich: Fortgesetzte Nachrichten 1 (1821), S. 2–16; 2 (1821), S. 17–28.

62   ABG Korntal, Archiv I A. 1819, Nr. 8: »Über die Frage: Was möchte von der in Korntal angesiedelten Secte für unsre Würtembergische evangelische Kirche gutes zu hoffen, oder schlimmes zu fürchten seyn?« von M. Friedrich Breuning, Pfarrer in Möglingen, 24. August 1819, Zitat: S. 6f. Unter fast identischen Titeln finden sich zwei weitere Berichte von Pfarrern aus der Ludwigsburger Gegend (LKA Stuttgart, DA Ludwigsburg, Nr. 79b: Bericht von Pfr. Hoffmann, Beihingen, o. D.; DA Ludwigsburg, Nr. 90c: Bericht von Pfr. Zenneck, Heutingsheim, o. D.). Anscheinend war den Pfarrern der Ludwigsburger Diözese das Thema für ihre regelmäßig abzuliefernden Synodalaufsätze vorgeschlagen worden.

63   BREUNING, Korntal (s. vorige Anm.), S. 5.

das Volk wirkten. Unverhohlen äußerte er seine Kritik an einem anderen Punkt, jetzt mit ironischer Schärfe. Was seinen Unwillen erregte, war die Pfarrerkritik Johannes Kullens (1787–1842), der wenig später nach Korntal kam, um dort eine Erziehungsanstalt aufzubauen. Kullen war durch den Versuch hervorgetreten, die Privatversammlungen in der Uracher und der Tübinger Gegend überörtlich zu organisieren.[64] Gemeinsam mit seinem Bruder Christian Friedrich Kullen (1785–1850) trat er in verschiedenen Versammlungen als Sprecher auf.[65] Kurzzeitig war in pietistischen Kreisen Württembergs und Basels im Gespräch, ihn als Judenmissionar in die damals russischen Gebiete Polens zu entsenden. Wegen mangelnder Hebräischkenntnisse und wohl auch wegen der Entwicklungen in Korntal wurde daraus nichts. Er zog nach Korntal und übernahm dort die Leitung der Knabenschule.[66]

Für Breuning war unvorstellbar, wie ein Mann eine hervorgehobene pädagogische Stellung erhalten konnte, der durch seine dezidierte Kritik am Pfarrerstand hervorgetreten war: »Was für Zöglinge mögen aus den Händen eines solchen Schwärmers kommen!« Breuning erinnerte daran, Kullen habe vor Jahren als Provisor in Lauffen nach der alten Liturgie Taufen vorgenommen und mit dem Gedanken gespielt, sich von der offiziellen Kirche zu trennen. Kullen sei außerdem für seine heftige Pfarrerkritik bekannt. In einer Gesprächsrunde über die antichristlichen Verfolgungen der Endzeit habe er behauptet, wenn »der Herr zu jener Zeit das Heer der Geistlichen, wie das Heer Gideons, auf die Probe stellen« würde, so hielten »vielleicht kaum zwey oder drey« der Probe stand. Kullen werde es eine geheime Wonne sein, die Leute davon zu überzeugen, dass ihre Pfarrer ihnen nicht das lautere Evangelium verkündigen könnten.[67] Ob Breunings Vorwurf berechtigt war, kann hier nicht weiter untersucht werden. Entscheidend ist der auch bei ihm aufscheinende Zusammenhang von Pfarrerkritik und endzeitlichen Erwartungen. Kann man Breunings Bericht trauen, dann hatte die von Kullen und anderen geäußerte Kritik am Pfarrerstand einen deutlich endzeitlichen Unterton.

---

64 WICKIHALDER, Papsttum.

65 In der Handschriftenabteilung der WLB Stuttgart wird ein Band mit Abschriften von Ansprachen der beiden Brüder Kullen aus den Jahren 1820–1822, gehalten in Hülben, Metzingen, Dettingen und Würtingen, aufbewahrt (WLB Stuttgart, Cod. theol. 4° 592). Daraus geht hervor, dass Johannes Kullen auch noch von Korntal aus regelmäßig die Gemeinschaften der Uracher Gegend besuchte und dort als Sprecher auftrat.

66 KULLEN, Fünf und fünfzig Erbauungsstunden, S. XCVIIf; vgl. auch einen Brief Stuttgarter und Leonberger Pietisten (darunter auch G. W. Hoffmann) an Blumhardt und Spittler, Leonberg und Stuttgart, 8. März 1819 (ABM, Q-3-4, 3, s. v. Häring): Kullen müsse erst noch Hebräischunterricht nehmen, bevor er als Judenmissionar tätig werden könne.

67 BREUNING, Korntal (wie Anm. 62), Zitate: S. 9f.

2. Verborgene Motivation

Was also war für Hoffmann, Kullen und andere die hinter ihrer öffentlichen Argumentation verborgene Motivation, eine vom Konsistorium unabhängige Gemeinde zu gründen und in Korntal aufzubauen? Da von Hoffmann aus der frühen Korntaler Zeit kaum Selbstzeugnisse erhalten sind, ist man zur Beantwortung der Frage auf andere Quellen angewiesen. Schon die Kritiker Hoffmanns spielten bisweilen auf einen endzeitlichen Kontext an, den er selbst so nicht ausgesprochen hatte. In der zweiten Phase der öffentlichen Diskussion traten jedoch Verteidiger Korntals auf den Plan, die weniger Zurückhaltung übten.

Besonders der Tübinger Theologiestudent Christian Gottlob Barth erregte Aufmerksamkeit. Im Jahr 1820 trat er an die Öffentlichkeit, um mit einer nicht lange anonym bleibenden Flugschrift unter dem Titel »Hoffmännische Tropfen gegen die Glaubensohnmacht« direkt Werbung für Korntal und seinen Gründer zu machen.[68] Er beschrieb darin die Veränderungen der Gegenwart und der herandrängenden Zukunft. Die wahre unsichtbare Kirche und die von Christus abgefallene Welt liefen auf eine »große Katastrophe der Trennung« zu. Die wahre Kirche sah Barth vor allem in den Aktivitäten der immer zahlreicher werdenden Bibel- und Missionsgesellschaften verwirklicht. Ihr stehe die sogenannte Christenheit gegenüber, die sich zum Abfall hinneige. Nur »noch ein Häuflein von Glaubigen« habe sich erhalten, das gegen den Unglauben ankämpfe, wenn es sich auch täglich vermehre.[69] Barth brachte nun Korntal ins Spiel, indem er die sich dort Ansiedelnden gewissermaßen als Keimzelle der unsichtbaren Kirche verstand. Die Korntaler Gemeinde sei dazu bestimmt, das »Vorbild einer wahrhaft christlichen Gemeinde« und dadurch auch Vorbild für die Kirche im Ganzen werden.[70] Doch nicht dies allein sei Sinn und Zweck der Ansiedlung in Korntal, vielmehr habe sie noch eine weitergehende Bestimmung. Barth sprach dann unter dem vermeintlichen Schutz der Anonymität deutlich aus, was der in der Öffentlichkeit stehende Hoffmann bisher unerwähnt gelassen hatte: Antichristliche Zeiten seien schon bald zu erwarten, in denen die wahren Christen schweren Verfolgungen ausgesetzt sein würden. Korntal komme dann eine herausgehobene Bedeutung zu:

»Zur selben Zeit wird vielleicht diese Gemeinde ein Sammelplatz werden für die Uebergebliebenen, bis ihnen der Herr eine weitere Weisung gibt, wenigstens *bis* dahin, (da es doch nach und nach schlimmer werden muß,) ein Asyl für die, welche es

---

68 [BARTH], Hoffmännische Tropfen; vgl. dazu WERNER, Barth, Bd. 1, S. 151–169 und 178–183.
69 [BARTH], Hoffmännische Tropfen, S. 9f.
70 Ebd., S. 23.

nicht mehr zu dauern vermögen in der gottlosen Welt und ihrem Getreibe [!]. O verlachet doch solche Blicke in die Zukunft nicht als chiliastische Träumereien!«[71]

Nicht die Pfarrerkritik – denn dann hätte sich Hoffmann wesentlich früher um die pfarramtliche Versorgung Korntals kümmern müssen – und auch nicht die fehlende Gewissensfreiheit – immerhin hatte König Wilhelm seit seinem Amtsantritt 1816 einen liberaleren Kurs in der Kirchenpolitik eingeschlagen – waren die ursächlichen Beweggründe, in Korntal zu siedeln. Beides war öffentliche Argumentation, hinter der sich andere Motive verbargen, die in der öffentlichen Debatte erst durch Barth ausgesprochen wurden. Er führte damit Argumente ein, die Hoffmann gegenüber der Regierung nicht erwähnt hatte, wohl aus Furcht, sonst als chiliastischer Träumer verlacht zu werden.

Barth trat dem potentiellen Vorwurf offensiv entgegen und formulierte in aller Deutlichkeit die endzeitliche Motivation für die Gründung Korntals. Die kommenden antichristlichen Verfolgungen würden sich vor allem gegen die Christus treu gebliebenen Christen richten, die allein Schutz fänden, wenn sie sich versammelten. Für die Auswanderer nach Russland lag der dazu nötige Sammlungsort im Osten.[72] Barth dagegen sah ihn in Korntal und alles spricht dafür, dass auch Hoffmann so dachte. Korntal sollte Sammelplatz, ja Asyl für die wahrhaft Gläubigen zur Rettung vor den Verfolgungen der antichristlichen Macht sein. Und war es dazu auch notwendig gewesen, sich von der öffentlichen Kirche zu trennen, so sollte dies doch keine Trennung »von der unsichtbaren Kirche der Glaubigen« bedeuten.[73] Barth griff mit seiner Argumentation zurück auf Überlegungen, die von Anfang an unter den Vordenkern Korntals erwogen worden waren. Schon Michael Hahn, der Sindlinger Theosoph und Gründer pietistischer Erbauungsversammlungen, hatte, wenn auch weniger dringlich als Barth, über den Zusammenhang der kommenden Leidenszeit und einer Sammlung der Glaubenden in einer eigens dazu verfassten Gemeinde nachgedacht.[74] Nur

71   Ebd., S. 24.
72   Im Hintergrund der Vorstellung steht die Rede vom Bergungsort aus Offb 12,6. Vor allem Jung-Stilling hatte sie im Pietismus wieder populär gemacht; vgl. WEIGELT, Pietismus im Übergang, S. 736.
73   [BARTH], Hoffmännische Tropfen, S. 27. Barth bestätigte damit, dass die Separation Korntals damals nicht nur als Trennung vom Kirchenregiment, sondern auch von der Landeskirche als ganzer gedacht und empfunden wurde (gegen KOLB, Das neunzehnte Jahrhundert, S. 626).
74   Brief von Michael Hahn an Emanuel Josenhans, Sindlingen, 13. Mai 1817: »Wenn demnach eine Sache nicht nur nach Gottes u. unsers Erlösers Willen, sondern so gar durch Seinen Willen solte geschehen, u. es also nicht nur zuläßig, sondern von Ihm bewürkt zu betrachten wäre, könnten wir wohl glauben, daß alle die welcher ihr Lauf in einer Gemeinde Verfaßung sollte vollendet werden, auch da ihre verordnete Leiden, vielleicht nur andrer Arten sollen finden, doch ja das wißet ihr alles, aber das könte man fragen, ists auch noch der Mühe werth, so etwas anzufangen, könnte nicht bald etwas Wichtiges darein kommen? ja Br. das wäre möglich, aber da

waren diese Überlegungen, solange man mit der Regierung in Verhandlung stand, tunlichst nicht in die Öffentlichkeit getragen worden. Die Diskussion über die Gründung Korntals hatte also von Anfang an zwei Ebenen: eine öffentliche, in der auf die Gewissens- und Religionsfreiheit der Siedler abgehoben wurde, und eine verborgene, die die Notwendigkeit eines endzeitlichen Bergungsortes zum Thema hatte. Erst als der Tübinger Theologiestudent Barth seine »Hoffmännischen Tropfen« veröffentlichte, wurde auch öffentlich über diese bisher verborgene Ebene diskutiert. Natürlich fiel im Laufe der Diskussion auch die Frage, ob Barth im Auftrag Hoffmanns gehandelt habe. Dafür gibt es keinen Beleg. Es ist angesichts Barths unabhängigen Geistes auch wenig wahrscheinlich. Die Intentionen Hoffmanns wird er aber gekannt und ihnen mit seiner Schrift weitgehend entsprochen haben. Im Fortgang der Debatte wurde Barth jedenfalls von seinen Kritikern als Sprachrohr Hoffmanns und Korntals angesehen.[75]

Der erste, der die von Barth erweiterte Argumentation kritisch aufgriff, war wiederum ein Tübinger Theologieprofessor, gleichzeitig einer der akademischen Lehrer Barths, Johann Christian Friedrich Steudel (1779–1837).[76] Steudels Haltung gegenüber dem Pietismus und den Privatversammlungen war die der grundsätzlichen, wenn auch nicht unkritischen Sympathie. Die Gründung Korntals sah er jedoch mit unverhohlener Skepsis. Er nahm die »Hoffmännischen Tropfen« Barths zum Anlass, ein »Wort der Bruder-Liebe« an die Gemeinschaften im Land und besonders die Korntaler Gemeinde zu richten. Von letzterer verlangte er darin indirekt das Eingeständnis, nicht die Auswanderungswelle sei der wirkliche Grund zu ihrer Einrichtung gewesen.[77] Er tadelte das Bestreben, eine separate Gemeinschaft neben der Kirche bilden zu wollen und zog zur Darlegung seiner

---

würde das versammelt seyn nicht schaden, denn alles Gevögel welches wandert, ziehet sich zuvor in Haufen zusamen, u. geht alsdann.« (LKA Stuttgart, Nachlass Josenhans).

75   »Bey Vielen gilt Hoffmann als untrüglicher Glaubens-Richter, bey dem allein die lautere Wahrheit zu finden sey. Bereits ist ja dieses Beginnen auf dem Titul einer Brochure ausgesprochen: ›Hoffmännische Tropfen wider die Glaubens-Ohnmacht etc.‹ – wovon ein Theologie Studiosus zu Tübingen M. Barth, der noch nicht einmal examinirt ist, Verfasser seyn soll. Schon der Titul spricht es auf eine recht frivole Art aus: Wem Stärkung des Glaubens nöthig ist, der hole sie – nicht bey dem *Evangelio* – sondern bey – *Hoffmann*. Wenn der Verfasser nicht ganz von Secten-Geist durchdrungen wäre, so hätte er: ›Evangelische‹ – auf den Titul gesezt. Zwar ist nicht klar: ob er als Herold auf Auftrag geschrieben habe? aber Hoffmann erklärte sich doch auch nicht dagegen; und es kann also den Argwohn nicht beseitigen: daß er sich in diesem Costume als eines Seelen-Arztes gefalle.« So der Waiblinger Dekan Philipp Friedrich Jäger in einem Bericht vom 30. September 1821 (LKA Stuttgart, A 26, 464, 2).

76   STEUDEL, Wort der Bruder-Liebe. Zu Steudel vgl. OEHLER, Art. Steudel; HERMELINK, Geschichte, S. 309f.

77   STEUDEL, Wort der Bruder-Liebe, S. 24: »Ihre Stifter sehen wohl selbst ein, daß ihrem Bestehen als äußerer Gesellschaft ein anderer Ursprung zu gönnen seyn dürfte, als der, daß das vorzügliche Hervorstellen des Grundes zu Hülfe gerufen werden mußte, das Auswandern aus dem Vaterlande durch sie zu verhüten.«

Einwände Barths Schrift heran. Vor allem zwei Punkte störten ihn daran: die Pfarrerkritik, die er vehement zurückwies, und die unhinterfragte Gewissheit, mit der Barth die Nähe endzeitlicher Ereignisse unterstellte. Daneben hielt er sich an der exklusiven Stellung auf, die Barth für die Korntaler Gemeinde reserviert hatte:

»Darauf wäre es also abgesehen bey jener kühnen Zuversicht, mit welcher versichert wird, daß der Antichrist – (an Antichristen, an verschieden gestalteten Gegnern und Entstellern des wahren Christenthums ist unsere Zeit freylich nicht arm) – mit seiner Gewalt nicht ferne seye, daß die äußere Kirche in den letzten Zügen liege, und dergleichen, – darauf, daß Kornthal, welches somit das einzige Aeußere und Sichtbare wäre, das durch den allgemeinen Brand hiedurch [!] sich retten dürfte, in um so herrlicherem Glanze vor unsern Augen sich darstellen möchte.«[78]

Steudel warf Barth und der Korntaler Gemeinde vor, für sich auf unzulässige Weise höhere Einsicht in zukünftige Ereignisse zu reklamieren. Er bestritt die Stichhaltigkeit von Barths Bibelexegese und wies dessen Konzept vom Sammlungsort Korntal doppelt zurück: Weder seien die befürchteten endzeitlichen Ereignisse als so nahe anzunehmen, wie von Barth behauptet, noch sei die Unterstellung akzeptabel, allein in Korntal werde Schutz zu finden sein.[79]

3. Kooperation oder Separation?

Zwei Fragen bleiben noch zu klären. Zum einen: Warum argumentierte Hoffmann gegenüber dem Staat anders als es seinen eigentlichen Intentionen entsprach? Zum anderen: Was bedeutete diese Diskrepanz für das Verhältnis der Korntaler Siedler zum württembergischen Staat?

Die Antwort auf die erste Frage liegt in der Notwendigkeit, eine gegenüber staatlichen Stellen kommunizierbare Sprache zu finden. Gegenüber dem Staat war es nicht angebracht zu argumentieren, man erwarte eine umfassende Verfolgungszeit, in der sich Christen nur durch den Rückzug an einen so weit wie möglich selbst verwalteten Ort schützen könnten. Man hätte damit gleichzeitig zugegeben, von der staatlichen Ordnung keine fernere Dauer zu erwarten, geschweige Hilfe. Außerdem hätte man sich dem Verdacht ausgesetzt, durch die Unterscheidung zwischen wahren

---

78 Ebd., S. 44.
79 Ebd., S. 48f. Steudel äußerte seine Kritik auch in einem Brief an Barth (WLB Stuttgart, Cod. hist. 4° 713, Nr. 789: 9. Oktober 1820). In seiner Antwort relativierte Barth die von ihm geäußerte Kritik an der in Tübingen gelehrten Theologie, hielt aber an seinen endzeitlichen Erwartungen unverändert fest (Brief vom 19. Oktober 1820, zit. bei WERNER, Bd. 1, S. 181–183). Ähnlich wie Steudel argumentierten andere anonyme Kritiker Barths: Die unlängst angepriesenen Hofmännischen Tropfen, S. 19f; Schattenseite, S. 23f. Unterstützung fand Barth durch WURSTER, Betrachtungen, S. 28f.

Christen, die an dem schützenden Ort hätten siedeln dürfen, und den anderen, denen die Ansiedlung verwehrt gewesen wäre, eine Spaltung im württembergischen Volk anzustreben, die alleine schon die Tendenz zum Umsturz der staatlichen Ordnung in sich getragen hätte. Nicht umsonst wurden endzeitliche Bewegungen immer wieder verdächtigt, revolutionäre Bestrebungen zu begünstigen.[80] Wer aber den Untergang jeder weltlichen Ordnung erwartet oder gar befördert, kann diese nicht zur Erlangung eigener Ziele heranziehen. Endzeiterwartungen haben in der öffentlichen Kommunikation mit staatlichen Institutionen keinen Ort, sie gehören zur »verborgenen« Kommunikation derer, die sie teilen.[81] Hoffmann musste also eine Sprache finden, die auch von König und Regierung gesprochen werden konnte. Er fand sie in dem Hinweis auf die Wirtschaftskraft vieler möglicher Auswanderer, die man im Land halten könne, wenn man ihnen einen Ort schaffe, an dem sie ihrem Gewissen gemäß leben könnten. Wirtschaftskraft und Gewissensfreiheit waren vermittelbare Begriffe der öffentlichen Kommunikation. Ein »Bergungsort«, der allein in den kommenden Ereignissen Schutz bieten könne und das auch nur einer ausgewählten Gruppe »wahrer« Christen, war nicht vermittelbar. Man hätte ja unterstellt, der Staat werde seine Untertanen nicht schützen können. Hoffmann griff also zu öffentlich kommunizierbaren Argumenten, um sein Ziel der Gründung unabhängiger Gemeinden zu erreichen. Er tat dies nicht, um über seine eigentlichen Intentionen hinwegzutäuschen. Der vom Neuenstädter Diakon Bilfinger erhobene Vorwurf, Hoffmann habe religiöse Beweggründe nur vorgegeben, um gewisse bürgerliche Privilegien zu erlangen, ging fehl. Hoffmann hätte sich nur anders nicht verständlich machen können, ohne sein Ziel zu gefährden.

Das Problem der Kommunikation zwischen Korntaler Siedlern und württembergischem Staat wirft die andere Frage nach ihrem Verhältnis überhaupt auf. Im Gegensatz zu den Separatisten und Auswanderern der vorausliegenden Jahre und Jahrzehnte hatten die Korntaler – unter der Anleitung Hoffmanns – einen neuen Weg im Umgang mit dem Staat und der verfassten Kirche gefunden. Man sollte diesen Weg aber zumindest in der Frühzeit Korntals nicht unter das Stichwort Kooperation fassen.[82] Die Zusammenar-

---

80   Im württembergischen Separatismus um 1800 gab es vereinzelt auch Gruppen, die sich an die Forderungen der französischen Revolution nach Freiheit und Gleichheit der Menschen anschlossen und vom württembergischen Staat hart verfolgt wurden (vgl. LEHMANN, Pietismus und weltliche Ordnung, S. 159f; TRAUTWEIN, Freiheitsrechte, S. 330f).

81   Mit der Unterscheidung von öffentlicher und verborgener Kommunikation beziehe ich mich auf James C. Scotts Theorie der »hidden transcripts«; vgl. SCOTT, Domination, S. 2–4 (public transcript: »the open interaction between subordinates and those who dominate«; hidden transcript: »discourse that takes place ›offstage‹, beyond direct observation by powerholders«). Zu Endzeiterwartungen als »Geheimwissen« vgl. auch LEHMANN, Endzeitszenarien, S. 69.

82   So jedoch TRAUTWEIN, Pietismus zwischen Revolution und Kooperation, S. 46; TRAUTWEIN, Freiheitsrechte, S. 339: »Wenn man noch bedenkt, daß Hoffmann, der Vorsteher,

beit mit dem Staat war für Hoffmann allenfalls das Mittel, um eine geregelte Separation im Innern zu erreichen, die es erlaubte, unter Einwilligung des Staates ein alternatives religiöses Siedlungsmodell zu leben, das im Verborgenen von der Motivation gelenkt war, einen endzeitlichen »Bergungsort« zu finden. Die Gründung Korntals lässt sich damit als Manifestation einer millenarischen Bewegung in ihrer ersten Phase verstehen, in der die apokalyptischen Erwartungen anwachsen und in der Einrichtung von Gemeinschaften und vorbereitenden Aktivitäten sichtbar werden.[83] In ihrem Selbstverständnis traten die Korntaler in Gegensatz zum Staat. Die Kooperation beschränkte sich auf die notwendigen Fragen der äußeren Organisation; das innere Verhältnis war weiterhin von Separation bestimmt.[84] Das sollte sich erst ändern, als sich Bengels Berechnung, das tausendjährige Reich werde 1836 anbrechen, als unrichtig erwies und die sich daran anknüpfende Enttäuschung eine Neuordnung des Verhältnisses zum Staat und zur Landeskirche notwendig machte.

III. Apokalyptischer Millenarismus

Während Gottlieb Wilhelm Hoffmann, Johannes Kullen und die anderen Korntaler Siedler den ›Bergungsort‹ im Inneren errichteten, suchten ihn andere weiterhin im Osten und bereiteten ihre Auswanderung nach Russland vor. Unter ihnen war der seit dem Mai 1818 im bayerischen Gundremmingen, nahe der württembergischen Grenze, amtierende katholische Pfarrer Ignaz Lindl (1774–1845). Er wurde auch unter den evangelischen Württembergern, vor allem im angrenzenden Oberamt Heidenheim, zum Kristallisationskern endzeitlicher Hoffnungen. Zwischen 1820 und 1823 löste er dort eine zweite, wenn auch wesentlich kleinere Auswanderungsbewegung aus. Die Rekonstruktion dieses Vorgangs bietet einen exemplarischen Einblick in endzeitliche Argumentationen und Handlungsmuster. Lindls Ein-

---

Friederich, der erste Pfarrer und Joh. Kullen, der Lehrer, zumindest zeitweise eine große Nähe zum apokalyptischen Fieber hatten [...], dann ist hier ein Wandel, weg vom Separatismus, unverkennbar.« Doch nicht die Gründung Korntals, sondern erst die Wahl Sixt Carl Kapffs zum Korntaler Pfarrer im Jahr 1833 kann als sichtbare Abwendung vom Separatismus verstanden werden (vgl. dazu Kapitel 3, Abschnitt I. 2. *Korntal sucht einen Pfarrer*).

83　Zu den drei Phasen einer millenarischen Bewegung vgl. LANDES, On Owls, Roosters, and Apocalyptic Time, S. 53–56, und oben Einleitung, Abschnitt I. 1. *Fragestellung und Abgrenzung*.

84　Insofern kann keine Rede davon sein, mit der Gründung Korntals habe die Entwicklung des württembergischen Pietismus von einer millenarischen Protestbewegung zu einer etablierten Sekte, die sich eine »in zunehmendem Maße wohlwollend-ausgeglichene und pragmatische Haltung zu den äußeren Realitäten, insbesondere zu Kirche und Staat« zu eigen gemacht hätte, ihren Abschluss gefunden (FINDEISEN, Pietismus, S. 229). Zur Kritik an FINDEISEN vgl. FÖLL, Sehnsucht, S. 200f.

fluss in Württemberg blieb nicht auf den Heidenheimer Raum beschränkt. Sein Name tauchte auch in späteren Jahren wieder auf, zumal in Korntal.

1. Ignaz Lindl und seine Anhänger in Württemberg

Seit 1802 wirkte Ignaz Lindl[85] in seinem Geburtsort Baindlkirch bei Augsburg als Priester. Um 1812 fand er Anschluss an die Allgäuer Erweckungsbewegung um Martin Boos (1762–1825) und Johannes Goßner (1773–1858).[86] Letzterer brachte ihn in Verbindung mit der Basler Christentumsgesellschaft und Christian Friedrich Spittler (1782–1867), mit dem Lindl für lange Jahre in brieflicher Kommunikation blieb.[87] Aus seinen Briefen an Spittler wird die Bedeutung Johann Heinrich Jung-Stillings für Lindl deutlich. Im August 1813 hatte er Jung-Stilling in Karlsruhe mit der Absicht besucht, seine Pfarrei in Baindlkirch zu verlassen und zur evangelischen Kirche als Pfarrer oder Missionar überzutreten. Jung-Stilling überzeugte ihn, in sein Pfarramt zurückzukehren und keine übereilten Schritte zu vollziehen. Nicht zuletzt die endzeitlichen Spekulationen Jung-Stillings beschäftigten ihn in der Folgezeit aber immer stärker.[88] Lindl begann über eine Auswanderung nach Russland nachzudenken. Die Zeichen der Zeit schienen das Näherrücken endzeitlicher Ereignisse nahezulegen. Solche Überlegungen konnten nicht ohne Einfluss auf sein pfarramtliches Wirken bleiben. In Baindlkirch und Umgebung entstand, von staatlichen und kirchlichen Stellen argwöhnisch beobachtet, unter der Landbevölkerung eine religiöse Bewegung, die sich schnell ausbreitete. Sonntags strömten angeblich bis zu mehrere tausend Menschen zu Lindls Predigten, in denen er vor dem Hintergrund der erwarteten Ereignisse auf Bekehrung und Heiligung drang.[89] Die entstandene Unruhe rief Gegner auf den Plan. Unter dem Vor-

---

85   Die vielfachen Brüche in Lindls Leben führten dazu, dass kaum einmal seine ganze Biographie bearbeitet wurde. Eine gute Zusammenfassung bietet: PETRI, Ignaz Lindl; für die Zeit in Bayern bis zur Auswanderung 1819 vgl. TURTUR; für die Auswanderung und die Zeit in Odessa und Sarata vgl. LEIBBRANDT, S. 177–200.

86   Zur Allgäuer Erweckungsbewegung vgl. WEIGELT, Allgäuer katholische Erweckungsbewegung [GdP]; DERS., Allgäuer katholische Erweckungsbewegung [PuN].

87   StA Basel, PA 653, Abt. V, Lindl, Ignaz: 40 Briefe von Lindl an Spittler, Baindlkirch, Gundremmingen, St. Petersburg, Barmen u.a., 1813–1836.

88   Zum Einfluss Jung-Stillings auf Lindl vgl. Briefe von Lindl an C. F. Spittler (StA Basel, PA 653, Abt. V) vom 1. März und 29. November 1814, 20. November 1816 (»Stilling wird vielleicht bald heimgehen, u. seine Weissagungen werden immer mehr in Erfüllung zu gehen beginnen.«). Die Angabe von PETRI, Lindl habe Jung-Stilling am 4. September 1813 besucht (PETRI, Jung-Stilling und Ignaz Lindl, S. 249), ist zu präzisieren. Lindl war wohl mehrere Wochen von Anfang August bis in den September hinein bei Jung-Stilling in Karlsruhe (Briefe von Jung-Stilling an C. F. Spittler, 6. und 28. August 1813, in: JUNG-STILLING, Briefe, S. 528f).

89   Zum endzeitlichen Charakter von Lindls Predigtweise in Baindlkirch vgl. TURTUR, Bd. 1, S. 150–153.

wurf, eine mystische Sekte gegründet zu haben, wurde gegen Lindl eine Disziplinaruntersuchung eingeleitet. Im August 1817 stellte man ihn schließlich beim Augsburger Stadtdekan unter strenge Hausaufsicht. Die drohende endgültige Entfernung Lindls aus dem Pfarramt konnte vor allem durch die Intervention seiner Baindlkircher Gemeinde und durch die Fürsprache seines Aufsehers verhindert werden. Nach neunmonatigem Aufenthalt in Augsburg wurde Lindl im Mai 1818 nach Gundremmingen, nahe der württembergischen Grenze, versetzt.[90]

Es folgten anderthalb Jahre, in denen Lindl wiederum zum Mittelpunkt einer endzeitlichen Bewegung wurde, die jetzt auch das Württembergische erfasste, besonders die Gegend zwischen Heidenheim und Ulm. Erneut drohte Lindl die Entfernung von seiner Pfarrstelle. Er intensivierte die Planungen für eine Auswanderung nach Russland. In einem Brief an Spittler in Basel wird die Stimmung deutlich, in der Lindl und seine Anhänger lebten:

»Die Erweckungen an den Ufern der Donau sind groß. Weil die Leute wissen, daß ich fortkomme, so eilen eine Menge Menschen alle Sonntage nach Gundremmingen in die Predigt. [...] Ich weiß nicht, ist bey den Protestanten, die Haufenweise aus dem benachbarten Würtemberg in meine Predigten kommen, die Bewegung größer, oder bey den Katholiken. – Ein gewaltiges Feuer brennt, das der Teufel nimmer auslöschen kann. Katholische u. protestantische Herrschaften u. Pfarrer verbiethen den Ihrigen nach Gundremmingen zu wallfahrten, aber desto Mehrere kommen. Der Sturm schwebt über unsern Häuptern; wenn ich nicht bald gehe, verschlingt er mich in seinem Wirbel. Indessen halte ich so lange aus, als ich immer kann. Vielleicht aber nur vielleicht kann ich das Evangelische Wesen noch treiben bis zum neuen Jahr.«[91]

An dem Briefausschnitt lassen sich drei Aspekte endzeitlicher Stimmung zeigen: die konfessionelle Indifferenz, die Erwartung, verfolgt zu werden, und der daraus abgeleitete Druck auszuwandern. Lindls Predigten richteten sich gleicherweise an Katholiken wie Protestanten. Nicht mehr die Konfession war entscheidend, sondern der reine Christusglaube. Damit aber war man dem Misstrauen konfessioneller Autoritäten ausgesetzt. Staatliche und kirchliche Instanzen versuchten, den Zustrom zu Lindl einzudämmen, was dieser als endzeitliche Verfolgung deutete, der letztlich nur durch Auswanderung an einen Bergungsort zu entkommen sei.[92] Im Oktober 1819 war es schließlich soweit. Lindl verließ, eingeladen vom russischen Zaren

---

90 Über die Untersuchung gegen Lindl und seine Versetzung berichtet TURTUR, Bd. 1, S. 41–65.

91 StA Basel, PA 653, Abt. V: Brief von Lindl an Spittler, Gundremmingen, 12. Dezember 1818.

92 Vgl. auch einen Brief Lindls an Spittler, Baindlkirch, 20. November 1816: »In Hinsicht unsrer aller, die es rein mit Christo halten, kann bald eine ernsthafte Verfolgung kommen. [...] Aber das thut Brüder, im Falle der Ausschließung aus der römischen Kirche (dem Geiste nach sind wir schon lange ausgegangen) bethet zuvor, u. dann verschaffet uns Platz nach Rußland.« (StA Basel, PA 653, Abt. V).

Alexander I., Gundremmingen mit dem Ziel Sankt Petersburg, um von dort aus die Auswanderung bayerischer und württembergischer Kolonisten nach Südrussland vorzubereiten.

Einen Eindruck von der Anziehungskraft, die Lindl auch im Württembergischen ausgeübt hatte, vermittelt der Bericht eines Herrnhuter Reisepredigers, der im Mai 1819 auf einer Besuchsreise durch das östliche Württemberg einen Gottesdienst Lindls in Gundremmingen besuchte. Johann Daniel Suhl (1759–1838) und seine Frau Maria Magdalena (1771–1846) machten sich am Himmelfahrtstag früh um vier Uhr auf den Weg, wo sie »keinen Wegweiser gebraucht hätten, der ganze Weg vor- u. rückwärts war voller Menschen wo keiner mit dem andern viel redete, sondern eilte der Donau zu, um bald übergesetzt zu werden, u. Platz in der Kirche zu finden.« In Gundremmingen trafen sie Lindl noch vor der Predigt an, wo er sie bat, für seine ehemaligen Gemeindeglieder in Baindlkirch zu beten, die erheblichen Verfolgungen ausgesetzt seien. Die Predigt hinterließ bei Suhl den Eindruck, als habe Luther von einer katholischen Kanzel gepredigt.[93] Auf der württembergischen Seite der Donau sprach Suhl an den folgenden Tagen mit einigen evangelischen Pfarrern, die unterschiedlich auf die durch Lindl ausgelöste Bewegung reagierten. Einige beschwerten sich über den Zustrom zu Lindl, der für Unruhe in den Gemeinden sorgte.[94] Der pietistische Pfarrer von Sontheim an der Brenz hatte dagegen keinen Grund zur Beschwerde.[95] Im September 1819 berichtete er seinen Amtsbrüdern von dem neuen katholischen Kollegen in seiner Nähe, für dessen Wirken er anerkennende Worte fand.[96] Sein Lob verstummte allerdings, als Lindl

93   UA Herrnhut, R. 19. B. l. 7, Nr. 82.

94   So am 24. Mai 1819 der Asselfinger Pfarrer Miller, der seinen erweckten Gemeindegliedern vorwarf, »Zeit zu haben, in das weit entfernte Gundremmingen gehen zu können, um einen katholischen Pfarrer zu hören, in seine Betstunden kämen sie aber nicht« (ebd.).

95   »Unser Weg ging nun nach Sundheim wo die Erweckten aus Brenz auch zu einer Versammlung hinkamen, es waren in die 60 Personen beisammen. [...] Nach derselben besuchten wir den H. Pfarr Stengel, der sich mit mir über das, was durch Pfarr Lindl geschieht unterhielt.« (Ebd.).

96   »Seit einiger Zeit habe ich drey Stunden von hier an einem katholischen Geistlichen zu Gundremmingen im Bairischen einen lieben brüderlichen Nachbar. [...] Von Christen verschiedener Confession u. Gesinnung werden Seine Predigen häufig besucht, wobei es bey manchen nicht ohne gute Eindrücke abgeht. Der Zulauf ist auffallend, auch auß der Ferne, so daß Einige schon am Samstag in Gundremmingen eintreffen, und da übernachten um Ihn desto gewisser am Sonntag hören zu können. In seinen Predigen eifert Er gewaltig wieder die eingerißenen Irrtümer u. Mißbräuche in der katholischen Kirche, u. weiset Seine Zuhörer allein zu Christo hin, wann sie der Seelen Seligkeit davon tragen wollen. Hierüber hat Er viel zu leiden, erlebt aber auch manche Freude an Zuhörern, die sich erleuchten lassen. Hiezu ist besonders auch förderlich die häufige Austeilung des N. Testaments, das mit großer Begier gelesen wird, wie auch anderer erbaulicher Tractätlein. Jenes war seinen katholischen Zuhörern ganz fremde.« (LKA Stuttgart, Hs 79/2: Zirkularkorrespondenz, Zirkular 103, S. 43–46: Brief von Friedrich Philipp Stängel, Sontheim, 2. September 1819, Zitat: S. 43f).

auswanderte und knapp zwanzig Anhänger aus Sontheim ihm nach Russland folgten.[97]

Unter den pietistischen Privatversammlungen auf der württembergischen Seite der Donau fand der katholische Priester Ignaz Lindl regen Zuspruch. Aus den Berichten Johann Daniel Suhls werden unterschiedliche Gründe dafür erkennbar. Die Mitglieder einer Erbauungsversammlung in Asselfingen bei Ulm wiesen auf die Verständlichkeit der Predigten Lindls hin.[98] Offensichtlich pflegte Lindl eine einfache Sprache, die bei den Menschen den Eindruck hinterließ, verstanden zu haben und verstanden worden zu sein. Damit ist aber nur die Form der Kommunikation berührt. Doch auch der Inhalt von Lindls Predigten muss Eindruck hinterlassen haben. Auf ihre Motive hin befragt, warum sie Lindl nach Russland folgen wollten, antworteten Versammlungsmitglieder aus der Heidenheimer Gegend im Mai 1820, Lindl wolle dort eine Brüdergemeine errichten, in der sie und ihre Kinder ungehindert leben könnten. Andere antworteten unter Hinweis auf das unmittelbar drohende Erscheinen des Antichrists, sie wollten sich vor den zu befürchtenden Verfolgungen retten.[99] Lindls Vermögen, eine große Anzahl von Menschen in Bewegung zu versetzen, hing also unmittelbar mit dem endzeitlichen Charakter seiner Verkündigung zusammen.

Von Lindls Predigten sind nur wenige Abschriften oder gedruckte Fassungen erhalten. Aus der Zeit vor seiner Auswanderung ist bisher nur wenig bekannt.[100] Es ist allerdings zweifelhaft, ob Lindl die endzeitliche Stimmung überhaupt durch seine Predigten oder nicht eher in privaten und halböffentlichen Unterredungen verbreitete. Hermann Turtur zitiert einen polizeilichen Bericht, nach dem Lindl eine Messe in Baindlkirch beendete und, als daraufhin die Gemeinde zu ihm an den Altar geströmt sei, dort über anderthalb Stunden weiter gesprochen habe, auf das drohende Gericht und die

---

97 Im Mai 1820 besuchte Suhl den Pfarrer in Hermaringen: »Er, wie auch der H. Pfrr. von Sundheim sind gar nicht zufrieden; daß so viele von den Erweckten u. besonders die Versammlungshalter, nach Rußland zum Pfarr Lindl auswandern wollen.« (UA Herrnhut, R. 19. B. l. 7, Nr. 87). Ein Jahr später besuchte Suhl erneut Stängel, der jetzt »sehr unzufrieden darüber war: daß mehrere von den Erweckten gegen seine Vorstellungen, nach Odessa ausgewandert waren.« (Ebd., Nr. 90). Nach den Auswanderungstabellen des Oberamts Heidenheim (StA Ludwigsburg, F 172 I Bü 128, Nr. 1: Auswanderungs-Tabellen 1819–1853) wurde in den Jahren 1820 und 1821 zusammen 19 Personen aus Sontheim an der Brenz die Auswanderung nach Russland genehmigt. Die Sontheimer Auswanderergruppe war damit wohl die größte unter den württembergischen Anhängern Lindls.

98 UA Herrnhut, R. 19. B. l. 7, Nr. 82. Ihrem Gemeindepfarrer sagten die Versammlungsmitglieder, »man verstehe seine Predigten besser, seitdem man Lindl predigen gehört habe«.

99 Ebd., Nr. 87: »Manche glauben: daß Pfarrer Lindl eine Brüder Gemeine dorten errichten wird, wo sie dann in einer Gemeine wohnen können, und ihre Kinder so gut geborgen wären wie in irgent einer Brüder Gemeine. Manche gehen aber auch deswegen, weil ihrer Meinung nach übers Jahr der Antichrist kommen wird, und gräuliche Verfolgungen ihren Anfang nehmen werden.«

100 LINDL, Wiedergeburt; DERS., Zwei Predigten; DERS., Kern.

nahe Wiederkunft Christi hinweisend.[101] Sicherlich gab es für interessierte Besucher vielfältige Möglichkeiten, mit Lindl in kleinerem Kreis ins Gespräch zu kommen, auch ohne polizeiliche Beobachtung. Endzeitliche Themen hatten dann eher in diesen informellen Kommunikationssituationen ihren Ort als in der öffentlichen Predigt. Naturgemäß gibt es von solchen Gesprächen kaum schriftliche Überlieferungen. So darf es als Glücksfall gelten, dass sich für Lindls Gedankenwelt aus der Zeit vor seiner Auswanderung eine Quelle erhalten hat, die erst im Zusammenhang dieser Untersuchung als solche identifiziert werden konnte.

Nach seiner Rückkehr aus Russland veröffentlichte Lindl 1826 in Berlin einen »Leitfaden zur einfachen Erklärung der Apokalypse«[102], eine ausführliche, gemeinverständliche Auslegung der Johannesoffenbarung. Eine erste Fassung dieser Auslegung entstand allerdings schon wesentlich früher, nämlich Ende 1817. In der Handschriftenabteilung der Universitätsbibliothek Basel hat sich eine bisher unbekannte Abschrift des Manuskriptes erhalten.[103] Aus dem Manuskript ergibt sich folgende Vorgeschichte: Lindl verfasste den Leitfaden im Spätjahr 1817 in Augsburg, als er dort im Hause des Stadtdekans Pichler unter Hausaufsicht stand.[104] Von dem verschollenen Ur-Manuskript wurden wahrscheinlich mehrere Abschriften angefertigt, um sie unter Lindls Anhängern zu verbreiten. Eine dieser Abschriften erhielt ein Lindauer Korrespondent der Basler Christentumsgesellschaft, aus dessen Besitz es dann nach Basel gelangte.[105] Wohl zum Schutz des Autors wurde das Manuskript anonym verfasst. Ein Vergleich mit der gedruckten Fassung zeigt jedoch eindeutig die Abhängigkeit beider. Für den Druck überarbeitete Lindl das Manuskript stark, ohne den Aufbau und Duktus des Ganzen zu verändern. Mit dem Manuskript von Lindls Auslegung der Johannesoffenbarung liegt nun eine Quelle vor, die erstmals einen näheren Einblick in Lindls Gedankenwelt vor der Auswanderung nach Russland erlaubt. Die Schrift sollte, so der Autor in der Einleitung, als Handreichung

101 TURTUR, Bd. 1, S. 152f.

102 LINDL, Leitfaden.

103 UB Basel, Handschriftenabteilung, A XIV 7: »Leitfaden zur Erklärung der Apokalips für Jene die sie mit Nutzen und Seegen lesen wollen«, 1818, 116 S. (anonym); im Folgenden: [Lindl], Leitfaden (Ms). Wenn im Folgenden vom Manuskript die Rede ist, ist immer diese Abschrift von unbekannter Hand gemeint. Die Abschrift stammt wohl nicht von Lindl selbst. Dagegen sprechen ein Vergleich der Handschrift mit eigenhändigen Briefen Lindls aus dem Spittlerarchiv (StA Basel, PA 653, Abt. V) und diverse Schreibfehler im Manuskript, die bei einem Theologen überraschen würden (S. 93: »Genostiken« statt Gnostiker; »Chaliasten« statt Chiliasten).

104 [Lindl], Leitfaden (Ms.), S. 6, am Schluss des Vorwortes: »Geschrieben im Gefängniße zu A. / Den 20ten Dcbr. 1817«.

105 Ebd., Eintrag auf dem Vorsatz: »Diß Buch gehört Bernhard Männer in Reitin bey Lindau am Bodensee. 1821.« Von Männer gibt es im Spittlerarchiv (StA Basel, PA 653, Abt. V) Briefe an Spittler aus den Jahren 1825–1856.

für die tägliche Bibellektüre in unsicheren Zeiten dienen.[106] Lindl ging von der besonderen Bedeutsamkeit des letzten Buches der Bibel aus, von dessen Verständnis niemand ausgeschlossen sein sollte. Die Schrift wurde daher vervielfältigt und an interessierte Anhänger weitergegeben. Dadurch war Lindl an der Gestaltung eines endzeitlichen Kommunikationsraumes beteiligt, der sich weit über die Grenzen seiner pfarrgemeindlichen Wirksamkeit hinaus erstreckte. Der »Leitfaden« unterstützte nicht nur die private häusliche Bibellektüre, sondern eröffnete Gesprächsmöglichkeiten unter Lindls Anhängern. Vermutlich wurde er auch in Versammlungen gelesen und vorgelesen.

Wer waren die Leser des »Leitfadens«, die Anhänger Lindls in Württemberg? Über ihre räumliche und soziale Herkunft sind nur spärliche Informationen bekannt. Der Großteil derer, die 1820 Lindl nach Russland folgen wollten, stammte aus dem Oberamt Heidenheim.[107] Die Familienväter waren von Beruf überwiegend Handwerker. Ihrem sozialen Status und ihrem Vermögen nach scheinen sie sich nicht vom Durchschnitt der restlichen Bevölkerung im Oberamt Heidenheim unterschieden zu haben. Organisiert wurde die Auswanderung durch die wohlhabenden Kaufleute Christian Friedrich Werner (1759–1823) in Giengen und Christoph Friedrich Ploucquet (1781–1844) in Heidenheim, in deren Häusern sich Lindls Anhänger zu Erbauungsstunden trafen.[108] Allerdings fand Lindl nicht nur aus der Heidenheimer Gegend Zuspruch. Zu Lindls Abschiedspredigt in Gundremmingen am 17. Oktober 1819 kamen zwischen 500 und 1000 Besucher aus Württemberg, darunter auch einige mit Pferdewagen aus Ulm, Göppingen, Schorndorf und Stuttgart.[109] Über ihre Motive ist nichts bekannt. Ob ein Göppinger Händler sich mit seiner Familie auf den Weg nach Gundremmingen machte, um seine Auswanderung vorzubereiten, oder weil er, enttäuscht von seinen eigenen Gemeindepfarrern, dort hoffte, eine erbauliche Predigt zu hören, oder aus reiner Neugierde – all dies lässt sich nicht nachweisen. Aber der kommunikative Raum, an dem er und seine Angehörigen teilhatten, kann immerhin näher beschrieben werden. Gehörte er zu einer

---

106 [Lindl], Leitfaden (Ms), S. 4; im Druck S. 5: »in unsern wichtigen und mit großen Ereignissen schwangeren Zeiten«.

107 Eine im Juni 1820 angefertigte Liste derjenigen Württemberger, die im Gefolge Lindls nach Russland auswandern wollten, enthält namentlich 126 Personen, 106 davon aus dem Oberamt Heidenheim und 16 aus dem Oberamt Ulm (HStA Stuttgart, E 146/1 Bü 1631, Nr. 3).

108 Ebd., Nr. 17: Bericht der Regierung des Jagstkreises an das Innenministerium, Ellwangen, 28. September 1820. Werner gehörte zu den engsten Vertrauten Lindls in der Zeit vor seiner Auswanderung; vgl. Brief von Lindl an Spittler, Gundremmingen, 6. Oktober 1818 (StA Basel, PA 653, Abt. V), in dem er Spittler bat, die Post an ihn über Werner in Giengen zu schicken, da sie sonst in Bayern abgefangen werde. Zu Werner vgl. LEIBBRANDT, Auswanderung, S. 180–183.

109 Vgl. TURTUR, Bewegungen, Bd. 1, S. 115–118, und Bd. 2, S. 40, Anm. 256 (unter Bezug auf bayerische Akten aus dem HStA München und dem StA Neuburg).

Privatversammlung, dann nahm er vielleicht auch andere Mitglieder auf seiner Fahrt mit. So oder so gab es nach der Rückkehr im Kreis der Versammlung Gesprächsstoff über das Erlebte und Gehörte. Vielleicht brachten die Reisenden auch abgeschriebene Predigten mit nach Hause, die man dann in der Erbauungsstunde vorlas und besprach.[110] Auf gleiche Weise mögen auch Abschriften des »Leitfadens« in Umlauf gekommen sein. So entstand über Lindls näheren Umkreis hinaus ein kommunikativer Raum, in dem sich Versammlungsteilnehmer mit Lindls Gedankenwelt auseinandersetzten, seine Gegenwartsanalysen und Handlungsaufforderungen prüften und mit ihren Erfahrungen verglichen. Eine Analyse des Textes, besonders der Abschnitte, in denen Lindl auf die gegenwärtige Situation seiner Leser einging und ihre Handlungspotentiale erörterte, lässt also nicht nur in Lindls Gedankenwelt schauen, sondern verspricht auch näheren Aufschluss über den endzeitlichen Kommunikationsraum, in dem sich seine Anhänger bewegten.[111]

2. Apokalyptische Logik

Lindls »Leitfaden zur Erklärung der Apokalypse« bot im Manuskript wie in der Druckfassung eine fortlaufende, erbauliche Auslegung der Johannesoffenbarung für einfache Bibelleser. Auf theologische oder gar sprachliche Diskussionen über den Text ging er kaum ein, alternative Auslegungen erwähnte er nur beiläufig.[112] Immer wieder wendete er sich in direkter Ansprache, predigtartig an seine Leser, wodurch sich der Text mündlichem Stil annäherte.[113] Inhaltlich wurde Lindls Auslegung durch zwei Grundsätze bestimmt:

1. *Die apokalyptische Prophetie erfährt eine kumulative Erfüllung.*[114] Die Weissagungen der Johannesoffenbarung sind weder allein auf vergangene

---

110 In Amstetten, zwischen Ulm und Göppingen auf der Schwäbischen Alb gelegen, wurden 1821 in einer kleinen Versammlung von Männern Predigten Ignaz Lindls gelesen (LKA Stuttgart, A 26, 464, 2, Bericht von Dekan Gaab, [Geislingen-]Altenstadt, 28. Juli 1821).

111 Die Analyse wird ergänzt durch einen Vergleich der beiden vorliegenden Fassungen: des Manuskriptes von 1817 und des Drucks von 1826. Die zum Teil nicht unwesentlichen Veränderungen weisen auf veränderte Schwerpunkte in Lindls Apokalypseauslegung hin.

112 [Lindl], Leitfaden (Ms.), S. 4.

113 Ebd., S. 32, 54, 88 u.ö.

114 Ebd., S. 19: »In der Einleitung schon bemerkte ich: daß die biblischen Weißagungen erst nach und nach ihre Vollendung erreichen. – Was daher in allen Jahrhunderten bis auf gegenwärtige Zeit sich merkwürdiges ereignete, [...] so muß man das nie als vollendete, sondern nur als theilweiße Erfüllung ansehen, sonst geräth man in diesem prophetischen Bilderbuch auf Irrwege, die in ein Labirenth [!] führen, wo man keinen Ausgang mehr findet.« S. 61: »Ich bin für mich überzeugt, daß alles, was Johannes sah; wenn es auch in den frühesten Zeiten anfing in Erfüllung zu gehen, u. Vieles davon da und dort theilweiße erfüllt wurde, in den lezten Tagen vor dem Welt-Ende erneuert, und alle schon geschehene Ereigniße wiederhohlt in Vorschein kommen, u. so ihre gänzliche Erfüllung erreichen werden.«

Ereignisse der Kirchengeschichte, noch allein auf zukünftige Ereignisse der Endzeit zu beziehen. Sie bilden auch nicht den Ablauf der Weltgeschichte von Christus bis zum Jüngsten Tag ab, so dass man an dem gegenwärtigen Stand der Entwicklung, einem apokalyptischen Fahrplan gleich, ablesen könnte, welche Ereignisse als nächstes folgen. Vielmehr erfahren alle Weissagungen im Laufe der Geschichte immer neue und vollständigere Erfüllung.

»Wir müssen fein nicht vergessen, daß die Dinge, die Johannes sah, sich oft – und gar oft in der Welt ereignen, und gerade durch öftere Wiederhohlung ihre Vollendung erreichen.«[115]

Wer von einer solchen kumulativen Erfüllung der apokalyptischen Prophetie ausgeht, schneidet damit jeder chronologischen Berechnung zukünftiger Geschehnisse den Weg ab. Schon in der Einleitung zum Manuskript betonte Lindl, ohne weiteren göttlichen Aufschluss sei keine vollständige Erklärung der Johannesoffenbarung möglich.[116] In der Druckfassung verdeutlichte er ausdrücklich, ohne neue Offenbarung seien alle chronologischen Berechnungen willkürlich.[117] Lindl unterschied sich damit eindeutig von Bengel und dessen Schule.

2. Die endzeitlichen Ereignisse unterliegen einer apokalyptischen Logik. Wenn Lindl gleichwohl davon ausging, in der letzten Zeit zu leben[118], dann geschah dies nicht aufgrund einer biblizistischen Chronologie, sondern durch die Beobachtung der Zeitereignisse, die er einer apokalyptischen Logik unterworfen sah. Nach dieser Logik war ein Fortschritt in der endzeitlichen Entwicklung hin zur Durchsetzung des Reiches Gottes nur denkbar durch ein gleichzeitiges Erstarken entgegenwirkender Kräfte und Mächte. Das Reich Gottes sollte sich erst nach einem immer heftiger werdenden Ringen zwischen Gut und Böse, zwischen Licht und Finsternis, zwischen den wahrhaft Bekehrten und den Anhängern Satans in einem schlussendlichen apokalyptischen Kampf durchsetzen. Diese Denkfigur wurde nicht nur von Lindl verwendet, sondern tauchte in chiliastischen Konzeptionen in den verschiedensten Zusammenhängen auf.[119] Der Prototyp war gewissermaßen die Geschichte Jesu Christi: Erst durch sein Leiden und Sterben am Kreuz konnte sich das Reich Gottes in der Auferstehung durchsetzen. Doch auch in jedem individuellen Leben wurde das Muster erkennbar. Die Bekehrung eines Christen beendete den immer dringlicher werdenden Widerstreit von

---

115 Ebd., S. 63.
116 Ebd., S. 5.
117 LINDL, Leitfaden, S. 112.
118 [Lindl], Leitfaden (Ms.), S. 6, 49f.
119 Vgl. unten Kapitel 2, Abschnitt III. 3. *Universalgeschichtliche Erklärung der Offenbarung Johannis*; Kapitel 3, Abschnitt II. 3. *Verteidigung des Apokalyptikers*; Kapitel 4, Abschnitt III. 2. *Theologische Deutungen und pragmatische Haltung.*

Gott und Teufel in der eigenen Seele. Vergleichbares geschah in der Welt-geschichte. Auch im großen Maßstab war ein Fortschritt nur durch Leiden, Streit und Kampf denkbar.[120]

Lindl griff diese Denkfigur auf und machte sie zum Grundsatz seiner Auslegung. Noch immer wende sich ein großer Teil der Menschheit von Gott ab. Das von ihm ausgehende Licht durchdringe die einen und erleuchte sie, die anderen verblende es. In der notwendig werdenden Scheidung er-klärten sich die einen ganz für Gott, die anderen ganz für Satan, was zum jeweiligen Wachstum von Gottseligkeit oder Bosheit führe. Entscheidend war die Folgerung, die Lindl daraus zog. Denn mit dem beiderseitigen Wachstum nähmen einerseits die »Verfolgung gegen die Frommen«, ande-rerseits die »Plagen von Seite Gottes über die Verbosten« immer weiter zu, was er in seiner Gegenwart mehr als je wahrzunehmen meinte.[121] Die Ver-folgung der Frommen erhielt damit eine innere Notwendigkeit im Rahmen der endzeitlichen Ereignisse. Lindl machte seinen Lesern bewusst: Unsere Leidenserfahrungen sprechen nicht gegen unsere Hoffnungen, sondern sind deren unausweichliche Voraussetzung. Mit dem Hinweis, gegenwärtig seien die Verfolgungen und Plagen mehr als je wahrnehmbar, spielte Lindl nicht zuletzt auch auf sein eigenes Schicksal an. Seine Entfernung aus dem Baindlkircher Pfarramt und die faktische Arrestierung in Augsburg waren Teil der Verfolgungsgeschichte und im Rahmen der apokalyptischen Logik erklärbar, ja gleichsam notwendig. Die biographische Argumentation sollte für die Leser deutlich machen: Was wir im Buch der Offenbarung lesen, geschieht im Moment in unserer unmittelbaren Umgebung. Wir sind selbst Teil der Geschichte.

Lindl verstärkte seine Argumentation, indem er die anstehenden Verfol-gungen in die Lebenswelt seiner Leser hineinprojizierte. Überall, in allen Städten und Dörfern treffe man auf Menschen, die das Tier – also die wi-dergöttliche Macht – und dessen Bild anbeteten. Überall seien Spione, die die wahrhaften Christen überwachten. Niemand könne verborgen bleiben. Wer als Christ bekannt sei, werde aller bürgerlichen Rechte beraubt. Es stehe zu befürchten, dass schließlich sogar Eltern und Kinder, Brüder und Schwestern, Männer und Weiber gegeneinander aufstünden, einander ver-rieten und zum Tode auslieferten.[122] Allein die Auswanderung an einen

---

120 Vgl. DAVIDSON, Logic, bes. S. 129–141, hier S. 131: »pattern of progress through afflic-tion«.

121 [Lindl], Leitfaden (Ms), S. 32; im Druck, S. 46, hat Lindl den aktualisierenden Hinweis auf die gegenwärtige Sichtbarkeit dieser Entwicklung gestrichen!

122 [Lindl], Leitfaden (Ms), S. 68: »Wie wäre es allso möglich, muß ich nochmal fragen, daß die Glaubigen bei so gestalt [!] der Dinge unter den thierischen, oder vielmehr satanischen Men-schen sich erhalten könnten?« Der Passus wurde von Lindl für die Druckfassung vollkommen geändert.

»Sicherheits-Ort« konnte die wahrhaft Gläubigen noch retten.[123] Den Lesern sollte zwingend deutlich werden: Hier haben wir keine Zukunft. Uns bleibt nur die Auswanderung.

Verfolgung und Auswanderung an einen Bergungsort waren die beiden Themen, die Lindl als Situationsanalyse und Handlungsperspektive in den Vordergrund rückte. Beide Aspekte stellte er in den Horizont biblischer Vorbilder. Die entstehende Gemeinde der wahrhaft Gläubigen werde von dem Kampf zwischen dem Erzengel Michael und dem Drachen erfasst, wo es Tod oder Leben gelte. Gott aber führe sein Volk, wie einst die Israeliten beim Auszug aus Ägypten, an einen »Zuflucht- und Bergungs-Ort«. Wenn auch ein verfolgendes Kriegsheer dem Volk Gottes nacheile, so werde doch »ein anderes Land das wandernde Israel liebreich aufnehmen« und vor der Verfolgung schützen.[124] Kaum verhüllt ließ Lindl hier die Hoffnung anklingen, Russland werde ihn und seine Anhänger aufnehmen und ihnen Land zur Ansiedlung zuteilen. Und er versäumte es nicht, auf die drohenden Folgen für all diejenigen hinzuweisen, die jetzt nicht auswanderten. Wer nicht auswandere, bekomme den in der Offenbarung angedrohten Zorn des Drachens gegen die Gläubigen nur umso mehr zu spüren.[125] Lindl machte seinen Lesern klar: Die gegenwärtige Situation der Verfolgung war in der Bibel angekündigt worden und ließ der Gemeinde der wahrhaft Gläubigen nur eine Wahl – sich zu sammeln und an einen sicheren Bergungsort zu ziehen.

Schließlich ergänzte Lindl seine Argumentation für den Aufbruch noch durch einen weiteren Gedankengang. Im Zusammenhang des in Offb 19 geschilderten endzeitlichen Kampfes zwischen Christus und den das Böse personifizierenden Gestalten des Tieres und des falschen Propheten ging er auf die Frage ein, ob, wie und wem Christus bei dem letzten Kampf sichtbar wieder erscheinen werde. Nicht nur unter Lindls Anhängern wurde diskutiert, ob – bei der angenommenen Nähe der letzten Ereignisse – man Christus leibhaftig begegnen werde. Manche wendeten ein, Christus werde erst zum jüngsten Gericht sichtbar erscheinen, von einem zweimaligen Wieder-

---

123 [Lindl], Leitfaden (Ms), S. 68: »Daraus sieht man nun die Nothwendigkeit klar ein, daß Gott den grösten Theil von den Seinen, die Er von Ewigkeit erwählt hat, daß sie leben sollten; bis Er kommt in seine Herrlichkeit, nach seinem Rathschluße ausführen, und in einen Sicherheits-Ort bringen müße.« Die sich im Manuskript anschließende Auslegung von Mt 25 (die klugen und törichten Jungfrauen) wurde für den Druck ganz gestrichen. In ihr betonte er noch einmal die Notwendigkeit der Auswanderung, indem er nicht davon sprach, die klugen Jungfrauen, würden sich bereit halten, ihrem Bräutigam entgegen zu gehen, sondern seien allzeit bereit, von ihm ausgeführt zu werden! Im Druck heißt es lediglich: »Von allen bürgerlichen Rechten wird der ausgeschlossen, der das Malzeichen nicht annimmt, und wird er sich ferner weigern wollen, so wird ihn nichts vom Tode retten, als die Flucht allein, wenn sie ihm noch offen steht.« (S. 80).
124 [Lindl], Leitfaden (Ms), S. 50f; im Druck, S. 70f fehlt der Hinweis auf ein anderes Land, das das Gottesvolk aufnehmen werde.
125 [Lindl], Leitfaden (Ms), S. 51f; im Druck, S. 71f.

erscheinen sei in der Bibel nichts bekannt. Lindl löste das Problem, indem er Christi Wiederkunft als Prozess schilderte, in dessen Verlauf er den einen – den Auserwählten, mit denen er regieren werde – schon am Beginn des tausendjährigen Reiches erscheine, den anderen aber – die noch nicht zur vollkomenen Heiligung gekommen seien – erst bei der allgemeinen Auferstehung am jüngsten Tag.[126] Die Hoffnung, Christus selbst zu begegnen, sollte seine Anhänger zur Auswanderung motivieren, ähnlich den 1817 »nach Osten eilenden Zioniden«, die sich den Kaukasus als Ziel gewählt hatten, um Christus bei seiner Wiederkunft näher zu sein.[127] Lindl versäumte es allerdings nicht, die Bedingung zu nennen, unter der man Christus sehen werde: die vollkommene persönliche Heiligung.[128] Für diese sei es notwendig, die menschliche Sündennatur abzulegen, was nur durch »Trübsal, Kreuz, Leiden und Prüfungen« und »unter grosen [!] Kämpfen und Drangsalen« möglich werde.[129] Damit war der argumentative Kreis geschlossen. Denn wer zu den Auserwählten Christi gehören wollte, musste genau den Verfolgungen ausgesetzt sein, die eine Auswanderung notwendig und in der Folge die Begegnung mit dem wiederkehrenden Christus möglich erscheinen ließen. Der »Leitfaden« in seiner Fassung von 1817/18 diente also nicht nur als Handreichung für die tägliche Bibellektüre oder die gemeinsame Unterredung, sondern erfüllte auch den Zweck einer Werbeschrift für die Auswanderung.[130]

---

126 [Lindl], Leitfaden (Ms), S. 86–90, hier S. 89f: »Christus zeigt sich allso nur ein Mal den Seinigen sichtbar in Herrlichkeit, in dem Sinne, daß Er Einigen früher, u. Einigen später erscheint; aber nach seiner Erscheinung immer als Hirt bei seinen Schaafen bleibet [...]. – *Früher* und zwar tausend Jahre früher, erscheint der Heiland seinen Auserwählten, die mit ihm als Könige und Priester regieren werden. *Später* aber, und zwar erst bei der allgemeinen Auferstehung erscheint Er vielen Tausenden u. Tausenden, die zwar seelig werden, aber zu ihrer Vollendung, oder vollkommenen Heiligung noch nicht gekommen sind, ohne welche man den Herrn nicht schauen kann (Hebr: 12,14).« In der Druckfassung änderte Lindl seine Auslegung ausgesprochenermaßen. Über die Vernichtung des Tieres und des falschen Propheten schrieb er: »Früher war meine Meinung, daß dieses wohl alles vor dem Angesichte der Menschen geschehen solle; jetzt aber möchte ich eher glauben, daß diese Auftritte im Unsichtbaren vorgehen werden.« (S. 121). Und die Wiederkunft Christi kommentierte er: »Daß der Herr in der goldenen Friedenszeit sichtbar den Kindern des Friedens erscheinen werde, glaube ich *ganz bestimmt*; daß es aber schon im ersten Beginnen des heiligen Sabbats geschehen werde, das bezweifle ich sehr.« (Ebd.).
127 Vgl. ZWINK/TRAUTWEIN, Geistliche Gedichte, und oben Einleitung, Abschnitt I. 3. *Separatismus und Auswanderung.*
128 [Lindl], Leitfaden (Ms), S. 90; unter Verweis auf Hebr 12,14 (s. Anm. 126).
129 Ebd., S. 23f, Zitate: S. 23.
130 In der Druckfassung von 1826 schwächte Lindl die entsprechenden Aussagen ab oder strich sie ganz. An eine Auswanderung, gar eine unmittelbar bevorstehende, dachte er nicht mehr (vgl. Anm. 121–126 und unten Kapitel 3, Abschnitt I. 2. *Korntal sucht einen Pfarrer*). Brechts Einschätzung, Lindl dürfe »wohl doch nicht so einseitig als Chiliast verstanden werden« (BRECHT, Aufbruch, S. 568), muss angesichts der 1817 entstandenen Manuskriptfassung korrigiert werden.

3. Endzeitliche Aktion

Lindls Werben zeigte zwischen 1819 und 1823 Wirkung. Neben einer größeren Menge bayerischer, meist katholischer Anhänger machte sich auch eine kleinere Gruppe evangelischer Württemberger auf den Weg nach Russland. Aus endzeitlicher Stimmung wurde, Lindls Beispiel folgend, endzeitliche Aktion. Am Tag nach seiner Abschiedspredigt in Gundremmingen am 17. Oktober 1819 nahm er über die württembergischen Orte Giengen, Heidenheim und Ellwangen seine Fahrt nach Sankt Petersburg auf, wo er am 15. November eintraf.[131] Im April des folgenden Jahres wurde er von Zar Alexander I. zum Visitator und Propst der Katholiken in Odessa ernannt, wohin er Ende Juli 1820 aufbrach, nachdem er kurz zuvor Elisabetha Völk, die Schwester seines früheren Kaplans Martin Völk, geheiratet hatte.[132] Er wollte in der dortigen Gegend »eine wahrhaft christlich-apostolische Gemeine Gottes« nach Art der Herrnhuter Brüdergemeine errichten und hoffte, binnen Kürze würden ihm aus seinen ehemaligen Pfarrorten Baindlkirch und Gundremmingen 800 Seelen nachziehen.[133] Weil die bayerischen Auswanderungswilligen aber offenbar von ihrer Regierung behindert wurden, waren es dann 87 Anhänger aus dem Württembergischen, die am 11. August 1820 als erste dem Ruf Lindls folgten.[134] Erst im Juli 1821 konnte eine erste Gruppe aus Bayern auswandern, vier Familien aus Württemberg schlossen sich an. Eine letzte Auswanderergruppe verließ Württemberg am 2. Mai 1823, unter ihnen die Kaufleute Werner und Veygel aus Giengen, um nach Sarata in Bessarabien aufzubrechen, wo Lindl im März 1822 Land zur Ansiedlung seiner Gemeinde gefunden hatte.[135] Die Gesamtzahl der aus Württemberg ausgewanderten Anhänger Lindls ist nicht bekannt. Es dürften wohl etwas über einhundert Personen gewesen sein.[136] Weitaus größer war

---

131 ABM, Q-3-4, 4: Abschrift eines Briefes von Lindl an [Anhänger in Bayern?], St. Petersburg, 22. November 1819; vgl. auch TURTUR, Bewegungen, Bd. 1, S. 118.

132 Ebd., S. 176–178; STAEHELIN, Christentumsgesellschaft, S. 393, 404.

133 STAEHELIN, Christentumsgesellschaft, S. 384f (Briefe Lindls vom 20. Mai 1820 und 31. Mai 1820), Zitat: S. 384.

134 Ebd., S. 390 (Brief von C. F. Werner an Spittler, 19. August 1820). Im Intelligenz-Blatt, der Beilage zum *Königlich-Württembergischen Staats- und Regierungsblatt* vom 31. Juli 1820 (S. 264) wurde das Auswanderungsvorhaben von 74 namentlich genannten Personen aus dem Oberamt Heidenheim nach Russland annonciert (vgl. dazu auch die Angaben bei FRITZ, Auswanderer). Der bayerische Staat reagierte auf die von Lindl ausgelöste Bewegung wesentlich restriktiver als der württembergische. Das wird aus der Korrespondenz der beiden Regierungen deutlich. Bayern versuchte vergeblich, Württemberg zum härteren Eingreifen zu bewegen (vgl. HStA Stuttgart, E 146/1 Bü 1631: Auswanderung der Anhänger Lindls 1820/21).

135 TURTUR, Bewegungen, Bd. 1, S. 247–251 u. 260; STAEHELIN, Christentumsgesellschaft, S. 406f (Brief von Caspar Gaeßler an einen Verwandten, Sarata, 27. Mai 1822).

136 Im Juni 1820 wurde von Anhängern Lindls eine Liste der Auswanderungswilligen in Württemberg erstellt (HStA Stuttgart, E 146/1, Bü 1631, Nr. 3): Sie enthält summarisch 142 Personen, mit Namen der jeweiligen Familienväter 126 Personen, 106 davon aus dem Oberamt

hingegen der Kreis derer, die zwar nicht auswanderten, aber gleichwohl zu den Sympathisanten Lindls und seiner Anschauungen gerechnet werden können. Was bewegte die einen, Lindl zu folgen, während andere den Schritt zur endzeitlichen Aktion nicht unternahmen? Über die Motive einzelner Auswanderer oder Nicht-Auswanderer ist nichts bekannt, auch nicht über die Beweggründe derer, die zuerst ihren Willen zur Auswanderung bekundet hatten, ihn aber dann nicht in die Tat umsetzten.[137] Vielleicht waren es kritische Briefe und Berichte von Rückwanderern, die manche Auswanderungswillige in den folgenden Monaten davon abhielten nachzufolgen.[138] Die Nachrichten ließen nicht unbedingt darauf schließen, Lindl habe für sich und seine Anhänger den versprochenen Bergungsort gefunden.

Ein endgültiges Ende fand die Auswanderungsbewegung, als Lindl Ende 1823 vom Zaren aus Russland ausgewiesen wurde. Den Anlass dazu boten das Bekanntwerden von Lindls Heirat und sein Versuch, seine Gemeinde in eine konfessionsübergreifende Brüdergemeine umzuwandeln. Er kam damit der mittlerweile konservativeren Religionspolitik am Zarenhof in die Quere.[139] Er reiste zurück und fand nach mehreren Zwischenstationen – unter anderen Herrnhut und Berlin – eine Bleibe in Barmen, wo er, inzwischen zur evangelischen Kirche auch formell übergetreten, eine Zeit lang

Heidenheim. Das Auswanderungsverzeichnis des Heidenheimer Oberamtes bestätigt die legale Auswanderung nach Odessa von 76 Personen mit Genehmigung im Juli 1820, weiteren 6 Personen mit Genehmigung im Mai 1821 und schließlich die Auswanderung nach Sarata in Bessarabien von 3 Personen mit Genehmigung im Februar 1823. Aus dem Oberamt Heidenheim sind damit 85 Personen legal nach Odessa und Sarata ausgewandert (StA Ludwigsburg, F 172 I Bü 128, Nr. 1: Auswanderungs-Tabellen 1819–1853; die entsprechenden Akten des Oberamtes Ulm sind leider nicht erhalten.) Die Auswanderungstabellen des Oberamts Heidenheim vermerkten im Übrigen den Besitz der Auswandernden: Die Angaben weisen auf unterschiedlichste sozioökonomische Verhältnisse hin.

137 Ein Verzeichnis der Auswanderungswilligen aus dem Oberamt Heidenheim enthält bei sieben Familien mit insgesamt 28 Personen den nachträglichen Vermerk: »geht nicht« (StA Ludwigsburg, F 172 I Bü 128, Nr. 7, o. D. [1820?]). Zwei weitere Familien mit zusammen sechs Personen haben den Vermerk »geht nicht«, erhielten aber nach den Auswanderungstabellen im Mai 1821 die Genehmigung zur Auswanderung (ebd., Nr. 1).

138 STAEHELIN, Christentumsgesellschaft, S. 398 (Brief von F. C. B. Heinleth an die [Brüder in Nürnberg?], Petersburg, 3. Januar 1821): »Dem guten Lindel [!] geht es von Herzen schlecht, nicht wie er sicher hoffte, nach Art des tausendjährigen Reiches. Er wird von den Mönchen und Italienern in Odessa ärger verfolgt als in Baiern ... Dies mögen Sie nun den auswärtigen Freunden in Würtemberg, Schweitz, am Rhein u.s.w. gefälligst mittheilen!«; ebd., S. 400 (Brief von J. Prestele an Lindl, München, 10. Mai 1821): »Ermahnen Sie Ihre ehemaligen Pfarrkinder recht dringend zu einem christlichen und gottseligen Lebenswandel, zum Untertänig-, Gehorsam- und Stille-Sein, statt zu diesem unseligen Auswandern!«; vgl. auch die Berichte enttäuschter Rückwanderer bei TURTUR, Bewegungen, Bd. 1, S. 252–255; LEIBBRANDT, Auswanderung, S. 193f.

139 STAEHELIN, Christentumsgesellschaft, S. 430f (Brief von Fürst Alexander Golicyn an Lindl, Petersburg, 28. November 1823) u. S. 432f (Schreiben über Lindls Ausweisung aus Russland, Odessa, Dezember 1823). Zu den Hintergründen am Zarenhof vgl. LEIBBRANDT, Auswanderung, S. 197–199; HAUMANN, Land des Friedens, S. 152–154.

als Missionslehrer und Hilfsprediger wirkte. Von Barmen aus wird er uns später auch wieder in Württemberg begegnen.[140]

IV. Biographische Aneignung der Endzeit

Die Quellen der drei vorigen Abschnitte haben Auskunft gegeben über das Vorhandensein, die Verbreitung und die argumentative Verwendung von Endzeiterwartungen in Württemberg um 1820. Eine Frage hat dabei keine hinreichende Antwort gefunden: die Frage nach der Bedeutung endzeitlicher Gedanken im Kontext einer individuellen Biographie, der wir im Folgenden nachgehen werden. Am Beispiel der Talheimer Pfarrfrau Beate Paulus, geb. Hahn (1778–1842), lässt sich das Hineinverwobensein in eine endzeitliche Lebenswelt eindrücklich nachvollziehen.[141] Beate Paulus war die Tochter des Pfarrers und Erfinders Philipp Matthäus Hahn (1739–1790), der bei Oetinger Vikar gewesen war, und die Enkelin von Johann Friedrich Flattich (1713–1797), dem »schwäbischen Salomo«[142] und Schüler Bengels. Nicht nur diese illustre leibliche und geistige Ahnenreihe macht die Beschäftigung mit ihr lohnenswert, sondern mehr noch ihre ganz persönliche Aneignung der ihr überlieferten endzeitlichen Familientradition. Lebensgeschichte und endzeitliche Erwartungen bildeten bei ihr ein eng verwobenes Geflecht.

1. Die Wochenbücher der Beate Paulus

Im Jahr 1800 heiratete Beate Hahn den Pfarrer Karl Friedrich Paulus (1763–1828), mit dem sie 1813 nach Talheim bei Tuttlingen zog. Die von einem Verwandten arrangierte Ehe der beiden anscheinend vollkommen verschiedenen Geister und Charaktere erwies sich als konfliktreich. In ihrem Ehemann fand die vielseitig interessierte und engagierte Beate Paulus keinen adäquaten Gesprächspartner. Weder teilte er ihre theologischen Interessen, noch legte er wie sie auf eine höhere Bildung der gemeinsamen Kinder gesteigerten Wert.[143] Beate Paulus flüchtete aus der ehelichen Sprachlosigkeit in die Niederschrift ihrer Gedanken und Gefühle in einem sogenannten »Wochenbuch«. Sie begann damit 1817, als die Ehekrise ihrem Höhepunkt

---

140 PETRI, Ignaz Lindl, S. 103–105; TURTUR, Bewegungen, Bd. 1, S. 187–189 (s. unten Kapitel 3, Abschnitt I. 2. *Korntal sucht einen Pfarrer.*

141 Wichtige Anregungen zu diesem Abschnitt verdanke ich dem Gespräch mit Frau PD Dr. Ulrike Gleixner, Berlin, und ihren Veröffentlichungen zu Beate Paulus: GLEIXNER, Pietismus, Geschlecht und Selbstentwurf; GLEIXNER, Pietism, Millenarianism, and the Familiy Future.

142 BRECHT, Der württembergische Pietismus, S. 265.

143 Die Einordnung von Karl Friedrich Paulus als Theologe wie als Mensch ist umstritten. Vgl. einerseits RUDOLF F. PAULUS, Beate Paulus [BWKG 1972], S. 149f; DERS., Beate Paulus [Rundbrief 1999], andererseits SCHLIENTZ, Bevormundet.

zulief, und führte es bis ins Frühjahr 1829, wenige Wochen oder Monate nach dem Tod ihres Mannes und dem Fortzug von Talheim. Die Wochenbücher dienten ihr als Ort der inneren Auseinandersetzung mit ihrem Mann. Hier reflektierte und rechtfertigte sie den Konflikt mit ihm. Hier fand ihre Persönlichkeit den Raum, um den sie im ehelichen Alltag immer neu kämpfen musste. Aber nicht nur das. In ihrem Wochenbuch entwarf sie sich als handlungsfähiger Mensch[144], auch über den Konflikt mit ihrem Mann hinaus. Besonders die ihr aus der Familientradition überlieferten endzeitlichen Hoffnungen und Erwartungen boten ihr den Rahmen, innerhalb dessen sie sich einen eigenständigen Platz im Leben erschreiben und erarbeiten konnte. In den Wochenbüchern vollzog sich die biographische Aneignung der Endzeit. Bis ins papierene Material ihrer Wochenbücher hinein sind Beate Paulus' familiäre und eheliche Beziehungen präsent. Die Kladden, in die sie schrieb, dienten vorher ihrem Vater und in einem Fall ihrem Mann für Eintragungen.[145] Sie nutzte die nicht mehr verwendeten und noch nicht vollgeschriebenen Kladden, um ihre wöchentlichen Einträge daran anzuschließen. Ein Grund dafür war gewiss der Zwang, Geld und Papier zu sparen. Gleichzeitig dokumentierte sie damit ihr familiäres Traditionsbewusstsein, mit dem sie sich in die intellektuelle Welt des Vaters und des Mannes hineinschrieb.[146]

Beate Paulus datierte ihre Einträge nur sehr selten.[147] Überhaupt legte sie bei ihren Wochenbüchern auf äußere Form keinen Wert. Teilweise trug sie parallel in verschiedene Schreibbücher ein, ihre Handschrift ist sehr unregelmäßig, ihre Rechtschreibung und Zeichensetzung folgen keinen erkennbaren (und seien es eigene) Regeln.[148] Der Akt des Niederschreibens war

---

144 Vgl. dazu GLEIXNER, Pietismus, Geschlecht und Selbstentwurf, S. 84f.

145 WLB Stuttgart, Cod. hist. 8° 109, 4–7 und 9–10 [im Folgenden zitiert: Wochenbücher, Bd. 1, 2, 3, 4 bzw. 6, 7]; Cod. hist. 4° 370, 8 und 11 [im Folgenden zitiert: Wochenbücher, Bd. 5 bzw. 8]. In den Bänden 2, 3, 4 und 6 gehen Eintragungen Philipp Matthäus Hahns voraus, in Band 7 verschiedene Exzerpte und Aphorismen, wahrscheinlich von der Hand Karl Friedrich Paulus'.

146 Vgl. GLEIXNER, Pietismus, Geschlecht und Selbstentwurf, S. 97.

147 Die in den Wochenbüchern eingetragenen Jahreszahlen stammen wohl nur teilweise von Beate Paulus selbst. Ein anderer Teil sowie vereinzelte nachträgliche Korrekturen im Text dürften von ihrem Sohn Philipp stammen, der die Wochenbücher für die Biographie seiner Mutter bearbeitete (PH. PAULUS, Beate Paulus). Als Abfassungszeiten sind anzunehmen: Wochenbücher, Bd. 1: Oktober 1817–Juli 1819; Bd. 2: Ende 1817–[1819?]; Bd. 3: 14. August 1819–November 1819 [enthält v.a. Einträge von der Reise ins württembergische Unterland im Oktober und November 1819]; Bd. 4: 1820; Bd. 5: 1821–1824; Bd. 6: Herbst 1823 [oder Anfang 1824?]–Anfang 1825; Bd. 7: 1826 und 21. März–Oktober 1828; Bd. 8: nach dem 22. Nov. 1828 [Todestag ihres Mannes]–Frühjahr 1829 [Umzug nach Münchingen]. Die nachträgliche Bandzählung darf nicht darüber hinwegtäuschen, dass möglicherweise weitere Hefte (besonders aus den Jahren 1825 bis 1828 schon früh verloren gegangen sind.

148 Eine diplomatisch getreue Transkription ist damit sehr erschwert, zumal der Alterungsprozess von Papier und Tinte das Seine dazutut. Die in dieser Arbeit gegebenen Zitate folgen weitestgehend der demnächst erscheinenden, von Ulrike Gleixner herausgegebenen Edition.

wichtiger als die überlieferungsfähige Form. Heißt das, Beate Paulus hätte auf die Überlieferung ihrer Niederschriften keinen Wert gelegt? Für eine Antwort muss man noch einmal an den Ausgangspunkt der Wochenbücher zurückkehren. Beate Paulus hatte mit ihrer Niederschrift begonnen, als der Ehekonflikt über der Frage der Ausbildung ihrer Söhne kulminierte. In den nachfolgenden Jahren machte sie besonders häufig in Krisensituationen Einträge, worauf die jeweils einleitenden Formulierungen hinweisen. Anlass zum Schreiben waren immer wieder Konflikte, in denen ihr das Wochenbuch zur Rechtfertigung ihres Handelns diente.[149] Das Gegenüber der Erklärungen war vielgestaltig: Sie selbst, Gott, ihre Familie, ihre Kinder. Gegenüber sich selbst musste sie ihr Handeln begründen, denn sie entsprach mit ihrem selbständigen Handeln und dem Widerspruch gegen ihren Mann nicht dem auch ihr überlieferten Bild der gehorsamen Ehe- und Pfarrfrau. Damit war sie in der Pflicht, sich vor Gott zu verantworten, der als Garant der Ordnung Anspruch auf ihre Einhaltung erheben konnte. Als Vertreter dieser göttlichen Ordnung traten daneben Familienmitglieder auf, gegenüber denen sich Beate Paulus ebenfalls verteidigen musste. So vertraute sie ihrem Wochenbuch einmal einen Brief ihrer Mutter an, in dem diese sich über ihren Lebenswandel beklagt hatte: Sie solle lieber ihren Pflichten gegenüber Mann und Kindern nachkommen, als ihre Zeit »nur mit Betten und Leßen und Singen« zu verbringen.[150] Schließlich erklärte sie sich auch ihren Kindern, deren Entwicklung und Bildung ihre Hauptsorge galt. War das niedergeschriebene Gespräch mit dem Ehemann und den weiteren Familienmitgliedern ein imaginäres, so hatte es gegenüber den eigenen Kindern anderen Charakter, denn sie waren potentielle spätere Leser der Wochenbücher. Beate Paulus hatte selbst die Tagebücher ihres Vaters gelesen. Dass sie ihre eigenen Wochenbücher ihren Kindern vererben würde, stand außer Frage. So sehr also die äußere Form der Wochenbücher den Anschein erweckt, diese seien ganz aus dem Moment und Akt der Niederschrift zu verstehen, so wenig darf man den Mehrwert übersehen, der dem Niedergeschriebenen von Anfang an eignete. Es diente als Rechtfertigung vor einer imaginären wie einer zukünftig realen Leserschaft, vor der es den eigenen Lebensentwurf zu verteidigen galt.

Imaginäre oder reale Mitleser verändern aber den Charakter von Selbstzeugnissen. Die Wochenbücher sind nicht mehr nur Zeugnisse eines Individuums, sondern auch einer pietistischen Familientradition, die Beate Paulus ihren Kindern überliefern wollte. Sie protokollieren den Versuch, die Familientradition gegen den Widerstand des Ehemannes an die kommende Generation weiterzugeben. Für endzeitliche Einstellungen werden sie dabei

---

149 Vgl. GLEIXNER, Pietismus, Geschlecht und Selbstentwurf, S. 85f.
150 Wochenbücher, Bd. 4, S. 40.

auf doppelte Weise zur Quelle: Zum einen berichtet Beate Paulus von ihrer Lektüre der Werke ihres Vaters und ihres Großvaters und von Gesprächen darüber mit anderen Personen, sei es ein befreundeter Pfarrer aus dem Nachbarort, sei es eine Hausangestellte, seien es die Kinder. Bei den Wochenbüchern handelt es sich also um eine der seltenen Quellen, die (wenigstens indirekt) Einblick in die mündliche Überlieferung endzeitlicher Einstellungen gewähren. Zum anderen wird aus den Wochenbüchern erkennbar, wie Beate Paulus sich selbst im Akt der Niederschrift in den endzeitlichen Horizont hineinliest und hineinschreibt.

2. Endzeit als Familientradition

Ihre Kindheit und Jugend verbrachte Beate Paulus abwechselnd in den Haushalten des Großvaters in Münchingen (1781–1787 und 1790–1797) und dem der Eltern in Kornwestheim und später Echterdingen (1778–1781 und 1787–1790). Philipp Matthäus Hahn starb, als seine Tochter Beate zwölf Jahre alt war. Mit seinen Gedanken kam sie vor allem durch seine Schriften in Berührung. Gemeinsam mit ihrer Mutter, Beata Regina Hahn (1757–1824), der zweiten Frau Hahns, fertigte sie von dessen Manuskripten für den Druck leserliche Abschriften an.[151] Auf diese Lese- und Schreiberfahrungen kam sie später oft zurück. Wann immer sie sich über theologische Fragen im Unklaren war, zog sie Schriften ihres Vaters zu Rate, seien es Predigten, sei es das Korrespondenzbuch, seien es die Reden über die Offenbarung.[152]

Wesentlich größeren Einfluss auf ihre Erziehung und intellektuelle Bildung nahm jedoch ihr Großvater Johann Friedrich Flattich, der in seinem Pfarrhaus über die Jahre ein privates Bildungsinstitut aufgebaut und viele Kostgänger unterrichtet hatte.[153] Dabei machte er sich auch Gedanken über eine angemessene Mädchenerziehung. Seine Töchter nahmen an dem häuslichen Unterricht teil und konnten »daher für ihre Zeit als überdurchschnittlich gebildet gelten.«[154] Seine Enkelin Beate profitierte ebenfalls von dem pädagogischen Geist, in dem sie aufwuchs. Die Bedeutung von Bildung erlebte und erfuhr sie im Haus ihres Großvaters von Anfang an. Von ihm

---

151 Vgl. RUDOLF F. PAULUS, Beate Paulus ([4]1990), S. 20.

152 Wochenbücher, Bd. 2, S. 131: »Weil es Feiertag war und niemand kam, so laß ich mit der Beata den ganzen Nachmitag in den Offenbahrung Reden meines seligen Vaters, um, wann ich sie im Zusamenhang lese, ein Licht [erg.: in] die Offenbahrung zu bekommen«. (Vgl. PH. M. HAHN, Erbauungsstunden, und dazu BREYMAYER, Bengelische Erklärung, S. 203f). Wochenbücher, Bd. 4, S. 84f: »Laß in meines seligen Vaters CorespontensBuch, wo er mit Vikarius corespontierte über den Zustand nach dem Tod, wo mein Papa behaupte [!], die Toden schlaffen nach dem Tode biß zu ihrer Auferstehung, wo sie dan von Zeit zu Zeit aufwachen, die Frome zu dem Vorschmak ihrer Freude und die Gottloße zum Vorschmak ihrer Qual.«

153 Vgl. MAGDALENA PAULUS, Beate Paulus und Johann Friedrich Flattich.

154 EHMER, Flattich, S. 108. Zur Mädchenbildung vgl. FLATTICH, Briefe, S. 26f.

wurde sie in die endzeitliche Gedankenwelt des württembergischen Pietismus eingeführt. Flattich trat zwar nicht wie Bengel oder Philipp Matthäus Hahn durch eigene Schriften zur Offenbarung hervor. Aus seinen erhaltenen Briefen wird jedoch deutlich, dass er mit entsprechenden Gedanken und Überlegungen umging. So ordnete er den aus seiner Sicht verderblichen Zustand der öffentlichen Schulen in die von Bengel errechnete endzeitliche Entwicklung ein oder spekulierte, an Bengel anknüpfend, über die Identifikation apokalyptischer Gestalten mit historischen Personen, wie dem Papst oder dem Kaiser.[155] Beate Paulus wuchs damit in einer Atmosphäre auf, in der wie selbstverständlich der Alltag in einem endzeitlichen Licht interpretiert wurde. Apokalyptische Denkfiguren, wie das tausendjährige Reich, die Hure Babylon oder das Tier und der falsche Prophet, gehörten zur Gedankenwelt des großväterlichen Pfarrhauses.[156] Auch als vierzigjährige Frau suchte sie in den Briefen ihres Großvaters Rat, um den endzeitlichen Gehalt von Ereignissen und Entwicklungen ihrer Gegenwart besser verstehen und einordnen zu können.[157]

Die frühen Erfahrungen und Bildungserlebnisse blieben für sie prägend. In ihren Wochenbüchern kam sie immer wieder auf die endzeitliche Gedankenwelt zu sprechen. So war ein häufiges Thema die Frage nach der Erfüllung der göttlichen Verheißungen, speziell der in der Johannesoffenbarung geäußerten. Sie fragte sich, ob bestimmte Naturbegebenheiten und Unwetter Hinweise darauf waren, dass die Offenbarung sich erfülle, ja zum Teil schon weitgehend unbemerkt erfüllt habe.[158] Oder sie äußerte sich skeptisch über die Möglichkeit, aus dem buchstäblichen Text der Bibel Voraussagen über künftige Ereignisse zu treffen.[159] Stieß sie auf Probleme,

---

155　FLATTICH, Briefe, S. 27 und S. 135f.

156　Vgl. zu den in der vorigen Anm. genannten Briefstellen noch FLATTICH, Briefe, S. 94, 104, 121, 181f.

157　Wochenbücher, Bd. 2, S. 133: Auf »einen solchen hohen Grad war der Luchsus [!] noch nie gestiegen als wirklich, daß es mir abscheulich wird anzusehen. Und ich glaube, daß das zu dem Antichrist gehört, da ich es ohnehin in einem Brief von mein seligen Großvater gelesen, daß das zu der großen Huhre gehöre, daß [erg.: man?] so auf Ehre sehe und alles darauf anlege, von den Menschen Ehre zu holen oder Ehre unter einander zu haben. Und ich glaube, je weiter man es da bringt, je mehr fehlt der gute Geist, der alein dem Menschen einen Wehrt bringt.« Auf welche Briefstelle sie sich bezieht, ist nicht mehr auszumachen. In einem Brief an Wilhelm Ludwig Hosch, Münchingen, 29. August 1779, schrieb Flattich: »In den babylonischen Zeiten gehet es angenehm und fein zu, indem man sich auf den Willen des Fleisches und der Vernunft legt. Wann aber das Thier auß dem Abgrund und der falsche Prophet kommt, so gehet es mit Gewalt, dann wer des Thiers Bild nicht anbettet, der wird ertödtet, und wer das Mahlzeichen des Thiers nicht annehmt, der darf nicht kaufen und verkaufen, Apc. 13,15.17.« (FLATTICH, Briefe, S. 94).

158　Wochenbücher, Bd. 2, S. 133f: »Und es ist leicht möglich, daß wir schon viele Erfülungen der Offenbahrung erlebt haben und daß alle die Sachen, die so im Schwange gehen, eine weit größere Bedeutung haben, als man es dafür ansiehet« (vgl. auch ebd., S. 137f, 149f).

159　Wochenbücher, Bd. 4, S. 127f: »Es ist aber aus der Offenbahrung fast oder man darf sagen wirklich nicht zu bestimmen, was komen werde, wie das Volk Ißrael auch sich keinen Begriff

las sie in den Schriften ihres Vaters und Großvaters oder versuchte sich im Gespräch mit Verwandten und Freunden darüber klar zu werden. Mit ihrem Onkel Andreas Friedrich Flattich (1752–1824), Pfarrer in Engstlatt, besprach sie auf einer Reise, ob und wie das tausendjährige Reich erkennbar sein werde und einigte sich mit ihm, es werde sich eher geistlich als leiblich erblicken lassen.[160] Mit ihrem Mann und einem Neffen diskutierte sie über das Fegefeuer und die Frage, ob einem auch noch nach dem Tod Sünden vergeben werden könnten.[161] Ein weiterer Gesprächspartner war der badische Pfarrer Gottlob Jonathan Rhein (1769–1832), der von 1821 bis 1825 im badischen Nachbarort Oefingen amtierte.[162] Von Rhein ließ sie sich eingehend über dessen Auslegung der Johannesoffenbarung informieren. Rhein vertrat noch 1824 die Auffassung, das in Offb 13 erwähnte Tier, das als widergöttliche Macht aus dem Meer aufsteigt, sei mit Napoleon zu identifizieren. Beate Paulus schrieb sich Rheins Einteilung der Johannesoffenbarung detailliert in ihr Wochenbuch und zeigte damit ihr gesteigertes Interesse an der Thematik.[163] All diese Begegnungen und Gespräche zeigen: Sie lebte in der endzeitlichen Tradition ihrer Familie und dachte sie eigenständig weiter.

Und sie sorgte für deren weitere Verbreitung. Beate Paulus wurde auf vielfältige Weise zur Multiplikatorin der ihr überlieferten endzeitlichen Familientradition. Sie setzte sich unermüdlich für die Verbreitung der Schriften und Gedanken ihres Vaters und ihres Großvaters ein. Dabei verstand sie ihren Einsatz als Mitarbeit an der Ausbreitung des Reiches

---

vorher machen konte, wie der Mesias sein werde, wann er komen werde, sondern sie wußten nur, daß er gewiß kommen werde. Und als er dan kam, so hatten nur die, die ihn redlich und mit Sehnsucht erwarteten, nur Blike, wann sie seine große Taten erfuhren. Aber es war keine völlige Übersicht, und stelten sich, so lang es [ausgeführt wurde?] sein Mesianisches [Werk] ganz anders vor, als es ausgeführt wurde. Und so wird es auch mit der Erfülung der Offenbahrung gehen. Weil es meistens Bilder Sprache ist, so kan man nicht glauben, daß es buchstäblich köne erfüllt werden. Denn der Drach zog den triten Theil der Sterne und warf sie auf die Erde [Offb 12,4], das ist nicht möglich, daß es buchstäblich geschieht.« Zur Frage der buchstäblichen Erfüllung der Offenbarung vgl. auch Wochenbücher, Bd. 1, S. 12 und Bd. 2, S. 143.

160 Wochenbücher, Bd. 3, Bl. 168ᵛ.

161 Wochenbücher, Bd. 5, S. 144f.

162 Vgl. Neu, Pfarrerbuch der evangelischen Kirche Badens, S. 485. Oefingen, heute ein Teilort von Bad Dürrheim, war bis 1810 württembergische Pfarrei, seitdem badisch, und ist der Talheim nächstgelegene Nachbarort. Beate Paulus schreibt »Effingen«, was Rudolf F. Paulus fälschlicherweise als »Esslingen (bei Talheim)« wiedergibt (Beate Paulus, ⁴1990, S. 181, 198). Das ebenfalls in der Nähe Talheims gelegene Esslingen war allerdings katholische Pfarrei. Aufgrund der Verwechslung ist Rhein wohl bisher als wichtiger Gesprächspartner von Beate Paulus übersehen worden. Auch in der von ihrem Sohn Philipp Paulus verfassten Lebensbeschreibung taucht Rhein lediglich als »ein benachbarter badischer Geistlicher« (Ph. Paulus, Was eine Mutter kann, S. 153) ohne Namen auf.

163 Wochenbücher, Bd. 6, S. 15–20 (Erwähnung Napoleons: S. 19). Zu Rhein vgl. auch Bd. 6, S. 142; Bd. 7, S. 25.

Gottes.[164] Im Jahr 1828 hatte sie schließlich Erfolg. Ihr Neffe Christoph
Ulrich Hahn (1805–1881) brachte in zwei Bänden die »Hinterlassenen
Schriften« Philipp Matthäus Hahns heraus.[165] Und im selben Jahr veröffentlichte Christian Gottlob Barth, der mittlerweile in Möttlingen als Pfarrer
amtierte, den ersten von vier Teilen der »Süddeutschen Originalien«, in
denen er Auszüge aus Reden und Schriften württembergischer Pietisten des
18. Jahrhunderts abdruckte.[166] Neben Bengel und Oetinger kamen darin
auch Flattich und (in den folgenden Teilen) Philipp Matthäus Hahn ausführlich zu Wort. Beate Paulus hatte Barth offensichtlich einen Teil des väter-
lichen und großväterlichen Nachlasses zur Veröffentlichung überlassen.[167]
Daneben sorgte sie an ihrem Wohnort für das Bekanntwerden der Predigten
ihres Vaters, indem sie sonntags anderen Frauen aus den Predigten vorlas,
also eine Art Privatversammlung in Talheim gründete.[168]

Sollte die vom Großvater und Vater ausgehende Familientradition leben-
dig bleiben, musste sie an die Kinder weitergegeben werden. Darin lag der
zweite, vielleicht noch wichtigere Akzent von Beate Paulus' Wirken als
Multiplikatorin. Auch hier ging es ihr darum, an Gottes Reich mitzuarbei-
ten. Angesichts der näherkommenden Endzeit war es notwendig, sich als

---

164 Wochenbücher, Bd. 5, S. 61 f: »Fiel mir ein, er [Gott] habe ja schon gesehen, daß ich mich
gerne in seine Weege schike, er solle mich doch auch noch würdigen, an sein Reich zu arbeiten,
weil es so nöthig seye. Wann der Druk so gar schwer seye, so könne ich ja sunst nichts. Er solle
mir helfen, das [!] ich köne meines seligen Pappas Predigbücher [!] druken lassen, die ich wirklich
abschreibe und sie so gar schön finde und so nothig in unßern Tage«.

165 PH. M. HAHN, Hinterlassene Schriften. Der zweite Band enthält (S. III–VIII) ein im Oktober 1827 verfasstes Vorwort von Gottlob Jonathan Rhein, dem früheren Gesprächspartner von
Beate Paulus. Schon am 22. August 1827 warb Beate Paulus in einem Brief an Spittler in Basel für
die Subskription der Bände (StA Basel, PA 653, Abt. V, Paulus, Beate). Ein Jahr später schickte
sie Exemplare für die württembergischen Missionsschüler nach Basel (Brief an C. G. Blumhardt,
3. August 1828, in: ABM Basel, Q-3–4, 14).

166 BARTH, Süddeutsche Originalien, Heft 1.

167 RUDOLF F. PAULUS, Beate Paulus (⁴1990), S. 203f. In einem Brief an Barth vom 8. März
1829 dankt Beate Paulus für die Rücksendung der Schriften ihres Großvaters und erwähnt die
erfolgte Zusendung der Tagebücher ihres Vaters (ABG Korntal, Archiv XI B, Nr. 15). Offensichtlich war Beate Paulus mit dem ersten Heft der »Süddeutschen Originalien« zufrieden gewesen und
hoffte nun auf die nachfolgende Veröffentlichung aus den Tagebüchern ihres Vaters. Das zweite
Heft erschien dann auch 1829 mit einem Anhang von Ph. M. Hahn (BARTH, Süddeutsche Originalien, Heft 2).

168 RUDOLF F. PAULUS, Beate Paulus (⁴1990), S. 207. Vgl. Wochenbücher, Bd. 8, S. 43: Sie
verabschiedet sich beim Fortzug von Talheim von zwei Frauen, »bey denen ich Sontags die
geschriebene Predig [!] von meinem l. sel. Pappa las mit so vielem Segen«. Der Herrnhuter Diasporaarbeiter Johann Conrad Weiz berichtet von einem Besuch im Jahr 1828: »Am Abend hatte ich in
dem Würtembergischen Ort Thalheim mit dem dasigen Pfr. Paulus und seiner Familie eine ange-
nehme Unterredung die bis spät in die Nacht dauerte und am andern Morgen wieder fortgesetzt
wurde, nachdem sich noch einige Personen dazu eingefunden hatten, welchen gewöhnlich Sontags
die Frau Pfarrerin eine Erbauungsstunde hält, da sich bis jezt noch kein Mann dazu verstanden hat.
Dieselbe ist eine Tochter des in Würtemberg noch in gesegnetem Andenken stehendem ehemaligen Pfarrers Hahn in Echterdingen.« (UA Herrnhut, R. 19. B. l. 9. Nr. 128, S. 11).

würdig und tüchtig zu erweisen, um zu den Erwählten zu gehören, die im einmal angebrochenen Gottesreich mit Christus regieren würden. Für Beate Paulus bekam dieser Gedanke besonders im Hinblick auf ihre Kinder hohe Bedeutung. Immer wieder vertraute sie ihrem Wochenbuch den Wunsch an, Gott möge ihre Kinder zu brauchbaren Mitarbeitern seines Reiches machen:

»Mein großes Anliegen ist, daß doch die Kinder mögen von oben gezogen werden, weil ich ein Leben, wo man so in den Tag hinein lebt und deßen Wirkungs Kreiß sich mit dem Abend schließt [...] nicht leiden und sehen kan bey denen, die mich nahe angehen, und flehe deßwegen anhaltend für sie, er wolle mich nicht verschmehen, weil er seinen Sohn auch allezeit erhort hat. Und das seye ja auch wegen der Außbreitung seines Reichs, da es so sehr an Arbeiter in seinem Weinberge fehle, so wolle er doch ihnen seinen Geist in ihr Herz geben, daß sie doch nicht vergebens in der Welt leben.«[169]

In die Sorge um das geistliche Wohl ihrer Kinder mischte sich die Sorge um ihre Ausbildung. Ja, sie setzte beide in eins. Eine akademische Bildung der Söhne, für die sie sich so vehement gegenüber ihrem Mann einsetzte, schien ihr die Voraussetzung und der Ausdruck des Erwähltseins für das Reich Gottes zu sein – und damit unverzichtbar.[170] Um die notwendigen Kosten aufzubringen, war sie bereit, über das selbst im ländlichen Pfarrhaus übliche Maß hinaus eine eigene Landwirtschaft zu betreiben und im – nicht selten vorkommenden – Notfall Darlehen auf die anstehende Ernte aufzunehmen. Mit der akademischen Bildung sollte die Familientradition erhalten bleiben und der bürgerliche Stand gewahrt werden. Beides aber, Familientradition und bürgerliches Bildungsdenken, erhielt seine Schubkraft durch die endzeitliche Zuspitzung. Der Einsatz für die akademische Ausbildung der Söhne und für die weitere Zugehörigkeit zur württembergischen Bildungsschicht war für Beate Paulus unverzichtbar, weil sie anders die endzeitliche Hoffnung, zu den Auserwählten des Gottesreiches zu gehören, nicht hätte aufrechterhalten können. Sie sah sich in der Verantwortung, das vom Vater und Großvater Erreichte an ihre Kinder weiterzugeben und dadurch den familiären Beitrag zur Arbeit in Gottes Weinberg zu gewährleisten.[171]

3. Ein eigenes Leben in einer endzeitlichen Lebenswelt

Es könnte scheinen, als habe Beate Paulus in diesem familiären Traditionsdenken ihr eigenes Leben gänzlich zurückgenommen, als wäre sie in der Arbeit am Nachlass von Großvater und Vater und im Einsatz für das akademische Fortkommen der Söhne vollkommen aufgegangen. Es stellt sich

---

169 Wochenbücher, Bd. 2, S. 62f (vgl. auch Bd. 2, S. 165; Bd. 3, S. 162^v; Bd. 5, S. 34f und 120; Bd. 6, S. 7 u.ö.).

170 GLEIXNER, Pietismus, Geschlecht und Selbstentwurf, S. 82–84.

171 Zum Einfluss von Flattich und Hahn auf das Bildungs- und Standesdenken von Beate Paulus vgl. MAGDALENA PAULUS, Beate Paulus und Johann Friedrich Flattich.

also die Frage: Welchen Ort hatte – abgesehen von der Enkelin, Tochter und Mutter – die Frau Beate Paulus? Zwar gehörte es zur Lebensgeschichte einer württembergischen Pfarrfrau in der damaligen Zeit, über die das eigene Leben begrenzenden Männer – Vater, Ehemann, Söhne – definiert zu sein. In ihren Wochenbüchern gelang es Beate Paulus jedoch, über die ihr zugewiesenen traditionellen Rollen hinauszuwachsen und sich ein eigenes Leben zu erschreiben. Es konnte ihr gelingen, weil sie ihr Leben als Teil einer endzeitlichen Lebenswelt zu interpretieren vermochte, in der Frauen über einen eigenen Ort verfügten.

Der Alltag war durch die Bibel und deren Lektüre bestimmt. Vor allem für Frauen war hier eine Gelegenheit, sich die Rede vom geistlichen Priestertum aller Gläubigen zu Nutze zu machen.[172] Im Licht der Bibellektüre konnte die Lebenswelt gelesen und gedeutet werden. Der Alltag, das tägliche Erleben, alles war mit endzeitlicher Bedeutung aufgeladen und musste in dieser Qualität erkannt und interpretiert werden. Dieser Aufgabe konnte sich auch eine Frau stellen. Die Wochenbücher der Beate Paulus liefern dafür sprechende Beispiele. Ihr Umgang mit der Bibel war weithin durch ein identifizierendes Lesen geprägt. In biblischen Figuren erkannte sie ihr eigenes Leben wieder – und umgekehrt: Ihr Erleben und Ergehen im Alltag wurde ihr durch die Identifikation mit biblischen Figuren erklärbar und leichter zu ertragen.[173] So fand sie in dem mit Gott ringenden Jakob (Gen 32,23–33) ein Vorbild für ihre täglichen Auseinandersetzungen.[174] Im Gebet forderte sie von Gott, er möge ihre Gebete genauso erhören, wie er einst Mose erhört habe, als der für sein Volk um Verschonung bat (Ex 32,7–14).[175] Die Identifikation mit Abraham schließlich machte es ihr leichter, auf die Erfüllung von Gottes Verheißungen zu warten, denn auch Abraham hatte auf die verheißene Geburt eines Sohnes von seiner Frau Sara (Gen 17–21) lange warten müssen.[176] Es waren vor allem alttestamentliche Figuren, in

---

172 Im württembergischen Laichingen waren es seit Mitte des 18. Jahrhunderts vor allem Frauen, die eine Bibel mit in die Ehe einbrachten (vgl. MEDICK, Weben und Überleben, S. 492).

173 Vgl. GLEIXNER, Pietismus, Geschlecht und Selbstentwurf, S. 87f.

174 Wochenbücher, Bd. 6, S. 76f: »[...] und hielt Gott vor, daß ich es mach wie der Jakob, als er mit Gott gerungen. Er habe gedacht, er wisse sich nicht zu helfen, Gott müsse ihm helfen, er habe nun keine andre denn Gott, weil sein Bruder in töden wole. Deßwegen sagte er: Ich lasse dich nicht, du segnest mich dan, ich lasse dich nicht du hilfest mir dan. Und so mache ich es auch. Ich lasse dich nicht, biß du mir hilfest«.

175 Wochenbücher, Bd. 1, S. 65f: »Vor alters hast du unßre Veter erhort, wann sie dich um die Außbreitung des Reichs zu ihrer Zeit angerufen haben und du gewährtest ihnen ihre Bitte. Jetzt rufe ich dich zu meiner Zeit an: Hilf doch, weil es so hochst nothig ist. Du hast den Mose erhört, als du ein ganzes Volk verderben woltest, und sein Wort galt für das ganz Volk. Jezt lasse auch das meine etwas gelten und erbarme dich doch und hilf doch, daß doch das Verderben nicht gar zu sehr überhand nehmen möge. Höre mich, weil so sehr nöthig ist.«

176 Wochenbücher, Bd. 7, S. 146f: »Es fiel mir deßwegen heute ein, ich müße eben harren wie der Abraham, biß er [Gott] seine Verheißung erfülle. Der habe auch durch die Hagar mit dem

denen sich Beate Paulus wiedererkannte. In den Lebensgeschichten von Abraham, Jakob oder Mose erlebte sie die gleiche Spannung zwischen menschlichem Ungenügen und göttlichen Erwartungen und Verheißungen, die ihr aus ihrem eigenen Alltag vertraut war. Und sie konnte darauf hoffen, Gott werde in ihrem Leben genauso wirksam werden, wie er es im Leben der Väter und Mütter Israels geworden war. Durch die Überblendung ihres Lebens mit dem Leben der biblischen Gestalten versetzte sie sich in den Horizont der göttlichen Verheißungen. Im Neuen Testament erregte vor allem die Johannesoffenbarung ihr Interesse. In ihrer Bibellektüre kam Beate Paulus immer wieder auf dieses letzte Buch der Bibel zurück:

»Außerdem aber lese ich aber wirklich viel in der Offenbahrung Johanes, und ist mir sehr daran gelegen, doch auch ein Licht in dieselbe zu bekommen, weil wir doch ganz gewieß in antichristischen Zeiten leben, und so viele aufallente Begebenheiten uns zurufen, merke auf. Und dachte demnach [?] nach, wie doch die Offenbarung auf unßere Zeiten zu teuten seye und wie wir Licht in dieselbe bekommen.«[177]

Aus der Johannesoffenbarung entnahm sie wichtige Bilder und Denkfiguren, mit denen sie ihr Leben und ihre Stellung in der Welt interpretieren konnte. In der Erwähnung der um den Thron Gottes versammelten 24 Ältesten (Offb 4,4) sah sie zum Beispiel ein hoffnungsvolles Zeichen, man könne trotz eines kurzen und leidvollen Lebens im zukünftigen Gottesreich in die Nähe Gottes gelangen.[178] Dazu war es allerdings nötig, die Endzeit im eigenen Leben Wirklichkeit werden zu lassen. Der endzeitlichen Stimmung musste auch die endzeitliche Tat folgen. Besonders eine apokalyptische Denkfigur tauchte in diesem Zusammenhang bei Beate Paulus immer wieder auf, die der Hochzeit des Lammes (Offb 19,6–10). Mit Hilfe dieser Denkfigur drückte sie ihre Hoffnung aus, durch ihr eigenes Wirken die endzeitliche Entwicklung voranzubringen. Bemerkenswert ist dabei jeweils der Kontext, in dem sie das Bild aufruft. Gleich zu Beginn ihrer Eintragungen – wohl Ende 1817 – sprach sie von der Notwendigkeit, sich in der jetzigen Zeit für die Hochzeit des Lammes vorzubereiten und als tüchtig zu erweisen. Das geschehe, indem man sich auf dem von Gott bestimmten Weg führen lasse und bereit sei, Verfolgungen zu erleiden.[179] Einige Jahre

---

Ismael ins Mittel tretten wollen, alein es hieß, in Isak wolle er seine Verheißung erfüllen, er habe harren müßen und so müße ich eben auch harren wie Abraham, biß seine Zeit komme.«

177 Wochenbücher, Bd. 2, S. 141. Im Anschluss schildert sie einen ›exegetischen‹ Traum über Offb 11,7 und wie sie die Stelle unter Zuhilfenahme einer Schrift ihres Vaters interpretierte.

178 Wochenbücher, Bd. 1, S. 53: »Wir nahmen zum Erzählen die Offenbahrung Johanes, wo mir besonders das wichtig wurde, daß die 24 Elteste die nächste außer den 4 lebendichen Weeßen waren um den Throhn, daß man in dieser kurzen Lebens Zeit es so weit bringen köne, und daß man dan so bald alles Leid werde vergessen haben und einem dan werde so wohl sein, wann man die Nähe Gottes so deutlich fühlen werde.«

179 Ebd., S. 11f.

später – 1824 – kam sie wiederum auf die Hochzeit des Lammes zu sprechen. Einer Magd, die den Wunsch äußerte, sie wolle in das tausendjährige Reich gelangen, antwortete Beate Paulus, »das seye gut, weil das die Hochzeit des Lames seye, das sey eine rechte Hochzeit, die 1000 Jahr wehre, da seye es der Mühe werth, daß man dazu komme«.[180] Um an der Hochzeit des Lammes, also dem tausendjährigen Reich teilnehmen zu können, bedürfe es aber gewisser Vorbereitungen: Man müsse allem entsagen, was dem Fleisch gefalle. Man müsse bereit sein, von Gott zu lernen, was er uns lehren wolle. Man dürfe jetzt nicht ruhen, sondern müsse alle irdischen und sinnlichen Triebe ablegen. Und all dies solle man nicht nur für sich selbst tun, sondern auch andere dazu anhalten:

»Ach wie werden wir als dan so froh sein, wan wir bereitet sind, wan der Bräutigam komt, und mit ihm eingehen können zu der Hochzeit des Lames. Von dießer Freude könen wir uns jezt keine Begriff machen. Wir könen sie nur glauben, biß das Schauen eintritt. Aber wolte Gott, wir konten viele, die meiste aufmuntern, daß sie sich bereiteten und auß ihrem Krankheits oder Todartigen Schlumer aufwachten und für ihre Seele sorgten.«[181]

Hatte sie sieben Jahre früher nur von der Notwendigkeit gesprochen, sich selbst auf die Hochzeit des Lammes vorzubereiten, so kam jetzt wesentlich stärker die Verantwortung für die Mitmenschen in den Blick. Die Arbeit für das Reich Gottes bestand für sie auch darin, andere vor der nahenden Endzeit zu warnen und zu entsprechendem Handeln zu ermuntern. Nicht zuletzt deswegen hatte sie unterdessen mit den Erbauungsstunden für Frauen in Talheim begonnen. Noch weiter ging sie in zwei Briefen aus den Jahren 1828 und 1829. Die Verantwortung für die Mitmenschen weitete sich über den eigenen Umkreis aus auf die ganze Menschheit, die durch die Missionsarbeit ins nähere Blickfeld geriet. Gegenüber dem Leiter der Basler Missionsschule, Christian Gottlieb Blumhardt, und gegenüber Christian Gottlob Barth äußerte sie die Hoffnung, durch die voranschreitende Heidenmission würden die göttlichen Verheißungen in Erfüllung gehen und sein Reich näher kommen. Wer an diesem Werk mitarbeite, verschaffe sich dadurch »eine Anwartschafft zu der Hochzeit des Lames«.[182]

In der Bibellektüre gewann Beate Paulus Einsichten für die Gestaltung ihres Alltages. Durch die Identifikation mit biblischen Personen konnte sie sich ihre Erlebnisse und Widerfahrnisse erklären und gewann Motivation für ihr weiteres Handeln. Mit der Hilfe biblischer Denkfiguren verortete sie sich selbst und ihre Umwelt im endzeitlichen Erwartungshorizont. Die

180 Wochenbücher, Bd. 6, S. 96f.
181 Ebd., S. 100f.
182 Brief an C. G. Barth, Talheim, 8. März 1829 (ABG Korntal, Archiv XI B, Nr. 15); vgl. Brief an C. G. Blumhardt, Talheim, 3. August 1828 (StA Basel, PA 653, Abt. V, Paulus, Beate).

Endzeit sollte in ihrem eigenen Leben Wirklichkeit werden, ja durch ihr eigenes Wirken hoffte sie, die Entwicklungen voranbringen zu können.

Nichts tun zu können, war für Beate Paulus ein erschreckender Gedanke. Erleichterung fand sie dann allein in der Erinnerung an den König David, dem es nicht möglich gewesen sei, Gott einen Tempel zu bauen, und der dennoch mit seinem Leben vielen zum Nutzen und zur Lehre gedient habe.[183] Etwas tun und wirken zu können war deswegen von so eminenter Bedeutung für sie, weil alles Tun und Wirken endzeitliche Qualität hatte. In der Gegenwart hatte zu geschehen, was sich in der Zukunft auswirken sollte. Die Gegenwart besaß bis in die unscheinbaren Verrichtungen des Alltages hinein endzeitliche Qualität, denn nur wer jetzt tat, was von ihm oder ihr verlangt war, erwies sich als vorbereitet und tüchtig für die Zukunft im Gottesreich.[184]

Von hier aus war es nicht weit zu einem Gedankengang, der in den Wochenbüchern öfter auftauchte: dem der endzeitlichen Prolepse. Schon in den prophetischen Schriften des Alten Testaments seien bisweilen Vorgänge oder Zustände als gegenwärtig beschrieben, die sich erst viel später erfüllt hätten. Beate Paulus bezog sich auf die von Jesaja geschilderte – vermeintliche – Jungfrauengeburt (Jes 7,14; 9,5), die doch erst mit der Geburt Jesu Wirklichkeit geworden sei. Auf gleiche Weise solle man auch heute die uns gemachten Verheißungen betrachten, als sei ihre Erfüllung schon jetzt Realität.[185] Die Erfüllung der Verheißungen wurde von ihr als gleichsam schon gegenwärtig erkannt, wurde im Nacherleben des Verheißungsvorgangs vorgezogen und als schon jetzt vollzogen erlebt. Aus der als gegenwärtig erlebten Erfüllung der Verheißungen folgte unmittelbar die Aufmunterung und Verpflichtung zu entsprechendem Verhalten. Für Beate Paulus hieß

---

183 Wochenbücher, Bd. 1, S. 59f: »Laß in der Ordnung, daß Salomo dem König von Hiram schrieb, daß er nun das Hauß Gottes zu bauen habe, weil sein Vater weil sein Vater [!!] nicht konte dem Namen des Herrn ein Hauß bauen um des Kriegs willen, der um ihn her war, biß sie der Herr unter seine Fußsohlen gab, welches mich sehr aufrichtete. Obgleich David dem Herrn kein Hauß bauen konte, so mangelte doch nicht in seinem Lebens Lauf, daß er nicht zum Nuzen und zur Lehre andern gewessen wa. Und Gott hat auch nichts von ihm gefodert, weil die Nöthen, die er durch zu machen hatte, ihn mehr Aufopferung gekostet haben. Diß tröste mich wieder sehr, weil ich gar nichts thun kan als leiden.«

184 Ebd., S. 66f: »Wachte mit dem Gedanken, daß die gering scheinende Handlungen, die wir verichten [!], nur jez geschehen können und in alle Ewigkeit das nicht mehr geschehen könne, was wir jezt thun sollen und zu was wir jezt Gelegenheit haben. Deßwegen sollen wir doch ja nicht gleichgiltig sein in unserem Handlen, weil [es] in alle Ewigkeit keine Gelegenheit mehr gebe, das zu thun, was wir heute thun sollen.«

185 Wochenbücher, Bd. 5, S. 56: »Wurde mir zur Aufmunterung, daß die Propheten sagen: Siehe, eine Jungfrau ist schwanger, ob es gleich noch über 2000 [!] Jahr angestanden ist, und: uns ist ein Kind gebohren, wie wan es damahls das Kind schon da gewesen wäre. Eben so gewiß sollen uns auch unßere Verheißungen sein, wie wann sie schon da wären, und uns geduldig deßwegen in alle seine Weege schiken, weil alles, was er uns verheißt, so gewiß ist, als wann es schon da wäre und Gott haben will, daß wir es so gewiß glauben sollen«.

das: Sich in Gottes Wege schicken, seinen aus der Bibel erkannten und aus der Familientradition überlieferten Weisungen folgen und geduldig warten. Die endzeitliche Prolepse entbehrte damit nicht einer gewissen Paradoxie: Das Erhoffte war gegenwärtig und musste doch geduldig erwartet werden. Das Warten hatte als endzeitliche Tat jedoch wiederum proleptische Funktion. Es versetzte die Wartenden nämlich umgekehrt in die erhoffte und verheißene Zukunft:

»Machte meinem Sohn in Sulzbach Weißzeug. Dan fiel mir ein, wan man Kinder in der Fremde hatt, wan sie noch so weit entfernt sind, so ist man vor sie besorgt, mehr als vor die, welche man zu Hauß hatt. Dan tachte ich, so halt es Gott auch mit uns. Wan wir ihn lieben und sein Wort halten, so sieht er uns an, wie wan wir schon bey ihm im Himel wären und liebt uns wie die im Himmel. In etlich Stunden drauf kam ich mit meinem Man in Wortwächsel, wo ich sehr aufgebracht wurde, freilich nicht ohne Recht. Dan fiel mir ein, wann man zu denen im Himel gezehlet sein will, so muß man auch so leben und handlen, so muß man auch heilig leben.«[186]

Durch die endzeitliche Prolepse wurde nicht allein die Erfüllung der Verheißungen als schon gegenwärtig erlebt, sondern auch umgekehrt: Die endzeitliche Tat – hier als Gehorsam gegen Gott und Liebe zu ihm beschrieben – versetzte den Handelnden in die erhoffte Zukunft. Diese ›umgekehrte‹ Prolepse wiederum stärkte die handelnde Person und erleichterte ihr das Warten und erneute Handeln. Beate Paulus fand in dem von ihr geschilderten Fall zu ehelicher Zurückhaltung und Unterordnung unter ihren Ehemann. Für sich selbst konnte sie dieses Verhalten als ein ihren endzeitlichen Erwartungen gemäßes Handeln verstehen und sich dadurch innerlich über die äußerlich erniedrigende eheliche Situation erheben. Nach ihrem eigenen Verständnis heilig zu leben konnte ihr nur gelingen, weil sich in ihrem eigenen Leben die Endzeit zu verwirklichen schien. Worauf sie hoffte, war schon da; wohin es sie drängte, da war sie schon. Die Verschränkung von Gegenwart und Zukunft in der doppelten Prolepse machte Beate Paulus als Frau handlungsfähig, machte sie zum handelnden Subjekt ihres eigenen Lebens.[187]

---

186 Ebd., S. 57. Beate Paulus wendete hier die für den Pietismus typische Gedankenfigur der *Transgression auf das Himmlische* an; vgl. dazu oben in Abschnitt I. 3. *Bürgerliche Organisatoren.*
187 Zum Gedanken einer endzeitlichen Prolepse vgl. auch unten Kapitel 3, Abschnitt II. 3. *Verteidigung des Apokalyptikers*; Kapitel 3, Abschnitt IV. 2. *Schwierigkeiten mit dem Reich Gottes.*

V. Endzeitliche Einstellungen im popularen Pietismus

Als König Wilhelm I. und seine Gemahlin, Königin Pauline, im Juni 1821 zu einer längeren Reise[188] in die neu hinzugekommenen katholischen Landesteile Oberschwabens aufbrachen, war der Streit um Korntal auf seinem Höhepunkt und die durch Ignaz Lindl ausgelöste Auswanderung aus den Oberämtern im Osten des Landes noch nicht beendet. Der Pietismus sorgte nach wie vor für Unruhe im württembergischen Staat. Besonders die pietistischen Privatversammlungen waren für kirchliche wie staatliche Obrigkeit eine Quelle der Beunruhigung. Das Pietisten-Reskript von 1743 regelte zwar deren Abhaltung auf das Genaueste.[189] Doch wurde es überhaupt eingehalten? Die Kirchenpolitik von König Wilhelm kam unter Rechtfertigungsdruck. So kann es nicht verwundern, wenn der König ungehalten reagierte, als ihm während der Reise Querelen mit Pietisten im Oberamt Münsingen zugetragen wurden.[190] Zwei Personen standen im Mittelpunkt des Interesses: der Hundersinger Pfarrer Gottlob Ludwig Lechler (1793–1861) und der Münsinger Mädchenschullehrer Andreas Barner (1793–1859). Lechlers Gottesdienste fanden regen Zulauf aus umliegenden Gemeinden, was den Unmut seiner benachbarten Kollegen hervorrief. Zudem hatte er am Ostermorgen 1821 auf dem Friedhof seiner Gemeinde eine Osterliturgie nach Herrnhuter Vorbild gefeiert, die ebenfalls nicht nur von eigenen Gemeindegliedern besucht worden war.[191] Barner wurde vorgeworfen, in der Schule »die Kinder auf einen herrlicheren Zustand der Christen auf der Erde nach vorhergegangenem harten Kampfe, also in der Idee eines 1000jährigen Reiches aufmerksam zu machen, und mit etwas allzu sinnlichen Bildern in seinen Vorstellungen zu spielen«. Er war schon öfters ermahnt worden, »nicht den Seher in die Zukunft zu machen«.[192] Nachdem alle Warnungen nicht den gewünschten Effekt gezeitigt hatten, nutzte der Oberamtmann von Münsingen[193]

---

188 Über die Reise unterrichtete die *Schwäbische Chronik*, Jg. 1821, S. 455 (5. Juni), S. 497 (17. Juni) und S. 517 (22. Juni). Vgl. außerdem SAUER, Reformer, S. 232.

189 Als Faksimile wiedergegeben in: EHMER (Bearb.), Von Gottes Gnaden, S. 34–55. Vgl. auch GUTEKUNST, Pietistenreskript.

190 Über den Vorgang berichtete der Herrnhuter Reiseprediger Johann Daniel Suhl detailliert an seinen Vorgesetzten (UA Herrnhut, R. 19. B. l. 14a. 1, Nr.16: Brief von Joh. D. Suhl an G. M. Schneider in Berthelsdorf, Königsfeld, 26. März 1822).

191 Lechler gab seinem Dekan einen ausführlichen Bericht von der Osterliturgie auf dem Friedhof (LKA Stuttgart, A 26, 464, 1, Beilage A zu Nr. 16). Von Lechler stammen auch einige Eintragungen in einem Zirkularheft des Diözesanvereines Münsingen, das dort von 1822 bis 1824 geführt wurde. So schrieb er am 14./15. Oktober 1823: »Wir leben in d. letzten Zeiten, das setzte ich voraus nach II Th. 2,3 u. Matth. 24,14ff. Apoc. 14,6.« (LKA Stuttgart, DA Münsingen, Nr. 10: Cirkularheft, S. 33).

192 LKA Stuttgart, A 26, 464, 1, Nr. 16: Bericht von Dekan J. L. Ziegler, 30. Juli 1821.

193 Friedrich Konrad Ludwig Hoyer (1785–1855), Sohn des damaligen Aalener Stadtpfarrers und Neffe des Dichters Christian Friedrich Daniel Schubart, war von 1819–1826 Oberamtmann in Münsingen (vgl. Amtsvorsteher, S. 327; vgl. auch MEYER, Weiz, S. 60f).

die Gelegenheit, den durchreisenden König persönlich von den Vorgängen zu unterrichten. Bald nach seiner Rückkehr in die Hauptstadt Stuttgart ordnete der König eine Untersuchung der Vorkommnisse im Oberamt Münsingen an.[194] Im Zuge der Ermittlungen wurde Barner vom Münsinger Dekan erneut verhört. Als Sprecher der Münsinger Privatversammlung und als Lehrer wurde ihm großer Einfluss auf weitere Kreise der Pietisten zugemessen. Dem Auftrag des Königs gemäß wurde er intensiv nach den Verbindungen der Münsinger Pietisten zur Korntaler Gemeinde befragt.[195] Offensichtlich war man in Stuttgart besorgt, der Pietismus könne in Korntal ein neues Organisationszentrum erhalten haben, das separatistischen Tendenzen Vorschub leiste. Weder Barners ausweichende Antworten, noch Lechlers Bericht konnten den Verdacht belegen. So beschränkte sich das zuständige Ministerium darauf, den Dekan mit der strengen Überwachung der beiden zu beauftragen.[196]

1. Der König veranlasst eine Umfrage

Doch die Untersuchung in Münsingen war nicht die einzige Reaktion des Königs. Seine Besorgnis kam vielmehr in dem Auftrag zum Ausdruck, in allen Gegenden des Landes Erkundigungen über den Zustand der pietistischen Versammlungen und ihren Einfluss auf die übrigen Mitglieder der evangelischen Kirche einzuholen.[197] Die Maschinerie des württembergischen Berichtswesens wurde in Gang gesetzt. In den folgenden Sommerwochen wurden in allen 842 Pfarrämtern, sämtlichen 51 Dekanatämtern und den sechs Generalsuperintendenturen Fragen beantwortet, die im Synodus, der Zusammenkunft von Konsistorium und Prälaten, besprochen worden waren: An welchen Orten gibt es Privatversammlungen? Wieviele Teilnehmer haben diese? Wann und wo trifft man sich? Werden dabei die staatlichen Vorschriften eingehalten? Treten in den Versammlungen fremde Sprecher auf? Dann die im gegenwärtigen Zusammenhang wichtige Frage: »Welche Schriften in den Erbauungsstunden der Privatversammlungen am

---

194 LKA Stuttgart, A 26, 464, 1, Nr. 14: Aufforderung des Innenministeriums an das Konsistorium, Bericht zu erstatten über Pietismus und Separatismus im Oberamt Münsingen, 27. Juni 1821.

195 LKA Stuttgart, A 26, 464, 1, Beilage B zu Nr. 16.

196 LKA Stuttgart, A 26, 464, 1, Nr. 18: Erlass vom 18. September 1821.

197 LKA Stuttgart, A 26, 464, 1, Nr. 13: Dekret an die Superintendenten vom 28. Juni 1821. Vgl. auch die Sitzungsprotokolle des Synodus (A 2, Band 1820–1829, S. 31f): In der Synode sei zur Sprache gekommen, »daß in verschiedenen Gegenden des Königreichs der Separatismus überhand nehme, u. sogar eigends [!] dazu beauftragte Personen herumziehen, um schwärmerische, von den GrundSäzen der Evangel. GlaubensLehre abweichende Religions-Ideen zu verbreiten und daher in Betracht, daß eine solche Abtrünnigkeit die allgemeine Ordnung stören, unter den einzelnen Familien selbst Mistrauen und Unruhe erzeugen, und Unglück herbeyführen« werde.

gewöhnlichsten gelesen werden? ob sie sich mit Erklärungsschriften der Apokalypse häufig beschäftigen? ob die Meinungen vom Antichrist, von der letzten Zeit, vom tausendjährigen Reich sich weiter verbreiten?«[198] Schließlich wurde noch nach den Kontakten mit der Korntaler Gemeinde und nach persönlichen Vorschlägen der Berichterstatter gefragt. Alle Pfarrer hatten zu den Fragen Berichte zu erstellen, die von den Dekanen zusammengefasst wurden. Den Prälaten kam die Aufgabe zu, aus den dekanatamtlichen Berichten ihrerseits einen Überblick über die Verhältnisse in ihren Generalsuperintendenzen zu verfassen. Leider ist nur ein Teil der Berichte in verschiedenen Archiven erhalten geblieben. Immerhin sind vier der sechs Prälatenberichte, 35 dekanatamtliche Berichte (von 51) und 130 Pfarramtsberichte aus 12 Diözesen greifbar.[199] Die erhaltenen Berichte vermitteln damit im Querschnitt einen guten Überblick über die pietistischen Versammlungen im Württemberg des Jahres 1821.

Die Berichte sind keine Selbstzeugnisse aus den Versammlungen, sondern Beschreibungen von außen. Die Pfarrer teilten mit, was sie wahrnahmen – und sie taten es nicht aus freien Stücken, sondern weil sie dazu angewiesen worden waren. Einige Pfarrer versuchten sich daher der lästigen Pflicht durch Beschränkung auf reine Fakten zu entledigen: Sie nannten Namen und Zahlen, soweit ihnen bekannt, enthielten sich aber jeder Bewertung und jeden Kommentars. Andere Pfarrer schrieben aus erkennbarem Interesse heraus, aus Sympathie oder Antipathie gegenüber den pietistischen Versammlungen. Die große Mehrzahl war sichtbar bemüht, die Fragen genau zu beantworten und zumindest bezüglich Namen und Zahlen korrekte und verwertbare Angaben zu machen.

Woher bezogen die Pfarrer ihre Kenntnisse? Einige wenige besuchten die Versammlungen selbst regelmäßig; andere hatten ständigen Kontakt zu den Sprechern der Versammlung. Manche gaben offen zu, dass sie sich den Versammlungen fern hielten, um nicht in den Verdacht der Pietisterei zu geraten.[200] Es spricht einiges dafür, die Beobachtungen der Pfarrer nicht

---

198 LKA Stuttgart, A 26, 464, 1, Nr. 13.

199 Vier Prälatenberichte, 33 dekanatamtliche Berichte sowie 6 Pfarramtsberichte liegen vor in: LKA Stuttgart, A 26, 464, 2. Die Entwürfe für zwei weitere dekanatamtliche Berichte finden sich in: LKA Stuttgart, DA Degerloch, Nr. 70a (Amtsdekanat Stuttgart), und DA Leonberg, 1. Abt., Nr. 27. 108 Pfarramtsberichte finden sich in verschiedenen Dekanatsarchivbeständen im LKA Stuttgart (DA Balingen, A 229; DA Böblingen, Nr. 275; DA Cannstatt, Nr. 62 A, b; DA Leonberg, 1. Abt., Nr. 27; DA Neuenbürg [früher: Wildbad], Nr. 72c; DA Reutlingen, D 91a; DA Tübingen, Nr. 40; DA Waiblingen, Nr. 3, 74) und 16 weitere im StadtA Herrenberg (Stifts- und DA Herrenberg, D 79/3).

200 »Der Geistliche aber findet es so wohl seinen Grundsäzen als besonders auch seiner Stellung zu der ganzen Gemeinde u. der Klugheit angemessen, beyde Versammlungen zwar keineswegs aus der Acht zu lassen, sie aber nur von weitem zu beobachten, u. ohne Noth nicht in ihre Nähe zu kommen.« (LKA Stuttgart, DA Böblingen, Nr. 275 Pietismus: Bericht von Pfr. J. C. D. Beck, Maichingen). »Was soll ich in ihren Versammlungen thun? ihrer Salbbaderei [!], ihrer

unkritisch als wahres Abbild der Verhältnisse anzusehen. Andererseits darf man auch die Qualität des Berichtswesens im württembergischen Staat nicht unterschätzen. Pfarrer waren ein Teil davon, waren es gewohnt, minutiös und regelmäßig über Vorgänge und Verhältnisse vor Ort zu berichten. Da die Berichte von den regelmäßig zu Visitationen erscheinenden Dekanen gegengelesen und zusammengefasst wurden, war auch eine Kontrolle gegeben. Sollen die Berichte allerdings als Quelle für das Selbstverständnis der Privatversammlungen dienen, so sind die unterschiedlichen Zugangsweisen der Pfarrer in Rechnung zu stellen. Drei Beispiele: Ein Pfarrer gab an, unter den Anhängern der Versammlungen an seinem Ort seien Erklärungsschriften der Apokalypse verbreitet, gelesen würden sie »aber mehr außer als in den Versammlungen, in welchen bisweilen auch davon gesprochen werden mag.«[201] In der Bemerkung spiegelt sich das Wissen um die Unschärfe beim Einblick in die Versammlungen wider. Der Pfarrer wusste um die Verbreitung endzeitlicher Schriften und Auffassungen, aber er konnte sie nicht exakt lokalisieren. Anders ging der Münklinger Pfarrer August Osiander (1792–1834) die Frage an. Erklärungsschriften der Apokalypse würden in seiner Gemeinde nicht gelesen: »Durch die Bekanntschaft mit der Bibel selber muß sich die Lehre vom Antichrist und von der lezten Zeit verbreiten.«[202] Osiander war selbst Pietist und hielt eine eigene Erbauungsstunde in seinem Pfarrhaus ab. Sein Interesse ist deutlich: Nicht irgendwelche Schriften fördern endzeitliche Anschauungen, sondern die richtig verstandene Bibel selbst. Er traf keine Aussage über die Mitglieder der Versammlung an seinem Ort, sondern über seine eigene Einstellung. Kritisch setzte sich ein dritter Pfarrer mit den Anhängern der Privatversammlungen auseinander. Er warf ihnen mangelnde Kenntnisse in der Religion vor und

apokalyptischen Schwärmerei, ihrer Verachtung der Tugend etc. zuhören? sie gutheißen? sie tadeln? mich in Streit mit ihnen verwikeln? die übrige Gemeinde in Wahn bringen, als hieß ich es gut, sich zu dem Pietismus zu halten? Ich traue weder ihnen noch mir selbst. Darum ist es besser, wegzubleiben, sie sich zu überlassen, solange keine Unordnungen gibt – sich in ihr Wesen nicht einzumischen, und so, was ich für meine Pflicht halte, ihnen als Anderstdenkender [!], Toleranz zu beweisen.« (LKA Stuttgart, DA Tübingen, Nr. 40: Bericht von Pfr. V. H. Riecke, Lustnau). »Hier sind die Geschäfte zu gehäuft, als daß die Geistlichen auch an den Privat-Versammlungen Antheil nehmen könnten: die Erfahrung lehrt auch, daß ihre Besuche ganz fruchtlos sind, denn so bald der Geistliche erscheint, so schweigt alles u. sie sind nicht dahin zu bringen, daß sie in ihrer gewohnten Ordnung fortfahren, u. so kan [!] der Geistliche sich keine Kenntniß davon verschaffen.« (LKA Stuttgart, DA Waiblingen, Nr. 3, 74 Gemeinschaften: Bericht von Pfr. J. C. Erhard, Winnenden). »[...] ist der Geistliche, wie die Mitglieder der Versammlung sehr genirt, wenn er zu ihnen eintritt, daß sie zu schüchtern sind zu reden, und den Geistlichen mehr für für [!] einen Visitator halten. Er erkundigt sich aber fleissig, was in der Stunde vorgekommen sey.« (LKA Stuttgart, DA Waiblingen, Nr. 3, 74 Gemeinschaften: Bericht von Pfr. A. J. A. Wiedersheim, Endersbach).
  201 LKA Stuttgart, DA Böblingen, Nr. 275 Pietismus: Bericht von Pfarrer Christian Gottlieb Kling, Altdorf, 1. September 1821.
  202 LKA Stuttgart, DA Leonberg, 1. Abt., Nr. 27: Bericht von Pfarrer August Osiander, Münklingen, 5. August 1821. Zu Osiander vgl. unten Kapitel 2, Abschnitt III.

unterstellte, dass sie durch ihre »dunkeln mystischen Vorstellungen und Sprache und die Furcht vor den bevorstehenden apokalyptischen Katastrophen niedergedrükt« würden. Im Hintergrund seiner kritischen Beurteilung der Versammlungteilnehmer stand allerdings die Kritik an pietistischen Pfarrkollegen, die er für Spaltungstendenzen innerhalb der Kirche verantwortlich machte:

»Zudem nähren selbst Viele unsrer Amtsbrüder durch ihr Benehmen und ihre Anhänglichkeit an die Pietisten, durch Verachtung der Liturgie und des Gesangbuches, durch ihren Hang zur Mystik und durch den Glauben an apokalyptische Träumereien die Spaltung in der Kirche, deren Folgen sie später, da dieser Pietismus zu Separatismus unfelbar [!] führt, nicht mehr in ihrer Gewalt haben.«[203]

Aus unterschiedlichen Gründen enthalten alle drei Berichte keine präzise Wiedergabe endzeitlicher Einstellungen innerhalb der Versammlungen: sei es wegen mangelnder Kenntnis oder sei es aus einer betont positiven oder negativen Haltung gegenüber den Versammlungen. Als Quelle für die Verbreitung endzeitlicher Einstellungen sind die Berichte gleichwohl hilfreich. Denn sie offenbaren Einblicke in den Kommunikationsraum endzeitlicher Einstellungen, in dem sich Pfarrer, Gemeinden und Versammlungen bewegten. So erfahren wir im ersten Fall, dass endzeitliche Meinungen allgemeiner Gesprächsstoff sind, ohne dass im Einzelnen deutlich würde, wer sie teilt. Wir erfahren ferner, dass die Besucher der Münklinger Erbauungsstunde vom Pfarrer selbst mit den Lehren vom Antichrist und der letzten Zeit vertraut gemacht wurden. Und wir erfahren von Spannungen innerhalb der Pfarrerschaft, die sich an endzeitlichen Einstellungen entzündeten und sicherlich nicht ohne Einfluss auf die Gemeinden und Versammlungen blieben.

2. Verbreitete Lesestoffe

Wichtigen Aufschluss über die Verbreitung endzeitlicher Einstellungen im popularen Pietismus verspricht die Untersuchung der in den Versammlungen gelesenen und vorgelesenen Lektüre. Die Pfarrer hatten in ihren Berichten zur Umfrage vom 28. Juni 1821 die in den Privatversammlungen üblicherweise gelesenen Schriften anzugeben. Meistens nannten sie aber lediglich die Namen der Autoren von Predigt-, Erbauungs- oder Gesangbüchern, nur selten auch genauere Titel einzelner Werke. Wie kamen die Pfarrer zu ihren Kenntnissen? Ein Pfarrer, der nicht selbst die Versammlung besuchte, war auf Auskünfte von Teilnehmern angewiesen, die kaum zugegeben hätten, mystische oder gar separatistische Literatur zu lesen. Wenn der Pfarrer die

---

203 Beide Zitate: LKA Stuttgart, DA Cannstatt, Nr. 62 A, b: Bericht von Pfarrer Christian Ludwig Nast, Wangen a. N., o. D.

Versammlung selbst besuchte, dann wird man zweifelhafte Lektüre eher verborgen haben, als den Vertreter der kirchlichen Obrigkeit zu viel sehen und wissen zu lassen.[204] Man kann davon ausgehen, dass in den Berichten die Lektüre von anerkannter oder zumindest geduldeter Literatur tendenziell häufiger wiedergegeben wurde als das Vorhandensein von mystischen Schriften, chiliastischen Traktaten oder Ähnlichem.[205]

Wer waren die Teilnehmer der Privatversammlungen, die in den Erbauungsstunden lasen und vorgelesen bekamen? In den Berichten wurden die Personen genannt, in deren Haus sich die Versammlungen trafen und meist auch, wer die Sprecher waren. Bei beiden handelte es sich ganz überwiegend um Bauern und Handwerker. Als Sprecher traten bisweilen Lehrer auf, seltener auch Schultheißen. Über die anderen Teilnehmerinnen und Teilnehmer an den Versammlungen erfährt man wenig. Eines aber ist deutlich: Es waren fast ausschließlich Menschen mit einfacher Schulbildung, die zwar größtenteils des Lesens und Schreibens kundig, damit aber nicht professionell beschäftigt waren.[206] Die Erbauungsstunden der Privatversammlungen waren die kommunikative Organisationsform des popularen Pietismus. Sie dienten vor allem Bauern, Handwerkern und Frauen zur Erbauung und Bildung. Dazu wurden neben der Bibel Predigten, Erbauungsbücher und Missionszeitschriften gelesen und vorgelesen.[207]

Schließlich noch ein Wort zum Vergleich mit früheren Studien zum Buchbesitz. Und damit ist auch schon das unterscheidende Stichwort

---

204 Auch hier wieder der Hinweis auf die Unterscheidung von »hidden transcript« und »public transcript«. Es liegt in der Natur der Sache, dass das »hidden transcript« kaum schriftlichen Niederschlag gefunden hat und für den historisch Forschenden also nur zufällig greifbar wird (vgl. SCOTT, Domination, S. 2–4).

205 In zwei Berichten wurden Zweifel an der Korrektheit der eigenen Angaben mehr oder weniger direkt angesprochen:»Erklärungen der Apokalypse kommen auch vor, doch selten und mit Auswahl (z. E. die 7 Sendschreiben). Vom 1000jährige Reiche pp werde sparsam geredet, obgleich Sprecher des Glaubens sey. [...] Das bißherige ist Angabe des Sprechers, zuverlässig – soweit als diese Menschen sich selbst kennen und wissen, wohin ihr Wesen führt; und soweit als ihr Interesse es zuläßt, zu bekennen.« (StadtA Herrenberg, Stifts- und DA Herrenberg, D 79/3: Bericht von Pfr. Zeller, Tailfingen, o. D. [30. August 1821?]). »Die Lecture der Apokalypse in den Versammlungsstunden wird mir abgeleugnet – wiewohl die Ideen eines Bengels, Stillings nicht unbekannt sind.« (LKA Stuttgart, DA Reutlingen, D 91a: Bericht von Pfr. Dörr, Erpfingen, 22. August 1821).

206 Die Forschung war lange davon ausgegangen, die Landbevölkerung sei bis weit ins 19. Jahrhundert hinein des Lesens und Schreibens unkundig gewesen (SCHENDA, Volk ohne Buch). Nicht nur für das Territorium Württembergs zeigen dagegen neuere Untersuchungen, dass die Lese- und Schreibfähigkeit um 1820 auch in der ländlichen Bevölkerung beiderlei Geschlechts weit verbreitet war; vgl. für Württemberg MAISCH, Unterhalt, S. 377–380; EHMER, Ländliches Schulwesen, S. 94–102; SCHAD, Buchbesitz, S. 74–84; vgl. daneben SIEGERT, Stellenwert der Alphabetisierung. Zur Bedeutung der Lesefähigkeit in pietistischen Kreisen vgl. MEDICK, Weben und Überleben, S. 475–479.

207 Neben das individuelle Lesen trat die kollektive Lesesituation der Privatversammlungen; vgl. dazu SCHÖN, Vorlesen.

genannt: Alle einschlägigen bisherigen Studien behandeln den Buch*besitz* in früheren Zeiten, basierend auf der Auswertung von Inventur- und Teilungsakten.[208] Dennoch: »Zwischen dem Buch, das man besitzt, und dem, das man liest, wird immer ein Unterschied bestehen.«[209] Inventur- und Teilungsakten können nur eingeschränkt über Buch*lektüre* Auskunft geben. Das nun aber ist der ausgesprochene Vorteil der Umfrage von 1821. In ihr wurde ausdrücklich nach gelesener Literatur gefragt.[210]

Was wurde nun gelesen und welchen Anteil hatten daran endzeitliche Lesestoffe?[211] Die Auswertung der Berichte ergibt für die Lektüre in den Erbauungsstunden der Privatversammlungen in Württemberg 1821 folgendes Ergebnis[212]:

(a) Nach der Bibel ist das meistgenannte Buch das *Geistliche Liederkästlein* des Bengel-Schülers Philipp Friedrich Hiller (1699–1769), das in den Erbauungsstunden als Standardgesangbuch diente. Auch in Korntal wurde das Hillersche *Schatzkästlein*, wie man es meist nannte, als übliches Gesangbuch verwendet.[213] Man ging damit dem wenig geliebten, als rationalistisch kritisierten neuen Gesangbuch von 1791 aus dem Weg. Auch dreißig Jahre nach dessen Einführung wurde in den Versammlungen weiterhin lieber aus dem Hillerschen *Schatzkästlein* oder aus dem alten Gesangbuch

---

208 Als neuere Beispiele für Württemberg seien genannt: MEDICK, Weben und Überleben, S. 447–560 und 607–613; SCHAD, Buchbesitz; PAHL, Kirche, S. 89–124.

209 QUARTHAL, Leseverhalten, S. 341.

210 Über einen Nachteil beider Arten von Studien darf man jedoch nicht hinwegsehen: die mangelnde Erfassung von Kleinliteratur. In Inventur- und Teilungsakten tauchten ungebundene Traktate und Flugschriften allenfalls summarisch auf, da ihr Wert als vererbbarer Besitz gegen Null ging. Für das Thema der Endzeiterwartungen wären aber gerade solche Schriften von hohem Interesse. Auch die Berichte von 1821 gaben hier nur zufällig Auskunft. Die Fragestellung stand dem im Weg; denn das Konsistorium fragte ausdrücklich, welche Schriften in den Erbauungsstunden *am gewöhnlichsten* gelesen wurden. Von den Pfarrern wurde also gar nicht erwartet, sie würden jede noch so abseitige Lektüre aufführen. Vielleicht geschah dies schon im Wissen um die eingeschränkte Einsicht der Ortspfarrer in die Interna einer Privatversammlung.

211 Zur Auswertung wurden alle vorliegenden 130 Pfarramtsberichte herangezogen. Zusätzlich enthalten fünf dekanatamtliche Berichte genaue Einzelangaben von weiteren 14 Pfarrämtern. Es handelt sich um die Berichte aus den Diözesen Gaildorf, Geislingen, Hall, Sulz und Tuttlingen (LKA Stuttgart, A 26, 464, 2). Zur Auswertung kamen damit die Angaben von 144 (von 842) Pfarrämtern aus 17 (von 51) Diözesen. Statistisch gesehen verbessert sich die Quote, wenn man berücksichtigt, dass sich die Angaben auf 233 von ca. 800 Privatversammlungen in der gesamten Landeskirche beziehen. Auch ist zu bedenken, dass aus wenigstens 254 Pfarrämtern überhaupt keine Pietisten gemeldet wurden. Für eine Übersicht über die Herkunft der ausgewerteten Berichte vgl. im Anhang Tabelle 3.1: Herkunft der ausgewerteten Berichte.

212 Vgl. im Anhang Tabelle 3.2: Lektüre in den Erbauungsstunden. In den Anmerkungen bzw. dem Quellenverzeichnis sind entweder die Erstausgaben oder – bei älteren Werken – eine zur Zeit der Umfrage jüngere Ausgabe angegeben. Zur Bibliographie württembergischer pietistischer Autoren vgl. MÄLZER, Werke.

213 HILLER, Geistliches Liederkästlein (1762); DERS., Betrachtung des Todes (1767). Vgl. LEIDHOLD, Hiller, S. 168.

von 1741 gesungen. In den Schulen war seit dem Streit um das neue Gesangbuch eine ganze Generation nolens volens in den Gebrauch desselben
eingeübt worden. Trotzdem benutzte man in den Versammlungen immer
noch häufiger das alte Gesangbuch.[214]

(b) Von der Bibel und den Gesangbüchern abgesehen steht an der Spitze
der Lektüreliste unangefochten der Vater des württembergischen Pietismus
und Chiliasmus: Johann Albrecht Bengel. Für 55 Versammlungen wird die
Lektüre seiner Schriften genannt, 44mal mit seinen beiden Büchern zur
Apokalypse: der *Erklärten Offenbarung Johannis* (1740) und den *Sechzig
erbaulichen Reden über die Offenbarung Johannis* (1748). Er wurde damit
in den Erbauungsstunden wesentlich häufiger gelesen, als es sein Auftauchen in den Buchbesitzstudien nahelegt.[215] Speziell seine Auslegungen der
Offenbarung waren in den Versammlungen offensichtlich verbreitet. In fast
allen Versammlungen, die laut den Berichten apokalyptische Schriften
lasen, wurden die beiden Bücher Bengels benutzt; in der Hälfte davon *nur*
die beiden Bücher Bengels, keine anderen apokalyptischen Schriften. Bengel
scheint für die Versammlungen gewissermaßen der chiliastische Normal-
theologe gewesen zu sein.[216]

(c) Unter den acht am häufigsten genannten Autoren finden sich sieben
württembergische Pietisten.[217] Die Phalanx württembergischer Autoren wird
einzig unterbrochen von Johann Arndt. Seine *Vier Bücher vom wahren
Christentum* wurden auch in den Versammlungen gern und oft gelesen.[218]
Ein Grund für die anhaltende Wertschätzung Arndts könnte darin liegen,
dass Bengel ihn mit dem ersten Engel der Offenbarung identifizierte, der
nach Offb 14,6 ein ewiges Evangelium verkündet.[219] Den Schriften Arndts
kam damit ein endzeitlicher Mehrwert zu, der ihre bleibende Stellung in
den Erbauungsstunden sicherte.

(d) Eine geringe Bedeutung hatten dagegen die sogenannten »alten Trös-
ter«. Besonders die Autoren des 17. Jahrhunderts wurden fast gar nicht

---

214 Würtembergisches Gesang-Buch (1741); Wirtembergisches Gesangbuch (1791).
215 BENGEL, Erklärte Offenbarung Johannis (1740); DERS., Sechzig erbauliche Reden (1748).
Vgl. MEDICK, Weben und Überleben, S. 536 und 539; SCHAD, Buchbesitz, S. 135.
216 Apokalyptische Schriften wurden in 52 Versammlungen gelesen, die beiden Auslegungen
Bengels in 43 Versammlungen. In 27 Versammlungen wurde als apokalyptische Literatur nur
Bengel gelesen. Damit ist der Einfluss seiner endzeitlichen *Berechnungen* auf die Versammlungen
allerdings noch nicht erwiesen. Dazu bedarf es weiterer Indizien aus anderen Quellen.
217 Medicks Beobachtung von der seit dem Ende des 18. Jahrhunderts gestiegenen Popularität der württembergisch-pietistischen Erbauungsliteratur findet ihre Bestätigung (MEDICK, Weben
und Überleben, S. 542, 550).
218 Unzählige Drucke seit den ersten Ausgaben, *Vom wahren Christentum* (Frankfurt am
Main 1605) bzw. *Vier Bücher vom wahren Christentum* (Magdeburg 1610). Vgl. dazu MEDICK,
Weben und Überleben, S. 534, 538f.
219 BURK, Bengel, S. 287.

genannt.[220] Eine kleine Ausnahme bildete Stephan Prätorius (1536–1603), dessen *Geistliche Schatzkammer* immerhin in drei von Pregizer beeinflussten Versammlungen gelesen wurde.[221] Aber auch andere nicht-württembergische Theologen tauchten nur bisweilen auf: Luther und Spener jeweils achtmal. In den württembergischen *Collegia pietatis* 1821 war der Vater derselben nur ein seltener Gast. Sehr wichtig waren dagegen die Schüler Bengels und Theologen aus seinem weiteren Umkreis, vor allem Friedrich Christoph Oetinger und Immanuel Gottlob Brastberger (1716–64), dessen *Evangelische Zeugnisse der Wahrheit* (1758) 85 Auflagen erlebten. Er wurde in den Versammlungen fast so häufig gelesen wie Arndt.[222]

(e) Unter den neueren Autoren fällt die herausragende Bedeutung der Schriften Michael Hahns auf. Nach seinem Tod 1819 begannen Hahns Anhänger, seine Schriften in schneller Folge zu publizieren. Bis 1821 waren sechs Bände erschienen, offensichtlich Bestseller auf dem Markt der Erbauungsbücher. Denn sie wurden schon in 28 Versammlungen als regelmäßige Lektüre genannt. Kein anderer damals moderner Autor erreichte diese Verbreitung. Die Autorität Michael Hahns ließ in den nach ihm benannten michelianischen Versammlungen die Lektüre anderer Autoren auffallend zurücktreten: Nur in zwei der 28 michelianischen Versammlungen wurde Arndt gelesen, Bengel nur in acht, Oetinger immerhin zwölfmal.[223]

(f) Andere neuere und zeitgenössische Autoren spielten in den Versammlungen nur eine marginale Rolle – zumindest was die Zahlen angeht. Bezeichnenderweise handelte es sich meist um Autoren, die durch endzeitliche Schriften und Traktate hervorgetreten waren, wie Johann Heinrich Jung-Stilling, Ignaz Lindl oder Christian Philipp Friedrich Leutwein (1768–1838).[224] Auf sie trifft die oben geäußerte Bemerkung zu, dass sie in den

---

220 Einige der Bücher, die in den Studien zum Buchbesitz häufig genannt werden, hatten ihren Sitz im Leben eindeutig in der privaten Andacht des Einzelnen oder der Familie und tauchten wohl daher in den Versammlungen 1821 überhaupt nicht auf: Valentin Wudrian, *Kreuzschule* (1627); Bonifacius Stöltzlin, *Geistliches Donner und Wetterbüchlein* (1650); Heinrich Müller, *Geistliche Erquickstunden* (1664). (Für Wudrians *Kreuzschule* geht MEDICK, Weben und Überleben, S. 540, von einer am Anfang des 19. Jahrhunderts wieder zurückgewonnenen Popularität aus. Aus den Berichten von 1821 läßt sich diese Beobachtung nicht bestätigen.) Auch Johann Friedrich Starcks *Tägliches Handbuch in guten und bösen Tagen* (1728) wurde in den Pfarramtsberichten nicht ein einziges Mal erwähnt.

221 PRÄTORIUS, Geistliche Schatzkammer. Zu Prätorius vgl. DÜKER, Freudenchristentum, S. 291–294, und oben Abschnitt I. 2. *Chiliastische Theologen* (vgl. auch im Anhang Tabelle 3.3: Lektüre in Privatsammlungen, die in den Berichten als pregizerianisch eingestuft werden).

222 BRASTBERGER, Evangelische Zeugnisse der Wahrheit. Seine weite Verbreitung trug Brastbergers Predigtbuch auch die Erwähnung in Johann Peter Hebels Kalendergeschichte »Der Wolkenbruch in Türkheim« ein (J. P. HEBEL, Werke, hg. v. EBERHARD MECKEL, Bd. 1, Frankfurt 1968, S. 222).

223 HAHN, J. M., Schriften (vgl. im Anhang Tabelle 3.4: Lektüre in Privatsammlungen, in denen Schriften Michael Hahns gelesen wurden).

224 Vgl. Quellenverzeichnis.

Versammlungen wohl öfter gelesen wurden, als in den Berichten wiedergegeben.

(g) Eine Literaturgattung, die in den Studien zum Buchbesitz nicht auftaucht, ist die periodische Literatur, besonders die Missionszeitungen. Nimmt man die monatlich erscheinenden *Basler Sammlungen* hinzu, wurden sie in 35 Versammlungen vorgelesen. Sie waren damit ein nicht zu unterschätzender Faktor der Erwachsenenbildung im württembergischen popularen Pietismus.

3. Endzeitliche Lektüren

Was bedeuten die Ergebnisse für die Frage nach der endzeitlichen Lektüre? Natürlich wird sich nicht jeder Versammlungsteilnehmer das Gelesene oder Gehörte uneingeschränkt zu eigen gemacht haben. Genausowenig wie man vom Buchbesitz auf die Lektüre schließen kann, sollte man aus der Lektüre vorschnell mentale Besitzstände folgern. Dennoch: Lektüre zeigt Interesse an. Sie weist auf einen Erfahrungsraum hin, in dem sich die Leserinnen und Leser bewegen. Aus ihrer Lektüre kann man erkennen, welche Weltsicht, welche *Konstruktion der Wirklichkeit* sie beschäftigt und umtreibt. Im vorliegenden Fall heißt das: Die weit verbreitete Verwendung von Hillers *Geistlichem Liederkästlein*[225] und von Bengels Schriften zur Offenbarung Johannis sowie die Bevorzugung von Verfassern endzeitlicher Schriften unter den neueren Autoren zeigt, dass sich viele Versammlungen 1821 mit endzeitlicher Lektüre, zu einem nicht geringen Teil auch mit Bengel und seiner Auslegung der Offenbarung beschäftigten. Diese Auffassung wird bestätigt, wenn man auf eine andere Frage sieht, die das Konsistorium damals gestellt hatte: die nach der Verbreitung spezieller apokalyptischer Auffassungen.[226] In gut der Hälfte der Versammlungen seien – so die berichtenden Pfarrer – entsprechende Auffassungen anzutreffen, also Vorstellungen vom Antichrist, Erwartung der letzten Zeit und Hoffnung auf das tausendjährige Reich. Allerdings zeigt ein Blick in einzelne Berichte man-

---

225 Zum endzeitlichen Aspekt der Hillerschen Lieder vgl. BRECHT, Hillers Geistliches Liederkästlein, S. 130–137. Wenig freundliche Worte zum endzeitlichen Charakter der Hillerschen Lieder fand der Lustnauer Pfarrer Viktor Heinrich Riecke. In Erinnerung an einen sonntäglichen Gottesdienstbesuch in Korntal bedauerte er sehr, »daß der schöne, melodische, sanfte, aufmunternde Gesang einem so elenden Text von Liedern, als aus Hillers Schatzkästlein gesungen wurden, dienen muß: daß die Lieder ewig auf die Hure, den Antichrist, das Thier und den Drachen anspielen, und so die Herzen der Alten und der Kinder argwöhnisch, lieblloß, unduldsam, illiberal machen müßen: daß in denselben sogar nicht gründlich auf Moralität gedrungen wird, daß da alles nur spielenden, tändelnden Innhalts ist, das Volk sogar nicht vermittelst des so wichtigen Kirchengesangs zu richtigen Gefühlen der Religion gebildet wird.« (LKA Stuttgart, DA Tübingen, Nr. 40: Bericht von Pfr. V. H. Riecke, Lustnau, 21. September 1821).

226 Vgl. im Anhang Tabelle 3.5: Apokalyptische Meinungen nach den Pfarramtsberichten 1821.

nigfaltige Schattierungen.[227] Eine eindeutige Tendenz, welche Bedeutung den Endzeiterwartungen in den Versammlungen zugemessen wurde, ist aus den pfarramtlichen Berichten nicht erkennbar. Symptomatisch erscheint eine Äußerung des Göppinger Dekans, der aus seiner Diözese von drei verschiedenen endzeitlichen Haltungen zu berichten wusste: Die einen gingen davon aus, der Antichrist sei schon »seit bald 1800 Jahren in vielen Gestalten in der Welt«, auf das tausendjährige Reich würden sie geduldig warten, ohne den Zeitpunkt seines Eintreffens erforschen zu wollen. Andere gingen von einer unmittelbaren Nähe der antichristlichen Zeit aus und verlangten ein unbedingtes Festhalten am Wort Gottes. Eine dritte Gruppe dagegen lasse die speziellen endzeitlichen Lehren auf sich beruhen und begnüge sich damit, »im Stillen auf die Zeichen der Zeit« zu achten.[228] Die Bemerkungen des Göppinger Dekans bestätigen den Eindruck einer unausgeglichenen Vielfalt der endzeitlichen Erwartungen, die in den Versammlungen anzutreffen war. Um diese Vielfalt besser verstehen zu können, wird in einem weiteren Schritt danach zu fragen sein, wie die Kommunikation zwischen Pfarrern und Versammlungen über endzeitliche Themen aussah. Zu diesem Zweck kommen jene Berichte in Betracht, die sich explizit dazu

---

227 Man vergleiche nur einige Berichte aus der Diözese Cannstatt (LKA Stuttgart, DA Cannstatt, Nr. 62A, b): »Mit der Apokalypse, den letzten Zeiten, dem tausendjährigen Reiche beschäftigen sie sich nie in der Stunde, ihre Meynung spricht sich auch gegen alle Zeitstimmungen und persönliche Andeutungen aus, ob sie wohl erwartungsvoll den Gang unserer Zeit betrachten.« (Bericht von Pfr. E. F. Lempp, Uhlbach, 1. August 1821).»Über die Apokalypse hat die Hauptversammlung Bengels 60 Reden, macht aber keine Hauptbeschäftigung daraus. Die Meinungen vom Antichrist p sind ihnen zwar auch bekannt, sie wollen sich aber nicht tiefer darauf einlassen.« (Bericht von Pfr. J. C. Pfister, Untertürkheim, 16. August 1821). »Die Sprecher lassen sich nicht mit ErklärungsSchriften der Apokalypse ein, und reden nicht vom Antichrist, nicht von den letzten Zeiten, auch nicht vom 1000jährigen Reich. Ihre Unterredung ist praktischen Inhalts.« (Bericht von Pfr. I. F. Beringer, Rommelshausen, 10. August 1821). »Daß die Meinung vom Antichrist, von den letzten Zeiten u. vom 1000jährigen Reich auch unter der hiesigen Gesellschaft herschend sei, ist keineswegs zu läugnen; und Pfarrer hat die Erfahrung gemacht, daß es schlechterdings vergebne Mühe sein würde, ihr dieselbe zu benehmen.« (Bericht von Pfr. Ph. F. Doerner, Rohracker, 20. August 1821). »Besondere Erklärungs-Schriften der Apocalypse haben sie nicht, hingegen sind die Meinungen vom Antichrist, von der letzten Zeit, und vom 1000jährigen Reich unter ihnen nicht selten, ob sie sich gleich nicht weiter verbreiten.« (Bericht von Pfr. W. F. Stockmayer, Fellbach, 8. August 1821). »Mit der Apokalypse beschäftigt man sich nur dann, wenn dieses Buch der Ordnung nach vorkommt. Vom Antichrist, von der letzten Zeit, von einem 1000jährigen Reiche sprechen sie zwar auch bey Gelegenheit, ohne sich jedoch in Grübeleyen u. gewagte Hypothesen einzulaßen.« (Bericht von Pfr. J. A. Schmid, Obertürkheim, 28. August 1821).
228 LKA Stuttgart, A 26, 464, 2: Bericht von Dekan E. W. G. Burk, Göppingen, 18. September 1821. Versucht man die Beschreibungen des Dekans bestimmten pietistischen Gruppierungen zuzuordnen, so könnte es sich bei der ersten Gruppe um Anhänger Ignaz Lindls gehandelt haben, bei der zweiten um Anhänger Jung-Stillings oder Bengels und bei der letzten Gruppe um von Herrnhut beeinflusste Pietisten. Nach den Angaben des Dekans wurde Bengel in verschiedenen Orten seiner Diözese gelesen, Jung-Stilling zumindest in Hohenstaufen und herrnhutische Schriften mindestens in Ganslosen (heute: Auendorf). Außerdem erwähnte er den Besuch eines Anhängers Lindls in Holzheim.

äußern, wie Pfarrer mit den Versammlungen über endzeitliche Themen in Kontakt kamen.

Einige Pfarrer versuchten offensichtlich, die Lektüre unerwünschter Literatur einzudämmen. Der Pfarrer von Willmandingen merkte an, er habe den Anhängern der Versammlung schon wiederholt von der Lektüre apokalyptischer Schriften abgeraten. Sie würden sich zwar daran halten, die entsprechenden Lehren seien dennoch unter ihnen verbreitet und »nicht selten ein Lieblingsgegenstand ihrer Unterhaltung und Erwartung.«[229] Der Versuch über die Lektüre Einfluss auf die Versammlungen zu nehmen, gestaltete sich als schwierig. Auch der Pfarrer von Lustnau scheiterte damit, den Versammlungen statt Bengelscher Schriften solche ihres früheren Ortspfarrers Magnus Friedrich Roos nahezulegen. Es dürfte sich dabei wohl weniger um dessen in der Nachfolge Bengels geschriebene Schriften zur Erklärung der Offenbarung Johannis gehandelt haben als um seine Andachtsbücher, die weite Verbreitung gefunden hatten.[230] Ein weiterer Pfarrer riet gar zu strengeren obrigkeitlichen Maßnahmen, wie der Konfiskation von unerwünschten chiliastischen Büchern.[231]

Auch unter pietistischen Pfarrern wurden endzeitliche Themen in der Begegnung mit Privatversammlungen unterschiedlich behandelt. Der Öschinger Pfarrer wusste zu berichten, sein Vorgänger im Amt, Christian Adam Dann (1758–1837), habe den Grundsatz gehabt, »von apokalyptischen Materien gänzlich zu schweigen, und, wenn er je darüber gefragt wurde, ausweichende Antworten zu geben.«[232] Seinem Stillschweigen sei es zu verdanken, dass endzeitliche Vorstellungen im Ort noch nicht weiter verbreitet worden seien.[233] Anders als Dann ging der Münklinger Pfarrer August Osiander vor, von dem schon die Rede war. Er hielt selbst Erbauungsstunden ab und führte die Verbreitung endzeitlicher Auffassungen auf

229 LKA Stuttgart, DA Reutlingen, D 91a: Bericht von Pfr. Seeger, Willmandingen, 21. August 1821.

230 LKA Stuttgart, DA Tübingen, Nr. 40: Bericht von Pfr. Viktor H. Riecke, Lustnau, 21. September 1821: »Ich stiftete ihnen selbst Roosische Schriften in ihrer Gesellschaft, mit der Bedingung, daß sie sie fleißig vorlesen. Das hilft aber wenig, [...?] Bengel geht ihnen über alles, dann Hahn und Oetinger. Allerdings verwirren die Apokalypse und die Propheten, besonders Daniel – dem armen Volke den Kopf, unglüklicher Weise geben ihrem Unverstand der des Morgenlandes Urschriften wörtlich, buchstäblich erklärt, Bengel und Consorten Nahrung.« Zu Roos vgl. BRECHT, Der württembergische Pietismus, S. 266–268; JUNG, Roos.

231 LKA Stuttgart, DA Tübingen, Nr. 40: Bericht von Pfarrer Malblanc, Wankheim, 14. August 1821: »Jeden religiösen Vortrag zu verbieten und statt dieser blos das Vorlesen der Erbauungsbücher zu gestatten, und gefährliche besonders chiliastische Bücher ohne weiteres zu konfisciren, und gewisse besondere Ceremonien zu verbieten, wäre sehr sachdienlich.«

232 LKA Stuttgart, DA Tübingen, Nr. 40: Bericht von Pfr. Zeller, Öschingen, 2. August 1821.

233 Zeller fügte aber an, inzwischen seien solche »Träumereien« nicht mehr aufzuhalten, und schlug vor, einen Traktat – äußerlich den »Schriftchen vom Antichrist« ähnlich – zu verfassen, der als »temporäres Gegenmittel gegen den Misbrauch [!] der Apokalypse« dienen könne (LKA Stuttgart, DA Tübingen, Nr. 40: Bericht von Pfr. Zeller, Öschingen, 2. August 1821).

den Einfluss der Bibellektüre zurück. Andere Schriften seien dazu nicht notwendig.[234] Johann Jakob Seybold (1787–1863) wiederum, Diakon in Wildbad, war selbst bei der Neugründung einer Versammlung in Calmbach mitbeteiligt. Er verfügte, dass lediglich die Bibel und Hillers Schatzkästlein gebraucht werden sollten. Alle anderen Schriften mussten ihm erst vorgelegt werden.[235]

Die vom Konsistorium erfragten apokalyptischen Auffassungen waren in der Kommunikation zwischen Pfarrern und ihren Gemeinden ein heikles Thema. Die Pfarrer waren Teil der Obrigkeit und als solche dazu verpflichtet, über den geordneten Gang des Gemeindelebens zu wachen. Von ihren Gemeinden wurden sie entsprechend wahrgenommen. Endzeitliche Lektüre und apokalyptische Meinungen standen im Verdacht und waren wohl auch dazu geeignet, Unruhe in die Gemeinden zu bringen. Ganz gleich also, wie die Pfarrer selbst zu den Themen Antichrist, letzte Zeit und tausendjähriges Reich standen, sie mussten im Umgang mit den Versammlungen einen Weg zwischen obrigkeitlicher Aufsicht und seelsorglicher Zurückhaltung finden.[236] Die Teilnehmerinnen und Teilnehmer der Versammlungen wussten damit entsprechend umzugehen. Endzeiterwartungen gehörten zu der verborgenen Kommunikation des popularen Pietismus, in die ein Pfarrer – als Teil der Obrigkeit – nur eingeschränkt Einblick gewährt bekam. Teilte ein Pfarrer seinerseits die endzeitlichen Erwartungen, dann war er entweder darauf bedacht, gegenüber seinen Vorgesetzten deren Bedeutung herunterzuspielen und als unschädlich für die öffentliche Ordnung erscheinen zu lassen. Oder er versuchte sie als willkommenes Zeichen für ein gestiegenes Interesse an Kirche und Religion zu deuten. So auch Johann Jakob Seybold:

»Die Meinung von der Nähe der Zukunft Christi scheint unter dem Volk täglich allgemeiner zu werden, und es beschäftigt sich, wie nur je, mit Schriften über die Apokalypse sehr häufig. Es hat sich unter demselben das Gefühl verbreitet, daß wir in einer sehr bedenklichen Zeit leben; nach Bengel'schen und Anderer Berechnungen ist der Ablauf der Dinge nahe; das Volk ist erwartungsvoll, und schon aus dieser Stimmung läßt sich's erklären, warum in unsern Tagen die Privatversammlungen sich so sehr vermehren, neue entstehen, wo bisher noch keine waren, und die bereits bestehenden einen größeren Umfang erhalten. Es ließe sich kaum erklären, woher es käme, daß in vielen Gegenden des Vaterlandes Leute, die bisher ganz gleichgültig gegen die Religion waren und zum Theil ein lasterhaftes Leben führten, schaarenweise sich in den Versammlungen einfinden, wenn man nicht deutliche Merkmale hätte, es seye

234 Vgl. oben Abschnitt V. 1. *Der König veranlasst eine Umfrage.*
235 LKA Stuttgart, DA Neuenbürg, Nr. 72c: Bericht von Pfr. J. J. Seybold, Wildbad, 27. August 1821.
236 Vgl. die Mahnung des Obertürkheimer Pfarrers J. A. Schmid (LKA Stuttgart, DA Cannstatt, Nr. 62A, b: Bericht vom 28. August 1821): »Jede auch nur scheinbar gewaltsame Einschränkung führt früher oder später zum Separatismus. Wäre dies immer u. überall beachtet worden, so würde wohl die Anzahl der Separatisten nie so bedeutend geworden seyn.«

hauptsächlich jene Furcht vor einer nahen und in der Sache Christi entschiedenen Zukunft, vor deren Anbruch sie noch werden wollen, was sie längst schon hätten werden sollen.«[237]

Seybold stand selbst dem Pietismus nahe. Ihm musste daher daran gelegen sein, die von ihm unterstützten Versammlungen als ein wünschenswertes und förderliches Element der Kirche darzustellen. Für ihn war die aus der endzeitlichen Stimmung herrührende Dynamik, die sich in einer Vermehrung der Versammlungen auszudrücken schien, ein Anzeichen für die gewachsene Bereitschaft zu einer christlichen Lebensführung. Er unterstellte damit einen direkten Zusammenhang zwischen Endzeiterwartungen und einem von der Kirche geforderten Sozialverhalten. In dem Phänomen der florierenden Privatversammlungen hätte die Kirchenleitung weniger eine Gefahr des Separatismus als einen willkommenen Weg zur Rechristianisierung erkennen sollen und in den durch die Umfrage inkriminierten endzeitlichen Lehren den Motor dieser Entwicklung. Doch Seybolds von einem Idealbild geprägte Apologie war in den pfarramtlichen Berichten eine Ausnahme. Eher herrschte die Tendenz, den Einfluss der Versammlungen als unbedeutend und die Endzeiterwartungen als eine – wenn auch verbreitete – Nebensache darzustellen.

Das Thema Endzeiterwartungen rief bei den Pfarrern in ihrem Verhältnis zu den Privatversammlungen ein breites Spektrum an kommunikativen Strategien hervor. Entsprechend unterschiedlich äußerten sie sich in ihren Berichten über die Bedeutung des Themas in den Versammlungen. Und damit noch einmal zurück zu der vom Konsistorium gestellten Frage nach der Verbreitung spezieller apokalyptischer Auffassungen: Für 89 Versammlungen wurden sie von den Pfarrern als verbreitet bezeichnet, in 24 Versammlungen war angeblich nur selten davon die Rede, in 50 Versammlungen seien sie kein Thema gewesen.[238] Unterstellt man den Pfarrern, dass sie in der Tendenz das Phänomen gegenüber der Kirchenleitung eher kleiner als größer machten, so darf man bei aller methodischen Vorsicht vermuten: In einer deutlichen Mehrheit der württembergischen Privatversammlungen waren die Teilnehmerinnen und Teilnehmer im Jahr 1821 mit endzeitlichen Erwartungen befasst. Eine andere Frage ist, ob – wie in Seybolds Bericht unterstellt – die endzeitlichen Berechnungen des Prälaten Bengel dabei eine entscheidende Rolle spielten. Dass man sich in vielen Versammlungen mit den Fragen nach dem Auftreten des Antichrist, der letzten Zeit und dem tausendjährigen Reich beschäftigte, ist ja das eine. Das andere ist, ob man

---

237 LKA Stuttgart, DA Neuenbürg, Nr. 72c: Bericht von Pfr. J. J. Seybold, Wildbad, 27. August 1821. Seybold war Mitautor des Wilhelmsdorfer Predigtbuches (Predigten über den zweiten Jahrgang (1834), S. 745–755); vgl. dazu unten Kapitel 3, Abschnitt IV.

238 Vgl. im Anhang Tabelle 3.5: Apokalyptische Meinungen nach den Pfarramtsberichten 1821.

diese Ereignisse auch in der von Bengel errechneten Chronologie erwartete. Sieht man auf die Verbreitung der Bengelschen Schriften zur Offenbarung Johannis in den Versammlungen, so scheint es, als müsste die Frage zu bejahen sein. Doch Vorsicht ist geboten. Denn zum einen hieß Bengel lesen nicht ohne weiteres, seine Berechnungen zu teilen. Und zum zweiten spielte die Frage der Berechnung endzeitlicher Ereignisse in Bengels apokalyptischen Schriften nur eine – wenn auch nicht unwichtige – Nebenrolle. Das Datum für den Anbruch des tausendjährigen Reiches, der 18. Juni 1836, tauchte nur einmal auf.[239] In seiner einzigen Erbauungsschrift, den *Sechzig erbaulichen Reden*, behandelte Bengel keine chronologischen Fragen. Aus der Lektüre der Versammlungen ist die Frage nach der Bedeutung der Bengelschen Berechnungen nicht zu beantworten. Einzelne der von den Pfarrern und Dekanen zu Papier gebrachten Kommentare legen aber den Verdacht nahe, Bengels Berechnungen auf 1836 und die Jahre davor seien durchaus Gegenstand der gemeinschaftlichen Unterredung in einem Teil der Privatversammlungen gewesen.[240] Sie waren *ein* Element des Kommunikationsraumes Endzeiterwartungen, bald verteidigt, bald bezweifelt. Doch nicht jedes Gespräch über die Endzeit knüpfte an sie an. Auch wo sie nicht zum Thema wurden, war eine gespannte Atmosphäre der Erwartung spürbar. Der Stuttgarter Amtsdekan Karl Friedrich Hofacker (1758–1824) merkte in seinem Bericht an:

»Nach den Pfarramtlichen Berichten beschäftigen sich die Mitglieder der Privatversammlungen nicht mit der Apocalypse und ihren ErklärungsSchriften – aber es geht ihnen, wie jedem aufmerksamen Beobachter unserer Zeit, sie stehen in grosser Erwartung der Dinge, die da kommen werden; sie glauben überdieß daß das Reich Christi glänzender noch hervortreten, in der ganzen Welt sich verbreiten, über den Unglauben und Aberglauben herrlich siegen, darauf aber auch in äusserlicher und bürgerli-

---

239 BENGEL, Erklärte Offenbarung (1740), S. 1073: »Anno 1836 d. 18. Jun. fer. 1. [...] Die Historie selbs [!] ist bisher nicht eben an diese Tage gebunden, sie bleibet aber doch nahe genug bey denselben.« Vgl. JUNG, 1836, S. 100.

240 »Die Beschäftigung mit dem Buch der Offenbarung ist zwar nicht auffallend vorherrschend, inzwischen hängen die meisten Mitglieder an Bengels Erklärung derselben, und hiemit in der Nähe einer bevorstehenden grossen Veränderung der Dinge, und schwerer Anfechtungen und Verfolgungen von Seiten des Thiers. Diese Meinungen hatte ganz vorzüglich Lindl belebt und in Umlauf gesetzt, und grossentheils auch, um sich von diesen Verfolgungen zu retten, zogen nicht wenige Familien aus Würemberg und Baiern ihm nach nach Rußland.« (LKA Stuttgart, A 26, 464, 2: Bericht von Dekan Reuchlin, Heidenheim). Von Antichrist und tausendjährigem Reich ist »wie bey allen Pietisten, die Rede nach Bengel, je mehr das Ziel 1836 herannaht.« (LKA Stuttgart, DA Waiblingen, Nr. 3, 74: Bericht von Pfr. Wiedersheim, Endersbach). »Judenbekehrung, JerusalemsEroberung, Antichrist, Chiliasmus, Weltende, ja da – da ist der Punkt, um den sich alle ihre Religiosität dreht, das hält sie zusammen, das gibt dem natürlichen Hang zu Zusammenkünften neuen Reiz, kurzweilt, und unterhält, belustiget die Phantasie, kühlt die Rachsucht und Intolerantz, und knüpft sich leicht an alle Weltbegebenheiten, Napoleons, der Türkey, der Griechen pp. Auf die Jahre 1830–1836 wartet ja Alles mit gespannter Ungeduld.« (LKA Stuttgart, DA Tübingen, Nr. 40: Bericht von Pfr. V. H. Riecke, Lustnau).

cher Hinsicht tausend Uebel, die jezt die Menschheit drüken, verschwinden, tausend Wohlthaten Segnungen sich über die Erde verbreiten werden.«[241]

Wer endzeitliche Erwartungen teilte, bedurfte nicht notwendig des von Bengel bereitgestellten chronologischen Gerüstes. Es war ein Angebot zur endzeitlichen Kommunikation, das allerdings nur in blanke Daten fasste, was für die Anhänger der Privatversammlungen existentielle Hoffnungen waren: eine allgemeine Anerkennung und Durchsetzung ihrer *Konstruktion der Wirklichkeit* und eine durchgreifende Verbesserung ihrer bürgerlichen Verhältnisse. Erst mit dem unmittelbaren Näherrücken des Jahres 1836 bekam die Diskussion über die reinen Daten der Bengelschen Berechnungen stärkeres Gewicht.[242]

4. Privatversammlungen als Orte verborgener Kommunikation

Nach dem Rücklauf aller Berichte wurde der Ulmer Prälat Johann Christoph von Schmid (1756–1827) mit deren Auswertung beauftragt, »da in seinem Generalate der HauptSiz der Pietisten sey«.[243] Die Begründung klingt überraschend, da das Ulmer Generalat vorwiegend aus früheren nicht-württembergischen Territorien bestand, die nicht für verbreiteten Pietismus bekannt waren. Sie wird jedoch nachvollziehbar, wenn man sich erinnert, dass in Münsingen der Auslöser für die Untersuchung lag, in Heidenheim eine pietistisch motivierte Auswanderung im Gange war und in Rottenacker in zurückliegenden Jahren eine Gruppe von Separatisten bestanden hatte, von denen allerdings viele mittlerweile ausgewandert waren.[244] Von Korntal abgesehen, lagen damit wichtige Konfliktherde zwischen dem württembergischen Staat und pietistischen oder separatistischen Gruppen im Gebiet des Ulmer Generalates. Prälat Schmid sollte für den Synodus eine Beschlussvorlage formulieren, mit der man dem König Vorschläge für den weiteren Umgang mit den Privatversammlungen machen wollte. In der Sitzung des Synodus vom 6. Dezember 1821 berichtete Schmid über das Ergebnis der Umfrage[245] und formulierte in den folgenden Tagen eine ausführliche Stellungnahme an das Ministerium des Kirchen- und Schulwesens.[246] Einleitend stellte er fest, dass sich die Zahl der Separatisten im Land deutlich vermin-

---

241 LKA Stuttgart, DA Degerloch, Nr. 70a: Entwurf für den Bericht von Amtsdekan K. F. Hofacker, Stuttgart, 18. September 1821.
242 Vgl. dazu unten Kapitel 3, Abschnitt I.
243 LKA Stuttgart, A 2 Sitzungsprotokolle des Synodus, Band 1820–1829, S. 92. Zu Schmid vgl. Appenzeller, Münsterprediger, S. 422–428.
244 Zur separatistischen Bewegung in Rottenacker vgl. Fritz, Rottenacker.
245 LKA Stuttgart, A 2 Sitzungsprotokolle des Synodus, Band 1820–1829, S. 157–181.
246 LKA Stuttgart, A 26, 464, 1, Nr. 19, 12. Dezember 1821; alle Zitate im Folgenden aus diesem Text.

dert habe. Besondere Maßregeln gegen sie seien daher überflüssig, ja würden nur neue Unruhe schüren. Der Pietismus dagegen habe sehr zugenommen. Man dürfe die Zahl seiner in den Privatversammlungen vereinigten Anhänger auf 20.000 schätzen. Als Ursachen für die Zunahme nannte er: die Notzeit der vergangenen Jahre; das gestiegene Bedürfnis, sich zu unterschiedlichsten und eben auch religiösen Zwecken gesellig zu vereinen; den werbenden Einfluss pietistischer Pfarrer; den abschreckenden Einfluss unverständlich predigender Pfarrer; den Verfall der Kirchenzucht, besonders in Hinsicht auf die Sonntagsfeier. Als Hauptgrund aber führte er die Errichtung der Korntaler Gemeinde an. Die Forderung nach eigenen unabhängigen Gemeinden sei mit der Klage über die Pfarrerschaft begründet worden. Als die Erlaubnis zur Gründung erfolgte, habe dies als Bestätigung der Klage gewirkt und dem Pietismus noch mehr Anhänger zugetrieben. Zudem hätten die bürgerlichen Freiheiten der Korntaler anziehend gewirkt.

Nach der Darlegung der Ursachen für die Zunahme des Pietismus und der Darstellung seiner verschiedenen Ausprägungen im Land kam Schmid auf die Bedeutung endzeitlicher Erwartungen im Pietismus zu sprechen. Von jeher hätten Christen, besonders in Zeiten der Not, Trost in der Erwartung einer für das Christentum besseren Zeit gefunden, die den Menschen in der Bibel verheißen sei. Es sei zwar unbescheiden, »demjenigen, was in dunkeln Worten ausgedrükt und in geheimnisvolle Bilder gehüllt ist, eine bestimmte, sichere Deutung geben zu wollen«, dennoch könnten solche Hoffnungen, besonders wenn sie in Zeiten der Furcht und Not Trost gewährten, nicht ohne Gewissenszwang verboten werden. Schmid fügte allerdings die wichtige Einschränkung ein, »so lange sie nicht gefährlich in die öffentlichen Lebensverhältnisse einwirken«. Damit war der entscheidende Punkt benannt. Als Vertreter der Kirche sah sich Schmid bemüßigt, den Wert endzeitlicher Erwartungen – als zum Glauben gehörig – zu verteidigen. Als Vertreter der Obrigkeit, der er als Prälat eben auch war, musste er auf die Erhaltung der öffentlichen Ordnung sehen.

Entsprechend fielen auch die von Schmid vorgeschlagenen Maßnahmen aus. Mittels eines Hirtenbriefes sollte das Gute, das die Privatversammlungen beabsichtigten und bewirkten, anerkannt werden, ihnen aber auch die Gefahren vor Augen gemalt werden, die von »Ausschweifungen und Verirrungen« drohten.[247] Daneben sollte durch gesetzlich zu erlassende Vorschriften den Gefahren des Pietismus gewehrt werden. Die Vorschläge

---

247 Ein vergleichbarer Hirtenbrief war schon einmal, am 22. September 1818, veröffentlicht worden (REYSCHER, Sammlung der württembergischen Geseze, Bd. 9: Kirchengesetze, Teil 2, S. 438–449). Einzelne Pfarrer hatten in der Umfrage einen erneuten Hirtenbrief vorgeschlagen; vgl. den Bericht von Pfr. Harpprecht, Hedelfingen, 2. August 1821 (LKA Stuttgart, DA Cannstatt, Nr. 62 A, b), der allerdings meinte, »Hirtenbriefe von ehrwürdigen ganz in den Pietismus eingeweihten Männern« würden mehr bewirken als höhere Erlasse.

orientierten sich im Grundsatz an den seit dem Pietistenreskript von 1743 geltenden Regelungen – mit einem wichtigen Unterschied: Den örtlichen Kirchenkonventen wollte Schmid größere Verantwortung und Entscheidungsbefugnis zumessen. Er empfahl, die Größe der Versammlungen und die Zeiten ihres Zusammentreffens in gewissen vorgegebenen Grenzen zukünftig nach Maßgabe der örtlichen Verhältnisse durch den Kirchenkonvent bestimmen zu lassen. Die staatliche Aufsicht sollte auf die örtliche Ebene verlagert werden: ein wichtiger Schritt hin zur gemeindlichen Selbstverwaltung.[248] Daneben machte Schmid Vorschläge, die eher im Duktus früherer Erlasse standen. So sollte jeglicher Kontakt zwischen verschiedenen Versammlungen streng reglementiert oder gar unterbunden werden. Schließlich forderte Schmid eine scharfe Trennung von Korntal: Kein Mitglied der dortigen Gemeinde sollte außerhalb Korntals als Sprecher auftreten, kein Ortsfremder dort am Abendmahl teilnehmen, keine Landeskinder in die Korntaler Erziehungsanstalten aufgenommen werden dürfen. Die Existenz Korntals war der Kirchenleitung sichtlich ein Dorn im Auge. Durch scharfe Maßnahmen hoffte man, den Einfluss der Korntaler Gemeinde auf den Pietismus im Land eindämmen zu können. Wegen der endzeitlichen Lektüre und der entsprechenden Auffassungen wurde schließlich vorgeschlagen,

»daß in den Privatversammlungen das Lesen der h. Schrift und guter Erbauungsbücher zur Hauptsache zu machen, und sich des unnützen Grübelns, des vermessenen Eindringens in dicht verhüllte Geheimnisse, der Hegung von Lehrmeinungen, die entweder eine bis zur Verzweiflung gehende Angst oder eine dem Laster günstige Sicherheit erzeugen, der Lesung sektiererischer, fanatisch-mystischer Schriften, und des lieblosen Urtheilens über Andre, insbesondere auch über die Obrigkeit und das Predigtamt zu enthalten sei.«[249]

Die Beschäftigung mit endzeitlichen Schriften und Themen bereitete der Kirchenleitung Sorge. Denn man war sich des engen Zusammenhangs von endzeitlichen Erwartungen und Kritik an bestehenden kirchlichen oder gesellschaftlichen Verhältnissen bewusst.[250] Die Notzeit der Kriegs- und Hungerjahre lag noch nicht lange zurück. Überhaupt zeigten die von Schmid formulierten Vorschläge die Befürchtung der Kirchenleitung, durch die pietistischen Privatversammlungen könnte schädliche Unruhe im Land und in der Kirche entstehen. Sie zeigten aber auch eine weitgehende Unfä-

---

248 In den neueren Arbeiten zur Entstehung der kommunalen Selbstverwaltung in Württemberg finden die Kirchenkonvente und ihre Neuordnung keine Berücksichtigung: HETTLING, Reform; WAIBEL, Frühliberalismus.
249 LKA Stuttgart, A 26, 464, 1, Nr. 19.
250 Vgl. SCOTT, Domination, S. 81: »Most traditional utopian beliefs can, in fact, be understood as a more or less systematic negation of an existing pattern of exploitation and status degradation as it is experienced by subordinate groups.«

higkeit, anders als durch obrigkeitliche Maßnahmen auf die Situation zu reagieren. Einzig in dem Vorschlag, die Überwachung der Privatversammlungen stärker in die Hand der örtlichen Kirchenkonvente zu verlagern, äußerte sich der vorsichtige Wille zur Innovation, wenn auch hier im Rahmen obrigkeitlicher Maßregelung. Denn unausgesprochen verbarg sich hinter dem Vorschlag die Erwartung, örtliche Verhältnisse besser vor Ort regeln und überwachen zu können. Die Stärkung der Kirchenkonvente hätte also letztlich wiederum der Stärkung des obrigkeitlichen Einflusses gedient.

Insgesamt lässt sich die von Prälat Schmid formulierte Stellungnahme der Kirchenleitung als Versuch lesen, die Kommunikation in und unter den Privatversammlungen besser überwachen oder gar unterbinden zu können. Trotz aller Bemühungen waren sie dem Einblick staatlicher und kirchlicher Amtspersonen seither weitgehend entzogen geblieben. Die uneingeschränkte Machtausübung des absolutistischen wie des frühkonstitutionellen Staates wurde durch solche Orte der verborgenen Kommunikation in Frage gestellt. Untertanen sollten sich nur in autorisierten Versammlungen vereinen, wie bei Paraden, Prozessionen oder öffentlichen Gottesdiensten. Solche Anlässe boten die Gewähr, keine unbeobachtete Verbindung unter den Staatsbürgern zu schaffen – und damit keine unbeobachtete Kommunikation. Nicht umsonst so genannte *Privat*versammlungen waren dagegen nur schwierig einsehbar. Wollte man sie nicht ganz verbieten und damit selbst Unruhe schaffen, musste man durch Einschränkungen tätig werden. Nicht nur in Württemberg gab es daher vielfältige Bestimmungen über die Größe, die Art und den Zeitpunkt genehmigter Privatversammlungen. Je größer eine Versammlung war, je öfter und je später am Tag oder in der Nacht sie sich traf, desto verdächtiger war sie.[251] Noch suspekter erschien es, wenn in den Versammlungen auswärtige Redner auftraten.[252] Die meisten der in den pfarramtlichen Berichten geäußerten Klagen betrafen das Auftreten von auswärtigen Rednern oder von Hausierern, die mit Flugschriften handelten. Letztere sollten daher auch, so Prälat Schmid, von den Dekanen den Oberämtern zur Anzeige gebracht werden. Und was jene anging, so war es wohl nur dem beherzten Eingreifen des Herrnhuter Reisepredigers Johann Daniel Suhl zu verdanken, dass die Kirchenleitung nicht ein vollkommenes Verbot des Auftretens fremder Sprecher in den Versammlungen forderte.[253] Da man

---

251 Zur Machtausübung durch Versammlungsverbote oder -beschränkungen, vgl. ebd., S. 61–65.

252 Vgl. ebd., S. 123: »The elaboration of hidden transcripts depends not only on the creation of relatively unmonitored physical locations and free time but also on active human agents who create and disseminate them.«

253 UA Herrnhut, R. 19. B. l. 7 Nr. 92 (Bericht Suhl 1821): »Da den 1sten Nov. u. die folgenden Tage, in Stuttgardt ein Synodus sollte gehalten werden, welchem der König auch hauptsäglich [!] das auf getragen hatte: Auf Mittel zu denken, wie dem so sehr überhand nehmenden Pietismus, u. Michelianismus zu steuern sey, u. da im Ausschreiben des Consistoriums, an die Prediger besonders der auswärtigen Emisäre erwähnt worden, so hielt ich vor rathsam, einigen Hauptper-

sich von den Herrnhuter Reisepredigern einen positiven und mäßigenden Einfluss auf die Versammlungen versprach, nahm man davon Abstand. Lediglich sollten die Ortsgeistlichen das Auftreten fremder Sprecher genehmigen. Eine Ausnahme bildeten die von Korntal aus agierenden Sprecher. In verschiedenen Berichten wurde erwähnt, Pfarrer Friederich, der Vorsteher Hoffmann oder der Lehrer Kullen aus Korntal seien in den Versammlungen am Ort aufgetreten.[254] Für die Kirchenleitung war damit eine Grenze überschritten. Korntal wollte nicht mehr zur Landeskirche gehören, also durfte es auch keinen Einfluss mehr auf deren Glieder nehmen. Mit der Forderung, den Korntalern jeglichen Kontakt zu landeskirchlichen Versammlungen zu verbieten, versuchte man einen mutmaßlichen Hauptweg der verborgenen Kommunikation unter den Privatversammlungen zu unterbinden. Einem »Episkopat, dem herrnhutischen ähnlich« musste rechtzeitig gewehrt werden.[255] Schließlich forderte man auch, das Zusammenkommen von Teilnehmern verschiedener Versammlungen an einem Ort – sogenannte Konferenzen – ganz zu untersagen. Verborgene Kommunikation brauchte zu ihrer Förderung und Beförderung soziale Orte.[256] Deren Entstehen und Betreiben zu verhindern musste daher Zweck und Ziel kirchlich-obrigkeitlichen Handelns sein. Das weitere Vorgehen gegen die Versammlungen blieb jedoch den staatlichen Behörden vorbehalten. Innerkirchlich konnte man nur versuchen, über die Pfarrer Einfluss zu nehmen. Dies geschah durch ein General-Synodal-Reskript vom 19. Dezember 1821, in dem man die Geistlichen an ältere Verordnungen erinnerte, speziell die Amtsinstruktion von 1809 und den Hirtenbrief von 1818. Man vergaß dabei nicht den Hinweis auf die »folgenreichen Einwirkungen, welche das Predigt-Amt, die Seelsorge, und das Privatleben der Geistlichen auf die Gestaltung der religiösen Sinnes-Art des Volks in jeder Beziehung« hätten.[257]

---

sohnen, einen deutlichen Begriff von unseren Besuchen zu geben. Auf Anrathen des hiesigen Missionsvereins ging ich zu erst zu dem Herrn Consistorialrath u. Stiftsprediger Flatt, u. auf dessen Anrathen, auch zu dem Herrn Prälaten u. OberstudienDirreckter [!] v. Süsskind, u. legte ihnen die Absicht u. den Zweck unserer Besuche deutlich dar, u. beide versprachen, sich aufs Beste für uns zu verwenden.« – Vgl. auch den Begleitbrief Suhls zu seinem Bericht an G. M. Schneider, Königsfeld, 26. März 1822 (UA Herrnhut, R. 19. B. l. 14a. 1. Nr. 16).

254 In den Berichten der Dekane und Prälaten (LKA Stuttgart, A 26, 464, 2) werden Besuche von Friederich in der Diözese Münsingen erwähnt, von Hoffmann im Generalat Heilbronn und in den Diözesen Kirchheim und Waiblingen, von Kullen im Generalat Heilbronn und in den Diözesen Tübingen, Reutlingen, Münsingen und Neuffen. Da die Berichte nur einen Ausschnitt wiedergeben, kann man von einer regen Reise- und Werbetätigkeit der Korntaler ausgehen.

255 LKA Stuttgart, A 26, 464, 1, Nr. 19.

256 Vgl. SCOTT, Domination, S. 120–122. »If the social location par excellence of the public transcript is to be found in the public assemblies of subordinates summoned by elites, it follows that the social location par excellence for the hidden transcript lies in the unauthorized and unmonitored secret assemblies of subordinates.« (S. 121).

257 REYSCHER, Sammlung der württembergischen Geseze, Bd. 9: Kirchengesetze, Teil 2, S. 529.

Gemessen an dem Aufwand, der für die Erstellung der Berichte und deren Auswertung aufgebracht worden war, fielen die daraus von staatlicher Seite gezogenen Konsequenzen unbedeutend aus. Nachdem die Reise des Königs, die den Anlass für die Umfrage geboten hatte, ein halbes Jahr zurücklag, wurde in Regierungskreisen die Notwendigkeit eines unmittelbaren Eingreifens offenbar nicht mehr als vordringlich empfunden. Erst über zwei Jahre später, im März 1824 ergingen entsprechende Schreiben an das Konsistorium.[258] Die einzigen greifbaren Maßnahmen waren das Verbot der Teilnahme Auswärtiger an Abendmahlsfeiern in Korntal und die Anweisung an die Dekane, missliebige Flugschriften den Oberämtern zur Anzeige zu bringen. Auch der Entwurf einer neuen Kirchenkonventsordnung lag seit kurzem vor.[259] Gleichwohl wurde deutlich: Die Privatversammlungen erschienen den staatlichen Stellen in der Zwischenzeit eher als marginales Problem. Zwei Überlegungen dürften dabei eine entscheidende Rolle gespielt haben. Zum einen: Der weitaus größte Teil der Pietisten wurde in den pfarramtlichen Berichten und auch in Schmids Stellungnahme als redlich, fleißig und der Obrigkeit treu ergeben geschildert.[260] Auch die endzeitlichen Erwartungen stellten nach dem Urteil vieler Pfarrer keine Bedrohung für die bürgerliche Ordnung dar. Beispielhaft kann dafür die Einschätzung des Stuttgarter Amtsdekans Karl Friedrich Hofacker stehen. Er versicherte:

»daß Viele ein 1000jähriges Reich des Friedens, der Freyheit und des Segens von Gott erwarten, ohne sichs herauszunehmen, das Bild auszumahlen, wie es seyn werde, ohne revolutionären Ideen sich hinzugeben, und die demagogische Umtriebe zu billigen. Der wahre Pietist, selbst wenn er Chiliast in crasserem Sinn wäre, ist gewiß ein guter Bürger und Unterthan.«[261]

---

258 LKA Stuttgart, A 26, 464, 1 Nr. 27: Erlass vom 12. März 1824 (wegen der Separatisten sind keine Maßregeln notwendig; wegen der Privatversammlungen wird auf den Entwurf einer neuen Kirchenkonventsordnung vom 24. Nov. 1823 verwiesen, wegen Korntal auf den folgenden Erlass); Nr. 28: Erlass vom 6. März 1824 (die Teilnahme Auswärtiger an Abendmahlsfeiern in Korntal wird untersagt; gefährliche Flugschriften sollen die Dekane den Oberämtern anzeigen). Vgl. auch REYSCHER, Sammlung der württembergischen Geseze, Bd. 9: Kirchengesetze, Teil 2, S. 640f.

259 Die »Amtsvorschrift für die evangelischen Kirchenkonvente« wurde am 29. Oktober 1824 erlassen (ebd., S. 650–660). Sie legte in § 14 fest, der Kirchenkonvent habe die Pietistenversammlungen zu beobachten und gegen Unordnungen und Missbräuche, »nach Befinden der Umstände entweder selbst einzuschreiten oder der betreffenden Behörde eine Anzeige zu machen« (S. 654). Genaueres wurde nicht angeordnet.

260 »Fast durchgängig wird ein großer Theil dieser Menschen als redliche, wahrhafte, ihre Frömmigkeit durch Glauben u. Werke beweisende Christen, als gute Hausväter u. Hausmütter, als sorgfältige Bewahrer aller guten Zucht in ihren Häusern, als dienstfertige Nachbarn, als fleissige Betreiber ihres Berufs u. als geordnete u. folgsame Bürger geschildert. Sie besuchen auch am fleissigsten den öffentlichen Gottesdienst.« (LKA Stuttgart, A 26, 464, 1 Nr. 19: Stellungnahme von Prälat Schmid).

261 LKA Stuttgart, DA Degerloch, Nr. 70a: Entwurf für den Bericht von Amtsdekan K. F. Hofacker, Stuttgart, 18. September 1821.

Warum hätte man gegen solche guten Bürger und Untertanen Maßnahmen ergreifen sollen? Allenfalls hätte es naheliegen können, gegen manche Auswüchse, wie das Auftreten fremder Sprecher in den Versammlungen, vorzugehen. Doch zum anderen: Viele Pfarrer hatten dringend davor gewarnt, gegen die pietistischen Versammlungen einzuschreiten. Man würde nur um so mehr Schaden anrichten und solche Pietisten, die jetzt noch der öffentlichen Kirche anhingen, dem Separatismus zutreiben.[262] Um dem vorzubeugen, war ein umsichtiges Vorgehen notwendig. Die lange verzögerte Reaktion der Regierung offenbart allerdings weniger solche Umsicht, als ein gewisses Desinteresse, sich mit kirchlichen Problemen zu beschäftigen, solange für den Staat keine unmittelbaren Folgen drohten. Vermutlich war auch König Wilhelms Besorgnis mittlerweile abgeflaut, so dass selbst von seiner Seite keine Veranlassung bestand, über das Notwendigste hinaus zu reagieren. Letzteres wurde darin gesehen, die Kontakte von landeskirchlichen Gemeindegliedern nach Korntal weitestgehend zu unterbinden. In dieser Angelegenheit ergingen auch in den Folgejahren diverse Erlasse.[263] Die Privatversammlungen dagegen gerieten für lange Zeit aus dem Blickfeld staatlicher Behörden. Die Kommunikationswege der Versammlungen blieben verborgen.

Abschließend soll der Frage nachgegangen werden, was die Privatversammlungen und die in ihnen verhandelten Endzeiterwartungen für populare Pietisten eigentlich attraktiv machte. Dazu sei noch einmal an die Vakanztagebücher des Basler Missionsschülers Wilhelm Dürr erinnert, der eine aufschlussreiche Episode von dem späteren Korntaler Pfarrer Johann Jakob Friederich zu berichten wusste:

»Nachts hielt H. Pfr. [Friederich] eine Rede; unter anderem sagte er: daß die Bibel nicht verblümt sondern weßentlich zu verstehen sey. Es habe ihm einmal wohl gefallen die Antwort welche ein Bauer seinem H. Pfarrer auf die Frage gegeben habe, als

---

262 »Der bei weitem grössere Theil der Geistlichen derjenigen Gegenden, wo es Pietisten giebt, macht die dringendsten Vorstellungen gegen strenge Masregeln: sie würden dem schätzbarsten Gut der evangelischen Kirche, der Gewissensfreiheit, vermöge welcher es gestattet seyn muß, sich auch ausser dem öffentlichen Gottesdienste mit Gleichgesinnten im Christenglauben u. Tugendleben zu befestigen, Eintrag thun, mit der Nachsicht gegen Zusammenkünfte, welche der guten Ordnung viel leichter nachtheilig werden können, unangenehm contrastiren, dem Guten, das in dem Leben, dem Beispiel u. den Absichten Vieler unter ihnen liegt, u. das auf liebreiche [?] Pflege u. weise Leitung Anspruch machen könne, hinderlich seyn, u. bei der in religiöser Hinsicht ohnehin starken Gährung der Gemüther, die schlimmen Würkungen, denen man vorbeugen wollte, verstärken u. beschleunigen, u. manche Pietisten, die jetzt noch der Kirche anhangen, dem Separatismus zuführen« (LKA Stuttgart, A 26, 464, 1 Nr. 19: Stellungnahme von Prälat Schmid).

263 Das betraf neben der Teilnahme Auswärtiger an Abendmahlsfeiern in Korntal (LKA Stuttgart, A 26, 462, 4: Akten aus den Jahren 1822–1835) auch die Konfirmation auswärtiger Kinder in Korntal, speziell von Kindern, die in den dortigen Erziehungsanstalten wohnten (LKA Stuttgart, A 26, 462, 3: Akten aus den Jahren 1820–1853).

dieser zu ihm sagte: Was werdet dann ihr die Bibel erklären könen; so habe der Bauer gesagt: H. Pfarrer, ich erkläre die Bibel nicht; sondern sie erklärt mich.«[264]

Privatversammlungen – als deren Teilnehmer man den erwähnten Bauern annehmen darf – boten ein im eigentlichen Wortsinn konzentriertes Bildungssystem: Alle Bildung ging von der Bibel aus und führte auf sie hin. Im Gegensatz zur akademischen Bildung, die ein breit gefächertes Wissen und einen kritischen Verstand verlangte und förderte, bezog sich die in den Versammlungen offerierte Bildung auf nur eine Quelle, der im Gehorsam zu folgen war. Die von Friederich erzählte Episode beleuchtet den Gegensatz auf doppelte Weise: Sie führt den Pfarrer vor, der im Bewusstsein seiner höheren universitären Bildung die Fähigkeit des Bauern bezweifelt, die Bibel adäquat erklären zu können, und stellt ihm auf der anderen Seite das durch den Bauern vertretene Selbstbewusstsein popularer Schriftauslegung entgegen. Der Bauer hatte seine Lektion gelernt. Die »wahre« Bildung bestand darin, die Bibel in ihrem vermeintlich einfachen Wortsinn aufzufassen, durch den Mensch und Welt, Gegenwart und Zukunft eine zureichende Erklärung finden sollten. Die Episode enthält damit nicht nur die in erweckten Kreisen verbreitete Pfarrerkritik[265], sondern auch den Anspruch, in den Privatversammlungen werde eine eigene, dem Ziel der Erbauung förderliche Bildung angeboten. Drei Gesichtspunkte dürften die Versammlungen als Bildungsgelegenheit attraktiv gemacht haben:

1. Zumal dort, wo sie nicht oder selten vom Pfarrer besucht wurden, vermittelten sie die Gelegenheit zum unbeobachteten und unreglementierten Austausch. Die Gegenstände der Bildung waren nicht von der Obrigkeit oktroyiert, sondern selbstbestimmt und konnten von jener nur eingeschränkt überwacht werden.

2. Sie verschafften Möglichkeiten der Bildung für all diejenigen, denen eine höhere Bildung nicht offen stand: Bauern, Handwerker und Frauen. Gerade der Aspekt der Frauenbildung darf nicht unterschätzt werden. Besonders dort, wo Frauen in den Versammlungen ganz unter sich waren – wie bei der Pfarrwitwe Friederike Hartmann in Esslingen oder der Pfarrfrau Beate Paulus in Talheim[266] – hatten Frauen die einmalige Gelegenheit, ihre weibliche Lebenssituation mit eigenen Bildungserfahrungen gegenzulesen.

3. Ein inhaltlicher Gesichtspunkt kam hinzu: die Endzeiterwartungen. Sie boten ein schlüssiges System der Welterklärung, das durch seine apokalyptische Logik[267] eine leidvoll erfahrene Gegenwart unmittelbar mit einer

---

264 ABM Basel, QS-10.1,1: W. Dürr, Tagebuch, Heft 2, S. 20f (vgl. oben Abschnitt I.).
265 Vgl. oben Abschnitt II. 1. *Öffentliche Argumentation.*
266 Vgl. oben Abschnitt I. 3. *Bürgerliche Organisatoren*, und Abschnitt IV. 2. *Endzeit als Familientradition.*
267 Vgl. oben Abschnitt III. 2. *Apokalyptische Logik.*

besseren Zukunft zu verknüpfen wusste. Dieses System war in *einem* Buch, der Bibel, enthalten, das man in den Versammlungen ohne fremde Hilfe lesen und verstehen konnte.[268] Endzeitliche Prophetien waren daher ein bevorzugter Gegenstand popularer Bildung in den Versammlungen.

Erbauung und Bildung gingen in den Privatversammlungen eine enge Verbindung ein. Die Erbauungsstunden dienten der Vergewisserung des gemeinsam Geglaubten. Hier wurden aber auch Meinungen gebildet, pietistisches Wissen vermittelt und nicht zuletzt ein endzeitlicher Denkstil gepflegt. Nicht das Ideal einer umfassenden, enzyklopädischen Bildung, sondern die Erbauung und Formung des erweckten Menschen standen im Zentrum der in den Versammlungen geleisteten Bildungsarbeit. Endzeitliche Gesprächsstoffe hatten dabei nicht zuletzt die Funktion, die Innenseite der Versammlung von ihrer Außenseite, zu der weithin auch die Pfarrer gezählt wurden, zu unterscheiden. Wie es einer jungen Generation pietistischer Pfarrer gelang, diese Trennung zu überwinden, soll im folgenden Kapitel in den Blick genommen werden.

---

268 »Millenarianism was attractive not only for the intellectual and spiritual content of its beliefs, but also for the way in which those beliefs could be discovered. Although a majority of millenarians were not highly educated people, many of them seem to have had a thirst for knowledge and were in a real sense self-educated. (...) For the small farmer or artisan who had neither access to a library nor time for extended study this concentrated searching for texts and calculating the time prohecies was well suited. It provided an attractive mixture of intellectual discovery, mystification and ultimate authority.« (HARRISON, Popular Millenarianism, S. 229).

Kapitel 2:
Zwischen Unruhe und Ordnung
Theologische Strategien im württembergischen Pietismus

»Je mehr man Pietismus als Theologie begreift, um so weniger verbleibt er als Geschichte faßbar.«[1] Um dieser Gefahr zu wehren, habe ich im vorigen Kapitel versucht, die endzeitliche Kommunikation an verschiedenen Kristallisationspunkten des württembergischen Pietismus näher zu beleuchten. Dabei wurde deutlich: Kommunikation über endzeitliche Themen war in pietistischen Kreisen um 1820 verbreitet. Theologen nahmen daran teil, ohne in jedem Fall Auslöser der Debatten zu sein. Die von Martin Gierl aufgeworfene Frage: »Haben die Theologen den Pietismus in die Welt gesetzt – welche Frage könnte brisanter sein als die, was der Pietismus denn ›macht‹ in der Welt?«[2], muss erweitert werden: Was macht der Pietismus, was macht die endzeitliche Kommunikation mit den Theologen und Pfarrern, die in sie involviert sind? Pietistische Pfarrer hatten sich der Herausforderung zu stellen, die ihnen in Gestalt von Privatversammlungen, Auswandererzirkeln, unabhängigen Gemeinden und Reisepredigern entgegentrat. Theologen waren im württembergischen Pietismus nicht mehr unangefochtene Wortführer, sondern Teil eines Kommunikationsnetzes, dessen Knotenpunkte immer öfter von Nichttheologen besetzt wurden. Es wird zu fragen sein, wie pietistische Geistliche mit der Situation umgingen, wie sie auf die Herausforderungen der endzeitlichen Kommunikation reagierten. Um es an einem prominenten Beispiel zu zeigen: Ludwig Hofacker gewann mit seinen Predigten – zuerst mündlich, später gedruckt – immensen Einfluss auf pietistische Kreise. Doch auch die umgekehrte Richtung der Kommunikation muss in Betracht gezogen werden: Auf welche Einflüsse, Zustände oder Diskussionen reagierte Hofacker mit seinen Predigten? Anders gesagt: Hofackers Predigten sind nicht der voraussetzungslose Ausfluss eines originären Geistes, sondern selbst schon Produkt einer bestimmten Situation, Reaktion auf kommunikative Vorgänge, die ihnen voraus liegen.

Pietistische Pfarrer waren Teil des im vorigen Kapitel umrissenen endzeitlichen Kommunikationsraumes. Sie waren in ihm unterschiedlichen Einflüssen ausgesetzt und nahmen ihrerseits Einfluss. Wenn also im Fol-

---

1   GIERL, Rezension Brecht, S. 203.
2   Ebd., S. 204.

genden ermittelt werden soll, welche Bedeutung endzeitliche Erwartungen
für sie hatten, dann wird es durchweg notwendig sein, die Wege der Kommunikation genau nachzuzeichnen. Es wird immer zu fragen sein: Wer
spricht mit wem und worüber? Welche Ziele werden verfolgt, welche Einstellungen vermittelt? Aus welcher Situation heraus wird gesprochen? Noch
einmal am Beispiel gesagt: Die Predigten Ludwig Hofackers können als
Quelle für seine theologischen Anschauungen ausgewertet werden. Und das
ist ja auch häufig geschehen.[3] Damit ist aber über die Kommunikation zwischen Hofacker und seinen Predigthörern und -lesern noch nichts gesagt.
Dazu wäre zu klären: Wem hält er die Predigten, für wen lässt er sie drucken? Was will er bei seiner Hörer- und Leserschaft erreichen? Welche
Einstellungen oder Handlungen will er befördern oder auslösen? Oder auch:
Auf welche Vorstellungen oder Vorgänge reagiert er mit seinen Predigten?
In welche Situation hinein äußert er sich? Nur wer diese Fragen klärt, kann
die Bedeutung endzeitlicher Erwartungen für pietistische Pfarrer angemessen
erklären.

I. Endzeit im Alltag pietistischer Pfarrer

Wer waren auf Seiten der Pfarrerschaft die Gesprächspartner von Gottlieb
Wilhelm Hoffmann oder Beate Paulus? Mit wem teilten Privatversammlungen, Missionszöglinge oder Reiseprediger den endzeitlichen Kommunikationsraum in Württemberg? Einzelne wurden schon erwähnt, Christian
Gottlob Pregizer oder Johann Jakob Friederich, auch Christian Adam Dann.
Beschränkte man sich jedoch auf diese herausragenden Köpfe, verfehlte
man das Phänomen in der Breite. Die pietistische Geistlichkeit bestand ja
nicht nur aus wenigen Prominenten, die durch eine exzentrische Persönlichkeit, durch kirchenpolitischen Protest oder durch mannigfaltige publizistische und seelsorgliche Tätigkeit der Nachwelt bekannt geblieben sind.
Es wird vielmehr notwendig sein, nach Quellen zu suchen, die einen weiteren Blick auf die pietistische Pfarrerschaft zulassen. Dabei kommen vor
allem solche Quellen in Betracht, die Zeugnis von der religiösen Vergemeinschaftung pietistischer Pfarrer ablegen.[4] Glücklicherweise stehen zwei
entsprechende Quellenbestände zur Verfügung: einmal die Berichte württembergischer Geistlicher an die Predigerkonferenz in Herrnhut und zum
anderen diverse Zirkularkorrespondenzen.

---

3   Zuletzt HAGEDORN, Vom armen und großen Herzen, mit einer Kurzzusammenfassung der
bisherigen Literatur.
4   Vgl. LEHMANN, Grenzüberschreitungen, bes. S. 14.

1. Erneuerung pietistischer Kommunikation

Neben ihren Reisepredigern, die sich vor allem der Privatversammlungen annahmen, übte die Herrnhuter Brüdergemeine in Württemberg regen Einfluss durch die Verbindung einzelner Pfarrer mit der Herrnhuter Predigerkonferenz aus. Von Herrnhut wurden die Konferenzprotokolle und die Gemeinnachrichten nach Württemberg verschickt, Briefe und Berichte wurden in umgekehrter Richtung versandt. Ungefähr seit 1780 war ein reger Austausch entstanden, der vor allem jenen Pfarrern, die keine pietistischen Kollegen in der näheren Umgebung hatten, starken Rückhalt gab.[5] Neben den Briefen einzelner Pfarrer wurden jedoch auch allgemeiner gehaltene Berichte nach Herrnhut geschickt, die von mehreren Pfarrern aus verschiedenen Teilen des Landes unterschrieben waren. Dies geschah bis 1818 jährlich. Danach brachen die gemeinsam verantworteten Berichte ab, wohl wegen Krankheit oder Tod einiger regelmäßiger Unterzeichner. Erst 1828 wurde die Tradition durch Ludwig Hofacker und seine Kollegen in der Ludwigsburger Gegend wieder aufgegriffen.[6] Der Kreis der Unterzeichner hatte sich in der Zwischenzeit vollkommen geändert.

Ein ähnliches Bild ergibt ein Blick auf die in der pietistischen Pfarrerschaft Württembergs beliebten Zirkularkorrespondenzen. Dabei schrieb sich ein vereinbarter Kreis von meist einem halben bis ganzen Dutzend befreundeter Pfarrkollegen reihum in ein Korrespondenzbuch ein, das per Post oder Boten anschließend an den jeweils nächsten weiterspediert wurde. Unter den Schülern Johann Albrecht Bengels war diese Kommunikationsform um 1760 aufgekommen und bis ins folgende Jahrhundert fortgeführt worden.[7] Die letzte der älteren Korrespondenzen lief anfangs der 1820er Jahre aus, weil die Teilnehmer nach und nach starben.[8] Es war jedoch wiederum Ludwig Hofacker, der mit seinen Freunden die Tradition aufgriff und neu

---

5   Vgl. MÜLLER, Erweckung, S. 3–6 u. 40–50; BRECHT, Vom Pietismus zur Erweckungsbewegung, S. 356–358.

6   UA Herrnhut, R. 18. A. 27b. 13d, Nr. 114c: Brief von sieben württembergischen Pfarrern, April 1818; R. 18. A. 27b. 16a, Nr. 19: Brief von Ludwig Hofacker und elf württembergischen Pfarrern und Vikaren, 28. März 1828 (zuletzt abgedruckt bei KIRN, Hofacker, S. 59–66). MÜLLERs Darstellung (Erweckung, S. 3–6) vermittelt den Eindruck, als habe es seit 1786 eine kontinuierliche Verbindung württembergischer Geistlicher mit der Predigerkonferenz in Herrnhut gegeben. Er unterscheidet jedoch nicht zwischen den Briefen einzelner Pfarrer und den von mehreren Pfarrern gemeinsam unterschriebenen Berichten.

7   Vgl. HOFFMANN, Zirkularkorrespondenz.

8   LKA Stuttgart, Hs 79/2: Teil einer pietistischen Zirkularkorrespondenz (Zirkular 91–106), 1810–1826. Von den beteiligten 13 Pfarrern waren im Jahr 1820 neun über 60 Jahre alt, in den folgenden Jahren starben sechs. Auf das letzte nummerierte Zirkular 106 vom Januar–März 1822 folgten nur noch einzelne Briefe: 1822 zwei, 1823 keiner, 1824 vier, 1825 zwei und 1826 ein Brief. Vier der beteiligten Pfarrer, darunter Christian Adam Dann, nahmen später an einem anderen Korrespondenzzirkel mit jüngeren Theologen teil (Archiv der Paulinenpflege Winnenden, Privatarchiv Friedrich Jakob Philipp Heim, Abt. 10).

belebte. Auf dem Stuttgarter Bibelfest am 28. Oktober 1823 beschloss der Freundeskreis, eine vertrauliche Korrespondenz untereinander einzurichten, die schließlich – mit einigen kürzeren Unterbrechungen – bis ins Jahr 1868 währte.[9]

Sowohl an den Berichten nach Herrnhut als auch an den Zirkularkorrespondenzen lässt sich nach 1820 ein Generationswechsel in der pietistischen Pfarrerschaft ablesen. Eine ältere Generation trat ab, gefolgt von einer neuen Generation, die mit jugendlichem Elan die entstandene Lücke auszufüllen suchte. Wer also nach den geistlichen Gesprächspartnern innerhalb des pietistischen Kommunikationsnetzes fragt, stößt zunehmend auf neue Namen. Christian Gottlob Barth war uns schon im vorigen Kapitel mit zwei Flugschriften als Verteidiger Korntals begegnet. Ludwig Hofacker wurde bereits mehrmals erwähnt. Albert Knapp (1798–1864) und Johann Christian Friedrich Burk, der spätere Gründer des *Christenboten*, treten hinzu. Sie entstammten alle den Geburtsjahrgängen 1798 bis 1800 – wie die meisten Teilnehmer der 1823 in Stuttgart gegründeten Zirkularkorrespondenz.[10] Aus diesem Kreis stammte auch der Impuls zur Wiederbelebung der Predigerkonferenzen. Die Anfänge der württembergischen Predigerkonferenzen lassen sich im Lichte bisher unbeachteter zeitgenössischer Berichte näher aufhellen. Besonders ein Artikel Christian Gottlob Barths »Ueber die christlichen Predigervereine in Würtemberg« bietet dazu wichtige Angaben.[11] Nicht zuletzt wird darin die Beobachtung eines tiefgreifenden Generationswechsels innerhalb der pietistischen Pfarrerschaft Württembergs bestätigt. Über die Predigerkonferenzen schrieb er 1828:

»Diese bestanden in Württemberg in ihrer doppelten Form als persönliche Zusammenkünfte und Correspondenzzirkel schon im vorigen Jahrhundert, hatten dann eine Zeit lang ganz aufgehört, und lebten erst vor wenigen Jahren wieder auf, nachdem

---

9   WLB Stuttgart, Cod. hist. 4° 451a–h (im folgenden: Zirkularkorrespondenz Hofacker), über die Gründung: Bd. a, S. 1.

10   Die Gründer der Zirkularkorrespondenz waren neben Barth, Hofacker und Knapp: Ludwig Friedrich Bezner (1788–1850) und Karl Gottlob Schmid (1799–1871). Zu den ersten Teilnehmern gehörten dann neben Burk auch noch Gottlob Baumann (1794–1856) und Wilhelm Friedrich Roos (1798–1868). In den folgenden drei Jahren kamen noch hinzu: Albert Christian (1799–1859), Christian Christoph Eipper (1799–1877) und Joseph Karl August Seeger (1795–1864). Zur historischen Frage nach Generationen vgl. DANIEL, Kompendium, S. 330–345, sowie die instruktive und kritische Einleitung zu JUREIT; WILDT (Hg.), Generationen, S. 7–26.

11   [BARTH], Predigervereine; zu Barths Autorschaft vgl. KANNENBERG, Notwendigkeit, S. 325–327. Der bisherige Kenntnisstand über die Predigerkonferenzen bezog sich auf die von KOLB (Das neunzehnte Jahrhundert, S. 599 und 733 Anm. 297) und MÜLLER (Erweckung, S. 7f) herangezogenen Berichte aus zweiter Hand. Barths Angaben werden bestätigt durch die von Wilhelm Friedrich Roos verfasste handschriftliche Lebensbeschreibung Hofackers (LKA Stuttgart, Hs 65) und einen ausführlichen Artikel von 1834 über »Die Conferenzen in Württemberg« aus der Feder des damaligen Bonner Kirchengeschichtlers Georg Friedrich Heinrich Rheinwald (1802–1849), der als ehemaliger Württemberger wohl noch alte Verbindungen ins Land hatte ([RHEINWALD], Conferenzen).

diejenigen, welche in Tübingen, zur Zeit der großen Erregung der Christen in Deutschland, zu christlichen Zwecken sich enger aneinander angeschlossen hatten, in das Predigtamt getreten und durch eine gnädige Veranstaltung Gottes mehrere derselben so nahe zusammengerückt worden waren, daß ihr häufigeres Zusammenkommen in der äußeren Stellung keine Schwierigkeit fand.«[12]

Die Entstehungsgeschichte der neuen Predigerkonferenzen in Württemberg lässt sich so rekonstruieren: Als sich der Freundeskreis um Ludwig Hofacker am 18. Mai 1824 zu einer ersten Konferenz in Stuttgart traf, griff man auf verschiedene Vorbilder zurück. Schon am Ende des vorigen Jahrhunderts hatten sich Geistliche beim Stuttgarter Landexamen zur gegenseitigen Erbauung versammelt. Eine solche Versammlung ist noch für das Jahr 1818 bezeugt.[13] Auch die Herrnhuter Predigerkonferenz diente als Vorbild.[14] Daneben trafen sich wohl seit 1823 mehrere Pfarrer aus der Calwer Gegend, die sich noch von Tübingen her kannten, reihum in den Pfarrhäusern. Federführend war dabei der Münklinger Pfarrer August Osiander, der als Stiftsrepetent in Tübingen zwischen 1815 und 1819 die Versammlung der Studierenden, »Pia« genannt, geleitet und gefördert hatte.[15] Die Calwer wie die Stuttgarter Konferenz dienten dazu, »die auf der Universität geschlossenen Freundschaftsbande nicht erschlaffen zu lassen«.[16] Der Korrespondenzzirkel um Hofacker beschloss im Mai 1824, den Kreis der Teilnehmer auszuweiten. Diese größere Konferenz traf sich zum ersten Mal am 12. Oktober 1824 in Stuttgart und ab Oktober 1825 immer zweimal jährlich im Mai und im Oktober.[17] Nachdem Hofacker von Stuttgart nach Rielingshausen gewechselt war, wurde in der dortigen Nachbarschaft eine weitere kleinere Konferenz eingerichtet, die sich wie die Calwer annähernd monatlich versammelte.[18]

Sowohl bei den kleineren Konferenzen in der Calwer und in der Ludwigsburger Gegend als auch bei der großen Stuttgarter Konferenz ging es neben der gegenseitigen brüderlichen Erbauung um die Besprechung pastoraltheologischer und zunehmend auch kirchenpolitischer Fragen. Wären die

12 [BARTH], Predigervereine, Sp. 614.

13 WLB, Cod. hist. 4° 733 I Nr. 270: Brief von J. K. A. Seeger an C. A. Dann, 9. Nov. 1818.

14 »Kürzlich hatten wir hier eine Predigerkonferenz im Kleinen. – Es war ein Nachbild der Ihrigen. Wir gedenken sie unter der Leitung und Unterstützung des Herrn fortzusezen.« (UA Herrnhut, R. 18. A. 27b. 15g Nr. 132: Brief von C. A. Dann an die Herrnhuter Predigerkonferenz, Stuttgart, 27. Mai 1826).

15 LEUBE, Stift, S. 287. Dass die Calwer Konferenz schon 1823 bestand, bezeugt WERNER, Barth, Bd. 1, S. 277.

16 [RHEINWALD], Conferenzen, S. 106.

17 [BARTH], Predigervereine, Sp. 615; vgl. auch LKA Stuttgart, Hs 65: [ROOS], Hofackers Vikariatsleben, S. 71 u. 77; [RHEINWALD], Conferenzen, S. 108f.

18 WLB Stuttgart, Cod. hist. 4° 505 (im folgenden: Zirkularkorrespondenz Burk), Bd. b, S. 85, Eintrag Stotz, 29. Oktober/11. November 1826.

Stuttgarter Konferenzprotokolle noch erhalten, ließe sich die Geschichte der pietistischen Pfarrerschaft Württembergs nach 1825 mit wesentlich größerer Präzision schreiben.[19] Auch die Frage nach den Endzeiterwartungen erführe dann womöglich weitere Aufschlüsse. Immerhin ist bekannt, dass in den ersten Jahren nacheinander die sieben Sendschreiben der Johannesoffenbarung besprochen wurden.[20] Ein allgemeines Interesse an der Thematik kann also vorausgesetzt werden.

Eine junge Theologengeneration hatte begonnen, sich neu zu formieren, indem alte pietistische Kommunikationsformen wiederbelebt wurden. Ältere Theologen schlossen sich bald an, doch die Initiative ging von dem Kreis um Ludwig Hofacker aus.[21] Der Freundeskreis sorgte mit seinen vielfältigen Aktivitäten für einen Neubeginn innerhalb der pietistischen Pfarrerschaft Württembergs.[22]

2. Die Zirkularkorrespondenzen als Quelle

Im November 1823 eröffnete Ludwig Hofacker, damals Vikar bei seinem Vater in Stuttgart, die Zirkularkorrespondenz des Freundeskreises. Und schon aus seinen einleitenden Sätzen wurde die endzeitliche Brisanz des Projektes deutlich:

19   Dass solche Protokolle angefertigt wurden, bezeugt [RHEINWALD], Conferenzen, S. 111: »Die, welche nicht selbst anwesend sein können, erhalten das Protokoll über die Versammlung, welches jedesmal von 2 Secretären sorgfältig geführt wird.«. Bisher waren leider nur drei solcher Protokolle auffindbar: LKA Stuttgart, D2, Nr. 34, 2 (Fragment des Protokolls vom 16. Mai 1832 und die Protokolle vom 14. Mai 1845 und 29. September 1847).

20   [RHEINWALD], Conferenzen, S. 109: »Vormittags um 9 Uhr wird die Versammlung von dem Präsidenten eröffnet mit Angabe einiger zu singenden Liederverse, mit Gebet, Lesen der Losung und des Lehrtextes aus dem Losungsbüchlein der Brüdergemeine [!], worüber er eine kurze Ansprache hält, darauf liest er den biblischen Abschnitt, der der Unterhaltung zu Grunde gelegt wird, und eröffnet das Gespräch. [...] Auf diese Art wurden z.B. die 7 Sendschreiben in der Offenbarung, und werden gegenwärtig die Pastoralbriefe auf eine ebenso lehrreiche, als erweckliche Weise durchgegangen.« Vgl. auch UA Herrnhut, R. 18. A. 27b. 16b Nr. 38: C. A. Dann an die Herrnhuter Predigerkonferenz, 4. Juni 1829 (»In der lezten Conferenz, welcher ich aber nicht ohne Unterbrechung anwohnen konnte, wurde der Brief aus der Offenb. 2,18ff. besprochen.«); LKA Stuttgart, D2, Nr. 34,2: Fragment des Protokolls der Stuttgarter Predigerkonferenz vom 16. Mai 1832 (mit Bemerkungen über Offb 3,14–17).

21   So kam bei der Stuttgarter Konferenz vom 4. Oktober 1825 der Wunsch auf, auch für ältere Geistliche (35–40 Jahre alt) einen Korrespondenzzirkel einzurichten (Zirkularkorrespondenz Burk, Bd. a, S. 66^v/67^r). Das Vorhaben wurde offensichtlich ab 1827 in die Tat umgesetzt (Archiv der Paulinenpflege Winnenden, Privatarchiv Heim, Abt. 10: Zirkularkorrespondenz 1827–1849; von den sechs Teilnehmern gehörten vier den Jahrgängen 1789 und 1790 an).

22   Neben den Konferenzen und Korrespondenzen zählen zu den Aktivitäten die verschiedenen Publikationsprojekte, auf die ich in Kapitel 3 zurückkomme: das *Calwer Missionsblatt* von Christian Gottlob Barth ab 1828, der *Christenbote* von Johann Christian Friedrich Burk ab 1831 und das Wilhelmsdorfer Predigtbuch 1834.

»Beym diesjährigen Bibelfest, das den 28 October gefeiert wurde, wurde unter uns 5 Brüdern Knapp, Schmid, Barth, Bezner, Hofacker der Gedanke in Anregung gebracht, ob nicht eine vertraute Correspondenz unter uns und den übrigen auf dem Titelblatt benannten sollte eingerichtet werden. Wir waren bald eines Sinnes in dieser Sache, die nur um so mehr einleuchtete, weil wirklich von allen Seiten in weltlichen ja mehr als weltlichen Dingen Verbindungen geschloßen, ja selbst Reihen und Glieder formirt werden zum ernstlichen Kampfe gegen das Reich des großen Gottes und seines Gesalbten, und weil aus diesem Umstande für solche, die um Mitternacht an sich und andern arbeiten sollen als rechtschaffene Knechte Christi, die Verpflichtung des engeren Anschließens, des gegenseitigen Vertragens, und der gegenseitigen Aufrichtung und Belebung, mit einem Worte der brüderlichen Handreichung des Geistes unwiderleglich folgt.«[23]

Hofacker brachte das Vorhaben der Korrespondenz damit unter ein endzeitliches Vorzeichen. Man stand in einem Kampf feindlicher Mächte gegen das Gottesreich und hatte sich für die mitternächtliche Entscheidungsstunde zu rüsten. Unter Rückgriff auf die Rhetorik und Bildlichkeit der Johannesoffenbarung und von Jesu Endzeitrede (Mt 25) legitimierte Hofacker das Vorhaben der Freunde. Anschließend beschrieb er die Gegenstände der Korrespondenz: Erster und wichtigster Punkt war die »Darlegung des eigenen Herzenszustandes«, also Erfahrungen mit der eigenen Person; daneben sollten die äußere Situation und die theologische Beschäftigung und Lektüre der Korrespondenten zum Thema werden. Außerdem waren »Bemerkungen über den Zustand des Reiches Gottes« und »über das Allgemeine des Reiches Gottes und (doch mit Maaße) der Reiche der Welt« gefragt.[24] Bekam man das Buch zugeschickt, sollte jeder sich bald darin eintragen, wenigstens mit einem Gruß, und es binnen drei bis vier Tagen wieder auf den Weg bringen. Auf diese Weise konnte jeder Teilnehmer an den Erfahrungen und Erlebnissen der anderen Freunde teilhaben und sich zu diesen äußern. Für die Beurteilung der Zirkularkorrespondenz als Quelle sind folgende Überlegungen wichtig:

1. Es handelte sich um eine vertrauliche Korrespondenz. Im Laufe der Zeit wurden genaue Regeln aufgestellt, welche Eintragungen Dritten zugänglich gemacht werden durften oder wie man sich durch Kennzeichnung gegen solche Weitergabe schützen konnte.[25]

2. Einzelne Teilnehmer standen untereinander in persönlichem oder weiterem brieflichem Kontakt. Die Zirkularkorrespondenz war nicht die einzige Form der Kommunikation. In ihr wurde vor allem das verhandelt, was für den Freundeskreis als solchen interessant war, was die Freunde gemeinsam

---

23 Zirkularkorrespondenz Hofacker, Bd. a, S. 1.
24 Ebd., S. 2.
25 So berichtet Albert Knapp einmal nur »sub sigillo strictissimi silentii« von den Nöten eines evangelischen Pfarrers in der katholischen Umgebung Österreichs (ebd., S. 130; i. O. unterstrichen).

betraf. Individuelle Sorgen und Probleme kamen nur dann zur Sprache, wenn ihrer Besprechung ein Wert für den Freundeskreis insgesamt zugemessen wurde.[26]

3. Die Korrespondenz erfolgte unter weitgehend Gleichaltrigen, die in vergleichbaren beruflichen und familiären Zusammenhängen standen. Das Korrespondenzbuch eignete sich daher vorzüglich für die Besprechung von Fragen der Amts- und Lebensführung, denen sich alle Teilnehmer gleicherweise zu stellen hatten.[27]

Das Korrespondenzbuch bot den jungen Theologen einen geschützten Raum, in dem vor allem Fragen des Verhältnisses zur jeweiligen Gemeinde und nach der Rolle des Pfarrers in ihr besprochen werden konnten. Wenn also die jungen Theologen nach ihrem Standpunkt innerhalb des endzeitlichen Kommunikationsraumes suchten, lag es nahe, dieses Thema auch in der Korrespondenz anzusprechen.

Wie erwähnt dauerte die von Ludwig Hofacker begonnene Zirkularkorrespondenz bis zum Jahr 1868. Fürs erste sollen aber aus drei Gründen nur die Eintragungen bis 1828 in Augenschein genommen werden. Zum einen geht es im vorliegenden Zusammenhang um einen Vergleich mit dem im vorigen Kapitel beschriebenen endzeitlichen Kommunikationsraum; die dort herangezogenen Quellen stammten aus den Jahren 1818 bis 1828. Zum anderen erlitt die Zirkularkorrespondenz nach Hofackers Tod im November 1828 einen längeren Unterbruch. Erst im Januar 1831 wurde sie wieder aufgenommen.[28] Und zum dritten existiert eine zweite Zirkularkorrespondenz, die gewissermaßen als Ableger der Hofackerschen Korrespondenz gegründet wurde, da diese nicht alle Teilnahmewilligen aufnehmen konnte. Christian Burk übernahm im April 1824 die Initiative und begann mit vier weiteren Theologen einen neuen Zirkel, der bis zum Ende des Jahres neun Teilnehmer hatte, die alle den Geburtsjahrgängen 1797 bis 1801 entstammten.[29]

---

26   So erwähnt Karl Schmid in einem Brief bei der Datumsangabe den kürzlichen Tod seines Kindes, geht im Brief darauf aber nicht ein (Zirkularkorrespondenz Hofacker, Bd. c, Bl. 5^v).

27   So wurde in den ersten Jahren seitenweise darüber verhandelt, ob, wann und unter welchen Bedingungen man heiraten solle oder dürfe. Gottlob Baumann hatte die Diskussion durch eine ausführliche Anfrage ausgelöst (Zirkularkorrespondenz Hofacker, Bd. b, S. 15f; vgl. auch Bd. b, S. 18f, 35–41, 74–76, 87f; Bd. c, Bl. 53^r, 81^r). Nachdem im Jahr 1827 in kurzer Zeit vier Teilnehmer (Christian, Eipper, Knapp, Roos) in den Ehestand getreten waren, flaute die Diskussion ab.

28   Das dritte Buch, im Oktober 1826 begonnen, war im Oktober 1828 vollgeschrieben (Zirkularkorrespondenz Hofacker, Bd. c). Ein neuer Band wurde angefangen, aber nach wenigen Eintragungen offensichtlich von Christian Christoph Eipper nicht mehr weitergegeben und ist verschollen (vgl. dazu die Hinweise von Wilhelm Friedrich Roos, Bd. d, S. 4 und Bd. e, S. 156). Eipper wurde daraufhin von der weiteren Teilnahme ausgeschlossen. Dass die Korrespondenz erst gut zwei Jahre später wieder aufgenommen wurde, hängt wohl auch mit der Erschütterung durch den Tod Hofackers zusammen, der als *spiritus rector* des Freundeskreises fehlte.

29   WLB Stuttgart, Cod. hist. 4° 505a–c (Zirkularkorrespondenz Burk). Gründungsteilnehmer waren neben Burk: Josias Schüle, Repetent in Urach (1797–1843); Friedrich Faulhaber, zu Beginn

Auch diese Korrespondenz brach nach dem September 1828 ab, obwohl in dem angefangenen Briefbuch noch weiterer Platz gewesen wäre. Sie wurde nicht wieder aufgenommen. Beide Korrespondenzzirkel standen in enger Verbindung. Burk und später Christian und Eipper nahmen an beiden teil. Die Teilnehmer des jüngeren Zirkels wurden regelmäßig zu den Konferenzen des älteren eingeladen.[30] Alle beteiligten achtzehn Theologen standen am Übergang vom Vikariat ins Pfarramt und damit noch am Anfang ihrer Amtserfahrungen. Die Eintragungen der ersten Jahre zeigen das immer wieder.

3. Endzeitliche Stimmungen und Meinungen

Anders als es Hofackers einleitende Anmerkungen erwarten ließen, wurde das Thema Endzeit in den Korrespondenzen meist eher en passant oder gar unterschwellig angeschnitten. Es trat selten in den Vordergrund. Die Eintragungen der jungen Theologen lassen auf den ersten Blick nicht erkennen, das Thema habe sie ständig umgetrieben. Eher standen Klagen über das eigene Ungenügen im Vordergrund.[31] Bei genauerem Hinsehen stößt man aber immer wieder auf beiläufige Äußerungen, die eine spezifische Zeitwahrnehmung durchscheinen lassen. Da war dann von der Tugend des geduldigen Wartens die Rede, ohne dass das erhoffte Ziel des Wartens genauer ausgeführt wurde.[32] Oder die Gegenwart wurde ganz allgemein als letzte oder gar letzte betrübte Zeit empfunden.[33] Bisweilen wurde auf die

---

der Korrespondenz noch Theologiestudent in Tübingen, dann Vikar in Kirchheim/Teck (1801–1843); Johann Martin Stotz, ebenfalls noch Theologiestudent, dann Vikar in Winnenden (1801–1855); Ludwig Friedrich Schmid, als Nachfolger Barths Vikar in Effringen (1798–1860). Im September 1824 kam Albert Christian, Vikar in Renningen (1799–1859), hinzu; im November 1824 wurden schließlich noch Christian Christoph Eipper, Repetent in Tübingen (1799–1877) und wie Christian später auch Korrespondent des Hofackerschen Zirkels, Jakob Friedrich Weitbrecht, Pfarrer in Hegenlohe (1798–1868), und Johannes Palmer, Vikar in Weiler zum Stein und 1825 Pfarrer in Eschenau (1797–1835), aufgenommen. Der Letzte war im November 1826 Johann Gottlob Friedrich Bunz, Vikar in Weiler zum Stein (1799–1856).

30 Vgl. Zirkularkorrespondenz Burk, Bd. a, Bl. 15^r, Eintrag Burk, 3. Aug. 1824; vgl. auch Brief L. Hofacker an J. C. F. Burk, 19. April 1826 (WLB Stuttgart, Cod. hist. 2° 878 X).

31 Besonders Hofacker formulierte umfangreiche Selbstanklagen: »So du willst Herr Sünde zurechnen, wie könnte ich elender, vergifteter, verunreinigter, ungläubiger, eigenwilliger, hochmüthiger Sündenwurm bestehen!« (Zirkularkorrespondenz Hofacker, Bd. b, S. 119, Eintrag 17. April 1826).

32 »Die erste Tugend, die Gott von uns fordert, ist daß wir uns zu einem geduldigen Warten bequemen, u. Frieden und Freude der Seele nicht bälder haben wollen, als zu der von Gott bestimmten Stunde.« (Zirkularkorrespondenz Hofacker, Bd. a, S. 174, Eintrag Baumann, 10. Dezember 1824).

33 »Wir dürfen nie aus den Augen lassen, daß wir Knechte des Oberhirten sind, der uns zu dieser Stunde in den Tagen u. in der Haushaltung des neuen Bundes berufen hat u. zwar in der Stunde, da Er gewiß recht nahe ist u. bald kommt mit Seinem Lohne!« (Zirkularkorrespondenz

Zeichen der Zeit hingewiesen, die die jungen Theologen in ihrer eigenen Lebenswelt vor allem in der »Schläfrigkeit« und »Lauigkeit« der Menschen fanden.[34] Man klagte über die Interesselosigkeit seiner Gemeindeglieder und fand darin ein Zeichen für das Heranrücken endzeitlicher Ereignisse. Oder ein Korrespondent berichtete, er lese seinen Gemeindegliedern im Winter regelmäßig das Wichtigste aus der Zeitung vor, »insofern es hinleiten kann zur Beobachtung der Zeichen der Zeit«.[35] Hier richtete sich der Blick auf Ereignisse in Politik oder Natur, die mit biblischen Prophezeiungen verglichen wurden, um so den Stand der endzeitlichen Entwicklung zu ermitteln.[36] Manchmal sprachen die Korrespondenten solche Gedanken erst im Schlussgruß aus, wie eine Sache, über die es aktuell nichts zu berichten gab, die aber untergründig immer mitschwang und deswegen am Schluss – als Erinnerung und Ermahnung – doch noch erwähnt werden sollte:

»Die Zeichen der Zeit scheinen auch in der großen politischen Welt immer ernster zu werden, darum laßet uns feststehen in Demuth u. laufen durch Geduld!«[37]

Die verschiedenen Einträge hinterlassen den Eindruck einer untergründigen endzeitlichen Stimmung, derer sich die jungen Theologen gegenseitig zu versichern suchen. Sie ist geprägt von einer pessimistischen Sicht auf die Zeit, die eigene Person und die Welt. Niemand, auch nicht man selbst, scheint den Erfordernissen der Zeit gerecht zu werden. Insofern stehen die erwähnten Selbstanklagen in einem endzeitlichen Zusammenhang. Die letzte Zeit mit ihren Trübsalen rückt näher – also müsste man selbst im Glauben fester und entschiedener sein. Aber die Gefahren der näherrückenden Endzeit betreffen eben gerade auch diejenigen, die sich selbst als Auserwählte ansehen.[38] Alle geraten in den Sog der unweigerlich herankom-

---

Burk, Bd. b, S. 154, Eintrag Christian, 2./14. November 1827). Als Knapp die Aufgabe übernommen hatte, ein Handbuch mit Verwaltungsvorschriften für Schullehrer zusammenzustellen, meinte Barth, er glaube, »es sei schade für die edle Zeit, daß du sie in dieser lezten betrübten Zeit nicht besser anwenden kannst, als zu einem Schulmeisterbuch, das zu den Todten gehört, die auch ein Todter begraben kann.« (Zirkularkorrespondenz Hofacker, Bd. c, Bl. 18^v, Eintrag 9./16. Januar 1827).

34   »Nach meiner geringen Einsicht u. Erfahrung halte ich dafür, daß ein Prediger in unseren Tagen recht wohl thut, wenn er [...] auf die Zeichen der Zeit aufmerksam macht, u. *namentlich* die große Schläfrigkeit, Lauigkeit u. Kälte der Christen, das überhandnehmende Verderben darstellt, als etwas schon in der Schrift längst vorausgesagtes, daß es in den lezten Zeiten also kommen werde.« (Zirkularkorrespondenz Burk, Bd. a, Bl. 45^v/46^r, Eintrag Christian, 4./19. Juli 1825).

35   Zirkularkorrespondenz Hofacker, Bd. a, S. 194, Eintrag Bezner, 6. März 1825.

36   Vgl. GÄBLER, Auferstehungszeit, S. 170f.

37   Zirkularkorrespondenz Hofacker, Bd. b, S. 109, Eintrag Karl Schmid, 16. Februar 1826.

38   »Es scheint mir eine Zeit zu seyn, da besonders auch die Auserwählten (wenns möglich wäre) verführt werden könnten. Der Teufel schleicht geheim u. still (oft mehr als offenbar), weiß tausend schöne Lügen, uns um das Wort u. Reich erbärmlich zu betrügen. Das ist eben das Gefährliche, daß es öfters einen so guten u. unschuldigen Schein hat.« (Zirkularkorrespondenz Burk, Bd. a, Bl. 46r, Eintrag Christian, 4./19. Juli 1825).

menden Ereignisse. Und nur wer an dem gemeinsamen Glauben festhält, wird den Anfechtungen widerstehen können. So gesehen war das Korrespondenzbuch – und Hofacker hatte das in seinen einleitenden Bemerkungen ja angedeutet – ein Hilfsmittel gegen die Widerfahrnisse dieser letzten Zeit. Die Beobachtung, mit der Zirkularkorrespondenz hätten sich die jungen Theologen einen geschützten Raum geschaffen, bekommt so noch einen weitergehenden Sinn: Hier konnte man sich gegenseitig aufrichten, ermahnen, erwecken, um in der Gegenwart als letzter Zeit bestehen zu können. Ein Korrespondent maß geradezu dem reinen Anblick des Korrespondenzbuches diese aufweckende Funktion zu:

»Wenn ich dieses Rundheft in die Hände bekomme, muß ich, wie von einem elektrischen Schlag getroffen einen Augenblick stille stehen, und eine prüfende Frage dringt sich mir um die andere auf. Ich lerne recht eigentlich wieder einkehren in mich selbst, und fühlen, daß ein gewißer träger Schlummer sich meiner bemächtigt hat.«[39]

Der Gedanke, nicht wachsam den kommenden Ereignissen entgegenzugehen, war für die jungen Theologen unerträglich. Und es brauchte offensichtlich nicht einmal der Worte, um sich aufwecken und ermahnen zu lassen, der reine Anblick des Zirkularbuches genügte. Kein Wunder also, dass das Thema Endzeit, trotz seiner Brisanz, in den Eintragungen keine herausgehobene Rolle spielte. Es schwang als endzeitliche Stimmung untergründig immer mit, war immer präsent, ohne eigens ausgesprochen werden zu müssen.

Gleichwohl wurden bisweilen auch Fragen zu endzeitlichen Themen expressis verbis besprochen. Ein Problem war zum Beispiel der Umgang mit eschatologischen Lehren, die von der lutherischen Bekenntnisbildung als heterodox eingestuft worden waren[40], im Pietismus aber, zumal seiner württembergischen Ausprägung, zu neuer Wertschätzung gelangten: die Lehre vom tausendjährigen Reich und von der ersten Auferstehung der wahrhaft Gläubigen in demselben oder die Lehre von der Wiederbringung aller. Albert Christian brachte das Thema im älteren Korrespondenzzirkel auf, als er seine Freunde bat, mehrere Fragen wegen der Verpflichtung der Pfarrer auf Landesgesetze und bestimmte Bekenntnisse zu diskutieren. So wollte er wissen, ob ein Geistlicher die Bekenntnisse der Landeskirche ohne einschränkende Bedingung unterschreiben dürfe, ob er sich auf die Agenden verpflichten lassen könne, wenn sie mit seiner Überzeugung nicht ganz übereinstimmten, und wie man sich zu Landesgesetzen verhalten solle, die wahrem Christentum entgegenstünden.[41]

39 Zirkularkorrespondenz Burk, Bd. a, Bl. 51^r, Eintrag Ludwig Schmid, 9. August 1825.
40 Vgl. BAUCKHAM, Chiliasmus, S. 738f.
41 Zirkularkorrespondenz Hofacker, Bd. a, S. 151, Eintrag Christian, 26. Oktober 1824. Hinter der Frage nach der Notwendigkeit einer bedingten Unterschrift unter die Bekenntnisse stand die

Die Antworten der Freunde lassen den Hintergrund der Anfragen durchscheinen. Gottlob Baumann meinte, es sei misslich und unnötig, die Bekenntnisse nur mit Einschränkung zu unterschreiben; misslich, weil man den Feinden der Wahrheit damit in die Hände spiele, unnötig, »weil *wir* ja vornehmlich mit der symbolischen Lehre conform sind.« Und er fuhr mit dem wichtigen Zusatz fort:

> »Die paar Punkte worin man von derselben etwa abzuweichen sich bewogen finden dürfte sind vielleicht der Art, daß sie, für den öffentlichen Vortrag wenigstens, heilsamer Weise durch diesen Zaun eingeschränkt sind, so die Lehre von der Wiederbringung und vom 1000jährigen Reich. Wollte Gott es wäre alles gut symbolisch und lutherisch, was wir in der Kirche haben.«[42]

Drei Aspekte sind an diesem Zusatz entscheidend und verdienen, festgehalten zu werden:

1. Im Hintergrund der Frage nach den Bekenntnissen standen die für den Pietismus charakteristischen Lehren vom tausendjährigen Reich und von der Wiederbringung aller.[43] In Artikel 17 der Confessio Augustana von 1530, der auch in der württembergischen Kirche zentralen lutherischen Bekenntnisschrift, wurden diese Lehren als Häresien verurteilt. Es waren also endzeitliche Erwartungen, die eine Unterschrift unter die Bekenntnisse zum Gewissensproblem machen konnten.

2. Baumann beschränkte die Verwerfung der in diesen Lehren enthaltenen endzeitlichen Erwartungen auf den öffentlichen Vortrag, also insbesondere die Predigten im Gottesdienst. Er spielte damit auf die Sorge an, die Betonung der Wiederbringungslehre könne schädlichen Einfluss auf die Ernsthaftigkeit von Buße und Bekehrung haben, indem sie allen, auch den fortgesetzten Sündern, das letztendliche Heil verspreche.[44] Ob mit dieser Sorge die Intention der Wiederbringungslehre getroffen wurde, war umstritten.

---

im Pietismus von Anbeginn diskutierte Frage, ob man die Bekenntnisse mit der Bedingung unterschreiben sollte: *sofern* (quatenus) sie mit der Heiligen Schrift übereinstimmen oder uneingeschränkt: *weil* (quia) sie mit ihr übereinstimmen. Zur Frage der Bekenntnisse im Pietismus vgl. HAHN, Symbolische Bücher, bes. S. 69. Hahn kam in seiner Untersuchung aus dem Jahr 1833 zu dem Schluss: »So sind uns also, um das *Resultat* unserer Untersuchung zu geben, unsere symbolischen Bücher [...] normae credendorum, sofern wir sie mit der heiligen Schrift übereinstimmend erkennen.« (Ebd., S. 58).

42   Zirkularkorrespondenz Hofacker, Bd. a, S. 172, Eintrag Baumann, 10. Dezember 1824.

43   Zur Wiederbringungslehre im württembergischen Pietismus vgl. GROTH, Wiederbringung.

44   Dass die Wiederbringungslehre ein Hemmschuh von Buße und Bekehrung sein könnte, wurde auch in der jüngeren Korrespondenz angesprochen: »Habt Ihr nicht auch Leute in Euren Gemeinden, welche die Wiederbringung aller Dinge – namentlich das Aufhören der Höllenstrafen glauben u. ausbreiten, um der Sicherheit u. dem Leichtsinn im Sündigen ein Polster unterzulegen u. die erweckten oder aufgeschrekten Sünder wieder einzuschläfern? Ich habe unter meiner Gemeinde leider eine Frau, die sich in der Verbreitung dieser Meinung gefällt u. unter der Hand manche Jünger findet.« (Zirkularkorrespondenz Burk, Bd. c, S. 9, Eintrag Palmer, o. D. [zwischen März und Juli 1828]).

Indessen gab es auch im Pietismus viele warnende Stimmen, die zwischen persönlicher Überzeugung und öffentlichem Vortrag unterschieden. Baumann gehörte dazu.[45]

3. Schließlich konnte sich Baumann eines Seitenhiebs auf die Landeskirche nicht enthalten. Sein Hinweis auf die mangelhafte Bekenntnisbindung in der Landeskirche war der Ausdruck pietistischer Kritik an der Äußerlichkeit und Oberflächlichkeit der Landeskirche. Sein Hinweis sollte heißen: Solange die Kirche nicht zum wahrhaften Glauben findet, solange sich diejenigen, die sich Christen nennen, nicht bekehren – so lange lassen wir uns nicht wegen uns eigentümlichen Lehren kritisieren.[46]

Auf die Frage, ob die Landesgesetze selbst dann zu befolgen seien, wenn sie dem wahren Christentum widersprächen, antwortete Burk, dem Evangelium sei auch bei strenger Beobachtung der Gesetze, zu der man ohne Vorbehalt verpflichtet sei, noch genügend Spielraum gelassen. Lediglich wenn staatliche Gesetze etwas anordneten, was gegen Gottes Befehl wäre, müsse man Gott mehr gehorchen als dem König. Dann hätte man aber immer noch die Möglichkeit, sich zur »Niederlegung des Amtes und nöthigenfalls Auswanderung« zu entscheiden.[47] Aber er hielt diese Alternativen für nicht an der Zeit und betonte die Notwendigkeit, dem König ein treuer Untertan zu sein. Im Freundeskreis war man sich bald einig, die Diskussion nicht weiter zu verfolgen. Christian wurde zurechtgewiesen, er halte sich »zu viel mit Nebendingen« auf.[48] Das Thema wurde nur noch selten angesprochen, die Wiederbringungslehre später zur »Privatansicht« erklärt.[49]

Die beiden Zirkularkorrespondenzen offenbaren damit einen bemerkenswerten Meinungsbildungsprozess unter den beteiligten Theologen. Endzeitliche Lehren wie die vom tausendjährigen Reich oder der Wiederbringung

---

45 Auch Karl Schmid sprach in der jüngeren Korrespondenz davon, »wie vorsichtig der Geistliche mit Lehren, wie die Wiederbringung aller Dinge, die frühere Auferstehung besonders frommer Menschen, u. dergleichen, wenn er sie je zu seinen Glaubensartikeln gemacht hat, seyn muß.« (Zirkularkorrespondenz Burk, Bd. a, Bl. 16v/17r, Eintrag 20. August 1824).

46 In scharfen Worten äußerte Hofacker seine Kritik an der Landeskirche:»Wir sehen unsere Gemeinden falsch an. Es sind keine *christlichen* Gemeinden, sondern es sind Pflanzschulen des Christenthums; die allgemeine Kirche ist heidnisch.« (Zirkularkorrespondenz Hofacker, Bd. b, S. 10, Eintrag 25. April 1825).

47 Zirkularkorrespondenz Hofacker, Bd. a, S. 189, Eintrag 16. Februar 1825. Ähnlich äußerte er sich drei Jahre später in der jüngeren Korrespondenz:»Ich glaube aber, daß wir bei den Anordnungen unserer vaterländischen Kirche noch immer hinreichenden weiten Spielraum haben zur Wirksamkeit fürs Reich Gottes [...]: Würde aber dieses einmal nach meiner festesten Überzeugung nicht mehr seyn, dann würde ich es auch nicht mehr auf mein Gewissen nehmen können, so noch länger derselben zu dienen, dann hieße es: Man muß Gott mehr gehorchen, als den Menschen; für jezt aber: Seyd unterthan der Obrigkeit, die Gewalt über euch hat.« (Zirkularkorrespondenz Burk, Bd. c, S. 16, Eintrag 18. Juli 1828).

48 Zirkularkorrespondenz Hofacker, Bd. b, S. 43, Eintrag Barth, 15. August 1825.

49 Zirkularkorrespondenz Hofacker, Bd. c, Bl. 127r, Eintrag Bezner, 30. August/2. September 1828.

aller wurden im Rahmen ihrer Vereinbarkeit mit Gesetz und Bekenntnis angesprochen. Dabei betonte man die Notwendigkeit zum Gehorsam gegenüber der Obrigkeit und den geltenden Gesetzen. Auch kam die Gefahr zur Sprache, durch die öffentliche Äußerung der Lehren der notwendigen Buße und Bekehrung Abbruch zu tun.[50] Aufs Ganze gesehen beanspruchte das Thema jedoch nur wenig Raum. Fragt man nach den Gründen, muss der Blick noch einmal zurückgehen auf die oben beschriebene pessimistische Zeit- und Weltsicht und die endzeitliche Stimmung, die unter den jungen Theologen verbreitet war. Offensichtlich drückte sich diese Stimmung nicht bei allen in einer tiefergehenden Beschäftigung mit traditionellen endzeitlichen Lehren aus. Solch hoffnungsvolle Aussichten, wie sie die Erwartungen eines tausendjährigen Reiches und einer letztendlichen Wiederbringung aller bieten konnten, waren den jungen Theologen zu weit entfernt, als dass sie ihr Denken vorrangig hätten beeinflussen können. Näher stand ihnen der Blick auf die drohenden endzeitlichen Ereignisse davor und die aus ihrer Sicht mangelhafte Vorbereitung vieler Menschen auf die bevorstehenden Katastrophen. Die pessimistische Endzeitstimmung drängte alle hoffnungsvollen Aussichten in den fernen Hintergrund.

In der grundsätzlich pessimistischen Einstellung zu Zeit und Welt kam die Generation der Kinder Napoleons zu Wort. Die jungen Theologen waren fast durchweg kurz vor der Jahrhundertwende geboren und in den Unsicherheiten und Wechselfällen der napoleonischen Zeit aufgewachsen. Ihr Übergang zum Studium nach Tübingen folgte während oder kurz nach der Hungerkrise der Jahre 1816/17. Hoffnungsvolle Aussichten entsprachen nicht der Erfahrungswelt der jungen Menschen. Ihr Sensorium war eher auf die unmittelbaren, kurzfristigen Sorgen als auf stetige, langfristige Entwicklungen gerichtet. Sie lasen die Zeitläufte als eine Quelle der Beunruhigung.[51]

---

50 »Der Lehre von der Wiederbringung pp geradezu widersprechen, ist wohl nicht das Passendste u. Fruchtbarste, aber öffentl. u. privatim zu warnen, daß man nicht Menschenworte höher achte als Gottes Worte, [...] möchte wohl an der Stelle seyn. [...] Wie das Wort *ewig* bei der Verdammniß zu verstehen sey, u. ob eine endliche Wiederbringung aller Wesen Statt haben werde, darüber spricht die h. Schrift nicht deutlich; auf allen Fall darum, weil d. Hoffnung der Ruchlosen auf eine solche Wiederbringung noch ein weit gefährlicher Unsinn seyn würde, als die Hoffnung auf den Raum zur Buße im Hades schon ist, in welchem lezteren schon sichs nicht mehr vom Kreuztragen, u. von dem leichten Joch des Erlösers handelt, sondern von einer Marterkur, durch welche die hier vergiftete Seele hindurch muß. Wer möchte bei gesunden Sinnen ein mit Arsenik gewürztes leckeres Gift kosten, in der verzweifelten Erwartung, daß ein höchst schmerzhaftes Gegengift ihn vielleicht heilen könne? Die Seele, die ihr natürliches Gift hier nicht ablegt, u. vielmehr verschärft, gewärtige nur immerhin den anderen Tod. Und was aus dem für eine Erlösung sey, das weiß Gott!« (Zirkularkorrespondenz Burk, Bd. c, S. 38f, Eintrag Christian, 8./22. August 1828).

51 »Nun ja! unsere Zeit ist eben überhaupt eine auch durch Kampf und Widerspruch vielbewegte Zeit. In Staat und Kirche, in größeren und kleineren Gesellschaften regt sich so Manches, ja es rumort.« (Zirkularkorrespondenz Hofacker, Bd. c, Bl. 35^r, Eintrag Christian, 3. April 1827).

Es kann nicht verwundern, dass gerade diese verunsicherte Generation nach der starken Hand der Obrigkeit fragte und sich den Ausblick auf zukünftige Zustände jenseits der gegenwärtigen Ordnung versagte.[52]

Unterstützt wurde die pessimistische Grundstimmung der Zirkularkorrespondenten durch ihre Bibellektüre. Besonders die Johannesoffenbarung war wohl immer wieder Gegenstand des Nachdenkens und der gemeinsamen Unterredung. Dass in den Stuttgarter Predigerkonferenzen die sieben Sendschreiben der Offenbarung Thema waren, wurde oben erwähnt. Christian Gottlob Barth berichtete im Freundeskreis zweimal, dass er in seinen Bibelstunden in Möttlingen mit der Lektüre der Offenbarung beschäftigt sei. Er vergaß dabei nicht zu betonen, er habe es allein auf die praktische Nutzanwendung abgesehen. Die einschränkende Formel, die im übrigen auch in den im vorigen Kapitel herangezogenen Pfarrberichten von 1821 öfters auftauchte, sollte besagen: Man wolle sich nicht mit unnützen Spekulationen über zukünftige Dinge befassen, sondern die Bedeutung der Johannesoffenbarung für gegenwärtiges Leben und Glauben bedenken.[53] Ansonsten war Barth im Freundeskreis allerdings derjenige, der sich am intensivsten mit der spekulativen Seite endzeitlicher Erwartungen auseinandersetzte. Er brachte das Thema auch in der Korrespondenz auf: Dass man in der letzten Zeit lebe und die Wiederkunft Christi nahe herbeigekommen sei, erfahre man an sich selbst und durch die Betrachtung der Zeitereignisse. Es sei daher dringend notwendig, sich gegenseitig vor den Versuchungen zur Trägheit zu warnen und zur Wachsamkeit zu ermuntern. Doch der Blick auf die Gegenwart genügte Barth nicht. Er ermunterte seine Freunde auch zu Spekulationen über den Zeitpunkt künftiger Ereignisse. Aus Jesu Hinweis gegenüber seinen Jüngern, sie wüssten nicht, an welchem Tag ihr Herr komme, und sollten sich daher wachend bereit halten (Mt 24,42–44), folgerte Barth: Wenn es auch nicht möglich sei, den genauen Zeitpunkt der Wiederkunft Christi zu bestimmen, so solle man doch die ungefähre Zeitspanne, innerhalb derer er zu erwarten sei, zu ermitteln suchen. Und man

---

52 GOTTFRIED MARON, Revolution und Biographie, hat auf das Phänomen der Generationen in der evangelischen Theologie 1848 hingewiesen. Die damals Fünfzigjährigen gehörten zu den entschiedenen Gegnern der revolutionären Ereignisse: Genau der »Jahrgang 1800« (S. 29), zu dem auch Hofacker und seine Freunde gehörten.

53 »In der Bibelstunde habe ich die Apokalypse angefangen. Das war freilich gewagt. Aber die Worte C. 1,3: Selig ist, der vorliest, u. die zuhören pp. haben mich dazu bewogen. Ich verstehe zwar dieses Buch eben so wenig als ein anderer, habe noch nicht einmal Bengel recht studirt; aber ich hoffe, der Heiland werde mir, wie er bisher auch schon gethan hat, jedesmal das geben, was ich für meine Gemeinde brauchen kann. Wird mirs dann zu schwer, so höre ich auf, oder verstehe ich etwas nicht, so sage ich das frei heraus, u. überschlag es. Auf Praktisches natürlich ists allein abgesehen.« (Zirkularkorrespondenz Hofacker, Bd. b, S. 42f, Eintrag 15. August 1825). Ein Jahr später heißt es: »In meinen Bibelstunden bin ich in der Apokalypse am 8. Cap. Zwischen dem sechsten und siebenten Cap. mußte ich eine Pause von mehreren Wochen machen, bis mir der Herr weiteres Licht schenkte.« (Ebd., S. 171, Eintrag 9./15. August 1826).

sei verpflichtet, die Menschen über das Ergebnis dieser Ermittlung zu informieren und ihnen die Nähe der endzeitlichen Ereignisse deutlich zu
machen.[54] Anders als Barth spürten die Freunde wohl, dass jener mit seiner
gewagten Exegese den Bereich der rein praktischen Auslegung verlassen
hatte und im Begriff stand, einer spekulativen Diskussion über den Zeitpunkt künftiger Ereignisse Tür und Tor zu öffnen. Die Freunde gingen in
ihren Einträgen in der Korrespondenz auf Barths Äußerung nicht ein.

Der Widerspruch zwischen dem selbstauferlegten Gebot der rein praktischen, also gegenwartsbezogenen Auslegung der Bibel und ihrer spekulativen Ausdeutung findet allerdings eine einfache Erklärung, wenn man die
unterschiedlichen Gesprächspartner berücksichtigt. Mit den Teilnehmern
seiner Bibelstunde sprach Barth nur über praktische Fragen und behielt sich
spekulative Diskussionen für den Freundeskreis vor. Die kommunikative
Situation bestimmte den Inhalt der Kommunikation. Damit steht aber die
Frage im Raum, wie man im Umgang mit pietistischen und nicht-pietistischen Gemeindegliedern das Bevorstehen endzeitlicher Ereignisse vermitteln
konnte.

4. Pietistische Pfarrer und Privatversammlungen

In ihrem pfarramtlichen Alltag hatten es die jungen pietistischen Geistlichen immer mit vielgestaltigen Gemeinden zu tun, in denen die Anhänger
der Privatversammlungen nur einen mehr oder weniger zahlreichen Teil
ausmachten. Ein Eintrag aus der jüngeren Korrespondenz zeigt, dass man
dabei allzuleicht zwischen Szylla und Charybdis geriet: Redete man zu
deutlich, gab man den bisweilen ohnehin schon zu übertriebenen Spekulationen neigenden Privatversammlungen nur noch neue Nahrung. Redete man
zu vorsichtig, versäumte man am Ende, das restliche unbekehrte Kirchenvolk aus seiner desinteressierten Haltung aufzuwecken. Diese Alternativen
standen jedenfalls im Hintergrund, als der Hegenloher Pfarrer Jakob Friedrich Weitbrecht (1798–1868) in der jüngeren Korrespondenz im Dezember
1827 auf die pietistische Lektüre der Apokalypse und ihrer Erklärungsschriften zu sprechen kam:

»Daß doch der Gebrauch der Apokalypse so verhöhnt und den Pietisten so bitter vorgeworfen wird! Wie die ganze Schrift so ist gewiß auch die Apokalypse nüz zur
Lehre, zur Strafe pp und kann unterweisen zur Seeligkeit. – Es ist Euch bekannt, daß
fast in allen Stuben der Frommen im Lande ein Kupferstich hängt, der Apoc. 19 (die
Vernichtung des Antichrists) darstellt. Die mit der Bibel noch am meisten bekannten
Stundenleute und auch andere glauben fast durchgängig, daß die Apokalypse oder
wenigstens Bengel, Stilling etc. auf 1836 den jüngsten Tag prophezeien. Deßwegen

---

54   Zirkularkorrespondenz Hofacker, Bd. b, S. 90f, Eintrag 2. Dezember 1825.

ists wohl zweckmäßig in Predigten das Volk eines Bessern zu belehren. Nach Apoc.
19. 20. kommt der Antichrist – der wird vertilgt – dann folgt das 1000jährige Reich
(Bengels Chiliasmus ist gewiß nüchtern, geistig, schriftmäßig) dann das Loswerden
des Satans, Gogs und Magogs Kampf gegen das Licht – und dann das jüngste Gericht,
der jüngste Tag. – Dieß erklärte ich am 2. Adv. d. J. mit Erörterung der stufenweise
genaueren Zeitbestimmung nach Matth. 24,1–29.–30sqq. ([...?] Luc. 21. Marc. 13.) –
2 Thess. 2, Apoc. 19. 20. – Ich weiß es gewiß, daß diese Predigt mehr genützt hat, als
manche andere nüchterne, oder besser gesagt, von jedem apokalyptischen Gewand
entkleidete. Die Apokalypse hat fürs Volk ein eignes Interesse, was ich an mir selber
auch erfahre. Warum scheut man sich denn, über diß heilige Buch wenigstens auch
ebenso oft zu predigen, als über Texte aus andern biblischen Büchern. Warum berich-
tigt und vernichtet man nicht die dunkeln, crassen und enormen Bilder, welche sich
das Volk vom 7köpfigen Thier, von der auf ihm sizenden Hure pp macht, und zeigt
ihm dafür sein eignes Inneres, das dadurch abgebildet ist, das mit dem Antichrist
verwandt ist? – Die stumpfen Bauern- und andern Seelen werden durch solche Darstellungen noch am ehesten zur Aufmerksamkeit und zum Nachdenken gereizt.«[55]

Was die Apokalypse so interessant machte, war ihr Erkenntniswert für
endzeitliche Erwartungen. Unterstützt durch Bengels und Stillings Schriften
wurde vielfach versucht, den Fortgang der politischen und religiösen Entwicklung aus dem letzten Buch der Bibel zu erklären. Weitbrecht verteidigte
zwar die Lektüre der Apokalypse und ihrer Erklärungsschriften, aber er
erkannte auch ihren Missbrauch und stellte klar: Falschen Vorstellungen
über zukünftige Ereignisse, gerade auch unter pietistischen Stundenleuten,
müsse gewehrt werden. Kann man seiner Beobachtung trauen, so hatte sich
in den Kreisen der Privatversammlungen die irrige Überzeugung verbreitet,
Bengel habe für 1836 den Jüngsten Tag und damit das letzte Gericht angekündigt. Weitbrecht ergriff daher die Gelegenheit, um seine Gemeinde
durch Predigten eines Besseren zu belehren und sie über die nach der
Johannesoffenbarung zu erwartenden Ereignisse und deren Abfolge aufzuklären. Und er empfahl dieses Vorgehen auch seinen Amtsbrüdern. Deutlich ist kier zu erkennen, dass Weitbrecht nicht davon ausging, das Kirchenvolk beschäftige sich zu wenig mit der Offenbarung, sondern umgekehrt: Er wollte falsche Vorstellungen, die aus einer verfehlten, nach
Sensationen suchenden Lektüre oder auch aus bloßem Hörensagen entstanden waren, korrigieren. Die Apokalypse habe fürs Volk ein eigenes
Interesse – und das gelte es wieder in die richtigen Bahnen zu lenken. Worin
er diese richtigen Bahnen sah, wird aus einem Nebensatz deutlich, in dem
er das Ziel solcher Lehrpredigten umriss: Das Volk müsse lernen, in den so
schwer verständlichen Bildern der Apokalypse nicht zukünftige Ereignisse
vorgebildet, sondern das eigene Innere des unbekehrten Menschen, also
sich selbst abgebildet zu sehen. Weitbrecht kam es vor allem auf den prakti-

---

55 Zirkularkorrespondenz Burk, Bd. b, S. 174f, Eintrag 2./18. Dezember 1827.

schen Nutzen der Offenbarung in der Unterweisung der Gemeinde und in der Kirchenzucht an. Ganz offensichtlich bewegte ihn die Sorge, die Beschäftigung mit Prophezeiungen und Zukunftsbildern könnte der Buße und Bekehrung Abbruch tun. Der junge pietistische Geistliche verstand sich als Gegenüber und als Korrektiv der in den Privatversammlungen organisierten Pietisten, aber weder als ihr Mitglied, noch als ihr Wortführer oder Vordenker. Gilt diese Einschätzung für den gesamten Freundeskreis, dann würde auch die bisher erkennbare Haltung der jungen Theologen zu dem Thema endzeitlicher Erwartungen verständlicher. Es wäre besser erklärbar, warum sie selbst von einer grundsätzlichen endzeitlichen Stimmung ergriffen waren, sobald die Rede aber auf bestimmte endzeitliche Lehren oder Prophezeiungen kam, mit Zurückhaltung reagierten.

Es ist daher notwendig, das Verhältnis der pietistischen Pfarrer zu den Privatversammlungen genauer in den Blick zu nehmen. In der älteren Korrespondenz brachte Gottlob Baumann das Thema auf und wollte wissen, wie man sich als Pfarrer zu den Versammlungen zu verhalten habe.[56] Die Reaktionen reichten von harscher Kritik an ungebildeten Versammlungssprechern über die Betonung, man solle Freund der Sache sein, sich aber nicht an die Versammlungen anschließen, bis zum Bericht, wie man die Versammlungen nach seinen eigenen Vorstellungen umgestalten könne.[57] Die unterschiedlichen Reaktionen entsprachen den mannigfaltigen örtlichen Verhältnissen, abhängig auch vom theologischen Gepräge der jeweiligen Versammlungen, ob es sich um traditionelle Pietisten, um Michelianer oder Pregizerianer oder gar um Separatisten handelte. In fast allen Äußerungen war aber der Wille erkennbar, im Zweifels- oder Konfliktfall korrigierend und belehrend auf die Versammlungen und ihre Sprecher einzuwirken.[58]

---

56   Zirkularkorrespondenz Hofacker, Bd. c, Bl. 57^v/58^r, Eintrag 21./27. Juli 1827.

57   Knapp kritisierte, in den Privatversammlungen würden die Stundenhalter die Schrift »flach und nach Einem Leisten erklären und sich ohne rechten Schriftverstand und genaue Erkenntniß des Sinnes in einem selbst gemachten Cirkel herumdrehen.« (Zirkularkorrespondenz Hofacker, Bd. c, Bl. 62^v, Eintrag 2./9. Oktober 1827). Karl Schmid urteilte gelassener: »Wenn der Pfarrer ihr Vertrauen gegen ihn erhält und sich als entschiedenen Freund der Sache darstellt, so darf er wohl die Erbauungsstunden das bleiben laßen was sie seyn sollen, nehmlich Privat-Versammlungen.« Er solle aber versuchen, mit den Versammlungssprechern »in gutem Vernehmen zu bleiben und auch auf sie belehrend einzuwirken.« (Ebd., Bl. 59$^{r/v}$, Eintrag 28. Juli/2. August 1827). Hofacker machte das schließlich zum Programm. Als die beiden Versammlungen in Rielingshausen miteinander in Konflikt gerieten, ergriff er die Initiative: »Diesen Sommer nun habe ich die Zügel in die Hand genommen, und Ordnungen eingerichtet, die Stundenhälter anihilirt, die Mitglieder zählen und sich unterschreiben lassen, daß sie sich der Ordnung fügen wollten, und dann lasse ich alle 3 Wochen die Männer zu mir kommen, wo wir uns über die Sache der Gemeinschaften besprechen, ich ihnen eine Stunde halte, und wir dann mit einander beten – kniend. – Ich habe Segen gespürt.« (Ebd., Bl. 69^v, Eintrag 22. November 1827).

58   Lediglich Barth riet ohne Einschränkung dazu, als Pfarrer die Privatversammlungen zu besuchen. Denn »auf dem Lande fällt der Begriff von ernstlichem Christenthum und Stundengang zusammen« (Zirkularkorrespondenz Hofacker, Bd. c, Bl. 68^v, Eintrag 3./10. Nov. 1827).

Die jungen pietistischen Pfarrer waren den Privatversammlungen freundlich gesonnen, sahen sich aber eher als Korrektiv, denn als Bestandteil derselben an. Nicht zuletzt ein gewisses Amtsbewusstsein und ein höherer intellektueller Anspruch mögen dabei eine Rolle gespielt haben.

Das Gegenüber hatte auch Folgen für die endzeitliche Kommunikation zwischen pietistischen Pfarrern und Laien. Sahen die Theologen in den Versammlungen spekulativen Wildwuchs am Werk, dann griffen sie ein und suchten durch Predigten oder Publikationen zu korrigieren. Innerhalb des endzeitlichen Kommunikationsraumes kam den pietistischen Pfarrern zunehmend die Aufgabe zu, falsche oder übertriebene Erwartungen einzudämmen, ohne die endzeitliche Stimmung als solche zu dämpfen. Das wird aus dem Beispiel des Hegenloher Pfarrers Jakob Friedrich Weitbrecht deutlich: Er stand in seiner Adventspredigt im Jahr 1827 vor der Aufgabe, diejenigen seiner Gemeindeglieder, die ein bald hereinbrechendes Weltende befürchteten, von der Fehlerhaftigkeit dieser Erwartung zu überzeugen; gleichzeitig musste er aber die Bilder der Apokalypse in glaubhafte und nachvollziehbare Anweisungen übersetzen, wie man sich selbst auf die wirklich bevorstehenden Ereignisse und Entwicklungen vorbereiten konnte.[59] Bei Weitbrecht wird damit ein Gedankenmuster erkennbar, das in der Kommunikation zwischen pietistischen Pfarrern und Laien in der Folgezeit häufiger wiederkehren sollte: Der Blick in die Zukunft durfte nicht ablenken von der gegenwärtig notwendigen Bekehrung und wachsamen Vorbereitung auf das Kommende. Man lebte in der Endzeit – um so mehr musste man sich *jetzt* um die eigene Bekehrung bemühen, um vorbereitet zu sein, wenn es schließlich notwendig wurde. Selbstverständlich beanspruchte dieses Gedankenmuster seine Gültigkeit genauso gegenüber voreiligen Vertretern der Wiederbringungslehre, denen man vorwarf, die Sorge um die Bekehrung in der Gegenwart wegen der vermeintlichen Hoffnung auf eine letztliche Begnadigung zu vernachlässigen. Auch ihnen gegenüber galt der Grundsatz: Was künftig geschehen würde, entschied sich jetzt und im eigenen Leben! Die jungen Geistlichen gerieten damit zunehmend in eine schwierige Position zwischen den pietistischen Privatversammlungen und der nicht-pietistischen Mehrheit ihrer Gemeindeglieder. Denn letzterer war die Dringlichkeit der endzeitlichen Situation deutlich zu machen, während erstere eher gebremst und vor übertriebenen Spekulationen gewarnt werden musste. Das Ziel der Aussage war vergleichbar: die Notwendigkeit von Buße und Bekehrung. Die Argumentation musste sich jedoch unterscheiden, wollte man nicht Gefahr laufen, das Gegenteil des Gewollten zu erreichen.

---

59   Zirkularkorrespondenz Burk, Bd. b, S. 174f, Eintrag 2./18. Dezember 1827.

II. Endzeitliche Bußpredigt: Ludwig Hofacker

Exemplarisch sei nun Ludwig Hofacker aus dem Freundeskreis der jungen pietistischen Theologen herausgehoben. Und dies nicht nur, weil er dessen Initiator und Vordenker war, sondern auch weil seine Endzeiterwartungen widersprüchlich interpretiert worden sind. In einem für die Erforschung der württembergischen Erweckungsbewegung grundlegenden Aufsatz resümierte Gerhard Schäfer, für Hofackers Tätigkeit als Pfarrer scheine »die Erwartung eines nahen Hereinbrechens des Reiches Gottes der Rahmen zu sein.«[60] Und er ergänzte: »Bengels Berechnung für das Hereinbrechen des Tausendjährigen Reiches im Jahr 1836 ist der Hintergrund für Hofackers unermüdliche Arbeit an sich und an anderen.«[61] Anders dagegen Erich Beyreuther, der in seiner Hofacker-Biographie meinte: »Sehr zurückhaltend blieb Hofacker gegenüber einer Endzeitstimmung, deren Höhepunkt 1819 bereits überschritten war. Einer Fixierung der erwarteten Wiederkunft Christi auf das Jahr 1836 unter Berufung auf Andeutungen bei Johann Albrecht Bengel ging er konsequent aus dem Weg.«[62] Im Folgenden soll der Versuch unternommen werden, Gültigkeit und Grenzen dieser Auffassungen an den Quellen zu prüfen. Dabei wird das Augenmerk auf der Frage liegen: Wem gegenüber äußerte sich Hofacker auf welche Weise?

1. Hofackers Predigten und Briefe als Quellen

Der Druck seiner Predigten wurde noch von Hofacker selbst in Angriff genommen. Zwei Hefte mit insgesamt 22 Predigten aus der Rielingshäuser Zeit (1826–28) erschienen zu seinen Lebzeiten.[63] Weitere fünf Hefte brachte sein jüngerer Bruder Wilhelm zum Druck, der auch die erste Ausgabe in einem Band verantwortete.[64] Er musste dabei von Ludwigs ursprünglichem Plan, nur neue Predigten zu veröffentlichen, abgehen und frühere Predigten aus der Vikariatszeit aufbereiten. Unterstützt wurde er von Freunden seines Bruders, vor allem von Albert Knapp, der selbst einige von Ludwig Hofacker in der Stuttgarter Leonhardskirche 1824 gehaltene Predigten in Nachschriften besaß.[65] Über die Authentizität jener Stuttgarter Predigten

---

60   SCHÄFER, Hofacker, S. 370.
61   Ebd., S. 376; vgl. auch EHMER, Hofacker, S. 299.
62   BEYREUTHER, Hofacker, S. 79; ähnlich auch HAARBECK, Hofacker, S. 21.
63   HOFACKER, Zehn Predigten; HOFACKER, Zwölf Predigten.
64   HOFACKER, Predigten über evangelische Texte; HOFACKER, Predigten über alle Sonn-, Fest- und Feiertage. Die von Wilhelm Hofacker herausgegebene Sammlung wird bis heute nachgedruckt, mittlerweile in einer zweibändigen Ausgabe (HOFACKER, Predigten), nach der im folgenden, wenn nicht anders angegeben, zitiert wird.
65   LKA Stuttgart, D2, Nr. 220, Fasz. 4a: 3 Hefte Mitschriften von Predigten Ludwig Hofackers, 1824. Es handelt sich um insgesamt elf Predigten, die chronologisch unregelmäßig auf

bekannte Knapp, er habe sie »theils nach seinem [Hofackers] Concept, theils nach einer Nachschrift, theils aus klarer Erinnerung mit möglichster Treue und Vollständigkeit wiedergegeben«.[66] Faktisch gibt es also, von den erwähnten 22 Predigten abgesehen, im Druck keine von Ludwig Hofacker selbst autorisierten Texte. Eigenhändige Manuskripte oder Predigtkonzepte existieren ebenfalls nicht mehr. Ein Vergleich der Knappschen Nachschriften mit den gedruckten Predigten zeigt zwar eine weitgehende Übereinstimmung. Doch auf dem Weg vom Predigtkonzept Ludwig Hofackers und der von ihm tatsächlich gehaltenen Predigt über die Mit- und Nachschriften zum schließlich gedruckten und veröffentlichten Text der Predigt ist mit Glättungen in Stil und Wortwahl durchaus zu rechnen. Hofackers Predigten sind – mit Ausnahme der 22 von ihm selbst zum Druck gebrachten[67] – nicht ausschließlich Ausfluss eines Individuums, sondern in gewisser Weise ein Gemeinschaftsprodukt, an dem mehrere beteiligt waren.[68]

Eine andere wichtige Quellengattung neben den Predigten sind Hofackers Briefe.[69] Auch sie liegen teilweise nur in Abschriften vor. Für die Biographie Hofackers, die Albert Knapp in Ausschnitten in seinem Jahrbuch *Christoterpe* in den Jahren 1844 bis 1846 veröffentlichte[70], fertigten Wilhelm Friedrich Roos (1798–1868) – Hofackers Freund und Teilnehmer der Zirkularkorrespondenz – und weitere Mitglieder des Freundeskreises zwischen 1829 und

die drei Hefte verteilt sind. Es handelt sich also um nachträgliche Abschriften oder Gedächtnisprotokolle. Vgl. dazu KNAPP, Hofacker, S. 341. Hier findet sich auch der Hinweis auf die junge Stuttgarterin Caroline Wiedersheim, die Hofackers Predigten mitschrieb und für Interessenten auf dem Land vervielfältigte. Ein Stuttgarter Pietist berichtete darüber nach Basel: »Es ist überhaupt erstaunlich, wie viel der Herr durch Seinen treuen Knecht Hofacker fortwährend wirkt. Der Zudrang zur Kirche wird immer größer, und es ist offenbar eine besondere Gnade, daß ein junges Frauenzimmer hier die Gabe besitzt, die Predigten wörtlich nachzuschreiben, wodurch [!] sie auch auf dem Lande verbreitet werden können, wo der Heißhunger darnach täglich zunimmt.« (ABM Basel, Q-3–4, 5: Brief von H. A. Dessecker an die Basler Mission, Stuttgart, 24. November 1824).

66   KNAPP, Hofacker, S. 127.

67   Und selbst diese ließ Hofacker von einem Freund, wahrscheinlich dem Stuttgarter Kaufmann J. J. Häring, vor dem Druck gegenlesen und korrigieren, »damit der Ton des Volkes beachtet würde« (KNAPP, Hofacker, S. 322; vgl. auch die Briefe Hofackers an Häring, ebd., S. 268–270).

68   Hofacker selbst war gegenüber einer Veröffentlichung seiner Stuttgarter Predigten skeptisch. In der Vorrede seines ersten Predigtheftes schrieb er: »Zudem könnte ich, weil ich meine Predigten, bevor ich sie halte, nur unvollständig schreibe, nach einigen Jahren das Fehlende nur mit Vermuthungen ausfüllen. Ich wünsche aber getreulich das zu geben, was öffentlich gesprochen worden ist.« (Zehn Predigten, S. 1).

69   Im Original sind erhalten und wurden für diese Arbeit eingesehen: 13 Eintragungen in der Zirkularkorrespondenz Hofacker, 1824–1828 (WLB Stuttgart, Cod. hist. 4° 451a–c); 19 Briefe an Albert Knapp, 1820–1827 (LKA Stuttgart, D2, Nr. 82,12); 5 Briefe an Emanuel Josenhans, 1827–1828 (LKA Stuttgart, Nachlass Josenhans); 5 Briefe an Mitarbeiter der Basler Mission (ABM Basel, Q-3–4, 2d: 1820–1827; Q-3–4, 13 [s.v. Knapp, Albert]: Brieffragment vom 9. August 1827); 2 Briefe an J. C. F. Burk (DLA Marbach, B: L. Hofacker: Brief vom 26. Februar 1821; WLB Stuttgart, Cod. hist. 2° 878 X: Brief vom 19. April 1826).

70   KNAPP, Jugendleben; DERS., Aus dem Leben.

1833 umfangreiche Vorarbeiten an.[71] Sie enthielten Abschriften von Briefen Hofackers aus dessen Vikariats- und Pfarramtszeit, die Roos durch Erläuterungen und Kommentare miteinander verband. Die Abschriften sind, soweit sich aus einem Vergleich mit im Original noch erhaltenen Briefen schließen lässt, weitgehend wort- und buchstabengetreu angefertigt worden, Auslassungen sind durch Striche kenntlich gemacht. Von solchen Auslassungen abgesehen, kann daher wohl auch der Wortlaut von Briefabschriften, deren Vorlage nicht mehr greifbar ist, als authentisch angesehen werden.

Hofackers Briefe und Predigten werden im Folgenden getrennt interpretiert, denn sie hatten einen unterschiedlichen Adressatenkreis. Die Predigten waren für ein Laienpublikum gehalten und später gedruckt worden, eine Hörer- und Leserschaft, die wohl zum überwiegenden Teil aus pietistischen Versammlungsteilnehmern bestand.[72] Gerade in Bezug auf die Endzeiter-

---

71   LKA Stuttgart, Hs 65: Wilhelm Friedrich Roos, »Des seligen Hofackers Vikariatsleben vom Spätjahr 1820 bis zum Sommer 1826«. Bei dem Manuskript handelt es sich um eine spätere Abschrift (vgl. dazu SCHÄFER, Hofacker, S. 362); unklar ist, wann Roos die Vorlage anfertigte. Durch einen wertvollen Archivfund lässt sich der Zeitraum näher bestimmen: Im Nachlass von Albert Knapp hat sich der bisher unbeachtete, umfangreichere Folgeband erhalten: »Des seligen Hofakers Pfarr Leben, leztes Leiden und Sterben vom Juli 1826 – Novbr. 1828 für seine Freunde beschrieben von Einem derselben« (LKA Stuttgart, D2, Nr. 44). Der Band enthält 402 Seiten, von unbekannter Hand geschrieben. Ein Handschriftenvergleich zeigt, dass weder Roos, noch Knapp als Autor in Frage kommen. Beide haben jedoch offensichtlich an verschiedenen Stellen nachträgliche Korrekturen und Ergänzungen angefügt (Knapp z.B. S. 135 und 140; Roos z.B. S. 49ff, 63, 95, 220, 399). Eine der von Roos angebrachten Ergänzungen erlaubt näheren Rückschluss auf den Entstehungszeitraum des Manuskriptbandes. Gegen Schluss (S. 399) ergänzt er nämlich die Angaben des unbekannten Verfassers über die im Druck erschienenen Predigthefte Hofackers durch die jeweilige Zahl der Auflagen und fährt dann fort: »Von dem 1ten Heft allein wurden 6000 Ex. verschlossen. Den Verschluß sämmtlicher Hefte anzugeben, erlaubt uns eine gewisse Delicatesse, u. die Pflicht nicht, auch den Schein der Prahlerei zu vermeiden. Wir fügen daher nur noch bei: daß bereits wieder eine neue Ausgabe des Ganzen im Werk ist.« Das Manuskript ist also vor dem Erscheinen der ersten Gesamtausgabe von Hofackers Predigten im Jahr 1833 entstanden! Wahrscheinlich haben sich die Freunde, vor allem Wilhelm Roos, schon bald nach Hofackers Tod im November 1828 an die Arbeit seiner Lebensbeschreibung gemacht. Das bestätigt auch ein Brief von Roos an Knapp. Roos schrieb am 6./24. Mai 1829: »Ueber deinen liebreichen Vorschlag, daß ich die Biographie unseres seligen und unvergeßlichen Bruders Hofaker an deiner Stelle übernehmen solle, kann ich nicht anders, als so denken, u. mich erklären: Wir wollen Beide thun, was wir können. Ich glaube, daß du dich weit besser dazu eignest, das ganze Werk zu Tage zu fördern, als ich, sowohl in Hinsicht deiner Gaben, als auch in Hinsicht auf deine Uebung in der Schriftstellerei. Uebrigens will ich mich nicht entziehen, zu einer so guten Sache das Meinige beizutragen. [...] Was ich dann aufzusezen vermag, das will ich dir zuschiken, mit der Bitte, es zu revidiren, zu suppliren, u. überhaupt in die rechte Gestalt umzugiessen, und hernach an den l. Wilhelm Hofaker zu [...?]. Ich meine aber, du solltest unabhängig hievon, dich sobald du kannst, auch an die Arbeit sezen, u. deine Quellen benüzen, damit, wenn ich wider Erwarten verhindert würde, mein Contingent gehörig zu stellen, das Ganze nicht durch die späterhin vielleicht nöthig werdende Eile in der Ausarbeitung leide.« (LKA Stuttgart, D2, Nr. 84,23). – Zur pietistischen Biographik im 19. Jahrhundert vgl. GLEIXNER, Pietismus und Bürgertum, S. 179–194.

72   Gesicherte Angaben über Zahl und Zusammensetzung des Hofackerschen Predigtpublikums gibt es nicht. Zeitgenössische Berichte vermitteln einen ungefähren Eindruck; zuerst aus dem Vakanztagebuch eines Basler Missionsschülers: »Sontags den 3ten [August 1823] besuchte ich

wartungen musste Hofacker den Wortlaut seiner Predigten genau abwägen, um nicht die in manchen Versammlungen latent vorhandene Tendenz zu übertriebenen Spekulationen oder Separatismus zu befördern.[73] Die im Original oder in Abschrift erhaltenen Briefe richteten sich dagegen überwiegend an befreundete Kollegen im Amt, gegenüber denen Hofacker mit größerer Offenheit sprechen konnte als auf der Kanzel oder im gedruckten Wort. Zuerst kommen die Briefe in den Blick, um vor ihrem Hintergrund anschließend beurteilen zu können, ob und wie Hofacker seine endzeitlichen Erwartungen in der Kommunikation mit Versammlungsteilnehmern modifizierte.

2. Das nahe gekommene Ende und die Gegenwart

In mehreren Briefen aus dem Plieninger Vikariat (November 1820 – Februar 1821) und der Zeit kurz danach betonte Hofacker die Nähe bevorstehender endzeitlicher Entwicklungen. An den Freund Albert Knapp schrieb er im Dezember 1820, die Zukunft des Herrn sei »nicht mehr so ferne«, auch wenn man nicht wisse, wann deren »Tag und Stunde und Jahr« kommen werde. Die Nähe endzeitlicher Entwicklungen bedeutete für Hofacker gleichzeitig das Bevorstehen von Streit, Kampf und Verfolgung. Eine

---

morgens vor der Kirche einige Freunde. Um 9 Uhr ging ich in die Leonhardts[kirche] wo Vikar Hofaker predigte. Alles strömte der Kirche zu ohne Unterschied der Stände, selbst vom Landleute [!] kamen herbey um Worte des Lebens aus dem Munde dieses jungen Mannes zu hören: die Kirche war bereits so von Menschen angefüllt, daß ich mit noch vielen andern stehen mußte. Er zeugte so einfältig u. herzlich vom Heiland, daß es jeden anziehen sollte, u. sagte es unverholen, was wir sind u. was wir zu thun haben wenn wir selig werden wollen. Es ist eine Stimme eines Rufenden in der Wüste.« (ABM Basel, QS-10.1: Tagebuch Carl Gottlieb Pfander, 1823, S. 17). Ein Stuttgarter Pietist und Anhänger der Herrnhuter Brüdergemeine schrieb über die beiden jungen Theologen Christian Gottlob Barth und Ludwig Hofacker: »Die zwey Liebe junge Leute, sind sehr im Seegen bisher geweßen, so wohl der l. M. Barth, als Hoffacker, habe offt so viel Zuhörer, daß die Kirche sie nicht alle fassen konnte. Dazu kommen auch gar viele Land Leute, die einander fast erdrücken – es ist hier eine Neue erscheinung, ein junger Mann von 26 jahr, einen solchen zu lauf von Menschen hat – in 50 jahr hatte ich keinen so jungen Prediger gehört als *Hoffacker*; u. *Barth*; Hoffacker ist ganz Zinzindorfisch [!]. Von *Jesu Blut u. Wunden* hörte ich Niemals etwas u. das bringt die Leute ins erstaunen – die Sünder u. Rohe [?] Leute werden Ernstlich ermant, sich u. den Heyland kennen lernen, buße zu thun, wieder geboren zu werden, u. Gnade u. Vergebung ihrer Sunden beym l. Heyland zu suchen u. Ihm [!] um ein geendertes Herz zu bitten – wann der Sontag kommt, freuen sich die Leute schon wieder, etwas zu hören vor Herz – es ist eine Regung unter den Menschen hier, u. auch auf dem Land hin u. wider, es ist ein großer Seegen, der nicht leicht in einem land [!] sonst ausser Wirtenberg ist« (UA Herrnhut, R. 19. B. l. 14a. 4, Nr. 82: Brief von Chr. H. Roser an G. M. Schneider in Berthelsdorf, Stuttgart, 20. Mai 1824). Hofacker selbst schrieb am 9. April 1823: »Meine Predigten sind sehr besucht, namentlich auch vom Landvolk, und ich glaube, nicht ohne Segen.« (KNAPP, Hofacker, S. 119; vgl. auch S. 125f). Der mehrfache Hinweis auf den Zulauf vom Land lässt auf Versammlungsteilnehmer schließen, die in ihren Ortsgemeinden keine pietistischen Pfarrer hatten.

73   Vgl. im vorigen Abschnitt I. 4. *Pietistische Pfarrer und Privatversammlungen*.

lebensgefährliche Krise sei für die Kirche der wahrhaft Gläubigen un-
vermeidbar, sie habe mit dem verbreiteten Abfall von Gott schon längst
begonnen. Mit der Klage über den entchristlichten Charakter seiner Gegenwart brachte Hofacker seine endzeitliche Stimmung zum Ausdruck.
Hofacker zog das Fazit: »Ich mach mich auf keine guten Tage gefaßt in
meinem Amte.«[74] Er enthielt sich allerdings jeglicher Mutmaßungen über
den Zeitpunkt einzelner Ereignisse. Auf Bengels Berechnungen kam er
nicht zu sprechen.

Keine zwei Monate später ermahnte er in einem Zirkularbrief Freunde
aus der gemeinsamen Tübinger Universitätszeit, sich auf die nahende
»*Stunde der Versuchung*« vorzubereiten. Doch legte er offensichtlich Wert
auf einen zuversichtlicheren Ton als in dem Brief an den Freund Albert
Knapp. Zwar war der Blick auch jetzt auf die drohenden Ereignisse gerichtet,
doch die Betonung lag auf den von Gott ausgehenden Kräften, um die
verbleibende Zeit wirksam zu nutzen und die kommenden Anfechtungen zu
bestehen. Die endzeitliche Stimmung manifestierte sich dabei auch in der
Beschäftigung mit endzeitlicher Lektüre: Hofacker zeigte sich an den
Auslegungen der Offenbarung durch Bengel und Jung-Stilling interessiert.
Gegenüber den Freunden schränkte er jedoch umgehend ein, seine Einschätzung der nahen Zukunft sei nicht abhängig von dem System der
Berechnungen Bengels, sondern allein aus der Beobachtung der Zeitge-
schehnisse hervorgegangen. Eine weitere Bemerkung ließ die ganze Ambivalenz von Hofackers Haltung zu endzeitlichen Zukunftsforschungen
durchscheinen:

> »Unsere Pflicht, die wir Andere unterrichten, und selbst selig werden sollen, ist es, zu
> achten auf das prophetische Wort. Man hat eine halbe Angst davor, so in die Zukunft
> hinein zu forschen. Das ist aber auch nicht nötig: wer redlich forscht, dem wird der
> Herr geben was für die Gegenwart noth ist.«[75]

Eine »halbe Angst«, das sollte wohl heißen: Hofacker hielt den prophetischen Blick in die Zukunft nur für erlaubt, weil und solange daraus erkennbar werden konnte, »was für die Gegenwart« notwendig war. Ein Erforschen der Zukunft als Selbstzweck lehnte er ab, denn das hätte dem Sinn
des pfarramtlichen Wirkens widersprochen, auf die nahe gekommenen
Ereignisse vorzubereiten.[76]

---

74   Beide Zitate: LKA Stuttgart, D2, Nr. 82, 12: Brief Hofacker an Knapp, 7. Dezember
1820.
75   Beide Zitate: LKA Stuttgart, Hs 65, S. 14: Abschrift eines Briefes vom 28. Januar 1821.
76   Vier Wochen später schrieb Hofacker an den Freund Wilhelm Roos: »Da ist noch zu rufen mit aller Kraft, mit allem Eifer, daß die ganze Welt es hört, es ist noch in den Sünderhaufen
hinein zu rufen, daß es in die verstocktesten Herzen dringt: Jesus nimmt die Sünder an. Das muß
unsern Hauptruf ausmachen. [...] Sein Tag scheint nahe zu seyn. Betet u. wachet!« (LKA Stuttgart,
Hs 65, S. 17f: Abschrift eines Briefes vom 24. Februar 1821).

Das Ende rückte nahe. Also galt es, die verbleibende Zeit missionarisch zu nutzen, um möglichst viele von der Notwendigkeit der Bekehrung zu überzeugen. Aber dem Handeln waren Grenzen gesetzt, auch solche der persönlichen, körperlichen Belastbarkeit. Der Ausbruch einer ersten längeren Krankheitsphase zwang Hofacker, das Vikariat in Plieningen zu verlassen und in das elterliche Haus nach Stuttgart zurückzukehren. Gegenüber dem Freund Christian Burk brachte er die Hoffnung zum Ausdruck, auch weiterhin seine pfarramtliche Tätigkeit ausüben zu können. Doch er schränkte ein:

>Freilich zeigt mir die Beschaffenheit meiner Hütte, daß ich auf gar nichts rechnen kann, und bei keinem gilt deßhalb mehr, was der Heiland sagt, als bey mir, nämlich: betet und wachet, und haltet eure Lenden umgürtet und lasset eure Lichter brennen, denn ihr wisset nicht, wenn der Herr des Hauses kommt. Doch weiß ja keiner, wenn sein Stündlein kommt.<<[77]

Mit dem Zusammenbruch seiner körperlichen Kräfte bekam der Blick in die Zukunft für Hofacker eine neue Bedeutung. Die Erwartung bevorstehender endzeitlicher Ereignisse und Entwicklungen vermischte sich – bis in die Sprache hinein – mit der unmittelbaren Erwartung des drohenden persönlichen Endes.[78] Der kommende Tag des Herrn wurde von dem >Stündlein<< des eigenen Todes überlagert und erhielt damit eine individualisierte Bedeutung, die das Nachdenken über die Zukunft aus dem Reich der prophetischen Spekulation in die Gewissheit der eigenen Endlichkeit überführte.[79]

Aus den zitierten Briefen lassen sich vier Motive der endzeitlichen Theologie Ludwig Hofackers erkennen: (1) Seine endzeitliche Stimmung manifestierte sich in der Klage über die entchristlichte Gegenwart, die ihm als der Beginn einer Verfolgungszeit für die wahren Glaubenden erschien. (2) Sein grundsätzliches Interesse an Bengels Auslegung der Johannesoffenbarung war mit einer unübersehbaren Skepsis gegenüber dessen chronologischen Berechnungen verbunden. (3) Die Mahnung, wachsam zu sein und sich für die drohenden Entwicklungen bereitzuhalten, verband er mit der Aufforderung, die verbleibende Zeit zur Bekehrung der Sünder missionarisch zu nutzen. (4) In seine endzeitlichen Erwartungen mischten sich die Erfahrung der eigenen Endlichkeit und die Erwartung des eigenen Todes.

---

77 DLA Marbach, B: L. Hofacker: Brief vom 26. Februar 1821.

78 Das Zitat aus Lk 12,35 (>haltet eure Lenden umgürtet<<), das Hofacker hier in Erwartung seines möglichen Todes verwendete, hatte er in seiner ersten Plieniger Predigt benutzt, um die Nähe endzeitlicher Verfolgungen anzukündigen (HOFACKER, Predigten, Bd. 2, S. 585; 30. November 1820).

79 In seinen Predigten verknüpfte Hofacker mehrfach die Rede vom drohenden Gottesgericht mit der Erfahrung des eigenen Todes; vgl. dazu unten Abschnitt II. 3. *Bekehrung, Buße und Gericht*.

Alle vier Motive tauchten in Hofackers Briefen in den Folgejahren mit unterschiedlicher Intensität wieder auf. Eine Briefstelle aus dem Jahr 1824 möchte ich im Folgenden einer genaueren Analyse unterziehen, denn Gerhard Schäfer sah in ihr einen Beleg dafür, dass Hofacker von der Gültigkeit der Bengelschen Berechnungen überzeugt war.[80] In seinem ersten Beitrag zur Zirkularkorrespondenz äußerte sich Hofacker am 2. Februar 1824 grundsätzlich zur Notwendigkeit von Bußpredigten. Man dürfe in »dieser lezten betrübten Zeit« nicht predigen als habe man »lauter erwekte Leute vor sich«. Den meisten fehle es noch an Buße. Der Prediger habe die Aufgabe, dies den Menschen in Erinnerung zu rufen. Hofacker formulierte diesen Gedankengang in aller Ausführlichkeit. Auf ihm lag in dem Brief das Schwergewicht seiner Argumentation. Alles Folgende waren nur noch en passant geäußerte Randbemerkungen, auch die Erwähnung der apokalyptischen Forschungen eines Stuttgarter Lehrers, aus der Gerhard Schäfer den Schluss zog, Hofacker sei von der Richtigkeit der Bengelschen Berechnungen überzeugt gewesen:

»Ich hätte euch noch viel zu schreiben. Aber da mir jezt nichts mehr einfällt, ob mir gleich nachher vieles einfallen wird, so will ich schließen. Mein Bruder Max, den ihr kennet, ist eben immer noch in den Ketten seiner eigenen Gedanken durch des Teufels Gewalt gefangen. Professor Moll, der seit 15 oder 12 Jahren an der Apocalipsis arbeitet mathematisch u. astronomisch, will jezt sein Werk herausgeben, er bchauptet fest, daß anno 1828 die Juden schon in Palästina seyn werden, denn es gehe jezt in *Einer* Schnelle.«[81]

Der von Hofacker erwähnte Johann Gottfried Moll (1747–1830) war nach einem anfänglichen Theologiestudium Lehrer für Mathematik geworden und hatte zuletzt am Oberen Gymnasium in Stuttgart Mathematische und Physische Geographie unterrichtet. Nach seiner Pensionierung 1805 zog er sich in ein Gartenhaus vor den Toren Stuttgarts zurück und widmete sich dort chronologischen Berechnungen, vornehmlich über die Johannesoffenbarung.[82] Die von Hofacker angekündigte Veröffentlichung des meist als Sonderling bezeichneten Forschers ist wohl nie zustande gekommen. So ist nur aus Hofackers beiläufiger Bemerkung bekannt, dass Moll eine Rückkehr von Juden nach Palästina für 1828 angekündigt hatte. Moll bezog sich dabei wohl auf die aus Offb 11,1 in Verbindung mit Dan 9,24–27 erschlos-

---

80   Vgl. SCHÄFER, Hofacker, S. 363.

81   Alle Zitate: Zirkularkorrespondenz Hofacker, Bd. a, S. 38, Eintrag Hofacker, 2. Februar 1824.

82   Zu Johann Gottfried Moll vgl. den Nekrolog in der *Schwäbischen Chronik* vom 10. März 1830, S. 225; PFAFF, Lebenserinnerungen, S. 29f (Moll »nahm mich freundlich auf, unterhielt mich aber nur von seinen überspannten Ideen und Rechnungen über die heilige Schrift, über welche er fortwährend brütete. Und er war tief in jenen Mysticismus versunken, der in Würtemberg nicht selten ist«); HAGEL, Geographie, S. 226.

sene Phase von sieben Jahren vor der Wiederkunft Christi oder dem Anbrechen des tausendjährigen Reiches, während der nach Jerusalem zurückgekehrte, auserwählte und bekehrte Juden in einem neu aufgebauten Tempel Gott anbeten sollten. Ihre Zahl sollte nach Offb 11,13 70.000 Einwohner betragen. Die weitergehende Bedeutung dieser für 1828 angekündigten Rückkehr lag in der ausreichenden Frist, die sie für die siebenjährige Phase vor dem von Bengel berechneten Anbrechen des tausendjährigen Reiches im Jahr 1836 ließ. Molls Ankündigung konnte damit als Bestätigung von Bengels Berechnungen gelten. Indem Hofacker diese Ankündigung bekannt machte, bekundete er das Interesse für solche Überlegungen im Freundeskreis. Insoweit ist Schäfer Recht zu geben. Hofacker selbst jedoch stand derartigen Spekulationen skeptisch gegenüber und machte das im unmittelbar folgenden Satz unmissverständlich klar:

»Wir aber wollen warten, was da kommt, und die wirkliche Ruhezeit gut anwenden, zur Gründung auf Christum. Arme Sünder werden, nichts werden in sich selbst, aber alles in Christo finden, das ist das Ziel, auf welches der Geist der Wahrheit bey allen hinarbeitet.«[83]

Hofacker sah sich, seine Freunde und die Menschheit überhaupt in einer letzten Ruhezeit leben, die nicht mehr lange währen sollte. Statt sich in Spekulationen über den Zeitpunkt des Endes dieser Ruhezeit zu ergehen, verlangte er eine Konzentration auf das *gegenwärtig* Notwendige: Buße und Bekehrung zu Christus. »Wir aber wollen warten« – in diesen Worten steckte ein retardierendes Moment, mit dem Hofacker seine Freunde davor warnte, sich aus dem Gefühl der endzeitlichen Beschleunigung – »es gehe jezt in *Einer* Schnelle« – zu Spekulationen hinreißen zu lassen, die dem wirklich Notwendigen den Raum nahmen: die Menschen in Christus zu sammeln und sie *jetzt* auf die kommenden Ereignisse vorzubereiten. Jeder Blick in die Zukunft war gleichzeitig ein Blick in die Gegenwart. Die endzeitliche Stimmung fand ihren unmittelbaren Ausdruck in der Sorge, nicht mehr tätig wirken zu können. An seine Universitätsfreunde schrieb er in seinem letzten Lebensjahr von Rielingshausen aus:

»Was dünkt euch dann um unsere Zeit, lieben Brüder!? Meinet ihr nicht, daß man Ursache habe, sich des Hauptemporhebens zu erinnern? Ich glaube wohl. Ich denke von ferne daran: aber ich gehe noch krumm und sehr gebückt. Es wird wohl anders kommen. Lasset uns nur wirken, so lange es Tage [!] ist! Ich meine, man muß seine Zeit für die Wirksamkeit gegenwärtig wohl anwenden; es würde uns reuen; wenn die Thüre, die Gott Seinem Worte öffnet, einmal zugienge; so würde es uns reuen, wenn wir nicht gethan hätten, was wir konnten.«[84]

---

83 Zirkularkorrespondenz Hofacker, Bd. a, S. 38, Eintrag Hofacker, 2. Februar 1824.
84 LKA Stuttgart, D2, Nr. 44, S. 206: Abschrift eines Rundbriefes vom 10. Januar 1828.

Mit der Erinnerung an das Aufheben des Kopfes aus Lk 21,28 spielte
Hofacker auf seine Erwartungen an: Christi Wiederkunft stehe bevor, man
solle ihm entgegensehen. Der Zweck der Erinnerung war aber wiederum
nicht müßige Spekulation über den Zeitpunkt der Erscheinung Christi,
sondern der Aufruf zur Wirksamkeit in der Gegenwart. Dieser Akzent zog
sich durch alle Äußerungen Hofackers, von den ersten Briefen aus dem
Plieninger Vikariat bis zu denen des letzten Lebensjahres.

3. Bekehrung, Buße und Gericht

Auch in seinen Predigten wurde Hofackers Ruf zur Wirksamkeit in der
Gegenwart laut. In der Vorrede zu seinem ersten im Druck erschienenen
Predigtheft bekundete er die Absicht, mit seinen Predigten »hin und wieder
ein Steinchen zum Bau Zions herbeizutragen, und das so schnell als möglich, weil eine Zeit kommt, wo Niemand wirken kann«.[85] Wie setzte er
dieses Programm in die Tat um? Im Gegensatz zu den an den Freundeskreis
gerichteten Privatbriefen, in denen sich Hofacker freimütig äußern konnte,
waren die Predigten – in Stuttgart wie in Rielingshausen – an ein Publikum
gerichtet, das überwiegend aus den popularen Pietisten der Privatversammlungen bestand. Der dort herrschenden Neigung zu Spekulationen über den
Zeitpunkt der erwarteten Ereignisse musste Hofacker entschieden entgegentreten, wenn es ihm auf Bekehrung und Vorbereitung in der Gegenwart
ankam. In einer seiner letzten Predigten brachte er das Motto für diese
Vorgehensweise auf den Punkt: »Doch wir brauchen nicht hinauszusehen in
die Zukunft. Die Gegenwart sagt uns genug.«[86] Entsprechend selten lenkte
Hofacker den Blick auf die Zukunft. Es ist von ihm keine einzige Predigt zu
einem der einschlägigen neutestamentlichen Texte überliefert.[87] Auf der
anderen Seite darf Hofackers Zurückhaltung nicht zu dem Fehlschluss
führen, chiliastische Zukunftsszenarien hätten in seinen Predigten keine
Rolle gespielt.[88] In Zitaten und Anspielungen tauchten die entsprechenden
Ansichten immer wieder auf. Sei es der Abfall von Christus in einer
kommenden Verfolgungszeit und das Wirken des Antichrists, sei es die

---

85   HOFACKER, Zehn Predigten, S. 1f.
86   HOFACKER, Predigten, Bd. 1, S. 508; die Predigt am Sonntag Reminiscere, 2. März 1828,
gehörte zu den von Hofacker selbst zum Druck gebrachten, vgl. HOFACKER, Zwölf Predigten, Nr. 19.
In einer anderen Predigt zeichnete er das Schreckbild eines unbekehrten Erforschers künftiger
Ereignisse: »Da kommt er dann an dunkle Worte und Stellen. Darüber fängt er an zu grübeln, oder
er macht sich an die Erklärung der prophetischen Bücher, an die Offenbarung Johannes, er fängt
an zu prophezeien und auf die Zukunft des Herrn zu warten und schreckliche Zeiten zu weissagen,
und siehe, er hat sich doch noch nicht bekehrt, hat keine Vergebung der Sünden, keine Hoffnung
des ewigen Lebens.« (HOFACKER, Predigten, Bd. 2, S. 406).
87   Mt 24, Mk 13, Lk 21, 2Thess 2, Offb 4–22.
88   So BEYREUTHER, Hofacker, S. 78f.

Wiederkunft Christi oder die darauf am Beginn des tausendjährigen Reiches folgende erste Auferstehung der Auserwählten: alle diese Ereignisse und Vorgänge waren in Hofackers Denken präsent und kamen, wenn auch selten, zur Sprache.[89] Keine Frage, Hofacker ging von einer nahen letzten Entwicklung aus, die nach Verfolgungen der wahren Kirche zum Sieg des wiederkehrenden Christus über den Antichrist führen sollte. In einem sich anschließenden tausendjährigen Reich würde eine Zahl von Auserwählten einer ersten Auferstehung gewürdigt und mit Christus regieren. Dass Hofacker dieses prämillenarische Endzeitszenario teilte, wird aus den Anspielungen in seinen Predigten deutlich. Dass er es *nur* in Anspielungen streifte, weist auf seine Vorsicht und Zurückhaltung gegenüber jeglichem spekulativen Enthusiasmus hin. Exemplarisch zeigen das die sechs Bußtagspredigten über die ersten beiden Sendschreiben aus der Johannesoffenbarung (Offb 2,1–11).[90] Am Anfang der ersten Predigt legte er sich und seinen Hörern Rechenschaft über seine Auslegungsmethode ab:

»Es hat schon Manche gegeben, welche glaubten, dieser und die 6 folgenden Briefe des Herrn an die 7 Gemeinvorsteher beziehen sich nicht allein auf diese, sondern auf alle Zeitläufe der christl. Kirche; es seyen geschichtliche und prophetische Briefe; wir wollen uns aber damit nicht einlassen, sondern herausheben, was *uns* dienlich ist, und was uns gegeben wird.«[91]

Die auch von pietistischen Auslegern vertretene Meinung, mit den sieben Sendschreiben seien bestimmte vergangene oder künftige Perioden der Kirchengeschichte abgebildet, lehnte Hofacker ab.[92] Nicht Spekulation,

---

89   Hier eine Auswahl chiliastischer Anspielungen in den beiden Predigtbänden: Abfall von Christus in der letzten Zeit der Verfolgung: Bd. 2, S. 555, 734; Antichrist: Bd. 1, S. 343; Wiederkunft Christi: Bd. 1, S. 113f, 120f, 773; Jüngster Tag: Bd. 1, S. 704, Bd. 2, S. 34, 164, 183, 218, 233, 641, 714; tausendjähriges Reich: Bd. 2, S. 262, 729; erste Auferstehung der Auserwählten: Bd. 2, S. 729.

90   HOFACKER, Predigten, Bd. 2, S. 679–773. Im Druck sind die Predigten diversen Apostelfeiertagen zugeordnet. Ursprünglich hielt Hofacker die Predigten jedoch in monatlichen Bußtagsgottesdiensten. Für die ersten drei Predigten gibt es datierte Nachschriften von Albert Knapp (LKA Stuttgart, D2, Nr. 220, Fasz. 4a). Sie wurden jeweils freitags am 13. August, 10. September und 8. Oktober 1824 in Stuttgart gehalten. Die restlichen drei Predigten werden sich bis Januar 1825 angeschlossen haben. Eine denkbare Fortsetzung der Reihe wäre einer erneuten Krankheitsphase Hofackers ab Februar 1825 (vgl. KNAPP, Hofacker, S. 176, 194) zum Opfer gefallen.

91   LKA Stuttgart, D2, Nr. 220, Fasz. 4a, Heft 2: Predigt über Offb 2,1–3, Bußtag, 13. August 1824 (Hervorh. i. d. Nachschrift). In der Druckfassung wurde der Anfang der Predigt redaktionell um eine kurze Einführung in die Situation des Sehers Johannes und die Entstehung der Sendschreiben erweitert. Danach heißt es: »Schon manche behaupteten, diese Briefe beziehen sich nicht allein auf jene Gemeindevorsteher, sondern es seien geschichtliche, prophetische Briefe, welche die Geschichte der christlichen Kirche und die Entwicklung ihrer Zeitläufe enthüllen. Ohne uns darauf weiter und tiefer einzulassen, wollen wir das herausheben, was uns zur Förderung und Erbauung und zur Kräftigung und Stärkung unseres inneren Menschen dienlich ist.« (HOFACKER, Predigten, Bd. 2, S. 680).

92   Hier folgte er Bengels Auffassung, man könne aus den Sendschreiben »keine 7 prophetisch angedeuteten Entwicklungs-Perioden der christlichen Kirche herausbringen [...], ohne dem Texte Zwang anzuthun« (zit. nach BURK, Bengel, S. 278). Anders z.B. LINDL, Leitfaden, S. 16.

sondern Anwendung auf das eigene Leben war das Ziel seiner Predigten. Gleichwohl kam auch in den Bußtagspredigten zu den Sendschreiben das chiliastische Szenario zur Sprache. In der vierten Predigt zum Beispiel zitierte Hofacker aus Offb 20 und begründete damit seine Hoffnung, christliche Märtyrer würden – als Teilhaber einer ersten Auferstehung – mit Christus im tausendjährigen Reich regieren. Und in derselben Predigt griff er auf die Rede vom Auftreten eines Widersachers vor der Wiederkunft Christi in 2Thess 2 zurück, um die kommende Notzeit der Kirche Jesu Christi zu illustrieren.[93] Aufs Ganze gesehen besaßen die chiliastischen Anspielungen in Hofackers Predigten jedoch nur eine marginale Bedeutung. Wer wollte, konnte sie wahrnehmen und wusste Hofackers chiliastische Ansichten entsprechend einzuordnen. Für den unbedarfteren Zuhörer blieb als Quintessenz die Aufforderung, sich angesichts der drohenden Entwicklungen durch Buße und Bekehrung vorzubereiten.

Ein Element des chiliastischen Szenarios tauchte allerdings beharrlich immer wieder auf: die Erinnerung an ein drohendes Gericht. Dass jeder Mensch sich einem künftigen Gericht zu stellen hatte, war gleichsam ein ostinater Grundton der Predigten Hofackers. Seine Endzeitverkündigung reduzierte sich geradezu auf die Predigt des Gerichts, das Hofacker in reichen Bildern vielgestaltig ausmalte.[94] Er kümmerte sich dabei wiederum kaum um chronologische Fragen. Er unterschied zwischen einem letzten Gericht am Ende aller Zeiten und einer ersten gerichtlichen Scheidung zwischen Bekehrten und Unbekehrten am Tag der Wiederkunft Christi.[95] Doch auch der individuelle Todestag konnte bisweilen als Gerichtstag erscheinen.[96] Aber der Zeitpunkt des Gerichts besaß letztlich keine entscheidende Bedeutung. Weit wichtiger war das reine Faktum eines drohenden Gerichts und vor allem, welche Schlüsse die Predigthörer daraus zu ziehen hatten:

---

93 HOFACKER, Predigten, Bd. 2, S. 729, 734.

94 Vgl. HOFACKER, Predigten, Bd. 1, S. 117ff, 175f, 273, 383ff, 618, 645, 675, 808; Bd. 2, S. 33ff, 72, 183, 229ff, 342f, 356ff, 369, 397, 443f, 466, 502, 528, 539, 547, 583, 600, 654, 667, 676f, 686, 789, 797f u.ö.

95 Vgl. HOFACKER, Predigten, Bd. 1, S. 675: »Es kommt ein Tag des Gerichts, es kommt ein Tag der Offenbarung Jesu Christi. [...] Siehe, er kommt in den Wolken des Himmels, und es werden ihn sehen alle Augen, und die ihn gestochen haben, und werden wehklagen alle Geschlechter der Erde. Denn Jesus erscheint [...] zum Fluch denen, die ihm fluchen, mit Gnade und Heil unter seinen Flügeln denen, die ihn liebten und suchten.« Unter Rückgriff auf Offb 1,7; 19,11 identifizierte Hofacker den Tag der Wiederkunft Christi als Gerichtstag.

96 Vgl. HOFACKER, Predigten, Bd. 2, S. 33f: »Der Herr, der gerechte Richter, sitzt auf seinem Thron und wird jeder Seele ihr Los zumessen [...]. Diese Entscheidung ist nicht von dem Jüngsten Tag zu verstehen, denn der große Gerichtstag kommt erst nachher, die große Wiedergeburt Himmels und der Erde erfolgt erst am Ende dieser Weltzeit. Aber jede Seele fällt nach dem Tode ihrer Bestimmung in der Ewigkeit anheim.« Vgl. auch Bd. 1, S. 672f; Bd. 2, S. 233.

»Ach, laßt uns Buße tun, meine Zuhörer, solange wir noch können und noch ein
Atem in uns ist. Laßt uns fliehen zu den Wunden Christi, die uns ausgesöhnt haben,
und wo Gnade und Barmherzigkeit zu finden sind. Denn der Zorn Gottes über alles
ungerechte und gottlose Wesen der Welt ist groß und wird bald entbrennen und hin-
unterbrennen bis in die unterste Hölle. Bei Jesus allein kann das Schuldregister unserer Zungensünden zerrissen, nur bei ihm kann unsere Seele von allem unnützen
Geschwätz auf immer geheilt werden. Aber, daß wir's nicht anstehen lassen, nicht
hinausschieben bis an den Tod, bis auf jenen Tag! Dort wird nichts mehr durchstri-
chen, nichts mehr vergeben, sondern mit unerbittlicher Strenge vergolten. Zur Buße
ruft uns unser Gewissen, zur Buße ruft uns der Herr.«[97]

Ob das Gericht an dem eigenen Todestag oder an einem allgemeinen Gerichtstag stattfinden sollte, ließ Hofacker in der Schwebe. Ohne Zweifel
blieb aber sofortige Buße die einzige Möglichkeit, den Strafen des Gerichts
zu entkommen. Mit einer gewissen Monotonie kam Hofacker immer wieder
auf die Notwendigkeit von Buße und Bekehrung zu sprechen, ohne die dem
Menschen nur das schreckliche Warten auf das Gericht Gottes übrigblei-
be.[98] Buße und Bekehrung waren das eigentliche Zentrum von Hofackers
Endzeitverkündigung, alles andere gliederte sich daran an. Auch das drohende Gericht war nicht so sehr als zukünftiges Ereignis im Blick, sondern
weit eher als unausweichliche Konsequenz gegenwärtigen Handelns und
Entscheidens. Jetzt Buße zu tun oder sich ihr zu verweigern legte den Aus-
gang des Gerichts fest, dem niemand entgehen konnte. Nicht erst in der
Zukunft, sondern jetzt schon, in der Gegenwart entschied sich das zukünftige
Ergehen des Menschen.

Zwei Linien sind damit in Hofackers Predigten erkennbar. Zum einen
konzentrierte er die rhetorische Ausgestaltung der nahe gekommenen endzeitlichen Ereignisse auf das drohende Gericht. Oder zugespitzter gesagt: Er
reduzierte die Endzeit auf das Gericht. Die Ankündigung des Gerichts
diente zum anderen als Element und Funktion der Bußpredigt. Das Gericht
gewann seine Bedeutung nicht als endzeitliches Ereignis unter anderen,
sondern als mahnende Aufforderung zur Buße in der verbleibenden Zeit.
Beide Linien neigten tendenziell zu einer Individualisierung der Endzeiterwartungen. Die universalen chiliastischen Szenarien von Johann Albrecht
Bengel oder Johann Jakob Friederich traten in den Hintergrund. In den
Vordergrund trat der einzelne Mensch, den nach dem Tod das Gericht Gottes erwartete, in dem er nur bestehen konnte, wenn er sich jetzt zu Christus

---

97 HOFACKER, Predigten, Bd. 2, S. 472.
98 Ebd., S. 502f: »Denn das ist gewiß, wenn wir nicht Pflanzen der Gerechtigkeit werden
und Früchte tragen in Geduld, Früchte der Buße und Bekehrung, so bleibt uns nichts übrig als ein
schreckliches Warten des Gerichts Gottes, das die Gottlosen verzehren wird.« (Vgl. Heb 10,27;
dazu auch ebd., S. 356f). Zur Notwendigkeit von Buße und Bekehrung vgl. auch Bd. 1, S. 506,
561; Bd. 2, S. 175, 492ff, 557ff, 707f u.ö.

bekehrte und Buße tat.[99] Das Sündersein des Einzelnen überlagerte jeden sich in universellen Kategorien äußernden Gedanken. Nicht das Reich Gottes oder das Gottesvolk oder die Menschheit, sondern die einzelne Menschenseele und ihre Bekehrung standen im Mittelpunkt.[100] Mit der Individualisierung der Endzeiterwartungen ging die Moralisierung der Bußpredigt einher. Immer wieder erklärte Hofacker, was er unter Bekehrung verstand, indem er (unter Anspielung auf 1Joh 2,16) »Augenlust«, »Fleischeslust« und »hoffärtiges Wesen« als verwerfliche Eigenschaften anprangerte.[101] Seine Zeitklagen hatten einen deutlich moralisierenden Unterton, oder um es pointiert zusammenzufassen: Die auf die Gerichtsankündigung reduzierte Endzeitpredigt war bei Hofacker Mittel der sich schließlich zur Morallehre verengenden Bußpredigt.[102]

4. Hofacker und seine Hörerschaft

Dass apokalyptische Anschauungen in der Mehrzahl der pietistischen Versammlungen Württembergs zu Beginn von Hofackers Wirksamkeit eine bedeutende Rolle spielten, ist im vorigen Kapitel deutlich geworden. Bekannt ist auch der enorme Zulauf zu Hofackers Gottesdiensten in Stuttgart und – in geringerem Maß – später in Rielingshausen.[103] Es entsteht nun die Frage, wie Hofackers Hörerinnen und Hörer auf seine spürbare Distanz gegenüber endzeitlichen Spekulationen reagierten. Zwei Episoden vermitteln überraschende Einsichten.

Während seiner Vakanzreise im Sommer 1824 kam der Basler Missionszögling Johann Martin Stanger (1794–1861) nach Stuttgart und besuchte dort am Sonntag, 1. August, einen Nachmittagsgottesdienst des Vikars Hofacker. In seinem Tagebuch hielt er seine Eindrücke fest:

»Nachmittags wohnte ich der Predigt von Pfr. [?] Hofaker über Röm 6,19–25 bei, wo er die Knechtschaft der Sünde, und den Dienst oder Knechtschaft der Gerechtigkeit

---

99 Exemplarisch hat Hofacker das in seiner letzten Predigt in Rielingshausen am Osterfest 1828 unter Rückgriff auf Heb 9,27 (»Es ist dem Menschen gesetzt zu sterben, danach aber das Gericht.«) ausgeführt (Predigten, Bd. 1, S. 618ff; vgl. auch Bd. 2, S. 352).

100 Programmatisch heißt es in einer Predigt über Mt 18: »Das Verdienst Christi ist für die ganze Menschheit, aber es gehört doch namentlich und ganz dem Glauben des einzelnen.« (HOFACKER, Predigten, Bd. 2, S. 306).

101 Vgl. HOFACKER, Predigten, Bd. 1, S. 111, 464, 517, 649ff, 673, 801; Bd. 2, S. 110, 313, 495, 787.

102 Auf ähnliche Weise findet sich der Zusammenhang bei Ludwig Harms (1808–1865), dem Gründer der Hermannsburger Mission, besonders in seinen Predigten zum Ende des Kirchenjahres (HARMS, Predigten über die Evangelien, S. 1029–1083). Zu Harms vgl. GRUNDMANN, Studien; BENRATH, Erweckung, S. 206ff; HOLTHAUS, Prämillenniarismus, S. 202.

103 Vgl. für die Stuttgarter Zeit (1823–25) KNAPP, Hofacker, S. 125f; in Rielingshausen (1826–28) ließ der Ansturm wohl etwas nach.

mit einer sehr erweklichen Stimme in ein herrliches [Licht?] darstellte. Die Kirche konte beinahe die Zuhörer, wovon mehrere 2–4 Stunden Weegs hieher hatten, nicht fassen. Man konnte eine allgemeine Aufmerksamkeit u. Theilnahme von [!] dem, was er sprach unter den Leuten wahrnehmen.«[104]

In der erwähnten Predigt unterschied Hofacker drei Klassen von Menschen: Entsprechend den zwei Reichen des Lichts und der Finsternis gebe es auf der einen Seite die Knechte des Lichts oder der Gerechtigkeit, also die von Gott Erwählten, und auf der anderen Seite die Knechte der Finsternis oder der Sünde, die sich Gott entgegenstellten. Diesen zwei Klassen fügte Hofacker eine dritte Klasse hinzu, die gerade auf dem Weg von der Finsternis ins Licht sei, die sich bemühte, die Sünden hinter sich zu lassen, und nach der Gerechtigkeit Gottes verlangte.[105] Im Fortgang der Predigt führte Hofacker aus, warum es notwendig und wie es anzupacken sei, dass ein Mensch, der von Natur aus dem Reich der Finsternis angehöre, ins Reich des Lichts gelange.

Dass der Missionszögling Stanger der Predigt aufmerksam zugehört hatte und sie auf seine eigene Situation kreativ anzuwenden wusste, zeigte sich in der Folge. Er verließ Stuttgart am folgenden Tag und kam durch eine Gegend, die von einem verheerenden Hagelunwetter heimgesucht worden war. Auch Stangers Geburtsort, Dettingen bei Urach, war betroffen. In vielen Orten, hielt er in seinem Tagebuch fest, sei nur noch die Hälfte oder ein Drittel der Ernte zu retten gewesen, in seinem Heimatort sei die gesamte Ernte vernichtet worden. Stanger fiel angesichts der Not der betroffenen Menschen in »tiefe Betrübniß und schwere Bekümmerniß« und begann an der Güte Gottes zu zweifeln.

»Bei dieser Gemüthsstimmung aber erinnerte mich der freundliche Herr und Heiland durch seinen Geist, daß ich mein Testament nehmen und ein Kapitel lesen sollte. Ich machte es so, schlug das 21 Cap. der Offb. auf und las es.«

Stanger überließ die Wahl des zu lesenden Kapitels keinem Zufall – das vorletzte Kapitel des Neuen Testament schlägt man nicht zufällig, sondern gezielt auf. Das heißt: Für ihn stand der innere Zusammenhang von Unwetter und Endzeit fest. Das Unwetter konnte nur als Vorbote endzeitlicher Entwicklungen gedeutet werden. Seine Lektüre der apokalyptischen Erzählung vom neuen Himmel, der neuen Erde und dem aus dem Himmel herabsteigenden neuen Jerusalem mündete in zwei Gedankengängen: Zum einen

---

104 ABM Basel, Personalfaszikel BV 56: Johann Martin Stanger, Tagebuch 1824, unpag. (auch die folgenden Zitate hier). Die von Stanger gehörte Predigt am 7. Sonntag nach Trinitatis ist abgedruckt: HOFACKER, Predigten, Bd. 2, S. 151–167.

105 Ebd., S. 154ff. Ähnliche kategorisierende Einteilungen der Menschheit unternahm Hofacker öfters, vgl. Predigten, Bd. 1, S. 517ff; Bd. 2, S. 192ff, 222, 662. Vgl. dazu auch KIRN, Hofacker, S. 41.

boten ihm die Bilder des zukünftigen Heils Trost angesichts der vor ihm liegenden Verwüstungen. Die Ankündigung eines einvernehmlichen Lebens mit Gott ohne Elend und Not galt ihm als Garant, dass das gegenwärtige Leid der Menschen ein Ende haben werde. Zum anderen aber gewann Stanger dem Unwetter einen Sinn ab, indem er es als Mittel der Züchtigung interpretierte, durch das Gott die Menschen veranlasse, sich von allem Irdischen ab- und ihm zuzuwenden. Er begriff das Unwetter als Gottesgericht und damit als Vorbote der nahenden Endzeit.

In diesem Zusammenhang erinnerte er sich der bei Hofacker gehörten Predigt und der von diesem vorgenommenen Klassifizierung der Menschen. Er griff auf die Einteilung der Menschen in drei Klassen zurück, modifizierte sie für seine Zwecke und versuchte so, den unterschiedlichen Umgang mit dem Hagelunwetter zu erklären:

»Nur wenige Seelen findet man, die bei diesen Gerichten zu einer wahren Beugung und Demüthigung des Herzens sich bringen lassen. Die meisten bleiben wie die Kinder Israel in der Wüsten, bei dem Klagen und heimlichen Murren wider den Herrn stehen und wollen nicht weiter darunter lernen. Von einer 3ten Klasse kan man, ihren Ausdrüken gemäß, mit Recht behaupten, sie seyen Menschen, wie diejenigen, von denen Offb. 16, 21 geschrieben steht, daß sie bei dem großen Hagel der als ein Centner vom Himel auf sie fiel, nicht Buße gethan, sondern vielmehr Gott über der Plage des Hagels gelästert hatten.«

Stanger brachte die von Hofacker vollzogene Einteilung der Menschen in einen neuen Kontext. Was bei Hofacker keinen unmittelbaren endzeitlichen Zusammenhang hatte – die Beobachtung, dass es bekehrte und unbekehrte Menschen gibt und solche, die sich immerhin um ihre Bekehrung bemühen –, wurde von Stanger in den Kontext der göttlichen Warnung vor endzeitlichen Gerichten gebracht: Er unterschied zwischen drei Klassen von Menschen, die sich unterschiedlich zu dem von Gott aufgerichteten Warnzeichen des Unwetters verhielten. Er unterschied die Demütigen, die Murrenden und – unter Rückgriff auf Offb 16,21 – die Gotteslästerer. Ohne dass Hofacker dazu näheren Anlass gegeben hätte, dachte Stanger seine Überlegungen weiter und trug sie in einen endzeitlichen Kontext ein. Auf kreative Weise gelang es ihm, das Unwetter, die dadurch von Gott ausgesprochene Warnung und die unterschiedlichen Reaktionen der Menschen darauf, durch Hofackers Predigt angestoßen, zusammen zu denken.

Diese erste Episode zeigt, wie eine gar nicht explizit endzeitliche Predigt von einem Hörer in einem endzeitlichen Kontext weitergedacht wurde. Das bedeutet: Bei entsprechend eingestellten Hörern konnten schon die leisesten Andeutungen endzeitliche Assoziationen auslösen. Wenn Hofacker also vermeiden wollte, dass seine Predigten zu endzeitlichen Spekulationen Anlass gaben, musste er alles vermeiden, was in dieser Richtung ausdeutbar gewesen wäre.

Vielleicht war es diese Zurückhaltung, die ihm später in Rielingshausen manche Kritik eintrug. Darauf scheint eine zweite Episode hinzudeuten, von der Hofacker in der Zirkularkorrespondenz berichtete. In einem Brief vom März 1828 bilanzierte er den Ertrag seiner Arbeit im Rielingshäuser Pfarramt und beklagte den wechselhaften Charakter seiner Gemeindeglieder:

»Nun ist nicht zu verkennen, daß das Wort Eingang unter ihnen hat. Aber zu etwas Rechtem kommt es nicht leicht bey ihnen. Sie meiden jezt öffentliche Aergernißse, sie thun von Zeit zu Zeit einen Schnerrer am Bekehrungskarren, dann bleiben sie wieder liegen. Im Neujahr 1827 waren viele Seelen aufrüstig. Es verflog wieder, wie wenn nichts dagewesen wäre. Am Advent des lezten Jahres fiengs wieder an, sie errichteten eine neue Stunde, Alles wollte sich bekehren, der Türke trug auch das Seinige bey. Jezt ist's wieder still.«[106]

Wie weit Hofacker die Phasen religiöser Begeisterung in Rielingshausen auf sein eigenes Wirken zurückführte, ließ er hier offen. Bemerkenswert ist aber zweierlei: Zum einen führte seine Wirksamkeit – zumindest in seinen eigenen Augen – zu keiner anhaltenden Erweckungsbewegung im Ort. Und zum anderen führte er sie dort, wo sie bemerkbar war, auch auf äußere Einflüsse zurück. Die Erwähnung der Türken lässt darauf schließen, dass in Rielingshausen die weltpolitischen Begebenheiten als Zeichen der Zeit genau registriert und interpretiert wurden. So konnte auch der Freiheitskampf der Griechen gegen die Türken, der in den Jahren 1826 und 1827 eine entscheidende Wendung nahm, unter endzeitlichen Aspekten betrachtet werden. Bengel und seine Nachfolger hatten in einzelnen Stellen der Johannesoffenbarung Hinweise auf das Volk der Türken als Gegner der Kirche gefunden.[107] Die Vorgänge in Griechenland wurden in Rielingshausen offensichtlich als Zeichen für weitere bevorstehende endzeitliche Entwicklungen gedeutet und führten zu einer kurzfristigen Erweckung, die aber, so Hofacker, bald wieder verflog. Hofackers Ärger über diese Wechselhaftigkeit wurde noch durch Kritik an seiner Person geschürt. Er bekannte seinen Freunden:

»Ich hatte gehört, daß Manche mit mir, der ich etwas ruhiger predige als zuvor, nicht mehr recht zufrieden seyen, und sich den Lauer von Tübingen wünschen, der schon

---

106 Zirkularkorrespondenz Hofacker, Bd. c, Bl. 97[r], Eintrag 19./24. März 1828.

107 BURK, Bengel, S. 283f: »Der Strom (K[apitel] 12,15), welchen die Schlange dem Weibe nachschoß, bezeichnet die türkische Macht, welche in Asien (Erde) ihre Begränzung durch die Kreutzzüge und spätere Ereignisse fand, und in der letzten halben Zeit 1725–1836 vornehmlich durch Rußland und Persien, aber auch durch andere göttliche Gerichte, vollends verschlungen wird«. Vgl. auch S. 425, wo Burk die jüngsten Niederlagen der Türken als Indiz für die Richtigkeit der Bengelschen Berechnungen anführte. Fälschlicherweise bezog KNAPP (Hofacker, S. 277) die Erwähnung der Türken auf den russisch-türkischen Krieg, der jedoch erst im April 1828 ausbrach. Hofackers Bemerkung stand vielmehr im Zusammenhang des griechischen Freiheitskampfes und deutet auf ein gewisses erwecktes Interesse am Philhellenismus hin (zum Philhellenismus in Württemberg vgl. MYGDALIS, Ersatzweg Hellas).

mehremal [!] hier gepredigt hatte, und unmäßig schreit, und tobt auf der Kanzel. Er ist noch jung und wird es zu seiner Zeit auch anders treiben. Darüber hatte ich mich geärgert hauptsächlich auch wegen des schlechten geistlichen Geschmacks.«[108]

Bei der Rekonstruktion des Vorgangs ist man auf Mutmaßungen angewiesen. Der von Hofacker erwähnte Lauer dürfte der damalige Theologiestudent Heinrich Wilhelm Lauer (geb. 1807) gewesen sein, der später eine Übersiedlung zu den deutschen Gemeinden im südlichen Russland plante.[109] Die bruchstückhaften Informationen über ihn lassen Folgendes vermuten: Wer mit einer pietistischen Einstellung in der damaligen Zeit nach Russland auswandern wollte, hatte dafür – zumindest in erster Hinsicht – endzeitliche Gründe. Wenn sich Hofacker an seiner Art und Weise zu predigen störte, dann wahrscheinlich deswegen, weil Lauer die von Hofacker geforderte und selbst eingehaltene Vorsicht und Zurückhaltung gegenüber endzeitlichen Äußerungen nicht wahrte.[110] Die aus den Reihen der Gemeindeglieder gegenüber Hofacker geäußerte Kritik entzündete sich an dieser vorsichtigeren Haltung, die nicht bereit war, endzeitlichen Enthusiasmus zuzulassen.

Erneut zeigt diese zweite Episode, dass Hofacker in seinen Gemeinden nicht zu den Wortführern einer aufgeladenen endzeitlichen Stimmung ge-

---

108 Zirkularkorrespondenz Hofacker, Bd. c, Bl. 97ᵛ, Eintrag 19./24. März 1828.

109 Aus seiner Personalakte im Landeskirchlichen Archiv Stuttgart (A27, 1910, 2) wird soviel deutlich: Nach Abschluss seines Studiums kam er im November 1829 als Vikar nach Gültstein. Im folgenden Jahr bat er darum auf die Pfarrverweserei auf dem Hohentwiel versetzt zu werden, eine bei Pietisten damals beliebte Exklave der württembergischen Landeskirche. Die Bitte wurde ihm nicht gewährt, stattdessen wurde er nach Pliezhausen versetzt. Im Februar 1831 bemühte er sich um die Zulassung zur Anstellungsprüfung, da er anschließend »den schon längst gehegten Plan einer längeren Reise in das Ausland u. besonders vielleicht mehrjährigen Verweilens bei den deutschen Gemeinden im südlichen Rußland« (ebd., Nr. 6) ausführen wollte. Die Reisepläne gab er allerdings zunächst auf. Nach einer ungeklärten Untersuchung gegen ihn wegen des Verdachts der Vergewaltigung einer Magd im Wirtshaus Sonne in Reutlingen im Dezember 1831 bat er im Mai 1832 um die Erlaubnis zu einer Reise nach Norddeutschland und Nordfrankreich. Die Reise wurde ihm mit der Bemerkung genehmigt, nach seiner Rückkehr werde er als Pfarrgehilfe nur angestellt werden können, wenn er gute Zeugnisse seines Verhaltens vorlege. Über sein weiteres Schicksal ist nichts bekannt (vgl. aber die folgende Anm.). Hofackers Angaben legen die Vermutung nahe, Lauer sei derjenige gewesen, den Hofackers Mutter in einem Brief vom 1. November 1826 meinte, als sie ihrem Sohn Wilhelm schrieb, sie wolle »den N. N. nicht oft zur Aushülfe, denn dieser stürzt sich mit einer unvergohrenen Pietistenwuth so unter das Volk in heftiger Brüderschaft, daß der arme Louis und das Haus gestürmt werden könnten.« (KNAPP, Hofacker, S. 196).

110 Die Vermutung erhielte weitere Unterstützung, wenn sich nachweisen ließe, das der in der Korrespondenz zwischen Ignaz Lindl und dem Gründer der Nazarenerkirche, Johann Jakob Wirz, erwähnte Pfarrvikar oder Vikar L. der von Hofacker kritisierte Lauer ist: »Die Geschichte des Pfarrvikars L. hat sich wunderbar gestaltet. Wer darf ihn aber richten? Alle diese Dinge gehören zu der schon eingetretenen großen Versuchungsstunde, in welcher man wohl ausrufen mag: Wer wird bestehen in dieser finstern Nacht? [...] Wir wollen zu der Gnade Gottes hoffen, daß L. nicht noch einen tieferen Fall gethan habe, oder in der Folge noch tiefer fallen werde.« (WIRZ, Briefe an Ignaz Lindl, S. 178: Brief vom September 1832; vgl. auch den folgenden Brief vom Oktober 1832, S. 179).

zählt werden kann. Entsprechenden Tendenzen hielt er die Notwendigkeit von Buße und Bekehrung entgegen:

»So wurde ich sehr hart gegen meine Rielingshäuser. Sie schluckten Alles. Aber was halfs? Ich hatte gesagt: Anfangs seyen doch auch manche zu mir gekommen, und hätten bezeugt, daß sie sich gern bekehrten, nun aber komme Niemand mehr, und die welche damals gekomen seyen, schlafen schon lange wieder in dickem Sündenschlaf. Nun meinte ein Jeder, der ins Haus kam, er müße mir bezeugen, was er für ein frommer Mann sey. Es war ein wahrer Jammer. Ich hatte Sie über Ihre Nachläßigkeit im Besuch der Wochengottesdienste bestraft und gemeint, man sehe eben wohl, daß kein Hunger und Durst nach Wahrheit da sey. Die nächste Betstunde war die ganze Kirche voll. Die armen Schafe dauerten mich.«[111]

Mit durchaus amtskirchlichem Selbstbewusstsein maßregelte Hofacker seine Kritiker in Rielingshausen. Und das wohl nicht zuletzt weil er die Gefahr sah, endzeitliche Spekulationen könnten eine dauerhafte Bekehrung verhindern. Auch hier wird damit eine individualisierende Tendenz erkennbar, mit der Hofacker die endzeitlichen Erwartungen korrigierte. In einem anderen Zusammenhang hatte er seine Freunde ermahnt, sich »aus der Speculation in die Erfahrung« führen zu lassen.[112] Sie sollten das theologische Spekulieren zugunsten der unmittelbaren Glaubenserfahrung aufgeben. Ähnlich kann auch seine Haltung gegenüber der Rielingshäuser Gemeinde interpretiert werden. Die Erlösungsbedürftigkeit und den Ruf zur Buße an der eigenen Person zu erfahren, das sollte im Zentrum der Frömmigkeit stehen, nicht das Streben nach Erkenntnissen über zukünftige Ereignisse. Mit der Individualisierung der Endzeiterwartungen ging ihre Reduktion auf Bekehrung und Gericht in der öffentlichen Verkündigung einher. Mit seiner Skepsis gegenüber endzeitlichen Berechnungen und Spekulationen und seiner dezidierten Bekehrungsfrömmigkeit trat Hofacker in Gegensatz zumindest zu einem Teil seiner Hörerschaft. Deren Endzeiterwartungen wurden von ihm gedämpft, nicht gefördert. Mit der Abkehr von den universellen Erwartungen und der Hinwendung zu einer individuellen Erfahrungstheologie hatte Hofacker, neben seinen Initiativen für die Erneuerung pietistischer Kommunikationsformen, eine weitere Spur gelegt, die den württembergischen Pietismus der kommenden Zeit immer stärker prägen sollte.

---

111 Zirkularkorrespondenz Hofacker, Bd. c, Bl. 97^v.

112 Ebd., Bl. 53^r, Eintrag 22. Juni 1827. Hofacker hatte Barth und anderen eine spekulative Haltung in der Rechtfertigungslehre vorgeworfen und befürchtete, die Kontroverse könnte den Freundeskreis spalten. Er schlug daher vor, die Auseinandersetzung auf sich beruhen zu lassen: »Das lezte ist, wir schweigen hinfort über diese Sache. Brüder, das wäre mein Vorschlag. In 10 Jahren haben wir alle, die wir doch noch jung sind, festeren Grund, und dann läßt sich's eher sprechen, wenn das Reich Gottes nicht vorher kommt. [...] Ferne, ferne sey das elende Speculiren aus diesem Buche.« (Ebd., Bl. 52^r). Vgl. KIRN, Hofacker, S. 53f.

III. Spekulativer Biblizismus: August Osiander

Aus der Spekulation in die Erfahrung, dieser Ruf Hofackers war wohl nicht
zuletzt gegen August Osiander (1792–1834) gerichtet, den Hofacker während seines Studiums in Tübingen als Repetent am Stift kennengelernt
hatte. Osiander war zwar kein Mitglied der Zirkularkorrespondenz, durch
seine pfarramtliche Nachbarschaft zu einigen ihrer Teilnehmer aber deren
stiller Teilhaber im Hintergrund.[113] Hofacker warf Barth vor, in theologischen Auseinandersetzungen zu sehr auf Osiander zu hören und der grüble-
rischen Spekulation zu viel Platz einzuräumen, die Erfahrung dagegen zu
vernachlässigen.[114] Der Dissens offenbarte unterschiedliche Konzepte der
Frömmigkeit. Einerseits Hofacker und andere, die mit einem antiintellektu-
ellen Affekt die Unmittelbarkeit der Glaubens- und Sündenerfahrung ein-
forderten; auf der anderen Seite Barth und Osiander, die der forschenden
Erkenntnis einen wesentlich höheren Wert zumaßen. Die Auseinandersetzung wurde im Rahmen der Zirkularkorrespondenz nicht zu Ende geführt.
Einstweilen setzte sich Hofacker durch, der den Streit aus dem Briefwechsel des Freundeskreises verbannt wissen wollte.[115] Er war damit gleichwohl
nicht aus der Welt geschaffen. Die Krankheit und der Tod Hofackers und
der anschließende längere Unterbruch der Zirkularkorrespondenz sorgten
für ein Ende der Debatte, ohne dass es zu einer Einigung gekommen wäre.
Die unterschiedlichen Frömmigkeitskonzepte bestimmten nicht zuletzt
verschiedene Stile im Umgang mit endzeitlichen Erwartungen. Bei August
Osiander wird das besonders deutlich. Mit seinem Kommentar zur Johannesoffenbarung beschritt er einen dezidiert anderen Weg als Hofacker.[116]
Um Osiander und seinen Kommentar richtig einordnen zu können, soll
zuvor das Phänomen des endzeitlichen Buchmarktes näher in Augenschein
genommen werden.

---

113 Vgl. die Bemerkung Christian Burks über Osiander, den er »als bekannten Mitleser dieser
Briefe voraussetze« (Zirkularkorrespondenz Hofacker, Bd. c, Bl. 40^r, Eintrag Burk, 19. Mai 1827).
114 In einem Streit über die Rechtfertigungslehre schrieb Hofacker: »Ach! Besinne dich, lieber Barth, recht über diese Lehre, denn sie ist der Grund und Centrum des ganzen Evangeliums;
wenn mir das genommen wird, so muß ich desperiren, horche nicht allein auf deinen Nachbar
Osiander, denn ihr könntet noch viel ausgrübeln, es kommt aber darauf an, ob der Herr auch sein
Ja und Amen dazu legt, laße doch lieber manches in suspenso, ehe du mit der Vernunft drein
fährest, die Erfahrung dictirt oft ganz andere Compendien als die Speculation.« (Ebd., Bl. 23^r,
Eintrag 1./9. Februar 1827).
115 Ebd., Bl. 52$^{r/v}$, Eintrag 22. Juni 1827.
116 OSIANDER, Erklärung.

1. Apokalyptischer Buchmarkt

In den Privatversammlungen des Landes wurde eifrig gelesen und vorgelesen. Und auch für die häusliche Andacht gab es regen Bedarf an Lesestoff. Das Beispiel des Basler Missionsschülers Wilhelm Dürr hatte im vorigen Kapitel gezeigt, wie er bei seiner Vakanzreise in Stuttgart die Gelegenheit nutzte, für sich und seine Angehörigen in Buchhandlungen religiöse Literatur zu erwerben.[117] Doch Verlags- und Sortimentsbuchhandlungen, die es vor allem in den Städten gab, waren nicht die einzige Möglichkeit, Druckschriften zu erwerben. Vor allem das Land wurde von einer großen Zahl reisender Händler bedient, die auch religiöse Flugschriften und Traktate im Angebot hatten. Im Jahr 1821 forderten mehrere Pfarrer, den Druck und Vertrieb solcher Kleinschriften zu verbieten, da sie chiliastischen Ideen Auftrieb gäben.[118] Ein Pfarrer schrieb über die Mitglieder der Privatversammlungen: »Es sind izt so viele und vielerley mystische, ascetische, theosophische u.a. Schriften in ihren Händen, daß es kaum zu glauben ist.«[119] Ein Beispiel war der Traktat »Die Bekehrung eines Sünders«, wegen dessen Vertrieb sich der Sekretär der Stuttgarter Bibelanstalt, Ludwig Gundert (1783–1854), 1824 bei staatlichen Stellen verantworten musste. Der 32-seitige Traktat, die Neuauflage einer älteren Ausgabe, war bei Steinkopf in Stuttgart in 2000 Exemplaren gedruckt und von Gundert vertrieben worden. Besonders die Darstellung des armen Sünders am Stricke des Teufels auf einem Kupferstich gegenüber dem Titelblatt hatte das Missfallen eines unbekannten Klägers gefunden, der die Zensurbehörde benachrichtigte.[120]

117 Zum Verlags- und Sortimentsbuchhandel in Stuttgart vgl. DRUCKENMÜLLER, Buchhandel.
118 LKA Stuttgart, A26, 464, 2: Bericht von Prälat Märklin, Stuttgart, 12. November 1821; Bericht von Dekanatamtsverweser Bilfinger, Neuenstadt, o. D.; Bericht von Dekan Kapff, Tuttlingen, 11.–13. September 1821; LKA Stuttgart, DA Tübingen, Nr. 40: Bericht von Pfr. Malblanc, Wankheim (er forderte die Konfiskation chiliastischer Bücher). Zur Entstehung der Berichte vgl. oben Kapitel 1, Abschnitt V.
119 StadtA Herrenberg, Stifts- und DA Herrenberg, D 79/3: Bericht von Pfr. Zeller, Tailfingen, o. D.
120 StA Ludwigsburg, E 173 I: Kreisregierung Ludwigsburg, Bü 1017, mit beiliegendem Exemplar des Traktats. Gunderts Sohn Hermann, der den Vorgang allerdings ins Jahr 1819 verlegt, erwähnt einen angeblich von Goßner stammenden Traktat »Die Rettung des Sünders«, wegen dessen Vertrieb sich die Stuttgarter Traktatgesellschaft habe auflösen müssen (Christianens Denkmal, S. 76). Nähere Kunde über den Vorgang bietet ein Brief des Stuttgarter Kaufmanns Emanuel Josenhans: »Wissen Sie, daß durch *unsere* Polizey der Verkauf des bekannten Traktätchens ›die Bekehrung des Sünders‹ verboten worden ist und der Vorrath davon bei H. Guntert auf dem Bibelhauß, der den Druk Nahmens hiesiger TraktatGesellschaft besorgte, unter Sigel, bis auf weiteres, gelegt worden ist? Gestern wurde unserem l. Guntert als quasi Verleger desselben, von dem PolizeiDirector das Straferkentnis der Neckar Kreiß Regierung so publicirt, daß Er, weil er seinen Nahmen nicht beisezte nun 15 Reichsthaler gestraft sey, – die weitere Untersuchung des Inhalts dieser Piéce dem Königl. StudienRath und Censur Collegio vorgelegt werde, und von diesen Behörden der Bescheid zu erwarten sey, was mit dem in Beschlag genommenen Vorrath

Offensichtlich ging man davon aus, die religiöse Phantasie der Leserinnen und Leser werde zum Nachteil der öffentlichen Ordnung besonders durch solche bildlichen Darstellungen angeregt.[121] Die angeordnete Beschlagnahme der Restauflage wurde im Januar 1825 wieder aufgehoben, nachdem Gundert zugesagt hatte, die verbliebenen 1200 Exemplare ins Ausland zu bringen. Wahrscheinlich wollte er sie der Basler Traktatgesellschaft übergeben, die ungehindert für deren weiteren Postvertrieb sorgen konnte.[122] Der Traktat, dessen Nachdruck der Stuttgarter Traktatverein in Auftrag gegeben hatte, konnte auf diese Weise auch weiterhin in pietistische Haushalte Württembergs gelangen. Die Episode macht die Bedeutung der verschiedenen Traktatvereine deutlich, die den religiösen Buchmarkt seit der Wende zum 19. Jahrhundert durch ihre Kolporteure belieferten.[123]

Die auf diese Weise unter das Volk gebrachten Flugschriften und Traktate bildeten den sich bald verflüchtigenden Untergrund des apokalyptischen Schrifttums, der eher in Zensurakten als in Bibliotheks- oder Nachlassverzeichnissen auftauchte. Es handelte sich um Gebrauchsliteratur ohne vererbbaren Wert. Ihre Bedeutung für die pietistischen Zeitgenossen kann daher nur noch indirekt ermittelt werden. Der Publizist und damalige Dekan von Gaildorf, Johann Gottfried Pahl (1768–1839), bemerkte im Jahr 1826

davon anzufangen wäre. Herr Steinkopf als Druker wird wohl auch etwas lösen. So unerwartet dieß uns ist, so wenig bekümmert es uns. Aus dem Verhör [...] gieng hervor, daß das vorgebrachte Küpferle dem unbekannten Kläger zu ärgerlich gewesen seyn muß.« (ABM Basel, Q-3-4, 7: Brief von E. Josenhans an C. G. Blumhardt, Stuttgart, 22. April 1824).

121 Bereits 1821 hatten einzelne Pfarrer auf die Beförderung chiliastischer Ansichten durch entsprechende Bilder und Kupferstiche hingewiesen. Der Ingelfinger Dekan Breitschwerdt berichtete, die Pfarrer seiner Diözese benutzten »jede schikliche Gelegenheit wo sie die irrige Meynung vom Antichrist, von der Prophezeihung der lezten Zeit und dem tausendjährigen Reich widerlegen können. Aber den Verkauf kleiner Piecen die von dergleichen Dingen handeln, und zum Kauf angeboten werden – auch illuminirte Kupferstiche die das tausendjährige Reich vorstellen, lythographirte Visionen eines Stadtschreibers in Güglingen pp. die hie und öffentlich herum getragen, und gekauft werden, können sie nicht verhüten.« (LKA Stuttgart, A26, 464, 2: Bericht vom 15. September 1821). Und der Holzgerlinger Pfarrer W. Chr. Neuffer schrieb: »Die älteren Pietisten erwarten allerdings einen bestimmten Antichrist. Viele waren der Meynung, Napoleon werde noch als derselbe auftreten. Es finden sich auch Kupferstiche, in welchen der Antichrist in der Uniform eines Franz. Generals abgebildet wird, u. da der gemeine Mann gewöhnlich Alles für wahr hält, was gedrukt ist, so ist ihm auch die dabey gedrukte Erklärung eine prophetische Weissagung von dem Helden in St. Helena gewesen.« (LKA Stuttgart, DA Böblingen, Nr. 275).

122 Schon 1821 hatte der Schömberger Pfarrer Ade gefordert, den Postversand von Basler Traktaten zu unterbinden, um »den mystischen Ideen der Pietisten ihre Hauptnahrung zu nehmen« (LKA Stuttgart, DA Neuenbürg, Nr. 72c: Bericht vom 17. September 1821).

123 Im Gebiet Württembergs waren dies seit 1805 der Stuttgarter Traktatverein, dem 1820 eine Bücherstiftung zur Seite trat (SCHMIDT, Innere Mission, S. 102ff). 1829 gründete C. G. Barth in Calw und 1830 C. U. Hahn in Esslingen jeweils einen Traktatverein. Vorbilder waren die *Religious Tract Society* in London (1799) und die *Gesellschaft zur Verbreitung erbaulicher Schriften* in Basel (1802). Vgl. MARTIN, Evangelicals United, S. 148–173; GÄBLER, Evangelikalismus, S. 32; WEIGELT, Diasporaarbeit, S. 126.

über diesen auch von den Traktatgesellschaften versorgten grauen Markt endzeitlicher Schriften:

»Mehrere dieser Büchlein werden durch wiederholte Auflagen vervielfältigt; am meisten Nachfrage scheinen die zu haben, die das Geheimniß der *Apokalypse* aufschließen, wie denn ein Zürcher Buchführer von den *Sieben Posaunen* in einem Jahre über 3000 Exemplare abgesetzt hat. Was aber ihren Inhalt anbelangt, so ist in ihnen meistens die Rede von der Zukunft Christi und den Vorzeichen derselben, von den Wehen, die demnächst über die Welt kommen sollen, von den Strafgerichten, die Gott an seinen Verächtern vollzogen, von wunderbaren Gebetserhörungen, von Engels- und Gespenstererscheinungen, von den Spuken, die der Satan an den Kindern der Welt verübt, von Conversationen, welche die Kinder Gottes mit dem lieben Heilande gepflogen, dann von der totalen Verdorbenheit der menschlichen Natur, von den miraculösen Wirkungen der Gnade, von teuflischen Tentationen, von Selbsttödtung und Selbstvernichtung und von hundert andern Dingen, die da ersonnen sind, den Menschen geistig zu verkrippeln und um allen gesunden Verstand zu bringen, und das Christenthum, die *vollkommenste Gabe*, die der *Vater des Lichts* unserm armen Geschlechte gegeben, zu einem Spielwerke des Aberglaubens und der Schwärmerey zu machen.«[124]

Pahls Blick auf den apokalyptischen Buchmarkt seiner Zeit war durch sein ambivalentes Verhältnis zum Pietismus geprägt. Seiner Ansicht nach gingen endzeitliche Erwartungen und die Faszination durch übernatürliche Phänomene in jenen Schriften eine verhängnisvolle Verbindung ein. Die Hoffnung auf die Wiederkunft Christi geriet so in den Verdacht »des Aberglaubens und der Schwärmerey«. Doch so gefärbt Pahls Blick gewesen sein mag, er macht doch nachträglich noch einmal verständlich, warum pietistische Pfarrer sich scheuten, öffentlich ihre endzeitlichen Erwartungen unverblümt zu äußern.[125] Sie hätten sich dem Verdacht ausgesetzt, mystische und separatistische Tendenzen zu befördern, die den Zusammenhalt der Landeskirche gefährdeten. Man hatte es tunlichst zu vermeiden, mit einer apokalyptischen Schrift, wie der von Pahl erwähnten über die sieben Posaunen, in Verbindung gebracht zu werden. Es handelte sich dabei um den erstmals 1814 erschienenen Traktat des Bönnigheimer Küfermeisters Christian Armbruster (1750–1815), der 1830 in einer angeblich zweiten, von unbekannter Hand verbesserten Auflage erschien.[126] Pahls Hinweis auf den reißenden Absatz der Schrift erfährt eine weitere Bestätigung durch

---

124 PAHL, Obscurantismus, S. 234ff. Über Pahl und sein mehrdimensionales Verhältnis zum Pietismus vgl. NARR, Pahl.

125 Vgl. dazu oben Abschnitt I. 4. *Pietistische Pfarrer und Privatversammlungen* und Abschnitt II. 4. *Hofacker und seine Hörerschaft.*

126 ARMBRUSTER, Die sieben letzten Posaunen oder Wehen. Faktisch erfuhr der zuerst anonym veröffentlichte Traktat zwischen 1814 und 1830 mehrere Nachdrucke, von denen einer gar Jung-Stilling zugeschrieben war; vgl. SCHWINGE, Populär-Apokalyptik, S. 187f, dessen bibliographische Angaben durch die hier erwähnte Ausgabe von 1830 zu ergänzen sind.

pfarramtliche Berichte aus dem Jahr 1821, in denen auf die Verbreitung von Armbrusters Schrift hingewiesen wurde.[127] Der Traktat kündigte für die kommende Zeit unter Hinweis auf Offb 8f diverse Strafgerichte an und rief zur Buße auf. Für 1833 erwartete der Verfasser den Auftritt der zwei Zeugen im Tempel der neu erbauten Stadt Jerusalem. 1837 sollte das tausendjährige Reich anbrechen. In der vorliegenden Ausgabe von 1830 wurden in einem Register abschließend noch einmal die für die Jahre 1816 bis 1837 zu erwartenden endzeitlichen Ereignisse aufgelistet.[128] Offensichtlich betrachtete der Herausgeber die Voraussagen auf Ereignisse der zurückliegenden Jahre als erfüllt. Symptomatisch für diesen und ähnliche Traktate war, dass der öffentlichen Kirche in den anstehenden Entwicklungen keinerlei positive Bedeutung zugemessen wurde. Die separatistische Tendenz war ein häufig anzutreffendes Merkmal der populär-apokalyptischen Literatur.[129] Nur vor diesem Hintergrund sind die Initiativen mehrerer pietistischer Pfarrer am Ende der zwanziger Jahre verständlich, die neue Traktatvereine ins Leben riefen: Christian Gottlob Barth 1829 in Calw und Christoph Ulrich Hahn 1830 in Esslingen. Auch Christian Burk plante 1829 die Gründung eines Traktatvereins, bevor er zwei Jahre später das Zeitungsprojekt des *Christenboten* ins Leben rief.[130] Alle drei wollten dem Publikum religiöse und endzeitliche Literatur anbieten, ohne separatistischen Bestrebungen neue Nahrung zu geben.

Pahls Beobachtung einer verstärkten Nachfrage nach Schriften, die »das Geheimniß der *Apokalypse*« aufzuschließen versprachen, war aber nicht nur auf dem Markt der Flugschriften und Traktate wahrnehmbar, sondern auch im ›offiziellen‹ Buchhandel. Mit einem gewissen Recht lässt sich sogar von einem apokalyptischen Buchmarkt sprechen. Denn in der zweiten Hälfte

---

127 Aus dem Generalat Heilbronn berichtete Prälat Märklin: »Mit der Apokalypse beschäftigt sich nur ein Theil der Privat-Versammlungen, und legt dabey Bengels Reden über die Offenbarung Johannis zu Grunde. Hin und wieder werden auch die Schriftchen über den Antichrist von dem erwähnten Fr. Frey und von einem gewissen Armbruster von Bönnigheim gelesen.« (LKA Stuttgart, A 26,464,2: Bericht, Stuttgart, 12. Oktober 1821). Und der Mötzinger Pfarrer Johann Jakob Griesinger merkte an: »Eines gewissen Armbrusters chiliastische Berechnungen gehen von Hand zu Hand.« (Ebd.: Bericht vom 10. August 1821).

128 ARMBRUSTER, Posaunen, S. 1 (Strafgerichte und Anbruch des Reiches Gottes), 6 (Auftritt der zwei Zeugen), 111ff (Register).

129 Vgl. SCHWINGE, Populär-Apoklaptik, S. 192f.

130 Zu Barth und Hahn vgl. LEHMANN, Pietismus und weltliche Ordnung, S. 190 u. 194f. Zu Burk vgl. WLB Stuttgart, Cod. hist. 2° 877 III: Akten und Briefe über die Gründung einer Traktatgesellschaft, 1829–30. Burks Pläne richteten sich auch gegen die aus der »Nachdruckerhochburg Reutlingen« (SCHAD, Buchbesitz, S. 24) stammenden Traktate. Der Ingelfinger Dekan Breitschwerdt beklagte sich schon 1821 über »die Büchermakler von Reutlingen, welche unsere Gegend öfters besuchen – und mit unter die unsinnigsten Schriften verbreiten von denen man nicht begreifen kann, wie sie auch bey aller Preßfreyheit dürfen gedrukt werden, – da sie den thörigsten Aberglauben nahmentlich den an Gespenster und GeisterErscheinungen u. d. gl. Unsinn verbreiten« (LKA Stuttgart, A26, 464, 2: Bericht vom 15. September 1821).

der 1820er Jahre kam es an den württembergischen Verlagsorten zu einer unübersehbaren Häufung von Veröffentlichungen zur Johannesoffenbarung. Offenbar gab es eine entsprechende Nachfrage beim Lesepublikum. Die in diesem Zeitraum erschienenen Publikationen zeigen die Vielfalt des Zugriffs und verdeutlichen das Umfeld, in dem August Osianders Apokalypse-Kommentar 1831 erschien. Zum einen wurden Auszüge aus Bengels Schriften zur Johannesoffenbarung veröffentlicht, wobei es sich um Neudrucke früherer Ausgaben handelte.[131] Die Auszüge dienten der Popularisierung von Bengels Schriften, indem sie diese strafften und auf das wesentlich Erscheinende konzentrierten. Im Gegensatz zu Bengels eigenen Formulierungen spielten dabei die bevorstehenden Ereignisse eine breitere Rolle. Die Bedeutung der Jahre 1832 bis 1836 wurde betont, die entscheidenden Termine deutlich genannt.[132] Einige Autoren machten sich dagegen an die Aufgabe, die Bengelschen Berechnungen anhand der seit seiner Zeit erfolgten Ereignisse zu korrigieren. Ihre Auslegungen waren von einer apologetischen Grundhaltung geprägt: Ergaben sich im Detail auch Differenzen, so wurde Bengel doch grundsätzlich gegen seine Kritiker in Schutz genommen – ein wichtiges Motiv für das Erscheinen dieser Bücher.[133] Im Gegenzug erschienen einzelne historisch-kritische Exegesen, die einen Bezug der in der Offenbarung beschriebenen Ereignisse auf die Gegenwart ablehnten und stattdessen eine zeitgeschichtliche Deutung auf Vorgänge der frühen Kirche nahelegten.[134]

---

131 [BENGEL], Erklärende Umschreibung der Offenbarung Jesu Christi, hg. v. ERNST BENGEL, Reutlingen 1824 (vorher Leipzig 1773); [PH. M. HAHN], Die Hauptsache der Offenbarung Johannis oder vielmehr Jesu Christi, Reutlingen 1827 (vorher Stuttgart 1772; Schaffhausen 1772; Reutlingen 1773; zu Hahns Autorschaft und den verschiedenen Ausgaben vgl. BREYMAYER, Bengelische Erklärung, S. 179ff, 184ff).

132 [PH. M. HAHN], Hauptsache, S. 101ff und 165f.

133 In der Reihenfolge ihres Erscheinens: CHRISTIAN PHILIPP FRIEDRICH LEUTWEIN, Das Thier war und ist nicht, und wird wiederkommen aus dem Abgrund, Ludwigsburg 1825; die zweite Schrift des Privatlehrers und früheren Pfarrers (1768–1838) zur Apokalypse. – JACOB LUDWIG FRIEDRICH WEIGENMAJER, Eine ganz neue Enträthselung der göttlichen Offenbarung Johannis, Tübingen 1827; der Pfarrer von Dornstetten versuchte die kirchengeschichtliche Interpretation der Offenbarung durch ausgedehnte Zahlenspekulationen zu perfektionieren; das beigegebene Subskribentenverzeichnis (S. XVf) zeigt, dass Weigenmajer mit seiner Schrift im Wesentlichen nur unter Pfarrern, Lehrern und anderen Honoratioren seiner unmittelbaren Nachbarschaft Interessenten fand. – FRIEDRICH SANDER, Versuch einer Erklärung der Offenbarung Johannis, Stuttgart 1829; der rheinische Pfarrer (1797–1859) schloss sich im Grundsatz der Bengelschule und auch Ignaz Lindl an und kam zu der Vermutung, das Jahr 1847 werde eine entscheidende endzeitliche Wende herbeiführen (S. 102 und 115f Fußnote), womit sich schon 1829 eine Verschiebung des von Bengel berechneten endzeitlichen Horizontes andeutete.

134 Wiederum in der Reihenfolge des Erscheinens: Kurze und faßliche Erklärung der Offenbarung des Johannes. Ein Beitrag zu gesundem Schriftverständniß. Von einem Landgeistlichen, Stuttgart 1827; als Schlüssel der Interpretation galten Ereignisse des jüdischen Krieges, 70 n. Chr.; der anonyme Autor wollte mit seiner Schrift dem in der Öffentlichkeit verbreiteten Wunsch, »Blicke in eine nähere oder entferntere Zukunft thun zu können« (S. 3) entgegenwirken. – JOHANN

Auszüge aus Bengelschriften, apologetische und kritische Kommentare, schließlich Traktate und Flugschriften – das war das weite Spektrum des apokalyptischen Buchmarktes in Württemberg, als August Osiander an seiner »Erklärung der Offenbarung Johannis« schrieb.

2. August Osiander

Lediglich als älterer Freund und Lehrer Christian Gottlob Barths hat das Leben des pietistischen Theologen Karl August Osiander in der Literatur bisher Nachhall gefunden.[135] Er wurde 1792 im Pfarrhaus von Kohlberg geboren. Nach seinem Theologiestudium begann er seine pfarramtliche Laufbahn 1815 als Repetent im Tübinger Stift. In den folgenden vier Jahren gewann er erheblichen Einfluss auf die pietistischen Studierenden im Stift und erneuerte deren regelmäßige Versammlungen.[136] 1819 wurde er Pfarrer in Münklingen. Wohl auf seine Anregung hin trafen sich spätestens ab 1823 die pietistischen Pfarrer der Calwer Gegend zu monatlichen Predigerkonferenzen. Auch Christian Gottlob Barth, der Osiander seit der gemeinsamen Zeit im Tübinger Stift kannte, besuchte von seinem Vikariatsort Effringen aus die Konferenzen.[137] Die Freundschaft intensivierte sich, als Barth Ende 1824 in Münklingens Nachbarort Möttlingen Pfarrer wurde. 1832 wechselte Osiander nach Maichingen und heiratete Anfang 1833 Emilie Hoffmann, die Tochter eines Stuttgarter Finanzbeamten. Ein im folgenden Jahr geborener Sohn starb bald. Die Geburt seiner Tochter Emilie erlebte Osiander nicht mehr. Er starb am 7. November 1834 in Maichingen. Sein Tod traf den Freund Barth schwer und führte bei ihm – so Barths Biograph Karl Werner – zu lebenslangen psychosomatischen Beschwerden.[138] Der Hintergrund war die Erwartung, Osiander werde den Märtyrertod erleiden. Als Osiander Repetent in Tübingen gewesen war, hatte er aus einem Visionserlebnis den Schluss gezogen, er werde in der Nachfolge Christi eines gewaltsamen Todes sterben. Beide, Barth und Osiander, waren daher überzeugt, die Verfolgungen der vom Erscheinen des Antichrists geprägten Phase vor der Wiederkunft Christi würden in Kürze, jedenfalls noch zu ihren eigenen Lebzeiten anbrechen. Osianders natürlicher Tod bedeutete für diese Erwar-

---

HEINRICH HEINRICHS, Commentar über die Offenbarung Johannis, Stuttgart 1833; kritische Exegese mit Bezug auf Herder, Eichhorn u.a.

135 Vgl. Zum Andenken des verewigten M. Karl August Osiander, pass.; WERNER, Barth, Bd. 1, S. 104, 184ff u.ö.; Bd. 2, S. 34f, 39ff, 171f, 289ff u.ö.; RAUPP, Barth, S. 93, 159; ANNA SCHLATTER, Reise nach Barmen im Sommer 1821, S. 236–239.

136 LEUBE, Stift, S. 287ff. Die Mehrzahl der späteren Teilnehmer an der Hofackerschen Zirkularkorrespondenz waren während Osianders Repetenz Mitglieder der pietistischen Gruppe am Stift.

137 WERNER, Barth, Bd. 1, S. 277.

138 WERNER, Barth, Bd. 2, S. 289. Zu Barths Reaktionen auf Osianders Tod, ebd., S. 289–302.

tungen einen Rückschlag. Ob Barths Beschwerden in der Folge allein auf die enttäuschten Endzeiterwartungen zurückgeführt werden können, mag dahingestellt bleiben. Bemerkenswert ist hingegen, dass Osiander und Barth solch konkrete, auch in ihr eigenes Leben einschneidende endzeitliche Erwartungen geteilt hatten. Auf dem Sterbebett musste sich Osiander überzeugen lassen, sein früheres Visionserlebnis falsch interpretiert zu haben.[139] Folgt man dem bei seiner Beerdigung verlesenen Lebenslauf, soll er gleichwohl kurz vor dem Tod gesagt haben:

»Ich bekenne vor euch, daß es groß und wichtig ist, Jesum als das Lamm Gottes zu erkennen; aber noch weit wichtiger ist es, Ihn auch als den Hohenpriester und einigen Mittler recht zu erkennen, dessen Fürbitte ich besonders jezt erfahre. Ich bezeuge euch nachdrücklich, daß Er bald kommen wird in seiner zweiten, aber auch in seiner dritten sichtbaren Zukunft!«[140]

Der gleichsam legendarische Charakter der Erzählung von Osianders Sterben ist unübersehbar. Aber offensichtlich bot sein Leben und Denken Anhalt für das Entstehen eines solchen Berichtes.

Als Osiander starb, hinterließ er neben wenigen gedruckten Predigten und Zeitungsartikeln als Hauptwerk die 1831 im Rahmen der Evangelischen Schullehrerbibel erschienene »Erklärung der Offenbarung Johannis«.[141] Die Beschäftigung mit dem letzten Buch der Bibel und den daraus erschlossenen Weissagungen war das Zentrum von Osianders theologischer Arbeit.[142] Anders als Hofacker hatte er sein Denken nicht auf die Bußpredigt hin ausgerichtet, sondern widmete sich einem spekulativen Biblizismus, der

---

139 Ebd., S. 291f.

140 Zum Andenken des verewigten M. Karl August Osiander, S. 33.

141 OSIANDER, Erklärung. Im *Wilhelmsdorfer Predigtbuch* ist eine Predigt Osianders über Joh 15,1–11 abgedruckt (Predigten über den zweiten Jahrgang (1834), S. 649–657). Im *Homiletisch-liturgischen Korrespondenzblatt* erschienen 1825 und 1826 diverse kurze Artikel von ihm (vgl. SCHINDLER-JOPPIEN, Neuluthertum, S. 302f). Im *Christenboten* wurden in den Jahren 1831 und 1832 drei Leserbriefe von »O. in M.« abgedruckt, die aufgrund einer privaten Notiz des Herausgebers Christian Burk »Osiander Pfr. in Münklingen« zugeschrieben werden können (WLB Stuttgart, Cod. hist. 2° 878 I, Nr. 1: handschriftl. Notiz von Chr. Burk über die Auflösung der im Jahrgang 1832 des *Christenboten* enthaltenen Namenskürzel; vgl. zum *Christenboten* unten Kapitel 3, Abschnitt III.). Schließlich erschienen in dem von C. P. H. Brandt herausgegebenen *Evangelischen Prediger-Magazin* zwei Beiträge: Predigt, gehalten am Reformationsfeste den neun und zwanzigsten Juny 1828 [zu Hebr 13,7–9] (Bd. 1, Heft 1, S. 23–30); Predigt am Charfreitage über 1 Joh 3,16 (Bd. 2, Heft 2, S. 81–89).

142 Auch Barth strich das in seiner Grabrede heraus: »Bei dem Lichte, das ihm Christus in Sein Wort und besonders in Seine heilige Offenbarung geschenkt hatte, sah er deutlich die immer zahlreicher werdenden Vorboten des großen Kommens Christi; und wie es eine seiner Hauptbeschäftigungen war, sich in dem großen heiligen Kreise der biblischen Weissagungen zu bewegen, so sind wohl auch die Aufschlüsse, welche die Kirche Christi über dieselben durch ihn empfangen hat, als eines der dankenswerthesten Geschenke unsers Herrn zu betrachten, und werden künftighin als solches immer mehr anerkannt werden.« (Zum Andenken des verewigten M. Karl August Osiander, S. 11).

aus der Bibel eine Gesamtschau der historischen Erkenntnis zu gewinnen suchte.[143] Er stand damit in der spekulativen Tradition des württembergischen Pietismus.[144] Anders als Barth unternahm Osiander keine größeren Versuche, seine Gedanken einer breiteren Öffentlichkeit vorzustellen. Seine Beiträge zur Evangelischen Schullehrerbibel sind die einzigen nennenswerten Zeugnisse seines Denkens.

3. Universalgeschichtliche Erklärung der Offenbarung Johannis

Unter evangelischen Theologen in Bayern wurde im September 1828 beschlossen, eine kommentierte Bibel herauszugeben, die der seit 1826 erscheinenden Schullehrerbibel des Königsberger Pädagogen und Professors Gustav Friedrich Dinter (1760–1831) entgegengesetzt werden sollte. Das einflussreiche Dintersche Werk galt ihnen als rationalistisch und unevangelisch. Eine im Titel betont *Evangelische* Schullehrerbibel sollte dem Zweck dienen, »jedem wahren Christen, und somit auch jedem wahrhaft christlichen Schulmanne zum eigenen Verständnis der Schrift zu verhelfen«.[145] Der mit der Redaktion beauftragte fränkische Pfarrer Christian Philipp Heinrich Brandt (1790–1857) gewann die württembergischen Theologen Barth und Osiander sowie den mit diesen befreundeten badischen Theologen Karl Bähr (1801–1874) als wichtigste Mitarbeiter.[146] In einem offensichtlich von Barth verfassten Vorwort[147] verständigten sich die Bearbeiter auf acht exegetische Grundsätze, die aus dem Prinzip, die heilige Schrift nur aus sich

143 »Osiander hatte bei einer gründlichen philosophischen und theologischen Bildung alles, was man gewöhnlich theologische Gelehrsamkeit heißt, sämmtliche [...?] über Bord geworfen, sich einzig an ein in philosophischem, oder wenn man lieber will theosophischem Geist betriebenes Studium der heil. Schrift gehalten, und sich die Aufgabe gestellt, aus derselben eine lückenlose Erkenntniß des ganzen göttlichen Rathschlusses, in Beziehung auf die Vergangenheit wie auf die Zukunft, zu schöpfen. Sein Grundsatz war, kein Stückwerk in seinem Erkenntniß Kreis [?] gelten zu lassen, indem er das Paulinische Stückwerk 1 Cor 13,12 nach dem Zusammenhang auf das außerordentliche Erkennen der Ekstase bezog.« So Barth über seinen Freund Osiander (BSB München, Autogr. Barth, Christian Gottlob: eigenhändige autobiographische Skizze, o. D. [ca. 1852/53]).

144 Zum spekulativen Pietismus in Württemberg vgl. WALLMANN, Pietismus, S. 138–143; SCHÄFER, Non ad omnes; DERS., Elemente.

145 Evangelische Schullehrerbibel, Vorwort, Teil 1, S. IV.

146 WERNER, Barth, Bd. 2, S. 116. Barth und Osiander verfassten die Kommentare zu 18 der 27 neutestamentlichen Schriften. Barth: 1/2Thess, 1/2Tim, Tit, Phlm, 1/2Petr, Jud (vgl. seine autobiographische Skizze von 1852/53, BSB München, Autogr. Barth, Christian Gottlob; hier schreibt er sich auch die Autorschaft für die Kommentare zu den Johannesbriefen zu); Osiander: Joh, Röm, 1/2Kor, Hebr, 1/2/3Joh, Offb (Zum Andenken des verewigten M. Karl August Osiander, S. 34); Bähr: »mehrere paulinische Briefe« (WERNER, Barth, Bd. 2, S. 116, vermutlich Gal, Eph, Phil und Kol, vgl. WÜSTENBERG, Bähr, S. 89). Von unbekannten Autoren stammen die Kommentare zu Mt, Mk, Lk, Apg und Jak.

147 Albert Knapp erwähnte Barth als Verfasser des Vorworts (LKA Stuttgart, D2, Nr. 83,7: Brief Knapp an C. F. Klaiber, 4. April 1829).

selbst zu erklären, gefolgt wurden. Unter diesen Grundsätzen fanden sich die Bestimmungen, die Schrift habe nur einen Sinn, nämlich den buchstäblichen, die biblischen Begriffe müssten überall im eigentlichen Sinn verstanden werden, solange kein Unsinn daraus entstehe, und die wohl von Osiander inspirierte Feststellung, die heilige Schrift enthalte »eine vollständige Offenbarung von dem Rathschluß Gottes über das ganze Universum«.[148] Demgemäß sollten alle Wissenschaften, Philosophie, Geschichte, aber auch die Naturwissenschaften auf die aus der Bibel gewonnenen Erkenntnisse gegründet werden. In Barths und Osianders Programm vereinigte sich damit der auf Bengel zurückgehende Biblizismus mit dem von Oetinger ausgehenden Versuch einer spekulativen Gesamtschau der Wirklichkeit. Das Projekt stieß auf herbe Kritik. Selbst pietistische Freunde Barths und Osianders äußerten ihren Unmut über die Auslegungsprinzipien der Schullehrerbibel.[149] Deren Bearbeiter reagierten auf die Kritik mit einem Anhang zum dritten Teil ihres Werks, in dem sie ihre Auslegungsprinzipien gegen die Angriffe verteidigten. Nicht zuletzt beharrten sie auf der Möglichkeit und Zulässigkeit, das buchstäbliche vom bildlichen Verständnis biblischer Weissagungen zu unterscheiden und so exegetische Aussagen über bevorstehende Ereignisse machen zu können. Das »Licht, das eine vertraute Bekanntschaft mit der Apokalypse Christi« ihnen gewähre, setze sie dazu in Stand.[150] Der Auslegung der Johannesoffenbarung kam also im Rahmen der Schullehrerbibel zentrale Bedeutung zu. Es mag daher eigenartig erscheinen, dass Osianders Erklärung nur als separate Zugabe zur Schullehrerbibel und nicht als deren integraler Bestandteil erschien. Der Grund für diese Maßnahme lag in den antikatholischen und antipäpstlichen Stellen des Buches. Bei einer Konferenz in Ansbach im Sommer 1830 beschloss der Kreis der Bearbeiter, Osianders Erklärung separat drucken zu lassen, da man sonst von der bayerischen Zensurbehörde ein Verbot der gesamten Schullehrerbibel befürchtete.[151]

148 Evangelische Schullehrerbibel, Teil 1, S. X (i. O. gesperrt).

149 Albert Knapp, dem Barth die Bearbeitung des Hebräerbriefes angetragen hatte (LKA Stuttgart, D2, Nr. 81,7: Brief Barth an Knapp, 30. Jan. [1829]), äußerte sich gegenüber dem Stuttgarter Oberkonsistorialrat Christian Friedrich Klaiber entsetzt: Die Vorrede zur Schullehrerbibel enthalte, »unter vielem Schönen, offenbare Widersprüche, grundfalsche Hauptsätze [...] und andere Dinge, die zum größten Mißverstand der Schrift führen können« (ebd., Nr. 83,7: Brief 4. April 1829). Der Dissens ging soweit, dass Knapp gegenüber Burk in Frage stellte, ob Barth – »der so gar unevangelisch« lehre – überhaupt noch dem Korrespondenzzirkel des Freundeskreises angehören könne (WLB Stuttgart, Cod. hist. 2° 878 X: Brief Knapp an Burk, 12. September 1829).

150 Evangelische Schullehrerbibel, Teil 3, S. 709–715, Zitat: S. 715.

151 Barth schrieb über das Treffen an Knapp: »Den anderen Morgen war auf unserem Zimmer die engere Conferenz über den eigentlichen Zweck der Reise, ob man es nämlich wagen dürfe, die Osiandersche Erklärung der Apokalypse, in welcher viele starke Stellen gegen Catholizismus u. Papstthum vorkommen, in Baiern drucken zu lassen, ohne dadurch der Schullehrerbibel zu schaden, oder gar ein Verbot gegen sie zu veranlassen. Der einmüthige Beschluß fiel dahin aus,

Was waren die markanten Besonderheiten von Osianders Erklärung? Als erstes springt der universalgeschichtliche Zugang ins Auge. Wie die Bibel als Ganze »eine vollständige Offenbarung von dem Rathschluß Gottes über das ganze Universum«[152] enthalte, so beschreibe die Johannesoffenbarung, »was durch den *verherrlichten* Christus, und zwar mit dem *Ganzen* der Menschheit und der Welt und *für* das Ganze ausgeführt werden« solle.[153] Das letzte Buch der Bibel offenbare also die Geschichte des Universums bis zu seinem Ende. Zum zweiten ist nicht zu übersehen, dass Osiander – vorsichtig in der Formulierung, eindeutig in der Aussage – aus der Johannesoffenbarung die Wiederbringung aller herauslas. Aus der Kombination von Offb 5,13 (»alle Creatur«) und 22,3 (»wird kein Verbanntes mehr seyn«) schloss er die letztendliche Aufhebung alles Widergöttlichen und damit implizit die Wiederbringung aller.[154] Als Barth später kritisch darauf hingewiesen wurde, Osiander habe in seinem Kommentar die Wiederbringungslehre vertreten, antwortete er mit bissiger Süffisanz:

»Osianders Erklärung hat zunächst nicht den Zweck der Erbauung, sondern der Erklärung. Und daß diese unrichtig sei, muß mit Gründen nachgewiesen werden, welches keine leichte Arbeit sein möchte. Daß die Wiederbringung darin vorkommt, dafür können wir Nichts. Sie steht in der Apokalypse selbst, und Du mußt also mit dieser hadern, daß sie so eine unchristliche Lehre aufgenommen.«[155]

Drittens war Osiander offensichtlich von der unmittelbaren Nähe der endzeitlichen Ereignisse überzeugt. Nicht allein, dass ihm »Begebenheiten der Gegenwart« als Zeichen der Zeit und »Vorboten dessen, was da kommen soll« dienten.[156] Vielmehr sei die Erfüllung der Weissagungen schon mitten im Gange. Die Ankündigungen in Offb 13 – Menschen würden ein Abbild des widergöttlichen Tieres anfertigen, um es anzubeten, und wer es nicht anbete, werde aus der bürgerlichen Gemeinschaft ausgeschlossen – seien schon erfüllt oder würden, wie alles weitere, noch »vor unseren Augen« erfüllt werden.[157] Für Osiander gab es keinen Zweifel: Der Tag der Wieder-

---

daß zur Schullehrerbibel selbst nur eine ganz kurze Erklärung gegeben werden, die eigentliche Auslegung aber als ein vom Buche selbst unabhängiger besonderer Anhang gedruckt, und dem Buche beigelegt werden soll. Mit den vorgelesenen Proben dieser Auslegung waren alle einverstanden, obgleich mehrere dabei waren, die früher als heftige Gegner gegen die Schullehrerbibel geeifert hatten.« (LKA Stuttgart, D2, Nr. 81,7: Brief vom 13. August 1830). Vgl. auch WERNER, Barth, Bd. 2, S. 129f und 183.

   152 Evangelische Schullehrerbibel, Teil 1, S. X (i. O. gesperrt).
   153 OSIANDER, Erklärung, S. 3.
   154 Ebd., S. 40 und 138.
   155 WERNER, Barth, Bd. 2, S. 181: Brief Barth an J. H. N. Felt, [14. Dezember 1834?]. Der von Barth gewählte Plural (»dafür können wir Nichts«) zeigt seine nahtlose Identifikation mit Osianders Ansichten.
   156 OSIANDER, Erklärung, S. 87.
   157 Ebd., S. 141.

kunft Christi war zum Greifen nahe. Die Berechnungen Bengels waren für ihn damit aber keineswegs bestätigt. Schon in der Einleitung wies Osiander darauf hin, er habe sich teilweise wörtlich an Bengels Erklärung der Offenbarung angeschlossen, nicht aber an dessen Berechnung zukünftiger Ereignisse. Besonders die »apokalyptische Wichtigkeit der berühmten Zahl 1836« sei von Bengel nicht ausreichend begründet worden.[158] Und bei der Erklärung von Offb 10,4 fügte er an, der exakte Zeitpunkt von Christi Wiederkunft könne »nur durch eine besondere neue Offenbarung von oben« geschehen »und nicht etwa durch bloße Berechnung der in der Apokalypse gegebenen Zeitzahlen.« Bengels Berechnungen hätten daher misslingen müssen, »wie sie denn auch in dieser Beziehung erweislich mißlungen« seien.[159]

Die Hoffnung auf eine Erfüllung der Bengelschen Berechnungen war für Osiander obsolet geworden. Der Grund dafür lag nicht allein in der Beobachtung, der Termin für Christi Wiederkunft sei nur durch eine neue Offenbarung erfahrbar. Darüber hinaus war mittlerweile der Zeitraum bis 1836 zu kurz geworden, um eine Phase von sieben Jahren enthalten zu können, in der nach Offb 11,1 in Verbindung mit Dan 9,24–27 vor Christi Wiederkunft eine große Zahl bekehrter Juden in einem neu erbauten Tempel zu Jerusalem anbeten sollte.[160] Der Tempel in Jerusalem war noch nicht wieder erbaut und die nach Offb 11,13 erwartete Zahl von 70.000 bekehrten Juden in Jerusalem noch nicht erreicht. Osiander fügte allerdings an, diese Zahl könne »in kurzer Zeit« erreicht werden.[161] Hinter diesen scheinbar nebensächlichen Bestimmungen verbarg sich die entscheidende Bedeutung, die nicht nur von Osiander der Mission unter Juden beigemessen wurde. Denn zu den Zeichen der Zeit, an denen der Stand der endzeitlichen Entwicklung abgelesen werde konnte, zählte eben auch die Verbreitung des Evangeliums unter Heiden und Juden. Mehrere endzeitliche Entwicklungsstufen standen unter dem Vorbehalt eines bis dahin erreichten Missionierungsgrades. So las Osiander aus Offb 7,9 die Bestimmung heraus, vor der Wiederkunft Christi müsse das Evangelium in allen Sprachen der Erde erfolgreich verkündigt werden, was er für vollständig erfüllt erklärte.[162] Den Fortschritten in der Judenmission kam daher eine besondere Bedeutung zu,

---

158 Ebd., S. 11.
159 Ebd., S. 61. Von Osiander bleibt unerwähnt, dass Bengel für 1836 nicht die Wiederkunft Christi, sondern den Beginn des (ersten) tausendjährigen Reiches angekündigt hatte. Osiander vermeidet im übrigen jegliche genauen Terminangaben. So geht er bei der Erklärung von Offb 17,12–16 (ebd., S. 108f) mit keinem Wort auf den von Bengel für einen Fürstenkongress berechneten Termin am 14. Oktober 1832 ein (vgl. dazu BARTH, Der 14. Oktober 1832, u. unten Kapitel 3, Abschnitt II.).
160 OSIANDER, Erklärung, S. 63f.
161 Ebd., S. 67. Als aktuelle Einwohnerzahl nannte er 20.000.
162 Ebd., S. 47.

wenn die erforderliche Zahl von bekehrten Juden »in kurzer Zeit« in Jerusalem anwesend sein sollte. Nicht umsonst gehörte Osiander neben Barth zu den frühen Förderern des *Vereins der Freunde Israels*, der 1830 in Basel gegründet wurde.[163]

Schließlich bediente sich Osiander in seinem Kommentar einer apokalyptischen Logik, der wir schon an anderer Stelle begegnet sind und die von ihm als Logik der Weltgeschichte ausgeführt wurde.[164] Er ging von den über die Welt bald hereinbrechenden Strafgerichten aus. Sie seien notwendig, weil sich seit Christi Erscheinung das Böse auf der Welt nur umso mehr verbreitet habe. Osiander erklärte diesen Umstand, indem er das durch Christus verkörperte Gute und das Böse als sich gegenseitig verstärkende Kräfte in der Weltgeschichte darstellte.[165] Die bösen Kräfte könnten sich – nach Gottes Willen – nur ausbreiten, weil sie seit Christi Erscheinung letztlich vom Guten begrenzt und eingeschränkt würden. Christus wiederum könne als die Verkörperung des guten Prinzips in der Weltgeschichte ohne die Negativfolie des Bösen »nicht recht erkannt« werden.[166] Das Gute und das Böse riefen sich gegenseitig hervor, würden dadurch in ihrer jeweiligen Eigenart erkennbar und stellten die Menschen vor eine notwendige Entscheidung. Je näher die letzten Entwicklungen nahten, desto dringlicher werde diese Entscheidung.[167]

Dank dieser apokalyptischen Logik konnte Osiander erklären, warum der Sieg des Guten über das Böse oder des Reiches des Lichts über das Reich der Finsternis unmittelbar bevorstand, obwohl die gegenwärtige Erfahrung eher ein immer noch zunehmendes Erstarken der bösen Kräfte wahrnahm. Die Wahrnehmung entsprach der Einsicht in einen notwendigen Ablauf der Dinge. Denn erst wenn der Gegensatz zwischen Gut und Böse so angewachsen war, dass sich kein Mensch mehr einer Entscheidung zwischen beiden entziehen konnte, erst dann war der Zeitpunkt für Christi Wiederkunft gekommen.[168] Anders gesagt: Alle dem wahren Christentum feindlich

---

163 WERNER, Barth, Bd. 2, S. 171f; zur Gründungsgeschichte des *Vereins der Freunde Israels* in Basel vgl. WILLI, Geschichte, S. 10–15. Dass die Judenmission in der Folgezeit an ihren inneren Widersprüchen scheitern musste, lag außerhalb von Osianders Horizont; vgl. NOWAK, Geschichte, S. 82.

164 Vgl. oben Kapitel 1, Abschnitt III. 2. *Apokalyptische Logik.*

165 »Nachdem also das Gute in Jesu erschienen war, so mußte, zum Heil der Welt, auch dem Bösen gegeben werden, sich erst recht zu offenbaren, damit so das Gute in seinem großen Unterschied von demselben desto deutlicher erkannt, damit Gott, wie Er sich durch Christum geoffenbart hat, desto vollkommener verherrlichet wurde.« (OSIANDER, Erklärung, S. 54).

166 Ebd.

167 Ebd., S. 141f. Mit dem Ruf nach der Entscheidung kam er Ludwig Hofacker am nächsten.

168 »[...] in diesem immer ernstlicheren Kampf des Lichtes und der Finsterniß, bei diesen mächtigen Reizungen von beiden Seiten, welche besonders in unseren Tagen wirksam sind, kann man nicht gleichgültig, kann man immer weniger neutral bleiben; sondern muß endlich auf die eine oder auf die andere Seite treten. [...] Dieses aber ist es, was Jesus will; denn Er kommt als

entgegenstehenden Kräfte und Mächte mussten notwendigerweise anwachsen, damit sich durch Christi zweite Erscheinung das Gottesreich in der Welt durchsetzen konnte. Auch Osiander vertrat also jene apokalyptische Logik, die uns bei Ignaz Lindl begegnet war und die als »pattern of progress through affliction« bezeichnet worden ist.[169] Für Osiander war sie das weltgeschichtliche Entwicklungsprinzip seit der ersten Erscheinung Christi.

Der Biblizismus Bengels und der von ihm und Oetinger ausgehende spekulative Pietismus fanden in August Osiander einen späten Vertreter.[170] Er konstruierte mit einer biblizistischen Hermeneutik als Grundlage und der apokalyptischen Logik als heuristischem Prinzip den vergangenen und zukünftigen Geschichtsverlauf – mit dem Ziel einer Gesamtschau der Universalgeschichte.[171] Bei den Lesern hatte Osiander mit seinem ehrgeizigen Programm nur wenig Erfolg. Das eigentliche Zielpublikum der Schullehrer fand für seine unmittelbaren didaktischen Zwecke kaum Hinweise in Osianders Ausführungen. Letztlich scheiterte das gesamte Projekt der Evangelischen Schullehrerbibel an mangelnder Vermittlung und Elementarisierung der eigenen Einsichten.[172]

Zu Osianders spekulativem Biblizismus trat im pietistischen Württemberg die Bußpredigt Hofackers in Gegensatz, die sich ganz am Sündenbewusstsein des Individuums und seiner Bekehrungsbedürftigkeit orientierte. Seine Erfahrungstheologie sollte in der Folgezeit die Oberhand gewinnen. Und dies nicht nur, weil sie sich leichter an das Ausbleiben der endzeitlichen Entwicklungen anpassen ließ, sondern nicht zuletzt, weil Hofacker es verstanden hatte, der pietistischen Geistlichkeit Württembergs organisatorische und kommunikative Strukturen zu geben.[173] Die Konferenzen und Korrespondenzen, die er maßgeblich initiiert hatte, wurden zum Ausgangspunkt vielfältiger Aktivitäten, mit denen die Enttäuschung der ausbleibenden Endzeit verarbeitet werden konnte.[174] Osianders spekulativer Biblizismus

---

Richter, und kommt immer näher, und darum will Er, und richtet es so ein, daß die Menschen sich entscheiden müssen.« (Ebd., S. 141f).

169 DAVIDSON, Logic, S. 131.

170 Insofern wäre die Linie, die Gerhard Schäfer von Bengel bis zu Michael Hahn und Philipp Matthäus Hahn auszog, auf Osiander auszudehnen (SCHÄFER, Non ad omnes).

171 Außerhalb Württembergs fand Osianders spekulativer Biblizismus em ehesten eine Parallele in dem Bremer reformierten Pastor Gottfried Menken (1768–1831), der sich ebenfalls an einer universellen biblischen Erkenntnistheorie versuchte. Unter dem Einfluss von Bengels Schriften war Menkens endzeitliche Theologie vom Chiliasmus und der Wiederbringungslehre geprägt (vgl. NOWAK, Die Welt ist angezündet, bes. S. 257f, 268ff).

172 Die geplante Auslegung der alttestamentlichen Schriften kam nie zustande. Vgl. einen Brief Barths, in dem er Christian Burk vorschlug, für die Schullehrerbibel die kleinen Propheten zu bearbeiten (WLB Stuttgart, Cod. hist. 2° 878 X: Brief Barth an Burk, 13. April 1831).

173 Immerhin sei daran erinnert, dass sich Hofacker bei der Einrichtung der Stuttgarter Predigerkonferenz auch auf das Vorbild der von Osiander inspirierten Calwer Konferenz stützen konnte.

174 Vgl. dazu Kapitel 3.

wurde unter den pietistischen Pfarrern Württembergs im Wesentlichen nur noch von seinem Freund Barth weitergetragen. Die Zeichen der Zeit wiesen aus der Spekulation in die Erfahrung.

IV. »Zeichen der Zeit« oder: Wie wird endzeitliche Stimmung erzeugt?

Innerhalb der Fluchtlinie der apokalyptischen Logik lagen die »Zeichen der Zeit«, die einen Blick auf den Stand der endzeitlichen Dinge erlaubten. So lange man nur ein gegenseitiges Verstärken positiver und negativer Kräfte wahrnahm, wuchs zwar das Bewusstsein der Krise. Das erhoffte Heranrücken des Kulminationspunktes, an dem die Gottesherrschaft begann, sich gegen die widergöttlichen Mächte endgültig durchzusetzen, wurde aber erst dann wirklich spürbar, wenn man den aus der Bibel erhobenen endzeitlichen Fahrplan mit den Ereignissen der Zeit verglich. Den »Zeichen der Zeit« kam daher in einer als Krise wahrgenommenen Epoche entscheidende Bedeutung zu.[175] Je schärfer der Widerstreit von Gut und Böse, Licht und Finsternis, Gott und Teufel empfunden wurde, desto dringlicher richtete sich der Blick auf Geschehnisse und Vorgänge, die mit biblischen Prophezeiungen in Verbindung gebracht werden konnten. Ob es nun Ereignisse um den Papst in Rom waren oder regionale Naturkatastrophen, ob begrüßte Erfolge in der Missionsarbeit oder das erbittert vermerkte Auftreten aufgeklärter Geistlicher in der eigenen Landeskirche: Alles wurde zum Zeichen, wenn es als Widerspiegelung biblischer Weissagungen interpretierbar war. War ein »Zeichen der Zeit« aber erst einmal als solches erkannt, erwies sich damit gleichzeitig die Zuverlässigkeit der biblischen Prophetie: ein zirkulärer Prozess, in dem Bengels Berechnungen – das sei hier schon angedeutet – als Störfaktor zu wirken begannen. Denn er hatte, zumindest nach seinem Selbstverständnis, seine endzeitliche Chronologie allein exegetisch gewonnen, ohne den Abgleich mit geschichtlichen Ereignissen. Legte man sein Schema zugrunde, dann war das interpretative Wechselspiel zwischen biblischen Prophezeiungen und geschichtlichen Ereignissen durchbrochen, eine Revision im Vollzug der Ereignisse nicht mehr möglich. Je näher der Termin 1836 rückte, desto deutlicher wurde: Hatte Bengel recht, dann mussten spätestens ab 1829 bestimmte Entwicklungen eintreten. Geschah dies nicht, war Bengels System widerlegt – und damit die Möglichkeit, aus der Bibel

---

175 Vgl. GÄBLER, »Erweckung«, S. 170f. Zur biblischen Herkunft (Mt 16,3) des Schlagwortes »Zeichen der Zeit« und zu dessen gehäufter Verwendung seit Beginn des 19. Jahrhunderts vgl. KAHLE, Zeichen der Zeit, S. 289–292, der sich im übrigen auf das Jahrzehnt nach der Revolution von 1848 beschränkt.

bestimmte Daten zu erheben, in Frage gestellt. Aber nicht nur das. Der Zulässigkeit, überhaupt aus der Bibel auf zukünftige Ereignisse zu schließen, musste dadurch ein erheblicher Dämpfer versetzt werden. Doch wir greifen vor.

Auch unabhängig von Bengels Berechnungen und neben ihnen her wurden die Jahre um 1830 im pietistischen Württemberg als Krisenzeit empfunden. Letztere ist weniger in soziologischen Kategorien fassbar, denn als existentieller Ausdruck einer Krisenstimmung zu verstehen. Zwei Faktoren trafen hier aufeinander: die Zeitklage und das vom Biblizismus bestimmte prophetische Bewusstsein. Eine im Ganzen im Abstieg befindliche Gegenwart wurde mit den aus der Bibel gewonnenen Erkenntnissen über künftige göttliche Gerichte zusammengehalten. Beide Beobachtungen kulminierten in einer Krisenstimmung, die sich – einer Aufwärtsspirale vergleichbar – immer weiter verstärkte. Im Selbstverständnis der an der endzeitlichen Kommunikation beteiligten Personen befand man sich in einer Krisenzeit und das im ursprünglichen griechischen Sinne des Wortes – in einer Krisis, einer Entscheidungssituation. Um noch einmal August Osiander zu zitieren:

»Dieses aber ist es, was Jesus will; denn Er kommt als Richter, und kommt immer näher, und darum will Er, und richtet es so ein, daß die Menschen sich entscheiden müssen.«[176]

Durch eine entsprechende Interpretation von Zeitereignissen wurde die Krisenstimmung spürbar verstärkt. Die »Zeichen der Zeit« wiesen – so wurde argumentiert – auf die Nähe entscheidender Entwicklungen hin, um so drängender wurde die Notwendigkeit empfunden, sich persönlich zu entscheiden: für oder gegen Jesus, für oder gegen die antichristlichen Mächte. Unter Verweis auf die »Zeichen der Zeit« wurde endzeitliche Stimmung geweckt und verstärkt. Eine wichtige Vermittlungsaufgabe kam dabei den pietistischen Theologen zu, die sie in verschiedenen kommunikativen Zusammenhängen durchaus unterschiedlich lösten.

1. Einverständnis und Bestätigung im privaten Umkreis

Ein instruktives Beispiel für endzeitliche Kommunikation im vollkommenen Einverständnis des privaten Umgangs bietet ein Brief, den August Osiander am 9. Dezember 1833 im Namen seiner Frau Emilie (1809–1849) an eine gemeinsame Freundin schrieb. Osiander berichtete darin über die Schwangerschaftsbeschwerden seiner Frau, weswegen sie nicht in der Lage sei, selbst zu schreiben. Es folgten Bemerkungen über die Liebe und Treue Gottes, die sich auch in der ehelichen Verbindung zwischen Osiander und seiner Frau Emilie zeige. Und dann fuhr er fort:

176 OSIANDER, Erklärung, S. 141f.

»Sie [Emilie Osiander] sagt, ich soll Ihnen auch etwas von der Größe und von der zweiten herrlichen Erscheinung des Heilands schreiben: Seine Größe besteht erstens in der *Liebe*, nach welcher Er für uns gestorben ist, aber auch in Seiner *Macht* über uns und Alles umfassenden Herrschaft, nach welcher Er als der für *uns* auch auferstandene und erhöhte Freund unsrer Seelen Alles mit uns wohl macht und unser Gebet erhört und den Rathschluß der ewigen Erbarmung und Weisheit mit Allen ausführt. – Nach dieser Seiner Macht und Majestät, als den [!] König, Erlöser und Richter der Welt wird Er Sich herrlich offenbaren durch Seine zweite Erscheinung, durch welche Er das antichristliche Reich auf Erden vernichten wird, (2Thess. 2,1 und 2) und welche, nach den Zeichen der Zeit, nicht mehr ferne seyn kann. Diese Zeichen sind der unter den Völkern überhand nehmende Geist der Empörung und des Unglaubens, und die Verbreitung des Evangeliums in aller Welt zu einem *Zeugniß* über alle Völker. Matth. 24. Auch das Gleichniß von den 10 Jungfrauen Matth. 25 bezieht sich auf *unsere* Zeit. Es wird uns sehr freuen, wenn Sie uns hier besuchen. [...]«[177]

Mit unauffälliger Selbstverständlichkeit reiht sich die Endzeit zwischen Schwangerschaftsbeschwerden und Besuchspläne ein. Die Endzeit erscheint als Teil und Thema des Alltags, ähnlich wie in den Wochenbüchern der Beate Paulus. Der Briefschreiber folgert aus seinen endzeitlichen Beobachtungen keinerlei Ermahnungen, sie dienen allein der Bestätigung des zwischen den Briefpartnern herrschenden Einverständnisses.[178] Dass die zweite Erscheinung Christi nahe herbeigekommen ist, bedarf genausowenig einer Diskussion, wie die Interpretation der Zeichen, die darauf hinweisen. Letztere erklären sich gewissermaßen selber, denn sowohl der *überhandnehmende* Unglauben unter den Völkern als auch die Mission in *aller* Welt deuten wortwörtlich auf eine bis an den Kulminationspunkt gesteigerte Krise hin. Die Mächte des Guten und des Bösen haben sich gegenseitig verstärkt und stehen sich feindlich gegenüber. Eine Klärung steht unmittelbar bevor, ist zum Greifen nahe. Die sich daraus ergebende Notwendigkeit der Entscheidung braucht Osiander nicht auszusprechen, über sie herrscht zwischen den Korrespondenten offensichtlich Einverständnis. Die mehrmalige Betonung, die Herrschaft des Heilands umfasse *alles*, er mache mit uns *alles* wohl und er führe den Ratschluss seiner ewigen Erbarmung und Weisheit mit *allen* aus, könnte darüber hinaus ein Hinweis darauf sein, dass sich Briefschreiber und -empfängerin in der Annahme einer Allversöhnung einig waren. Die betonte Erwähnung hätte dann die Aufgabe, die Leserin in der gemeinsamen Auffassung zu bestärken und die auch in pietistischen Kreisen nicht unumstrittene Lehre zu bestätigen. Endzeitliche Stimmung wird in dem Brief Osianders als ein ständig gegenwärtiges Thema des

177 LKA Stuttgart, D2, Nr. 63,3 (Schriftwechsel der Familie Osiander, 1813–1841): Brief von A. Osiander an Charlotte Zeller in Kleinbottwar, Maichingen, 9. Dezember 1833.
178 Einzig der Hinweis auf 2Thess 2,1f könnte als versteckte Ermahnung gedeutet werden, die Erscheinung Christi nicht aus falschen Zeichen zu schließen.

Alltags greifbar. Fast durchweht die Zeilen der Hauch biedermeierlicher Normalität. Es fällt kein Wort über Konsequenzen, die aus der Zeitdiagnose zu ziehen wären. Endzeitstimmung als Inventar des erweckten Familienlebens?[179]

2. Ermahnung und Selbstdisziplinierung unter Amtsbrüdern

Ein anderer, drängenderer Ton wird in zwei Äußerungen vernehmbar, die dem Schriftwechsel der jungen pietistischen Theologen um Hofacker, Knapp und Barth entstammen. In einem sporadisch geführten Tagebuch hielt Albert Knapp im Jahr 1826 Folgendes fest:

»Aus einem Circ. v. W. R. in O. 14. Jan. 1826.
Die Zeit eilet; der Satan eilet auch, und hat einen grossen Grimm, denn er weiß, daß er wenige Zeit hat; aber der Herr ist nahe! Kindlein! es ist die letzte Stunde. Eine neue Periode des Reiches Gottes wird, u. muß bald anbrechen. Vorher aber müssen Gerichte über den ganzen Weltkreis ergehen; lokende, läuternde, scheidende, prüfende Züchtigungen der heilsamen Gnade Gottes; und diese Gerichte fangen an bey dem *Hause Gottes.* 1. Petr. 4,17. Der Heiland wirbt u. sammelt jezt noch allenthalben Recruten, u. exerzirt sie im Stillen; aber die Zeit wird bald kommen, wo er sie herausführen wird in den heissen Schlachtkampf; und wohl dem, der an Seiner Seite biß ans Ende beharrt, u. sterbend den Sieg behält! Er wird die Krone des Lebens empfahen; – wehe aber den *Verzagten* und Abtrünnigen!«[180]

Der Autor der Zeilen war vermutlich der damals in Oßweil bei Ludwigsburg amtierende Pfarrer Wilhelm Friedrich Roos, ein gemeinsamer Freund Ludwig Hofackers und Albert Knapps.[181] Vorweg ist bemerkenswert, dass Knapp sich die Zeilen in sein Tagebuch abschrieb: Vielleicht wollte er sie in eigenen Briefen weiterverbreiten, vielleicht hielt er sie nur zur Erinnerung fest. Wie auch immer: Roos hatte wohl einen Ton getroffen, der in Knapp einige Saiten zum Klingen brachte. »Die Zeit eilet« – es ist der drängende Ton, der sofort auffällt, das Gefühl der beschleunigten Zeit, die wichtige Veränderungen in Kürze mit sich bringt.[182] Der Ton ist drängend,

---

179 Von ferne fühlt man sich an das Stichwort »Familiarisierung der Religion« erinnert: Religion als Ausdrucksmittel eines bürgerlichen Familienstils (vgl. dazu HABERMAS, Rituale).

180 LKA Stuttgart, D2, Nr. 38,7: Albert Knapp, [Tagebuch] 1826 (unpag.).

181 Der hier zitierte Briefausschnitt stammt allerdings nicht aus der Zirkularkorrespondenz Hofacker, sondern wahrscheinlich aus derjenigen, die Hofacker, Knapp, Roos und andere Studienfreunde aus verschiedenen Ländern seit der gemeinsamen Zeit an der Tübinger Universität verbunden hatte (vgl. KNAPP, Hofacker, S. 55f). Die Teilnehmer dieser Korrespondenz »in- und ausländischer Brüder« werden in der Zirkularkorrespondenz Hofacker zweimal erwähnt: Bd. a, S. 78, Eintrag Wilhelm Roos, 29. April 1824; Bd. c, Bl. 113^v–125^r, Eintrag Burk, 20./24. August 1828. Aus Württemberg sind darunter: J. C. F. Burk, L. Hofacker, C. F. Kling, A. Knapp und W. Roos.

182 Das Zeitgefühl der Beschleunigung am Anfang des 19. Jahrhunderts hat REINHART KOSELLECK in diversen Studien eingehend beschrieben: DERS., Gibt es eine Beschleunigung der Geschichte?; DERS., Zeitverkürzung und Beschleunigung.

die Mitteilung bedrängend. Denn aus der beschleunigten Zeit ergibt sich als Konsequenz die Notwendigkeit zur existentiellen Entscheidung. In den bevorstehenden Auseinandersetzungen und Kämpfen gilt es, sich als Anhänger Christi zu beweisen, auch wenn dies das Leben kosten kann. Freilich: Die Formulierungen, die Roos verwendete, waren weitgehend biblisch vorgeprägt. Die Zeitdiagnose wurde nicht weiter ausgeführt. Die biblischen Zitate und Anspielungen ersetzten den hier fehlenden Verweis auf die »Zeichen der Zeit«. Offensichtlich genügte der reine Aufruf einer Zeitbeschleunigung, um die endzeitliche Stimmung hervorzurufen.

Was wollte Roos mit seinen Worten erreichen? Warum schrieb sich Knapp die Zeilen ab? Die Antwort dürfte in beiden Fällen eine endzeitliche Selbstdisziplinierung sein. Interessant ist, welche Worte und Formulierungen Roos hervorhebt. Dass nämlich die anstehenden Prüfungen und Verfolgungen *beim Hause* Gottes anfangen, also bei denen, die sich als wahre Kirche, als wahre Anhänger Christi verstehen – letztlich also beim Verfasser und seinen Lesern. Und dass die schrecklichen Konsequenzen der kommenden Leidenszeit in erster Linie den *Verzagten* und Abtrünnigen gelten, also denjenigen, die im letzten Moment der Mut verlässt und die von der erkannten Wahrheit abweichen. Roos sprach im Freundeskreis und seine Absicht war deutlich: Die Freunde aufzumuntern und zu ermahnen, an den gemeinsamen Überzeugungen festzuhalten. Zu diesem Zweck rief er die endzeitliche Stimmung hervor und verstärkte sie durch ihre Zuspitzung auf sich und seine Leser. Einer von ihnen, Knapp, ließ sich die Worte zumindest auf die Weise gesagt sein, dass er sich die Zeilen in sein Tagebuch abschrieb – und damit die Absicht des Verfassers bestätigte. Roos und Knapp nahmen sich dadurch selbst in die endzeitliche Disziplin und legten sich auf eine entsprechende Interpretation ihrer Gegenwart fest. Möglicherweise verfolgte Roos mit seinen Bemerkungen auch den ganz konkreten Zweck, ›unsichere Kantonisten‹ im Freundeskreis zu ermahnen.[183]

Eine ähnliche Intention mag Christian Gottlob Barth verfolgt haben, als im Frühjahr 1831 das Korrespondenzbuch des Freundeskreises erstmals

---

183 Wenn es stimmt, dass das Zitat in Knapps Tagebuch ursprünglich aus der Korrespondenz der in- und ausländischen Freunde Hofackers stammt, dann könnten sich die Zeilen an die beiden Rheinländer Ernst Friedrich Ball (1799–1885) und Emil Krummacher (1798–1886) gerichtet haben, die mit der in Württemberg üblichen Art der endzeitlichen Schriftauslegung nicht einverstanden waren: »Namentlich schien ihnen die Neigung, die Apokalypse zu deuten, nicht recht und unzwekmäßig; besonders mißbilligten sie auch den den Wirtembergern so eignen Glauben an die Wiederbringung aller Dinge.« (Zirkularkorrespondenz Hofacker, Bd. c, Bl. 126ᵛ/127ʳ, Eintrag L. Bezner, 30. August/2. September 1828). Ludwig Bezner, der diese Beobachtung auf einer Reise durch das Rheinland gemacht hatte, fügte an: »Indessen konnte ich nach meiner Ueberzeugung nicht umhin, ihnen zu bemerken, daß wir vielleicht insgesamt und namentlich sie dort in jenen Gegenden zu wenig noch auf die Zeichen der Zeit merken und die Apokalypse sogar fleißiger studiren sollten.« (Ebd., Bl. 127ʳ).

nach zweieinhalb Jahren wieder in sein Haus kam.[184] Der Kontakt untereinander war in der Zwischenzeit zwar nicht abgerissen. Doch bot der Neueinsatz der Zirkularkorrespondenz die Gelegenheit, wichtige Themen in den Vordergrund zu stellen, da man im Rahmen der Korrespondenz jetzt mit erhöhter Aufmerksamkeit rechnen konnte.[185] Und Barth nutzte die Möglichkeit, sich gegenüber den Freunden auszusprechen:

»Daß wir in der lezten Zeit leben, ist meine veste [auf?] Gründen beruhende Ueberzeugung, die ich [auch?] unverhohlen in der Kirche ausspreche, ohne [gen]auere Zeitbestimmungen anzugeben, was [...?] unmöglich ist. Es liegt beim Blick in die [Zu]kunft große Bangigkeit auf mir, und ich [...?] wie wenig noch mein Herz der Leidens[nachfolge?] geneigt ist. So mit einem Hieb den Kopf für Jesum herzugeben, dazu wäre ich bald bereit; aber wie viel wird vorhergehen! O liebe Brüder! laßt uns doch nicht, wie so Viele [?] thun, von besseren Zeiten träumen, sondern [uns?] auf die Ankunft des Bräutigams rüsten! Zuerst wirds über uns gehen, das ist gewiß. [...?] glücklich sind wir daher, daß wir in diese [Zeit?] gefallen sind, wenn unser Glaube fest[hält?]! Das wolle er uns geben, welchem [ich?] gewiß zutraue, daß Er uns alle in das Buch des Lebens geschrieben hat!«[186]

Die Endzeiterwartung war für Barth kein Zahlenspiel, sondern eine existentielle Frage. Unverblümt äußerte er die Verunsicherung durch die eigenen Erwartungen. Doch in der Korrespondenz blieb seine Äußerung ein Einzelfall. Keiner der Freunde ging auf Barths freimütige Erklärung ein. Warum das Schweigen? War den Freunden das Thema nicht so wichtig? Wagte sich sonst niemand aus der Reserve? Oder wollte keiner seine Zweifel an Barths Äußerungen offenbaren? Ein Antwortversuch wäre auf Mutmaßungen angewiesen. Statt dessen erscheint es vielversprechender, noch einmal genauer nach Barths Intention zu fragen. Er stellte das Thema Endzeit oder genauer gesagt: seine eigene endzeitliche Stimmung prononciert in den Raum, im Wissen, dass man seine Worte nach der längeren Pause der Korrespondenz im Freundeskreis aufmerksam lesen würde. Er verwies auf die Gründe für seine Haltung, ohne sie näher zu benennen. Und er warb für seine Überzeugung, indem er seine eigene existentielle Betroffenheit ansprach. Daraufhin wendete er sich ermahnend an seine Freunde, den erwarteten Entwicklungen vorbereitet entgegenzugehen. Ähnlich wie Roos 1826 ging auch Barth 1831 davon aus, die anstehenden Prüfungen und Leiden

---

184 Vgl. oben Abschnitt I. 2. *Die Zirkularkorrespondenzen als Quelle.*
185 Dass Barth darauf wartete, sich im Freundeskreis mitteilen zu können, zeigt eine briefliche Äußerung gegenüber Knapp, drei Wochen bevor er das Korrespondenzbuch erhielt: »Von Seeger habe ich heute die erfreuliche Nachricht erhalten, daß unsere Correspondenz wieder flüssig geworden ist. Sie ist wohl in keiner Zeit nöthiger gewesen als in dieser« (LKA Stuttgart, D2, Nr. 81,7: Möttlingen, 3. März 1831).
186 Zirkularkorrespondenz Hofacker, Bd. d, S. 53, Eintrag Barth, 26. März/7. April 1831 (Text durch Klebebindung teilweise überdeckt).

würden zuerst die Anhänger Christi treffen, und verband damit die Ermahnung, am Glauben festzuhalten. Barths Ton enthielt eine Mischung aus Werbung und Mahnung. Es stellt sich die Frage: Machte er seine endzeitliche Stimmung zum Thema, um eine gemeinsame Überzeugung auszusprechen und damit ihre weitere Gültigkeit zu unterstreichen oder zu prüfen? Oder spürte er schon Differenzen im Freundeskreis, denen er mit seinen Ausführungen begegnen oder zuvorkommen wollte?[187] Jedenfalls ist bei Barth eine gewisse Verunsicherung über die Geltung des Gesagten unter den Freunden nicht auszuschließen. Werbend und warnend betritt er den Kreis der Zirkularkorrespondenz und mahnt zur Selbstdisziplinierung angesichts der vorgeschrittenen Zeit.[188]

3. Warnender Bußruf in der kirchlichen Öffentlichkeit

In einem letzten Schritt soll gezeigt werden, wie durch den Verweis auf die »Zeichen der Zeit« eine endzeitliche Stimmung in der Öffentlichkeit erzeugt oder befördert werden sollte. Als Kontext werden jeweils vergleichbare Texte nicht-pietistischer Pfarrer herangezogen, die im Kontrast die Intention ihrer pietistischen Kollegen schärfer hervortreten lassen.

Das erste Beispiel führt uns noch einmal einige Jahre zurück. Im Oktober 1824 wurde der nördliche Schwarzwald von einer Unwetterkatastrophe heimgesucht. Heftige Regenfälle führten zu verheerenden Überschwemmungen, über die auch Christian Burk, damals Diakon in Liebenzell, in der

187 Es fällt jedenfalls auf, dass Barth die Gründe für seine endzeitlichen Überzeugungen nicht ausführt. In Briefen nach Basel ist er weniger zurückhaltend. Gegenüber Spittler, dem Sekretär der dortigen Christentumsgesellschaft, kommt er auch auf seine Gründe zu sprechen: »Die Zeitereignisse werden immer drohender. Wo wirds hinaus wollen? Ich weiß es wohl, aber das weiß ich auch, daß der Herr König ist, und daß uns ohne Seinen Willen kein Haar gekrümmt werden kann.« (StA Basel, PA 653, Abt. V: Brief Barth an Chr. Fr. Spittler, Möttlingen, 6. Januar 1831); »Das Gericht muß über die Erde kommen, und die Seinen, die Er kennt, werden nur in so fern verschont, als ihnen auch das zum Heil dienen muß, und ihre Seelen nicht verloren gehen dürfen. Wir müssen uns in dieser Zeit aufs Schlimmste gefaßt machen. Der neue Papst Gregor möchte wohl der lezte seyn, und deutet vielleicht durch seinen Namen schon auf das kurze Wiederaufleben des Papstthums, ehe der Antichrist auftritt.« (Ebd.: Möttlingen, 15. Februar 1831); »Was den Papst Gregor betrifft; so halte ich es deßwegen für möglich, daß er der lezte Papst in der Periode des Non esse seyn könnte, weil ich glaube, daß der Antichrist nahe ist, der der erste Papst in der lezten Periode des wiederhergestellten Papstthums seyn wird, so wie auch der lezte, weil er dann bald als Antichrist auftritt, und das Papstthum stürzt.« (Ebd.: Möttlingen, 15. April 1831). Danach finden sich allerdings keine entsprechenden Andeutungen mehr!

188 Der im gleichen Jahr verfasste Jahresbericht der Basler Christentumsgesellschaft (UB Basel, Archiv der Deutschen Christentumsgesellschaft, A I, Nr. 16, S. 286ff) ist von einer ähnlichen Haltung geprägt: Die letzte Zeit ist nahe gekommen, die gesellschaftlichen Zustände werden immer untragbarer. Äußert sich darin ein »resignativer Grundzug« (GÄBLER, »Hoffen auf bessere Zeiten«, S. 117)? Oder ist nicht auch hier die kommunikative Absicht der Mahnung und Selbstdisziplinierung erkennbar? (Vgl. auch KUHN, Religion und neuzeitliche Gesellschaft, S. 337 Anm. 559).

jüngeren Zirkularkorrespondenz berichtete.[189] Im vier Kilometer entfernten Hirsau hielt kurz darauf August Seeger (1795–1864), wie Burk später Teilnehmer der Hofackerschen Zirkularkorrespondenz, eine Bußtagspredigt, die er drucken ließ, um mit dem Verkaufserlös einige Opfer der Überschwemmung materiell unterstützen zu können.[190] Trotz eines entsprechenden Hinweises in der Vorrede ist unübersehbar, dass Seeger mit dem Druck seiner Predigt nicht nur einen materiellen Zweck verband. Vielmehr hoffte er auch für den Inhalt seiner Predigt auf eine weitere Verbreitung. Denn das Unwetter, das die Überschwemmungen ausgelöst hatte, galt ihm als Weckruf, als ein Zeichen Gottes, das nicht überhört werden durfte und das zu Gebet und Buße aufforderte. Interessant ist zu verfolgen, welche Signale Seeger zur Interpretation des Unwettergeschehens setzte. Zum einen war für ihn Gott der alleinige Verursacher des Unglücks. Seeger griff dazu auf das archaisch-biblische Weltbild der von Gott gebändigten und zu Zeiten durch die Brunnen der Tiefe entfesselten Urfluten zurück.[191] Die Fluten wurden ihm dabei zum Sinnbild des die Christenheit überschwemmenden Unglaubens. Wichtiger noch war aber ihre Interpretation als Gottesgericht. Mehrere Male kam Seeger darauf zu sprechen.[192] Das Unwetter war Ausdruck des gegenwärtigen und Vorzeichen des künftigen Gerichts Gottes über die Menschen. Und damit war der Kontext klar, in dem das Unglücksgeschehen für Seeger weitergehende Bedeutung gewann. Er fasste es nämlich als »Zeichen der Zeit« auf, das auf entscheidende endzeitliche Entwicklungen hindeutete.[193] Seeger wollte das Unwetter als Gottesgericht verstanden wissen, durch das die Menschen aufgerüttelt werden sollten, sich der nahen Endzeit zu stellen: »Der Herr ist nahe! Er stehet vor der Thüre, Er warnet,

---

189 »Unser Städtchen erlidt einen Verlust von 17–20000 f – ein Haus wurde ganz zertrümmert, mehrere andere sehr beschädigt, eine Menge Felder entweder durch Erdfälle zerstört, oder mit Stein u. Sand bedeckt, 3 Brücken weggeschwemmt, und die Straßen fürchterlich zerrißen.« (Zirkularkorrespondenz Burk, Bd. a, Bl. 20ᵛ, Eintrag Burk, 12. November 1824).
190 S[EEGER], Buß- und Bettags-Predigt. Zu August Seeger (1795–1864) vgl. WERNER, Barth, Bd. 2, S. 37f.
191 Seeger (Buß- und Bettags-Predigt, S. 7) verweist dazu auf die bei der Sintflut geöffneten Brunnen der Tiefe, Gen 7,11. Deren Aufnahme in Offb 9,1f schwingt unausgesprochen mit. Auch Burk kommt bei seinem Bericht von dem Unwetter auf die Sintflut zurück: »Dabei war es jedermann klar, daß diese beispiellose Überschwemmung nicht blos Folge des Regenwetters, sondern vorzüglich des Anbruchs der Brunnen der Tiefe [erg.: war] (1 Mos 7,11.), was als Erinnerung an die große Fluth der Vorzeit einen anschaulichen Beweis davon gab, wie etwas gar leichtes es Gott wäre, die Menschheit zu vertilgen, wenn er nach der Strenge der Gerechtigkeit mit ihr verfahren *wollte*.« (Zirkularkorrespondenz Burk, Bd. a, Bl. 20ᵛ, Eintrag 12. November 1824).
192 S[EEGER], Buß- und Bettags-Predigt, S. 10, 14, 15.
193 Ebd., S. 12: »Schon diese Tage allein fordern uns mächtig zur Buße auf, aber mächtiger noch und dringender wird diese Aufforderung, wenn wir überhaupt bedenken, in *welchen Zeiten* wir leben, [...] wenn wir nach dem Befehl unsers Herrn (Matth. 16,2.3) merken auf die Zeichen der Zeit, und nach diesen sich von Jahr zu Jahr anhäufenden Zeichen, eine Zeit der großen Entscheidung herannahen sehen.«

Er drohet, Er strafet! wirf dich in Seine Vater-Arme! ergib dich Ihm!«[194]
Und der dringende Aufruf zu Buße und Gebet stand unter der warnenden
Maßgabe, »so lange es noch Zeit ist!«[195] Zeitansage war letztlich der Leit-
gedanke von Seegers Predigt und ihrer Veröffentlichung im Druck; eine
Zeitansage, die unter den Hörern und Leserinnen endzeitliche Stimmung
verbreiten wollte. Und noch eines ist unübersehbar: Seeger vermied jeden
weiteren Bezug auf chiliastische Szenarien. Nur einmal kam er direkt auf
die Johannesoffenbarung zu sprechen und warnte davor, angesichts der
kommenden Gerichte nicht Buße zu tun.[196] Im Mittelpunkt stand der warnende Bußruf, denn alle Zeichen schienen darauf hinzudeuten, dass es letzte
Zeit war. Welchen Eindruck Seegers Predigt in Hirsau und Umgebung
hinterließ, ist nicht bekannt. Die wortreichen Klagen, die Seeger später in
der Zirkularkorrespondenz über seine Gemeinde führte, lassen jedenfalls
nicht auf einen bleibenden Eindruck schließen.[197]

Aufschlussreich für Seegers Intention ist der Blick auf eine ein Jahr früher
entstandene Unglückspredigt des Adelberger Pfarrers Christoph Friedrich
Weihenmayer (1768–1845). Anfang September 1823 war in dem zum
Pfarramt Adelberg gehörenden Dorf Hundsholz ein Brand ausgebrochen,
der 13 Häuser vernichtete und 21 Familien obdachlos machte.[198] Weihenmayer machte das Unglück zum Thema seiner Predigt am folgenden Sonntag und ließ diese wenig später zum »Besten der Abgebrannten« drucken.[199]
Er legte seinen Hörerinnen und Lesern Unglücksfälle wie den Brand im
eigenen Ort als »Schickungen eures Vaters, zum Theil auch väterliche
Züchtigungen« dar. War der Brand auch durch menschliche Unvorsichtig-
keit veranlasst, so doch immerhin durch »Gottes Willen oder Zulassung«
ermöglicht.[200] Deutete sich hier schon eine Differenz zu Seeger an, der das
Unwetter als allein von Gott verursacht ansah, dann wurden die Unterschiede im Folgenden unübersehbar. Während Seeger den von dem Unglück
Betroffenen als Trost lediglich die Bekehrung anbot, sprach Weihenmayer
von Gottes väterlicher Fürsorge, die den Opfern zu Hilfe komme, nicht

194 Ebd., S. 8f.
195 Ebd., S. 11.
196 Ebd., S. 14.
197 Zirkularkorrespondenz Hofacker, Bd. b, S. 159, Eintrag 26./31. Juli 1826; Bd. c, Bl. 65ᵛ,
Eintrag 27. Oktober/3. November 1827. Burk schrieb kurz nach dem Unwetter: »Bei der größeren
Anzahl meiner Gemeinde machten diese Ereignisse einen starken, jedoch vorübergehenden
Eindruk, bei einigen jedoch darf ich hoffen, daß er bleibend seyn werde. Geht es indeß so mit
Gottes gewaltigen Predigten, daß immer nur die kleine Zahl es ist, die sie recht versteht u. recht
benützt, so darf es uns nicht befremden, wenn die unsrigen von noch wenigeren verstanden und
benützt werden.« (Zirkularkorrespondenz Burk, Bd. a, Bl. 20ᵛ/21ʳ, Eintrag 12. November 1824).
198 Seit 1851 nannte sich das Dorf Hundsholz nach dem benachbarten Kloster Adelberg,
wohin 1744 der Sitz des Pfarramtes Hundsholz verlegt worden war.
199 Weihenmayer, Predigt.
200 Ebd., S. 7.

zuletzt in Gestalt der tatkräftigen Unterstützung aus den Nachbarorten.[201] Er interpretierte das Brandunglück zwar als Schickung oder Züchtigung durch Gott, mit keinem Wort deutete er aber an, es könnte als Gericht Gottes oder Zeichen künftiger endzeitlicher Gerichte zu verstehen sein. Ihm lag vielmehr an der Rechtfertigung Gottes, der nichts Ungerechtes tue. Seine Ermahnungen richteten sich nicht auf Buße und Bekehrung, sondern auf gegenseitige Hilfeleistung und Dankbarkeit unter den Dorfbewohnern. Die vom Brand Verschonten sollten dessen Opfern willig ihren Zustand zu erleichtern suchen; letztere sollten sich für die erwiesene Hilfe dankbar zeigen. In der gegenseitigen Hilfe und Dankbarkeit zeige sich das gegenwärtige Reich Gottes auf Erden.[202] Die Unterschiede im Ton beider Predigten waren unverkennbar: Anders als Seeger stellte Weihenmayer das Unglück nicht in einen endzeitlichen Horizont. Seine Intention richtete sich apologetisch auf die Rechtfertigung Gottes und die Linderung des entstandenen Schadens. Seeger dagegen erkannte in dem Unglück ein »Zeichen der Zeit« und versuchte in seiner Gemeinde eine entsprechende endzeitliche Stimmung zu befördern.

Einen ähnlichen warnenden Bußruf erwarteten mehrere pietistische Pfarrer von ihrer Kirchenleitung, als sich im Jahr 1831 die Cholera in Mitteleuropa ausbreitete und auch Württemberg näherte. In einer Zeit wachsender Mobilität waren durch die Epidemie nicht nur die Metropolen, sondern auch ländliche Gebiete wie Württemberg bedroht.[203] In zwei Briefen wandten sich jeweils vier Pfarrer aus der Calwer und aus der Waiblinger Gegend an den König und das Konsistorium mit der Bitte, durch einen Hirtenbrief die kirchliche Öffentlichkeit über die »Zeichen der Zeit« aufzuklären.[204] Verfasst waren die Briefe von Christian Gottlob Barth und Christian Friedrich Kling (1800–1862), der damals gerade in den Kreis der Zirkularkorrespondenten aufgenommen worden war.[205] Beide argumentierten ähnlich. Kling brachte den Gedankengang in einem Satz unter:

»Da es am Tage liegt, wie bedenklich die gegenwärtige Zeit ist, und die nächste Zukunft ohne Zweifel auch uns Schweres und Schreckliches bringen kann; da in vielen sonst leichtsinnigen, aber nicht verhärteten Gemüthern ein Nachdenken

---

201 Ebd., S. 8f.
202 Ebd., S. 10f.
203 Zur Choleraepidemie von 1831 vgl. BRIESE, Angst, und unten Kapitel 4, Abschnitt II. 1. *Poetischer Millenarismus.*
204 LKA Stuttgart, A 26, 567, 6: Besondere Gebete aus der Cholerazeit 1831–1836, Nr. 3: Schreiben von· Barth (Möttlingen), Hochstetter (Simmozheim), Schüle (Calw) und Nanz (Zavelstein) an den König, bzw. das Konsistorium, Calw, 22. September 1831; Nr. 4: Schreiben von Kling (Waiblingen), Scharffenstein (Hohenacker), Wiedersheim (Endersbach) und Seeger (Strümpfelbach) an das Konsistorium, Waiblingen, 22. September 1831. Der vergleichbare Inhalt und der gleiche Abfassungstag lassen auf eine Absprache des Vorgehens schließen.
205 Zu Kling vgl. KIRN, Hofacker, S. 56.

erwacht ist, und in Manchen ein wenn auch dunkles Gefühl des Einbrechens göttlicher Gerichte und des Bedürfnisses göttlicher Hülfe und Beruhigung, sich regt; und
da, abgesehen von der in einem nicht unbedeutenden Theile des Volks und auch bei
vielen gebildeten Christen vorhandenen bestimmten Erwartung des Naheseins *entscheidender* Ereignisse für das Reich Gottes und die Reiche der Welt, jedenfalls sehr
Bedeutendes vorgeht und bevorsteht; so achten wir uns verpflichtet, die Überzeugung
auszusprechen, daß es höchst zeitgemäß wäre, wenn außer den Belehrungen und
Mahnungen einzelner Geistlichen in ihren Gemeinden, auch von der kirchlichen
Oberbehörde ein Aufruf an die gesamte evangelische Kirche unsers Vaterlands ergin-
ge, worin, namentlich im Blick auf die herannahende Cholera und die derselben so
leicht sich anschließenden Volks-Aufstände, eine Belehrung über die Zeichen der
Zeit und die göttlichen Gerichte in derselben, eine Ermahnung zur Buße und Demüthigung vor dem Allerhöchsten zu gemeinschaftlichen, auch kirchlichen Gebeten
und Fürbitten, ein tröstendes und aufrichtendes Wort für ängstliche und bekümmerte
Gemüther, und eine Warnung vor aller Widersezlichkeit gegen König und Obrigkeit,
mit väterlichem Ernste, Nachdruck und Milde ausgesprochen würde.«[206]

Der Gedankengang ist klar: In den Ereignissen der Zeit kündigen sich entscheidende endzeitliche Entwicklungen an. Wer verantwortungsvoll handeln und das Volk vor größerem Schaden bewahren will, muss es über die
Bedeutung der Ereignisse aufklären und zur Buße ermahnen. Es genügt
nicht, wenn nur einzelne Geistliche dies tun; vielmehr sollte die Kirchenleitung »durch einen evangelischen Hirtenbrief«[207] das ganze Kirchenvolk
mahnend, warnend, aber auch tröstend und beruhigend ansprechen. Die
Erwartungen an ein solches Schreiben waren merkwürdig ambivalent: Einerseits forderte Kling die Ermahnung zur Buße und Warnung vor den
drohenden göttlichen Gerichten, wie sie sich in der herannahenden Choleraepidemie anzukündigen schienen; andererseits erwartete er beruhigende
Trostworte, die allem Widerstand gegen die Obrigkeit entgegenwirken
sollten. Einerseits der aufrüttelnde, die endzeitliche Stimmung anreizende
Ton, andererseits der Nachdruck, mit dem er zur Bewahrung der staatlichen
und kirchlichen Ordnung aufrief.[208] Die Ambivalenz wurde von Kling nicht
aufgelöst. Die Cholera war ihm ein Zeitzeichen, das kommende Gerichte

---

206 LKA Stuttgart, A 26, 567, 6, Nr. 4.
207 Ebd., Nr. 3.
208 »Es ist fürwahr von großer Wichtigkeit, daß in solchen Zeiten ein engeres Anschließen
Statt findet, daß namentlich in der christlichen Gemeinde, die ja durch so innige Bande zusammen
gehalten ist, die Leitenden mit den ihnen anvertrauten sich in eine heilige Beziehung sezen, und
nichts unterlaßen, was Aergernißen und Zerrüttungen der kirchlichen und des so nahe damit
zusammenhangenden bürgerlichen Lebens vorbeugen könnte.« (LKA Stuttgart, A 26, 567, 6, Nr. 4).
In Barths Schreiben fehlt der Hinweis auf die Bewahrung der gegenwärtigen Ordnung. Für ihn
stand bei der Forderung nach einem Hirtenbrief offensichtlich der Blick auf die sich abzeichnen-
den Entwicklungen im Vordergrund: »Vielleicht könnten so die Gerichte Gottes noch ferner von
uns abgehalten, auf jeden Fall aber würden viele Herzen gestärket werden, den Dingen, die da
kommen sollen, in rechter Fassung und Vorbereitung entgegenzugehen.« (Ebd., Nr. 3).

ankündigte, denen niemand entgehen konnte. Der dadurch notwendigerweise entstehenden endzeitlichen Unruhe wollte er aber gleichzeitig durch den Aufruf zur Bewahrung der allgemeinen Ordnung entgegenwirken. Man wird den Ruf nach Ordnung kaum als Captatio benevolentiae gegenüber der Kirchenleitung abtun können. Vielmehr entsprach die Ambivalenz einem Dilemma, dem die jungen pietistischen Theologen in ihrer pfarramtlichen Praxis selbst ausgesetzt waren.

Ein anderer Ton wird in einer Predigt hörbar, die Wilhelm Dietzsch (1799–1851), ein Altersgenosse von Barth und Kling, am 18. September 1831 in Neuenhaus bei Nürtingen hielt.[209] Zwar verwies auch er in seiner Cholera-Predigt auf die Möglichkeit, die Seuche als Zeichen Gottes und Bußruf zu verstehen.[210] Doch das Schwergewicht seiner Argumentation lag darauf, die Zuversicht auf Gott zu stärken, der Tod und Leben in seiner Hand halte. Gott könne den Tod auch hemmen; aber wenn der Mensch doch sterbe, so sei dies nichts anderes als »der Eingang, die Wiedergeburt zum wahren Leben« und es bleibe die Hoffnung auf die zukünftige Auferstehung.[211] Trost war die erste und wichtigste Intention der von biblischen Zitaten und Reminiszenzen getränkten Predigt.[212] Der Zeichencharakter der Choleraseuche beschränkte sich auf ein individuelles Memento mori, der Bußruf bezog sich nur auf den durch das gegenwärtige Geschehen verunsicherten Einzelnen. Eine Interpretation der Cholera als Teil eines universellen endzeitlichen Gerichtsgeschehens – wie sie Barth und Kling im Sinn hatten – war bei Dietzsch dagegen nicht zu finden.

Um noch einmal zu Klings Forderung nach einem »Hirtenbrief« und dem damit verbundenen Dilemma von endzeitlicher Unruhe und bürgerlicher Ordnung zurückzukommen: Die Kirchenleitung löste es einseitig auf. Sie zeigte keinerlei Absicht, durch einen öffentlichen Hirtenbrief zur

209 Predigten über Perikopen, S. 75–91: »Predigt am 16. Sonntag Trinitatis 1831. In Beziehung auf die Cholera gehalten«. Dietzsch gehörte zu einer Gruppe von nicht-pietistischen Pfarrern und Vikaren der Diözese Nürtingen, die den kleinen, dreizehn nach dem Kalenderjahr sortierte Predigten enthaltenden Band »zum Besten der flüchtigen Polen« im März 1832 erscheinen ließen. Die Sammlung ist – soweit ersichtlich – das erste Beispiel einer Predigtsammlung unterschiedlicher Autoren mit einem karitativen Zweck im Raum der württembergischen Kirche. Gut zwei Jahre später folgte das Wilhelmsdorfer Predigtbuch (Predigten über den zweiten Jahrgang [1834]), das von den pietistischen Pfarrern der Stuttgarter Predigerkonferenz herausgegeben wurde (vgl. dazu unten Kapitel 3, Abschnitt IV.).

210 Predigten über Perikopen, S. 90: »[...] ja, hat nicht der Herr über Leben und Tod in jenem Uebel sein Volk vielleicht auch darum heimgesucht, um manches Herz, das seiner vergessen, wieder zu sich zu lenken durch seine Zeichen, um Manchen aus dem Schlummer zu wecken, Manchen durch seine ernsten Gerichte zur Buße zu rufen?«

211 Ebd., S. 84; vgl. S. 86: »Mag denn nun auch der Todes-Engel durch jene verheerende Seuche ein noch so großes und schauervolles Leichenfeld ausbreiten über die Erde, mag auch die Sichel seiner schrecklichen Erndte noch so weit reichen; einst kommt mit dem Herrn über Lebendige und Todte auch der Engel des Lebens und die Erndte der Auferstehung«.

212 Vgl. nur die ausgiebigen Paraphrasen der Psalmen 23, 91 und 121 (ebd., S. 81f).

Verbreitung endzeitlicher Stimmung beizutragen. Statt eines warnenden Bußrufs erließ sie ein Schreiben an alle Dekanatämter, dem eine »Bitte wegen der Cholera, welche bei den Gottesdiensten in das Schluß-Gebet aufzunehmen ist« beigelegt war.[213] Dem Konsistorium war Ordnung erste Christenpflicht.

4. Endzeitliche Unruhe und bürgerliche Ordnung

In diversen Facetten haben wir in diesem Kapitel beobachten können, wie Theologen auf die Herausforderungen des endzeitlichen Kommunikationsraumes reagierten. Dabei war ein Signum der jungen Generation pietistischer Theologen um 1830 ihr Hin- und Hergerissensein zwischen endzeitlicher Unruhe und der Suche nach kirchlicher und bürgerlicher Ordnung. Nicht zu vergessen: Die meisten der jungen Pfarrer, denen wir bisher begegnet sind, wurden in den Jahren vor 1830 sesshaft, bekamen ständige Pfarrstellen übertragen, heirateten und wurden Familienväter. Ein Pfarramt zu bekleiden hieß auch, bürgerliche Verantwortung zu übernehmen, sei es in der Schule, im Pfarrkonvent oder in anderen Strukturen, durch die Kirche und Staat miteinander verwoben waren. Ein Pfarrer war also qua Amt mitverantwortlich für den Erhalt nicht nur der kirchlichen, sondern auch der bürgerlichen Ordnung. War er gleichzeitig von endzeitlicher Unruhe bewegt, die eine Auflösung all dieser Ordnungen befürchtete, ja erwartete, musste dies zum Konflikt führen. Ludwig Hofacker hatte den Konflikt für sich gelöst, indem er beide Seiten auf ihren gemeinsamen Nenner, die Frage nach Buße und Bekehrung, zurückführte. Sowohl seine Endzeiterwartungen als auch seine Vorstellungen von bürgerlicher Ordnung waren durch die Leitbegriffe Buße und Bekehrung geprägt. Alles andere hatte sich dem unterzuordnen. Seine rigiden Moralvorstellungen sind Legende und ließen für Bereiche des Gleichgültigen im Alltag keinen Platz.[214] So waren auch Fragen der kirchlichen und bürgerlichen Ordnung für ihn keine nebensächlichen Themen, deren Bedeutung vor dem Hintergrund der erwarteten Endzeit verblasst wäre. Im Gegenteil: Hofacker sorgte – ganz im Sinne des Pietistenreskripts von 1743 und ähnlicher Verordnungen aus späterer Zeit –

---

213 LKA Stuttgart, A 26, 567, 6, Nr. 8 (11. Oktober 1831).

214 Sein Auftreten gegen »Volkslustbarkeiten« wie Hochzeits- und Kirchweihtänze hat KNAPP, Hofacker, S. 134ff, ausführlich beschrieben. Typisch auch ein Brief vom 27. April 1826, in dem Hofacker einen befreundeten Beamten vor dem Besuch von Wirtshäusern warnte (ebd., S. 192f). Im Hintergrund steht das Problem der Adiaphora, der Mitteldinge, also derjenigen Lebensfragen, deren Behandlung in der Bibel nicht festgelegt ist. Im pietistischen Württemberg des beginnenden 19. Jahrhunderts entstand eine rege Diskussion über die Adiaphora, in deren Verlauf diese aus dem Bereich des Gleichgültigen zunehmend entnommen und zu Fragen des Heils gemacht wurden. Hofacker trug zu der Umarbeitung von Moral- zu Heilsfragen entscheidend bei. Zum Problem der Adiaphora im württembergischen Pietismus vgl. SCHARFE, Religion, S. 77–106.

energisch für die Durchsetzung klarer Regeln und Ordnungen in den Privatversammlungen seiner Rielingshäuser Gemeinde.[215] August Osiander dagegen zog sich ganz auf das Studium der Heiligen Schrift und seine endzeitliche Theologie des spekulativen Biblizismus zurück. Von ihm sind keine Zeugnisse erhalten, dass er sich über das Nötigste hinaus mit Fragen der bürgerlichen Ordnung befasst hätte. Ähnlich wohl auch Christian Gottlob Barth, der immer mehr in seinen vielfältigen publizistischen Nebentätigkeiten aufging und den Anforderungen des pfarramtlichen Alltags nur noch durch einen Vikar genügen konnte.[216] Bei Christian Friedrich Kling wiederum deutete sich das stärkere Gewicht an, das dem Streben nach bürgerlicher Ordnung zugemessen wurde. Endzeitliche Unruhe und der Ruf nach Bewahrung der bürgerlichen Ordnung standen unausgeglichen nebeneinander. Kling erscheint damit als der typische Vertreter des endzeitlichen Dilemmas: *Jetzt* oder *noch nicht?* Nähert sich die apokalyptische Zeit ihrem Kulminationspunkt und erfordert sie gesteigerte missionarische Aktivitäten? Oder muss das Bewahren der Ruhe im Vordergrund stehen, weil von einem unmittelbaren Bevorstehen umwälzender Ereignisse noch keine Rede sein kann? *Jetzt* oder *noch nicht*: der jungen Generation pietistischer Theologen kam die doppelte Aufgabe zu, die Versammlungskreise über die *Zeichen der Zeit* aufzuklären und gleichzeitig plausible Erklärungen für die sich am Horizont abzeichnende Enttäuschung zu finden. Wie sie sich der Herausforderung stellte, wird im Mittelpunkt des folgenden Kapitels stehen.

---

215 Vgl. Zirkularkorrespondenz Hofacker, Bd. c, Bl. 69[v], Eintrag Hofacker, 22. November 1827, und dazu oben I.4 *Pietistische Pfarrer und Privatversammlungen.*

216 Seit Ostern 1834 wurde Barth in Möttlingen durch den Vikar Jakob Friedrich Stotz (1809–1895) unterstützt, der sich im März 1836 in einem Zirkularheft über seinen Pfarrherrn vorsichtig beschwerte. Barth habe ihm nahezu alle pfarramtlichen Geschäfte überlassen, außer 1–2 von 3 Sonntagsgottesdiensten, die Barth selbst halte, »in der Woche aber läßt sich mein Pfr. durch das Amt nur selten von seinen sonstigen vielfältigen Geschäften abhalten« (LKA Stuttgart, Sammelstelle R 5/1 Kirchengeschichte: Circularheft Januar–Mai 1836, Eintrag Stotz, 23. März 1836).

Kapitel 3:
Enttäuschte Erwartungen
Der württembergische Pietismus an der Wende

Der endzeitliche Kommunikationsraum, in dem sich württembergische Pietisten bewegten, war nach und nach in unruhige Bewegung geraten. In den Privatversammlungen und in den Familien wurden die erwarteten Entwicklungen diskutiert. Pietistische Theologen positionierten sich und versuchten Einfluss auf die Debatten zu gewinnen. In der Kommunikation zwischen pietistischen Laien und Theologen sollte sich der Fortgang der endzeitlichen Bewegung in Württemberg entscheiden: Konnte die sich abzeichnende Enttäuschung aufgefangen werden? Waren die unbeirrt an dem Erwarteten Festhaltenden für landeskirchliche Theologen und deren Argumente noch erreichbar?

Das dritte Kapitel schildert den ungefähr 1829 beginnenden und sich bis 1836 erstreckenden Prozess der Einsicht in das Scheitern der Bengelschen Berechnungen. In einem ersten Schritt wird dazu die endzeitliche Stimmung im popularen Pietismus Württembergs um 1832 ermittelt. Es folgt eine Analyse der publizistischen Debatte um Bengels Voraussage auf 1836. Im dritten und vierten Abschnitt werden zwei prominente Versuche pietistischer Theologen beleuchtet, zur Klärung der Diskussionen in den Privatversammlungen beizutragen: die Gründung des *Christenboten* und die Herausgabe des Wilhelmsdorfer Predigtbuches. Abschließend kommen verschiedene Stimmen des Jahres 1836 zur Sprache.

I. Endzeitliche Stimmung um 1832

Die Aktivitäten pietistischer Pfarrer in Württemberg am Anfang der dreißiger Jahre sind nur vor dem Hintergrund der zu diesem Zeitpunkt in den Versammlungen vertretenen endzeitlichen Erwartungen zu verstehen. Als entscheidendes Wendejahr tritt dabei das Jahr 1832 in den Blickpunkt. Zur Erinnerung: Bengels Berechnungen hatten nicht nur den Anbruch eines göttlichen Friedensreiches für das Jahr 1836 ergeben, sondern – wie schon verschiedentlich bemerkt – eine Vielzahl von Terminen darauf hinführender und vorbereitender Ereignisse. So sollten sieben Jahre vorher 70.000 zu

Christus bekehrte Juden im wiedererbauten Tempel in Jerusalem ihre Gottesdienste halten (Offb 11,1.13; Dan 9,24–27). Innerhalb dieser sieben Jahre war der Auftritt zweier Zeugen Christi zu erwarten (Offb 11,3) sowie deren gewaltsamer Tod durch das aus dem Abgrund aufsteigende Tier, den Antichrist (Offb 11,7). Dessen Macht sollte dreieinhalb Jahre währen und mit dem Anbruch eines ersten tausendjährigen Reiches am 18. Juni 1836 enden. Ein weiterer feststehender Termin war ein am 14. Oktober 1832 beginnender und acht Tage dauernder Fürstenkongress (Offb 17,12), mit dem die zeitweilige Macht des Tieres oder Antichristen beginnen sollte. Damit war unausweichlich klar: Wer auf das Jahr 1836 wartete, für den waren erst recht die Jahre davor von entscheidender Bedeutung. Schon 1821 hatte der Lustnauer Pfarrer Viktor Heinrich Riecke in einem Bericht festgehalten: »Auf die Jahre 1830–1836 wartet ja Alles mit gespannter Ungeduld.«[1]

Es wird also zu prüfen sein, ob sich diese Ungeduld erhalten oder gar verstärkt hatte. Allerdings stellt sich dabei ein doppeltes Problem. Denn zum einen: Wie pietistische Pfarrer versuchten, endzeitliche Stimmung zu erzeugen oder zu steuern, das lässt sich aus ihren gedruckten oder ungedruckten Hinterlassenschaften ermitteln. Wesentlich schwieriger ist jedoch die Frage zu beantworten, wie verbreitet endzeitliche Stimmung unter einfachen Leuten war, die keine schriftlichen Zeugnisse hinterlassen haben. Zum anderen bleiben Zeugnisse gescheiterter Hoffnungen überhaupt seltener erhalten als solche, die sich auf erfüllte Hoffnungen beziehen. Enttäuschte Erwartungen werden ungern überliefert. Glücklicherweise haben sich für Württemberg um 1832 punktuell Quellen erhalten, die weitergehende Rückschlüsse auf eine in pietistischen Kreisen verbreitete endzeitliche Stimmung erlauben. Dabei handelt es sich zum einen um Briefe des Gründers und Vorstehers der Korntaler Gemeinde Gottlieb Wilhelm Hoffmann, die er in diesen Jahren an Christian Friedrich Spittler (1782–1867), einen württembergischen Pfarrerssohn und seit 1801 Sekretär der Basler Christentumsgesellschaft, richtete. Eine weitere Episode aus der Frühgeschichte Korntals – die Neubesetzung der Pfarrstelle – wirft zusätzliches Licht auf unruhige Jahre in der von der Landeskirche unabhängigen Gemeinde. Dass von der endzeitlichen Unruhe nicht nur Korntal und sein Gründer betroffen waren, zeigen schließlich Reiseberichte von Diasporaarbeitern der Herrnhuter Brüdergemeine, die eine seltene Innenansicht von pietistischen Privatversammlungen in Württemberg gewähren.

---

1 LKA Stuttgart, DA Tübingen, Nr. 40: Bericht von Pfr. V. H. Riecke, Lustnau, 21. September 1821. Nicht umsonst verzeichnet eine von Burk in seiner 1831 erschienenen Bengel-Biographie erstellte Zeittafel der nach Bengel zu erwartenden apokalyptischen Ereignisse eine Häufung von Terminen zwischen 1830 und 1836 (BURK, Bengel, S. 277f). Zu Burk und seiner Bengel-Biographie vgl. auch den folgenden Abschnitt II.

1. Hoffmanns Hoffnungen bis 1832

In einem ersten Schritt konzentrieren wir uns also auf Gottlieb Wilhelm Hoffmann und seine Basler Korrespondenz. Zwar verengt sich damit die Perspektive; doch Hoffmanns Briefe an Spittler zwischen 1830 und 1836 vermitteln einen exemplarischen Eindruck von den Veränderungen endzeitlicher Stimmung in diesen Jahren.

»Die ZeitGloke hat stark geläutet und wird immer mehr läuten.«[2] Mit dieser Bemerkung spielte Hoffmann im September 1830 auf die Juli-Revolution in Frankreich und andere politische Ereignisse an, die Europa im Sommer bewegt hatten. Für Hoffmann stand es außer Frage, dass sich damit weitere Schritte der endzeitlichen Entwicklung vollzogen hatten.[3] Die Zeichen der Zeit schienen auf das Eintreten einer entscheidenden Phase hinzudeuten. Wie erregt die Stimmung zu werden begann, zeigt Hoffmanns Brief vom 29. Dezember 1830, in dem er Spittler davon erzählt, auch in Korntal habe sich das Gerücht verbreitet, er – Hoffmann – und der Stuttgarter Kaufmann Johann Jakob Häring (1775–1838) seien nach Jerusalem ausgewandert. Hoffmann selbst kommentiert das Gerücht mit amüsierter Süffisanz: »Natürlich lachten wir darüber und dachten, daß dis kein denkender Mensch glauben werde. Ich wüßte nicht, was in Jerusalem thun.« Aber allein das Entstehen eines solchen Gerüchtes zeigt, wie aufgeladen die Situation war. Hoffmann beruhigte Spittler mit der Beifügung, man sei angesichts der großen Veränderungen der Zeit froh, im »stillen Kornthal« wohnen zu können. Doch dies war auch für ihn selbst nichts als eine Stille vor dem Sturm. Denn am Schluss seines Briefes hielt er fest:

>»Wirklich stehen wir Offenb. 17,12. v.; bis Okt. 1832 wird nach Bengel alsdann der 13te Vers erfüllt werden und dann wird der Streit im 14. Vers beginnen. So lange gehen uns die Sachen nicht an.«[4]

Hoffmann wartete auf den nach Bengel für den 14. Oktober 1832 erwarteten Fürstenkongress, mit dem die Macht des Antichristen beginnen sollte. Die Zeit bis dahin sah er als Übergangsphase an, die nicht zu übereilten Aktionen wie einer Auswanderung gen Jerusalem missbraucht werden sollte. Damit steht die Frage im Raum, ob endzeitliche Erwartungen eher zu

2   StA Basel, PA 653, Abt. V, Hoffmann, Gottlieb Wilhelm: Brief an Spittler, Korntal, 23. September 1830.
3   Vgl. auch das Vakanztagebuch des Basler Missionszöglings Jakob Günther (ABM Basel, QS-10.1: Tagebuch Jakob Günther 1830), der im August 1830 nach Korntal kam: »Donnerstag d. 5ten Aug. Einer Einladung zu Folge tranken wir diesen Morgen mit H. Hofmann den Caffee. Unsre kurze Unterredung beschränkte sich meist auf die neu ausgebrochene französische Revolution, von der wir erst hier sichere Nachricht erfuhren. Man ahnt in Kornthal stark ihre Folgen.«
4   Beide Zitate: StA Basel, PA 653, Abt. V, Hoffmann, Gottlieb Wilhelm: Brief an Spittler, Korntal, 29. Dezember 1830.

Aktivität oder eher zu Passivität führten.[5] Bei Hoffmann lassen sich beide
Elemente finden. Einerseits die Mahnung zum Abwarten der angekündigten
Ereignisse: »So lange gehen uns die Sachen nicht an.« Andererseits galt es
ja, der Zukunft vorbereitet entgegenzugehen. Beides findet sich in einem
Brief wieder, den Hoffmann kurz vor Weihnachten 1831 nach Basel schickte.
Er erinnerte Spittler darin an den Plan, in Korntal ein Witwenhaus zu
errichten, für dessen Finanzierung er auch auf Hilfe aus Basel hoffte. Dann
fuhr er fort:

> »Ich denke mir wohl, daß man [sich] bei so unruhigen Umständen nicht mit derlei
> Dingen abgeben kan; inzwischen stehet das Haus mit 20 Zimmern zu diesem Zwek
> da und es ist doch vielleicht hie und da noch jemand, der gerade um dieser Umstände
> willen dem Herrn noch in den armen Wittwen etwas leihen und in Sicherheit bringen
> möchte.«[6]

Hoffmann kannte also auch den Impuls, sich von den Ereignissen passiv
treiben zu lassen. Aber wichtiger war ihm, keine Gelegenheit auszulassen,
sich durch karitative Werke – wie er es wohl gesagt hätte – auch noch in der
letzten Zeit einen Schatz im Himmel zu erwerben.[7] Man darf diese endzeitliche Motivation für missionarisches oder karitatives Handeln nicht gering
schätzen. Hoffmann selbst legte sie in seinem Brief ausführlich dar und
lieferte damit einen weiteren Beleg für die handlungsleitende Bedeutung,
die er den Bengelschen Berechnungen zumaß. Er erklärte nämlich Spittler –
unter Verweis auf Bengels Gnomon und Stillings Siegesgeschichte – minutiös die oben erwähnten »Umstände«, die sein Handeln bestimmten.[8] Zu

---

5   LEHMANN, Pietismus und weltliche Ordnung, S. 124f, 132ff, vertritt die Auffassung, der
württembergische Pietismus habe sich durch Bengels Berechnungen zu Quietismus und Weltab-
gewandtheit verleiten lassen. Zur Kritik an dieser Auffassung vgl. JUNG, 1836, S. 115f.

6   StA Basel, PA 653, Abt. V, Hoffmann, Gottlieb Wilhelm: Brief an Spittler, Korntal, 22.
Dezember 1831.

7   Hoffmann verweist im Folgenden auf Bengels Anmerkung zu Apg 2,45 und die unter den
Jerusalemer Christen praktizierte Gütergemeinschaft. Bengel schreibt dazu: »So hatten sie hernach
bey der Zerstörung Jerusalem [!] nichts mehr zu verlieren, und war indessen alles wol angeleget.
Bevorstehende schwere Zeiten bewegen eine recht kluge Seele nicht zur Sparsamkeit, sondern zur
Wolthätigkeit.« (BENGEL, Testament, 1753, S. 462f). Hoffmanns Formulierung, »dem Herrn in
den armen Wittwen etwas leihen und in Sicherheit bringen«, sollte also ganz handgreiflich als
Reminiszenz an den endzeitlichen »Bergungsort« Korntal gelesen werden. Wer sein Geld dort
investierte, hatte es vor den Verfolgungen und Zerstörungen des Antichrists auf die sichere Seite
gerettet (vgl. C. G. Barths Argumentation in: [BARTH], Hoffmännische Tropfen, S. 23f, und dazu
oben Kapitel 1, Abschnitt II. 2. *Verborgene Motivation*).

8   »Wie oft mus ich Deiner und aller lieben Freunde in Basel gedenken unter den gegenwärtigen Umständen, ich erhalte aber immer die Antwort: Alle diese Verwirrungen und Verirrungen
werden nicht anders, sondern vermehren sich je länger je mehr bis zum 14. Oktober 1832, auf
welchen Tag Bengel nach seinem Gnomon pag: 1374, den Auftritt des Thiers aus dem Abgrund
(Offenb. 17,8. v. 2. Theß. 2, 3. 4. 5. v. 8.–9. v.) gesezt hat. Wann dieser, der Antichrist auftreten
wird, welchem den 22. Okt 1832, also 8 Tage später (vid. Bengels Gnomon pag. 1374) die 10
Könige (vid. Stillings Sieges Geschichte pag: 490) ihre Macht u. Gewalt *bei einem Kongreß*

diesem Zeitpunkt, Ende 1831, rechnete er weiter fest damit, dass sich die Chronologie Bengels bewahrheiten und im Oktober 1832 bei einem Fürstenkongress der Antichrist die Macht übernehmen werde. Bengels Autorität stand für Hoffmann außer Frage und so schloss er seinen Brief mit der Bemerkung, »wir warten mit Freudigkeit auf die Erscheinung unsers Herrn Jesu Christi.«[9] Die Zeitperspektive rückte für Hoffmann immer enger zusammen. Nicht nur der Auftritt des Antichrists, sondern auch dessen Überwindung durch die Erscheinung Jesu Christi schienen greifbar, erlebbar nahe. Und so meldete er nur drei Wochen später im Zusammenhang des in Korntal entstehenden Witwenhauses an Spittler:

»Ich denke, dis sei mein leztes Unternehmen vor dem Auftritt des Thiers aus dem Abgrund, des Antichrists. Anliegend folgt mein leztes Blatt, das ich in dieser Beziehung habe druken laßen. Jezt glauben meine Brüder auch mehr an die nahe Zukunft des Herrn! Ich rufe mit der Braut: Komm Herr Jesu!«[10]

Hoffmanns millenarische Hoffnungen waren auf ihrem Höhepunkt angelangt. Nirgendwo anders äußerte Hoffmann so ungeschützt seine Erwartung, in der Johannesoffenbarung beschriebene Ereignisse würden unmittelbar bevorstehen. Zugleich zeigt Hoffmanns Brief vom 12. Januar 1832 deutlich, dass auch in Korntal bis zuletzt skeptische Stimmen laut geworden waren, die er nun allerdings überzeugt zu haben hoffte.

Die endzeitliche Hochstimmung hielt jedoch nicht lange an. In keinem weiteren Brief des Jahres 1832 nach Basel fanden apokalyptische Themen Erwähnung. Hoffmann kam lediglich auf geschäftliche Dinge zu sprechen.[11] Das heißt freilich nicht, er hätte plötzlich kein Interesse mehr an solchen Themen gehabt. Eher hinderten ihn äußere Umstände. Entweder hatte Spittler auf Hoffmanns Begeisterung skeptisch reagiert, oder – wahrscheinlicher – die plötzliche Zurückhaltung war einer gestiegenen Vorsicht, sich brieflich entsprechend zu äußern, zuzuschreiben. Darauf deutet auch ein Schreiben hin, das Hoffmann im Namen der Korntaler Gemeinde am 21. August 1832 an das Königliche Oberamt Leonberg richtete und das er Spittler in

---

übertragen werden; dieser wird alles so in Ordnung bringen, daß die Verwunderung u. Anbetung Offenb. 17, 8. v. bewirkt wird. Selig! wer sich nicht von dem Worte der Warheit abwendig machen läßt.« (StA Basel, PA 653, Abt. V, Hoffmann, Gottlieb Wilhelm: Brief an Spittler, Korntal, 22. Dezember 1831). Hoffmann benutzte offensichtlich Bengels Gnomon in der 3. Auflage von 1773, wo auf S. 1374 die apokalyptischen Daten 14. und 22. Oktober 1832 sowie 18. Juni 1836 angegeben sind. Jung-Stillings Siegsgeschichte erschien 1799.

   9   StA Basel, PA 653, Abt. V, Hoffmann, Gottlieb Wilhelm: Brief an Spittler, Korntal, 22. Dezember 1831.

   10   Ebd.: Brief an Spittler, Korntal, 12. Januar 1832. Das von Hoffmann erwähnte Flugblatt hat sich im Spittler-Archiv leider nicht erhalten und konnte auch anderen Orts nicht aufgefunden werden.

   11   Ebd.: Briefe an Spittler, Korntal, 3. Febuar, 8. April, 15. und 17. Oktober 1832. Natürlich kann nicht ausgeschlossen werden, dass weitere, nicht erhaltene Briefe existierten.

Abschrift zukommen ließ.[12] Die Korntaler versicherten darin »König und Obrigkeiten« ihrer Loyalität, die selbst dann nicht aufhöre, wenn – nach Offb 11,15 – alle weltlichen Königreiche Christus anheim gefallen sein würden. Hintergrund dieser Ergebenheitsadresse waren offensichtlich die politischen Ereignisse des Frühjahrs und Sommers. Seit der Julirevolution in Frankreich zwei Jahre früher hatte sich in den deutschen Ländern eine wachsende außerparlamentarische Oppositionsbewegung gebildet, die die Durchsetzung von Grundrechten und Mitbestimmung des Volkes forderte. Unübersehbaren Ausdruck fand diese Bewegung im Hambacher Fest, Ende Mai 1832, zu dem sich 20.000 bis 30.000 Teilnehmer auf der Ruine des Hambacher Schlosses versammelten. Die Reaktion der einzelnen Länderregierungen und des Deutschen Bundes erfolgte prompt und heftig. Bundestagsbeschlüsse von Ende Juni, Anfang Juli 1832 schränkten die Presse-, Vereins- und Versammlungsfreiheit erneut weitestgehend ein.[13] Die Korntaler reagierten mit ihrem Schreiben auf die Bekanntmachung dieser Beschlüsse. Und sie nutzten die Gelegenheit, um den württembergischen Staat ihrer Treue zu versichern:

> »So lange wir, wie bisher unsre Gewissensfreyheit haben, verhalten wir uns still und leidend, und sollten wir auch hierüber angetastet werden, so werden wir lieber alles verlassen und in die entferntesten Gegenden fliehen als uns gegen die Obrigkeit empören. Uebrigens haben wir die Einleitung getroffen, unsre Gebete für König und Vaterland unter den jetzigen Umständen zu verdoppeln.«[14]

Nicht Aufruhr oder Protest, wie die württembergische Regierung wohl befürchtete, sondern Gebete waren es, die der König aus Korntal erwarten durfte. Nachdem es in den zurückliegenden Jahren immer wieder zwischen Korntal und dem württembergischen Staat zu Auseinandersetzungen über die Auslegung der der Gemeinde verliehenen Privilegien gekommen war[15], wollte man die Regierung offensichtlich ruhig stimmen. Es ist eine durchaus bemerkenswerte Koinzidenz der Geschichte: Just in dem Moment, in dem sich die Korntaler Gemeinde, veranlasst durch äußere politische Entwicklungen, Gedanken über ihr Verhältnis zum württembergischen Staat machen musste, gerade da zwangen auch die endzeitlichen Entwicklungen, oder besser: deren Ausbleiben die Korntaler dazu, das Verhältnis neu zu überdenken. Der 14. Oktober 1832 verstrich, ohne dass von einem Fürstenkongress oder gar von einem Aufsteigen des Tieres aus dem Abgrund etwas

---

12   Ebd.

13   NIPPERDEY, Deutsche Geschichte, S. 368–372.

14   StA Basel, PA 653, Abt. V, Hoffmann, Gottlieb Wilhelm: Abschrift eines Schreibens der Brüdergemeinde Korntal an das Königl. Oberamt Leonberg, Korntal, 21. August 1832.

15   Vgl. StA Ludwigsburg, E 173 III Bü 7505f; LKA Stuttgart, A 26, 462, Fasz. 4: Abendmahlsfeier von Auswärtigen in Korntal.

bekannt geworden wäre. Hoffmanns Hoffnungen hatten sich nicht erfüllt. Die Korntaler Siedler mussten sich auch in ihrem Verhältnis zum Staat auf eine längere Zeitperspektive einstellen. Bevor wir danach fragen, wie Hoffmann mit der Enttäuschung umging, wenden wir uns in einem Exkurs einer anderen Episode zu, die zur selben Zeit die Korntaler Gemeinde in Bewegung hielt und die weiteres Licht auf die dort herrschende endzeitliche Stimmung wirft.

2. Korntal sucht einen Pfarrer

Seit der Gründung Korntals waren die pfarramtlichen Aufgaben weitgehend durch Johann Jakob Friederich erfüllt worden. Der frühere Winzerhäuser Pfarrer, der wegen seiner Opposition gegen die neue Liturgie 1810 aus dem Pfarramt gegen Gewährung eines Ruhegehaltes entlassen worden war und danach in Leonberg gewohnt hatte, gehörte 1819 zu den ersten Siedlern, die nach Korntal zogen.[16] Als Friederich am 19. Oktober 1827 starb, war die Korntaler Gemeinde finanziell immer noch nicht in der Lage, einen eigenen Pfarrer zu besolden. Man behalf sich daher mit einer Übergangslösung: Samuel David Christian Baumann (1793–1843), der 1826 das Pfarramt in Gündelbach verlassen hatte und Lateinlehrer an der Erziehungsanstalt in Korntal geworden war, wurden noch am selben Tag durch Hoffmann die pfarramtlichen Geschäfte übertragen.[17] Da Baumann mit der doppelten Verantwortung auf längere Sicht überfordert war, musste jedoch weiter nach einer dauerhaften Lösung gesucht werden.[18] An Ostern 1829 schien sich eine Möglichkeit aufzutun. Ignaz Lindl, früherer katholischer Priester in Bayern, dann für gut vier Jahre in Russland und nach seiner Ausweisung von dort zum Protestantismus übergetreten, kam für einige Tage nach

---

16   StA Ludwigsburg, E 173 III Bü 7505, Nr. 15: Verzeichnis der in die gnädigst privilegirte Gemeinde nach Kornthal bis jezt aufgenommenen Mitglieder, 16. März 1819. Offiziell erhielt Friederich allerdings erst im Mai 1821 die Erlaubnis, provisorisch sämtliche Parochialverrichtungen in Korntal auszuüben, bis die Gemeinde in der Lage sei, einen eigenen Pfarrer zu besolden (StA Ludwigsburg, FL 20/11 Bü 4437: Reskript der Regierung des Neckarkreises an das Oberamt Leonberg, 2. Juni 1821).

17   StA Ludwigsburg, FL 20/11 Bü 4437: Schreiben von Hoffmann an das Oberamt Leonberg, 19. Oktober 1827. Offiziell wurde Baumann im Mai 1828 mit der Pfarrverweserei in Korntal beauftragt (ebd.: Reskript der Kreisregierung Ludwigsburg an das Oberamt Leonberg, 3. Juni 1828).

18   Im Visitationsbericht vom 9. November 1829 wurde Baumann durch Hofprediger Harpprecht ein mäßiges Urteil ausgestellt: »Hat gute philologische Kentnisse, zum Prediger aber nur wenig Anlage. Bey der Visitation hatte er eine Betstunde mit einer Rede zu halten. Er sprach, unter zu Grundlegung des 13ten Verses im 115. Psalm, von dem Segen, welcher denen zu Theil werde, die den Herrn fürchten. Es wurde aber dabey eine richtige Disposition, klare Entwiklung der Begriffe und sorgfältige Ausarbeitung gänzlich vermißt, und ein auffallender Mangel an Gabe eines guten Vortrags bemerkt. Er scheint mehr in dem Lehrfach wirken zu können, als in dem Predigt-Amt.« (StA Ludwigsburg, E 173 III Bü 7505, bei Nr. 116).

Korntal. Über die Osterfeiertage predigte er mehrere Male unter Zulauf einer gewaltigen Menschenmenge.[19] Es schien, als sei ein neuer Pfarrer für Korntal gefunden.

Das Interesse an dem Theologen, der mittlerweile in Barmen als Hilfsprediger tätig war, lässt indirekt auf die in Korntal vertretenen endzeitlichen Anschauungen schließen. Dazu ist ein Blick auf Lindls Lebensgang seit seiner Rückkehr aus Russland Anfang 1824 notwendig.[20] Nach kurzen Aufenthalten in Berlin, auf dem schlesischen Gut Peterswaldau und in Herrnhut wurde Lindl noch 1824 in Barmen ansässig.[21] Schon bald kam er dort in Berührung mit Anhängern des Basler Seidenwebers Johann Jakob Wirz (1778–1858), der sich gerade von der Basler Christentumsgesellschaft abgewendet hatte und begann, eine eigene apokalyptisch-theosophische Gemeinschaft – später Nazarener oder Neukirchler genannt – aufzubauen, deren Lehre den Visionen und Neuoffenbarungen ihres Gründers entsprang. Lindl nahm mit Wirz Verbindung auf, ein lebenslanger Briefwechsel begann, in dessen Verlauf Lindl immer mehr unter den Einfluss des vier Jahre jüngeren Wirz geriet.[22] Gleichzeitig bemühte sich Lindl darum, die Wahlfähigkeit zum evangelischen Pfarramt zu erhalten, wurde dann auch 1825 Hilfsprediger in Barmen und Lehrer an der neugegründeten Missionsschule der Rheinischen Missionsgesellschaft.[23] In mehreren Schriften versuchte er sich in dieser Zeit über seinen theologischen Standort Rechenschaft abzulegen. Dabei überarbeitete er auch seine 1817 entstandene Auslegung der

---

19   »Die Osterfeyertage des gegenwärtigen Jahres brachte er in Kornthal zu, und hielt dort mehrere Predigten, zu welchen eine so große Menge von Menschen aus Stuttgart, der ganzen Umgegend und vielen entfernten Orten herbeyströmte, daß schwerlich jemals eine größere VolksMasse daselbst zusammen gedrängt seyn mochte.« (StA Ludwigsburg, E 173 III Bü 7505, Nr. 104: Schreiben des württembergischen Konsistoriums an die Kreisregierung Ludwigsburg, 24. Juli 1829). – »Vom *Lindl* wird dir mein Sohn erzählen, wie er am Ostertag wegen der herzugeströmten Menschenmenge den Gottesdienst unter freyem Himmel halten mußte pp« (StA Basel, PA 653, Abt. V, Köllner, Wilhelm: Brief von Wilhelm Köllner an Spittler, Sitzenkirch, 30. April 1829).

20   Vgl. oben Kapitel 1, Abschnitt III. Während Lindls Lebensstationen Bayern und Russland einigermaßen gut dokumentiert sind, fehlt für die Zeit nach der Rückkehr aus Russland eine genauere Darstellung. Den Kenntnisstand fasst am besten zusammen: PETRI, Ignaz Lindl, S. 103–110.

21   Ebd., S. 103f. Dass Lindl schon im September 1824 in Barmen wohnte, bestätigt WERNER, Barth, Bd. 1, S. 353–357 (anders PETRI, Ignaz Lindl, S. 105: Frühjahr 1825).

22   Die Briefe von Wirz an Lindl sind dokumentiert in: WIRZ, Briefe. Der erste (dokumentierte!) Brief stammt vom 17. Mai 1825. Lindl wird darin von Wirz – in Form einer Neuoffenbarung Christi – »zum Bischof der Gemeine in Bayern« (ebd., S. 4) eingesetzt. Lindls Gegenbriefe sind nicht erhalten. Zur Gemeinschaft der Neukirchler vgl. STÄLIN, Rechtsverhältniß, S. 276–279.

23   PETRI, Ignaz Lindl, S. 105. Bei seiner Bewerbung um das Korntaler Pfarramt legte Lindl zwei Dokumente vor: (1) Ein Schreiben vom 4. April 1825, in dem ihm vom preußischen König zugesichert wurde, er werde in einem evangelischen Pfarramt angestellt, wenn er sich vorher bei dem Konsistorium, in dessen Bezirk er eine Anstellung wünsche, zu einem Kolloquium melde. (2) Das Zeugnis der Wahlfähigkeit zum evangelischen Pfarramt, ausgestellt am 6. Juni 1825 durch das Konsistorium in Köln (StA Ludwigsburg, E 173 III Bü 7505, bei Nr. 102).

Johannesoffenbarung und ließ sie 1826 in Berlin drucken.[24] Offensichtlich ließen sich aber eine feste Anstellung als landeskirchlicher Prediger und Lehrer der Missionsschule einerseits und andererseits die Verbindung mit einer Gemeinschaft, die auf prophetischen Visionen und Geistesoffenbarungen gründete, nicht auf Dauer miteinander vereinbaren. Bereits 1828 gab Lindl das Lehramt an der Missionsschule wieder auf und übernahm nur noch sporadisch Predigtdienste.[25] Der innere Konflikt, den Lindl mit sich austrug, hatte anscheinend nicht zuletzt seine Ursache in den endzeitlichen Erwartungen, die er weiterhin hegte. Wirz schrieb ihm im Oktober 1827: »Lieber Bruder, der Herr schenke dir die Kraft, alle Erwartungen eines sichtbaren, äußeren Reiches Gottes bei Seite zu legen und stehen zu lassen.«[26] Wohl unter Wirz' Einfluss hatte Lindl seine Apokalypseauslegung schon spiritualistisch überarbeitet. Die Erwartung einer sinnlich wahrnehmbaren oder gar geographisch lokalisierbaren Wiederkunft Christi hatte er zugunsten einer spirituellen Wiederkehr im Unsichtbaren aufgegeben.[27] Die Frage nach der äußeren Form der endzeitlichen Entwicklungen ließ ihn aber gleichwohl nicht los.[28] Seine Bemühung um die Korntaler Pfarrstelle könnte der Versuch eines Kompromisses mit sich selbst gewesen sein: Einen »Bergungsort« und damit eine äußere Gestalt zu finden, die es ihm erlaubte, auch sinnlich-erfahrbar seinen spirituellen Erwartungen gemäß leben zu können. Dabei stand er nach wie vor dem Gedanken an chronologische Berechnungen aus den Zahlenangaben der Johannesoffenbarung kritisch gegenüber. Erst neue Offenbarungen könnten Aufschluss über deren Bedeu-

---

24 LINDL, Leitfaden (vgl. oben Kapitel 1, Abschnitt III.). Wirz schrieb dazu an Lindl: »Wegen deiner Erklärung über die Offenbarung Johannis darf ich nichts sagen. Wie du glaubst thun zu können, so thue.« (WIRZ, Briefe, S. 36: Brief vom Januar 1826).

25 Ebd., S. 67: »Dadurch, daß du, lieber Bruder, die Missionssache aufgegeben hast, wirst du, wie wohl zu glauben ist, wenig Lob einernten, eben so wenig durch deine Zurückgezogenheit.« (Juli 1828).

26 Ebd., S. 60.

27 »Wird der Herr mit seinem himmlischen Heere auf weißen Pferden dem irdischen Auge sichtbar erscheinen? Wird das Thier und mit ihm der falsche Prophet in einen Feuerpfuhl geworfen, der da sichtbar und plötzlich vor den Menschen entsteht? Diese Fragen sind schwer zu beantworten. Früher war meine Meinung, daß dieses wohl alles vor dem Angesichte der Menschen geschehen solle; jetzt aber möchte ich eher glauben, daß diese Auftritte im Unsichtbaren vorgehen werden.« (LINDL, Leitfaden, S. 121).

28 In einem Brief vom Januar 1829 warnte Wirz den Freund: »Ein Wort der Wahrheit für dich hat der Herr zwar in mein Herz gelegt; ich biete es dir aber nicht als eine Offenbarung an, sondern nur als einen guten Rath. Doch steige zuvor von dem hohen Wachtthurm herunter, von welchem ich dich in meinen Briefen schon so oft herabgerufen habe. Du hast mich aber nicht verstanden, weil du in der Höhe immer nach Osten schautest und die Stimme der kindlichen Wahrheit wegen der großen Entfernung nicht zu deinen Ohren dringen konnte. Lieber Bruder, werde ein Kind! das rathe ich dir zuvörderst. Entferne dich von allen hohen, überspannten Dingen und großen Erwartungen.« (Wirz, Briefe, S. 82). Wirz erwartete von Lindl, sich von seinen konkreten endzeitlichen Erwartungen wie einer Wiederkunft Christi aus dem Osten zu lösen.

tung geben.[29] Eine Verbindung mit der Korntaler Gemeinde, deren Gründer von der Richtigkeit der Bengelschen Berechnungen überzeugt war, stand also unter denkbar ungünstigen Vorzeichen.

Wie Hoffmann und Lindl miteinander in Kontakt kamen, ist nicht bekannt.[30] Als Lindl kurz vor Ostern 1829 in Korntal eintraf, musste es jedenfalls schon eine vorbereitende Korrespondenz gegeben haben, denn Lindl hatte ein am 22. März 1829 ausgestelltes Zeugnis im Gepäck, das ihn »eines auf Erfahrung tief gegründeten christlichen Sinnes, einer treuen, unermüdeten, weisen, liebevollen und anspruchlosen Wirksamkeit, und eines dem Evangelio gemäßen und das Christenthum in seinem ganzen Ernste ausdeutenden Wandels« würdigte.[31] Noch während Lindls Aufenthalt in Korntal sandte Hoffmann dieses Zeugnis mit der Bemerkung an das Innenministerium, es sei »der einstimmige Wunsch der Gemeinde«, Lindl möge die Pfarramtsverweserei in Korntal übertragen werden.[32] Der Hilfsprediger aus Barmen hatte offensichtlich einen bleibenden Eindruck hinterlassen. Die staatlichen und kirchlichen Behörden jedoch waren über den Zulauf,

---

29   »Weil aber die Menschen in dem jetzigen Zustande, ohne neue Offenbarung, die himmlischen von den irdischen Zahlen in der Bibel nicht unterscheiden können, so läßt es sich leicht erklären, daß sie so gewaltig irren, so bald sie sich willkührlich an das Rechnen solcher Zahlen, und an die Bestimmungen der Zeiten wagen.« (LINDL, Leitfaden, S. 112). Der Gegensatz zu Bengel ist mit Händen zu greifen.

30   Ein Bindeglied könnte der Gründer des Rettungshauses in Sitzenkirch bei Basel und frühere Weinhändler Karl Köllner (1790–1853) gewesen sein, ein entfernter Verwandter C. G. Barths und der spätere Schwiegervater von J. C. Blumhardt. Köllner hatte gute Beziehungen sowohl zu Wirz in Basel, als auch nach Korntal, wohin er 1845 übersiedelte, um Verwalter der dortigen Kinderheime zu werden. Zu Karl Köllner vgl. Mittheilungen aus dem Leben, bes. S. 45 (Lindl), 58f (Korntal), 91–100 (Wirz); LÖTSCH, Rettungshausbewegung, S. 158f.

31   StA Ludwigsburg, E 173 III Bü 7505, bei Nr. 94: Zeugnis für Ignaz Lindl, Barmen, 22. März 1829, ausgestellt von Karl Wilhelm Moritz Snethlage, Pfarrer in Unterbarmen und Superintendent der Elberfelder Synode. Spätestens an Karfreitag, 17. April 1829, war Lindl in Korntal. An diesem Tag richtete er von dort aus einen kurzen Brief an Barth (WLB Stuttgart, Cod. hist. 4° 713, Nr. 500).

32   StA Ludwigsburg, E 173 III Bü 7505, Nr. 94: Schreiben von Hoffmann an das Innenministerium, Korntal, 18. April 1829 [Karsamstag!]. Hoffmann erläutert in seinem Schreiben die Situation näher: »Da aber die Gemeinde immer noch keinen Fonds hat, um einen wirklichen Pfarrer zu besolden, sondern höchstens 200 f. järlich von dem Opfer abreichen kan, so hat sich bisher kein evangelischer – mit den GlaubensGrundSäzen der Gemeinde übereinstimmender Prediger gefunden, der diese Stelle angenommen hätte. Auf unser Ansuchen hat nun der – in Barmen als evangelischer Hülfs-Prediger angestellte Pfarrer Lindl sich geneigt erzeigt, diese AmtsVerweserei gegen die – von der Gemeinde ihm zugesagte järliche – 200 f. Geld und mehreren Scheffeln Früchten, welche ihm einzelne vermöglichere Einwohner der Gemeinde zusicherten, provisorisch anzunehmen, weil er sich als ein Mann ohne Kinder, der auch nicht ohne einiges eigenes Vermögen seye, damit durchzubringen getraue.« Lindl hatte Ende Juli 1820 in Sankt Petersburg die Schwester seines früheren Kaplans, Elisabetha Völk (gest. 1841), geheiratet (vgl. STAEHELIN, Christentumsgesellschaft, S. 393, 404). Das Paar hatte drei Kinder, von denen 1829 offensichtlich keines mehr lebte (vgl. MAYR, Gundremmingen; in den Geburtsregistern von Sarata ist für den 24. November 1822 die Geburt von Samuel Lindl vermerkt, vgl. http://pixel.cs.vt.edu/pub/bess/sarata/saratab.txt; Abruf: 8. Januar 2002).

den Lindl bei seinen öffentlichen Auftritten in Korntal auslöste, überhaupt nicht erfreut. Die vom Innenministerium benachrichtigte Kreisregierung in Ludwigsburg fragte beim Konsistorium an, was man dort von einer Anstellung Lindls halte. Der Beschluss des Konsistoriums fiel eindeutig aus: Man »könne es nicht für räthlich ansehen, einen solchen Mann in der Nähe von Stuttgart angestellt zu sehen.«[33] Das Schreiben an die Kreisregierung klang zwar etwas diplomatischer:

»Daß die Anstellung Lindls in Kornthal einen wo nicht immer gleich starken, doch fortgehenden Zulauf zu der dortigen Kirche von Zuhörern aus den evangelischen Gemeinden Württembergs, besonders den benachbarten, herbeyführen würde, läßt sich mit großer Wahrscheinlichkeit voraussehen.«[34]

Doch der Tenor war derselbe: Einen Mann, von dem zu befürchten war, dass seine Anwesenheit unter den Privatversammlungen Württembergs Unruhe auslösen würde, wollte man nicht auf Dauer im Lande haben. Während die Behörden auf Gegenkurs gingen, versuchte Hoffmann, mögliche Hindernisse aus dem Weg zu räumen. Er schrieb an Lindl, der mittlerweile wieder nach Barmen zurückgekehrt war, er möge weitere Zeugnisse herbeischaffen, um die Behörden von der Ernsthaftigkeit seiner Bewerbung und seiner Befähigung für das Pfarramt zu überzeugen.[35] Während Hoffmann davon ausging, Lindl bemühe sich um seine Zeugnisse, die in Petersburg und im bessarabischen Sarata lagen, nahmen die Dinge eine unerwartete Wendung. In mehreren Briefen aus dem Frühjahr und Sommer 1829 wurde Lindl von Johann Jakob Wirz – beide hatten sich im April 1829 erstmals persönlich in Basel getroffen – davor gewarnt, die Korntaler Pfarrstelle anzunehmen.[36] Wirz' Argumentation ging dahin, zwischen einem äußeren,

33   LKA Stuttgart, A3, Protokolle des Konsistoriums, Bd. 103 (1829), S. 316 (Sitzung vom 24. Juli 1829).
34   StA Ludwigsburg, E 173 III Bü 7505, Nr. 104: Schreiben des Konsistoriums an die Kreisregierung Ludwigsburg, Stuttgart, 24. Juli 1829. Im übrigen wurde bemerkt: »Daß er eine Erklärung der Offenbarung Johannis geschrieben, und in derselben besonders Hindeutungen auf die gegenwärtige Zeit gefunden hat, ist uns zwar bekannt, die Schrift selbst aber haben wir nicht gesehen, auch ist uns nichts davon zu Ohren gekommen, daß er in seinen öffentlichen Vorträgen von den Deutungen jenes Buchs spreche.« Auch Lindl hat in seinen Äußerungen offenbar strikt zwischen unterschiedlichen Kommunikationssituationen unterschieden und sich in der Öffentlichkeit vorsichtig verhalten.
35   StA Ludwigsburg, FL 20/11 Bü 4437, Schreiben der Kreisregierung an das Oberamt Leonberg, 18. Juli 1829; ebd., E 173 III Bü 7505, Nr. 105: Bericht des Oberamts Leonberg an die Kreisregierung, 4. August 1829, mit beigefügtem Schreiben Hoffmanns an das Oberamt, 30. Juli 1829.
36   Zwar schrieb Wirz im März 1829 noch: »Solltest du in K[orntal] Prediger werden, so soll das an unsrer Gemeinschaft nichts hindern« (WIRZ, Briefe, S. 90), doch nach Lindls Aufenthalt in Korntal, über den Lindl Wirz bald informiert hatte, antwortete dieser: »Aus deinen Mittheilungen scheint hervorzugehen, daß das ganze Jerusalem erschrocken sei und sich vor dem Kindlein fürchte. Aber der Herr ist wunderbar. Er hat dir durch die Umstände zu erkennen gegeben, daß bis

vergänglichen und einem inneren, wahren Priestertum zu unterscheiden.
Das Äußere aber hindere einen, das Innere zu erlangen.[37] Die Warnungen
stießen bei Lindl wohl auf offene Ohren. Werbebriefe, die aus Korntal bei
ihm eingingen, hatten keinen Erfolg.[38] Allerdings schrieb er vorerst auch
keine förmliche Absage, sondern ließ die Frage offen, ob er sich nicht doch
entschließen würde, auf das Angebot einzugehen. Lange Zeit konnte er sich
zwischen den Korntaler Werbungen und den Mahnungen aus Basel nicht
entscheiden. Ein handschriftliches Rundschreiben an seine Anhänger in
Bayern vom Oktober 1830 zeigt, dass er sich in seinen Ansichten Wirz
immer mehr annäherte und die Verbindung mit einer zwar von der Landeskirche unabhängigen, aber eben doch äußerlich verfassten Gemeinde wie
Korntal, immer unwahrscheinlicher wurde.[39] Lindl ermahnte seine Anhänger darin, sich im Kampf zwischen Licht und Finsternis auf die Seite des
Lichts zu stellen. »Dann Kinder! Dann werden wir den Tag erleben an dem
Christus wie ein heller Morgenstern in unsern Herzen aufgehen wird, dann
wird dieses Licht unsere Finsterniß völlig vertreiben, und unser innerer
Mensch lauter Licht seyn«. Lindl spiritualisierte und individualisierte seine
Endzeiterwartung. Er wartete nicht wie Hoffmann auf das Eintreten äußerer
Ereignisse und Entwicklungen, sondern auf die endzeitliche Erleuchtung
des Einzelnen, auf eine innere Veränderung.[40]

---

jetzt in K[orntal] noch kein Stall vorhanden ist, darin das Kindlein ruhen könnte.« (Ebd., S. 92).
Lindl hatte offenbar an Wirz berichtet, sein Aufenthalt in Korntal habe einige Unruhe ausgelöst
und auch Widerstände gegen seine dortige Anstellung erkennbar werden lassen.

37   »Es freut mich, daß du nach deinem Aufenthalt in K[orntal] selbst erkannt hast, daß das
äußere Priesterthum, oder vielmehr das Predigtamt nach dem fleischlichen Gebot, ein Hinderniß
ist, das königliche inwendige Priesterthum zu erlangen.« (Wirz an Lindl, Juli 1829, in: WIRZ,
Briefe, S. 97).

38   »Eine schwere Probe und Versuchung für dich waren die Briefe der lieben Kinder von
K[orntal], die dir als eine Lockspeise zugesandt wurden und geeignet waren, das natürliche Gefühl
in dir zu erregen. [...] Das Kirchenweiblein von K[orntal] spricht jetzt schön mit dir; aber wolltest
du sie zur Ehe nehmen, so würde sie die jungfräuliche Kirche, nämlich das inwendige
Priesterthum, an dir nicht leiden wollen.« (Wirz an Lindl, Juli 1829, in: WIRZ, Briefe, S. 101f).

39   WLB Stuttgart, Cod. hist. 4° 713, Nr. 501: Rundschreiben von Lindl an seine bayerischen
Anhänger, Barmen, 4. Oktober 1830. Das Rundschreiben hat den Charakter einer Predigt und
enthält eine Auslegung von Lk 11,35f. Lindl forderte die Leser am Ende auf: »Es nüzt euch wenig
oder nichts, wenn ihr nur einmal die Briefe leset. – Wer schreiben kann soll sichs selber abschrei-
ben, und täglich lesen und unter Gebet betrachten«.

40   »Wenn geht der Morgenstern auf in unsern Herzen? Lieben Kinder! Für uns bricht dieser
Tag an, wenn die Nacht verschwunden ist, die Nacht aber oder Finsterniß ist unser alter eigenwilliger Mensch. Ist der todt, dann geht aus diesem Tod der schöne Glanz des Tages auf, Christus in
uns, der helle Morgenstern hält in unsern Herzen seine Auferstehung, und der Leib unsers inwen-
digen Menschen ist dann ganz helle, weil wir Jesum Christum völlig angezogen haben.« (Ebd.).
Eine vermutlich 1831 entstandene Flugschrift Lindls enthält – die synoptischen Apokalypsen
auslegend, hier speziell Mt 24,26f – ähnliche Formulierungen: »Der wahre Christus kommt nicht
also, daß Er in der Wüste, oder in der Kammer erscheinet. Nein! – Sein Erscheinen ist gleich
einem leuchtenden Blitz – allen Menschen sichtbar. – Eben so den ganzen Menschen durchblit-

Auch wenn eine Mehrheit der Korntaler Siedler Lindls Predigten gutge-
heißen hätte, so setzte sich bei ihm selbst letztendlich doch die andere
Stimme durch, die ihm von einem Wechsel ins Korntaler Pfarramt abriet. Er
sagte Hoffmann Anfang 1832 ab.[41] Vorausgegangen war der Entschluss des
immer noch amtierenden Pfarrverwesers Samuel Baumann, um Enthebung
von seinem Amt und Versetzung auf eine landeskirchliche Pfarrstelle zu
bitten.[42] Wahrscheinlich war Lindl daraufhin noch einmal gebeten worden,
sich um Korntal zu bewerben, und hatte dies abgelehnt. Einen letzten Versuch unternahm man, als Baumann schließlich im Oktober 1832 zum Pfarrer von Münklingen gewählt worden war und die Pfarrverweserei definitiv
vakant war.[43] Mit Datum vom 21. November 1832 schrieb Lindl noch einmal nach Korntal und erläuterte Hoffmann die Gründe seiner Absage:

»Ich danke herzlich für die liebende Zuneigung zu mir dem Geringsten unter den
Brüdern. Lieber! nicht die Armuth der Stelle ist der Beweggrund, sie nicht anzunehmen, sondern eine höhere Hand hält mich zurük. Ich habe die Uberzeugung [!] erlangt, daß ich nicht nur Kornthal, sondern keine einzige Pastoralstelle, wenn sie auch
eine Kiste voll Gold trüge, im gegenwärtigen ZeitPunkt annehmen darf.«[44]

In der Korntaler Gemeindeversammlung vom 12. Januar 1833 wurde Lindls
Absage verlesen und im Protokoll enttäuscht vermerkt, den Pfarrer Lindl
hätte sich »die Gemeinde vor allen andern gewünscht«.[45] Die Versammlung
wählte stattdessen den damaligen Tübinger Stiftsrepetenten Sixt Carl
Kapff (1805–1879) mit 58 von 70 Stimmen zum neuen Pfarrer.[46] Ob die

zend, und ihn im Innern durchleuchtend erscheinet zur selben Zeit Christus als Bräutigam in dem
Herzen der klugen Jungfrauen.« (LINDL, Eine Posaune Gottes, S. 20). Allerdings fällt hier die
Ambivalenz zwischen einem äußerlich (»allen Menschen sichtbar«) und einem nur innerlich
wahrnehmbaren Licht auf.

41 Von Wirz sarkastisch kommentiert: »Lieber Bruder, der Herr hat Großes an dir gethan,
daß du dem schönsprechenden Kirchenweiblein in K[ornthal] seine Einladung einmal geradezu
hast absprechen können. Der Sieg ist des Herrn. Dieses Weiblein muß sich jetzt nach einem
andern Freier umsehen und ihm eine gleißende goldene Kette um den Hals hängen.« (Wirz an
Lindl, März 1832, in: WIRZ, Briefe, S. 165f).

42 StA Ludwigsburg, E 173 III Bü 7506, Nr. 140: Schreiben von Baumann an das Oberamt
Leonberg, 9. Januar 1832. Hoffmann unterstützte in einem Begleitschreiben Baumanns Bitte und
kündigte an, man wolle einen examinierten Vikar anstellen.

43 StA Ludwigsburg, FL 20/11 Bü 4437: Schreiben des Konsistoriums an das Oberamt Leonberg, 25. Oktober 1832 (Baumann zum Pfarrer von Münklingen gewählt); ebd., E 173 III Bü
7506, bei Nr. 147: Bericht des Korntaler Gemeinderates, Korntal, 7. Dezember 1832 (der in der
Erziehungsanstalt priorisch Unterricht erteilende examinierte Vikar Schönthaler nimmt die
Amtshandlungen auf jeweilige Bitte der Gemeinde vor).

44 ABG Korntal, Gemeinderatsprotokolle, Bd. 2 (1831–1839), Bl. 18[r/v]. Das Original des
wohl an Hoffmann gerichteten Briefes liegt nicht vor.

45 Ebd., Bl. 18[r].

46 Ebd., Bl. 18[v]. In dem an das Oberamt geschickten Bericht und Protokollauszug (StA
Ludwigsburg, E 173 III Bü 7506, bei Nr. 148, Korntal, 23. Januar 1833) ist der Abschnitt über
Ignaz Lindl kommentarlos ausgelassen! Vgl. zur Wahl Sixt Carl Kapffs auch C. KAPFF, Lebens-
bild, Bd. 1, S. 224–229.

Versammlung sich dabei bewusst war, eine entscheidende Weichenstellung auf dem Weg der Annäherung an die Landeskirche getroffen zu haben, muss offen bleiben. Noch kurz zuvor hatte man mit einer Wahl geliebäugelt, die eine solche Annäherung wesentlich erschwert hätte. Lindl suchte den Weg aus allen äußeren Bindungen und bevorzugte ein apokalyptisches Geistchristentum, das sich auf die Visionen und Neuoffenbarungen des Gemeinschaftsgründers Johann Jakob Wirz gründete.[47]

Die geschilderte Episode der Pfarrwahl in Korntal und ihr Ausgang werfen ein neues Licht auf die in der Gemeinde vertretenen endzeitlichen Erwartungen. Offensichtlich gab es um 1830 noch ein buntes Gemisch unterschiedlicher Anschauungen. Die einen hielten sich treu an die Bengelschen Berechnungen und warteten auf das Eintreffen der von ihm vorausgesagten Ereignisse. Andere bereiteten sich auf eine Auswanderung nach Russland, zum wahren Bergungsort vor. Wieder andere ließen sich von einem charismatischen Prediger mitreißen, der zwischen dem Wirken in äußeren Strukturen und dem vollkommenen Rückzug aus ebendenselben schwankte und sich in seinen endzeitlichen Erwartungen von den Neuoffenbarungen eines Basler Seidenwebers leiten ließ.[48] Und das Gemisch war weiter in Bewegung. Denn die Gruppe der Auswanderungswilligen verließ Korntal 1831. Im darauf folgenden Jahr zog Lindl seine Bewerbung um die Pfarrstelle zurück und die Bengelschen Berechnungen begannen sich spätestens jetzt als verfehlt zu erweisen. Die Wahl eines landeskirchlichen

47 Im LKA Stuttgart wird ein Konvolut von handschriftlichen und gedruckten Briefen, Betrachtungen und Flugschriften aufbewahrt (Hs 118), das offensichtlich aus dem Kreis der Anhänger von Johann Jakob Wirz stammt. Es enthält Abschriften von Briefen und sogenannten »Eröffnungen« Wirz' an Mitglieder seiner Gemeinschaft in Württemberg, u.a. J. J. Prezinger und Johannes Renz in Haiterbach aus den Jahren 1826–1849, so z.B. als Nr. 6 eine »Eröffnung des Geistes von den gegenwärtigen Begebenheiten und Beziehung [!] des Thiers aus dem Abgrund – Eröffnungen den 13. Juni 1837«.

48 In der Biographie eines der ersten Korntaler Siedler, Johann Adam Straub, heißt es über Lindls Besuch in der Gemeinde: Lindl »war während dieser Zeit sehr wirksam mit Predigen und Versammlungenhalten; er konfirmierte auch und übte besonders auf die Jugend einen großen Einfluß aus. Diese Besuchszeit war überhaupt eine Zeit großer geistiger Bewegung und Erregtheit in der Gemeinde und in der ganzen Umgegend. Während der Vorträge wurde hie und da eine junge weibliche Seele so hingerissen, daß sie fast ohnmächtig wurde. Diese Erscheinung wurden ganz allgemein der mächtigen Verkündigung des Evangeliums durch Pfarrer Lindl zugeschrieben.« (Mitteilungen aus dem Lebensgang von Johann Adam Straub, S. 48). In der Korntal-Literatur wird der Aufenthalt Lindls – der Biographie Straubs aus dem Jahr 1858 folgend – fälschlicherweise in das Jahr 1831 verlegt (ebd., S. 48–50; PFLEIDERER, Art. Korntal, S. 755; HESSE, Korntal, S. 82f). Die Beschreibung der Folgen des Besuchs muss deswegen nicht falsch sein. In den Korntaler Kirchenbüchern wird Lindl als amtierender Geistlicher in den Jahren 1828 bis 1832 nicht erwähnt. Die Konfirmationen fanden in diesen Jahren regelmäßig am Sonntag nach Ostern statt (Auskunft StadtA Korntal-Münchingen, 4./13. Februar 2003). Dass Lindl, der kurz vor Ostern 1829 in Korntal eingetroffen war, den Konfirmationsgottesdienst am 26. April 1829 hielt, wird durch einen der damaligen Konfirmanden, Christoph Hoffmann (1815–1885), den jüngsten Sohn des Korntalgründers, bestätigt (HOFFMANN, Mein Weg, Bd. 1, S. 187ff).

Theologen auf die Korntaler Pfarrstelle kann daher nicht anders als ein Versuch gewertet werden, in die bewegte und unklare Situation der Gemeinde ein Element der Ruhe und der ausgleichenden Geduld hineinzubringen. Kapff kam die Aufgabe zu, die unterschiedlichen Erwartungen und Frömmigkeitsstile zusammenzuführen. Wie ihm das in den folgenden Jahren gelang, wird noch zu zeigen sein.[49]

3. Hoffmanns Hoffnungen nach 1832

Gottlieb Wilhelm Hoffmann hatte während der Suche nach einem Pfarrer für Korntal auf den von Bengel errechneten Termin für das Aufsteigen des Tieres aus dem Abgrund hingelebt. Doch der 14. Oktober 1832 war verstrichen wie jeder andere Tag auch. Wie ging Hoffmann mit dieser Enttäuschung um? Zwei Phasen sind unterscheidbar: unruhige Aktivität bis 1836 und nachfolgend die Jahre bis zu seinem Tod 1846, die unter dem Motto »Warten und Bleiben« standen.[50] Zuerst jedoch nahm Hoffmann neue Projekte in Angriff, das Witwenhaus war nicht sein letztes Unternehmen. Weil in Korntal der Grund und Boden für neue Siedler knapp wurde, vom württembergischen Staat aber die Genehmigung weiterer unabhängiger Gemeinden nicht zu erwarten war[51], wandte sich Hoffmann an den württembergischen König. Er hoffte, durch dessen Vermittlung vom russischen Kaiser die Erlaubnis zur Anlegung neuer Siedlungen auf der Halbinsel Krim zu erlangen.[52] Ob er mit einer Ansiedlung im Osten endzeitliche Gedanken verband, ist nirgendwo ausgesprochen. Da er für die Siedlungen ähnliche Privilegien erwartete, wie sie Korntal erhalten hatte, darf man jedoch annehmen, dass Hoffmann weitere endzeitliche Bergungsorte schaffen wollte. Jedoch wartete er nicht nur auf eine Antwort des russischen Kaisers vergeblich. Im Mai 1834 schrieb er an Spittler:

»Fast jeden Sonntag versammlen sich 500 bis 1000 Freunde bei uns in der Gemeinde, um das Wort des Lebens zu hören. Ein Minister sagte zum König: Euer Majestät haben die VolksVersammlungen verbotten; in Kornthal ist alle Sonntag ein Volks-

49　S. unten die Abschnitte IV. und V.
50　StA Basel, PA 653, Abt. V, Hoffmann, Gottlieb Wilhelm: Brief an Spittler, Korntal, 5. Dezember 1836.
51　StA Ludwigsburg, E 173 III Bü 7506, Nr. 141: Schreiben des Innenministeriums an die Kreisregierung Ludwigsburg, Stuttgart, 26. Januar 1832 (Hoffmanns Anfrage, ob weitere Gemeindegründungen privilegiert werden würden, wird abschlägig beschieden).
52　ABG Korntal, Archiv I A, Nr. 23: Notizen über die Entstehung besonderer religiöser Gemeinden, unabhängig vom Consistorium, im Königreich Württemberg, Korntal, 10. Oktober 1833: Bitte um die Erlaubnis, »in dem südlichen Theil der Crimm etwa 10 Colonien je zu 100 Familien aus Acker- u. Weinbauren, Künstlern, Fabrikanten u. Profeßionisten unter denselben Bedingungen, wie das Kornthaler Privilegium solche enthalten, und Beifügung einiger weiteren, anlegen zu dörfen« (S. 11).

Auflauf. Darauf antwortete der König: [›]Laßen sie mich gehen, die Kornthaler sind fleisige Leute, von diesen habe ich nichts zu besorgen.[‹] Freilich wenn das Thier aus dem Abgrund einmal auftritt, was jeden Tag möglich ist, wird auch dieser Schuz aufhören; aber wir ängsten uns nicht, sondern wißen, daß er uns auch als dann erretten wird.«[53]

Zwei Aspekte sind hier wichtig: Zum einen zeigt der Briefausschnitt erneut Hoffmanns Loyalität zum König. Zum anderen wird die veränderte endzeitliche Erwartungshaltung deutlich. Hoffmann wartete nicht mehr auf einen bestimmten Termin für den Auftritt des Tieres aus dem Abgrund, sondern hielt ihn jeden Tag für möglich. Damit aber gerieten alle Zeitperspektiven durcheinander. Endzeitliche Entwicklungen konnten jeden Tag eintreten, aber auch auf unbestimmte Zeit ausbleiben. Die Bengelschen Berechnungen hatten eine gewisse Sicherheit des Zeithorizontes vermittelt, der nun weggebrochen war. Alle endzeitlichen Gewissheiten standen in Frage. Unter der Datumsangabe eines Briefes vom 9. Januar 1836 vermerkte Hoffmann noch den Zusatz, »wichtiges Jahr«.[54] Doch das war die letzte Reminiszenz an Bengels Chronologie. Kurz vor dem 18. Juni 1836, der nach Bengel die entscheidende endzeitliche Wende hätte bringen sollen, schrieb Hoffmann nach Basel:

»Da uns der Herr noch Frist schenkt, so wollen wir nun die VerzugsTage ernstlich zum Wachen, Beten u. Oelsammlen anwenden. Es wird jezt der Feind glaubige und unglaubige Menschen veranlaßen, daß sie an der sichtbaren oder gar an der Zukunft des Herrn überhaupt zweiflen oder die selbe gar verwerfen. Leztere sind Math. 24, 48–51 beschrieben und Erstere Math. 25,3.«[55]

Zweifel an der erwarteten Zukunft – unabhängig von aller Chronologie – waren zwar noch biblisch erklärbar, aber eben auch nicht mehr zu übersehen. Neue Argumentationen mussten entwickelt werden, um den Zweifelnden und den Enttäuschten begegnen zu können. Mit dem Hinweis auf die verbleibende Frist und die Verzugstage sollte der Spannungsbogen der Erwartungen verlängert und mit neuen Aktivitäten die beginnende Enttäuschung überdeckt werden.[56] Als sich diese jedoch nicht durchführen ließen,

---

53   StA Basel, PA 653, Abt. V, Hoffmann, Gottlieb Wilhelm: Brief an Spittler, Korntal, 22. Mai 1834.

54   Ebd.: Brief an Spittler, Korntal, 9. Januar 1836.

55   Ebd.: Brief an Spittler, Korntal, 10. Juni 1836.

56   Zusätzlich zu dem Plan, Siedlungen auf der Halbinsel Krim zu gründen, war Hoffmann Anfang 1836 mit dem Angebot eines Fürsten in der Walachei beschäftigt, der auf seinen Gütern eine Musterkolonie mit 40 bis 50 Familien ansiedeln wollte. Hoffmann befragte mehrere »mitrathende Brüder« wegen der Angelegenheit (ebd.: Brief an Spittler, Korntal, 9. Januar 1836; Zitat im beigelegten Anschreiben, Korntal, 24. November 1835). Anton Egeler aus Nebringen riet ihm ab, darauf einzugehen, er habe mit Wilhelmsdorf schon genügend Probleme am Hals. Außerdem herrsche in der Walachei der Islam »und Bengels Fingerzeig auf den Orient bestätigt sich mit Riesenschritten, den [!] diese haben das Schicksaal Pharaos die Verstockung, u. haben sich schon

zog sich Hoffmann auf das »Warten und Bleiben« zurück und widmete seine verbleibenden Kräfte und Jahre dem Erhalt und der Sicherung der beiden Kolonien Korntal und Wilhelmsdorf.

4. Warten auf den Antichrist

Hoffmanns Hoffnungen bilden die Vielfalt der endzeitlichen Motive, Erwartungen und Enttäuschungen zwischen 1830 und 1836 ab. Sie begegnen uns nicht nur bei Hoffmann und in Korntal, sondern auch anderswo in Württemberg. Dazu werfen wir einen Blick auf einen anderen Quellenbestand, durch den wir über endzeitliche Stimmungen über Korntal hinaus informiert werden. Schon seit den Zeiten Bengels und Zinzendorfs reisten Herrnhuter Diasporaarbeiter durch Württemberg und besuchten pietistische Gemeinschaften, um sie mit Geist und Organisation der Herrnhuter vertraut zu machen.[57] Vom württembergischen Staat wurde diese Tätigkeit nicht nur geduldet, sondern auch gefördert: Die Gründung der herrnhutischen Siedlung Königsfeld 1806 war das Zeichen, dass König Friedrich sich von dem Wirken der Brüdergemeine in seinem Land positiven Einfluss auf die pietistischen Gemeinschaften erhoffte. Vor allem sollten die Diasporaarbeiter chiliastischen und separatistischen Tendenzen in den Privatversammlungen entgegenwirken.[58] Über ihre Reisen, ihre Besuche, Erkenntnisse und Erfahrungen fertigten sie regelmäßig jährliche Berichte an. Aus ihnen wird die Mischung von Nähe und Distanz zwischen den Besuchern aus Herrnhut und den württembergischen Gemeinschaften gut erkennbar. So gern gesehen die Reiseprediger bei den Privatversammlungen wohl waren, in der Frage der endzeitlichen Erwartungen gab es eine klare Bruchlinie. Seit 1826 bereiste Johann Conrad Weiz (1780–1857) mit seiner Frau Margareta Elisabeth (1788–1864) Württemberg. In seinem Bericht über das Jahr 1826 bemerkte er, im württembergischen Unterland gebe es pietistische Gemeinschaften verschiedenster Ausprägung: Herrnhuter, Michelianer, Pregizerianer, Christianer, Separatisten, auch einzelne Mennoniten, Quäker und Swedenborgianer. Eines aber verbinde die meisten unter ihnen mit noch vielen anderen gottesfürchtigen Personen, die sich keiner Gemeinschaft anschlössen: Von ihnen werde »auf die Offenbarung Johannis ein großer Werth gelegt, und auf alles darauf Bezug Habende sorgfältig gemerkt.«[59] Weiz untermauerte seine

---

lange her zu dem Schlußgericht vorbereitet« (ABG Korntal, Archiv I B, Nr. 10: Brief von Egeler an Hoffmann, Nebringen, 20. März 1836).

57   STEINECKE, Diaspora, S. 30ff. Die Diasporaarbeiter waren meist verheiratet und wurden von ihren Frauen auf Besuchsreisen begleitet. Den Ehefrauen kam dabei wohl besonders die Seelsorge an alleinlebenden Frauen zu. Ich nenne daher im Folgenden immer Namen und Lebensdaten beider Ehepartner (Angaben nach: UA Herrnhut, Dienerblätter).

58   STEINECKE, Diaspora, S. 48f; vgl. auch BERNER, Stellung.

59   UA Herrnhut, R. 19. B. l. 9, Nr. 138, S. 8 (Bericht Weiz 1826). Zu Weiz vgl. MEYER, Weiz.

Beobachtung durch den Bericht von einer Versammlung, die er am 5. Juli 1826 in Kaltenwesten[60] besuchte:

»Da der jetzt in Kornthal befindliche Pfarrer Friedrich früher in der Nähe (Winzer-hausen) angestellt war, und damals viel über die Offenbarung Johannis gelehrt und geschrieben hatte; so ist's nicht ungewöhnlich, daß man, besonders unter den ältern Leuten, noch Viele findet, die sich mit der Wiederkunft des Heilands beschäftigen. Abends versammelten sich viele Geschwister, ob es gleich nicht Allen hat gesagt werden können, und es wurde eine Rede des sel. Prälaten Bengels über die Offenba-rung gelesen und darüber gesprochen. Nachdem ich ihre Ansichten gehört hatte, nahm ich das Wort und sagte: Ob es gleich unumstößlich gewiß wäre, daß der Hei-land einmal, und vielleicht bald, wiederkommen werde; so sey denn die eigentliche Zeit – wenn auch viele Kennzeichen gegeben worden – doch unbestimmt gelassen worden, und *nur* Anweisung zum *beständigen Wachen und Beten* gegeben. Das *Gewisseste* sey und bleibe daher immer: jeden Tag bereit zu seyn, damit, wenn der Heiland kommen oder uns zu sich heimholen lasse, wir bey Ihm – oder vielmehr in Ihm – erfunden würden.«[61]

Die Argumentationsstrategie des Reisepredigers ist deutlich. Er knüpfte an die in der Versammlung gelesene Literatur an. Zwar enthielten schon Ben-gels Reden zur Offenbarung keinerlei chronologische Hinweise, doch Weiz betonte darüber hinaus, dass nicht der Blick auf die Zukunft entscheidend sei, sondern die gegenwärtige Vorbereitung des Glaubenden im »beständi-gen Wachen und Beten«. Ähnlich wie Ludwig Hofacker lag Weiz daran, Grübeleien über zukünftige Ereignisse zu verhindern. Als Alternative bot er die persönliche Vorbereitung an und stärkte damit eine individualistische Tendenz, mit der neben Hofacker auch andere pietistische Theologen den Zukunftsspekulationen unter den Gemeinschaften begegneten.

Zunächst nahm die endzeitliche Stimmung jedoch weiter zu. Darauf las-sen jedenfalls die Berichte eines weiteren Diasporaarbeiters schließen. Seit 1827 war Johannes Hafa (1781–1839) für das Württemberger Unterland zuständig, ab 1829 begleitet von seiner zweiten Frau Johanne Sophie (1793–1859). Auf seiner Reise im Jahr 1830 kam er nach Korntal und ließ sich in die dortigen Anstalten und Unternehmungen einführen. Es blieb ihm nicht verborgen, dass es unter den Korntaler Siedlern erhebliche Meinungs-verschiedenheiten gab. Eine Minderheit von vier Familien, darunter die des seitherigen Lehrers Johann Friedrich Blank (geb. 1781), plante die Aus-wanderung nach Russland. Hafa notierte dazu:

»Es ist nicht zu läugnen, das manche Seele vielen Segen hir genießen thut, nur ist zu bedauern, das sie in ihren Gesinungen u. Meinungen noch sehr getheilt sind, welches

---

60   Heute Neckarwestheim, südlich Heilbronn gelegen, der Geburtsort Wilhelm Dürrs (s. oben Kapitel 1, Abschnitt I.).

61   UA Herrnhut, R. 19. B. l. 9, Nr. 139, S. 20 (Bericht Weiz 1826; Klammer i. O.).

bey vielen eine Unzufridenheit erregt, so das einige wie sie sagen auswandern wollen, um diser Ursache willen, weil sie nicht harmonieren können, und weil ja die allgemeine Auswanderung bald erfolgen werde. Sie glauben, das Rußland der Ort sey, wo sie vor dem Antichrist gesichert seyen.«[62]

Es steht dahin, ob die Konflikte aus ideologischen Auseinandersetzungen oder eher aus persönlichen Animositäten resultierten. Der Klärungsversuch jedenfalls wurde endzeitlich mit der Suche nach dem wirklichen Bergungsort begründet. Mindestens drei der vier Familien gehörten zu den ersten Siedlern, die schon Anfang 1819 nach Korntal gezogen waren, um dort einen Bergungsort im Innern zu finden.[63] 1831 machten sie sich erneut auf den Weg und verließen Korntal, um in Russland Schutz vor dem Antichrist zu suchen.[64] Zwischen Hoffmann und den Auswanderern war also nicht die endzeitliche Perspektive umstritten, sondern zumindest vordergründig die Frage, ob Korntal als der wahre Bergungsort gelten könne oder ob dieser im Osten des Zarenreiches zu suchen sei.

Der Konflikt belegt erneut die Virulenz endzeitlicher Denkmuster in der damaligen Situation. Johannes Hafa begegnete ihnen an vielen Orten. Immer wieder wurde er gefragt, was er von der gegenwärtigen Zeit halte und er antwortete jeweils mit der Mahnung, sich nicht auf Vorausbestimmungen einzulassen, wann dieses oder jenes Ereignis eintrete, sondern seine Zeit für die Bekehrung zu Christus zu nutzen. Auf die Erwiderung, man müsse doch auf die »Zeichen der Zeit« achten, reagierte er mit dem Hinweis, es sei eine Sache, sich die Zeichen der Zeit zum Besten dienen zu lassen, eine andere

---

62   UA Herrnhut, R. 19. B. l. 9, Nr. 151 (Bericht Hafa 1830). Vgl. auch Hoffmanns Brief an Spittler vom 22. Dezember 1831 (StA Basel, PA 653, Abt. V, Hoffmann, Gottlieb Wilhelm): »Wir geniesen seit einem Jahr viel geistlich und leiblichen Seegen. Es ist, nachdem einige Ruhestörer nach Rußland ausgewandert sind, ein Friede in der Gemeinde und wir warten mit Freudigkeit auf die Erscheinung unsers Herrn Jesu Christi.«

63   Das am 16. März 1819 verfaßte »Verzeichnis der in die gnädigst privilegirte Gemeinde nach Kornthal bis jezt aufgenommenen Mitglieder« (StA Ludwigsburg, E 173 III Bü 7505, Nr. 15) enthält auch die Namen von Johann Friedrich Blank, David Ruoff und Johannes Schweizer. Diese drei sowie Daniel Bauer stellten nach einem Protokollauszug des Korntaler Gemeinderates vom 8. Januar 1831 (StA Ludwigsburg, F 179 Bü 501) jeweils einen Bürgen, der ein Jahr nach ihrer Auswanderung für Verbindlichkeiten aufkommen sollte. Der älteste Sohn von Schweizer, Johann Jacob (geb. 1806), protestierte gegen den Entschluss seines Vaters. Er wollte Korntaler Bürger bleiben und bat – offensichtlich als Handwerksgeselle – um die Ausstellung eines Wanderbuches (ebd.: Brief von G. W. Hoffmann an das Oberamt Leonberg, 17. Januar 1831).

64   Interessant ist ein Blick auf die Bevölkerungslisten der Korntaler Gemeinde (ABG Korntal, Archiv II, II: Bevölkerungslisten 1820–1882; familiär – also z.B. durch Heirat – bedingte Fortzüge innerhalb Württembergs oder ins benachbarte Ausland sind im folgenden nicht berücksichtigt): Bis 1829 gab es keine Auswanderungen; zwischen 1830 und 1832 wanderten 34 Personen nach Russland aus (1830: 1; 1831: 29; 1832: 4); zwischen 1833 und 1835 gab es keine Auswanderungen; zwischen 1836 und 1848 gab es nur noch Auswanderungen nach Nordamerika, insgesamt ca. 40 Personen, davon 22 im Jahr 1837 und ca. zehn im Jahr 1847. Die religiöse Orientierung nach Russland verlor also nach 1832 vollkommen an Bedeutung. Über die Ursachen und Begründungen der Auswanderungen nach Nordamerika gibt es keine Nachrichten.

aber, sich »mit dem voraus wissen wollen und unnöthigen Grübeleyen seine Zeit zu verderben«.[65] Auch auf die Möglichkeit besonderer neuer Offenbarungen, die ihm vorgehalten wurde, wollte er sich nicht einlassen. Man könne ihnen keinen Glauben schenken, weil sie sich zu oft widersprächen. Die Ausführlichkeit, mit der Hafa einige dieser Unterredungen wiedergab, lässt die Bedeutung erahnen, die das Thema für seine Gesprächspartner hatte. Spürbar wird aber auch der wachsende Unmut, mit dem Hafa auf drängende endzeitliche Fragen reagierte. So in einem Disput, den er in der Murrhardter Gegend führte:

»Es kam ein Man zu mir u. frug mich ganz bestimt, ich solle es Ihm sagen, ob den der Ante Christ bald komen werde. Ich sagte Ihm, darüber könne ich ihm keine genügente Auskunft geben, ich wolle Ihm aber sagen, wie Er sich vor Ihm sichern könne, dieses aber wolte er nicht wissen, Ich müste das erste auch wissen. Ich sagte Ihm, das wiesse Er ja auch, das der Heiland als der rechte Christus erschienen sey, das alle die an Ihn glauben Selig würden. Wen nun einmahl einer auftrette u. läugne dieses, das sey der Ante Christ, wer den Vater und Sohn läugne. Ob dieses bald komen werde? Ja lieber Man das weiß ich nicht, u. so verließ Er mich wider.«[66]

Hafas Reiseberichte lassen erahnen, dass er ähnlichen Gesprächen häufiger ausgesetzt war. Sein Seufzer, »solche Unterredungen gab es Viele diesen Somer, so das sie mir öfters lastig wurden«[67], kam nicht von ungefähr. Und es ist auch nicht verwunderlich, dass das Thema sich gerade in den Jahren 1830 bis 1832 in den Vordergrund drängte. Die Berechnungen Bengels standen in dieser Zeit auf dem Prüfstand. Und sie wurden geprüft. Von seiner Reise im Jahr 1832 berichtete Hafa aus der Böblinger Gegend:

»In der Umgegent sind die Gemeinschaften zahlreicher, die Begebenheiten unsrer Zeit machen auch manche Herzen unruhig, das sie fragen was solls doch noch werden. Weil die Bengelische Zeitrechnung allgemein bekant ist u. geglaubt wird, wie ein untrügliches Evangelium, so wird mit banger Erwartung von einer Zeit zur andern gespannt. Weil es aber so gar Viele Leute gibt, die kein Unterschid machen können zwischen der Offenbahrung Johannis u. ihrer Ausleger, so thut es auf einer Seite Schaden bringen, wen die Zeitbestimungen nicht eintrefen, so das solche Seelen an der Offenbahrung Irre werden.«[68]

Hafa sprach damit ein Problem an, das pietistische Theologen und Laien in diesen Jahren zunehmend zu beschäftigen begann und das wir schon bei Gottlieb Wilhelm Hoffmann beobachtet haben: die Möglichkeit eines endgültigen Scheiterns der Bengelschen Zeitrechnung und – weit gefährlicher – eines sich daran anschließenden Verlustes an Vertrauen in die Zuverlässig-

---

65   UA Herrnhut, R. 19. B. l. 9, Nr. 151 (Bericht Hafa 1830).
66   Ebd., Nr. 152.
67   Ebd., Nr. 151.
68   UA Herrnhut, R. 19. B. l. 10b, Nr. 178 (Bericht Hafa 1832).

keit der biblischen Verheißungen selbst. Hält man Hafas Berichte von 1830 und 1832 nebeneinander, so wird die Verschiebung der Diskussionslinie deutlich. 1830 stand Hafa noch vor der Aufgabe, seine Gesprächspartner vor unnützen chronologischen Grübeleien zu warnen und zur Bekehrung und gegenwärtigen Vorbereitung zu mahnen. Zwei Jahre später sah er die Aufgabe auf sich zukommen, die ersten enttäuschten Zweifler von der unveränderten Gültigkeit der göttlichen Offenbarung zu überzeugen. Enttäuschte Erwartungen: das war das Thema der kommenden Zeit.

II. Das Scheitern der Bengelschen Zeitrechnung

Wie konnte man den hochgespannten Erwartungen in den Versammlungskreisen begegnen? Und wie der sich nach und nach einstellenden Enttäuschung entgegentreten? Auch unter pietistischen Theologen hatte es schon länger an warnenden Stimmen nicht gefehlt. Der Kirchheimer Dekan Jonathan Friedrich Bahnmaier hatte schon 1821 von dem »Fehlschlagen der Benglischen Zeitrechnung« gesprochen.[69] Und zuletzt war von August Osiander in seinem Apokalypse-Kommentar 1831 darauf hingewiesen worden, dass bis 1836 nicht mit den von Bengel erwarteten Entwicklungen zu rechnen sei.[70] Doch in vielen Versammlungen wollte man diese Warnungen nicht hören. Bengels Autorität war immens. Umso dringlicher wurde für die Theologen unter seinen Anhängern die doppelte Aufgabe, einerseits Bengels Bedeutung angesichts der zu befürchtenden Kritik zu verteidigen, andererseits die endzeitlichen Perspektiven neu zu formulieren. Der drohenden Resignation musste in beiderlei Hinsicht entgegengearbeitet werden. Gleichzeitig wäre es nicht verwunderlich gewesen, wenn sich nun vermehrt Kritiker von außerhalb des Pietismus zu Wort gemeldet hätten, um das Scheitern der Bengelschen Zeitrechnung zum Anlass zu nehmen, die pietistische Schriftauslegung als Ganze in Frage zu stellen. Doch ein Blick auf die vor und nach 1836 zum Thema in Württemberg im Druck erschienenen Schriften offenbart ein anderes Bild.[71] Überhaupt nur zwei Kritiker, Johann Friedrich Wurm (1760–1833) und Johann Jacob Fetzer

---

69 LKA Stuttgart, A 26, 464, 2: Bericht von Dekan Bahnmaier, Kirchheim, 11. Oktober 1821. In seiner anonym veröffentlichten Antwort auf Friederichs *Glaubens- und Hoffnungs-Blik* hatte er bereits 1801 betont, er sei »von der Bengelischen Erklärung der Offenbarung nicht überzeugt« und halte »alle Weissagungen der Offenbarung vom zwölften Vers des sechsten Kapitels bis zum Ende des Buchs [...] für noch unerfüllt« ([BAHNMAIER], Schriftmäßige Gedanken, S. 10). Zu Bahnmaier vgl. NARR, Lebens- und Charakterbild, und oben Kapitel 1, Abschnitt II. 1. *Öffentliche Argumentation*.

70 OSIANDER, Erklärung, S. 11, 61.

71 Vgl. im Anhang Tabelle 4: In Württemberg zwischen 1831 und 1839 zu Bengels Zeitrechnung erschienene Schriften.

(1760–1844), erhoben ihre Stimme. Trotz weniger Querverweise kam es zwischen ihnen und den Verteidigern Bengels zu keinem Gespräch. Letztere verfolgten mit ihren Veröffentlichungen offensichtlich andere Absichten, als sich mit von außen kommender Kritik an Bengel auseinanderzusetzen. Um ein Ergebnis dieses Abschnittes vorwegzunehmen: Das Scheitern der Bengelschen Zeitrechnung war kein Thema, das von einer breiteren literarischen Öffentlichkeit diskutiert worden wäre. Die Schriften von Burk, Barth und Hoffmann richteten sich nach innen und suchten ihr Gegenüber in den Kreisen der von Resignation bedrohten Versammlungen. Man kann daher nicht im eigentlichen Sinne von einem Streitschriftenwechsel sprechen.[72] Ein Dialog kam nicht zustande. Vor allem die Verteidiger Bengels suchten nicht die intellektuelle Auseinandersetzung, sondern hatten vornehmlich apologetische Interessen.

1. Wertschätzung des Theologen

Bei der unhinterfragten Autorität, die Bengel in den württembergischen Privatversammlungen besaß, musste es die vornehmste Sorge der Theologen unter seinen Anhängern sein, dass sein Ansehen durch das Fehlschlagen der apokalyptischen Zeitrechnung nicht noch weiter beschädigt wurde. Dabei kam es nicht in Frage, den Anteil der apokalyptischen Forschungen an Bengels Gesamtwerk kleinzureden. Nicht nur machten sie einen bedeutenden Teil seines schriftlichen Werks aus, sie wurden auch nach wie vor gelesen und waren in den Erbauungsstunden verbreitet.[73] Es musste also darum gehen, den Fehler der Zeitrechnung zu erklären, ohne die Bedeutung des Exegeten und Theologen zu schmälern. Ein Urenkel Bengels, Johann Christian Friedrich Burk, seit 1826 Pfarrer in Tailfingen bei Herrenberg und Teilnehmer an beiden Zirkularkorrespondenzen der jungen pietistischen Theologen, machte sich ans Werk und verfasste die erste umfassende Biographie seines berühmten Vorfahren.[74] Dabei kam es Burk nicht auf eine kritische Darstellung im wissenschaftlichen Sinne an. Vielmehr wollte er seinen Leserinnen und Lesern »Erbauung und Belehrung« darbieten.[75] Erbauung bedeutete für Burk, möglichst viel Originalton, auch aus unveröffentlichten Manuskripten und Briefen, zu zitieren. Belehrung hieß für ihn,

---

72 Zur Nomenklatur der Streitschriftenforschung vgl. GIERL, Pietismus und Aufklärung, S. 26–35.

73 Vgl. dazu oben Kapitel 1, Abschnitt V., und Kapitel 3, Abschnitt I. Neben Bengels kommentierter Übersetzung des Neues Testament handelte es sich um seine *Erklärte Offenbarung Johannis* (1740) und die *Sechzig erbaulichen Reden über die Offenbarung Johannis* (1748).

74 BURK, Bengel. Das Werk, 1831 erschienen, erfuhr schon 1832 eine zweite Auflage. Niemand, der sich nach 1831 zu Bengel äußerte, kam an Burks Arbeit vorbei; sie wurde zum Referenzwerk für die weitere Beschäftigung mit dem Prälaten (vgl. im Anhang Tabelle 4).

75 BURK, Bengel, S. VI.

die apokalyptischen Forschungen in das Gesamtwerk Bengels einzuordnen, ihre Fehler zu erklären und ihre bleibende Bedeutung hervorzuheben:

»Um endlich auch noch über einen der wichtigsten, einzelnen Punkte etwas zu sagen, so hat das apokalyptische System Bengels hier eben deßwegen eine besondere Berücksichtigung gefunden, weil gerade um desselben willen sein Name theils auf günstige, theils auf ungünstige Weise am Weitesten bekannt geworden, und am Längsten bekannt geblieben ist, und dennoch seine eigentlichen Ansichten hierüber häufig sehr verkehrt dargestellt werden.«[76]

Der apologetische Charakter von Burks Werk ist mit Händen zu greifen. Er wollte in pietistischen Kreisen die Wertschätzung des Theologen Bengel – angesichts der drohenden Enttäuschung – befördern und mit seinem Buch nicht zuletzt »zur wahrhaftigen Buße und beharrlichem Eifer im thätigen Christenthum« aufrufen.[77]

Als drei Jahre später die Brodhagsche Buchhandlung in Stuttgart eine Neuauflage von Bengels »Erklärter Offenbarung Johannis« herausbrachte, war Burk ebenfalls beteiligt.[78] Folgt man dem Vorwort, dann ging die Initiative für die Veröffentlichung vom Verleger selbst aus.[79] Noch 1834 erwartete der Verleger offensichtlich einen buchhändlerischen Erfolg des Bengelschen Werkes. Es bestand nach wie vor Nachfrage, sonst hätte sich Brodhag nicht an die Herausgabe gewagt. Allerdings verpflichtete er zwei Mitarbeiter, die ihm helfen sollten, den Erfolg der Neuausgabe zu sichern. Burk steuerte mehrere bisher ungedruckte Briefe Bengels mit apokalyptischem Inhalt bei. Und Wilhelm Hoffmann (1806–1873), ein Sohn des Korntalgründers und bis 1834 Repetent in Tübingen, verfasste ein Vorwort, in dem er den Wiederabdruck des vergriffenen Werkes ausführlich begründete und rechtfertigte. Dass es ihm dabei weniger um die Förderung des apokalyptischen Interesses als um dessen Umarbeitung ging, wird weiter unten zu zeigen sein.

Ob sich der erwartete buchhändlerische Erfolg einstellte, ist nicht bekannt. Immerhin veranstaltete Brodhag in den folgenden Jahren noch zwei weitere Veröffentlichungen mit Briefen und Schriften Bengels, die von Burk herausgegeben wurden.[80] Die Diskussion über Bengel ging offensichtlich

---

76 Ebd., S. VII.

77 Ebd., S. VIII.

78 BENGEL, Erklärte Offenbarung, Neue Ausgabe. Es handelte sich um die 4. Auflage des Werks. Die ersten drei waren 1740, 1746 und 1773 bei Erhardt in Stuttgart erschienen. Seitdem waren nur Auszüge ([BENGEL], Erklärende Umschreibung, 1824; [PH. M. HAHN], Hauptsache der Offenbarung, 1827) gedruckt worden. Vgl. dazu oben Kapitel 2, Abschnitt III. 1. *Apokalyptischer Buchmarkt*.

79 HOFFMANN, Vorwort, in: BENGEL, Erklärte Offenbarung, Neue Ausgabe, S. III.

80 BURK, Bengels literarischer Briefwechsel, 1836; BENGEL, Sechzig erbauliche Reden über die Offenbarung, mit einer Vorrede von J. C. F. BURK, 1837. Einen weiteren Band mit Predigten

weiter. Selbst wenn man nicht ausschließen kann, dass die zahlreiche Nachkommenschaft Bengels, in deren Namen Burk zweifelsohne handelte, daran interessiert war, das Bild ihres berühmten Vorfahren für die Nachwelt unbeschädigt zu erhalten und deswegen die zahlreichen Veröffentlichungen zu Bengels Leben und Werk zwischen 1831 und 1837 ihrerseits beförderte, so muss es doch eine fortlaufende Nachfrage des pietistischen Publikums gegeben haben, die ein Zeichen für die bleibende Wertschätzung des Theologen Bengel in Württemberg war.[81]

2. Widerlegung des Wissenschaftlers

Unterdessen hatten vereinzelt auch Kritiker ihre Stimme erhoben und das Bengelsche Zeitrechnungssystem einer eingehenden Prüfung unterzogen.[82] Einer von ihnen war der Theologe und Astronom Johann Friedrich Wurm, der kurz hintereinander mit zwei Schriften an die Öffentlichkeit trat. In der ersten widmete er sich speziell dem astronomischen Teil von Bengels System und warf ihm vor, sich bei seinen astronomischen Berechnungen ungenauer Methoden bedient und daher seinen apokalyptischen Forschungen fehlerhafte Resultate zu Grunde gelegt zu haben.[83] Kleine Pikanterie am Rande: Wurm hatte seine Schrift im Auftrag Burks verfasst, der sie – so behauptete jedenfalls Wurm – in seine Bengelbiographie einrücken wollte, was aber durch »unerwartet eingetretene Umstände« verhindert wurde.[84] So wurde Wurms Schrift separat gedruckt. Die trotz seiner entsprechenden Beteuerung nicht gerade »populäre und auch auf Nichtmathematiker berechnete Darstellungsart« der Schrift verhinderte wohl eine weitere Verbreitung ihres Inhalts.[85] Wurm ließ daher kurz darauf eine weitere Schrift folgen, in der er die Beweisgründe für Bengels apokalyptische Zeitrechnung prüfte, besonders hinsichtlich der für 1836 gehegten Erwartungen.

Bengels brachte Burk allerdings 1839 in Reutlingen bei Heerbrandt heraus (BENGEL, Hinterlassene Predigten).

81   Schon 1831 schrieb Christian Gottlob Barth: »Leute, die noch vor Kurzem sich vor allem scheuten, was apokalyptisch heist, fangen nun gern selbst davon an, und greifen nach alten bestaubten Büchern, um Aufschlüsse über dieses ihnen bisher verschlossene Buch zu erhalten; der alte Bengel kommt wieder zu Ehren, und die Zahl 1836 erlangt in vieler Augen eine neue Wichtigkeit, ob sich gleich, beiläufig gesagt, erweisen läßt, daß diese Zeitbestimmung unbegründet ist.« CMB 4 (1831), S. 13.

82   Das war auch schon früher geschehen, vgl. nur BURK, Bengel, S. 323–329. Hier stehen aber nur die kurz vor 1836 erschienenen Veröffentlichungen zur Debatte.

83   WURM, Bengels Cyklus, bes. S. 14.

84   Ebd., S. III. Das der zugrundeliegenden Schrift Bengels gewidmete Kapitel fällt bei Burk dementsprechend äußerst kurz aus (BURK, Bengel, S. 335f.) Er räumt die Fehlerhaftigkeit von Bengels astronomischen Annahmen ein, bestreitet aber, dass damit von vornherein auch die »Richtigkeit seiner apokalyptischen Zeitrechnung« (S. 336) widerlegt sei.

85   WURM, Bengels Cyklus, S. IV.

Auch hier kam Wurm zu einem negativen Ergebnis: Bengels chronologischen Annahmen fehlten jegliche sicheren Beweisgründe.[86] Wurm gründete seine Argumentation auf die Widerlegung der astronomischen und chronologischen Annahmen Bengels, mit denen dieser das Geburtsjahr Christi, die angenommene Dauer der Welt und das Aufeinanderfolgen von zwei Jahrtausenden vor dem Weltende bestimmt hatte. Es ging ihm um eine Widerlegung des Naturwissenschaftlers Bengel. Auf den Exegeten ging er erklärtermaßen überhaupt nicht ein, enthielt sich aber nicht einer kritischen Seitenbemerkung über Bengels Biblizismus.[87] Das Gespräch mit den Verteidigern Bengels war dadurch notwendigerweise vorbelastet, ja fast unmöglich. Denn die Zuverlässigkeit des biblischen Wortlauts stand für diese unverbrüchlich fest.

Im Gefolge Wurms meldete sich ein weiterer Kritiker zu Wort, der Reutlinger Jurist und Publizist Johann Jacob Fetzer, der mit dem Anspruch auftrat, die Ergebnisse von Wurms Schriften »etwas faßlicher und klarer« darzustellen.[88] Neben der Erläuterung jener astronomischen Argumente ließ es sich Fetzer aber nicht nehmen, auch mit exegetischen und historischen Anmerkungen die Unrichtigkeit des Bengelschen Systems nachzuweisen.[89] Er kam zu dem Fazit, dass das Jahr 1836, »wie Tausende seiner früher dahin geschiedenen Brüder, ins Grab der Ewigkeit hinabglitschen werde, ohne uns einem tausendjährigen Reiche näher gebracht zu haben.«[90] Kein Zweifel, Fetzers Traktat war genauso wenig wie Wurms Schriften dazu geeignet, Mitglieder pietistischer Privatversammlungen von den Fehlern der Bengelschen Chronologie oder den Schwierigkeiten einer biblizistischen Exegese zu überzeugen. Wahrscheinlich wurden die Schriften dort auch nicht gelesen. Allenfalls nahm man Notiz von Burks beiläufiger Polemik gegen Fetzer im *Christenboten*.[91] Ein Gespräch – und sei es ein Streitge-

---

86 WURM, Bengels Zeitrechnung, S. 28: »Daraus folgt, daß wir, insoweit man sich auf Bengel's Berechnungen berufen wollte, vom Jahre 1836 keinesfalls etwas besonderes zu erwarten haben, obgleich, weder berechnet, noch erwartet, in den nächsten vier Jahren sich gar viel wichtiges sonst ereignen könnte.«

87 Ebd., S. 7: »[...] in die Einzelheiten [!] von Bengel's erklärter Offenbarung kann ich mich hier nicht einlassen, glaube übrigens nicht, daß die Bengel'sche allzubuchstäbliche Erklärungsart die richtige ist.«

88 FETZER, Wird mit dem Jahr 1836, S. VI. Von Fetzers Schrift ist nur ein unvollständiges Exemplar in der LB Oldenburg nachweisbar; die StadtB Reutlingen besitzt davon eine Photokopie. Von der 88 Seiten zählenden Schrift fehlen die S. 3–14 (§§ 2–7 von insg. 12) und S. 83–86. Zu Fetzer vgl. JUNGER, Johann Jacob Fezer.

89 So kritisierte er Bengels Ansicht von zwei aufeinanderfolgenden tausendjährigen Reichen vor dem Ende der Welt (FETZER, Wird mit dem Jahr 1836, S. 15) und wies darauf hin, dass die von Bengel für die Jahre 1830 bis 1833 erwarteten Ereignisse nicht eingetreten seien (ebd., S. 16).

90 Ebd., S. 23.

91 ChB [4] (1834), Sp. 344 (31. August). Außerdem wurde Fetzers Schrift in Rheinwalds *Allgemeinem Repertorium* 6 (1834), S. 273f, kritisch rezensiert: »Der Verf. hat seine Schrift für's

spräch – zwischen Anhängern und Gegnern Bengels kam nicht zustande, war aber vor dem Hintergrund der unterschiedlichen intellektuellen Milieus, in denen die Kontrahenten beheimatet waren, auch kaum zu erwarten. Auf einem anderen Blatt stand die Notwendigkeit für pietistische Theologen, all denjenigen, die bisher fest von Bengels Berechnungen überzeugt gewesen waren, Argumentationshilfen an die Hand zu geben, warum alles anders kam als erwartet.

3. Verteidigung des Apokalyptikers

Bereits in seiner Bengel-Biographie hatte Burk durch verschiedene Andeutungen die Linien der Argumentation vorgeprägt. Bengel selbst habe seine Ansichten nicht als Glaubenswahrheiten, sondern als zu Prüfendes und Verbesserndes angesehen.[92] In einem ausführlichen Exkurs versuchte Burk das Für und Wider von Bengels System abzuwägen. Er kam zu dem Schluss, die Zeit sei noch nicht so weit vorgeschritten, wie man nach Bengel hätte erwarten können. Burks Argumentation lief darauf hinaus, die Bedeutung der chronologischen Berechnungen geringer anzusetzen und dagegen den Wert von Bengels apokalyptischem System stärker in dessen polemischer Frontstellung gegen Katholizismus, Separatismus und Unglauben zu sehen.[93] Sollte heißen, wer sich von Bengel vor den drohenden endzeitlichen Entwicklungen – unabhängig vom Zeitpunkt ihres Eintreffens – warnen ließ, war eher gegen die Versuchung gefeit, vom wahren evangelischen Glauben abzufallen.

Dieser Gefahr entgegenzutreten war auch das erklärte Ziel zweier Schriften, die Christian Gottlob Barth im Jahr 1832 veröffentlichte.[94] Die eine widmete er dem von vielen nach Offb 17,12 erwarteten Fürstenkongress, den Bengel auf den 14. Oktober 1832 terminiert hatte. Aus praktischen wie aus exegetischen Gründen, schrieb Barth, sei nicht zu erwarten, dass Bengels Prophezeiung sich erfüllen werde. Zum einen seien die von diesem für die Jahre 1830 bis 1832 vorhergesagten Ereignisse nicht eingetreten, zum anderen müsse der Wiederkunft Christi eine Phase von sieben Jahren vorangehen, die mit der Wiedererrichtung des Tempels in Jerusalem beginne.

»Wäre demnach das Jahr 1836 wirklich das Jahr der Zukunft des Herrn, so hätte bereits im Jahr 1829 eine Bewegung unter den Juden Statt finden müssen, welche

---

Volk berechnet, Ref. glaubt aber nicht, daß er den rechten Ton getroffen habe, oder der Mann gewesen, der ihn hätte treffen können. Er gehört zu dem Geschlechte derer, die dem Volke seine irrigen Ansichten nur auf die Art zu nehmen wissen, daß sie zugleich seinen ganzen Bibelglauben untergraben.« (S. 274).

92   Burk, Bengel, S. VIII.
93   Ebd., S. 423–429, hier: 428.
94   [Barth], Der vierzehnte Oktober 1832; [Ders.], Das Jahr 1836.

längst einen Tempelbau in Jerusalem zur Folge gehabt haben würde, wovon bekanntlich noch nichts verlautet hat.«[95]

Barths Argumentation lässt die grundsätzliche Bedeutung der Judenmission für seine endzeitlichen Erwartungen durchscheinen. Solange es keinen erkennbaren Zug von bekehrten Juden nach Jerusalem gab, solange konnten auch die letzten endzeitlichen Entwicklungen nicht beginnen. Das Dilemma ist offensichtlich: Mochten auch noch so viele ›Zeichen der Zeit‹ auf die Nähe jener letzten Entwicklungen hindeuten[96], das eigentliche Startsignal fehlte nach wie vor. Auch alle missionarischen Anstrengungen hatten daran bisher nichts ändern können.[97]

Wollte Barth mit seiner ersten Schrift begründen, warum 1836 nicht das Jahr der Wiederkunft Christi sein konnte, so stand in der zweiten die Frage im Vordergrund, ob mit dem nachweislich falschen Rechnungssystem Bengels auch sein apokalyptisches System als Ganzes verworfen werden müsse.[98] Barth trieb die Sorge an, bisherige Anhänger Bengels könnten »mit den Zahlen auch die Sachen, und mit dem Bengel auch die Offenbarung fallen lassen«.[99] Er versuchte darum in einem ersten Schritt darzulegen, wie alle von Bengel vorhergesagten Ereignisse unfehlbar eintreffen würden – nur eben nicht zu den von ihm berechneten Zeiten.[100] Damit war aber noch nicht erwiesen, dass diese Ereignisse, wenn nicht bis 1836, so doch bald danach erfolgen würden. Die entscheidende Frage war für Barth, ob die letzte Zeit schon angebrochen war oder nicht. Darum ging er in einem zweiten Schritt auf Gegenargumente ein, die eine Nähe zu den endzeitlichen Entwicklungen bestritten.[101] Er verteidigte die Notwendigkeit der Judenmission gegen die Behauptung, diese beginne erst nach der erfolgreichen Vollendung der Heidenmission. Gegen den Hinweis, schon in früheren Zeiten seien die gleichen ›Zeichen der Zeit‹ beobachtet worden, die jetzt als Nachweis der angebrochenen letzten Zeit vorgebracht würden, betonte er, niemals vorher seien drei wichtige Zeichen gleichzeitig aufgetreten: der verbreitete Abfall

95   [BARTH], Der vierzehnte Oktober 1832, S. 11.
96   Ebd., S. 13.
97   Zu Barths Engagement für die Judenmission vgl. WERNER, Barth, pass. (bes. Bd. 1, S. 269–275, 290–293; Bd. 2, S. 58f, 216, 220f; Bd. 3, S. 217, 282, 302); WILLI, Freunde Israels, S. 18. Vor dem Hintergrund des seit 1829 ausgebliebenen Tempelbaus durch bekehrte Juden in Jerusalem ist auch eine Äußerung Barths aus späterer Zeit erklärbar. Über Bengels Zeitrechnung schrieb er 1837: »Ich selbst, ob ich gleich die Grundlosigkeit derselben schon vorher eingesehen hatte, hielt es doch bis 1829 für möglich, daß das Jahr 1836 das Entscheidungsjahr werden könnte [...]. Von 1829 an aber war ich aus Schriftgründen gewiß, daß Christus 1836 nicht kommen könne« (BARTH, Rückblick auf das Jahr 1836, S. 27).
98   [BARTH], Das Jahr 1836, S. 3f.
99   Ebd., S. 8.
100 Ebd., S. 9–13. Die Aufzählung der zu erwartenden Ereignisse beginnt wiederum mit dem Tempelbau in Jerusalem (S. 9).
101 Ebd., S. 14–21.

von Christus, der Ungehorsam gegen Obrigkeiten und – auf der anderen Seite – die Predigt des Evangeliums in der ganzen Welt. Schließlich begegnete er dem Einwand, durch die Aufklärung und verbesserte Volksbildung sei eine Umkehr zum Besseren geschehen, mit dem Hinweis auf die apokalyptische Logik, dies sei »ganz der Weissagung Jesu gemäß, nach welcher das Gute wie das Böse in der letzten Zeit reif werden« solle.[102] Der Schluss seiner Schrift zeigt die intellektuelle Problematik, in der sich Barth befand: Alle Ereignisse und Entwicklungen mussten in das apokalyptische Schema eingepasst werden. Sein starrer Biblizismus machte es ihm unmöglich, entgegengesetzte Entwicklungen angemessen zu würdigen.

»Daß es also immer noch Christen giebt, welche es zweifelhaft machen wollen, ob unsere Zeit die letzte sey, ist nur ein Beweis mehr dafür; denn es zeigt an, daß die klugen Jungfrauen schlafen.«[103]

Und das war die größte Gefahr, die Barth kommen sah: Die bisher wachenden Jungfrauen könnten, weil der Bräutigam auf sich warten ließ, auch noch schläfrig werden. Das biblische Gleichnis von den klugen und törichten Jungfrauen (Mt 25,1–13) diente Barth dazu, die Gefahren der endzeitlichen Situation zu verdeutlichen. Nur dass jetzt die Gefahr weniger darin bestand, dem unverhofft wiederkehrenden Christus unvorbereitet entgegenzugehen, als wegen dessen Ausbleiben an Wachsamkeit zu verlieren.[104] Mit der Rede vom Verzug Christi versuchten Barth und andere das apokalyptische System Bengels zu retten. Seine Zeitrechnung war nicht zu halten, die biblizistische Exegese der Johannesoffenbarung sollte deswegen aber nicht aufgegeben werden.[105]

---

102 Ebd., S. 20. Zur apokalyptischen Logik vgl. oben Kapitel 1, Abschnitt III. 2. *Apokalyptische Logik*.

103 [BARTH], Das Jahr 1836, S. 21f. Ähnliche Argumentationen finden sich bei Barth in dieser Zeit öfter, so in einem Brief an den Missionar Pfander vom 1. März 1833: »Uebrigens hat es in der Politik lange nicht so friedlich ausgesehen, wie gerade jetzt; aber ich fürchte, es möchte die Stille vor einem Sturm sein: denn das Geheimniß der Bosheit ist im Stillen doch nicht unthätig.« (WERNER, Barth, Bd. 2, S. 216).

104 In dem in der vorigen Anmerkung zitierten Brief an den Missionar Pfander vom 1. März 1833 führte er seine Argumentation breiter aus: Die Anhänger Bengels erwarteten die Wiederkunft Christi zu der von ihm berechneten Stunde. Da er »nun zu dieser Stunde nicht kommt, so werden sie irre, verlieren allen Haltpunkt der Berechnung, denken: wer weiß jetzt, wann Er kommen wird! werden schläfrig, und entschlafen, d. h. ihre Erwartung des nahen Kommens Jesu, der zu kommen verzieht, wird gelähmt, und sie lassen nach in der ernstlichen Vorbereitung auf Seine Erscheinung. Wenn nun, wie dieß wirklich geschieht, zu derselben Zeit, wo das Fehlschlagen der Rechnung offenbar wird, auch die Zeichen der Zeit, die vorher so sprechend waren, und an sich schon aufmerksam machten, weniger drohend und deutlich sich gestalten, so darfs uns nicht wundern, daß die Christen (wie sichs bereits bei uns zeigt) anfangen weniger von der Zukunft Jesu zu reden, und andern Gedanken Eingang zu gestatten.« (Ebd., S. 217).

105 Zwei Versuche, die Bengelsche Zeitrechnung korrigiert fortzuführen, seien immerhin erwähnt. Der eine stammte von dem Frankfurter Ratsherren und chiliastischen Schriftsteller Johann

Diesem Ziel widmete sich auch Wilhelm Hoffmanns Vorwort zu der 1834 erschienenen Neuausgabe von Bengels »Erklärter Offenbarung«.[106] Hoffmann kam darin auf die Problematik der Bengelschen Zeitrechnung zu sprechen. Dabei bemühte er sich, dem Begriff der »Nähe der Entscheidungszeit« eine neue Bedeutung zu verleihen. Seine Argumentation lief auf eine psychologische Deutung hinaus: Es liege im Wesen der menschlichen Seele, was man hoffe oder fürchte, sich als nahe und durch eine genau bestimmte Zeit von sich getrennt vorzustellen. Zu allen Zeiten der Kirchengeschichte habe man sich die letzte Zeit als nahe bevorstehend gedacht – und diese Vorstellung habe nichts anderes bewirkt als das Anhalten am Gebet und ernste Wachsamkeit.[107] Hoffmann fügte an, Beten und Wachen hätten keinen anderen Sinn, als dass »das Reich Gottes durch unser Warten auf dasselbe immer mehr in der Gegenwart schon bei uns sey.«[108] Die Nähe der letzten Zeit sollte – nach dem Scheitern der Bengelschen Zeitrechnung – nicht mehr am messbaren Kleinerwerden einer Zeitspanne ablesbar sein, sondern an der Intensität der endzeitlichen Stimmung. Im Gebet und der wachsamen Vorbereitung erfuhr die Endzeit eine Vorwegnahme, drohte damit aber ganz im glaubenden Subjekt aufzugehen und ihren Anhalt in der äußeren Realität zu verlieren. Die Verinnerlichung der endzeitlichen Erwartung war damit vorgezeichnet.

Friedrich von Meyer (1772–1849), dem Barth seine Schrift zum 14. Oktober 1832 zugesendet hatte und der darauf antwortete: »Ich danke Ihnen für die apokalyptische Schrift, mit der ich besonders in dem Punkt einverstanden bin, daß Bengels Rechnung allzu vorzeitig war, und daß zwar 1836 eine wichtige Epoche werden kann, aber das eigentliche Reich dann noch nicht beginnen wird, sondern höchstens ein Vorreich, d. h. eine Ruhestunde vor dem letzten Weh. Bengel hatte merkwürdige Ahnungen, diese wollte er aber vermöge der natürlichen Strenge und Schärfe seines Geistes mathematisch begründen, und indem er seine Rechenkunst ins Einzelne erstreckte, geriet er aus lauter Gewissenhaftigkeit in Vorwitz. Zuweilen kamen ihm richtige Jahrzahlen vor, wie 1830; er wandte sie aber unrichtig an. Bedeutend bleibt sein System, aber der Kritik bedürftig. Die apokalyptische Rechnung muß sich mit großen Zeitmaßen begnügen, weil wir, wie auch Sie am Schluß richtig bemerken, Tag und Stunde nicht wissen sollen. Im Vertrauen will ich Ihnen sagen, daß ich das Ende auf *ungefähr* 1860 setze« (WLB Stuttgart, Cod. hist. 4° 713, Nr. 549: Brief von J. F. v. Meyer an Barth, Frankfurt, 16. September 1832). Zu Meyer vgl. BENRATH, Erweckung, S. 245ff; LINDINGER, Art. Meyer (mit umfangreichen Literaturhinweisen). – Der andere Versuch findet sich bei dem Basler Pfarrer Nikolaus von Brunn (1766–1849). In seinem *Apokalyptischen Wörterbuch* (1834) warnte er davor, das tausendjährige Reich »allzusinnlich« aufzufassen, man solle es vielmehr »als ein Geheimniß betrachten, das der Herr denen offenbaren wird, welche Er würdig erklärt, an der ersten Auferstehung Theil zu nehmen.« (BRUNN, Wörterbuch, S. 301). Gleichzeitig korrigierte er aber die Bengelschen Berechnungen und wies auf die Nähe der in der Johannesoffenbarung angekündigten Ereignisse hin: »um das Jahr 1850« (S. 37), »im Laufe dieses Jahrhunderts [...] und zwar in wenigen Jahren« (S. 109). Zu Brunn vgl. KUHN, Religion und neuzeitliche Gesellschaft, S. 297–301.
   106 HOFFMANN, Vorwort, in: BENGEL, Erklärte Offenbarung, Neue Ausgabe, S. III–XII.
   107 Ebd., S. XI.
   108 Ebd., S. XIf. Zu der von Hoffmann damit vertretenen endzeitlichen Prolepse vgl. oben Kapitel 1, Abschnitt IV. 3. *Ein eigenes Leben in einer endzeitlichen Lebenswelt* und unten Abschnitt IV. 2. *Schwierigkeiten mit dem Reich Gottes.*

Die Tendenz zur Verinnerlichung der endzeitlichen Erwartung findet sich auch in den Vorworten und Einleitungen, die Christian Burk seinen weiteren Bengel-Veröffentlichungen voranstellte. Hatte er in seiner Bengel-Biographie noch nicht eindeutig Stellung genommen, ob man nach dem Nichteintreffen der Bengelschen Zeitrechnung nicht dennoch von einer unmittelbaren Nähe der endzeitlichen Ereignisse sprechen könne[109], so wurde er in seinen weiteren Äußerungen immer zurückhaltender. In der Einleitung zu Bengels literarischem Briefwechsel rechtfertigte er die nachträgliche Veröffentlichung von apokalyptischen Briefen des Prälaten mit der verständlichen Darstellung, die das Thema in ihnen gefunden habe, und mit den vielerlei Korrekturen und Verbesserungen, die er im brieflichen Gespräch mit seinen Korrespondenzpartnern an seinen Anschauungen vorgenommen habe. Burk war es wichtig, Bengel nicht als Propheten, sondern als Forscher darzustellen, der auch irren konnte und – »den großen Termin 1836« ausgenommen – immer wieder Änderungen an seinen Ergebnissen vornahm. Und Burk ergänzte, für echte »Schüler Bengels« stünden nicht apokalyptische Forschungen, sondern das »Hausbrod der einfachen, evangelischen Heilsordnung« im Mittelpunkt des Glaubenslebens.[110]

Ähnlich argumentierte er in seiner Vorrede zur Neuausgabe von Bengels Reden über die Offenbarung. Die Bengelsche Auslegung behalte ihren Wert, da sie auch abgesehen von der Zeitrechnung wichtige Aufschlüsse über die Abfolge der wichtigsten Ereignisse auf dem Weg zum Gottesreich enthalte. Die Aufforderung zur Wachsamkeit sei also umso dringender, als die Zeit der Erfüllung jener Ereignisse seit Bengel hundert Jahre näher gerückt sei. Burk ließ diese Bestimmungen in die entscheidende Mahnung münden: »Bleibet der evangelischen Kirche treu«.[111] Hinter der Forderung war die Sorge erkennbar, die Versammlungen könnten sich der Landeskirche weiter entfremden. Die Verkirchlichung der endzeitlichen Erwartung deutete sich an.

Burks Ausführungen ist ihre ambivalente Zielsetzung deutlich anzumerken: Zum einen wollte er die apokalyptische Theologie seines Vorfahren, abgesehen von den chronologischen Aspekten, verteidigen und bewahren. Zum anderen ging es ihm aber darum, die seitherigen Anhänger von Bengels Zeitrechnung in einen landeskirchlichen Pietismus einzubinden. Beides zusammen konnte nur unter Hintanstellung der Bengelschen Konkretheit im Äußeren gelingen. Bengels Auslegung der Johannesoffenbarung wurde von

---

109 »Es ist also noch Manches und mitunter gerade das Allerwichtigste zurück; aber wer möchte mit Sicherheit dafür bürgen, daß es nicht auch noch kommen werde?« (BURK, Bengel, S. 428).

110 BURK, Bengels literarischer Briefwechsel, S. 6.

111 BURK, Vorrede, in: BENGEL, Sechzig erbauliche Reden, hg. v. BURK, S. VII–XVI, hier: S. XIII.

ihm reduziert auf ihren »für alle Zeiten und Personen erbaulichen Theil«.[112] Und damit war er letztlich wieder bei dem »Hausbrod der einfachen, evangelischen Heilsordnung«, das man auch dem einfachen Volk zumuten konnte.[113]

Das Scheitern der Bengelschen Zeitrechnung lag offen zu Tage und musste erklärt werden. Die argumentativen Angebote der pietistischen Theologen seien noch einmal zusammengefasst. Christian Gottlob Barth schloss die Möglichkeit aus, man könne den absoluten Zeitpunkt von Christi Wiederkunft im Vorhinein berechnen. Er beharrte aber durchaus auf der Richtigkeit der von Bengel festgestellten relativen Zeitverhältnisse zwischen den noch ausstehenden endzeitlichen Ereignissen. Dass diese noch auf sich warten ließen, erklärte Barth mit dem Verzug Christi, einer Gedankenfigur, die es erlaubte, die biblizistische Auslegung der Offenbarung beizubehalten, da das Eintreffen der erwarteten Entwicklungen letztlich dem Willen Gottes vorbehalten bleibe. *Die Endzeit war verschoben.* Durch Wilhelm Hoffmann erfuhr Bengels apokalyptisches System eine psychologische Auslegung. Für den Glaubenden kam alles darauf an, im Wachen und Beten die letzte Zeit als nahe zu erleben und sich so auf sie vorzubereiten. *Die Endzeit war verinnerlicht.* Nach Christian Burk diente die apokalyptische Theologie seines Vorfahren vor allem dazu, das einfache pietistische Volk vor den Gefahren des Unglaubens, des Katholizismus und des Separatismus zu warnen. Und diese Warnung galt unabhängig vom Fehlschlagen der Zeitrechnung. Burks Forderung, der evangelischen Kirche treu zu bleiben, zeigte sein Bestreben, den Pietismus der Versammlungen in die Landeskirche einzubinden. *Die Endzeit war verkirchlicht.* Mit diesen unterschiedlichen Akzenten und Tendenzen gingen die pietistischen Theologen daran, die nicht erfüllten Erwartungen zu bearbeiten und den enttäuschten Anhängern Bengels argumentative Angebote für die Zukunft zu machen.

---

112 Ebd., S. XV.
113 An anderer Stelle verdeutlichte Burk, was er darunter verstand: »die Grundlehren unseres evangelischen Glaubens: den Sündenfall der Menschen, die durch Jesum geschehene Erlösung, die Beschaffenheit und Kraft des lebendigen Glaubens an Jesum, den Sohn des lebendigen Gottes u.s.w.« (BURK, Vorrede, in: BENGEL, Hinterlassene Predigten, S. III–VIII; hier: S. VI). Die Nähe des Gottesreiches und der auf es hinführenden Ereignisse wurde nicht mehr erwähnt.

III. Erweckte Volksaufklärung: Der Christenbote

Mit gut einer Handvoll Flugschriften und Neuauflagen Bengelscher Schriften ließ sich die Enttäuschung unter den Anhängern Bengels nicht auffangen. Das war Johann Christian Friedrich Burk schon deutlich, als er seine Bengel-Biographie beendet hatte und sich neuen Aufgaben zuwandte. Es musste ein Medium gefunden werden, mit dem langfristig breitere Kreise des popularen Pietismus in Württemberg erreicht werden konnten. Als im September 1831 *Der christliche Bote aus Schwaben* das erste Mal ins Land ausging, hatte Burk ein Publikationsorgan initiiert, das schon bald als das Sprachrohr des landeskirchlichen Pietismus wahrgenommen wurde.[114] Allerdings: Burk war zwar der Initiator des Blattes, das seit Anfang 1832 *Der Christenbote* hieß. Jedoch hatten die in der Stuttgarter Predigerkonferenz versammelten pietistischen Geistlichen des Landes entscheidenden Einfluss auf die Konzeption des Blattes genommen und ihm damit erst seinen Erfolg gesichert. Ein Blick auf die Entstehungsgeschichte wird dies erweisen. Anschließend soll an ausgewählten Beispielen die Intention des Blattes dargestellt werden. Dabei zeigt sich, wie der *Christenbote* in den ersten Jahren seines Erscheinens dazu beitrug, enttäuschte Erwartungen aufzufangen und in neue Energien umzuwandeln.

1. Entstehungsgeschichte, Konzeption und Hauptgegenstand

Schon 1829 beschäftigte sich Burk mit dem Gedanken, eine Traktatgesellschaft zu gründen, um auf diese Weise breiteren publizistischen Einfluss auf den popularen Pietismus zu gewinnen.[115] Da Burk ungefähr gleichzeitig mit der Arbeit an seiner Bengel-Biographie begann, trat das Projekt jedoch bald wieder in den Hintergrund. Erst als jene erschienen war, kam Burk auf seine früheren Pläne zurück, die nun jedoch eine neue Gestalt angenommen hatten. Burk dachte daran, eine populäre christliche Zeitung herauszugeben.[116] Er legte den Plan der Stuttgarter Predigerkonferenz vor, die am 18.

---

114 EKZ 12 (1833), Sp. 6f, 9.

115 WLB Stuttgart, Cod. hist. 2° 877 III: Akten und Briefe über die Gründung einer Traktatgesellschaft, 1829f; vgl. oben Kapitel 2, Abschnitt III. 1. *Apokalyptischer Buchmarkt*. 1830 gründete Christoph Ulrich Hahn in Esslingen einen *Verein zur Verbreitung kleiner religiöser Schriften*, aus dem 1832 die *Evangelische Gesellschaft* hervorging (ZEILFELDER-LÖFFLER, Anfänge, S. 144f). Ob Hahn damit das Burksche Vorhaben aufgriff, wäre zu prüfen.

116 Burks veränderte Pläne werden aus einem Antwortbrief Christian Gottlob Barths deutlich: »Ueber ein neues Geschäft weiß ich dir im Augenblick nichts zu rathen, und noch weniger zu einer Volkszeitung. Das ist immer ein mißliches Unternehmen, und gehört viel Geschik dazu, um sich die aura popularis günstig zu machen, besonders da es gegenwärtig so viele Zeitblätter gibt.« (WLB Stuttgart, Cod. hist. 2° 878 X: Brief Barth an Burk, Möttlingen, 13. April 1831). Barth schlug Burk dagegen vor, für die *Evangelische Schullehrerbibel* die Kleinen Propheten zu bearbeiten.

Mai 1831 – unter Abwesenheit Burks – tagte. Die Versammlung begrüßte und unterstützte Burks Idee, verlangte aber eine entscheidende Änderung in der Konzeption der Zeitung. Burk, der selbst in den zurückliegenden Jahren schon einige Traktate veröffentlicht hatte, hing immer noch dem Gedanken an die Verbreitung von Traktatschriften nach und verfolgte den Plan einer Zeitung, die eine Sammlung von Traktaten enthalten sollte. Burks Kollegen erwarteten jedoch eine Zeitung mit aktuellen Beiträgen und Kommentaren zum kirchlichen und weltlichen Zeitgeschehen.[117]

Das eindeutige Votum der Predigerkonferenz ließ Burk nicht unbeeindruckt. In einer Anzeige, mit der er bei Freunden und potentiellen Abonnenten um Unterstützung warb, kündigte er wenig später ein »kirchlich-religiöses Wochenblatt« an, das belehrende Aufsätze, Lebensbeschreibungen frommer Männer, kirchengeschichtliche Darstellungen, aber auch kirchliche und politische Nachrichten aus der Gegenwart sowie manches andere enthalten sollte.[118] Das Ziel von Burks Konzeption war Erbauung und Belehrung. Manchen war damit die Nähe zum Traktatschrifttum immer noch zu groß. So meldete sich Barth mit kritischen Anmerkungen erneut zu Wort. Burk lege zu viel Wert auf das Kirchliche – »in einer Zeit, wo die Kirche so wenig mehr bedeutet, und ihrer Auflösung unwiederbringlich nahe ist« – und vernachlässige den aktuellen Bezug auf das Politische.[119] Doch Burk war zu keinen weiteren Zugeständnissen bereit. In Verhandlungen

---

Weder Burks Beitrag, noch der alttestamentliche Teil der Schullehrerbibel überhaupt kam zustande (zur Schullehrerbibel vgl. oben Kapitel 2, Abschnitt III. 3. *Universalgeschichtliche Erklärung der Offenbarung Johannis*).

117 WLB Stuttgart, Cod. hist. 2° 878 X: Brief Barth an Burk, Möttlingen, 21. Mai 1831: »Pro primo ist das die allgemeine Stimme: Es darf nicht, wie du willst, eine Sammlung von Traktaten bazenweis, sondern es muß durchaus eine *Zeitung* geben, wöchentlich [...]. Anders bleibst du stecken, dafür stehe ich dir mit Haut u. Haaren.«

118 Ein von Barth nach Basel geschicktes Exemplar des Flugblattes hat sich im Spittlerarchiv erhalten (StA Basel, PA 653, Abt. V, Barth, Christian Gottlob: Pfarrer M. CHRISTIAN BURK, »Der schwäbische Kirchenfreund, ein kirchlich-religiöses Wochenblatt«, Thailfingen bei Herrenberg, 13. Juni 1831; als Beilage zu einem Brief von Barth an Spittler, Möttlingen, 28. Juni 1831).

119 WLB Stuttgart, Cod. hist. 2° 878 X: Brief von Barth an Burk, Möttlingen, 5. Juli 1831: »Das Politische kommt dann nur so nebenher, in einer Zeit, wo es nicht mehr unentschieden ist, ob die politischen Ereignisse für Kirche und Religion von besonderem Einflusse sind oder nicht. Daß ferner ein solches Blatt nicht die Bestimmung haben kann, thetisches im christlichen Gebiete zu geben, sondern vielmehr besonders in jezigen Umständen neben dem Historischen hauptsächlich kritisch u. also auch polemisch zu Werke gehen muß, ist meine volle Ueberzeugung, und eben in dieser Beziehung gefällt mir ein Punkt in deiner Ankündigung auch nicht. Mein Gedanke war immer der, den Christen im Lande und wo möglich nebenher auch Anderen ein Blatt in die Hand zu geben, das ihnen die Zeitungen ersezte, also politische Neuigkeiten (kurz) neu ihnen zubrächte, und christlich über alle Zeitereignisse räsonnirte.« Gegenüber Spittler, der ebenfalls mit einem Zeitungsprojekt befasst war, äußerte Barth indirekt seine Kritik an Burk: »Fahren Sie in Gottes Namen fort, und geben Sie eine eigentliche Zeitung heraus, die nur Neuigkeiten, keine Altigkeiten gibt.« (StA Basel, PA 653, Abt. V, Barth, Christian Gottlob: Brief an Spittler, Möttlingen, 28. Juni 1831).

mit dem Stuttgarter Verleger Johann Friedrich Steinkopf (1771–1852) gelang es ihm, das Projekt rasch voranzutreiben.[120] Lediglich der Titel erfuhr noch zweimal Veränderungen: Aus dem »schwäbischen Kirchenfreund« der Ankündigung wurde in der ersten Ausgabe, die am 11. September 1831 erschien, *Der christliche Bote aus Schwaben*.[121] Unter dem kürzeren Titel *Der Christenbote* erreichte die im Quartformat erscheinende, meist vier, manchmal acht oder zwölf Seiten umfassende Wochenzeitung schon im Jahr 1832 eine Auflage von 1500 Exemplaren und fand weite Verbreitung im pietistischen Württemberg.[122] Sie erschien (von Burk bis 1867 verantwortlich herausgegeben) über ein Jahrhundert, bis sie 1941 eingestellt werden musste.

Der *Christenbote* dient als Quelle für pietistische Ansichten und Einstellungen und dies in einer Phase, die von der Enttäuschung endzeitlicher Einstellungen geprägt war. Bevor jedoch nach der Intention und Argumentation einzelner Artikel gefragt wird, muss noch präziser beantwortet werden, zu welchem Zweck und mit welchem Ziel die Zeitung an den Start ging. Ansonsten droht dasselbe Missverständnis, dem schon einer der ersten Rezensenten, Ernst Wilhelm Hengstenberg (1802–1869), unterlag. Der Herausgeber der *Evangelischen Kirchenzeitung* unterstellte dem *Christenboten*, ein »Hauptgegenstand des Blattes« sei »die Bengelsche Zeitrechnung«.[123] Ein Blick auf die ersten sechs Jahrgänge zeigt jedoch, dass diese nur eine marginale Rolle spielte. Zwischen 1831 und 1836 – also in über 270 Ausgaben der Zeitung – erschienen nur elf Artikel, in denen die Bengelsche Zeitrechnung explizit oder implizit zum Thema gemacht wurde, über die Hälfte davon in den ersten beiden Jahren.[124] Von einem »Hauptge-

---

120 WLB Stuttgart, Cod. hist. 2° 878 X: 32 Briefe von J. Fr. Steinkopf an Burk, Stuttgart, 1831–1834.

121 ChB [1] (1831), S. 1. Burk druckte (S. 1f) den Text seiner Ankündigung mit leichten Korrekturen erneut ab. Sowohl der geänderte Titel als auch die Korrekturen gingen auf Johann Jakob Häring zurück, der wohl im Namen des Kreises Stuttgarter bürgerlicher Pietisten Burk die Änderungen empfahl (WLB Stuttgart, Cod. hist. 2° 878 X: Brief vom 8. Juli 1831). Speziell der Ausdruck ›Kirchenfreund‹ war dort offensichtlich auf Missfallen gestoßen!

122 WLB Stuttgart, Cod. hist. 2° 878 I, Nr. 1 (handschriftliche Notiz von Burk, o. D.): »Vom Christenboten wurden im Jahr 1832 1500 Exemplare ausgegeben.« Die in späteren Jahren im *Christenboten* veröffentlichten Spendenlisten vermitteln einen guten Eindruck seiner Verbreitung: In Württemberg wurde er vor allem im altwürttembergischen Landesteil gelesen, er hatte aber auch Bezieher in den früheren Reichsstädten, in Bayern, in der Schweiz, in Berlin und darüber hinaus, vgl. z.B. ChB [3] (1833), S. 172, 228, 244.

123 EKZ 12 (1833), Sp. 9. Hengstenbergs Missverständnis wurde immer wieder aufgegriffen. Vgl. HERMELINK, Geschichte, S. 377; BRECHT, Anfänge, S. 49: »Darum hat die Evangelische Kirchenzeitung 1833 durchaus treffend als die Absicht des Christenboten bezeichnet: die Pflege der Bengelschen Zeitrechnung und die Mitteilung historischer Schätze«; BOTZENHARDT, Bengel und die Folgen, S. 107: »Schaut man in den ›Christenboten‹, kann man den Eindruck gewinnen, als hätte der Pietismus in Württemberg kein anderes Thema gehabt als die für das Jahr 1836 berechnete Endzeit.«

124 ChB [1] (1831), S. 20 (Burk), S. 56 (Osiander), S. 59f (Burk, Rez. zu Osiander); [2] (1832), S. 20 (Osiander), S. 87f (Auszüge aus: »Eine Stimme eines Predigers in der Wüste«, Basel

genstand« kann also keine Rede sein. Auch die Einführung der Rubrik
»Zeichen der Zeit« in der Ausgabe vom 4. März 1832 trägt zur Unterstützung der Hengstenbergschen These nichts bei. Denn die Bengelsche Zeitrechnung spielte in ihr nie eine Rolle. Umgekehrt: Gerade weil die Berechnungen des Prälaten ihr Scheitern immer deutlicher offenbarten, musste ein
Weg gefunden werden, die mit ihnen verbundenen Hoffnungen und Erwartungen aufzufangen und ihnen eine weitere Zeitperspektive zu geben. Der
Herausgeber Burk machte dies bei der Einführung der Rubrik »Zeichen der
Zeit« deutlich:

>»Unter dieser Aufschrift gedenkt der Bote künftig in aller Kürze auf das Merkwürdigste
hinzuweisen, was die Zeitgeschichte für den Zweck darbietet, die Aufmerksamkeit
auf den Finger Gottes und die Entwicklung Seines Reiches zu schärfen, zur Demüthigung und Buße aufzufordern, und freudige Hoffnungen einer bessern Zeit zu wecken
und zu nähren.«[125]

Das Zeitgeschehen sollte als Hinweis Gottes an die Menschen und als
Medium des Gottesreiches erkennbar werden und gleichzeitig als Aufruf
zur Buße und als Hoffnungszeichen einer besseren Zeit verstanden werden.
Dahinter stand der unausgesprochene Gedanke: Wenn, wie jetzt immer
deutlicher wird, Bengels Berechnungen nicht zutreffen, dann ist das Geschehen in der Welt trotzdem von Gottes Willen bestimmt und es gibt keinen Grund, an ihm zu zweifeln. Letztlich ging es um die Apologie einer
endzeitlichen Stimmung, die unabhängig von aller Zeitrechnung war. Die
wenigen Artikel, in denen Bengels Berechnungen noch einmal aufgegriffen
wurden, waren – sit venia verbo – letzte Rückzugsgefechte. Durch Leserzu-
schriften veranlasst, erklärten Burk und August Osiander die Fehler in
Bengels System.[126] Osiander nannte dabei unverblümt den Anlass seiner
Wortmeldungen: Das Scheitern der Bengelschen Berechnungen »könnte
Solche, welche vielleicht zu unbedingt an das Wort Bengel's glauben, im
Glauben an die Weissagungen der *heiligen Schrift* selbst irre machen.«[127]
Dem galt es entgegenzuarbeiten. Und als sich Burk im September 1832 an
»die Freunde der Bengel'schen Zeitrechnung« wandte, geschah dies wie-

---

1831), S. 180 (Burk, Rez. zu Barth), S. 240 (Osiander, Rez. zu Wurm); [3] (1833), S. 27f (Protokoll einer Brüderkonferenz); [4] (1834), Sp. 93f (Burk, Rez. zu von Meyer); 6 (1836), Sp. 3–10
(Burk), Sp. 336 (Burk, Rez. zu Kapff).
   125 ChB [2] (1832), S. 48. Im Übrigen wurde die Rubrik schon Anfang 1834 in »Chronik«
umbenannt, ausdrücklich um einen breiteren Themenkreis aufnehmen zu können, ChB [4] 1834,
Sp. 23 (Ausgabe vom 12. Januar).
   126 ChB [1] (1831), S. 20, 56; [2] (1832), S. 20. Dass es sich bei dem in den beiden letzten
Artikeln genannten »O. in M.« um August Osiander handelte, wird durch einen Zettel erwiesen,
auf dem sich Burk für den Jahrgang 1832 des *Christenboten* die darin enthaltenen Autorenkürzel
mit den entsprechenden Klarnamen notiert hatte (WLB Stuttgart, Cod. hist. 2° 878 I, Nr. 1): »O. in
M. Osiander Pfr. in Münklingen jezt in Maichingen«.
   127 ChB [2] (1832), S. 20.

derum nicht, um letztere hochzuhalten, sondern um jene in ihrer Enttäuschung aufzufangen:

»Wenn das Nichteintreffen der Bengel'schen Zeitrechnung hie und da die Schläfrigkeit der Christen befördern sollte, wird es rathsam seyn, daß wir hieraus nicht schließen, daß das Kommen des Herrn ferne, sondern vielmehr, daß es nahe sey; denn nach sehr deutlichen Vorher-Verkündigungen der Schrift wird der Herr, wenn Er kommt, unerwartet erscheinen wie ein Dieb in der Nacht, und manche unbereitete Knechte und schläfrige Jungfrauen antreffen. Wenn also auch von jetzt an Viele das Oel in ihren Lampen sollten ausgehen lassen, so thue du nicht gleich also!«[128]

Bengel und seine Zeitrechnung waren kein Hauptgegenstand des *Christenboten*, sondern wurden nur deswegen zum Thema, weil die mit ihnen verbundenen Hoffnungen und Erwartungen aufgefangen und mit einer längeren Zeitperspektive versehen werden mussten.[129] Was war dann Hauptgegenstand und Intention des *Christenboten*? Martin Brecht hat im Anschluss an Hengstenberg von der »Mitteilung historischer Schätze« gesprochen und damit einen wichtigen Aspekt genannt.[130] Die von Burk formulierten historischen Darstellungen und vor allem der »Christliche Kalender«, der jede Ausgabe mit einer erbaulichen Kurzbiographie frommer Gestalten der württembergischen, aber auch der weiteren Kirchengeschichte eröffnete, trugen dazu bei, »den Pietismus in die kirchliche Geschichte Württembergs zu integrieren«.[131] Auf lange Sicht gelang es Burk, den Pietismus als den legitimen Erben der Reformation und als Herzstück der neueren württembergischen Kirchengeschichte darzustellen.[132] Doch auch damit ist noch nicht vollständig im Blick, was Burk und seine Mitstreiter mit dem *Christenboten* erreichen wollten.

2. »Berichtigung falscher Volksansichten«

Ein bisher unbemerkt gebliebenes Dokument kann nähere Auskunft über die mit der Gründung des *Christenboten* verbundene Absicht geben. Es ist schon darauf hingewiesen worden, dass die Stuttgarter Predigerkonferenz Burks Zeitschriftprojekt einer eingehenden Prüfung und Änderung unterzog. Burk, der persönlich bei der Konferenz am 18. Mai 1831 in Stuttgart

128 Ebd., S. 180.
129 Auch Hengstenberg, der das Missverständnis vom »Hauptgegenstand« des *Christenboten* in die Welt gesetzt hatte, musste Burks Bestreben honorieren: »Doch erkennen wir, daß der Herausgeber grade von seinem Standpunkte aus ganz besonders im Stande ist, einzelnen groben Abirrungen der Anhänger dieses Systems kräftig entgegen zu arbeiten, und freuen uns desjenigen, was er in dieser Beziehung bereits geleistet hat.« EKZ 12 (1833), Sp. 9.
130 BRECHT, Anfänge, S. 49.
131 Ebd.; zur pietistischen Biographiengeschichtsschreibung vgl. GLEIXNER, Fromme Helden; DIES., Pietismus und Bürgertum, S. 179–194.
132 »Die tiefe Problematik dieses Anspruchs ist offenkundig.« (BRECHT, Anfänge, S. 50).

nicht anwesend sein konnte, fertigte sich von dem ihm zugesandten Protokoll eine auszugsweise Abschrift, die das Ergebnis der Beratungen in aller Kürze wiedergibt.[133] Der entscheidende Punkt wurde gleich zu Anfang genannt:

»Allgemeine Übereinstmmg üb d Nothwendigkeit eines solchen Organs. Es sollte zur Berichtigung falscher Volksansichten dienen.«[134]

Um den Passus richtig einordnen zu können, ist daran zu erinnern, dass sich die jungen pietistischen Theologen im Umkreis und in der Nachfolge Ludwig Hofackers nicht als Avantgarde, sondern als Korrektiv der in den Erbauungsstunden versammelten pietistischen Laien verstanden.[135] In diesem Sinn äußerten sich auch die Teilnehmer der Stuttgarter Predigerkonferenz. Man wollte sich ein Organ schaffen, mit dem man Einfluss auf die Diskussionen in den Privatversammlungen nehmen konnte. Burks Abschrift zufolge hielt man es für vordringlich, anderen Publikationen etwas entgegenzusetzen, um das »Volk« im Lichte des Evangeliums aufklären und es außerdem in das rechte Verhältnis zur Obrigkeit setzen zu können. Der Gefahr des Separatismus und des Widerstands gegen staatliche und kirchliche Autoritäten sollte entgegengewirkt werden. Im Mittelpunkt stand also das Ziel, »zur Berichtigung falscher Volksansichten« beizutragen, anders formuliert: erweckte Volksaufklärung.[136]

Was die Theologen damit verfolgten, war der Versuch der religiösen und sittlichen Normierung des lesenden Publikums, also vor allem der an den Privatversammlungen teilnehmenden popularen Pietisten. Da Burks Pläne mit diesen Überlegungen übereinstimmten, konnte er sich ohne Einwände

---

133 WLB Stuttgart, Cod. hist. 2° 878 I, Nr. 2: »Aus d ConfProt. 18 Mai 1831«, 1 Blatt, 8°, Burks Handschrift, auf der Rückseite: »Über d Anfang des Christenboten. Mai 1831«. Wegen der flüchtigen Handschrift ist das Blatt nur sehr schwer leserlich; vielfache Abkürzungen machen das Lesbare zudem schwer verständlich. Ein Teil der Abschrift kann immerhin verglichen werden mit einem Brief Burks an Spittler, in dem er diesen über sein Projekt informierte (StA Basel, PA 653, Abt. V, Burk, J. C. F.: Thailfingen, 25. Juni 1831): »Schließlich theile ich Ihnen noch einen Auszug aus dem Conferenz Protocoll Stuttg. 18. Mai mit, bei welcher etliche u. dreißig Pfarrbrüder gegenwärtig waren u. sich über meinen Plan dahin äußerten: Allgemein Übereinstimmung über die Nothwendigkeit eines solchen Organs. Es soll zur Berichtigung falscher Volksansichten dienen, Zeitungsartikel, die schlechte Meinungen veranlassen prüfen, christl. Wahrheiten aufs Leben anwenden, das Verhältniß der Christen zur Obrigkeit bezeichnen [?], überhaupt polit. Gegenstände in rel. christl. Geiste behandeln, Auszüge aus Luther u. andrer Gottesmänner mittheilen usw. alles in Form von Geschichten, Biographien, Dialogen usw. Das Blatt soll belehrend u. mehr positiv, oder thetisch seyn, aber auch Oppositives Blatt, wenigstens gelegenheitl. – Es soll eine *würt.* Zeitung seyn – auf unser Volk berechnet, unsere Bedürfniße befriedigend usw. – Hieraus können Sie erlesen, daß mein Plan ganz diesen brüderlichen Vorschlägen nachgebildet wurde u. Würt. so genau berücksichtigt, daß er durch kein ausländisches Blatt ersetzt werden kann.«

134 WLB Stuttgart, Cod. hist. 2° 878 I, Nr. 2 (Abk. nicht aufgelöst).

135 Vgl. oben Kapitel 2, Abschnitt I. 4. *Pietistische Pfarrer und Privatversammlungen.*

136 Zur Volksaufklärung im ursprünglichen Sinne vgl. BÖNING/SIEGERT, Volksaufklärung; KUHN, Religion und neuzeitliche Gesellschaft, S. 79–223.

auf die Vorschläge der Predigerkonferenz einlassen. In der ersten Ausgabe seiner Zeitung informierte er die Leserinnen und Leser entsprechend, was sie zu erwarten hätten:

»Was den Geist und Ton des Blattes betrifft, so bleibt es Haupt-Aufgabe jedes Aufsatzes, auf irgend eine Weise zur Befestigung des Glaubens an das Evangelium Jesu, zur Nährung des lebendigen, thätigen Christenthums, oder zur Abstellung schädlicher Gewohnheiten und Gebräuche beizutragen.«[137]

Die Verwandtschaft zu volksaufklärerischen Vorstellungen von der Perfektionierung des Menschen ist unübersehbar.[138] Wenn ein Theoretiker der Volksaufklärung die Absicht äußern konnte, durch seine Schriften die »Landleute [...] verständiger, besser, wohlgesitteter, auch wohlhabender, für die Gesellschaft brauchbarer und glüklicher zu machen«[139], dann waren Burk und seine Kollegen nicht weit davon entfernt. Auch sie gingen davon aus, durch publizistische Maßnahmen korrigierenden Einfluss auf die Leserschaft nehmen zu können. Sie gaben dem Programm jedoch, bei vergleichbaren publizistischen Vermittlungsformen, inhaltlich einen neuen Akzent, indem die angesonnene Perfektionierung des Menschen nicht nur auf die Ausformung einer obrigkeitlich kontrollierten Bürgergesellschaft, sondern auf das Ziel des Gottesreiches bezogen wurde. Die pietistische Erbauungsliteratur wiederum erhielt durch die Publikationsform der periodisch erscheinenden Zeitung einen kommunikativen und sozialen Schub, indem als Zielpublikum nicht mehr der durch die Erbauungstraktate anvisierte Einzelne, sondern die Gruppe als Ganzes angesprochen wurde. An drei Beispielen, in denen die Korrektur endzeitlicher Erwartungen im Vordergrund stand, sei dieses Programm einer erweckten Volksaufklärung näher dargestellt.

Die Ausgabe vom 16. Oktober 1831 brachte unter dem Titel »Die neuen Evangelien« einen fiktiven Dialog zwischen zwei Landleuten über das Missverständnis der von der Kirchenleitung Ende 1830 neu eingeführten zweiten Reihe von Predigttexten als eines neuen, also anderen Evangeliums.[140] Hans trifft darin auf dem Heimweg von einem Gottesdienst des

---

137 ChB [1] (1831), S. 2. So fast gleichlautend schon in der früheren Ankündigung (StA Basel, PA 653, Abt. V, Barth, Christian Gottlob: Pfarrer M. CHRISTIAN BURK, »Der schwäbische Kirchenfreund, ein kirchlich-religiöses Wochenblatt«, Thailfingen bei Herrenberg, 13. Juni 1831; als Beilage zu einem Brief von Barth an Spittler, Möttlingen, 28. Juni 1831).

138 Zur Verwandtschaft von Aufklärung und Pietismus (bzw. Erweckungsbewegung) vgl. SCHOLDER, Grundzüge; GÄBLER, »Erweckung«, S. 162–165.

139 ZERRENNER, Volksaufklärung, S. 140*. Damit ist allerdings nur der obrigkeitlich orientierte Strang der Volksaufklärung im Blick, von dem eine emanzipative Richtung zu unterscheiden ist (vgl. REINHART SIEGERT, Nachwort, in: BECKER; ZERRENNER, S. 318*f).

140 ChB [1] (1831), S. 23f. Die Predigttexte der zweiten Reihe waren als zusätzliches Angebot zu den altkirchlichen Evangelien und Episteln der ersten Reihe gedacht, vgl. REYSCHER,

Pfarrers B. auf Barbara, die ihn fragt, ob es stimme, dass B. neuerdings nicht mehr über die alten Evangelien predige. Als Hans bejaht, reagiert Barbara entsetzt:

»Wenn selber solche Pfarrer, von denen man glaubte, daß sie Säulen seyen, die für den Riß stehen, und dem antichristischen, neugläubigen Wesen entgegenwirken, solche Neuigkeiten einführen! da wird recht erfüllt, daß in den letzten Zeiten, wenn es möglich wäre, auch die Auserwählten werden verführt werden.«[141]

Der fingierte Dialog entsprach ganz den volkaufklärerischen Gepflogenheiten.[142] Burk, den man als Autor annehmen darf, klärte in der Figur des informierten Predigthörers Hans die durch Barbara repräsentierten verunsicherten Gottesdienstbesucher über den Sinn einer zweiten Evangelienreihe auf. Offensichtlich hatte es in Versammlungskreisen das Gerücht gegeben, mit den neuen Predigttexten sollten rechtgläubige Christen zum Abfall vom wahren Glauben verführt werden, was als Zeichen der herannahenden Endzeit interpretierbar gewesen wäre. Hans gelingt es, im Laufe des Gespräches Barbara davon zu überzeugen, dass auch die »neuen« Evangelien in der Bibel stehen. Sie einigen sich schließlich auf den gemeinsamen Wunsch, die Texte der zweiten Evangelienreihe möchten separat gedruckt werden, damit man sie im Gottesdienst bequem mitlesen könne. Der erfundene Dialog zeigt dreierlei: zum einen das grundsätzliche Misstrauen, das in erweckten Kreisen gegenüber Neuerungen im kirchlichen Bereich herrschte; zum zweiten die Bereitschaft, solche Neuerungen als Zeichen endzeitlicher Entwicklungen zu verstehen, zum dritten aber den Willen pietistischer Theologen, derartigen Missverständnissen – im Sinne der »Berichtigung falscher Volksansichten« – publizistisch entgegenzuarbeiten. Erweckte Volksaufklärung konnte also bedeuten, falsche oder missverstandene Endzeiterwartungen als solche zu benennen und aufzuklären.

In einem zweiten Beispiel griff Burk zum Mittel einer direkten Warnung. Im Sommer 1832 warnte er seine Leser, in Württemberg sei »neuerdings ein falscher Messias aufgestanden«. Er heiße Karl Friedrich Röhrborn, stamme aus Biberach, sei 59 Jahre alt und glaube, in ihm fänden alle messianischen Stellen der Bibel ihre Erfüllung. Er habe auch in Biberach unter dem Titel »Einige Blicke in die Zukunft« eine Schrift herausgebracht und gedenke, eine weitere zu veröffentlichen. Burk mahnte, sich nicht »durch einen anziehenden Titel« zum Kauf dieser Schriften verleiten zu lassen.[143]

Sammlung der württembergischen Geseze, Bd. 9: Kirchengesetze, Teil 2, S. 845; KOLB, Geschichte des Gottesdienstes, S. 99f (vgl. auch den folgenden Abschnitt über das Wilhelmsdorfer Predigtbuch).

141 ChB [1] (1831), S. 23.

142 Vgl. NARR, Stellung des Pietismus, S. 54f (Anm. 59).

143 ChB [2] (1832), S. 140. Die erwähnten Schriften sind in der WLB Stuttgart vorhanden: RÖHRBORN, Blicke, 1823; DERS., Weissagungen, 1832.

Röhrborn, über den ansonsten nichts bekannt ist, prophezeite in der zweiten von Burk erwähnten Schrift den Anbruch des tausendjährigen Reiches für Ende März 1836 und griff damit die im populären Pietismus verbreitete endzeitliche Stimmung für seine Zwecke auf.[144] Dass Burk vor dem Erwerb der Röhrbornschen Schriften öffentlich warnte, zeigt seine Befürchtung, sie könnten in den Versammlungen für erneute endzeitliche Unruhe sorgen. Die kurze Notiz im *Christenboten* sollte dem vorbeugen, indem Röhrborn als »falscher Messias« diskreditiert wurde. Zumindest aus seinen beiden Veröffentlichungen lässt sich die Anschuldigung nicht nachvollziehen. Burks Warnung gewährt einen kleinen Einblick in den apokalyptischen Buchmarkt der damaligen Zeit und die auf ihm herrschende Konkurrenzsituation, in der die Unterschiede nicht immer unmittelbar ins Auge sprangen. Gleichzeitig wird Burks Wille deutlich, seine Leserschaft vor mutmaßlich separatistischer oder sektiererischer Lektüre zu bewahren.[145]

Schließlich sei als letztes Beispiel ein Artikel erwähnt, den Burk Anfang 1833 abdrucken ließ. Es handelte sich um das eingesendete Protokoll einer Konferenz von Sprechern in Privatversammlungen, die am 29. September 1832 stattgefunden hatte.[146] Die bei der Konferenz besprochenen Themen standen im Zusammenhang der politischen Ereignisse des Sommers: dem Hambacher Fest, dem von dort ausgehenden Ruf nach bürgerlichen Freiheiten und den dagegen gerichteten Bundestagsbeschlüssen vom Juni 1832.[147] Der Autor betonte, die Versammlung habe sich gegen alles erklärt, was »mit dem revolutionssüchtigen Zeitgeiste« zusammenstimme. Dass Burk das Protokoll in den *Christenboten* aufnahm, zeigt sein Bestreben, mäßigend in die Versammlungskreise hineinzuwirken. Auf den ersten Blick scheint der Text diesem Bestreben zu widersprechen, denn es fehlte ihm nicht an Formulierungen, die als Ausdruck erregter endzeitlicher Stimmung interpretierbar waren. So stellte man auf der Konferenz fest:

»Die Zeichen der Zeit sind vollständig da, Alles, was nach Matth. 24 und Pauli Briefe [!] vorangehen wird; nur der Antichrist fehlt noch. Das ist dann die völlige Versu-

---

144 Ebd., S. 12. Die kleine Schrift begründet ansonsten in 39 Lehrsätzen die Lehren vom tausendjährigen Reich und von der Wiederbringung aller Dinge.
145 Zur Flugschriftenliteratur vgl. auch oben Kapitel 1, Abschnitt V. 2. *Verbreitete Lesestoffe*; Kapitel 2, Abschnitt III. 1. *Apokalyptischer Buchmarkt*.
146 ChB [3] (1833), S. 27f. Der Einsender blieb hinter dem Kürzel »--n« verborgen. Als Ort der Konferenz wurde »--u« angegeben. Möglicherweise handelte es sich um Rohrau, Diözese Herrenberg. Dafür spricht (1) die Nähe zum damaligen Wohnort Burks, Tailfingen bei Herrenberg; (2) der Umstand, dass in Rohrau seit 1810 eine Monatsstunde gehalten wurde (Hahnsche Gemeinschaft, Bd. 1, S. 248). Monatsstunden wurden die Konferenzen genannt, zu denen sich die Sprecher von Privatversammlungen aus mehreren benachbarten Orten trafen. Die Monatsstunde in Rohrau wird auch in einem Bericht aus dem Jahr 1821 erwähnt (StadtA Herrenberg, Stifts- und DA Herrenberg, D 79/3: Bericht von Pfr. Dizinger, Nufringen, 25. August 1821).
147 Vgl. dazu oben Abschnitt I. 1. *Hoffmanns Hoffnungen bis 1832*.

chung.« – »Jetzt ist Alles auf den 14. Okt. gespannt; es ist aber zu erwarten, daß es noch einen kleinen Verzug geben werde. Dieser wird bey Vielen Schlafsucht zur Folge haben. Auch vor der Reformation war ein solcher Verzug. Wer's recht versteht, achtet es für seine Seligkeit (2 Petr 3,9).«[148]

Wenn Burk im Februar 1833 das Protokoll in seine Zeitung aufnahm, dann geschah dies gleichwohl nicht, um die in den Versammlungskreisen vorhandene endzeitliche Stimmung noch weiter anzustacheln, sondern um sie einzudämmen. Und zu diesem Zweck eignete sich das Protokoll gegen den ersten Anschein vorzüglich, enthielt es doch wichtige Hinweise, wie mit der aktuellen Lage umzugehen sei. Das Leitwort war dabei die aus Offb 3,10 entnommene endzeitliche Geduld. Die bei der Konferenz versammelten Sprecher der Erbauungsstunden und mit ihnen und durch sie auch der Herausgeber des *Christenboten* empfahlen, mit Geduld auf die Geschehnisse der Zeit zu reagieren. Die Füllung des Begriffs ›Geduld‹ verlief allerdings in den gewohnten Bahnen des bürgerlichen Gehorsams und Untertanengeistes. Man solle alle staatlichen Abgaben ohne Murren bezahlen und sich nicht dazu verleiten lassen, mit anderen sich zum Protest zu erheben. Der Obrigkeit schulde man Unterordnung. Man dürfe nicht vergessen, dass »auch im Himmel keine Republik, sondern eine Unterordnung« sein werde.[149] Die Geduld befähige einen dazu, den kommenden Entwicklungen vorbereitet entgegenzugehen. Endzeitliche Geduld und politische Ergebenheit wurden so auf das engste miteinander verknüpft. Eine drückte sich in der anderen aus. Mit dem ihm eingesandten Protokoll versuchte Burk, einer in Teilen des popularen Pietismus immer noch vorhandenen Tendenz zum Separatismus zu begegnen, bei der sich endzeitliche Erregung mit bürgerlichem Ungehorsam verband. Für den landeskirchlichen Theologen war endzeitliche Stimmung nur in den Grenzen der bürgerlichen Ordnung und Unterordnung erlaubt. Der politische Konservatismus der württembergischen Erweckungsbewegung hatte hier seinen Ursprung.

3. Sammlung und Neuorientierung

Die »Berichtigung falscher Volksansichten«, die für Burk und seine Mitstreiter auch manche Formen des popularen Chiliasmus umfasste, stand im Zentrum von Burks publizistischem Wirken. Der Wille, dem popularen Chiliasmus entgegenzutreten und seine Anhänger im Sinne eines landeskirchlich moderierten Pietismus aufzuklären, war unverkennbar. Doch der

---

148 ChB [3] (1833), S. 28. Der Hinweis auf den 14. Oktober [1832] bezieht sich auf den von Bengel nach Offb 17,12 für dieses Datum berechneten endzeitlichen Fürstenkongress (vgl. oben Abschnitt I. 1. *Hoffmanns Hoffnungen bis 1832*, und Abschnitt II. 3. *Verteidigung des Apokalyptikers*).
149 ChB [3] (1833), S. 27.

notwendigen Enttäuschung musste etwas Neues entgegengesetzt werden. Ein weiterer Aspekt der Aufklärung war es daher, der Leserschaft des *Christenboten* Angebote zur Neuorientierung zu unterbreiten. Die bisher in die unmittelbare Naherwartung investierten Energien mussten neuen Zielen zugeführt werden. Burk widmete sich dieser Aufgabe schon bald. Im Laufe des Jahres 1833 initiierte er – einmal führend, einmal als Mitarbeiter – zwei Projekte, deren Zweck letztlich die Sammlung und Neuorientierung der pietistischen Kreise innerhalb der Landeskirche war.

Das erste Projekt war eine Eingabe an das Innenministerium, mit der die verbesserte Einhaltung der Sonntagsfeier angemahnt werden sollte. Die Beförderung der Sonntagsfeier und das Problem der Sonntagsentheiligung waren schon von Anfang an wiederkehrende Themen im *Christenboten*.[150] Im April 1833 startete Burk jedoch eine Initiative, die weit über die publizistische Bearbeitung des Themas hinausging. Er veröffentlichte einen Aufruf, in dem er für gemeinschaftliche Unterschriftenaktionen warb.[151] Interessierte Bürger wurden aufgefordert, Texte zu verfassen, in denen sie ihre Unterstützung der Eingabe um eine erneuerte Sonntagsgesetzgebung kundtun und möglichst auch ausführlicher begründen sollten. Ein wichtiger Aspekt des Aufrufs war der Personenkreis, den er ins Auge fasste. Burk formulierte die Bitte, nicht nur Antworten von Theologen zu erhalten, sondern auch aus den Kreisen des popularen Pietismus. Natürlich war Burk für eine von ihm zu verfassende Eingabe nicht auf Mithilfe aus dem Land angewiesen. Das zeigt schon sein Verweis auf einen früheren Artikel im *Christenboten*, den er als Leitfaden für die gewünschten Eingaben empfahl. Vielmehr hatte sein Aufruf einen doppelten, mehr oder weniger unausgesprochenen Hintergrund. Zum einen ging es darum, den pietistischen Kreisen im Land eine Gelegenheit zur gemeinsamen Äußerung zu geben. Nicht nur die Geistlichen, sondern auch die Mitglieder der Versammlungen sollten sich artikulieren und gemeinschaftlich aktiv werden, um die Sammlung der pietistischen Gemeinschaften jeweils vor Ort und in den verschiedenen Regionen des Landes zu befördern.[152] Zum anderen hatte der Aufruf das

---

150 ChB [1] (1831), S. 39f (»Sonntagsfeier«); [2] (1832), S. 90f, 94–100 (»Die Sonntagsfeier in Würtemberg«).

151 ChB [3] (1833), S. 76 (14. April). Burks Aufruf war im Bereich der deutschen Landeskirchen eine der frühesten Initiativen für einen verbesserten Sonntagsschutz (vgl. HECKMANN, Arbeitszeit, S. 93).

152 Vielleicht war die erfolgreiche Werbetätigkeit des methodistischen Missionars Christoph Gottlob Müller (1785–1858) im Winnender Kirchspiel seit 1830 ein zusätzlicher Grund, die Sammlung der pietistischen Gemeinschaften voranzutreiben. Müller, ein gebürtiger Winnender, der von 1806–1830 in London gelebt hatte, brachte von dort eine methodistische Frömmigkeitspraxis mit, die in den Winnender Gemeinschaftskreisen schnell Anklang fand. Ein entscheidender Aspekt war dabei offensichtlich die von ihm geforderte strenge Sonntagsheiligung (vgl. BURKHARDT, Müller, S. 178, 181f). Dass Burk von den Vorgängen in Winnenden beeinflusst war,

Ziel, neue Perspektiven des gemeinsamen Wirkens zu vermitteln. Bis zum August 1833 hatte Burk nicht nur 118 Beitrittserklärungen mit über 4400 Unterschriften aus 22 Städten und 106 Dörfern erhalten, sondern auch einen Überblick über die Stimmungslage in den pietistischen Kreisen des Landes bekommen.[153] In vielen Reaktionen spiegelten sich alte Klagen der Versammlungen wider, die jetzt im Rahmen der Debatte um die Sonntagsheiligung erneut artikuliert wurden: vornan der Wunsch nach einer neuen Liturgie und einem verbesserten Gesangbuch. Damit waren in die Eingabe schon die zukünftigen Themen des kirchenpolitischen Wirkens pietistischer Kreise im Land eingearbeitet.[154]

Zuvor stand aber die Frage der Sonntagsheiligung im Mittelpunkt des Interesses. Um zu verstehen, warum Burk das Thema gerade im Jahr 1833 aufbrachte, ist ein weiterer Gedankengang erhellend. Wer sein Leben und Denken in den damals zurückliegenden Jahren auf die Erwartung des anbrechenden Gottesreiches ausgerichtet hatte, war damit in einem vornehmlich linear ausgerichteten Zeitbewusstsein befangen, das durch die Enttäuschung der Erwartung seine Perspektive und seinen Horizont verloren hatte. Zur Erinnerung: Die Enttäuschung des im Oktober 1832 ausgebliebenen apokalyptischen Fürstenkongresses lag erst ein gutes halbes Jahr zurück. Seitdem war das Scheitern der Bengelschen Berechnungen auch in breiteren pietistischen Kreisen zu einer unausweichlichen Gewissheit geworden.[155] Den Verlust des zeitlichen Horizontes, der das Leben strukturiert hatte, galt es nun auszugleichen. Da sich aber vorderhand keine neue zeitliche Per-

---

wird aus seinem Artikel über die »Sonntagsfeier in Würtemberg« (ChB [2] (1832), S. 90f, 94–100) deutlich, in dem er aus einem anonymen Bericht zitierte, in W[innenden] habe sich vor kurzem unter dem Eindruck kritischer Äußerungen des Methodisten M[üller] ein Sonntagsverein gebildet, der für eine strengere Beachtung der Sonntagsheiligung werbe (ebd. S. 99). Vielleicht war Burks Engagement daher zu einem gewissen Teil auch aus der Sorge vor einer wachsenden Konkurrenz durch die beginnende methodistische Mission in Württemberg motiviert. Darauf deuten auch die kritischen Artikel hin, die von Anfang an im *Christenboten* über den Methodismus erschienen, so z.B. im April 1832 eine Leserzuschrift »Ueber Pietisten und Methodisten«, ChB [2] (1832), S. 78f, die letzteren »Störungen der kirchlichen und selbst der polizeylichen Ordnung« (ebd., S. 79) vorwarf. Bei dem Autor, der sich hinter dem Kürzel »H-n in W.« verbarg, handelte es sich aller Wahrscheinlichkeit nach um Johann Gottlieb Friedrich Haussmann (1807–1869), der von 1830–32 in Winnenden Vikar war und zu den regelmäßigen Mitarbeitern des *Christenboten* zählte (vgl. WLB Stuttgart, Cod. hist. 2° 878 I, Nr. 1).

153 ChB [3] (1833), S. 154f (11. August). Zwei Monate später meldete Burk den Eingang weiterer 428 Unterschriften aus 23 Orten, ChB [3] 1833, S. 208 (20. Oktober). Gegen Ende des Jahres sprach er von 6.000 Unterschriften, ChB [3] (1833), S. 244 (15. Dezember). Die Eingabe samt Beilagen und Originalunterschriften hat sich erhalten: LKA Stuttgart, A 26, 536, Nr. 18 (Bitte »um erneuerte Verordnungen zur Beförderung der Sonntagsfeier und der Gottesfurcht überhaupt«, Thailfingen, 31. Juli 1833). Eine Abschrift der Eingabe existiert im Nachlass Burks: WLB Stuttgart, Cod. hist. 2° 877 XII.

154 ChB [3] (1833), S. 155 (vgl. dazu unten Kapitel 4, Abschnitt I. 3. *Ein neues Gesangbuch*).

155 Vgl. dazu oben Abschnitt I.

spektive erkennen ließ – etwa im Sinne einer verbesserten Berechnung endzeitlicher Entwicklungen[156] –, lag es nahe, das zyklische Zeitbewusstsein zu stärken.[157] Anders gesagt: Wer bewusst im Wochen- und Jahreskreis lebt und die Unterbrechung des Alltags durch Sonn-, Fest- und Feiertage intensiver wahrnimmt, für den wird die Ausrichtung an einer linearen Zeitperspektive weniger dringend. Indem Burk das Thema der Sonntagsheiligung forcierte, versuchte er, die enttäuschten Erwartungen durch die Neuformierung eines zyklischen Zeitbewusstseins umzulenken.[158]

Sammlung und Neuorientierung waren die Ziele, die mit der Unterschriftenaktion zugunsten einer erneuerten Sonntagsgesetzgebung verbunden waren. Pietistische Geistliche und Laien arbeiteten zu diesem Zweck zusammen und erlangten einen hohen Grad der Beteiligung.[159] Gleichzeitig vermochten sie den Versammlungen neue Perspektiven zu vermitteln, mit denen die enttäuschten Erwartungen aufgefangen werden konnten. Wenn es auch nicht gelang, den Staat zu der gewünschten Änderung in der Sonntagsgesetzgebung zu bewegen, so hatte Burk doch wenigstens erreicht, die unterschiedlichen pietistischen Versammlungen im Land auf die Themen Sonntagsheiligung sowie Erneuerung der Liturgie und des Gesangbuches zu konzentrieren und damit zur Reintegration der pietistischen Kreise in die offizielle religiöse Kultur der Landeskirche beigetragen.[160]

---

156 Natürlich gab es Versuche in dieser Richtung, die aber kaum Gehör fanden (vgl. oben Abschnitt II. 3. *Verteidigung des Apokalyptikers*). Der anonyme Verfasser einer 1840 in Stuttgart erschienenen Flugschrift verlegte durch eine Neuinterpretation von Offb 10 den Anbruch des tausendjährigen Reiches um 40 Jahre »etwa auf 1876 – 1880« (Prüfung der apokalyptischen Zeitrechnung, S. 25; versehentlich nennt BOTZENHARDT, Bengel und die Folgen, S. 107f, als Autor der Schrift Sixt Carl Kapff). Aber das war eine vereinzelte Stimme.

157 GRAF, Wiederkehr, S. 90f, hat auf die Notwendigkeit hingewiesen, die Rolle des Zeitbewusstseins bei der Erforschung von Frömmigkeitskulturen und ihren Veränderungsprozessen zu analysieren.

158 Auch die seit den 1830er Jahren florierenden jährlichen Missions- und Bibelfeste sind in diesem Sinn interpretierbar! Vgl. dazu unten Kapitel 4, Abschnitt II. 2. *Missionsfeste als Ritual*.

159 Allerdings beschränkte sich der Erfolg der Aktion weitgehend auf den altwürttembergischen Landesteil; vgl. ChB [3] (1833), S. 154. Im *Christenboten* informierte Burk zwischen Juni und Oktober 1833 regelmäßig über den Stand der Aktion und veröffentlichte die Namen der Orte, aus denen Unterschriften eingegangen waren, ChB [3] (1833), S. 128 (30. Juni), 136, 140, 144, 148, 152, 156, 164, 168, 184, 188, 204, 212 (27. Oktober).

160 Den Misserfolg der Eingabe bei der Regierung musste Burk im Juli 1834 vermelden, ChB [4] (1834), Sp. 291. Dass es bei der Eingabe jedoch letztlich weniger um die Außenwirkung gegenüber dem Staat, als um die Innenwirkung in die pietistischen Kreise hinein ging, war schon vorher aus einer Notiz Burks deutlich geworden, in der er im Oktober 1833 die Öffentlichkeit über den Stand der Sache informierte: »Wenn gleich von Seiten der Regierung bis jetzt noch nichts geschehen ist, um eine geordnete Sonntagsfeier wieder herzustellen, so ist doch die Anregung dieser Sache nicht fruchtlos geblieben. Es thut zuweilen gut, auch den ernsteren Christen an eine Pflicht zu erinnern, die er in Gefahr steht, in Vergessenheit gerathen zu lassen; mehrere vor mir liegende Briefe geben den Beweis, daß man es bereits da und dort mit der Sonntagsfeier wieder genauer nimmt; dazu sind manche erst aus Gelegenheit der Einsammlung der Unterschriften mit

Noch während die Unterschriftenaktion lief, begann ein weiteres Projekt den Herausgeber des *Christenboten* zu beschäftigen. Unter den pietistischen Geistlichen des Landes war der Gedanke aufgekommen, eine Sammlung von Predigten zu veröffentlichen, aus deren Erlös die Wilhelmsdorfer Pfarrbesoldung finanziert werden sollte. Das daraufhin entstandene Wilhelmsdorfer Predigtbuch wird im folgenden Abschnitt eigens behandelt. An dieser Stelle nur soviel: Die Herausgeber des Predigtbuches verdankten dessen publizistischen Erfolg nicht zuletzt der Existenz des *Christenboten*. Die Wochenzeitung hatte mittlerweile eine solche Verbreitung in pietistischen Kreisen gefunden, dass sie als quasi offizielles Nachrichtenorgan dienen konnte. Der *Christenbote* brachte das Vorhaben, ein Predigtbuch zugunsten Wilhelmsdorfs zusammenzustellen, an die Öffentlichkeit, berichtete regelmäßig über den Fortgang des Projektes, annoncierte die für Wilhelmsdorf eingegangenen Spenden und dankte am Ende für die vielfältige Mitarbeit. Zusammengefasst: Über Burks Zeitung lief ein Großteil der Öffentlichkeitsarbeit des Projektes.[161] Mit dem *Christenboten* hatten Burk und seine Freunde aus der Stuttgarter Predigerkonferenz ein publizistisches Medium geschaffen, mit dem sie die äußere Erscheinung und innere Ausgestaltung des württembergischen Pietismus wesentlich beeinflussen konnten. Der *Christenbote* übernahm eine entscheidende Stellung bei der Information und Orientierung weiter pietistischer Kreise im Land. In den ersten Jahren seines Erscheinens stand dabei nicht zuletzt die Verarbeitung enttäuschter endzeitlicher Erwartungen im Vordergrund. Dies geschah durch die »Berichtigung falscher Volksansichten« sowie durch die Sammlung der pietistischen Kreise und ihre Neuorientierung auf veränderte Ziele.

IV. Argumentative Strategien: Das Wilhelmsdorfer Predigtbuch

Gegen Ende des Jahres 1834 erschien die Predigtsammlung, die im *Christenboten* der erweckten Öffentlichkeit angekündigt worden war und zu deren Herausgabe sich 44 württembergische Theologen, darunter zwei Dekane und zwei Professoren der Tübinger Fakultät, vereint hatten.[162] Äußerer Zweck des Buches war es, durch seinen Verkauf zur Gründung einer

---

Gleichgesinnten bekannt geworden, und haben Freunde gefunden, die ihnen auf dem einsamen Pilgerwege zur Aufheiterung gereichen.« ChB [3] (1833), S. 208 (20. Oktober).

161 Vgl. u.a. ChB [3] (1833), S. 110ff (erster Hinweis auf das Projekt und Aufruf zur Subskription), S. 172 (Bericht über den Stand der Vorbereitungen und Aufforderung, weitere Predigten einzusenden; Spendenliste), S. 224 (Meldung über die Wahl von Karl Mann zum Pfarrer von Wilhelmsdorf), S. 228 (Aufforderung zur Geduld der Subskribenten; Spendenliste); ChB [5] (1835), Sp. 96 (Dank).

162 Predigten über den zweiten Jahrgang (1834).

Pfarrbesoldung für die selbständige Gemeinde Wilhelmsdorf beizutragen. Daneben sollten durch seine Verbreitung die Probleme der im Oberamt Ravensburg gelegenen, 1824 gegründeten Gemeinde der erweckten Öffentlichkeit näher gebracht werden. In Baden und Franken waren wenige Jahre früher ähnliche Predigtbände entstanden.[163] Anfang 1832 folgte auch in Württemberg eine allerdings wesentlich kleinere Sammlung, die von nichtpietistischen Pfarrern und Vikaren der Diözese Nürtingen stammte und deren Erlös der Unterstützung polnischer Flüchtlinge dienen sollte, die bei der Niederschlagung ihres Freiheitskampfes gegen Russland aus Warschau vertrieben worden waren.[164] Das Wilhelmsdorfer Predigtbuch war dann das erste entsprechende Gemeinschaftswerk pietistischer Pfarrer in Württemberg.[165] Der Band diente der Vergewisserung erweckten Selbstverständnisses. Nicht die individuelle Gestalt einer einzelnen Predigerpersönlichkeit stand im Vordergrund, sondern das Verbindende, das gemeinschaftlich Anerkannte (oder Anzuerkennende). Es ging darum, ein Kompendium erweckter Verkündigung zu schaffen. Verschiedene Stimmen vereinten sich, um das allen Gemeinsame zur Sprache zu bringen. Erwecktes Selbstverständnis erhielt so eine verbindliche Gestalt. Die Übereinstimmung der in dem Band versammelten Prediger sollte zur Sammlung und Vergewisserung der

---

163 Vgl. im Vorwort des Wilhelmsdorfer Predigtbuches: »Als eine in mancher Hinsicht erfreuliche Erscheinung kann es betrachtet werden, daß in der jüngsten Zeit in verschiedenen Ländern und Städten evangelische Prediger zusammentraten, um durch eine gemeinschaftliche Arbeit nicht nur ein Zeugniß ihres Glaubens abzulegen, sondern auch nach der Kraft, die ihnen Gott darreichte, einem frommen Zweck ihre Dienste zu widmen.« (Ebd., S. IIIf). Als Beispiele, auf die sie sich beziehen konnten, seien genannt: Predigten über sämtliche Sonn- und Festtagsevangelien des Jahres. Eine Gabe christlicher Liebe der neuen evangelischen Gemeinde in Mühlhausen dargebracht von jetzt lebenden deutschen Predigern, 2 Bde., Darmstadt: Leske, 1825 u. 1827 (vgl. dazu HEINSIUS, Henhöfer, S. 118); Predigtbuch zur Beförderung der häuslichen Andacht. In Verbindung mit einigen evangelischen Geistlichen herausgegeben von CHRISTIAN PHILIPP HEINRICH BRANDT, 2 Bde., Sulzbach: Seidel, 1827.
164 Predigten über Perikopen, sowie über freigewählte Texte der heiligen Schrift. Von einem Vereine evangelischer Geistlichen Würtembergs zum Besten der flüchtigen Polen, hg. v. C[ARL] A[DOLF] MÄRKLIN, Vicarius in Aich, Stuttgart: Löflund, 1832. Zur Unterstützung des polnischen Freiheitskampfes in Württemberg zwischen 1830 und 1832 vgl. LANGEWIESCHE, Humanitäre Massenbewegung.
165 Zwei vergebliche Versuche waren vorausgegangen. Die pietistischen Pfarrer der Calwer Predigerkonferenz planten unter der Federführung August Seegers Anfang 1827 die Herausgabe einer Predigtsammlung, hatten auch schon diverse Zusagen von Kollegen, Predigten beizusteuern. Als die ersten Predigten einliefen, scheiterte das Projekt jedoch an der Absage der Ludwigsburger Predigerkonferenz. Über den Vorgang unterrichten zwei Briefe aus der Korrespondenz von Albert Knapp (LKA Stuttgart, D2, 85,4: Brief von August Seeger, Pfarrer in Hirsau, an Knapp, 15. Januar 1827; ebd., D2, 82,12: Brief von Ludwig Hofacker an Knapp, Rielingshausen, 23. Januar 1827). – Auch ein weiterer Versuch Knapps kam über erste Gedanken nicht hinaus: »Ferner gehe ich damit um, die besten Pfarrbrüder in Württemberg u. einige Ausländer zu einem populären tüchtigen Predigtbuch für unser Volk einzuladen, u. den Erlös unsern milden Kinderanstalten zuzuwenden. Da müssen Sie auch eine oder einige Ihrer lieben Predigten hergeben!« (LKA Stuttgart, D2, 83,7: Brief von Knapp an Christian Friedrich Klaiber, 4. Januar 1832).

Leserinnen und Leser beitragen. Die Herausgeber erwarteten von ihrem Werk, dass es auch in der Leserschaft einigend wirken werde.[166] Es wird zu ermitteln sein, mit welchen argumentativen Strategien die Autoren ihr Ziel auf dem Felde der endzeitlichen Erwartungen zu erreichen suchten. Zuvor sollen der unmittelbare Anlass zur Herausgabe des Buches und dessen Zustandekommen näher beleuchtet werden.

1. Wilhelmsdorf und das Predigtbuch

Als am 8. Januar 1824 die ersten Siedler das Lengenweiler Moosried im Nordwesten von Ravensburg erreichten, um dort die Siedlung Wilhelmsdorf anzulegen, schienen die Bemühungen des Korntaler Gemeindevorstehers Gottlieb Wilhelm Hoffmann ihr Ziel erreicht zu haben, neben Korntal eine weitere privilegierte Gemeinde in Württemberg zu gründen. Die Kolonie Wilhelmsdorf hatte jedoch von Anfang an mit vielfachen, vor allem ökonomischen Schwierigkeiten zu kämpfen.[167] Die Urbarmachung des Lengenweiler Moosriedes, vom König zur Bedingung der Einrichtung einer zweiten vom Konsistorium unabhängigen Gemeinde gemacht, erwies sich als äußerst schwieriges Unterfangen. Der Ertrag des kultivierten Bodens konnte die Siedler kaum ernähren. Außerdem sorgte lange Zeit die ungeklärte pastorale Versorgung der Siedler für Konfliktstoff mit staatlichen Stellen, sodass die Ansiedlung beinahe aufgegeben worden wäre. In den ersten Jahren waren die notwendigen pfarramtlichen Dienste nach Bedarf von den Korntaler oder von anderen auswärtigen Pfarrern versehen worden.[168] In Korntal war man der Meinung, die Siedler gehörten gewissermaßen als Filialisten in kirchlicher Hinsicht zur Korntaler Gemeinde und genössen als solche die dort geltenden kirchlichen Privilegien, also unter anderem die Benutzung der alten, bis 1809 geltenden Liturgie. Allfällige Trauungen und Konfirmationen waren in der ersten Zeit in Korntal vorgenommen worden.[169] Eine Verordnung vom 2. Juni 1826 forderte die Änderung dieser

---

166 Predigten über den zweiten Jahrgang (1834), S. V: »Unbefangene Leser werden erkennen, daß die hier mitgetheilten Predigten Zeugnisse evangelischer Wahrheit zur Gottseligkeit sind. Der fruchtschaffende Segen aber kommt allein vom Herrn. Er lasse ihn reichlich ruhen auf diesem Werke, und mache die Uebereinstimmung der vier und vierzig in diesem Buche redenden Stimmen gesegnet zur Beförderung der Gottseligkeit und der Einigkeit im Geiste. Wir Alle, die wir nach Einem Ziele streben, sollen ja immer mehr Eins werden in Einem Glauben und in der Liebe zu dem Einen Herrn und Heiland«. In ihrem letzen Satz deuteten die Herausgeber freilich die bleibende Vielgestaltigkeit der angestrebten Einigkeit an: »Einem Jeglichen aber unter uns ist gegeben die Gnade nach dem Maaß der Gabe Christi.« (Ebd. S. VI).

167 Vgl. FRITZ, Anfänge.

168 Vgl. KAPFF, Korntal und Wilhelmsdorf, S. 126. Von Korntal aus waren das Johann Jakob Friederich und, seit 1826 als Lehrer und Pfarrverweser, Samuel David Christian Baumann (1793–1843); zu Baumann vgl. EBERL, Klosterschüler, S. 58, und oben Abschnitt I. 2. *Korntal sucht einen Pfarrer*.

169 Fortgesetzte Nachrichten 16 (1827), S. 272.

Praxis: »Was aber die zufälligen gottesdienstlichen Handlungen, wie Taufe, Confirmationen, Beerdigungen betrifft, so sind die Colonisten anzuhalten, wegen Abhaltung derselben mit einem benachbarten Geistlichen, den sie zu belohnen haben, übereinzukommen.«[170] Auch die Schulaufsicht sollte dem zu benennenden Geistlichen und dem Dekanat unterliegen. Von den Korntaler Privilegien, also auch einer direkten Unterstellung unter das Kultusministerium, konnte für die Wilhelmsdorfer Siedler keine Rede sein. Nachdem aller Protest erfolglos war, teilte man den staatlichen Behörden mit, »daß die Colonisten bei der Beharrung dieser Verfügung die Colonie wieder verlassen, und nach Kornthal zurückziehen müßten, um in ihrer Gewissensfreiheit nicht gestört zu werden.«[171] Erst eine königliche Resolution vom 8. Januar 1827 erlaubte dem zu beauftragenden Geistlichen, die alte Liturgie auch in Wilhelmsdorf zu verwenden und über die Schulvisitation direkt dem Ministerium zu berichten. Ohne noch eine eigene Gemeinde zu bilden, hatten die Wilhelmsdorfer Siedler erste kirchliche Privilegien erreicht, die bisher allein der Muttergemeinde Korntal vorbehalten waren. Die steigende Zahl der Siedler – am Ende des Jahres 1826 waren es 31 Familien mit 124 Seelen[172] – machte nun eine geordnete Pastoration des Ortes immer dringlicher. Die Geistlichen, die man beauftragte, hatten allerdings eine zwölfstündige Anreise.[173] Sie waren verpflichtet, alle vier Wochen in Wilhelmsdorf Predigt, Kinderlehre, Abendmahl und Taufen zu halten. Mit der Einweihung des Betsaales am 17. Juli 1828 schufen die Siedler eine weitere bauliche Voraussetzung für den regelmäßigen Dienst eines Pfarrers. Doch an seine angemessene Besoldung war vorerst nicht zu denken. Erst im Jahr 1833 wurde der Versuch gewagt, eine ständige Pfarrstelle in Wilhelmsdorf einzurichten. Aus eigenen Kräften wollten die Wilhelmsdorfer Siedler 200 Gulden aufbringen, weitere 300 Gulden sollten anderweitig jährlich hinzukommen. Allerdings verlangte ein behördliches Dekret vom 23. März 1833 eine Bürgschaft für das jährliche Zustandekommen der notwendigen Summe. Also wurde beschlossen, einen Fonds einzurichten, aus dem die Pfarrbesoldung gespeist werden sollte.[174] Die Zeit drängte, denn einen Kandidaten für die Stelle hatte man bereits gewählt: den jungen badischen Pfarrer Karl Mann (1806–1869), Sohn eines württembergischen Beamten.[175]

Beim Frühjahrstreffen der Stuttgarter Predigerkonferenz im Mai 1833 wurde den dort versammelten Pfarrern die Notwendigkeit vorgetragen, die

---

170 Ebd., S. 280f.
171 Ebd., S. 287.
172 Ebd., S. 267f.
173 KAPFF, Korntal und Wilhelmsdorf, S. 126f.
174 ChB [3] (1833), S. 111. Im Vorwort des Predigtbuches (S. IV) ist nur noch von »100 Gulden nebst Wohnung und Holz« die Rede, die die Gemeinde selbst aufbringen könne.
175 Zu Mann vgl. ERTZ, Mann, und ChB [3] (1833), S. 224.

Pfarrbesoldung für Wilhelmsdorf zu finanzieren. Aus dem Kreis der Versammelten entstand die Idee, durch die Herausgabe eines Predigtbuches
einen Beitrag zu dem einzurichtenden Fonds zu leisten.[176] Offensichtlich
wurden sich die Versammelten schnell einig. Ein am 1. Juni 1833 von den
Pfarrern Christian Burk, Wilhelm Hofacker, Sixt Carl Kapff und August
Seeger unterschriebener und im *Christenboten* abgedruckter Aufruf brachte
das Vorhaben an die Öffentlichkeit.[177] Zweierlei bezweckte der Aufruf:
Pfarrkollegen wurden aufgefordert, sich durch Predigten an dem Buch zu
beteiligen, potentielle Käufer und Leser wurden auf das Vorhaben erstmals
hingewiesen und zur Subskription ermuntert. Die Herausgeber warben für
das Predigtbuch mit dem Hinweis, es enthalte erstmals eine zusammenhängende Auslegung aller Predigttexte des neuen zweiten Evangelienjahrgangs
und nehme »besondere Rücksicht auf das in unsern Tagen so häufig ver-
nachläßigte Alte Testament, seine Beispiele, seine Weissagungen und seinen tiefen Zusammenhang mit dem Neuen Testamente«.[178]

Das Erscheinen eines ersten Teiles wurde für den Beginn des neuen Kirchenjahres, also Dezember 1833, angekündigt. Bald jedoch stellten sich
dem ambitionierten Zeitplan Hindernisse in den Weg. Das Rundschreiben,
auf dem sich Predigtautoren eintragen sollten, lief nicht schnell genug um.
Es fanden sich in der Kürze der Zeit nicht genügend Kollegen bereit, an
dem Vorhaben teilzunehmen. Der Mitherausgeber Kapff mahnte zur Eile.[179]
Aus seinen Briefen an Albert Knapp wird jedoch auch deutlich, dass die
Redaktoren erhebliche Ansprüche an die Qualität der Predigten stellten. Für
Kapff war die Predigtsammlung ein Projekt erweckter Öffentlichkeitsarbeit.
Es kam ihm auf die Wirkung nach außen an, mittelmäßige Arbeiten waren

---

176 KAPFF, Korntal und Wilhelmsdorf, S. 128. Der genaue Termin der Konferenz war wohl
der 22. Mai, vgl. Burks Kurznotiz, ChB [3] (1833), S. 92 (Ausgabe vom 5. Mai): »An Mehrere.
Am 22. d. hoffe ich, Euch, so Gott will, in St[uttgart] zu treffen.«

177 ChB [3] (1833), S. 110–112 (vgl. auch Abschnitt III. 3. *Sammlung und Neuorientierung*).
Die vier genannten Pfarrer waren wohl auch die Herausgeber des Predigtbuches: Burk als erfahre-
ner Herausgeber und Redakteur des *Christenboten* und verschiedener Bücher, Hofacker als Herausgeber der Predigten seines älteren Bruders Ludwig, Kapff als Pfarrer von Korntal; Seeger
schließlich war schon einmal mit der Redaktion einer geplanten Predigtsammlung betraut gewesen
(vgl. oben Anm. 165).

178 ChB [3] (1833), S. 112. Der biblizistische Grundsatz der engen Verknüpfung von Altem
und Neuem Testament wurde damit zum Programm erhoben. Zum neu eingeführten zweiten
Evangelienjahrgang vgl. oben Abschnitt III. 2. *»Berichtigung falscher Volksansichten«*.

179 ChB [3] (1833), S. 172 (1. Sept.): »Die Geistlichen, welche Predigten für das Predigtbuch
versprochen haben, werden gebeten, sie unverzüglich an den Unterzeichneten einzuschicken
(frankirt oder unfrankirt, nach Belieben); denn *Eile thut jetzt sehr Noth*. Auch wird dringend um
möglichste Beschleunigung des *Circulärs* gebeten, auf dem die einzelnen die Sonntage, für welche
sie Predigten versprechen, bestimmt haben oder noch bestimmen mögen. Diejenigen, welche über
die neuen Perikopen noch keine zum Druck geeigneten Predigten gehalten haben, werden gebeten,
solche eigens für die Sammlung zu machen oder an einem Bußtage zu halten; aber *was Ihr thut,
das thut bald*!«

unerwünscht.[180] Der vorgesehene Erscheinungstermin zum neuen Kirchen-
jahr konnte daher nicht eingehalten werden.[181] Die Sammlung wurde in vier
Heften gedruckt; das ganze Predigtbuch erschien zur Adventszeit 1834, ein
Jahr später als vorgesehen. Es wurde in Württemberg und darüber hinaus
der erhoffte Verkaufserfolg.[182] Die 10.000 Exemplare der ersten Auflage
waren Ende 1837 verkauft, so daß nach Abzug der Unkosten 12.000 Gulden in den Wilhelmsdorfer Fonds zur Pfarrbesoldung eingezahlt werden
konnten.[183]

Die einzelnen Predigten teilen die Problematik der Gattung ›gedruckte
Predigt‹. Von kaum einer Predigt ist bekannt, ob die gedruckte Fassung
auch so auf der Kanzel gehalten wurde, abgesehen davon, dass man Predigten damals nach der schriftlichen Ausarbeitung meist memorierte und dann
frei hielt. In manchen Fällen dürfte es sich um rein literarische Produkte
handeln, die den Weg auf eine Kanzel, wenn überhaupt, erst nachträglich

---

180 Brief von S. C. Kapff an A. Knapp, Korntal, 5. August 1833 (LKA Stuttgart, D2, 83,1):
»Wenn nur auch die Predigten so leicht eingiengen. Mir ists ein wenig bange. Es sind zum Theil
schwache Arbeiten gekommen, die man nicht aufnehmen kann. Denn was du mir schreibst, daß
man strenge sichten müße, ist sehr wahr, aber ob, wie du willst, auch das Mittelmäßige ausgesich-
tet werden darf, das wage ich jezt noch nicht zu sagen. Wenn mehr Predigten eingegangen sind,
kanns eher entschieden werden. [...] Ich meine, ein Prediger müße selbst spüren, welche Predigt
etwa gedruckt zu werden verdiene u. welche nicht. – Doch alle Mühe soll mich nicht verdrießen,
wenn nur unser liebes Vaterland mit Ehren besteht. Aber 10 mittelmäßige Predigten sind schon
keine Ehre u. wenn wir nicht weiter als 10 mittelmäßige oder gar infra medium erhalten, so will
ich heilig froh sein.«
181 ChB [3] (1833), S. 228: »Da die zugesagten Predigten sehr langsam eingehen, und überhaupt dem Geschäft manche unerwarteten Schwierigkeiten entgegentreten, so konnte der Druck
noch nicht begonnen werden, und wir müssen die lieben Subscribenten bitten, noch einige Zeit
Geduld zu haben.« Laut *Christenboten* waren bis dahin (17. November) schon 2771 Exemplare
subskribiert worden. Einen Einblick in die Arbeit der Redaktion vermittelt ein Brief von S. C.
Kapff an A. Knapp, Korntal, 11. November 1833 (LKA Stuttgart, D2, 83,1): »Theuerster Bruder!
Von Herzem danke ich dir für die überschickten Predigten u. will nur gleich sagen daß meine
gratiarum actio plurum invitatio ist. Je mehr schwache Arbeiten eingehen, desto mehr thuts wohl,
etwas Gutes zu bekommen. Die lezte Predigt war fast zu lang, doch konnte ich nichts wegschnei-
den. Wenn du jezt die für das Fest der Erscheinung bald schicken kannst, so denke ich, wir könnten bald den Druck beginnen, wenigstens mit einem Heft. Aber du glaubst nicht, wie schwach die
Quellen fließen. Angesehene Brüder Hölder, Roos, haben Predigten geschickt, die wir nicht wohl
brauchen können. – Deinem verehrten H. Doctor Bahnmaier laßen wir herzlich für Weiteres
danken. Wir nähmen die 2 Predigten, die er geschickt hat, kaum, wenn er nicht doctor u. decanus
wäre. – Wie du ihm unsre Ablehnung weiterer Beiträge beibringen willst, überlaße ich dir.«
182 Brief von S. C. Kapff an A. Knapp, Korntal, 6. August 1834 (LKA Stuttgart, D2, 83,1):
»Der Verschluß im Land hat jezt aufgehört, nachdem 5000 Exemplare verschloßen sind. Jezt sollte
das Ausland uns auch in die Kirche gehen u. opfern. Aber da müßen wir gleich das Ganze geben u.
so warten, bis alle vier Hefte gedruckt sind. Namentlich werden nach America viele Exemplare
gehen.«
183 KAPFF, Korntal und Wilhelmsdorf, S. 129. Die zweite Auflage, 1838, mit 5.300 Exemplaren übernahm ein »Hausirer« (ebd.); von der dritten Auflage waren, als sie 1839 in Druck ging,
bereits 2.000 Stück subskribiert. Insgesamt dürfte das Buch eine Gesamtauflage von ca. 18.000
Exemplaren gehabt haben.

fanden.[184] Ein Rückschluss von den Predigten auf ihre Wirkung bei der Leserschaft ist nur sehr bedingt möglich, da nicht bekannt ist, wer sie gelesen hat.[185] Das bedeutet jedoch für den Quellenwert der Predigten keine Einschränkung. Im gegenwärtigen Zusammenhang ist nicht die tatsächliche Wirkung der gehaltenen oder gelesenen Predigt bei den Hörern oder der Leserschaft entscheidend, sondern die von ihrem Autor intendierte Wirkung der gedruckten Predigt. Was verrät die gedruckte Predigt über das Selbstverständnis des Predigers? Welche endzeitlichen Vorstellungen will der Prediger vermitteln? Was hält er für so wichtig, dass er es nicht nur auf der Kanzel im Kreis seiner Gemeinde verkündet, sondern auch in einer Massenpublikation veröffentlicht? Schließlich ist auch die Arbeit der Redaktoren von Bedeutung. Es ist zwar nicht bekannt, welche Predigten sie als unwert aussonderten. Die in dem Band enthaltenen Predigten spiegeln jedoch im Großen und Ganzen das Selbstverständnis der Redaktoren wider, zumal sie sich mit einigen Predigten selbst beteiligten.[186] Das Augenmerk der Untersuchung wird sich also besonders auf die Aussagen richten, die in unterschiedlichen Predigten, besonders von verschiedenen Autoren wiederkehren. In den wiederkehrenden Aussagen wird das erweckte Selbstverständnis am deutlichsten greifbar. Das korrespondiert im übrigen mit dem von den Herausgebern geäußerten Willen, durch die Übereinstimmung der Predigtautoren zur Einigkeit der Leserschaft beizutragen. Die weite Verbreitung und die ihm von den Herausgebern beigelegte Intention machen das Predigtbuch daher zu einer wichtigen Quelle für die argumentativen Strategien, mit denen pietistische Theologen ihren Leserinnen und Lesern neue Zeitperspektiven vermitteln wollten.

2. Schwierigkeiten mit dem Reich Gottes

Noch war ein chiliastischer Bodensatz in einzelnen Predigten erkennbar. Manche Prediger ließen Bruchstücke vergehender Hoffnungen durchscheinen, mit denen sie an die Erwartungen ihrer Hörer- und Leserschaft anknüpften. So zum Beispiel in Christian Burks Predigt am zweiten Adventssonntag, in der er das »Warten auf den Herrn« zum Thema machte. Nachdem er

184 Vgl. die Bemerkungen Kapffs in dem erwähnten Brief an Knapp, Korntal, 5. August 1833 (LKA Stuttgart, D2, 83,1): »Ich will dir also noch schreiben, welche Sonntage keinen Prediger gefunden haben u. dann stellst du dich auf die Wilhelmsdorfer Kanzel u. hältst eine Predigt, die noch nicht gehalten ist, zunächst blos aufs Papier. – Ich muß auch mehrere Predigten expreß machen, weil ich über d. neuen Pericopen hier nicht predige, sondern bis jezt über die gar alten.«

185 Allenfalls ließe sich ermitteln, wer das Buch gekauft hat, wenn die Subskriptionslisten greifbar wären.

186 Von den 82 Predigten (die Nummer LXIX ist zweimal vergeben! S. 770 und 781) stammen allein zwanzig von den vier Redaktoren: drei von Burk, sieben von W. Hofacker, acht von Kapff, zwei von Seeger; sieben weitere stammen von dem mit den Redaktoren eng verbundenen Knapp.

verschiedene Arten des Wartens vorgestellt hatte, kam er auf das Erwartete selbst zu sprechen:

»Was wird erst werden, wenn unser Lauf hienieden vollbracht ist, und wir Glauben gehalten haben bis an's Ende, komme nun dieses Ende uns dadurch, daß uns der Tod von hinnen ruft, oder daß die Zukunft des Herrn erscheint; selig, ja selig sind wir, so Er uns wachend findet.«[187]

Kaum einmal sonst wurde in den Predigten die unmittelbare Naherwartung, die ein Eintreffen der endzeitlichen Ereignisse noch zu Lebzeiten als möglich erachtete, so deutlich ausgesprochen wie hier. Doch auch bei Burk lag der Akzent auf dem Schluss: der Notwendigkeit, den kommenden Ereignissen »wachend«, also vorbereitet entgegenzugehen. Man solle seine Zeit nicht mit unnützen Spekulationen über die Zukunft vergeuden, sondern sie tätig nützen.[188] Burk ging es darum, übertriebene Erwartungen zu dämpfen und zu endzeitlicher Geduld aufzurufen.[189] Dementsprechend hielt er sich bei der Beschreibung der erhofften Zukunft sehr zurück.

Anders Karl Mann, der erste Wilhelmsdorfer Pfarrer, der in dem Predigtbuch mit zwei Predigten vertreten ist. Als einziger spielte er auf das tausendjährige Reich expressis verbis an. In seiner Predigt am ersten Adventssonntag sprach er von der Sammlung derer, die »als Erstlinge in's Reich des Herrn auserwählt« seien.[190] Dabei bezog er sich auf die millenarische Vorstellung einer ersten Auferstehung zu Beginn des tausendjährigen Reiches. Demnach sollte eine Elite wiedergeborener Christen einer ersten Auferstehung gewürdigt werden und alsdann mit Christus tausend Jahre regieren, bevor es zur allgemeinen Auferstehung und zum letzten Gericht komme.[191] Doch Karl Mann war der einzige, der das Thema ansprach. Auch das Wilhelmsdorfer Predigtbuch war von der Scheu geprägt, die Lehren vom tausendjährigen Reich und von der Wiederbringung öffentlich zu äußern.[192] Weit öfter wurde in einem allgemeinen Sinn vom Reich Gottes gesprochen,

---

187 Predigten über den zweiten Jahrgang (1834), S. 18.

188 Ebd., S. 15: »Manchen ist sogar die Beschäftigung mit den Zeichen der letzten Zeit die Lieblingssache, und dennoch stehen sie unthätig am Markte, und verträumen müßig die Zeit der Arbeit.«

189 Ebd., S. 18f: »Wartet in Geduld und Glauben des Herrn, trauet den Worten der Verheißung, kämpfet den guten Kampf, der euch verordnet ist, haltet an am Gebet, dann ist der Herr selbst mit Seinem Beistand euch nahe.«

190 Ebd., S. 10. Ähnlich hieß es gegen Ende seiner Predigt am Sonntag Kantate: »Und eine ganz besondere Verheißung ist den treuen Bekennern gegeben, daran nicht alle Christen insgemein Antheil haben werden, nämlich die der ersten Auferstehung, daß sie mit Christo tausend Jahre leben und regieren dürfen, und als selige und heilige Priester Gottes und Christi, bis daß dann, wenn Himmel und Erde erneut ist, die Hütte Gottes bey den Menschen ist, und Er bey ihnen wohnt und sie Sein Volk sind, und Er selbst, Gott mit ihnen, ihr Gott seyn wird.« (S. 373).

191 Zur Vorstellung von der ersten Auferstehung vgl. auch oben Kapitel 1, Abschnitt I. 2. *Chiliastische Theologen* und I. 3. *Bürgerliche Organisatoren.*

192 Vgl. oben Kapitel 2, Abschnitt I. 4. *Pietistische Pfarrer und Privatversammlungen.*

dessen Ausdeutung aber spürbar ambivalent blieb: Ist das Reich Gottes offenbar oder verborgen? Ist es nur innerlich erfahrbar oder auch äußerlich? Ist es gegenwärtig oder zukünftig? Wenn zukünftig, wie und wann kommt es? Wenn gegenwärtig, wie und woran ist es erkennbar? Das waren die Fragen, die in vielen Predigten verhandelt wurden.

Die Schwierigkeiten eines erweckten Predigers, den Gedanken des Gottesreiches eindeutig zu formulieren, werden an Karl Manns Predigt zum ersten Adventssonntag exemplarisch deutlich. Er versuchte seinen Predigttext (Lk 17,20–25) mit Hilfe unterschiedlicher endzeitlicher Konzepte zu erklären. Dem Text folgend, stellte er fest:

>»Wer aber dem Worte Gottes glaubt, und so heute gleichsam wieder auf die Warte gestellt ist, vor- und rückwärts zu schauen in Gottes Reich, und herausgehoben aus seinem alltäglichen stillen Fortrücken, dem liegt heute auch die Frage: Wann kommt das Reich Gottes? nahe genug.«[193]

Schon in der Formulierung deutete sich das Problem an, zwischen gegenwärtigem und zukünftigem Gottesreich zu unterscheiden: Einerseits will er sich in Gottes gegenwärtigem Reich umsehen, andererseits fragt er, wann das zukünftige komme. Mann verwirft die Frage und leitet über zu der anderen, notwendigeren, die erst wirklich Aufschluss gebe über das Reich Gottes: nämlich wie es komme. Die Weltgeschichte lehre, dass es nicht äußerlich erkennbar komme, sondern innerlich, dass man ihm keine irdischen Erwartungen entgegenbringen dürfe. Das Reich Gottes im Äußerlichen zu suchen, sei eine Gefahr, vor der Jesus warne, da man aus eigener Kraft eben nur äußerliche Verbesserungen erreiche. Nirgendwo, auch nicht in den Kirchen, sei das Reich Gottes äußerlich erkennbar. Vielmehr sei es innerlich, im Glaubenden zu suchen, »weil das Reich Gottes ein Reich der Wiedergeburt« sei.[194] Mit dieser Grenzbestimmung band Mann die Eschatologie an die Soteriologie an. Das Reich Gottes kann nicht äußerlich, also universal eintreten, da es von der Wiedergeburt, einem individuellen Glaubensschritt abhängt. Die erweckte Biographie wird zur Voraussetzung der Eschatologie. Dabei dient die sich im Leben, Sterben und Auferstehen manifestierende Biographie Jesu Christi als Vorbild. Gleich wie er sich erniedrigt und gelitten habe, wie er sich habe kreuzigen lassen, müssten auch die Gläubigen und die Kirche es auf sich nehmen, in und an der Gegenwart zu leiden und zu scheitern, bevor eine endliche Wende zur Herrlichkeit eintrete. Die Kirche als Ganze gehe, so Mann, schlechteren Zeiten entgegen.[195]

---

193 Predigten über den zweiten Jahrgang (1834), S. 2.

194 Ebd., S. 3–7, Zitat: S. 6.

195 Ebd., S. 9: »Ja, wenn wir die Zeichen der Zeit prüfen, müssen wir uns recht befestigen lassen vom Geiste Gottes, daß wir, da die Bosheit sich aller Orten so erhebt, da Alles ohne

Damit aber stand plötzlich nicht mehr der wiedergeborene Einzelne im Mittelpunkt des Interesses, sondern die Kirche, die Gemeinschaft der Wiedergeborenen. Lief der Duktus der Predigt in ihrem ersten Teil darauf hinaus, das Reich Gottes als ein innerliches und gegenwärtiges zu beschreiben, das dem Einzelnen mittels seiner Wiedergeburt zugänglich sei, so wechselte Mann am Schluss seines Gedankenganges nach und nach zu äußerlichen und zukünftigen Bildern mit universaler Geltung über. Dabei war die Kehre von innen nach außen bis in die Wortwahl hinein erkennbar:

»Ihr aber, die ihr dem verachteten Worte Gottes einfältig glaubet, haltet an und laßt euch nicht stören, es [das Reich Gottes] muß also kommen; kämpfet, wachsam und betend, wider alle Feinde in euch und ausser euch. Hebet eure Häupter empor und harret auf die nahende Erlösung. Der Herr kommt; innerlich kommt Er schon weit und breit, an viel Orten empfindet man die Fußtritte des Herrn, die von Segen triefen, in aller Welt geht Seiner Boten Ruf, und es sammeln sich, die von Morgen und von Mittag, von Abend und von Mitternacht, als Erstlinge in's Reich des Herrn auserwählt sind.«[196]

Das Kommen Gottes und seines Reiches ließ sich für den erweckten Theologen Mann letztlich weder rein innerlich beschreiben, noch konnte er es als nur auf den einzelnen Glaubenden bezogen denken. Die Anspielung auf die Arbeit der Missionsgesellschaften setzte den Aufruf an die Gläubigen zum inneren wie äußeren Kampf fort. Damit aber war Mann endgültig bei der Bildsprache universaler eschatologischer Konzepte angelangt. Den eingeweihten Predigthörern konnte dabei die Anspielung auf das kommende tausendjährige Reich nicht entgehen: die Rede von den auserwählten Erstlingen im Gottesreich. Mann erinnerte zwar an den individuellen Ursprung des Gedankenganges, denn nur wer der individuellen Wiedergeburt teilhaftig geworden sei, könne als Auserwählter mit Christus im tausendjährigen Reich regieren. Doch dann malte er die Szenerie beim Anbruch des Gottesreiches weiter aus:

»Wie der Blitz oben vom Himmel blitzt, und leuchtet über Alles, das unter dem Himmel ist, also plötzlich, also schreckhaft, also verderblich für die Bösen wird erscheinen das Zeichen des Menschen-Sohnes am Himmel. Und alsdann werden heulen alle Geschlechter auf Erden, und werden sehen kommen des Menschen Sohn in den Wolken des Himmels mit großer Kraft und Herrlichkeit.«[197]

Christum will glücklich seyn, gefaßt sind auf Alles, was da kommt. Wir stehen in der Kirchen-Zeit weit aussen, der Leib Christi ist bald ausgewachsen, aber wie der Herr gerade erst vor Seiner Verherrlichung in den Tod des Kreuzes gieng, so wird auch Seine Kirche noch vor ihrer Verklärung als gekreuzigt und ertödtet erscheinen müssen.«

196 Ebd., S. 10.
197 Ebd.

Von der Innerlichkeit des Gottesreiches war jetzt keine Rede mehr. Die Predigt schloss mit dem erhofften und erwarteten äußerlich sichtbaren Sieg der Kirche über alle Widrigkeiten der Gegenwart.

Manns Predigt zum ersten Advent stellte den Versuch dar, zwei unterschiedliche eschatologische Konzeptionen miteinander zu verknüpfen. Er legte eine Entwicklung vom innerlich anwesenden zum äußerlich kommenden Gottesreich nahe, indem er diese Entwicklung aus der Biographie Jesu Christi herleitete. Wie im Leben, Tod und Auferstehen Christi eine notwendige Entwicklung stattfinde, so müsse es auch mit dem Reich Gottes, der Kirche und dem einzelnen Glaubenden vor sich gehen.[198] Im Leben, gegenwärtigen Leiden und zukünftigen Verherrlichtwerden des Erweckten wird die Biographie Christi nachvollzogen. Durch eine christologische Stilisierung des erweckten Lebensentwurfs gelang es Mann einerseits zu erklären, warum, trotz mancher Missionserfolge in der »Heidenwelt«, die Erweckten ihre Gegenwart immer noch als zu erleidende erlebten, das Reich Gottes also allenfalls als innerliches erfuhren; andererseits konnte er an der Vorstellung eines zukünftigen, auch äußerlich wahrnehmbaren Gottesreiches festhalten.

Auch in Wilhelm Hoffmanns Predigt am Pfingstfest ist ein gewisses Changieren zwischen inneren und äußeren Bildern feststellbar, hier unter dem Begriffspaar: offenbar und verborgen. Er zitierte aus seinem Predigttext (Joh 14,15–21) das Jesus-Wort: Ich komme zu euch, und fuhr fort, Jesus könne damit von keinem anderen Kommen reden als in der Ausgießung des Heiligen Geistes, denn allein diese Offenbarung sei zugleich offenbar und verborgen. Das Offenbarsein belegte er dann mit den Erfolgen der Missionsarbeit, das Reich Gottes erkämpfe einen Sieg nach dem andern, doch der Welt bleibe es verborgen, ja sie wolle es nicht sehen. Hoffmann stand vor der Aufgabe, äußere und innere Anzeichen für das Kommen des Gottesreiches in Beziehung setzen zu müssen. Er entzog sich jedoch dem Problem. Die Waagschale neigte sich bei ihm zur Seite der inneren Bilder:

»Doch ist's ein verborgenes Kommen, denn das Reich Gottes ist inwendig. Nur wer an Seinem himmlischen Segen Theil nimmt, erkennt und versteht es recht.«[199]

Im Gegensatz zu Mann kam Hoffmann nicht auf ein zukünftiges, äußerlich wahrnehmbares Gottesreich zu sprechen. Die Glaubenden »selbst leben ein innerliches, still verborgenes Herzens-Leben, bis auf den Tag Seiner und

---

198 Mann sagt vom Reich Gottes, »daß an demselben eben die Schicksale erfüllt werden müssen, welche Christum trafen. Es war aber Grundsatz des Lebens unsers Herrn: durch Erniedrigung zur Erhöhung auf den Thron, durch Leiden zur Herrlichkeit [...]. Dasselbe ist nun Gesetz des Reiches Christi, es muß gleich seinem Haupte *viel leiden, und verworfen werden* von vielen Geschlechtern der Erde, aber plötzlich wird Alles anders werden, als sie geglaubt haben.« (Ebd., S. 7).
199 Ebd., S. 419.

ihrer Offenbarung.«[200] Mehr sagte Hoffmann nicht. Indem er den Gedanken des Gottesreiches mit der Metapher Herz verband, verlegte er ihn ins Innere, Innerliche. Das Äußere, Universale und gleicherweise das Zukünftige traten zurück und verloren an Bedeutung. Wie Mann bediente sich auch Hoffmann der christologischen Stilisierung erweckter Biographie. Die Glaubenden lebten Christus nach, indem sie seinen Lebensgang von der Geburt über das Kreuz bis zur Auferstehung in sich wiederholten.[201] Im Gegensatz zu Mann, der diese Stilisierung auch auf die Gemeinschaft der Wiedergeborenen bezog, verharrte Hoffmann jedoch ganz beim einzelnen Glaubenden. Glaubensweg und individueller Lebenslauf fallen zusammen. An deren Ende steht nicht (oder zumindest nicht erklärtermaßen) das Reich Gottes, sondern die persönliche Vollendung des einzelnen Glaubenden. Symptomatisch war dabei die von Hoffmann verwendete Bildlichkeit. An die Stelle des Reiches Gottes trat das Haus Gottes als Ort, an dem sich die Vollendung des Glaubenden vollziehen sollte.[202] Die Eschatologie wurde domestiziert. Hoffmann versagte sich jegliche Spekulationen über ein zukünftiges Gottesreich. »Weiter davon zu reden, verbietet unsre Schwachheit und Armuth«, bekannte er am Schluss seiner Predigt.[203]

Doch nicht nur die endzeitliche Qualität der Zukunft, sondern auch die der Gegenwart stand in Frage. Den unsicher werdenden Endzeitbildern traten Zeitbilder gegenüber, die sich weithin im Modus der Klage ausdrückten. Viele Autoren stimmten in den Klagegesang ein, der sich über die gegenwärtigen Verhältnisse erhob. Angeprangert wurden zu allererst: Unglaube und alle Arten von Lustbarkeiten, denen sich die Zeitgenossen in großer Zahl hinzugeben schienen. Die Prediger ließen dabei einen deutlich kulturkritischen, konservativen Ton zum Zuge kommen. Sie sahen sich in Opposition zum Zeitgeist, für den die Aufklärung und die Französische Revolution verantwortlich gemacht und der mit religiöser Indifferenz und moralischer Ausschweifung gleichgesetzt wurde. Im Gegensatz dazu sprachen sie »von der Verbindlichkeit gegen das göttliche Gesetz, von alter guter Sitte und Ordnung«, an denen festzuhalten sei.[204] Fortschritt und sich wandelnde Verhältnisse wurden als Zeichen kulturellen und religiösen

---

200 Ebd., S. 418.

201 Ebd., S. 420: »Das ist eben eines der stärksten Kennzeichen des entschiedenen Haltens an Christo, daß der Knecht ist wie sein Herr, der Jünger wie sein Meister, daß Alle, die gottselig leben wollen in Christo Jesu, Verfolgung leiden *müssen.*«

202 Ebd., S. 422: »Christus hat uns die unbegreiflich hohe, zu tiefster Anbetung beugende Würde erkauft, Söhne zu seyn im Hause Gottes. Wie wenig verstehen wir davon noch, wie viel muß uns erst die Ewigkeit eröffnen!«.

203 Ebd. Die Tendenz zur Verinnerlichung wird auch in Hoffmanns Vorrede zur Neuausgabe von Bengels »Erklärter Offenbarung« erkennbar, die ungefähr gleichzeitig entstand (HOFFMANN, Vorwort, in: BENGEL, Erklärte Offenbarung, Neue Ausgabe, S. III–XII; vgl. dazu oben Abschnitt II. 3. *Verteidigung des Apokalyptikers*).

204 Predigten über den zweiten Jahrgang (1834), S. 754 (J. J. Seybold).

Verfalls gedeutet, mit Lasterkatalogen Gegenwart und Zeitgenossen charakterisiert.[205] Hintergrund und Motivation der Klage waren die befürchteten endzeitlichen Folgen. So lief die Argumentation von Johann Georg Handel (1778–1856) darauf hinaus zu zeigen, wie das jetzige Leben zur Hypothek für die Ewigkeit werden könne. Nur wer zu wahrer Buße und Glauben finde, nur wer sein eigenes Kreuz auf sich nehme und damit Jesu Kreuzeslehre entspreche, nur dem gereiche das Leben im gegenwärtigen Kreuz-Reich nicht zum Schaden im ewigen Gottesreich. Denn das Leben in der Gegenwart sei gleichzeitig ein Leben der Ewigkeit, sprich: Das gegenwärtige Tun bestimmt das Ergehen in der Ewigkeit.[206] Handel griff damit zu einer Gedankenfigur, die auch anderen Predigern dazu diente, den Ausfall der unmittelbaren endzeitlichen Perspektive zu überbrücken: die endzeitliche Prolepse.[207] Mit ihrer Hilfe war es möglich, endzeitliche Zukunft und beklagte Gegenwart in einen engen Zusammenhang zu bringen, ohne von einer unmittelbar bevorstehenden Wende zwischen beiden Zeiten ausgehen zu müssen.[208] Gegenwart und Zukunft – oder »Zeitleben« und »Ewigkeits-Leben« – wurden von Handel deutlich unterschieden und waren durch die Verknüpfung von gegenwärtigem Tun und endzeitlichem Ergehen doch eng aufeinander bezogen. Was in der Ewigkeit sein wird, geschieht schon jetzt. Was jetzt geschieht, bestimmt die Zukunft. Durch die Prolepse vollzieht sich die endzeitliche Zukunft schon in der Gegenwart. Folgerichtig kann jegliche Naherwartung ausgeblendet werden, denn alles Entscheidende geschieht gegenwärtig.[209] Für Handel war es nicht der Glaubende, der auf die nahe Wende zum Gottesreich wartete. Vielmehr wartete Gott damit, den Bruch herbeizuführen: »O göttliches Werk der Vergeltung des Erlösers! Wie lange kannst Du doch warten und borgen, o Herr!«[210] Die dem gött-

---

205 Ebd., S. 82f (G. L. Hochstetter), 115 (A. Knapp), 397f (A. Nanz), 553 (W. Hofacker), 596 (A. Knapp), 754 (J. J. Seybold) und öfter.
206 »Das Leben in dieser Welt gereicht Tausenden zu ihrem ewigen Schaden. Die gute Meinung, die sie [...] von sich selbst, von ihrer Tugend und Frömmigkeit, ihrer Religion und Christenthum haben, wiegt sie immer tiefer in den geistlichen Schlaf ein [...] – und so durchträumen wir unser kurzes Zeitleben, das zugleich ein unendlich wichtiges Ewigkeits-Leben ist, anstatt es in Demuth und Niedrigkeit, in stillem Sinne nach Gottes Wort und Willen zu unserm Heil zu benützen.« (Ebd., S. 570f).
207 Vgl. dazu oben Kapitel 1, Abschnitt IV. 3. *Ein eigenes Leben in einer endzeitlichen Lebenswelt* und Kapitel 3, Abschnitt II. 3. *Verteidigung des Apokalyptikers.*
208 Handel sprach die endzeitliche Wende zwar in traditionell chiliastischer Form an: »Wenn Jesus Christus [...] als der verherrlichte Menschensohn kommen wird in Seiner Herrlichkeit mit Seinen Engeln, alsdann wird Er einem Jeglichen vergelten nach seinem Werk«, Predigten über den zweiten Jahrgang (1834), S. 574f. Dank der proleptischen Verknüpfung von Gegenwart und Zukunft war der Zeitpunkt dieses Geschehens aber unwichtig geworden.
209 Im Übrigen umging Handel damit das Problem, dass sein Predigttext (Mt 16,28) genau von jener unmittelbaren Naherwartung sprach, die er ausblendete.
210 Predigten über den zweiten Jahrgang (1834), S. 575. Zum Motiv des göttlichen Wartens vgl. unten Abschnitt V. 2. *Letzte Erklärungsversuche.*

lichen Warten entsprechende menschliche Tätigkeit konnte daher in der verbleibenden Frist allein in der Bekehrung der Ungläubigen bestehen. Handel legte auf die Bekehrung der Ungläubigen das größte Gewicht. Die Gegenwart bot ansonsten keinen Anlass zur Hoffnung. Er ging so weit zu behaupten, »die Bekehrung *Einer* Menschen-Seele vom ewigen Verderben« sei wichtiger »als der Gewinn einer ganzen Welt«.[211] Expressis verbis trat damit der universelle Charakter der Endzeiterwartung in den Hintergrund und wurde durch ihre Individualisierung abgelöst.

Einen ähnlichen Gedanken formulierte Christian Burk in seiner Predigt zum 6. Sonntag nach Epiphanias. Er verwies zwar auf die Erfolge der Evangeliumsverkündigung in aller Welt und auf die Vorbereitungen zu einer großen Zukunft, die daraus erwuchsen. Das Ziel seiner Argumentation war aber ein anderes. Die Naherwartung – eben noch durch die »Zeichen der Zeit« scheinbar bekräftigt – trat in den Hintergrund und wurde von der Bekehrungspredigt mit individualisierender Tendenz abgelöst.[212] Burk griff dabei ebenso wie Handel auf den Gedanken der Prolepse zurück. Jesus versetze seine damaligen und seine heutigen Hörer in die Zukunft des endzeitlichen Gerichtstages, um sie auf die Folgen ihres gegenwärtigen Lebens hinzuweisen:

»Er stellt uns hinein mitten in das Licht dieses hellen Tages, damit wir uns *jetzt* schämen mögen, da Reue noch etwas fruchtet, jetzt unsere Trägheit und Thorheit beweinen mögen, da noch eine Frist gegeben ist, weise zu werden, und sich etwas zu sammeln für die Ewigkeit.«[213]

Der Ausfall der unmittelbaren Naherwartung wurde wiederum durch eine endzeitliche Prolepse überbrückt. Die gedanklich ins zukünftige Gottesgericht versetzte Hörer- und Leserschaft sollte aufgerüttelt werden, um die unerwartete Fristverlängerung zu Buße und Bekehrung zu nutzen.

Alle angeführten Prediger versuchten mit ihren Argumentationen, den Schwierigkeiten mit der präzisen Bestimmung des Gottesreiches angesichts der ausbleibenden endzeitlichen Ereignisse entgegenzuarbeiten. Während Karl Mann noch eher den chiliastischen Erwartungen nachhing[214] und sie argumentativ zu retten versuchte, befand sich Wilhelm Hoffmann bereits auf dem Weg des Rückzugs in die Innerlichkeit. Johann Georg Handel und Christian Burk dagegen verwendeten die Gedankenfigur der endzeitlichen Prolepse. Der drohenden Enttäuschung durch das Wegbrechen der unmit-

---

211 Predigten über den zweiten Jahrgang (1834), S. 575.

212 »Welche Zeit wäre geschickter gewesen zur Bekehrung als die unsrige, – in welcher die Aufforderung dazu dringender und ernster? Bedenket, liebe Zuhörer! für das Alles werden wir einst Rechenschaft ablegen müssen [...]!« (Ebd., S. 185).

213 Ebd.

214 Vgl. dazu auch unten Abschnitt V. 1. *Nachhall vergeblicher Hoffnungen oder: Millenarische Memorabilien.*

telbaren Naherwartung begegneten sie, indem sie die sich verflüchtigenden Erwartungen proleptisch einholten und für die Gegenwart zum Zwecke der Bekehrungspredigt nutzbar machten. Eine Nebenwirkung dieser Argumentation war jedoch die zunehmende Individualisierung der endzeitlichen Erwartungen. Hatte Burk am Beginn seines Gedankenganges noch von den Erfolgen der Heidenmission in aller Welt gesprochen, so war am Schluss nur noch der einzelne Hörer und die Notwendigkeit seiner Bekehrung im Lichte des künftigen Gottesgerichts im Blick.

3. Postmillenarischer Optimismus

Neben den eher pessimistischen Endzeitszenarien, die in den bisher dargestellten Predigten zu Wort kamen, gab es unter den Autoren des Wilhelmsdorfer Predigtbuches auch wenige, die optimistischere Alternativen für die Zukunft vertraten. Zwar bestimmte der engere Zirkel um die vier Herausgeber – schon wegen des zahlenmäßigen Übergewichtes ihrer Beiträge – das argumentative Zentrum des ganzen Bandes. Das bedeutete jedoch keineswegs vollkommene ideologische Konformität. In einzelnen Beiträgen äußerten sich alternative Stimmen, die ebenfalls erwähnt sein sollen. Um so deutlicher werden die Akzente hervortreten, die der *mainstream* der damaligen pietistischen Pfarrerschaft Württembergs wählte – und damit letztlich dem Vorbild und den Vorgaben Ludwig Hofackers folgte.

Der Chiliasmus, dem wir bis hierher meist begegnet sind, hatte prämillenarischen Charakter. Für Prämillenaristen war klar: Die gegenwärtige Welt bietet keinen Anlass zu hoffnungsvollen Aussichten. Die wahre Kirche hat sich zu sammeln, um dem wiederkehrenden Christus durch alle Widerstände vorbereitet entgegenzugehen. Nur er kann die endzeitliche Wende herbeiführen. Anders der Postmillenarismus, der sich im Wilhelmsdorfer Predigtbuch nur selten und dann nur indirekt äußerte. Postmillenaristen hatten einen grundsätzlich optimistischen Zugang zum Diesseits, denn trotz mancher Krisenzeichen gab es noch Hoffnung für die gegenwärtige Welt. Allerdings urteilten sie unterschiedlich über die Frage, ob das Kommen des Gottesreiches allein in der Tätigkeit Gottes begründet liege oder ob der Wirksamkeit der Glaubenden eine entscheidende Bedeutung zukomme.[215] Auch dort, wo im Wilhelmsdorfer Predigtbuch postmillenarische Anschauungen angedeutet wurden, fand diese Frage keine einheitliche Beantwortung. Die eschatologischen Argumentationen, die bei Ludwig Immanuel Werner oder Eberhard Ludwig Pichler zu Wort kamen, lassen sich am ehesten aus der Anlehnung an postmillenarische Positionen erklären, ohne dass

---

215 GÄBLER spricht in diesem Zusammenhang von »einem in der Geschichte des christlichen Chiliasmus häufig auftretenden Dilemma« (Auferstehungszeit, S. 172f).

diese ausdrücklich benannt worden wären. Die Zuordnung der genannten Prediger zum Postmillenarismus geschieht daher weniger aus direkten Äußerungen, denn aus der von ihnen hervorgerufenen eschatologischen Stimmung. Sie sprachen nicht vom tausendjährigen Reich und nur andeutungsweise von der Wiederkehr Christi. Aber sie erfuhren ihre Lebenswelt immer als hoffnungsvoll. Die Gegenwart enthielt für sie den Keim einer besseren Zukunft. Diese Grundhaltung ihrer Predigten kam postmillenarischen Gedanken sehr nahe.

Große Bedeutung besaß das menschliche Handeln für Ludwig Immanuel Werner (1802–1892). In keiner anderen der Wilhelmsdorfer Predigten wird die Möglichkeit, aber auch Notwendigkeit zu menschlicher Mitwirkung an der Fortentwicklung des Gottesreiches so stark betont, wie in Werners Predigt am 5. Sonntag nach Epiphanias über Mt 9,35–38. Daneben fällt der optimistische Grundton auf, der sich schon durch die häufige Verwendung der Worte ›freuen‹ und ›fröhlich‹ kundtut. Den Grund zur Freude bildeten für Werner die Erfolge der missionarischen Tätigkeit, aus denen er schloss, es gehe »immer näher an die Erfüllung der Weissagungen der Propheten«.[216] Es bedürfe aber noch vieler Arbeiter, dass das Reich Gottes kommen, dass es wachsen und zur Ernte reif werden könne. Die vom Predigttext angeregte Erntemetaphorik legte es nahe, vom Wachstum des Gottesreiches zu sprechen. Das hinderte Werner nicht daran, starkes Gewicht auf den menschlichen Beitrag dazu zu legen. Es sei zwar allein Gott, der es dem Menschen möglich mache, tätig zu sein. Doch übergab Werner im Folgenden die Verantwortung für das Kommen des Gottesreiches zunehmend in die menschliche Hand: zuerst in der Form des Gebets[217], dann als familiäre Pädagogik[218], schließlich als Unterstützung für Bibelverbreitung und Heidenmission.[219] Werner entwickelte geradezu ein Programm für menschliche

---

216 Predigten über den zweiten Jahrgang (1834), S. 171. Werner fuhr fort: »Ja! könnten wir wandern von Stadt zu Stadt, von Markt zu Markt, von Schule zu Schule, von Haus zu Haus, wie Jesus umhergieng, so würden wir finden, daß wirklich die Erndte *überall* ist, [...] und könnten wir die Missionäre auf ihren Wanderungen in den heidnischen Ländern begleiten, so würden wir manche fröhliche Stimmen vernehmen, die uns an die Weissagung Jesaiä erinnerten: *Vor Dir wird man sich freuen, wie man sich freuet in der Erndte!*« (S. 171f).

217 Ebd., S. 175: »Wir sollen *beten* für das Reich Gottes, daß es komme [...]. Wir haben ernstlich zu bitten, daß der Herr Arbeiter sende, und daß Er Segen auf ihre Arbeit lege, damit das Reich Gottes wachse [...]. Für das Reich Gottes müssen wir ernstlich bitten, daß es je mehr und mehr komme zu uns, zu den Unsrigen und zu allen Völkern der Erde.«

218 Ebd.: »Und wir müssen uns eben erbauen lassen, damit wir selbst ein Licht werden in dem Herrn, und in unserem Theile Arbeiter seyen in der großen Erndte des Reiches Gottes, zuerst an unseren eigenen Herzen, darnach an Kindern und Anverwandten und Freunden, daß eines das Andere nach sich ziehe.«

219 Ebd., S. 176: »Wer ernstlich für das Kommen des Reiches Gottes bittet, [...] der freut sich auch, dazu nach seinen Kräften beizutragen (und wären es nur zwey Scherflein), damit das Reich Gottes auch fernerhin und immer näher komme; daß das Wort Gottes [...] möchte bekannt werden

Tätigkeit im eschatologischen Rahmen. Das gelang ihm, indem er das Kommen des Gottesreiches mit der Ausbreitung des Christentums praktisch gleichsetzte. Es ist zwar Gott, der dieses Tätigsein ermöglicht; der Mensch jedoch hat die Möglichkeit zu verwirklichen. Darin liegt sein notwendiger Beitrag. Werner äußerte keinerlei Zweifel, dass die Menschen diesen Beitrag zur Fortentwicklung des Gottesreiches leisten würden. Die eschatologische Stimmung ist in dieser Predigt durchweg von Hoffnung geprägt. Die Christen werden tun, was sie zu tun haben, die Mission wird das Christentum weiter in alle Welt ausbreiten – und damit das Kommen des Gottesreiches seiner Vollendung immer näher bringen. Keine andere Predigt entwarf ein solch hoffnungsvolles Bild missionarischen Christentums. Ohne dass die entsprechenden Stichworte ausgesprochen werden, fällt die Nähe zur postmillenarischen Konzeption ins Auge.

Andere Akzente setzte Eberhard Ludwig Pichler (1798–1846) in seiner Predigt am 1. Sonntag nach Trinitatis. So verwandt in der optimistischen Stimmung, so unterschiedlich waren Pichlers und Werners Predigt in der Bewertung menschlicher Tätigkeit bei der Errichtung des Reiches Gottes. Pichler verglich das Reich Gottes mit einem Baum, der sich gegen alle Widerstände durchsetzt, immer wieder grünt, ausschlägt und gute Früchte trägt. Wie dieser Baum, so werde auch das Reich Christi nicht vergehen, sondern über seine Feinde triumphieren.

»Darum flüchte dich in dieses Reich, *so lange seine Gnadenthüren offen stehen*, ergieb dich von *ganzem* Herzen dem König dieses Reiches, unserem Herrn Jesus Christus, so lange es *heute* heißt.«[220]

Hier, am Ende seiner Predigt, wechselte Pichler das Bild und setzte das Reich Christi mit einem Haus gleich. Zweierlei ist daran bemerkenswert: die Ausgestaltung des Bildes und die dem Menschen in diesem Bild zukommende Passivität. Schon einmal – bei Wilhelm Hoffmann – waren wir dem eschatologischen Bild des Hauses begegnet: Hoffmann sprach davon, Christus habe uns »die unbegreiflich hohe, zu tiefster Anbetung beugende Würde erkauft, Söhne zu seyn im Hause Gottes.«[221] Wer das Reich Gottes, im Bild das Haus Gottes, betritt, ordnet sich in ein patriarchales System ein, vergleichbar dem hier hierarchisch verstandenen Verhältnis von Vater und Sohn. Ähnlich bei Pichler: Der Christ, der sich in das Reich Christi flüchtet, soll sich dem »König dieses Reiches« ergeben. Das Gottesreich stellt ein patriarchales System der Unterwerfung dar, hier des Untertanen unter den König. Im gegenwärtigen Zusammenhang ist nun nicht von Belang, dass

---

allen Völkern, daß mithin die Bibel unter allen Menschen reichlich verbreitet, und auch zu den Heiden Diener des Worts gesandt werden mögen.«

220 Ebd., S. 479f.

221 Ebd., S. 422; vgl. oben IV.2 *Schwierigkeiten mit dem Reich Gottes*.

die christliche Ikonographie schon immer das Verhältnis des Christen zu Gott als das eines Sohnes (Kindes) zum Vater oder eines Untertanen zum König dargestellt hat. Entscheidend ist vielmehr, dass zwei ansonsten so unterschiedliche eschatologische Konzeptionen wie die von Hoffmann und Pichler das endzeitliche Bild vom Haus Gottes auf genau diese Weise interpretierten. Bei beiden geriet das Gottesreich zum Bild der wiederhergestellten guten alten Ordnung, die sich im Modus der freiwilligen Unterwerfung durchsetzt. Sich einem König ergeben, heißt nun aber, sich in den Zustand der Passivität zu versetzen. Hatte Werner vom Glaubenden missionarische Aktivität gefordert, so spielte diese für Pichler bei der Aufrichtung des Gottesreiches keine Rolle. Ja, er sagte sogar: »Sein Haus *soll*, Sein Haus *wird* voll werden, – *auch ohne dich!*« Die Initiative geht von Gott aus, der sein Reich ohne aktive Mitwirkung des Menschen errichtet,

»darum laß Sein Reich in dir aufrichten und wachsen, laß Seinem Geiste Raum in deinem Herzen, daß Er dich schmücke mit dem hochzeitlichen Kleide gültiger Gerechtigkeit, – *alsdann* darfst du auch Theil nehmen an den herrlichen Siegen dieses Reiches, alsdann magst du dein Haupt fröhlich aufheben, wenn der Ruf erschallt: der Bräutigam kommt!«[222]

Die eschatologischen Ereignisse sind nicht abhängig von der Entscheidung oder gar Aktivität des einzelnen Glaubenden. Dieser kann sich dem Geschehen passiv überlassen. Gegenüber Werner vertrat Pichler damit eine eigenständige Ausgestaltung der postmillenarischen Konzeption. Pichler war im Übrigen der einzige, der auf den postmillenarischen Gedanken auch wörtlich anspielte. In der zuletzt zitierten Äußerung fällt schon die Abfolge der Ereignisse auf: Erst wird Gott sein Reich errichten, dann (man beachte das zweimalige markante »alsdann«!) wird der Glaubende an der Herrschaft dieses Reiches teilhaben, bevor schließlich der »Bräutigam«, also Christus, wiederkommen wird. Deutlicher wurde kein anderer Prediger.

Der Postmillenarismus war im Wilhelmsdorfer Predigtbuch vertreten, doch er gehörte sichtbar nicht zu dessen prominenten endzeitlichen Konzeptionen. Der Hauptstrom der Argumentation verlief in den von Ludwig Hofacker vorgezeichneten prämillenarischen Bahnen: Klage über die unchristliche Gegenwart, Erwartung einer katastrophischen Entwicklung, Forderung nach Buße und Bekehrung. Der damit einhergehenden Tendenz zur Verinnerlichung und Individualisierung entging am Ende nicht einmal die postmillenarische Hoffnung. Denn Pichler schloss seine Predigt mit dem Ausruf: »Amen, ja komm', Herr Jesu, wir warten Dein, doch, ehe Du kommst, baue Dein Reich in uns auf und vollende, was Du angefangen hast!«[223] Christi Wiederkunft sollte der Bau des Gottesreiches vorhergehen: »in

---

222 Beide Zitate: Predigten über den zweiten Jahrgang (1834), S. 480.
223 Ebd.

uns«. Pichler verlegte damit den Ort des eschatologischen Geschehens ins Innere des Glaubenden. Nicht die äußere Welt war der Schauplatz, sondern die Innerlichkeit des Glaubens.

4. Verinnerlichung und Individualisierung

Mit den Stichworten Verinnerlichung und Individualisierung sind die beiden wichtigsten argumentativen Strategien genannt, mit denen die Autoren des Wilhelmsdorfer Predigtbuches den Ausfall der unmittelbaren Naherwartung zu bearbeiten versuchten. Wenn in naher Zukunft nicht – wie noch vor kurzem von vielen erwartet und erhofft – äußerlich wahrnehmbar und mit universaler Geltung eine endzeitliche Wende eintreffen werde, so musste das an einer verfehlten Interpretation des zu Erwartenden und Erhoffenden liegen. Nicht im Äußeren und Universalen werde die endzeitliche Wende erkennbar, sondern vielmehr im Inneren und im Individuum. An einigen zusätzlichen Belegen soll dieser Gedankengang aufgegriffen und seine Bedeutung untermauert werden.

Schon auf der sprachlichen Ebene gab sich der Vorgang der Individualisierung zu erkennen. Begriffe, die seither im Rahmen einer universalen Eschatologie verwendet worden waren, tauchten plötzlich im individuellen Zusammenhang auf. Wilhelm Hofacker widmete sich in seiner Predigt am 8. Sonntag nach Trinitatis den Folgen mangelnder Bekehrung. Wer sich nicht rechtzeitig bekehre, den werde der Tod unerwartet treffen:

»Und darum kommt auch meistens der Tag des Herrn über sie, wie ein Dieb in der Nacht, und ungerüstet und unbereitet müssen sie stehen vor des Menschen Sohn. O daß ich meine Stimme mit dem Donner des Himmels bewaffnen, o daß ich mit der Posaune des Gerichts in Aller Ohren hineinrufen könnte: *Wache auf, der du schläfst, und stehe auf von den Todten, so wird dich Christus erleuchten!*«[224]

In der chiliastischen Terminologie bezeichnete der »Tag des Herrn« den Zeitpunkt der Wiederkunft Christi. Hofacker nahm den Begriff auf, verwendete ihn aber für den individuellen Todestag. Genauso entkleidete er den Begriff der allgemeinen Auferstehung zum jüngsten Gericht seiner chiliastischen Bedeutung und übertrug ihn auf den Akt der Bekehrung. Die chiliastische Begrifflichkeit wurde enteignet und einer neuen, individualisierten Bedeutung zugeführt.

Von der endzeitlichen Wachsamkeit handelte Julius Friedrich Wurm (1791–1839) in seiner Predigt am 27. Sonntag nach Trinitatis. Er stellte sich dabei auch der Frage, ob es noch immer notwendig sei zu wachen, da Christus schon so lange nicht wiedergekehrt sei. Er bejahte und fuhr fort:

---

224 Ebd., S. 559.

»War es denn umsonst, daß die frommen und getreuen Knechte, die in dem Herrn entschlafen sind, und Seine Zukunft nicht erlebt haben, wachten und beteten ohne Unterlaß? Es ist geschehen, was sie zuversichtlich hofften; Er ist wiedergekommen und hat sie zu Sich genommen, daß sie nun sind, wo Er ist. Die trägen Knechte aber, die in ihrem Herzen sprachen: Mein Herr kommt noch lange nicht! die ihre Mitknechte mißhandelten und den sündlichen Lüsten folgten, was half es sie [!], daß der Tag des Gerichts noch nicht erschienen ist? Ihr Herr hat ihre Seele von ihnen gefordert, um ihnen zu vergelten nach ihren Werken. Statt zu fragen: wo ist die Verheissung Seiner Zukunft? lasset uns wachen und die Geduld unseres Herrn achten für unsere Seligkeit.«[225]

Auch Wurm unterlief also fast unmerklich der äquivoke Gebrauch des Begriffs der Wiederkunft Christi, die bei ihm nicht nur die allgemein sichtbare Wiederkunft bezeichnete, sondern auch die Begegnung mit Christus beim individuellen Sterbetag (»Er ist wiedergekommen und hat sie zu Sich genommen«). Die individuelle Eschatologie wird in die Leerstellen, die die universelle zu hinterlassen droht, eingearbeitet. Das zeigt auch der Schluss des angeführten Zitats: Nicht mehr nach einer verheißenen Zukunft soll gefragt werden, sondern nach der eigenen Seligkeit. Die Eschatologie rückt an den Rand, die Soteriologie ins Zentrum des Interesses. Die Konzentration auf das Allgemeine und Zukünftige wird abgelöst von der Sorge um das Individuum und sein gegenwärtiges Glaubensleben. Und damit stand das zweite Stichwort im Raum: Verinnerlichung. Bei einigen Predigern deutete sich die Tendenz an, die bisher auf das Äußerliche gerichteten Erwartungen nach Innen zu wenden. Der Ertrag einer solchen argumentativen Strategie leuchtet unmittelbar ein: Was nicht im Äußeren, allgemein Einsehbaren geschieht, entzieht sich auch der allgemeinen Nachprüfbarkeit. Wenn Christus im Herzen des Einzelnen Einzug hält, dann ist dies nicht auf gleiche Weise nachprüfbar, wie seine äußerlich wahrnehmbare Wiederkunft. Für Wilhelm Hoffmann war dieser Gedanke schon in der Geschichte Jesu angelegt. In seiner Predigt für den Nachmittag des Pfingstfestes rekapitulierte er die nachösterliche Geschichte der Jünger Christi und stellte dabei fest:

»Durch den Hingang des Heilandes zum Vater wurden die Seinigen vom Aeußeren und von aller Hoffnung auf irdische Herrlichkeit abgewendet und in's Innere, in's Unsichtbare, auf das, was droben ist, gewiesen.«[226]

In der Geschichte der ersten Christen war die Verinnerlichung gewissermaßen präfiguriert. Der Verlust von Christi leiblicher Gegenwart sollte darauf hinführen, sich von äußerlichen Hoffnungen abzuwenden und auf die Innerlichkeit zu konzentrieren. Aus Hoffmanns Mund (oder Feder) konnte diese

---

225 Ebd., S. 783f.
226 Ebd., S. 424.

Aufforderung nicht anders verstanden werden denn als Ermahnung, nicht
vergeblichen chiliastischen Träumen nachzuhängen, sondern sich um die
Bekehrung und Bereitung der eigenen Seele zu kümmern.

Das Wilhelmsdorfer Predigtbuch stellte eine wichtige Etappe auf dem
Weg der Verarbeitung enttäuschter Erwartungen dar. Der Wille der in ihm
vereinten Autoren war unverkennbar: Endzeitliche Perspektiven waren
zwar unaufgebbar, durften aber weder rein äußerlich, noch als unmittelbar
bevorstehend missverstanden werden. Mit Anspielungen an chiliastische
Szenarien waren die Prediger daher äußerst zurückhaltend. Betont wurde
die Notwendigkeit der Buße und Vorbereitung. Der Blick wurde von außen
nach innen gewendet, von der Zukunft auf die Gegenwart gerichtet.

V. Das Jahr 1836

Das Jahr 1836 kam heran, lange erwartet und erhofft. Dass es die ersehnte
Wende zum sichtbaren Anbruch des Gottesreiches nicht auf die erwartete
Weise bringen würde, schien mittlerweile verbreitete Ansicht in Württemberg zu sein. Theologen wie Barth, Burk oder Wilhelm Hoffmann hatten
durch ihr publizistisches Wirken hochfliegende millenarische Hoffnungen
gedämpft. Gottlieb Wilhelm Hoffmann war es durch seine Autorität in
Korntal gelungen, weitergehende Erwartungen zu bremsen. Sixt Carl Kapff,
der neue Pfarrer in Korntal, tat das Seine dazu, das wird im Folgenden noch
deutlicher werden. Dennoch: Die Erwartungen waren zwar gedämpft und
gebremst, aber nicht vergessen. Eine diffuse endzeitliche Stimmung hielt an
und suchte nach neuer Orientierung.

1. Nachhall vergeblicher Hoffnungen oder: Millenarische Memorabilien

Beispiele jener diffusen endzeitlichen Stimmung, der die unmittelbare Perspektive abhanden gekommen war und die nach neuer Orientierung suchte,
finden sich in einigen Briefen und Gedichten des beginnenden Jahres 1836.
In der Zirkularkorrespondenz der pietistischen Theologen beschwor Christian Gottlob Barth seine Freunde, die brüderliche Gemeinschaft aufrecht zu
erhalten und die Zeitereignisse weiterhin wachsam zu beobachten.[227] Barth

---

227 WLB Stuttgart, Cod. hist. 4° 451, Bd. d, S. 2, Eintrag Barth, 1. Januar 1836: »Wir haben
nun das längst erwartete wichtige vielbesprochene Jahr 1836 wirklich erlebt, und ob es schon am
Tage liegt, daß die für dasselbe vorherverkündigten Ereignisse während seines Verlaufs nicht
eintreffen können, so leben wir doch in einer Zeit, deren hoch getriebene politische, religiöse, und
merkantilische Spannung die erschütterndsten Explosionen aller Art in der nächsten Zeit sehr
wahrscheinlich macht. Um so größeren Werth muß die brüderliche Gemeinschaft für uns haben,
da jeder Sturm, der uns etwa bevorstehen kann, auf Trennung und Zerstreuung der Christen und

rechnete nach wie vor mit einer katastrophischen Entwicklung der nächsten Zukunft, lieferte seinen Briefpartnern aber keine Beispiele. Seine durchweg pessimistische Sicht auf die Zukunft von Staat und Kirche speiste sich aus einer konservativen Einstellung, die in allen gesellschaftlichen Veränderungen eine antireligiöse, genauer: antichristliche Haltung am Werk sah. Die anderen Korrespondenzteilnehmer pflichteten ihm bei, selbst dort, wo sie positive Entwicklungen entdeckten. Denn nach der apokalyptischen Logik waren auch positive Erscheinungen nur ein Anzeichen für das Herannahen eines Entscheidungskampfes zwischen den jeweils gestärkten göttlichen und widergöttlichen Mächten.[228] Was immer die Briefpartner beobachteten, erschien ihnen als Anzeichen einer zu erwartenden endzeitlichen Entwicklung. Nur war deren zeitliche Perspektive nach dem Scheitern der Bengelschen Berechnungen in sich zusammengefallen und einer nurmehr diffusen endzeitlichen Stimmung gewichen. Besonders im Hinblick auf die pietistischen Versammlungen standen die Theologen vor der doppelten Aufgabe, einerseits die endzeitliche Perspektive in veränderter Form zu bewahren, andererseits aber neue Perspektiven des Handelns zu entwickeln. Letzteres war mit der Unterschriftenaktion zur Sonntagsfeier und mit dem Wilhelmsdorfer Predigtbuch in ersten Ansätzen geschehen.

Der Beginn des Jahres 1836 machte den befreundeten Theologen aber nur allzu deutlich, dass der Verlust des endzeitlichen Horizontes damit noch nicht bewältigt war. Ludwig Bezners Seufzer: »Der Herr sey uns besonders nahe in diesem ominösen Jahre 1836«, lässt die Verunsicherung ahnen, die auch unter den Theologen immer noch herrschte.[229] Ähnliches wird aus einem Brief deutlich, den der erste Wilhelmsdorfer Pfarrer, Karl Mann, Anfang Februar des Jahres nach Korntal sandte. Nach einigen geschäftlichen Mitteilungen offenbarte er dem Korntaler Vorsteher, Gottlieb Wilhelm Hoffmann, seine zweifelnden Gedanken:

»Eine wichtigere Angelegenheit beschäftigt mich seit einiger Zeit, nämlich je näher die Zeit rükt, da Bengels Voraussage nicht in Erfüllung zu gehen scheint, desto nachdenklicher werde ich über seine so schöne Erklärung und möchte gerne wissen, wo

namentlich der Knechte des Herrn berechnet seyn wird; und um so fester müssen wir uns aneinander anschließen, da das Lockerwerden brüderlicher Verbindungen eine natürliche, obwohl im Anfang minder empfundene, Folge der allgemeinen Schläfrigkeit ist, von welcher in unsern Tagen auch die klugen Jungfrauen befallen werden.«

228 Ebd., S. 12f, Eintrag Burk, 14./21. Januar 1836: »Offenbar feiert gegenwärtig das Christenthum manche Triumphe in der Heidenwelt nicht allein, sondern auch in der Christenheit, die Unterdrückung des radikalen Revolutionismus, das Verschwinden des St. Simonismus u. seiner Abarten, der Widerstand der den das junge Deutschland findet, der Schutz, die Hilfe u. Unterstützung, welche in manchen Ländern dem lebendigen Christenthum gewährt werden, sind merkwürdige Zeichen der Zeit; aber so erfreulich sie sind, so sollen sie uns doch nicht einschläfern. All das wird doch nur das Kommen des Antichrists befördern u. erleichtern.«

229 Ebd., S. 11, Eintrag Bezner, 2./9. Januar 1836.

der Fehler seiner Rechnung stekt. Wo vermuthen Sie ihn? sollen wir seine ganze Rechnung fahren lassen, oder welchen Pfeiler müßen wir vorrüken? Den Fehler zu finden, getraue ich mir nicht, da die Sachen so tief und hoch sind, und doch ist es mir gar wichtig. Giebt es denn in Wirtemberg Niemand mehr, der mit allen nothwendigen Kenntnißen und insbesondere mit dem Interesse für das Kommen des Herrn so ausgestattet ist, daß er der Sache ganz ernstlich nachsinnt? Sollte uns der Herr, der doch mit Bengel war, nicht einen neuen Zeigefinger erweken, der das Richtige [?] *vollends* enträthselte? ich sollte das doch fast denken u. hoffen, und bin begierig, was Sie hierüber denken.«[230]

Schon in seinen Beiträgen zum Wilhelmsdorfer Predigtbuch war erkennbar geworden, dass Mann seinen chiliastischen Hoffnungen nachhing und ihre Enttäuschung nur schwer verarbeiten konnte. Den Wilhelmsdorfer Siedlern ging es nicht anders. Es sind zwar kaum Zeugnisse der damals in Wilhelmsdorf waltenden Stimmung erhalten. Wenigstens aus einem Brief, den der dortige Vorsteher Christian Elsäßer (1778–1847) an seinen Korntaler Kollegen Hoffmann richtete, kann man aber auf die Verunsicherung schließen, die alle Siedler verband. Einen kurzen Geschäftsbrief schloss Elsäßer mit dem Satz: »Wir haben einen kalten Mayen – ich habe noch keinen so erlebt – wie ist es bei Euch –, es ist – *1836.*«[231] Nicht nur die Unordnung in politischen oder kirchlichen Verhältnissen, wie sie Barth beklagt hatte, sondern auch die Empfindung, die Natur entspreche nicht ihrer gewohnten Ordnung, konnte als Assoziation den endzeitlichen Termin hervorrufen, dessen Erfüllung vergeblich erhofft worden war. Es sind seltene Streiflichter, die eine Ahnung von dem Nachhall dieser vergeblichen Hoffnungen vermitteln. Aber man darf ihre exemplarische Bedeutung nicht unterschätzen. Zur Erinnerung: Enttäuschte Erwartungen eignen sich schlecht zur Überlieferung an spätere Generationen. An vergebliche Hoffnungen wird man ungern erinnert, es sei denn sie werden der Vergeblichkeit entkleidet.

Im Juni 1836 – also in dem Monat, in dem nach Bengel das göttliche Friedensreich hätte anbrechen sollen – erschienen Christian Gottlob Barths »Christliche Gedichte«, die im Manuskript schon ein Jahr früher druckfertig gewesen waren.[232] In der Abteilung »Aus und nach der Schrift« enthielten sie auch drei Gedichte ausgeprägt endzeitlicher Thematik: »Vorbereitung auf den Tag Christi (2 Petr. 3.)«, »Die Zukunft Christi« und »Das neue Jerusalem (Offenb. 21. 22.)«.[233] Schon aus den Titeln wird ersichtlich, dass

230 ABG Korntal, Archiv X A, Nr. 4: Brief K. Mann an G. W. Hoffmann, Wilhelmsdorf, 8. Februar 1836. Zu Karl Mann vgl. oben Abschnitt IV. 1. *Wilhelmsdorf und das Predigtbuch* und IV. 2. *Schwierigkeiten mit dem Reich Gottes.*

231 ABG Korntal, Archiv X B, Nr. 20: Brief C. Elsäßer an G. W. Hoffmann, Wilhelmsdorf, 30. Mai 1836.

232 BARTH, Christliche Gedichte. Vgl. WERNER, Barth, Bd. 2, S. 329f.

233 BARTH, Christliche Gedichte, S. 161–180.

Barth hier ein kleines Kompendium seiner endzeitlichen Erwartungen vorlegte. Im ersten der drei Gedichte formulierte Barth den inneren Konflikt zwischen gelassener Geduld und gespannter Erwartung, dem die sich auf die Endzeit Vorbereitenden ausgesetzt waren:

> »Auf den großen Tag des Herrn
> Sollen wir uns zubereiten:
> Denn er ist nun nicht mehr fern,
> Wenn wir recht die Zeichen deuten.
> Warten auf den Tag des Herrn,
> Eilen zu dem Tag des Herrn.«[234]

Warten und Eilen: damit ist präzise die Dichotomie wiedergegeben, der die endzeitliche Erwartung der württembergischen Pietisten in jener Phase unterworfen war. Geduldig zu warten auf weiterhin ausbleibende Ereignisse und doch gespannt auf das Verheißene zuzugehen, an dessen Nähe Barth nicht zweifeln wollte. Es steht zu vermuten, dass er damit die Gefühlslage der Erweckten recht genau traf. Ausführlich und in farbenreichen Bildern malte er in dem zweiten Gedicht über »Die Zukunft Christi« das apokalyptische Geschehen von der Wiederkunft Christi und der Vernichtung des Antichrists bis zur ersten Auferstehung der Auserwählten und dem Anbruch des tausendjährigen Friedensreiches. Über 37 achtzeilige Strophen hinweg schilderte Barth im Indikativ des gegenwärtigen Geschehens jene Hoffnungsbilder, deren fragliche Realisierung er erst in den beiden abschließenden Strophen in den Modus der Möglichkeit versetzte:

> »O süße Zeiten der Erfüllung,
> Auf die des Geistes Auge schaut,
> Wenn immer mehr zur Nachtverhüllung
> Der Menschheit Abendroth ergraut;
> Wann steiget ihr einmal hernieder
> Aus der verborg'nen Zukunft Schoos?
> Noch singt mein Herz nur Klagelieder,
> Und meine Thränen werden los.«[235]

Barths Gedicht legte ein doppeltes Zeugnis ab: für die Virulenz der endzeitlichen Hoffnungen und für deren tiefgreifende Verunsicherung. Indem Barth beides aussprach und zu Papier brachte, machte er das Dilemma für sich selbst erträglich. Doch er ging noch einen Schritt weiter und veröffentlichte seine Gedanken. Durch die Veröffentlichung der Gedichte just in dem Jahr, das der Erfüllung jener Hoffnungen hätte vorbehalten sein sollen,

---

234 Ebd., S. 161.
235 Ebd., S. 176. Auch in dem dritten Gedicht über »Das neue Jerusalem« versetzte sich Barth in die erhoffte Zukunft, um mit dem Seufzer zu schließen: »O sel'ges Volk in edler Zier, / O wär' ich heute schon bei dir, / Und säß' in deiner Mitte!« (Ebd., S. 180).

offerierte er dem pietistischen Publikum die Möglichkeit, sich von den enttäuschten chronologischen Erwartungen zu verabschieden und sie in den Zustand der auf Dauer gestellten Zukunftshoffnung zu überführen. Bei aller Rhetorik des Changierens zwischen Geduld und Dringlichkeit, Warten und Eilen, war Barths Gedichten doch der archivarische Gestus des Ablegens und Aufhebens anzumerken. Die vergangenen Hoffnungen traten in den Hintergrund, wenn sie auch weiterhin der Erinnerung greifbar bleiben sollten: millenarische Memorabilien, ihrer Vergeblichkeit entkleidet und damit erinnerbar gemacht.

2. Letzte Erklärungsversuche

Einen anderen Weg, die enttäuschten Erwartungen zu bearbeiten, wählte der findige Publizist Christian Friedrich Spittler. Irgendwann im Spätjahr 1835 beschloss er als Herausgeber der in Basel monatlich erscheinenden *Sammlungen für Liebhaber christlicher Wahrheit und Gottseligkeit*, den ganzen Jahrgang 1836 mehr oder weniger einem Thema zu widmen: den mit dieser Jahreszahl verbundenen Hoffnungen. Die sogenannten *Basler Sammlungen* boten ihm ein Podium, mit dem er in die pietistischen und erweckten Kreise des gesamten deutschsprachigen Raumes hineinwirken konnte. Auch in Württemberg wurden die *Basler Sammlungen* gelesen und vorgelesen.[236] Nicht zuletzt das württembergische Publikum wird Spittler daher im Auge gehabt haben, als er nach Autoren suchte, die ihm Beiträge »über das Jahr 1836, über die Zukunft des Herrn, über das prophetische Wort überhaupt oder einzelne Theile deßelben« liefern konnten.[237] Offensichtlich rechnete Spittler für das Thema mit einem breiten Interesse, das über das ganze Jahr anhalten würde. Schwieriger als gedacht gestaltete sich jedoch die Suche nach Autoren. Mehrere württembergische Theologen, die Spittler über den Korntaler Pfarrer Kapff anfragen ließ, lehnten ab, zum Teil aus Zeitmangel, zum anderen Teil aus einer gewissen Unsicherheit, die es ihnen schwer bis unmöglich machte, mit eigenen Beiträgen zum Thema an die Öffentlichkeit zu treten.[238] Wie sollte es mit den endzeitlichen Erwartungen weitergehen? Was konnte man noch erwarten?

---

236 Vgl. im Anhang Tabelle 3.2: Lektüre in den Erbauungsstunden.
237 StA Basel, PA 653, Abt. V, Kapff, Sixt Carl: Brief von S. C. Kapff an F. J. Ph. Heim, Korntal, 29. Juli 1836. Kapff leitete in seinem Brief Spittlers Wunsch an den Winnender Pfarrer Heim weiter: »Spittler will, daß der ganze Jahrgang 1836 über diesen Gegenstand handle.« Der Vorgang ist bisher nur aus dem Briefwechsel Sixt Carl Kapffs bekannt und rekonstruierbar.
238 WLB Stuttgart, Cod. hist. 4° 613, Nr. 3: Brief W. Hoffmann an S. C. Kapff, Winnenden, 1. Mai 1836: »Eben so muß ich es, der Zeit und des Mangels an der Gabe wegen ablehnen, etwas nach Basel zu schiken. Noch mehr bewegt mich aber hier der Grund, daß ich eine solche Häufung von Ansichten und Abhandlungen eher für schädlich als nüzlich halte«. – StA Basel, PA 653, Abt. V, Kapff, Sixt Carl: Brief von F. J. Ph. Heim an A. Seeger, Winnenden, 3. August 1836: »Ich

Die Verlegenheit über den Fortgang der endzeitlichen Entwicklungen und über die Hoffnungen, die man mit ihnen verbinden durfte, spiegelt sich auch in den Beiträgen wider, die dann im Laufe des Jahres 1836 in den *Basler Sammlungen* erschienen.[239] Obwohl es der Intention einer erbaulichen Zeitschrift nicht entsprach, war es kaum vermeidbar, dass in den unterschiedlichen Aufsätzen einander widersprechende Meinungen zu Wort kamen.[240] So wurde in zwei Beiträgen die Möglichkeit angedeutet, das tausendjährige Reich könne unbemerkt und im Verborgenen mit dem Jahr 1836 seinen Anfang nehmen oder schon genommen haben.[241] Ein Autor untermauerte seine Auffassung mit der Argumentation, alle großen Zeiträume des Gottesreiches hätten im Verborgenen ihren Anfang genommen, der erste mit der »unbemerkten Berufung Abrahams«, der zweite mit der »von der ganzen übrigen Welt unbeachteten Geburt des Welterlösers in der Herberge zu Bethlehem« und daher, so die Folgerung des Autors:

»dürfte wohl auch der dritte Zeitraum des Reiches Gottes irgendwo mit Etwas anheben, oder angehoben haben, das die übrige Welt nicht in Acht nimmt oder dafür

schicke dir diese Papiere, weil ich unmöglich Zeit habe, den Aufsatz zu machen. [...] Daneben kommt bey einer nicht zu allgemein gehaltenen Betrachtung über die Zukunft Christi so viel auf die exegetische Vorfrage an, welches der rechte Mittelweg sey zwischen der allzuleiblichen u. allzupneumatischen Auslegung der Weissagung, u. das ist eine sehr schwierige Frage.« – Ebd.: Brief von A. Seeger an S. C. Kapff, Strümpfelbach, 8. August 1836: »Einen Aufsatz betreffend d. J. 1836 oder die Zukunft des Herrn zu fertigen, kann ich aus 2erley Gründen nicht annehmen 1) bin ich diesen Sommer so kränklich, daß ich nach einem Urlaub von fast 4 Wochen, den ich zum Neckarbad in Mühlhausen benützte, izt kaum wieder so kräftig bin, *etwas* im Amte thun zu können. [...] 2) bin ich hinsichtlich der Lehre von der Zukunft des Herrn wohl in den allgemeinen Hauptpunkten, aber nicht so im einzelnen mit mir selbst im Reinen, daher ich es sogar für unrecht hielte, in einer Sache, wo ich noch so sehr Schüler bin, gewisermasen als Lehrer aufzutreten. [...] Ich schäme mich auch nicht es zu bekennen, daß ich über diese Punkte noch in manchem unsicher bin, da so viele Gottesmänner, die sogar selbst den Geist der Weissagung hatten, wenigstens im einzelnen irre gegangen seyn [!], u. ich glaube, daß es sogar gut wäre, wenn dieß von anderen, die darüber mehr Einsicht haben als ich u. doch auch nicht alles wißen, öffentlich bekannt würde.«

239 Mit einer Ausnahme sind ihre Autoren nicht bekannt. In Frage kommen vor allem damalige oder ehemalige Mitarbeiter der Basler Missionsschule, darunter auch einige Württemberger, wie z.B. Christian Gottlieb Blumhardt, Johann Christoph Blumhardt, Johann Georg Vaihinger oder Karl Friedrich Werner.

240 Wilhelm Hoffmann hatte seine Mitarbeit verweigert, weil er der Meinung war, »daß Widerlegungen und Negationen, die ich unmöglich unterdrüken könnte, in den ›Sammlungen‹ nicht am Orte wären« (WLB Stuttgart, Cod. hist. 4° 613, Nr. 3: Brief an S. C. Kapff, Winnenden, 1. Mai 1836).

241 Das Jahr 1836, in: Sammlungen [51] (1836), S. 3–12 (Zitat: S. 9): »Damit wollen wir weiter nichts sagen, als daß es eben so thöricht wäre, zu behaupten, daß das tausendjährige Reich mit dem Jahr 1836 *nicht* angefangen habe, als es verwegen seyn dürfte, mit gewisser Zuversicht den wirklichen Anfang desselben in dieses Jahr zu versetzen. Alle Werke Gottes, und vor Allem die größten Werke Gottes, haben ihren stillen, verborgenen Anfang, den nur wenige auserwählte Seelen zu ahnen vermögen.«

ansieht. Und wäre es denn nicht möglich, daß dies Anfangspünktlein um diese Zeit ungefähr sich ereignete oder bereits geschehen sey?«[242]

Als Erklärungsversuch boten diese Autoren die Verborgenheit des Erwarteten an. Ihre Argumentation machte es möglich, an den überlieferten Hoffnungen bis auf weiteres festzuhalten. Der Verzicht auf die sinnenhafte Erkennbarkeit der möglicherweise eingetretenen Entwicklung brachte jedoch einen unausweichlichen Verlust an Evidenz mit sich. Ein anderer Autor, Sixt Carl Kapff, wollte sich mit einer solchen Argumentation nicht zufrieden geben. Spittler hatte ihm die ersten Aufsätze zum Thema zugeschickt, um seine Meinung zu hören und ihn zu einem eigenen Beitrag zu motivieren. Kapff antwortete, er glaube an »ein sichtbares Kommen des Herrn« und könne sich daher den schon erschienenen Beiträgen nicht anschließen.[243] Hinter dem Dissens werden unterschiedliche endzeitliche Konzepte erkennbar. Die Autoren, die einen unbemerkten Beginn des Gottesreiches im Jahr 1836 nicht ausschließen wollten, vertraten ein postmillenarisches Konzept, in dessen Rahmen der Aktivität der Glaubenden eine entscheidende Rolle zukam. Als Vorbedingung für den Anbruch des Gottesreiches wurde »eine erneuerte Geistesausgießung« und »ein erneuertes über die ganze Erde sich verbreitendes Zeugniß von Jesu« genannt.[244] Ohne die Mitwirkung der Anhänger Christi konnte sich das Reich Gottes nicht verwirklichen. Damit war aber umgekehrt auch gesagt: Durch menschliche Arbeit, zumal die Mitarbeit auf den verschiedenen Feldern der Mission, konnte die Entwicklung des Gottesreiches befördert werden. Der Erfolg der Missionsarbeit war die Voraussetzung für den Anbruch des Gottesreiches, der unbemerkt vielleicht schon im Gange war.[245]

Einer solchen Argumentation, die der menschlichen Aktivität entscheidende und vor allem positive Bedeutung beim Fortgang der endzeitlichen Entwicklung zumaß, wollte Kapff nicht zustimmen. In einem ausführlichen exegetischen Beitrag zu Jesu Endzeitrede (Mt 24f) insistierte er auf der Notwendigkeit eines sichtbaren Erscheinens Christi am Beginn des tausendjährigen Reiches und unterstützte damit ein prämillenarisches Konzept. Als »Hauptzeichen der letzten Zeit« gab er »das *Auftreten des Antichrists*« an.[246] Sein Aufsatz war ein Dokument des sich seines Gegenstandes unsicher werdenden Wartens:

---

242 Ueber das Wissen der Zeiten des Reiches Gottes, und was noch wichtiger ist, als dieß Wissen, in: Sammlungen [51] (1836), S. 33–46, Zitate: S. 39f.
243 StA Basel, PA 653, Abt. V, Kapff, Sixt Carl: Brief an Spittler, Korntal, 16. April 1836.
244 Sammlungen [51] (1836), S. 45.
245 Ebd., S. 42f.
246 Belehrungen über die Zukunft des Herrn aus Matthäi 24 und 25, in: Sammlungen [51] (1836), S. 161–178, 193–224, Zitat: S. 214. Es handelt sich um einen gekürzten Vorabdruck von KAPFF, Zukunft.

»Gott ist nahe, wir leben in Ihm, jeden Augenblick trägt Er uns und alle Welt, die Ewigkeit ist nahe, unsere Zeit ist mit ihr Ein Ganzes, und jeden Augenblick kann sie uns ganz aufnehmen. Und so ist das, was für die Zukunft verheißen ist, uns nahe. Und namentlich die Zukunft Christi muß in jeder Zeit als möglich, und von den Glaubigen sogar als wahrscheinlich erwartet werden.«[247]

Nachdem die Wiederkunft Christi ihren unmittelbaren Zeithorizont verloren hatte, diffundierte sie in eine nicht näher bestimmte oder bestimmbare Möglichkeitsform. Jeder Zeit möglich, war sie ihrer vorherigen Präzision entkleidet. Kapff ersetzte den Verlust durch ihre Verlegung in die Innerlichkeit. Innerlich und geistlich komme Christus ja schon jeden Tag zu den Glaubenden. Nur müsse zu diesem unsichtbaren Kommen noch das sichtbare hinzukommen.[248] Über dessen Zeitpunkt waren aber keine genaueren Aussagen möglich. Denn dem menschlichen Warten entsprach »das große Warten Gottes«, mit dem Kapff das Nichteintreffen früherer Berechnungen begründete.[249] Mit dem Ausbleiben der Wiederkunft Christi wartete Gott, so Kapff, damit umso mehr Menschen die Gelegenheit zu Umkehr und Buße bekamen. In Kapffs Interpretation warteten beide, Gott und Mensch. Die endzeitliche Entwicklung verharrte in einem unentschiedenen Schwebezustand. Wie der individuelle Tod, so konnte auch die Wiederkunft Christi zu jeder Zeit eintreffen – oder ausbleiben. Sie war »ewig nahe« und doch nicht greifbar.[250] Unter dem Deckmantel der ewigen Nähe verbarg sich das Eingeständnis, in allen konkreteren Erwartungen enttäuscht worden zu sein und sich auf eine nicht näher zu bestimmende Dauer der gegenwärtigen Verhältnisse einrichten zu müssen. Nicht als »Verzug« sollte das Ausbleiben Christi verstanden werden, sondern als Zeichen der »Geduld« Gottes mit den Menschen.[251] Mit dieser positiven Wendung endete Kapffs Artikel und eröffnete damit eine neue Perspektive. Denn unter dem Vorzeichen der Geduld Gottes ergaben sich neue Möglichkeiten des irdischen Wirkens, der kirchlichen und missionarischen Arbeit.

Ursprünglich nur als Beitrag für die *Basler Sammlungen* gedacht, hatte Kapff eine umfängliche Verteidigungsschrift der württembergischen Erweckten geschrieben, die ihnen neue Perspektiven für die kommende Zeit eröffnete. Er ließ sie noch im Sommer 1836 in ungekürzter Fassung unter dem Titel *Die Zukunft des Herrn* separat drucken.[252] Mit dem Erlös wurde die weiterhin marode Kasse der Wilhelmsdorfer Siedler unterstützt. Spittler gegenüber äußerte Kapff nicht ohne Stolz die Ansicht, sein Aufsatz gebe

247 Sammlungen [51] (1836), S. 197.
248 Ebd.
249 Ebd., S. 200.
250 Ebd., S. 202.
251 Ebd., S. 223.
252 KAPFF, Zukunft.

»ganz die Würtembergische und Kornthalische Hoffnung« wieder.[253] Er war überzeugt, dass ihm mit seiner Schrift gelungen war, die unterschiedlichen Frömmigkeitsrichtungen in Korntal zusammenzuführen und an den landeskirchlichen Pietismus wieder anzubinden. Anders fiel das Urteil des Leonberger Dekans aus. In seinem Visitationsbericht vom 20. September 1836 äußerte er heftige Kritik an Kapffs Veröffentlichung. In ihr trete »das Willkührliche und Unwissenschaftliche in der Art der Schriftauslegung, und das Halbwahre, Oberflächliche und Uebertriebene im Urtheile über die Erscheinungen der Zeit zu grell« hervor, »als daß die gut gemeinte Absicht, die Pietisten über die Nichterfüllung der Bengel'schen Berechnungen auf das Jahr 1836 zu beruhigen, dadurch möchte erreicht werden können.« Ob es an Kapffs Veröffentlichung lag oder an seinem pfarramtlichen Wirken insgesamt: Es spricht einiges dafür, dass sich der Dekan täuschte. Immerhin musste er noch in demselben Bericht zugestehen, es gelinge Kapff, »die Gemeinde von der Willkührherrschaft des weltlichen Ortsvorstehers allmählich zu befreien, und die für ihr künftiges Wohl so wichtige Annäherung an die Landeskirche immer mehr anzubahnen.«[254]

Kapffs Schrift über die »Zukunft des Herrn« war ein letzter Erklärungsversuch, warum die endzeitlichen Erwartungen des württembergischen Pietismus enttäuscht worden waren. Sie wies mit ihrer Betonung der Geduld Gottes jedoch auch in die Zukunft und bereitete die Bahn für neue Themen, mit denen sich der Pietismus auf den Weg der Konsolidierung begab und in der Landeskirche neues Ansehen gewann.

---

253 StA Basel, PA 653, Abt. V, Kapff, Sixt Carl: Brief an Spittler, Korntal, 27. April 1836: »So ungern ich Anfangs an die neue, zwischen vieles andre mir sehr ungeschickt hineinkommende Arbeit ging und so sehr ich fürchtete, kaum einen Bogen herauszubringen, so sehr wurde ich, nachdem ich recht einfältig bei dem Herrn gebettelt hatte, beschämt, als es mir zufloß aus *seiner Quelle*. Das kann ich versichern. [...] Wie gesagt, ich wollte zuerst nur einen Bogen machen, und nun ist das geworden. Der Aufsatz gibt ganz die Würtembergische und Kornthalische Hoffnung. Ich hätte selbst nicht geglaubt, daß ich so mit meiner Gemeinde Eins wäre in diesem Punkt, aber alle, die meine Schrift lesen, sind damit einverstanden, am meisten Hoffmann. Dieser verlangt gebieterisch, daß die Schrift eigens gedruckt und im Land vertheilt werde, und ich würde es zugeben zum *Besten der Gemeinde Wilhelmsdorf*, wenn Sie Nichts dagegen haben. Hoffmann sagt, die Basler Sammlungen seien bei uns nicht so häufig gelesen. Diese Schrift aber sei etwas fürs ganze Volk.«

254 Beide Zitate: StA Ludwigsburg, E 173 III Bü 7506, Nr. 210: Visitationsbericht von Dekan Wächter, Leonberg, 20. September 1836.

Kapitel 4:
Zwischen Konsolidierung und Resignation
Der württembergische Pietismus im Vormärz

In den Jahren vor 1836 war es pietistischen Pfarrern in Württemberg gelungen, institutionelle und mediale Wege zu finden, um die sich verbreitende endzeitliche Enttäuschung aufzufangen. In der Stuttgarter Predigerkonferenz hatten sie ein organisatorisches und kommunikatives Zentrum, von dem aus sie ihre Aktivitäten planen und koordinieren konnten. Mit dem *Christenboten* stand ihnen ein Publikationsorgan zur Verfügung, das in die Kreise des popularen Pietismus hineinwirkte und zu deren Sammlung und Neuorientierung wesentlich beitrug. Die Wahl Sixt Carl Kapffs zum Korntaler Pfarrer gab darüber hinaus zur Hoffnung Anlass, die dortige Gemeinde werde sich der Landeskirche wieder annähern und ihren separatistischen Kurs verlassen. Die von Ludwig Hofacker ausgegangenen und von Burk, Kapff und anderen aufgegriffenen Fäden hatten sich zu einem Netz vielfältiger Aktivitäten verwoben, das nicht zuletzt dazu diente, den pietistischen Kreisen neue Perspektiven zu eröffnen. Von außen gesehen waren die in diesem Zusammenhang gestarteten Aktionen nicht durchweg erfolgreich. Gegenüber dem Staat war die breit angelegte Initiative zur Sonntagsheiligung gescheitert. In ihrer stabilisierenden Wirkung nach innen darf sie jedoch genau so wenig unterschätzt werden wie das Wilhelmsdorfer Predigtbuch und der davon finanzierte Fonds zur Errichtung der dortigen Pfarrstelle. Alle diese Aktivitäten sollten dazu beitragen, die durch das Ausbleiben der erwarteten endzeitlichen Ereignisse verunsicherten Pietisten aufzufangen und ihre Kommunikation untereinander zu fördern. Um den Erfolg auf lange Frist zu sichern, war es jedoch notwendig, die begonnene Arbeit fortzusetzen. Alte Probleme, vornan die Gesangbuchfrage, waren weiterhin ungelöst, neue Probleme, nicht zuletzt die Industrialisierung, tauchten nicht mehr nur am Horizont, sondern in nächster Nähe auf. Wer allerdings erwartet hatte, der in den Jahren vor 1836 eingeschlagene Weg der Stabilisierung werde sich in der Folge ungebrochen fortsetzen, sah sich getäuscht. Den Wegen, die der württembergische Pietismus nach 1836 nahm, um sich den alten und neuen Problemen zu stellen, eignete vielmehr eine merkwürdige Ambivalenz zwischen Konsolidierung und Resignation. Nach außen hin versuchten vor allem die Theologen Christian Burk und Albert Knapp, den

Pietismus als loyale Kraft innerhalb von Kirche und Staat darzustellen und den Weg der Annäherung an die landeskirchlichen Institutionen zu betreiben. Endzeitliche Erwartungen traten dabei in den Hintergrund. Im Innern der pietistischen Kreise entfalteten sie jedoch weiterhin prägende Wirkung. In ihrem Licht erschien die Gegenwart eher als fortwährende Krisenzeit. Im Folgenden sollen diese unterschiedlichen Tendenzen genauer ins Auge gefasst und in ihren Bedeutungen und Wechselwirkungen erklärt werden. Der Frage nach den unterschiedlichen Wirkungen nach außen und nach innen kommt dabei eine entscheidende Rolle zu. Am Anfang stehen die Wege der Konsolidierung, die den Pietismus der Landeskirche annäherten. Im zweiten Abschnitt dagegen werden die Rückzugswege der endzeitlichen Erwartungen im Innern des Pietismus beobachtet. Der dritte Abschnitt widmet sich exkursartig der Frage, wie der Pietismus in Württemberg auf gesellschaftliche Entwicklungen reagierte und wie dabei endzeitliche Erwartungen ins Spiel kamen. Im Schlussabschnitt schließlich werden die Haupt- und Nebenwege verfolgt, die der württembergische Pietismus im Vormärz in der Auseinandersetzung mit seinen endzeitlichen Erwartungen nahm.

I. Wege der Konsolidierung

Wenn man nicht an den enttäuschten Erwartungen hängen bleiben wollte, so war es dringend nötig, neue Themen in die Diskussion einzubringen, durch die man die ortlos gewordenen Hoffnungen auffangen, aufheben und in neue Energien umsetzen konnte. Neue Themen boten die Chance neuer Perspektiven für die verunsicherten pietistischen Kreise und damit die Hoffnung, auf dem Weg der Konsolidierung fortschreiten zu können. Das wichtigste Ziel war dabei die Wiederannäherung des Pietismus an die Landeskirche.

1. »Was wollen denn die Pietisten?«

Bereits im Sommer und Herbst 1835 veröffentlichte Christian Burk im *Christenboten* zwei Artikelserien, die als Standortbestimmung des württembergischen Pietismus und als Manifest für die Zeit nach 1836 angesehen werden können. Er stellte sich darin den Fragen: »Was wollen denn die Pietisten?« und »Warum erreichen die Pietisten so unvollständig das, was sie wollen?«[1] Die Artikel enthielten und verlangten eine umfassende Neu-

---

1   ChB [5] (1835), Sp. 267f, 275ff, 281–284, 294–297, 307f (12. Juli–9. August): »Was wollen denn die Pietisten?«; ebd., Sp. 355f, 361–364, 371ff, 379–383, 388–392 (13. September–

besinnung im Verhältnis von Pietismus und Landeskirche in Württemberg. Burks Zielrichtung war dabei eine doppelte: Die pietistischen Versammlungen und Gemeinschaften sollten sich als gemeinsame Kraft innerhalb der Landeskirche erkennen und identifizieren. Die Landeskirche wiederum sollte den Pietismus als legitimes und loyales Element ihres geistlichen Lebens erkennen und akzeptieren. Nach innen Selbstvergewisserung und Sammlung, Verteidigung und Rechtfertigung nach außen: Das waren die entscheidenden Akzente von Burks Zwischenruf. Er überging programmatisch alle Differenzen der unterschiedlichen pietistischen Richtungen im Land; für bedeutend und erwähnenswert hielt er nur, »was dieser ganzen Klasse von Menschen gemeinsam« sei.[2] Als Bindeglied führte er die Lehre von der Wiedergeburt an, die »das Schiboleth aller pietistischen Partheyen sey«; bei allen finde man daher eine dichotomische Einteilung der Menschen »in Wiedergeborene und nicht Wiedergeborene, in Erweckte und Unerweckte, in Bekehrte und Unbekehrte, in Welt- und Kinder Gottes«.[3] Der »wahre Pietist« war in politischer Hinsicht der Obrigkeit treu ergeben, bewahrte sich aber im kirchlichen Raum seine Skepsis gegenüber Institutionen und Organisationen.[4] Burks Formulierungen changierten wohl bewusst zwischen nivellierender Deskription und idealisierender Normierung. Er verfolgte die Absicht, den Pietismus als notwendiges Ferment der staatlichen und kirchlichen Ordnung Württembergs darzustellen, das er faktisch nicht war. Darum musste sich Burk in einer zweiten Artikelserie ausführlich mit den Hindernissen auseinandersetzen, die sich dem Pietismus in den Weg stellten. Kurz und allgemein referierte er äußere und innere Hindernisse, wie fehlende Bibelkenntnisse und mangelnde Bereitschaft bei christlichen Obrigkeiten, zu deren Förderung beizutragen oder Schwachheit des Glaubens, Sündhaftigkeit, Familien-Untugenden und Selbstgerechtigkeit.[5] Doch darauf lag nicht das Schwergewicht seiner Argumentation. Das eigentliche Problem, dem er sich in einem längeren Abschnitt zuwendete, war die Stellung des Pietismus innerhalb der staatlichen und kirchlichen Ordnung. Es lasse sich nicht leugnen, dass

»die Leitung einer Kirche, in welcher die freie Lebenskraft des Pietismus sich regt, geistvollere, umsichtigere und thätigere Regierer fordert als diejenige, in welcher man der geregelten Kirchlichkeit unbedenklich jede lebendigere Regsamkeit des christlichen Sinnes zum Opfer bringt, und das Erstarren der Christen in todte Formen so

---

11. Oktober): »Warum erreichen die Pietisten so unvollständig das, was sie wollen?« Unter dem Titel »Was wollen die Pietisten?« erschienen die Artikel im Jahr 1836 separat (BURK, Was wollen). Burk unterstrich damit den Anspruch, eine Programmschrift verfasst zu haben.

2   ChB [5] (1835), Sp. 267f.

3   Ebd., Sp. 283.

4   Ebd., Sp. 307f, Zitat: 307.

5   Ebd., Sp. 355, 362ff.

wenig fürchtet, daß man ihr Erwachen durch gewaltsame Maßregeln niederzuhalten sich bestrebt.«[6]

Aber auch Burk konnte nicht übersehen, dass in der Vergangenheit dem württembergischen Staat und der Landeskirche aus dem Pietismus vielfältige Konflikte erwachsen waren: bürgerlicher Ungehorsam, Auswanderung, Streit um Gesangbuch und Liturgie, Gruppenbildung innerhalb der Kirchengemeinden, Separatismus. Er kam also nicht umhin, sich mit dem Vorwurf auseinanderzusetzen, der Pietismus führe »zur Geringschätzung menschlicher und göttlicher Gesetze, der kirchlichen Gebräuche, der kirchlichen Lehre und der kirchlichen Gemeinschaft«.[7] Sorgfältig wog er ab, inwieweit im Pietismus die genannten Gefahren strukturell oder okkasionell angelegt waren und wie auf der anderen Seite aus ihm selbst die notwendigen Gegenmittel erwuchsen. Seine ganze Argumentation zielte darauf ab, offizielle Landeskirche und pietistische Gemeinschaften als natürliche und aufeinander angewiesene Partnerinnen darzustellen. Die Landeskirche könne kein Interesse daran haben, den Pietismus kleinzuhalten, wenn und solange er sich der »kirchlichen Aufsicht« unterwerfe und »keine der kirchlichen und bürgerlichen Ordnung zuwiderlaufenden Auswüchse« zulasse. Sie sichere sich dadurch die aus dem Pietismus erwachsende geistliche Lebenskraft und erwerbe sich so »eine eigentliche Schutzmauer gegen sektirerischen Separatismus«.[8] Die Verteidigung des Pietismus enthielt damit implizit seine entscheidende Platzanweisung, nämlich innerhalb der kirchlichen und bürgerlichen Ordnung.

Symptomatisch ist in diesem Zusammenhang die Verortung, die Burk für die dem Pietismus wesentlichen Endzeiterwartungen vornahm: Er verbarg, reduzierte, relativierte und ritualisierte sie. Gleich zu Beginn seiner Artikel betonte Burk, die theologische Lehre dürfe nicht nur als Sache der Erkenntnis betrieben werden, sondern müsse auf das ganze Leben des Menschen angewendet werden. Pietisten legten daher besonders auf diejenigen Lehren Wert, die bestimmende Bedeutung für die Lebensführung hätten. Burk zählte auf: »die Lehre von der Wiedergeburt, von dem Einflusse des heiligen Geistes, von der Rechtfertigung durch Christi Verdienst u.s.w.«[9] Was auch immer mit dem »u.s.w.« gemeint war, die speziell eschatologischen Lehren waren nicht genannt und damit verborgen. Sie sollten nicht in vorderster Linie auftauchen und die äußere Erscheinung des Pietismus prägen. Lediglich bei der Darlegung der auf Spener und Francke zurückgehenden Tradition der pietistischen Bildungsarbeit kam er auf die allen Pietisten

---

6 Ebd., Sp. 380.
7 Ebd., Sp. 379–383, 388–392, Zitat: 380.
8 Ebd., Sp. 389f.
9 Ebd., Sp. 267.

gemeinsame Hoffnung zu sprechen, es würden einst die Bibel in der ganzen Christenheit verbreitet und alle Menschen durch die Mission erreicht sein. Und er fuhr fort:

>Wenn irgend etwas, so beurkunden gerade diese apocalyptischen Hoffnungen der Pietisten, auf deren Verwirklichung sie mit zuvorkommendem Eifer und mit augenscheinlicher Aufopferung hinarbeiten, ihre Theilnahme an der Verbreitung ächter Erkenntniß.«[10]

Er reduzierte also die »apocalyptischen Hoffnungen« nicht nur auf allgemeine Bibelverbreitung und Mission, sondern unterstellte sie überdies dem Thema der Bildung, wodurch sie als untergeordnete Funktion evangelisch-pietistischer Bildungsarbeit erscheinen konnten. An anderer Stelle erwähnte Burk die Befürchtungen mancher Pietisten, sie könnten durch Maßnahmen »kirchlich-politischer Oberbehörden« daran gehindert werden, ihren Glaubensüberzeugungen gemäß zu leben.[11] Er relativierte diese endzeitlichen Ängste aber und gestand zu, man könne nicht leugnen, dass das unter Pietisten verbreitete Misstrauen gegenüber der kirchlichen Obrigkeit bisweilen auch schon durch unerwartetes Entgegenkommen beschämt worden sei. Schließlich beendete Burk seine Artikelserie mit der Aufforderung, im öffentlichen wie im privaten Gebet noch dringender die Bitte auszusprechen: »Dein Reich komme!«[12] Hier erst sollte sie ihren unbestrittenen Ort bekommen, in der täglichen Übung des Vaterunser-Gebetes blieb die Endzeiterwartung erhalten: Zurückgezogen ins Ritual und damit ihrer unmittelbaren Aktualität entkleidet. Was in den vergangenen Jahren hervorstechendes Merkmal des Pietismus gewesen war, die drängende und bedrängende Endzeiterwartung, sie durfte nicht mehr im Vordergrund stehen, denn sie war weder geeignet, den Pietismus als Garanten der kirchlichen und bürgerlichen Ordnung darzustellen, noch konnte sie als Bindemittel der unterschiedlichen pietistischen Strömungen dienen. Bei einer programmatischen Standortbestimmung des kirchlichen Pietismus sollten apokalyptische Themen allenfalls noch in einer Nebenrolle bemerkbar sein.

2. Streiten gegen Strauß

In die Zeit der Neuorientierung des Pietismus in Württemberg fiel ein Ereignis, das entscheidend zu dessen Sammlung und Wiederannäherung an die Landeskirche beitrug: das Erscheinen von David Friedrich Strauß' zweibändigem Werk »Das Leben Jesu, kritisch bearbeitet« in den Jahren 1835 und 1836.[13] Nicht erst die Lektüre des Werkes selbst, sondern schon

---

10   Ebd., Sp. 275.
11   Ebd., Sp. 308.
12   Ebd., Sp. 392.
13   STRAUSS, Leben Jesu. Zu Strauß' Biographie vgl. KUHN, Art. Strauß.

die von ihm ausgehende Fama sorgte für erhebliche Unruhe in kirchlichen Kreisen. Im Juni 1835 wurde die Öffentlichkeit durch eine Anzeige in der *Schwäbischen Chronik* erstmals auf das im Erscheinen begriffene Werk des Tübinger Stiftsrepetenten Strauß (1808–1874) aufmerksam gemacht.[14] Wenig später eröffnete Christian Burk im *Christenboten* die Auseinandersetzung mit dem Abdruck einer anonymen – vielleicht fingierten – Leserzuschrift, in der das Buch – ohne es gelesen zu haben, wie der unbekannte Autor offen zugestand – verurteilt wurde, weil Strauß der Kirche die »Fundamental-Grundsätze« raube.[15] In seiner Antwort äußerte Burk kaum verhohlen die Erwartung, das Konsistorium werde Strauß aus seinem Amt entfernen, was dann auch bald geschah.[16] Die konservativen, dem in die Jahre gekommenen Supranaturalismus verpflichteten Kräfte im Konsistorium und der durch den *Christenboten* vertretene Pietismus gingen – noch unerklärt – eine Koalition ein, der Strauß zum Opfer fiel. Nicht umsonst war neben Burk der aus der supranaturalistischen, älteren Tübinger Schule kommende Theologieprofessor Johann Christian Friedrich Steudel unter den ersten, die sich öffentlich gegen Strauß wandten.[17] In der kritischen Front waren sie sich einig: der in seinem Offenbarungsverständnis in Frage gestellte Supranaturalismus und der Biblizismus Bengelscher Prägung. Strauß hatte beide in ihren hermeneutischen Grundfesten erschüttert. Die Quintessenz seines Werkes bestand darin, die in den Evangelien erzählte Lebensgeschichte Jesu nicht als Wiedergabe historischer Fakten zu verstehen, sondern als die in mythische Sprache eingekleidete Illustration religiöser Ideen. Dass zumal biblizistische Theologen ein solches Programm nicht unwidersprochen ließen, kann nicht verwundern. Zu einer Zeit, in der durch das Scheitern der Bengelschen Berechnungen die Wahrheit des Biblizismus zur Diskussion stand, drohte das Straußsche Werk die Verunsicherung innerhalb des Pietismus zu potenzieren.[18] Dennoch erstaunt der Furor, mit dem die Aus-

---

14   *Schwäbische Chronik* vom 6. Juni 1835, S. 682.

15   ChB [5] (1835), Sp. 288 (26. Juli). Dass Strauß' Werk in Theologenkreisen sehr schnell zur Kenntnis genommen und gelesen wurde, belegt ein Zirkularheft württembergischer Vikare, das zwischen Januar und Mai 1836 geführt wurde (LKA Stuttgart, R 5/1). Den Einträgen zufolge wurde im Januar 1836 in der Diözesangesellschaft des Bezirks Nürtingen und im März 1836 in der des Bezirks Calw der erste Band von Strauß' »Leben Jesu« reihum gelesen.

16   Noch vor Erscheinen der Kritik im *Christenboten* wurde Strauß am 23. Juli 1835 auf eine Professoratsverweserei nach Ludwigsburg berufen, die er im Herbst des Jahres antrat. Ein Jahr später, im Oktober 1836 wurde ihm eröffnet, er habe keine Aussicht mehr auf eine Anstellung im Pfarrdienst. 1848 wurde er offiziell von der Liste der Predigtamtskandidaten gestrichen (vgl. WEIZSÄCKER, Strauß, S. 655–660).

17   STEUDEL, Vorläufig zu Beherzigendes. Zu Steudel vgl. OEHLER, Steudel, u. oben Kapitel 1, Abschnitt II. 2. *Verborgene Motivation.*

18   Aus Bemerkungen in dem oben (Anm. 15) erwähnten Zirkularheft württembergischer Vikare lässt sich die auch in Theologenkreisen drohende Verunsicherung durch das Straußsche Werk erahnen: »So weit ich die Sache zu verstehen meine, habe ich mir folgendes Resultat daraus

einandersetzung geführt wurde. Der Verdacht liegt nahe, das pietistische
Engagement gegen Strauß und dessen Freund Christian Märklin (1807–
1849), der sich 1839 mit einer »Darstellung und Kritik des modernen Pie-
tismus« in den Streit einschaltete, habe andere und tiefere Ursachen als die
Herausforderung zur Widerlegung der intellektuellen Gegner gehabt.[19] Im
Folgenden geht es darum nicht um eine ins Einzelne gehende Darstellung
der Auseinandersetzungen um Strauß' »Leben Jesu«.[20] Vielmehr sollen die
kommunikativen Interessen hinter der pietistischen Reaktion auf Strauß und
Märklin ermittelt werden: Mit welchen Absichten ziehen die pietistischen
Theologen in den Streit? Wen haben sie beim Verfassen ihrer Gegenschrif-
ten im Blick? Erst die Ausleuchtung des kommunikativen Hintergrunds
macht die Vehemenz des Vorgehens gegen Strauß und Märklin verstehbar.
Drei Beobachtungen sind dabei zu machen.

1. Angesichts der nicht in Erfüllung gegangenen Endzeiterwartungen
kam es den pietistischen Theologen auf eine *Stabilisierung* der pietistischen
Gemeinschaften an. Schon seit Jahren hatten Barth, Burk und andere gewarnt, das Nichteintreffen der Bengelschen Berechnungen könnte als Gegenreaktion eine Abkehr von den biblischen Verheißungen oder Zweifel an
der Wahrheit des biblischen Wortes überhaupt nach sich ziehen.[21] Strauß'
»Leben Jesu« mußte in dieser Situation als zusätzliche Gefahr verstanden
werden, der unverzüglich entgegenzutreten war. Mit dem *Christenboten*
hatte man ein schnelles und in die Breite wirkendes Medium an der Hand,
das sich zu diesem Zweck trefflich eignete. Über mehrere Monate hinweg

---

gezogen: 1.) Ohne Glauben kommt man auch in der Wissenschaft nicht mit den Gegnern aus. 2.)
Gott wird den Strauß brauchen um die 5 schlafenden Jungfrauen aus der Meinung zu wecken, als
könne die Philosophie das Christenthum plausible machen. 3.) dachte ich immer, wenn ich je
etwas stutzte, an die Frage des Herrn Jesu: Wollt ihr auch weggehen?« (Eintrag Karl Römer, 17.
Januar 1836). – »Den Strauß betreffend, so ist mir nachdem er mich lange genug geängstigt hatte,
durch längere Betrachtung seines Treibens [...] klar geworden, wie gar ungöttlich sein ganzes
Wesen ist, daher ich das was von ihm oder seinen Freunden ausgeht, wenig fürchte. Das steht mir
fest, daß seinen [!] Leben Jesu, so lange die Authenthie des grösten Theils der paulinischen Briefe
noch fest steht, sogar vom kritischen Standpunkt aus etwas verkehrtes ist, nemlich der Hauptsache
nach.« (Eintrag Christian Hermann, Reminiscere [28. Februar 1836)]). – »Strauß Leben Jesu
werde uns schon zu schaffen gemacht haben? Mir nicht: ich durchblätterte es, las einzelne Abschnitte und schickte es weiter: meinen Glauben an die Wahrheit und Göttlichkeit der h. Schrift,
und zwar bis ins Einzelne, lasse ich mir durch solches Gerede, das, so sehr man das auch daran
rühmt, erst nicht immer scharfsinnig, sondern manchmal auch trivial ist, nicht wankend machen:
vielleicht nehme ichs zu leicht, aber ich befinde mich gut dabei« (Eintrag Jakob Friedrich Stotz,
23. März 1836).

19 MÄRKLIN, Darstellung.
20 Vgl. SCHWEITZER, Geschichte, S. 106–154 (Bibliographie der durch D. Fr. Straußens
Leben-Jesu hervorgerufenen Literatur, ebd., S. 632–635); KÖPF, Märklin, S. 171–184. Zur politischen Seite der Auseinandersetzungen vgl. LANGEWIESCHE, Bildungsbürgertum.
21 Vgl. BARTH, Das Jahr 1836, S. 8; BURK, in: ChB [2] (1832), S. 20 (vgl. auch oben Kapitel 3,
Abschnitt I. 4. *Warten auf den Antichrist*; Kapitel 3, Abschnitt II. 1. *Wertschätzung des Theologen*).

erschien zwischen Juni 1836 und Juni 1837 eine Artikelreihe unter dem
Titel »Glaube und Unglaube«, zuerst mit dem Untertitel »Kurze Geschichte
des Unglaubens«, später »Straußischer Unglaube«, als deren anonymer
Autor sich der Korntaler Pfarrer Sixt Carl Kapff nicht lange verbergen
konnte.[22] Er wusste durch sein Amt die Stimmung in den pietistischen Gemeinschaften einzuschätzen und den erforderlichen Ton zu treffen. Entsprechend bissig, bisweilen beleidigend fielen seine Formulierungen aus. Gleich
zu Beginn stellte Kapff den von ihm diagnostizierten »Unglauben« in einen
endzeitlichen Horizont:

»Wir sind in der Zeit des Abfalls. Ein finsterer Geist des Unglaubens geht durch die
Welt, der Vater der Lügen steigt auf Kanzeln und Lehrstühle, und viel tausend Geister predigen seine alte Lüge in neuem, buntscheckigtem Gewand.«[23]

Strauß und die von ihm aufgenommene Hegelsche Philosophie wurden von
Kapff in einen direkten Zusammenhang mit dem bevorstehenden Auftreten
des Antichristen gebracht.[24] Strauß' zweibändiges Werk – von Kapff »als
ein wahrer Giftbaum«[25] perhorresziert – galt ihm als das Zeichen einer
katastrophalen Entwicklung, die erst durch den Zorn Gottes ein Ende finden
würde. Mit endzeitlicher Rhetorik schilderte Kapff die für ihn unausweichliche Auseinandersetzung zwischen Strauß und seinen Anhängern auf der
einen Seite und der wahren, »gläubigen« Kirche auf der anderen Seite.[26]
Der von Kapff in seiner Artikelreihe angesprochene imaginierte Leser war
weder sein Kontrahent Strauß, noch der an kirchlichen Fragen interessierte,
gebildete Bürger. Kapffs Invektiven zielten überhaupt nicht auf einen Dialog
mit Strauß, sondern hatten die Reihen des popularen Pietismus im Auge, die
durch die gegen Strauß gerichtete Polemik ein neues Identifikationsangebot
erhalten sollten. Der Straußsche »Unglaube« diente dabei als Kontrastfolie
und als erneutes Zeichen, das die Berechtigung einer grundsätzlich

---

22   ChB 6 (1836), Sp. 251ff, 263–269, 276–279, 283–286, 291ff, 300–304; 7 (1837), Sp. 19–24,
27–30, 33–37, 43–46, 52–59, 67–70, 75ff, 155–161, 171ff, 181–187, 195–199, 203–207, 211–215,
220–227. – Vgl. StA Basel, PA 653, Abt. V, Kapff, Sixt Carl: Brief Kapff an Spittler, Korntal, 16.
April 1836: »Auch hab ich gerad einen großen Aufsatz für den Christenboten (über Strauß) unter
der Hand«.
23   ChB 6 (1836), Sp. 251.
24   Ebd., Sp. 301: Hegels Philosophie sei »die kräftigste Vorbereitung für den Antichristen«;
Sp. 302: »Es sind kräftige Irrthümer, die dem Antichristen den Weg schnell bereiten«; Sp. 304:
Aus der »Geschichte des Unglaubens« sei »ein baldiges Auftreten des Antichristen leicht zu
erkennen«.
25   Ebd.
26   ChB 7 (1837), Sp. 226: »Gibt es daher viele Strauß, so muß es einen großen Strauß geben, nehmlich einen großen Kampf, in Folge dessen es zu einer Scheidung kommen muß zwischen
Glaube und Unglaube, zwischen gläubiger Kirche und pantheistischer, hegelscher oder straußischer Parthey. [...] Unsere Zeit will Entscheidung; ein Mittelding zwischen Glaube und Unglaube
geht nicht mehr.«

endzeitlichen Haltung bestätigte. Die pietistischen Gemeinschaften sollten stabilisiert werden, indem ihre endzeitlichen Energien einen neuen Angriffspunkt erhielten. Kapffs Artikelreihe richtete sich damit eindeutig nach innen, an die eigenen Reihen. In ihrer Wirkung nach außen konnte man sie allerdings nur kontraproduktiv nennen. Das von Burk und anderen verfolgte Ziel, den Pietismus hoffähig zu machen, war mit Kapffs Sarkasmus nicht zu erreichen. Auch aus den eigenen Reihen erfuhr er daher für seinen überzogenen Ton einige Kritik.[27]

2. Als erwünschte Nebenwirkung der Auseinandersetzung mit Strauß und seinen Verteidigern kann die *Einigung* der unterschiedlichen pietistischen Strömungen gegen einen äußeren Gegner angesehen werden. Der Vorgang der Einigung hatte dabei eine Außen- und eine Innenseite. Als Christian Märklin 1839, damals Diakon in Calw, seinem Freund Strauß zur Seite trat und seine »Darstellung und Kritik des modernen Pietismus« veröffentlichte, nivellierte er jegliche lehrmäßige, mentale oder regionale Differenzierungen zwischen den unterschiedlichen pietistischen Gemeinschaften.[28] Er trug damit von außen ein Gesamtbild an den Pietismus heran, das diesen als ein einheitliches Phänomen erscheinen ließ. Die Kritik, die bald gegen Märklin laut wurde, verwarf zwar sein Bild des Pietismus weithin als Zerrbild. Doch an einem Punkt erhob sich kein Widerspruch: Auch von innen wollte man den Pietismus als geeinte Kraft sehen, die sich nicht durch Parteiungen selbst schwächte.[29]

Schon vorher, im Herbst 1838, war im *Christenboten* eine Serie von öffentlichen Briefen erschienen, in denen sich Johannes Meßner, ein Gemeinderat aus Aldingen bei Tuttlingen, der Aufgabe unterzog, »eine bestimmtere Definition des Pietismus« zu entwickeln.[30] Vordergründig gaben sich Meßners Briefe als Antwort auf die Schrift »Der Pietismus und die moderne Bildung« des Heidenheimer Diakons Gustav Binder (1807–1885), eines Freundes und Promotionskollegen von Strauß und Märklin, der wiederum

---

27 KOLB, Das neunzehnte Jahrhundert, S. 601. Gegenüber Wilhelm Hofacker entschuldigte sich Kapff: »Mir hat die Schmach ungemein viel genützt, und ich bin denen, die mich gestriegelt haben, viel Dank schuldig. Sie zeigten mir, daß allerdings ein Jesuit in mir steckt und daß ich noch zuviel Menschengefälligkeit habe.« (Zit. nach HERMELINK, Geschichte, S. 382).

28 Vgl. KÖPF, Märklin, S. 179: »ein relativ einheitliches, zuweilen sehr vereinfachtes, geradezu monotones Bild des Pietismus«.

29 Vgl. GRÜNEISEN, Abriß, S. 116: »Auch haben die früheren unter sich getrennten Gemeinschaften zwar diese Trennung noch nicht aufgegeben, so daß an mehrern Orten die Versammlungen der ältern Pietisten, der *Michelianer* und der *Pregizerianer* noch neben einander bestehen: aber sie haben sich einander mehr genähert und sind in mancher Gemeinde zusammengetreten.«

30 ChB 8 (1838), Sp. 387–393, 403–407, 451–454, 460ff, 467ff (Zitat: 391): »Briefe über den Pietismus und die Bildung von gestern her«. Im *Christenboten* wurden die »Briefe eines oberschwäbischen pietistischen Landmannes« (ebd., Sp. 387) ohne nähere Vorstellung des Autors abgedruckt.

auf Kapffs Artikel über »Glaube und Unglaube« reagiert hatte.[31] Bei genauerem Hinsehen erwiesen sich Meßners Ausführungen allerdings als Versuch einer allgemeinen Definition des Pietismus, unter die sich verschiedene Schattierungen desselben vereinen konnten:

»Also Pietismus: an dem Offenbarungsglauben unbedingt festhaltendes, lebendiges Christenthum, Cohäsion (innige Gemeinschaft) im Bruderbunde, dessen Statuten Glaube, Liebe und Hoffnung heißen.«[32]

Damit waren entscheidende Abgrenzungen vollzogen: Pietismus und wahres Christentum fielen in eins, eine Gleichsetzung, die Binder ausdrücklich abgelehnt hatte.[33] Als weitere Merkmale des Pietismus nannte Meßner den biblizistisch verstandenen Offenbarungsglauben und den exklusiven Gemeinschaftscharakter.[34] Der Pietismus erschien in seiner Darstellung weniger als unterscheidbares kirchengeschichtliches Phänomen neben anderen, denn als eigentliche und in sich homogene Ausformung des Christentums in seinem besten Sinne. Und dazu gehörte wie selbstverständlich auch die aus dem Biblizismus hervorgehende chiliastische Endzeiterwartung.[35] Aus der Feder eines theologischen Autodidakten war damit ein Identifikationsangebot formuliert, in dem sich unterschiedliche Gruppierungen des Pietismus wiederfinden konnten.

Als dann Märklins umfassende »Darstellung und Kritik des modernen Pietismus« erschienen war, griffen Theologen den Faden auf und verfassten Gegenschriften, die den Pietismus als geeinte Kraft und eigentliche Gestalt des Christentums zeichneten. In einer Rezension im *Christenboten* setzte Wilhelm Hofacker »das *apostolische*, das *kirchliche*, das *pietistische*« Christentum in eins und wertete den Widerstand gegen Strauß und Märklin als Zeichen, »daß man auch in unsern Tagen sich vorher noch besinnt, ehe man sein altes, kirchliches, biblisches (nenne es der Hr. Verf. auch pietisti-

---

31   BINDER, Pietismus.

32   ChB 8 (1838), Sp. 393.

33   BINDER, Pietismus, S. 15: »Der Pietismus ist eine Erscheinung innerhalb des Christenthums, und zwar des protestantischen, mit einem bestimmten und begränzten Charakter, ehrenwerth für sich, aber nicht das allgemeine Wesen und die absolute Form des christlichen Geistes«.

34   Zum Biblizismus vgl. ChB 8 (1838), Sp. 392; zum exklusiven Gemeinschaftscharakter vgl. ebd., Sp. 405ff.

35   ChB 8 (1838), Sp. 453: Pietisten sehen »einer Umgestaltung dieser Erde entgegen, wie sie erfordert wird, um die Erwartungen des auf die klaren Zeugnisse der heiligen Schrift gestützten Chiliasmus zu erfüllen«; Sp. 461: »Und wenn in unserer Zeit so viel unreine *Geister-Stimmen des Aufruhrs* gegen göttliche und menschliche Gesetze und Rechte laut werden: was Anderes kann der offenbarungs-gläubige Christ in diesen Erscheinungen wahrnehmen als sich entwickelnde Pflanzen antichristischer Bestrebung?«; Sp. 462: »So sehr der Pietismus von der *endlichen* Ausrottung des Bösen sich überzeugt hält, eben so sehr glaubt er auch den anderen prophetischen Worten, welche die Tage vor der zweiten Zukunft des Menschensohnes als Tage antichristischen Tobens und Treibens bezeichnen.«

sches) Christenthum eintauscht gegen ein neues«.[36] Die Zielrichtung von Hofackers Einlassung war deutlich: Die Leser des *Christenboten* sollten in ihrem Selbstbild gestärkt und gegen Kritik von außen verteidigt werden.[37] Nachdem Märklin mit einer Replik reagiert hatte, ließ Hofacker seinen Text, ergänzt mit einer ausführlichen Verteidigung, als Flugschrift erneut abdrucken.[38] Wiederum war der Tenor eindeutig: Der Pietismus habe sich »auf den *biblisch-kirchlichen* Boden gestellt«, seine Stimme komme »aus der Mitte der evangelischen Gemeinde«; und der Vorwurf an Märklin lautete, »daß er mit dem Pietismus zugleich das biblisch-kirchliche Christenthum bekämpfe«.[39]

3. Die stets wiederkehrende Betonung des kirchlichen Standpunktes, den der Pietismus einnehme, verweist auf einen dritten Aspekt, der in den Auseinandersetzungen immer mehr Gewicht bekam: eine *Re-Implantation* des Pietismus in die Landeskirche. Er sollte als deren unverzichtbarer Bestandteil, ja als Garant eines »biblisch-kirchlichen Offenbarungs-Glaubens« erkannt und anerkannt werden.[40] Auch hier waren die theologischen Gegner Strauß und Märklin nicht die wahren Adressaten der Argumentation. Sie zielte vielmehr in zwei andere Richtungen: Einerseits mussten die pietistischen Gemeinschaften gewonnen werden, ihren Platz deutlicher innerhalb der organisierten Landeskirche zu suchen. Und letztere war davon zu überzeugen, dass der Pietismus einen loyalen Partner, ja unverzichtbaren Bestandteil des kirchlichen Lebens darstellte.

Die erste Aufgabe übernahm wiederum der *Christenbote*. Ein anonymer Aufsatz machte schon im Titel auf die neue Perspektive aufmerksam: »Die Kirche und die spekulative Theologie oder der Mythicismus«.[41] Es sollte nicht mehr um den Gegensatz von Pietismus und spekulativer Theologie gehen, sondern um die Kirche als Ganze. Der unbekannte Verfasser forderte eine breite Koalition von Staat, leitenden Kirchenbehörden, Gemeinden und einzelnen Christen, in der alle ihre besondere Aufgabe hätten, »wenn sie die Kirche schützen und nicht der Zerstörung preisgeben« wollten.[42] Und er wandte sich direkt an die Gemeinschaften des popularen Pietismus:

»Eben diese religiösen Gesellschaften, denen es wenigstens nicht an dem Sinn für göttliche Dinge fehlt, [...] muß man vor Allem ermahnen, die Zeit ihrer theilweisen Absonderung von den öffentlichen Angelegenheiten der Kirche als abgelaufen zu

---

36 ChB 9 (1839), Sp. 215–226 (Zitate: Sp. 224, 226).
37 Ein ähnliches Anliegen verfolgte Christian Gottlob Barth mit einem Sendschreiben an Märklin (BARTH, Pietismus), das im Ton konzilianter, in der Sache um nichts nachgiebiger war.
38 MÄRKLIN, Ketzer-Gericht; W. HOFACKER, Bekenntniß.
39 W. HOFACKER, Bekenntniß, S. 22, 22f, 61.
40 Ebd., S. 36.
41 ChB 11 (1841), Sp. 307–313, 355–361.
42 Ebd., Sp. 358.

betrachten, und sich im Bewußtseyn ihres Berufes, ein Salz der Erde und ein Licht der Welt zu seyn, einmüthig um die Kirche zu schaaren und den Schwachen und Wankenden die Hand zu bieten, namentlich auch mit Ablegung aller eiteln und sünd- lichen Vorurtheile gegen ihre Geistlichen, die es treu mit der Kirche meinen, Gehül- fen ihrer Arbeit, ihrer Noth und hiedurch auch ihrer Freude zu seyn.«[43]

Die in den Erbauungsstunden versammelten popularen Pietisten sollten sich wieder als Teil der Landeskirche erkennen und die – pietistischen – Pfarrer als ihre ›Vorarbeiter‹ anerkennen. Die polemische Redeweise des Autors entbehrte dabei nicht eines apokalyptischen Untertones, mit dem Strauß und seine Freunde als Personifikationen des Antichristen geächtet[44] und ihr Wirken als »Verführung zum Unglauben und zur Irreligiosität« und als Vorbereitung für »den großen Abfall« der Endzeit gebrandmarkt wurden.[45] Offensichtlich konnten (oder wollten) pietistische Autoren in ihrer Argu- mentation nach innen nicht auf eine endzeitlich gefärbte Rhetorik verzich- ten, um ihre Leserschaft von der Notwendigkeit einer Koalition mit der organisierten Landeskirche zu überzeugen.[46]

Gegenüber deren Vertretern bedurfte es dagegen eines argumentativeren Stiles. Als geeignetes Medium boten sich Flugschriften oder Aufsätze in akademischen Periodika an, mit denen die bildungsbürgerliche Schicht der Landeskirche erreicht werden konnte. Als Beispiel sei die »An Freunde und Feinde des Pietismus« gerichtete Schrift des Marbacher Diakons Christian Palmer (1811–1875) genannt, die alle endzeitlichen Anspielungen unter- ließ.[47] Palmer warb für den Pietismus als gemeinschaftsförderndes Element innerhalb der evangelischen Kirche, dessen eigentümliche Aufgabe das »unaufhörliche Geltendmachen des einfachen biblisch-kirchlichen Glau- bens« sei und der deswegen von der Landeskirche nicht feindselig behan- delt werden dürfe.[48] Palmers Beitrag war dezidiert als Werbeschrift für den Pietismus zu verstehen, die nach außen wirken und die nicht-pietistische

43   Ebd., Sp. 360f.
44   Ebd., Sp. 356, 358 (»diese antichristlichen Mythiker«).
45   Ebd., Sp. 361.
46   Vgl. GRÜNEISEN, Abriß, S. 116: »Auch ist namentlich *der Christenbote* noch gar nicht erhaben über dogmatische und ascetische Schroffheiten, die er gern erzählt oder sogar empfiehlt, noch weniger frei von Verketzerung einzelner Ergebnisse einer wissenschaftlichen Forschung, die er vor das Forum seiner meistens ungelehrten und ungebildeten Leser zieht. Aber dennoch spricht derselbe mit Anerkennung und Vertrauen von den Absichten und Anordnungen der Kirchenbehörde, wacht mit Sorgfalt über die Erscheinungen des religiösen Lebens in seinem Kreise, pflegt und bewahrt in diesem die Anhänglichkeit an die Evangelische Landeskirche.«
47   PALMER, Freunde und Feinde.
48   Ebd., S. 48. In der evangelischen Kirche zeige sich, so Palmer, die Tendenz zur sichtbaren Gemeinschaftsbildung. »Diese Tendenz nun ist die Wurzel, aus welcher der Pietismus entsprossen ist, und er ist somit ein Erzeugniß der evangelischen Kirche, dessen sie sich so wenig zu schämen braucht, daß sie vielmehr auf denselben als Beweis der Kraft und Lebendigkeit ihres eigenen Princips hinweisen darf« (ebd., S. 50).

landeskirchliche Öffentlichkeit von der Notwendigkeit einer Koalition beider überzeugen sollte.

Strauß, Märklin und ihre Verteidiger waren von Beginn des Konfliktes an in der unangenehmen Position, sich einer erstarkenden Front von Angriffen erwehren zu müssen, die Ziele außerhalb des Streites verfolgte: dem Pietismus eine neue Perspektive zu verleihen und ihn nicht nur als Verteidiger des wahren Glaubens, sondern auch der Landeskirche darzustellen.[49] Nur vor diesem Hintergrund ist die Vehemenz der Auseinandersetzung zu verstehen: Sie hatte eine Koalition zwischen Pietismus und landeskirchlicher Orthodoxie zum Ziel, mit der die liberale, kritische Theologie aus Landeskirche und Landesuniversität verdrängt werden sollte. Das Ziel wurde erreicht: Strauß erhielt nie wieder ein kirchliches Amt, Märklin legte sein Calwer Pfarramt nieder und wurde Professor am Gymnasium in Heilbronn.[50] Der *Christenbote* konnte dagegen am Beginn des Jahres 1840 als Ergebnis der Auseinandersetzungen ein Zusammenrücken von Landeskirche und Pietismus konstatieren. Die Bahn zur Versöhnung beider sei gebrochen worden und man erkenne nun, »daß die evangelische Kirche bei Gefährdung ihrer Grundlehren an dem Pietismus den entschiedensten und eifrigsten Bundesgenossen« habe.[51] Dass auch der Pietismus von der Annäherung profitierte, ließ Burk unerwähnt. Immerhin hatte man im Zuge der neugewonnenen Koalition auch eine nennenswerte Beteiligung an landeskirchlichen Zukunftsprojekten wie der Erstellung eines neuen Gesangbuches und einer neuen Liturgie erreicht.

3. Ein neues Gesangbuch

Schon seit langem stieß man sich im württembergischen Pietismus an dem 1791 eingeführten sogenannten »Neuen Gesangbuch«. In den Privatversammlungen wurde es nur ungern oder gar nicht verwendet, weil man ihm eine rationalistische, kalte Frömmigkeit nachsagte. Tatsächlich hatte das pietistische Liedgut darin gegenüber dem alten Gesangbuch von 1741 eine starke Einschränkung erfahren. In den Erbauungsstunden sang man daher weiterhin aus dem alten Gesangbuch, griff zu Hillers Liederkästlein oder nutzte jüngere Sammlungen.[52] Doch die Rufe nach einem neuen, verbesserten

---

49   Vgl. KÖPF, Märklin, S. 182f, der allerdings auf den Hintergrund der enttäuschten Endzeiterwartungen nicht eingeht.
50   Zu Märklin vgl. auch GOTTSCHICK, Märklin.
51   ChB 10 (1840), Sp. 8.
52   Vgl. oben Kapitel 1, Abschnitt V. 2. *Verbreitete Lesestoffe.* In den an Michael Hahn oder Christian Gottlob Pregizer orientierten Versammlungen wurden die Liedersammlungen der jeweiligen Gründer verwendet: M. HAHN, Sammlung von auserlesenen geistlichen Gesängen; PREGIZER,

Gesangbuch wurden immer lauter. Während der von Christian Burk initiierten Unterschriftenaktion zugunsten einer verbesserten Sonntagsfeier war die entsprechende Forderung auch gegenüber den staatlichen und kirchlichen Behörden geäußert worden, jedoch vorerst ergebnislos verhallt.[53] Erfolgreicher war schließlich der hymnologische Sammlerfleiß von Burks Pfarrkollegen Albert Knapp, der auch den württembergischen König mit seinem 1837 erschienenen zweibändigen *Evangelischen Liederschatz* nachhaltig beeindrucken konnte. Knapps Vorarbeiten reichten bis in die Zeit vor 1830 zurück. Anfang 1831 teilte er seinen Freunden mit, er beschäftige sich mit der »Sammlung eines aus lauter gediegenen, alten und neuen, wo es nottut auch gefeilten Kernliedern bestehenden Gesangbuches«, wofür ein Abschnitt schon bald fertig sei.[54] Über sechs Jahre später – dazwischen lagen zwei Umzüge, von Sulz nach Kirchheim und nach Stuttgart, der Tod seiner ersten Frau und die Wiederverheiratung mit der Pfarrwitwe Emilie Osiander – im Jahr 1837 also konnte er die Sammlung endlich veröffentlichen, den *Evangelischen Liederschatz für Kirche und Haus.*[55] Dass Knapp einerseits viel Lob für seine Auswahl erhielt, die viele alte wie neue pietistische Liederdichter zugänglich machte, andererseits heftigen Tadel für seine teils kräftigen Bearbeitungen älterer Texte einstecken musste, soll hier nicht weiter ausgeführt werden.[56] Nachhaltig – und deswegen festzuhalten – war jedoch die Wirkung von Knapps *Liederschatz* auf die württembergische Gesangbuchgeschichte und dadurch vermittelt auch auf das Verhältnis von Landeskirche und pietistischen Versammlungen. Knapp nutzte nämlich das Erscheinen seines Werkes und wendete sich damit direkt an den König, offensichtlich in Absprache mit Stuttgarter pietistischen Kreisen. Einer der Leiter der dortigen Gemeinschaften, Emanuel Josenhans, meldete am 8. Juli 1837 nach Basel:

»[...] und so wie ich dieser Tagen hörte, hat mann [!] gegründete Hofnung, daß wir eine verbesserte Liturgie und Gesangbuch bekommen werden. Unser l. Knapp hat sich wegen lezterer direct an den König gewendet, und eine sehr gnädige Aufnahme gefunden. Dieß Alles aber theile ich Ihnen im Vertrauen mit, und in Ihr Herz.«[57]

Lieder und einzelne Verse. Vgl. auch: Sammlung geistlicher Lieder zum Gebrauche für glaubige Kinder Gottes, Ludwigsburg 1821, oder die von CHRISTIAN ADAM DANN 1832 herausgegebene Liedersammlung »Kern des alten Würtembergischen Gesangbuchs« (vgl. METZGER, Gesangbücher in Württemberg).
    53   Vgl. oben Kapitel 3, Abschnitt III. 3. *Sammlung und Neuorientierung.*
    54   In einem Rundbrief vom 23. Januar 1831, zitiert nach: RÖSSLER, Liedermacher, S. 111.
    55   KNAPP, Evangelischer Liederschatz. Vgl. PARENT, Albert Knapps »Evangelischer Liederschatz«.
    56   Vgl. dazu RÖSSLER, Liedermacher, S. 112–117.
    57   ABM Basel, Q-3-4, 23: Brief von Emanuel Josenhans an Insp. C. G. Blumhardt, 8. Juli 1837. Mit Sicherheit wurde Knapps Vorgehen auch in der Stuttgarter Predigerkonferenz besprochen. Ein Protokoll liegt nicht vor.

Am 15. September wurde Knapp vom König empfangen und konnte persönlich die Bitte nach einer Verbesserung des bestehenden Gesangbuches vortragen. Zwei Wochen später wurde von der Kirchenleitung eine siebenköpfige Kommission eingesetzt, die einen Anhang zum Gesangbuch erarbeiten sollte.[58] Ihre Mitglieder waren die Oberkonsistorialräte Christian Friedrich Klaiber (1782–1850) und Karl Grüneisen (1802–1878), die Dekane Jonathan Friedrich Bahnmaier (1774–1841) und Johann Ernst Gleißberg (1798–1864), Gustav Schwab (1792–1850), damals Pfarrer in Gomaringen, und Gottlob Friedrich Bührer (1801–1894), anfangs Pfarrer in Asperg, später in Neckarrems. Und nicht zuletzt Albert Knapp, der mit seinem *Liederschatz* wichtige Vorarbeiten geleistet hatte. Allein die Nachricht, man arbeite an einem verbesserten Gesangbuch, sorgte in pietistischen Kreisen für einhelliges Aufatmen. Selbst in Korntal begann sich eine der Landeskirche günstigere Haltung durchzusetzen. Im Visitationsbericht von 1838 hielt der damalige Dekanatsverweser, Pfarrer Johann Jakob Seybold (1787–1863) aus Ditzingen, fest:

»Es ist eine weit günstigere Stimmung gegen die Landeskirche eingetreten, wozu neuerdings auch die Nachricht von einer beabsichtigten Verbesserung unsres Gesangbuchs und unsrer Liturgie beigetragen hat. Das Nichteintreffen der von Bengel auf das Jahr 1836 angekündigten Ereignisse hat gleichfalls eine Umstimmung in den Welt-Ansichten der Kornthaler zur Folge gehabt, und sie sehen nun nicht mehr so schnell, wie früher, in einzelnen Erscheinungen Antichristenthum.«[59]

Was Seybold nebeneinander stellte, hatte durchaus einen inneren Zusammenhang. Das Ausbleiben der angekündigten Ereignisse hatte pietistische Theologen wie Burk und Knapp dazu gezwungen, Wege zu suchen, wie die enttäuschten Erwartungen aufgefangen und in neue Energien umgewandelt werden konnten. Offensichtlich war das Projekt eines verbesserten Gesangbuches ein vielversprechender Weg der Konsolidierung – und dies noch aus einem weiteren Grund. Denn aus der Zusammensetzung der Gesangbuch-Kommission war der gestiegene Einfluss des Pietismus in der Landeskirche deutlich abzulesen. Mit Knapp, Bahnmaier, Klaiber, Bührer und Schwab war die Mehrheit der Mitglieder dem Pietismus, wenn nicht selbst zugetan,

---

58 LKA Stuttgart, A 26, 635, Nr. 5: Erlass des Innenministeriums, Stuttgart, 29. September 1837 (Einsetzung je eigener Kommissionen zur Erarbeitung eines Anhangs von 150–200 Liedern zum bestehenden Gesangbuch und einer erneuerten Liturgie); Nr. 9: Erlass des Konsistoriums, Stuttgart, 24. November 1837 (Ernennung der Mitglieder der Kommissionen). Vgl. KOLB, Das neunzehnte Jahrhundert, S. 600; SCHÄFER, Ringen um neue kirchliche Ordnungen, S. 300f; RÖSSLER, Liedermacher, S. 119.

59 StA Ludwigsburg, E 173 III Bü 7506, Nr. 251: Visitationsbericht Korntal durch den Dekanatsverweser, Pfr. Seybold, Ditzingen, 3. Dezember 1838. Seybold ergänzte, in Korntal sei man zu der Ansicht gekommen, »daß ächter Christenglaube sich nun auch wieder viel häufiger in der Landeskirche finde, als vor 20 und 30 Jahren«.

so doch mindestens freundlich gesonnen.[60] Und das hatte Auswirkungen auf
die Arbeit der Kommission, die im Januar 1838 erstmals zusammentrat und
sich in ihren Grundsätzen an der Vorarbeit Knapps orientierte: Anknüpfung
am alten, pietistisch geprägten Gesangbuch von 1741 und Aufnahme jüngerer Lieder dieser Frömmigkeitsrichtung.[61] Außerdem einigte man sich schon
in der konstituierenden Sitzung darauf, nicht nur, wie es dem Auftrag entsprochen hätte, einen Anhang zum geltenden Gesangbuch zu erarbeiten,
sondern den Entwurf eines gänzlich neuen Gesangbuches.[62] Die Streitschrift
des Tübinger Repetenten Heinrich Kraz (1811–1891), die im Frühsommer
1838 unter dem Titel »Die Gesangbuchsnoth in Würtemberg« erschien und
eine entsprechende Forderung enthielt, traf bei den Mitgliedern der Kommission also auf offene Ohren. In der Öffentlichkeit jedoch wurde sein
Beitrag kontrovers diskutiert.[63] Dabei wurde deutlich, dass die Frage nach
einer Ergänzung oder Neugestaltung des Gesangbuches auch die Frage nach
dem Verhältnis der Landeskirche zum Pietismus umfasste. Jedenfalls gelang es der pietistischen Seite, die beiden Fragen wirksam miteinander zu
verknüpfen. Im *Christenboten* stellte Burk das Junktim unumwunden her:
Die Frage nach einem gänzlich erneuerten Gesangbuch war für Burk die

---

60   Knapp und Klaiber waren enge Freunde und durch einen sehr persönlichen Briefwechsel
schon seit längerem eng verbunden (LKA Stuttgart, D 2, Nr. 83,7: 63 Briefe von Knapp an
Klaiber, 1827 1838). Klaiber, dessen jüngerer Bruder Johann Christoph Gottlob ein führendes
Mitglied der Hahnschen Gemeinschaft wurde (vgl. Hahn'sche Gemeinschaft, Bd. 1, S. 224–242),
bildete in der Kirchenleitung schon lange vor seinem Nachfolger Kapff einen wichtigen Anknüp-
fungspunkt für eine dem Pietismus freundlichere Haltung (vgl. auch PALMER, Art. Würtemberg,
S. 293). Bahnmaier, seit 1819 Dekan in Kirchheim, wo Knapp zwischen 1831 und 1836 als zweiter Pfarrer amtierte, gehörte neben Christian Adam Dann zu den wenigen pietistischen Theologen,
die eine Verbindung zwischen dem alten Pietismus der Bengel-Ära und der mit Ludwig Hofacker
beginnenden neuen Epoche schufen (vgl. NARR, Lebens- und Charakterbild). Der in Stuttgart
geborene Bührer war mit dem dortigen Pietismus eng verbunden: 1833 heiratete er eine Tochter
des führenden Pietisten Johann Jakob Häring und war später, von 1851 bis 1856, Sekretär der
Evangelischen Gesellschaft in Stuttgart (LKA Stuttgart, A 27, 365: Personalakte Bührer, Gottlob
Friedrich). Schwab war zwar selbst nicht dem Pietismus zuzurechnen, unterstützte ihn aber in den
Auseinandersetzungen mit Strauß und später mit Friedrich Theodor Vischer (vgl. SCHILLBACH/
DAMBACHER, Gustav Schwab, S. 14 u. 64).
61   LKA Stuttgart, A 26, 638, 2: Sitzungsniederschriften, S. 12f (2. Sitzung vom 11. Januar
1838). Vgl. RÖSSLER, Liedermacher, S. 119f.
62   LKA Stuttgart, A 26, 638, 2: Sitzungsniederschriften, S. 6f (1. Sitzung vom 10. Januar
1838): »Die Commission glaubt jedenfalls es sich zur Aufgabe machen zu müssen, u. durch ihre
Arbeiten fast von selbst darauf geführt zu werden: Zusammen etwa 500 der bewährtesten und
erbaulichsten Kirchenlieder zum Behufe eines Anhangs aber als Stamm für ein künftiges Gesangbuch, auszuwählen, theils aus dem jetzigen Gesangbuche, theils aus anderen hymnologischen
Sammlungen.«
63   KRAZ, Gesangbuchsnoth (vgl. Burks Rezension in ChB 18 (1838), Sp. 243f). Kraz
entgegneten »Einige Freunde des bestehenden Gesangbuches« in der *Schwäbischen Chronik* vom
26. Juli 1838, S. 801; zum Fortgang des Disputs vgl. *Schwäbische Chronik* vom 29. Juli (S. 813),
30. Juli (S. 817: »Drei Freunde eines guten Gesangbuches«), 2. August (S. 829: Kraz selbst),
8. August (S. 853: einlenkende »GegenAntwort« der Kritiker von Kraz).

Frage nach der Bereitschaft, die in den Privatversammlungen vereinten
Pietisten als legitimen Teil der Landeskirche zu akzeptieren und öffentlich-
keitswirksam in diese zu integrieren, indem man ihre Lieder in ein neu
gestaltetes Gesangbuch aufnahm.[64] Unter den Mitgliedern der Kommission
musste man für diesen Wunsch nicht viel Werbung machen. Der Integrati-
onswille ging so weit, dass Gustav Schwab gegenüber Knapp eine gewisse
Zurückhaltung äußerte. Er, Schwab, betrachte sich in der Kommission

»als den Anwald der vielen prosaischeren Christen unsres Vaterlandes, deren religiöse
Bildung und Erbauung mehr durch den Verstand und das Gefühl, als durch die Phantasie geht; zu welchen der Herr in der Bergpredigt gesprochen hat, und mit welchen
er noch heutzutage, in Erwartung grösseren Eindrucks, mehr so als in apokalyptischen Bildern [sprechen?] wollen wird.«[65]

Selbst bei Schwab bestand also die Sorge, der Wille zum Ausgleich könnte
zu weit gehen und der zu erstellende Entwurf zu bereitwillig pietistische
Liedtraditionen in sich aufnehmen, die der Mehrheit der landeskirchlichen
Christen nicht vermittelbar waren. Auf Einzelheiten ging Schwab nicht
näher ein, aber »in apokalyptischen Bildern« sprachen zum Beispiel Lieder
von Philipp Friedrich Hiller, Michael Hahn oder Christian Gottlob Barth.
Eine Diskussionslinie für die Kommissionsarbeit war damit deutlich vorge-
geben.[66] Im Januar 1838 erhielten einzelne Kommissionsmitglieder den
Auftrag, bestehende Liedsammlungen – vom alten württembergischen
Gesangbuch bis zu Knapps *Liederschatz* – durchzusehen und das Brauchbare

---

64   ChB 18 (1838), Sp. 331–334: »Ein Wort über die neuesten Erörterungen der vaterländischen Gesangbuchssache«, hier Sp. 333: »Die Vertheidiger des bestehenden Gesangbuchs trösten
uns damit, es sey genug, daß die Freunde der alten Lieder Freiheit haben, dieselben in ihren Privat-
Versammlungen zu singen? Aber der Bote erwiedert: Es gehen lange nicht alle Freunde der alten
Lieder in die Privat-Versammlungen, – und soll man denn die Kluft zwischen den Christen,
welche die Privat-Versammlungen besuchen, und denen, welche sich davon ferne halten, immer
tiefer graben oder auszufüllen trachten, soll die Kirche zugeben, daß die Privat-Versammlungen
irgend etwas Treffliches haben, das sie nicht auch darzubieten vermöchte? – Ein Freund der
Kirche wird wohl wissen, was er darauf zu antworten hat. Um etlicher Festtagschristen willen wird
sie nicht Hunderte ihrer treuesten Freunde von sich stoßen wollen!«
65   LKA Stuttgart, D 2, 85, Nr. 3: Brief Schwab an Knapp, 14. September 1838 (typographi-
sche Abschrift).
66   Grüneisen erwähnte in seinen ungedruckten *Erinnerungen* nur Konfliktlinien formeller
Art innerhalb der Kommission. Danach beharrte vor allem Schwab auf dem weitgehenden Erhalt
der originalen Liedtextfassungen, während Knapp Überarbeitungen bevorzugte. Grüneisen schrieb
über die Arbeit in der Kommission: »Durch Schwab und Knapp war das poetische Element an-
sehnlich vertreten. Klaiber und Bührer standen auf dem Boden wissenschaftlicher Vielseitigkeit.
Die altwürttembergische Frömmigkeit sah nächst Knapp in Bahnmaier, die neuwürttembergische
in Gleißberg ihren Repräsentanten. Ich hatte mich in dem auf dem positiven Glaubensgrund
harmonischen Kreise bald orientiert. Die Meinungen giengen vorzugsweise auf der formellen Seite
auseinander. [...] Ich schloß mich an Schwab an und wurde darin von Klaiber und Bührer unterstützt, so daß wir durchschnittlich die Mehrheit hatten.« (LKA Stuttgart, A 27, 1002, 4: Personalakte Grüneisen, *Erinnerungen*, typograph. Ms., 63 S., o. D. [ca. 1870–1878], Zitat: S. 29f.)

zu ermitteln. Im Juli 1838 wurden die Ergebnisse gesichtet und diskutiert.[67] Knapp stellte daraufhin, zum Teil unter Mitarbeit Bührers, den Entwurf für ein erneuertes Gesangbuch zusammen, der wiederum von den anderen Mitgliedern kommentiert und bearbeitet wurde.[68] Im September 1839 wurde schließlich der *Entwurf eines Gesangbuches für die evangelische Kirche im Königreich Württemberg* an alle Dekanatämter verschickt. Innerhalb eines Jahres sollte er diskutiert und die Meinungen an das Konsistorium zurückgemeldet werden.[69] In der Öffentlichkeit wurde das Für und Wider des Entwurfs ausgiebig diskutiert. Der *Christenbote* widmete eine ganze Nummer der ausführlichen Besprechung des Entwurfs und konnte erleichtert feststellen, dass die pietistische Liedtradition reiche Aufnahme gefunden hatte. Unter den 618 Liedern des Entwurfs fanden sich auch 57 Lieder von Hiller, ein sichtbares Entgegenkommen gegenüber den Privatversammlungen. Von wenigen Kritikpunkten abgesehen äußerte Burk freudiges Lob für das Ergebnis der Kommissionsarbeit:

»In der That läßt sich wohl nicht leicht ein besserer und sicherer Weg finden, auf dem die zerrissene und zerspaltene Kirche wieder ihrer Einheit und Einigkeit näher gebracht werden kann, als den, *daß die Kirche ein in diesem Geiste abgefaßtes Gesangbuch erhält.* Namentlich dürfen wir es wohl als gewiß voraus sagen, daß die Spannung zwischen Pietisten und Antipietisten nachlassen wird, und beide, so weit sie nur festhalten an dem Glauben an Christum und Sein Wort, bei allen sonstigen Verschiedenheiten sich ihrer *wesentlichen Einheit bewußt werden werden.*«[70]

Die zweite Phase der öffentlichen Debatte war damit eröffnet. In ihr ging es in meist nicht namentlich gezeichneten Artikeln einerseits um die Kosten, die ein neues Gesangbuch notwendig mit sich bringen würde[71], um die Frage nach der originalen oder bearbeiteten Textgestalt einzelner Lieder[72] oder um die grundsätzliche Frage, ob der Entwurf als erneuertes Gesangbuch eingeführt werden sollte.[73] Bis Mitte Dezember 1839 waren bei der

---

67   LKA Stuttgart, A 26, 638, 2: Sitzungsniederschriften (Sitzungen vom 17.–30. Juli 1838).

68   LKA Stuttgart, A 26, 639, 2 und 3: Gutachten und Entwurf für einen Anhang, bzw. ein erneuertes Gesangbuch. Vgl. auch DLA Marbach, A: Knapp, Albert, Nr. 10967 und 10968: 2 Briefe von Schwab an Knapp, 1. und 18. Januar 1839, mit ausführlichen Kommentaren zu Knapps Entwurf.

69   Entwurf eines Gesangbuches; LKA Stuttgart, A 26, 635, Nr. 55: gedruckter Erlass an sämtliche Dekanatämter, 17. September 1839.

70   ChB 19 (1839), Sp. 389–400: Bücherbericht zum *Entwurf eines Gesangbuchs für die evangelische Kirche in Würtemberg*, Zitat: Sp. 396.

71   Vgl. *Schwäbische Chronik* vom 30. September 1839 (S. 1065), 10. Oktober (S. 1105), 9. November (S. 1226).

72   Vgl. *Schwäbische Chronik* vom 8. Oktober 1839 (S. 1097), 17. Oktober (S. 1133), 7. November (S. 1217), 19. und 20. November (S. 1265f, 1269).

73   Vgl. *Schwäbische Chronik* vom 13. Oktober 1839 (S. 1117: pro Entwurf), 4. November (S. 1205: contra Entwurf), 12. November (S. 1237: C. G. Barth pro Entwurf: »Und warum sollten

Schwäbischen Chronik so viele Beiträge eingegangen, dass schließlich eine eigene Publikation zur Fortsetzung der Debatte angekündigt wurde.[74]

Natürlich blieb auch den Kritikern nicht verborgen, dass pietistische Liedtraditionen vielfältigen Eingang in den Entwurf gefunden hatten. Indigniert stellte ein anonymer Autor in der *Schwäbischen Chronik* fest, man habe »den Geschmack der Pietisten richtig getroffen«. Und er beschwerte sich weiter, »hyperbiblische dogmatische Vorstellungen«, wie die »von der ›lezten bösen Zeit‹«, hätten sich nicht nur eingeschlichen, sondern seien »im Triumph des Pietismus hereingezogen«.[75] Zieht man den polemischen Ton ab, so hatte der Verfasser durchaus einen entscheidenden Aspekt des Gesangbuch-Entwurfs erkannt: Durch die Arbeit der Kommission war der Pietismus wieder zu einem anerkannten Partner der Landeskirche, ja zu einem unhintergehbaren Teil derselben geworden. Auch die Mitglieder der pietistischen Versammlungen waren mit dem Gesangbuch-Entwurf sehr zufrieden. In einem Brief nach Basel berichtete der Stuttgarter Pietist Emanuel Josenhans Anfang 1840 über die öffentlichen Diskussionen anlässlich des Entwurfs und unterstrich, die Gemeinschaftskreise würden sich mit ganzer Kraft für die Annahme des Entwurfs einsetzen.[76] Zu diesem Zweck wendeten sich Stuttgarter Pietisten im Dezember 1839 an die Gemeinschaften im Land und warben um Unterstützung für ihren Plan, ein neues Gesangbuch in 60.000 Exemplaren auf eigene Kosten drucken zu lassen und zu einem günstigen Preis an arme und junge Gemeindeglieder auszugeben, »wenn der erschienene Entwurf, ohne eine wesentliche Aenderung zu erleiden, zur öffentlichen Einführung käme«.[77] Der Erfolg war, dass sich auch

wir es nicht unserem württembergischen Volke, das sich in christlicher Hinsicht anerkanntermaßen vor den übrigen auszeichnet, von Herzen gönnen, daß es auch das beste Gesangbuch bekäme? Warum wollten wir in diesem Stück unsern Patriotismus so sehr verläugnen?«), 26. November (S. 1293), 14. Dezember (S. 1361), 17. Dezember (Beilage: Forderung von 9 namentlich unterzeichneten Pfarrern der Diözese Weikersheim, den Entwurf statt des bisherigen Gesangbuches für Neuwürttemberg einzuführen).

74 Vgl. *Schwäbische Chronik* vom 14. Dezember 1839, S. 1361 (65 Aufsätze seien bisher eingegangen, von denen nur der kleinere Teil abgedruckt wurde). Vom 24. Januar bis 15. September 1840 erschien dann in 34 Nummern das *Würtembergische Kirchenblatt zur Besprechung des einzuführenden Gesangbuchs für die evangelische Kirche*, hg. v. HEINRICH HARTMANN. Aus ihm ging im Folgejahr das *Evangelische Kirchenblatt zunächst für Würtemberg* hervor. Daneben informierte der *Christenbote* seine Leserschaft regelmäßig über den Fortgang der Angelegenheit, vgl. ChB 19 (1839), Sp. 439ff, 467–473, 503f; 20 (1840), Sp. 67f, 276ff, 371ff.

75 *Schwäbische Chronik* vom 4. Dezember 1839 (S. 1321). Vgl. auch die Entgegnungen, *Schwäbische Chronik* vom 10. Dezember 1839 (S. 1346), 13. Dezember (Beilage: G. Schwab, »Gesangbuchsache«).

76 ABM Basel, Q-3-4, 23: Brief von E. Josenhans an Inspektor W. Hoffmann, Stuttgart, 9. Januar 1840.

77 *Würtembergisches Kirchenblatt*, S. 94–99: Circulare der Gemeinschaft in Stuttgart an die Gemeinschaften auf dem Lande vom 11. Dezember 1839, Zitat: S. 96. Vgl. dazu auch ChB 19 (1839), Sp. 473f, 503.

die Hahnschen Gemeinschaften für den Gesangbuchentwurf einsetzten, immerhin waren darin auch drei Lieder ihres Gründers enthalten.[78]

Der Vollständigkeit halber sei der Abschluss der Gesangbuchsache in aller Kürze erzählt. Eine vom König einberufene außerordentliche Synode überarbeitete anhand der eingegangenen Vorschläge zur Verbesserung den Entwurf im Mai und Juni 1841 ein letztes Mal. Anfang 1842 genehmigte der König das Resultat unverändert. Noch im selben Jahr erschien das neue Gesangbuch, vom Beifall nicht nur des *Christenboten* begleitet.[79]

Als Ergebnis der Diskussionen bleibt festzuhalten: (1) Nicht nur schlossen sich pietistische Kreise und Landeskirche enger aneinander an, sondern auch innerpietistisch kam es zu einer Annäherung unterschiedlich geprägter Gemeinschaften. (2) Die engere Zusammenarbeit zwischen der organisierten Landeskirche und dem Pietismus beschränkte sich nicht auf die Ebene der Theologen, sondern erfasste auch die pietistischen Laien. Damit aber war der Einsatz für ein neues Gesangbuch zu einem wichtigen Weg der Konsolidierung im württembergischen Pietismus geworden. Ihm eröffneten sich – nach der Enttäuschung des Jahres 1836 – in der Landeskirche neue Perspektiven.[80]

II. Refugien endzeitlicher Frömmigkeit

Der württembergische Pietismus befand sich auf dem Weg der Konsolidierung. In den Auseinandersetzungen mit Strauß und Märklin und bei dem Einsatz für ein erneuertes Gesangbuch hatten die pietistischen Kreise zu neuer Einigkeit im Innern und zu einer engeren Einbindung in die Landeskirche gefunden. Millenarische Energien waren erfolgreich umgewandelt worden. Die ihnen zugrunde liegende endzeitliche Frömmigkeit versiegte aber keineswegs. Sie fand vielmehr geeignete Refugien, in die sie sich zurückzog. Diesen Refugien soll im Folgenden nachgegangen werden. Dabei wird sich zeigen, dass der Weg der Konsolidierung und der Weg in

---

78   ABM Basel, Q-3–4, 23: Brief von E. Josenhans an Inspektor W. Hoffmann, Stuttgart, 9. Januar 1840: »Auch die der Kirche entfernter stehenden Michelianer haben sich uns innig und zuvorkommend in dieser Sache und fest angereiht, das auch ein muthmachendes und erfreuliches Zeichen für uns ist.«

79   Gesangbuch für die evangelische Kirche in Württemberg. – ChB 22 (1842), Sp. 267–270: Ueber die Einführung des neuen Gesangbuchs. Zu den Verhandlungen der außerordentlichen Synode vgl. LKA Stuttgart, A 26, 641–646: Verhandlungsprotokolle 1841. Zum Ganzen vgl. Kolb, Das neunzehnte Jahrhundert, S. 600f.

80   Dass auch die nahezu zeitgleiche Erarbeitung einer neuen Liturgie zur Zufriedenheit des Pietismus ausfiel, sei wenigstens anmerkungsweise ergänzt. Vgl. ChB 19 (1839), Sp. 456; 23 (1843), Sp. 131ff. Zur Errichtung der Liturgie-Kommission vgl. LKA Stuttgart, A 26, 635, Nr. 5 und 9; zur Erarbeitung und Einführung der neuen Liturgie vgl. LKA Stuttgart, A 26, 605–608.

eine neue Krise für den württembergischen Pietismus nahe beieinander lagen.

1. Poetischer Millenarismus

Wo ließen sich endzeitliche Hoffnungen und Stimmungen besser bewahren als in Gedichten und Liedern? Die poetische Sprachform bot den Vorteil, in Gedanken und Gefühlen Realität werden zu lassen, was in der argumentativen Auseinandersetzung stets fraglich blieb: die endzeitliche Interpretation der Gegenwart und der in ihr aufleuchtenden Zeichen einer nahen Zukunft. Im zu Papier gebrachten Gedicht oder im gesungenen Lied fanden endzeitliche Stimmungen einen Schutzraum, in dem sie gut aufgehoben waren und nachwirken konnten. Im Moment ihrer Veröffentlichung verließen solche in Poesie verwandelten endzeitlichen Stimmungen jedoch den Schutz der Privatheit und wurden zum Gegenstand des öffentlichen Interesses. In einer Zeit, die dem poetischen Ausdruck wesentlich mehr Sympathie entgegenbrachte als die heutige, konnte ein Zeitungsherausgeber durch die Auswahl zu veröffentlichender Gedichte und Lieder also durchaus Einfluss nehmen auf die Gefühlswelt seiner Leserinnen und Leser. Das soll am Beispiel zweier Akteure pietistischer Kommunikation im Folgenden gezeigt werden.

Von Anfang an nutzte Christian Burk die Gelegenheit, in seinem *Christenboten* Gedichte und Lieder abzudrucken, mit denen er die Stimmungslage seiner Leserschaft aufgriff und gleichzeitig zu beeinflussen suchte. Ein Rückblick macht die Burksche ›Poesiepolitik‹ – sit venia verbo – deutlich. Gegen Ende des Jahres 1831 brachte er das Gedicht *Des Pilgers Trostlied* seines Schwagers Christoph Heinrich Wurster (1783–1837), der damals Pfarrer in dem Schwarzwalddorf Rötenberg war. Das Gedicht reflektierte Ereignisse des zurückliegenden Jahres – zum Beispiel die aus Osteuropa herannahende Choleraepidemie – und setzte sie in endzeitliche Stimmungsbilder um. Es hieß darin:

> »O ernste Tage, / Die ich jetzt hab' erlebt!
>   Stets neue Klage / Hört man, und's Herz erbebt.
> Das Meer braust fernher fürchterlich,
> Des Himmel Kräfte regen sich!
>
>   Durch alle Länder / Des Todes Engel geht,
>   So Greis als Kinder / In heil'ger Eil' er mäht.
> Die Kelter tritt im Grimm der Herr;
> Auch reife Garben sammelt Er.
>
>   Die Weltuhr deutet / Auf tiefe Mitternacht.
>   Im Dunkeln schreitet / Die widerchrist'sche Macht.

>   Je näher Mitternacht uns droht,
>   Je näher glänzt das Morgenroth!
>
>   Bald wird erschallen / Der frohe Ruf der Braut;
>   Er kommt! Heil Allen, / Die Ihm sich anvertraut!
>   Nach Erdennoth, nach Kampfesmüh'
>   Erquickt bey'm großen Mahl Er sie.
>
>   Mit all' den Deinen / (Du weißt's, o Herr!) lieb' ich
>   Auch Dein Erscheinen. / Erbarmer! würd'ge mich,
>   Daß ich den ewig frohen Tag,
>   An dem Du kommst, erleben mag!«[81]

Die apokalyptische Logik ließ für Wurster keinen anderen Schluss zu: In der Cholera erkannte er ein Zeichen der antichristlichen Macht.[82] Die Weltuhr deutete auf Mitternacht, das sollte heißen: Die endzeitliche Entwicklung war soweit vorangeschritten, dass mit der nahenden Wiederkunft Christi unmittelbar zu rechnen war und der Autor darauf hoffen konnte, deren Augenzeuge zu werden. Zu dem Zeitpunkt, als das Gedicht im *Christenboten* erschien, Weihnachten 1831, war im popularen Pietismus Württembergs die Erwartung der von Bengel errechneten Ereignisse noch weit verbreitet.[83] Mit dem Abdruck des Gedichts kam Burk den damit verbundenen Hoffnungen entgegen.

Als sie fünf Jahre später enttäuscht worden waren und der zeitliche Horizont der Wiederkunft Christi sich ins Unbestimmte zu verlieren drohte, druckte Burk unter dem Titel »Wachet!!« ein Gedicht des Stuttgarter Stadtvikars Albert Ostertag (1810–1871). Es brachte weniger die Gewissheit des Kommenden zum Ausdruck als die Sorge, sein Ausbleiben könnte allzuviele zu Sorglosigkeit verleiten:

>   »Wie es einst zu Noäh Zeiten
>   Vor dem Tag der Sündfluth war, –
>   Ach! sie aßen, tranken, freiten,
>   Niemand träumte von Gefahr; –
>   Also soll es wieder werden
>   In der letzten, schweren Zeit,

---

81   ChB [1] (1831), S. 61f. Zur Identifizierung Wursters als Autor des mit dem Kürzel »-8-« unterzeichneten Gedichts vgl. WLB Stuttgart, Cod. hist. 2° 878 I, Nr. 1: handschriftl. Zettel mit Auflösung einiger im *Christenboten* verwendeter Autorenkürzel; dort der Hinweis: »8. Pfr. Wurster in Röthenberg«. Von Wurster erschien im *Christenboten* auch das Gedicht »Pfingstfest« mit zahlreichen Anspielungen auf Bilder der Offenbarung Johannis, ChB [3] (1833), S. 102.

82   Zur Choleraepidemie vgl. BRIESE, Angst in den Zeiten der Cholera, und oben Kapitel 2, IV.3 *Warnender Bußruf in der Öffentlichkeit*.

83   Vgl. oben Kapitel 3, Abschnitt I. 1. *Hoffmanns Hoffnungen bis 1832* und I. 4. *Warten auf den Antichrist*.

> Bis daß Christus auf der Erden
> Ankommt mit Gerechtigkeit.«[84]

Ostertag setzte seine Sorge in einen Bußruf um, der letztlich nicht die Sorglosen erreichen, sondern die Leserschaft des *Christenboten* in ihrer endzeitlichen Enttäuschung stärken und dem Gefühl der Vergeblichkeit entgegenwirken wollte:

> »Ja, die Erndte hat begonnen, –
> Und du schläfst und schlummerst doch?
> Gnadenfrist ist bald zerronnen, –
> Und du träumst und scherzest noch?
> Auf! erwache! thue Buße!
> Suche Rettung unverweilt,
> Ehe dich mit schnellem Fuße
> Christi großer Tag ereilt!«[85]

Ähnlich wie der Korntaler Pfarrer Sixt Carl Kapff[86] erklärte auch Ostertag die endzeitliche Verzögerung mit einer »Gnadenfrist«, die Gott den Menschen noch einräume. Das Nichteintreffen der erwarteten Ereignisse, so sollten die Leserinnen und Leser ergänzen, war nicht auf die Fehlbarkeit der Verheißungen zurückzuführen, sondern ein Erweis der göttlichen Langmut und Gnade. Mit dem Abdruck des Gedichts verfolgte Burk die Absicht, die sich in einer Bußhaltung zeigende endzeitliche Stimmung zu bewahren und zu fördern.

In der Folgezeit jedoch verschwanden Gedichte mit millenarischer Thematik fast völlig aus dem *Christenboten*. Zwei Akzente sind an der von Burk betriebenen ›Poesiepolitik‹ erkennbar: Historisierung und Individualisierung. Der erste Akzent wird an einem Gedicht Albert Knapps deutlich, das aus Anlass des zehnten Todestages Ludwig Hofackers erschien. Die Erinnerung an den Freund verband sich für Knapp mit der Hoffnung, beim eigenen Tod in der Nachfolge Hofackers zu den Auserwählten der ersten Auferstehung zu gehören. Am Ende des Gedichtes heißt es:

> »Mein Ende sey wie dein's, und meine Seele sterbe
> Einst deinen edlen Tod, du frommer Gottes-Erbe!

---

84 ChB 6 (1836), Sp. 51f (7. Februar), Zitat: 51. Zur Identifizierung Ostertags als Autor des mit dem Kürzel »A. O.« unterzeichneten Gedichts vgl. WLB Stuttgart, Cod. hist. 2° 878 I, Nr. 1: handschriftl. Zettel mit Auflösung einiger im *Christenboten* verwendeter Autorenkürzel; dort der Hinweis: »A. O. Albert Ostertag«. Ostertag war als Nachfolger Joh. Chr. Blumhardts von 1837 bis zu seinem Tod Lehrer am Missionshaus in Basel.

85 ChB 6 (1836), Sp. 52.

86 In seiner Schrift »Die Zukunft des Herrn«, vgl. bes. S. 70–74; dazu s. oben Kapitel 3, Abschnitt V. 2. *Letzte Erklärungsversuche.*

Und eh' ich sterbe sey mein Vorsatz ganz erneut,
Zu kämpfen recht den Kampf, der Keinen je gereut.

Nimm', o mein Jonathan, den armen Erdengruß
Nach zehen Jahren dort als einst'gen Himmelskuß!

Und wer dich also grüßt, den müsse mit den Schaaren
Der Erstgeborenen einst Jesus offenbaren!«[87]

Knapp knüpfte die chiliastische Hoffnung, einer ersten Auferstehung am
Beginn des tausendjährigen Reiches gewürdigt zu werden, an die Erinnerung und Verehrung des verstorbenen Freundes. Im Effekt bedeutete das
eine Historisierung der Endzeithoffnung: Nur vermittelt über die Erinnerung war sie noch aussagbar. Mag diese Verknüpfung für den Herausgeber
des *Christenboten* auch nicht so eng gewesen sein wie für den Freund
Hofackers, so rückte doch auch Burk mit der Veröffentlichung des Gedichts
endzeitliche Erwartungen in eine historisierte Perspektive. Nicht zuletzt die
Erinnerung diente damit als Refugium endzeitlicher Frömmigkeit.

Ein anderer Akzent, Individualisierung, bestimmte viele weitere Gedichte,
die seit 1836 im *Christenboten* erschienen. Ihr Hauptthema war eine persönliche Erlösungs- oder Auferstehungshoffnung, die sich in Weltflucht-
und Todesgedanken ausdrückte.[88] Nur mehr von ferne tauchten einmal
Bilder auf, die endzeitliche Assoziationen auslösen konnten, wie in dem
Gedicht »Nachtwachen« des Degerlocher Pfarrers Johann Gottlieb Friedrich
Köhler (1788–1855):

»O so weiß ich, mit mir Armen,
        Wenn ich schlaflos liege hier,
Hast Du Mitleid und Erbarmen,
        Weichst nicht von der Seite mir,
Lässest hören Trostesworte,
Stellst vor Augen mir die Pforte,
        Die zwar eng ist, doch zuletzt
        Den, der durchdringt, hoch ergötzt.

So wie Du will ich denn wachen
        Und mit Dir, Herr Jesu Christ!
O dann gehen meine Sachen,
        Wie es gut und heilsam ist.

---

87   ChB 8 (1838), Sp. 459f: »An Ludwig Hofackers Todestage«.
88   Vgl. z.B. ChB 6 (1836), Sp. 299: »Hingabe an den Herrn« von Karl Plank; 7 (1837), Sp.
259f: »Sehnsucht nach Oben« von »Br[uno] L[indner]«; 8 (1838), Sp. 387f: »Bitte um ein seliges
Ende« von Angelus Silesius; ebd., Sp. 467: »Wohlan!« von »Br[uno] Lindner«. Zur Identifizierung Lindners, eines Leipziger Theologieprofessors, vgl. ChB 19 (1849), Sp. 14.

> Dem, der in viel stillen Stunden
> Treu bei Dir sich eingefunden,
>   Zeigst Du Dich in Deiner Pracht,
>   Wenn er aus dem Grab erwacht.«[89]

Die Hinweise auf die enge Pforte und auf die Auferstehung konnten vielleicht noch als endzeitliche Reminiszenzen verstanden werden. Sie waren aber auch in Köhlers Gedicht ganz in die Bahnen einer individualisierten Erlösungshoffnung eingebunden. Aus der Sicht des Herausgebers Burk waren universale millenarische Bilder nicht mehr erwünscht. Was allenfalls als Refugium endzeitlicher Frömmigkeit übrigblieb, war das Individuum und seine persönlichen Hoffnungen.

Christian Gottlob Barth dagegen veröffentlichte auch nach 1836 Gedichte und Lieder, deren millenarischer Zusammenhang unverkennbar war. Mit dem *Calwer Missionsblatt* stand ihm ein Publikationsorgan zur Verfügung, dessen Inhalt er allein gestaltete und verantwortete. Er musste keinerlei Rücksicht auf mitdenkende und mitarbeitende Kollegen nehmen, anders als Burk, der vom Wohlwollen der Stuttgarter Predigerkonferenz abhängig war.[90] Immer wieder ließ Barth seine endzeitlichen Hoffnungen in poetischer Form laut werden und oft reagierte er dabei auf politische Ereignisse und Entwicklungen. So am Beginn des Jahres 1841, als er mit seinem Gedicht »Israels Hoffnung« auf die Orientalische Krise des zurückliegenden Sommers reagierte. Dem ägyptischen Statthalter Mohamed Ali war es gelungen, seine Macht innerhalb des Osmanischen Reiches bis nach Syrien auszudehnen. Im Londoner Quadrupelallianzvertrag vom 15. Juli 1840 verpflichteten sich daraufhin die europäischen Mächte England, Österreich, Russland und Preußen zur Unterstützung des Sultans, um die türkische Herrschaft über Palästina wieder herzustellen und den christlich-europäischen Einfluss auf die Region zu verstärken.[91] Was bei den europäischen Herrschern machtpolitisches Kalkül war, weckte bei endzeitlich denkenden Pietisten neue Hoffnungen auf die Ansiedlung bekehrter Juden am Zion in Jerusalem:

---

89 ChB 11 (1841), Sp. 307f, Zitat: 308. Zu Köhler vgl. FRITZ, Amtsdiözese, S. 34 Anm. 59: »Köhler in Degerloch [...] hat nicht weniger als 1500 geistliche Lieder verfaßt, nach Albert Knapps Urteil ›keine Reimereien, ... sondern edle, liebliche Lieder, wohl auch erhabene, feierlichernste Psalmodien, worin der Tiefsinn mit der lebendigen Herzenserfahrung wetteifert‹«.

90 Das zeigte sich offen spätestens 1867, als Burk auf die Redaktion des *Christenboten* verzichten musste, weil er in der politischen Frage der Haltung gegenüber Preußen eine andere Auffassung vertrat als Kapff und die Mehrheit der Pietisten (vgl. LEHMANN, Pietismus und weltliche Ordnung, S. 247).

91 WAPPLER, Bistum Jerusalem, S. 291f. Im Gefolge dieser Entwicklungen wurde in enger Zusammenarbeit von England und Preußen das Bistum Jerusalem errichtet.

»Wer pflanzt auf Zions Höhen
Auf's Neu' die Fahn' empor?
Wer läßt sie fröhlich wehen
Auf Salomonis Thor?«[92]

Im poetischen Gewand war für Barth die Antwort eindeutig: Mit göttlicher Hilfe würde es dem zu Christus bekehrten Gottesvolk gelingen, das Jerusalemer Heiligtum aus der Hand des Sultans zu befreien:

»Wohlan! die Stunden schlagen:
Brich auf, o Gottes Volk!
Laß Ihn dein Banner tragen
Auf Seiner Feuerwolk'!
Das Räuberheer verscheucht Er
Mit einem einz'gen Blick,
Und bringt den heil'gen Leuchter
In's Heiligthum zurück.«[93]

Barth hielt an solchen überindividuellen endzeitlichen Vorstellungen fest und gab ihnen ein publizistisches Forum. Für ihn deuteten die politischen Entwicklungen auf ein Ende der muslimischen Herrschaft in Palästina. Danach sah das endzeitliche Szenario die Rückkehr eines Teiles des von der christlichen Judenmission erfolgreich bekehrten jüdischen Volkes nach Jerusalem vor. Für die Leserschaft des *Calwer Missionsblattes* war die indirekte Botschaft des Gedichtes unmissverständlich. Die missionarischen Anstrengungen gegenüber der jüdischen Bevölkerung mussten weiter intensiviert werden, um die Voraussetzungen für die Erfüllung des Szenarios zu schaffen: eine nennenswerte Anzahl zu Christus bekehrter Juden.[94] Barths poetischer Millenarismus fand schließlich ein weiteres Refugium in den von ihm organisierten Calwer Missionsfesten und den bei diesen Anlässen gesungenen Liedern, die er meist selbst auf bekannte Gesangbuchmelodien dichtete. Am 1. Mai 1843 ließ er auf die Melodie von »Wachet auf, ruft uns die Stimme« singen:

»Fraget nicht: wann wird's geschehen?
Der seine Stunden sich ersehen,
Schafft eilends dieß zu seiner Zeit;
Boten schickt er in die Runde,
Daß sie den Völkern bringen Kunde,

92   CMB 14 (1841), S. 1 (2. Januar).
93   Ebd. Ein dem Gedicht vorangestellter Kupferstich verbildlichte den von Posaunenklang begleiteten Einzug des siebenarmigen Leuchters und der Bundeslade in den am Bildrand zu erahnenden wiederaufgebauten Tempel.
94   Zu Barths Engagement für die Judenmission vgl. auch oben Kapitel 3, Abschnitt II. 3. *Verteidigung des Apokalyptikers* und den folgenden Unterabschnitt II. 2. *Missionsfeste als Ritual.*

Und sammeln, was verirrt, zerstreut;
Nun gilt's, mit Freuden thun
Sein Werk, und nimmer ruhn
Bis zur Ernte;
Weiß ist das Feld; –
Weit ist die Welt,
Und allgemein das Lösegeld.«[95]

Zwei Intentionen verbanden sich mit der Strophe: Aufforderung zum missionarischen Engagement und Aufruf zur endzeitlichen Geduld. Offenkundig war der Zusammenhang beider Intentionen. Denn wer die Hoffnung auf die Erfüllung der endzeitlichen Szenarien verlor, war im Zweifelsfall auch weniger bereit zur Unterstützung der Missionsarbeit. Was im Horizont der Bengelschen Berechnungen die drängende Frage gewesen war, »wann wird's geschehen?«, das durfte nach Barth nicht mehr ausschlaggebend sein. Missionarisches Engagement, das in seiner Motivation eine durch und durch endzeitliche Struktur behielt, sollte dennoch programmatisch von der Frage nach einem Zeitplan der Erfüllung abgekoppelt werden. Nicht nur die Judenmission, sondern die Mission in aller Welt war Voraussetzung für den Fortgang der endzeitlichen Ereignisse.[96] Die Teilnehmer des Missionsfestes sollten versichert sein: Das Szenario ist weiterhin gültig und missionarisches Engagement dringend erforderlich, auch wenn ein Zeitplan nicht mehr erkennbar ist.

Barth ergänzte mit seinen eigenen Liedern die Lücken, die auch das neue Gesangbuch gelassen hatte, um die pietistischen Kreise mit den endzeitlichen Inhalten zu versorgen, die er nach wie vor für unerlässlich hielt. Sein poetischer Millenarismus tendierte nicht zur Individualisierung, wie das in Burks *Christenboten* erkennbar war. Er versuchte vielmehr, die universalen millenarischen Szenarien über die Enttäuschung des Jahres 1836 hinwegzuretten. Allerdings war er dabei auf ein Publikum beschränkt, das – sei es als Leser seines Missionsblattes, sei es als Besucher der Missionsfeste – seine Bemühungen auf dem Feld der Mission von vornherein teilte.

2. Missionsfeste als Ritual

Ein anhaltendes endzeitliches Interesse begann sich auf die Kreise der Unterstützer der Missionsarbeit zu konzentrieren. Diese Beobachtung wird durch die Entstehung und Ausbreitung von Missionsfesten in Württemberg seit der Mitte der dreißiger Jahre belegt. Waren die Endzeiterwartungen in

---

95   Lieder, gesungen bei der Jahresfeier des Missions-Vereins in Calw, den 1. Mai 1843, S. 4. Von Beginn an (1832) wurde für die Calwer Missionsfeste ein Liedtextblatt gedruckt.
96   Als biblische Belege zog Barth Mt 24,14 und Röm 11,25 heran (Das Jahr 1836, S. 14–17).

Burks *Christenboten* aus dem Mittelpunkt des Interesses herausgenommen worden[97], so musste man ihnen doch einen wahrnehmbaren Ort geben, an dem sie weiterhin gepflegt werden konnten. In diese Funktion traten die Feste und Feiern der Missionsvereine.[98]

Schon seit einigen Jahren waren im Land nach und nach Missionsvereine zur Unterstützung der Basler Missionsgesellschaft und Missionsschule entstanden: zuerst 1816 in Leonberg und Stuttgart, dann seit 1819 in Tübingen, Lauffen am Neckar, Besigheim, Tuttlingen, Metzingen und anderen Orten. Von den Erträgen der Vereine wurden schon 1819 elf Basler Missionsschüler finanziell unterstützt.[99] Wohl von Beginn an veranstalteten die Vereine regelmäßige Jahresfeiern für ihre Mitglieder und Unterstützer. Diese Feiern besaßen einen allenfalls eingeschränkten Öffentlichkeitscharakter und sind daher nur spärlich dokumentiert.[100] In Nagold und Sindelfingen wurden zum Beispiel seit 1822 Jahresfeiern abgehalten, die erst aus späteren Berichten erschlossen werden können.[101] Öffentliche Jahresfeste wurden seit 1821 in Tübingen gefeiert. Da der dortige Missionsverein in einem akademischen Milieu entstanden war und vor allem von Professoren und Studierenden getragen wurde, fanden seine Feiern in der Aula der Universität statt, musikalisch begleitet von Friedrich Silcher (1789–1860), seit 1817 Universitätsmusikdirektor.[102]

Zu einem öffentlichen Versammlungsort des popularen Pietismus wurden die Jahresfeiern, die dann meist Missionsfest genannt wurden, erst mit

---

97　Vgl. oben Abschnitt I. 1. »*Was wollen denn die Pietisten?*«.

98　FITSCHEN, Transformation, S. 328, stellt zwar fest: »Die Festkultur des Vormärz erlebte nicht nur eine Politisierung, sondern auch eine Konfessionalisierung«, geht aber auf die pietistische Missionsfestkultur nicht ein. Zu Festen und Feiern als Gegenständen historischer Forschung vgl. MAURER, Feste und Feiern; aus dem katholischen Bereich STAMBOLIS, Religiöse Festkultur. Zu Missionsfesten im Bereich der badischen Landeskirche vgl. BENRATH, Verbreitung.

99　SCHLATTER, Geschichte der Basler Mission, Bd. 1, S. 38–41.

100　So berichtete der Herrnhuter Reiseprediger Johann Daniel Suhl, er habe am 4. November 1821 in Stuttgart ein Missionsfest besucht (UA Herrnhut, R. 19. B. l. 7, Nr. 92). Dabei wird es sich um eine interne Jahresfeier gehandelt haben; das erste öffentliche Missionsfest wurde in Stuttgart erst am 24. August 1843 gefeiert (ABM Basel, Q-3–4, 27: Brief von Wilhelm Hofacker, Stuttgart, 15. September 1842, über erste Planungen in der »Missionsfestsache«; ebd., Q-3–4, 28: Brief von A. Knapp, Stuttgart, 16. August 1843, Bitte an den damaligen Basler Missionsinspektor W. Hoffmann, beim Missionsfest am 24. August persönlich zu sprechen. Vgl. auch LKA Stuttgart, A 26, 371, Nr. 14: Gesuch der Stuttgarter Diakone Knapp, Dettinger, Hofacker und Mehl, Missionsfeste abhalten zu dürfen, 20. September 1842; ebd., Nr. 17: Genehmigung durch das Ministerium des Kirchenwesens, 29. Dezember 1842).

101　Zu Sindelfingen vgl. ABM Basel, Q-3–4, 26: Briefe von Albert Christian, Sindelfingen, 6. November 1844 und 15. Dezember 1845 (von 1822 bis 1843 fanden nur Jahresfeiern statt, bei denen die beiden Stadtgeistlichen sprachen; 1844 traten erstmals auswärtige Redner, u.a. C. G. Barth, auf). Zu Nagold vgl. ChB [1] (1831), S. 24: »Sonntag, den 2. Okt. feierte der Missions-Hülfs-Verein in Nagold sein zehntes Jahresfest.«

102　KOLB, Das neunzehnte Jahrhundert, S. 636.

Beginn der dreißiger Jahre. Über das Nagolder Jahresfest wurde 1831 berichtet, »eine große Menge Menschen aus den benachbarten Dörfern« habe sich versammelt.[103] Die Jahresfeiern des Calwer Missionsvereins fanden seit 1832 als öffentliche Veranstaltungen statt.[104] Die von Gebeten und Liedern gerahmten Feiern umfassten neben diversen Reden auch einen detaillierten Jahresbericht über die Tätigkeit des Vereins. Einige Jahre später heißt es, beim fünften Missionsfest am 25. März 1836 hätte sich in der Calwer Stadtkirche »eine große Menge von Menschen, meistens Landleute aus der Umgegend« versammelt, dazu mehr als 25 Geistliche aus Calw und dem weiteren Umkreis.[105] Am selben Tag fanden in Güglingen und Großbottwar erstmals öffentliche Missionsfeste statt.[106] Weitere entstanden nach und nach im ganzen Land.[107] In Stuttgart war es im Übrigen eine Gruppe von Frauen um Charlotte Reihlen (1805–1868), die im Jahr 1842 die Einrichtung eines Missionsfestes betrieb. Trotz des Widerspruches aus den Kreisen der Hahnschen Gemeinschaft, die das Missionswesen nicht in die breite Öffentlichkeit gezogen wissen wollten, wurde am 24. August 1843 auch in Stuttgart ein erstes öffentliches Missionsfest gefeiert.[108] Einen plas-

---

103 ChB [1] (1831), S. 24.

104 ChB [2] (1832), S. 48: »Am Feiertag Matthias [24. Februar] begieng der *Calwer Missions-Verein* seinen Jahrstag zum *ersten* Mal öffentlich durch eine festliche Versammlung in der Kirche. [...] Unter Begünstigung der heitern Witterung war eine größere Menschenmenge, als man erwartet hatte und als die Kirche zu fassen vermochte, zusammen gekommen, so daß diejenigen Freunde der Mission, welche eigentlich den Verein bilden, sich unter der Menschenmasse gedrängt fanden, und eine Anordnung besonderer Sitze für diese in der Kirche sehr vermißt wurde.«

105 *Theophilus* 3 (1836), Sp. 119f.

106 ChB 6 (1836), Sp. 167f. Das Güglinger Missionsfest war gleichzeitig das erste, für das die Veranstalter beim Konsistorium eine Genehmigung einholten (LKA Stuttgart, A 26, 371, Nr. 9: Gesuch vom 16. Oktober 1834; Genehmigung vom 31. Oktober 1834). Warum das Fest erst anderthalb Jahre nach seiner Genehmigung stattfand, ist nicht bekannt. Zum Großbottwarer Missionsfest vgl. einen Brief von Christian Burk an den Basler Missionsinspektor C. G. Blumhardt, 4. April 1836: »Nachdem ich einige Zeit hier war, so ließ ich es mir angelegen seyn, auch hier die Theilnahme für die Mißionssache noch mehr zu wecken, was nach unsrem würt. Verhältnißen am besten durch Einrichtung eines jährlichen Mißionsfestes geschehen zu könen schien. Es wurde ein solches auf den Tag Maria Verk. 25 Merz angekündigt, und unter sichtbarem Segen des Herrn gehalten. Die Theilnahme des Publickums war sehr groß, unsere geräumige Kirche konnte kaum die Maße von Menschen fassen, welche von allen Orten herzuströmte, und es fiel ein Opfer von mehr als 100 f – was für ein armes Landstädtchen gewiß viel ist.«

107 In Göppingen fand 1835 die zweite öffentliche Jahresfeier des Missionsvereins statt (ChB [5] (1835), Sp. 148); der Hohenloher Missionsverein feierte im Dezember 1839 in Elpersheim und im März 1840 in Freudenbach Missionsfeste (LKA Stuttgart, A 26, 371, Nr. 12); in Stuttgart wurde erstmals am 24. August 1843 ein Missionsfest gefeiert. Weitere von C. G. Barth besuchte Feste gab es u.a. in Nürtingen (WERNER, Barth, Bd. 3, S. 91f: März 1843), Kirchheim an der Teck (ebd., S. 109: 19. Mai 1844), Zwerenberg (ebd., S. 139: 3. August 1845, 3.000 Zuhörer) und Calw-Stammheim (ebd., S. 150: 1. Juni 1846).

108 Vgl. EHMER, Frauen, S. 25f und dazu ABM Basel, Q-3-4, 27: Brief von W. Hofacker an ? [Inspektor W. Hoffmann?], Stuttgart, 15. September 1842 (Hofacker schildert in dem Brief ausführlich die Auseinandersetzungen um die »Missionsfestsache«).

tischen Eindruck von dem immensen Zulauf, den die Missionsfeste hatten, vermittelt der Reisebericht eines Basler Ratsherrn aus dem Jahr 1844:

»Um ein Uhr läutete es in die große Calwerkirche, und wir traten durch die Sakristei und das Chor ein ... und welch ein Anblick! Eine Kirche, wie St. Peter [in Basel] in der Größe, aber mit *ringsherum* laufenden Lettnern, und zwar *zweyen über*einander, mit offenem Chor und Lettner, voll Würtembergischen *Land*volks! Die Städter verschwanden unter den Bauern. *Niemand* konnte sitzen, sondern in den Bänken und Gängen drängten sich die Tausende Kopf an Kopf aneinander, daß im buchstäblichen Sinn kein Steinlein hätte zur Erde fallen können. [...] so stand hier auch in der *äußeren* Erscheinung ein Volk vor dem Herrn; Trachten, Züge, Reden – alles ächt würtembergisch – ein Eindruck, der mir aufrichtig gesagt tiefer sitzt als alle gehaltenen Reden und der insonderheit bei dem Gesang sich hob, der aus 6000 Kehlen (denn so schätzte man die Versammlung) emporstieg [...]. Es war fünf Uhr Abends, als wir die Kirche verließen und auf der Terasse vor derselben auf den großen Markt herunterblickten, der wie ein lebendiger Strom wogte.«[109]

Aus den pietistischen Vereinen hatte sich im Laufe von zwei Jahrzehnten eine Festkultur entwickelt, deren Charakter durch drei Merkmale geprägt war:

1. *Öffentlichkeit.* Die Missionsfeste der dreißiger und vierziger Jahre waren nicht mehr interne Vereinsfeiern, sondern öffentliche Anlässe, über die auch in der nicht-kirchlichen Presse berichtet wurde.[110] Die Organisatoren der Feste schufen damit eine neue Gemeinschaftsform für den popularen Pietismus, der sich nicht mehr nur in Privatversammlungen traf, sondern in aller Öffentlichkeit.[111] Was staatliche und kirchliche Behörden über Jahrzehnte zu verhindern versucht hatten, wurde zum Normalfall: das Zusammenkommen popularer Pietisten aus vielen benachbarten Orten. Auch die Redner, die bei den Festen auftraten, waren nicht mehr nur örtliche Honoratioren, sondern oft Missionare oder angesehene Persönlichkeiten überregio-

---

109 UB Basel, Nachlass Adolf Christ: Reisebericht 1.–2. Mai 1844, zitiert nach: BLUMHARDT, Briefe, Bd. 4, S. 220; vgl. auch den Brief von Doris Blumhardt an ihre Eltern, 14. Mai 1844 (ebd., Bd. 3, S. 230): »[...] das Calwer Missionsfest, das dießmal ungeheuer zahlreich besucht war; man schätzte die Volksmenge auf wenigstens 6000. Das Fest war auch sehr gesegnet für Jedermann, den man darüber hörte.«

110 Vgl. z.B. *Schwäbische Chronik*, Jg. 1843, S. 929f (27. August) über das Stuttgarter Missionsfest vom 24. August: »War schon Morgens die geräumige Stiftskirche sehr voll von Besuchern aus der Stadt und weither aus dem Lande, so war sie's Nachmittags noch viel mehr, so daß mehrere hiesige und auswärtige, zum Fest geladene, Geistliche und Hunderte anderer Zuhörer um zwei Uhr nicht mehr in die Kirche eindringen konnten« (S. 929); Jg. 1844, S. 697ff (29. Juni) zum Stuttgarter Missionsfest vom 24. Juni.

111 Die von HARTMUT LEHMANN erörterten sieben Typen der religiösen Vergemeinschaftung im Pietismus (Grenzüberschreitungen, S. 11–15: Collegia Pietatis, Briefwechsel pietistischer Patriarchen, Anstalten und Schulen, Herrnhuter Brüdergemeine, Zirkularkorrespondenzen, inspirierte Zirkel, Evangelische Vereine) sind um den achten Typus der pietistischen Festkultur zu ergänzen.

naler Organisationen wie der Basler Mission. Die pietistischen Netzwerke agierten ebenfalls verstärkt in der Öffentlichkeit.[112]

2. *Umstrittene Einbindung in landeskirchliche Strukturen.* Die Organisatoren der Missionsfeste waren, soweit erkennbar, meist pietistische Pfarrer. War dadurch schon eine lockere Anbindung an die Landeskirche gewährleistet, so kam sie verstärkt zum Ausdruck durch das Auftreten der örtlichen nicht-pietistischen Pfarrer während der Feiern[113] oder durch die Verlegung derselben in die Kirchgebäude.[114] Allerdings war die Integration der Missionsvereine und ihrer Feste in den Rahmen der organisierten Landeskirche nicht unumstritten. Im Jahr 1841 kam es zu einer Debatte über die Frage, ob die Missionssache Angelegenheit der Kirche sei oder dem Wirken pietistischer Vereine vorbehalten bleiben solle. Christian Gottlob Barth hatte in seinem *Calwer Missionsblatt* dafür plädiert, die Missionssache durch freie Vereine zu betreiben, da die Kirche – als corpus permixtum – nicht den gewünschten Erfolg erreichen könne.[115] Dem widersprach das *Evangelische Kirchenblatt zunächst für Württemberg*, eine damals noch junge publizistische Neugründung aus der Mitte der Landeskirche, die in den folgenden Jahren in die Stelle eines halbamtlichen Nachrichtenorgans der Kirchenleitung eintrat.[116] Barth erhielt im *Kirchenblatt* Raum für eine Erwiderung, in der er seine Argumentation unterstrich:

»Wenn eine Kirche nicht mehr rein apostolisch, wenn sie gemischt ist, aus Gläubigen und Ungläubigen zusammengesetzt, so kann das Missionswerk, welches doch vernünftigerweise nur die Fortpflanzung einer reinen Kirche zum Zweck haben kann, nur durch freie Vereine betrieben werden, welche sich aus den gläubigen Mitgliedern der Kirche bilden.«[117]

---

112 Nachdem C. G. Barth 1838 das Pfarramt aufgegeben hatte, wurde er zum gefragten Redner bei Missionsfesten weit über Württemberg hinaus (vgl. WERNER, Barth, Bd. 3, S. 149f u.ö.). Bei seiner Missionsreise durch Hohenlohe und einige altwürttembergische Orte hatte er im Mai 1844 im Verlauf von 19 Tagen angeblich 20.000 Zuhörerinnen und Zuhörer. Zu pietistischen Netzwerken vgl. JAKUBOWSKI-TIESSEN, Eigenkultur, S. 203–206.

113 Beim Calwer Missionsfest 1836 trat z.B. als Redner neben C. G. Barth der damalige Diakon Christian Märklin auf (*Theophilus* 3 (1836), Sp. 119f), der zur gleichen Zeit mit Barth und anderen pietistischen Theologen in eine heftige Auseinandersetzung über Strauß' »Leben Jesu« verwickelt war (s. Abschnitt I. 2. *Streiten mit Strauß*).

114 Das Tübinger Missionsfest wurde am 16. Mai 1844 erstmals nicht in der Aula der Universität, sondern in der Stadtkirche gefeiert (WERNER, Barth, Bd. 3, S. 109).

115 CMB 14 (1841), S. 1–3: »Gefahren für die Missionssache in unserer Zeit«. Barth betonte: »*Die Missionssache muß frei seyn*, das ist unsre innigste Ueberzeugung. Jede Bevormundung von Seiten der Kirche, die selbst noch irgendwelche heidnische oder unchristliche Elemente in sich faßt, kann auf ihre gedeihliche Entwicklung nur einen hemmenden und störenden Einfluß haben.« (S. 2f).

116 EvKiBl 1 (1840/41), S. 302f: »Bemerkungen über einen Artikel des Calwer Missionsblattes Nr. I. 1841«.

117 Ebd., S. 445–448: »Erwiederung [!] auf die ›Bemerkungen über einen Artikel des Calwer Missionsblattes Nr. I. 1841‹« (Zitat: S. 445, i. O. gesperrt; wortgleich schon in CMB 14 (1841), S. 3).

Barths Aussage verdeutlicht das Dilemma, vor dem die pietistische Missionsarbeit stand: Wollte man in die kirchlichen Strukturen hineinwirken, musste man sich in sie hineinbegeben – und Barth, der federführende Organisator der Calwer Missionsfeste, handelte entsprechend und ließ sich auf die kirchlichen Strukturen am Ort ein.[118] Auf der anderen Seite wollte er die Trägerschaft der Missionsarbeit in der Hand freier Vereine behalten, um inhaltlich keine Zugeständnisse machen zu müssen.[119]

3. *Refugien endzeitlicher Energien.* Ein genauerer Blick auf Barths Redebeiträge bei verschiedenen Missionsfesten im Land erklärt, warum er weiterhin an einer freien Trägerschaft der Missionsarbeit festhalten wollte: Bei den Festen fanden endzeitliche Stimmungen freien Lauf, die im Raum der Landeskirche sonst kaum einen Ort der öffentlichen Äußerung finden konnten. Beim Tübinger Missionsfest 1844 behandelte Barth die Frage nach dem rechten Zeitpunkt der Missionsarbeit. Er verwies auf »ein allgemein verbreitetes Sehnen, allgemein verbreitete Ahnungen, unklare Weissagungen, große Erwartungen« und zog daraus den Schluss, es sei für die Missionsarbeit unter Juden und Heiden zwar spät, aber nicht zu spät, da es unter allen Völkern eine hohe Bereitschaft gebe, die evangelische Botschaft von der zu erwartenden Wiederkunft Christi anzunehmen.[120] In Stuttgart forderte Barth im selben Jahr seine Zuhörerinnen und Zuhörer dazu auf, selbst judenmissionarisch tätig zu werden. Niemand müsse zu fernen Völkern reisen, da jeder im täglichen Umgang mit Juden die Möglichkeit habe, missionarisch zu wirken:

»Israel wohnt in eurer Mitte und ihr stehet mit den Gliedern dieses Volkes in mannichfachem Verkehr. [...] So könntet ihr vielleicht da oder dort einen für Jesum gewinnen. Wir leben jetzt in einer Zeit, wo sich die hoffnungsvollen Anzeigen mehren, daß die Erfüllung der Verheißungen für Israel nahe seyn könnte.«[121]

Da für den Fortgang der endzeitlichen Ereignisse ein Erfolg der judenmissionarischen Bemühungen unverzichtbar war, zeigt Barths Insistieren die

118 Die Calwer Missionsfeste fanden von Anfang an in der Calwer Stadtkirche (vgl. ChB [2] (1832), S. 48) unter Beteiligung nicht-pietistischer Pfarrer (vgl. *Theophilus* 3 (1836), Sp. 119f) statt.

119 Im *Evangelischen Kirchenblatt* flammte der Streit noch einmal im Jahr 1850 auf, als sich ein anonymer Autor gegen die »übertriebene Schätzung« der Missionsfeste im Pietismus aussprach und verlangte, dass die Mission als Sache der ganzen Landeskirche behandelt werden müsse (EvKiBl 11 (1850), S. 481–484: »Die religiöse Agitation und die Missionsfeste«, Zitat: 484). Der Eberbacher Pfarrer Christian Friedrich Kling entgegnete, die Missionssache müsse der freien Assoziation vorbehalten bleiben, weil in den kirchlichen Behörden kein »reger lebendiger Eifer« für sie vorhanden sei (ebd., S. 563–565: »Die Missionsfeste«, Zitat: 563).

120 *Fünf und zwanzigster Jahresbericht des Tübinger Missions-Hilfsvereins* vom Jahre 1844/45, S. 27f, Zitat: S. 28. Eine Zusammenfassung der Rede mit der hier aufgegriffenen endzeitlichen Argumentation findet sich auch in Barths eigenhändigem Bericht seiner Missionsreise im Mai 1844 (ABM Basel, Q-3-4, 1.1, Nr. 151, S. 8).

121 *Vorträge, gehalten bei dem Missionsfeste in Stuttgart am 24. Juni 1844*, S. 46.

Dringlichkeit seines Anliegens, für das er außerhalb der bei den Missionsfesten versammelten pietistischen Kreise kaum auf Entgegenkommen hoffen konnte.[122] In seiner Rede beim Stuttgarter Missionsfest 1847 deutete
Barth die Schwierigkeiten der pietistischen Missionsarbeit erneut an. Er
sprach davon, das »kleine Häuflein«, das sich zur Mission bekenne, werde
sich auch durch den Widerstand, den es erfahre, nicht abhalten lassen, weiterhin im Judentum für die »Hoffnung auf den Messias und auf seine eins-
tige Wiederherstellung zum Volke Gottes« zu werben.[123] Doch weder unter
der jüdischen Bevölkerung Württembergs, noch bei der Kirchenleitung
trafen die judenmissionarischen Bestrebungen auf ein nennenswertes Interesse.[124] Die endzeitlich motivierte Judenmission war außerhalb der pietistischen Kreise kaum vermittelbar. Öffentliche Unterstützung erfuhr sie nur in
pietistischen Publikationen und bei den Missionsfesten.[125] –

Als ein pietistischer Pfarrer im Jahr 1850 schrieb: »Die Missionsfeste
sind hier zu Lande [...] *christliche Volksfeste*«[126], waren die Missionsfeste
im Laufe von zwei Jahrzehnten zu einer festen Institution der pietistischen
Geselligkeit geworden und hatten dazu beigetragen, den Endzeiterwartungen
ein Refugium zu verschaffen, wo sie geäußert und geteilt werden konnten.
Mit ihrer Institutionalisierung war aber gleichzeitig eine Ritualisierung der
Endzeithoffnung gegeben. Aus dem Alltagsleben zog sie sich zurück und
konzentrierte sich in ihrer öffentlichen Äußerung auf die regelmäßig wiederkehrenden Missionsfeste, die dafür einen rituellen Rahmen boten. So
hatten auch die Teilnehmer des Calwer Missionsfestes im Jahr 1848 die
Gelegenheit, im Lied ihre endzeitlichen Sorgen zum Ausdruck zu bringen:

> »Erhalt' uns deine Lehre,
>   Herr, zu der letzten Zeit!
> Erhalt' dein Reich, und mehre
>   Stets deine Christenheit;

---

122 Eine Fortführung der Arbeit von MARTIN JUNG, Die württembergische Kirche und die Juden, für die Zeit des 19. Jahrhunderts ist dringend erforderlich. Ein unausweichliches Thema wäre
dabei die judenfeindliche Israelliebe im württembergischen Pietismus, vgl. dazu erste Hinweise
bei JUNG, S. 287f.

123 Vorträge, gehalten bei dem Missionsfest in Stuttgart am 24. August 1847, S. 24.

124 Die christliche Judenmission musste letztlich an der Unmöglichkeit scheitern, die bürgerliche Emanzipation der Juden und die verlangte Konversion zum Christentum miteinander zu
vereinbaren (vgl. NOWAK, Geschichte, S. 82).

125 Vgl. auch die Rede des Gerlinger Pfarrers Karl Friedrich Stange beim Stuttgarter Missionsfest 1846, in: Vorträge, gehalten bei dem Missionsfest in Stuttgart am 24. August 1846, S. 7–25,
bes. S. 22f. Auf ähnliche Ablehnung stießen die Vertreter der Judenmission in Baden: Dem aus
Stuttgart stammenden Straßburger Judenmissionar Jacob August Hausmeister wurde 1842 die
Genehmigung zum Predigen im Badischen verweigert (BENRATH, Verbreitung, S. 15 Anm. 54).

126 EvKiBl 11 (1850), S. 563–565: CHRISTIAN FRIEDRICH KLING, »Die Missionsfeste«, Zitat:
S. 564.

Erhalte festen Glauben,
    Der Hoffnung hellen Strahl;
    Laß uns dein Wort nicht rauben
    In diesem Jammerthal!«[127]

Der resignative Ton des Barth-Liedes spiegelte die Ambivalenz, in der die endzeitlichen Erwartungen und ihre Träger steckten, treffend wider: einerseits die Gewissheit, in »der letzten Zeit« zu leben, andererseits die Sorge, die Grundlage jener Gewissheit – nämlich das biblische »Wort« der Verheißung – zu verlieren. Die alljährlichen Missionsfeste boten die Gelegenheit, die erlebte Ambivalenz zu bearbeiten und sich gemeinsam der erhofften Gewissheiten im Ritual neu zu versichern.

3. Neujahrs-Betrachtungen

Auch im *Christenboten* fand die endzeitliche Frömmigkeit ein Refugium und zwar in den Neujahrsartikeln des Herausgebers Christian Burk. In der ersten Ausgabe eines jeden Jahres wandte er sich mit »Neujahrs-Betrachtungen« an seine Leserschaft, in denen er die politischen, gesellschaftlichen und kirchlichen Ereignisse des vergangenen Jahres rekapitulierte und einer religiösen Interpretation unterzog.[128] Mit seinen politischen Reminiszenzen zog Burk eine weite Horizontlinie. Er griff Ereignisse aus der ganzen Welt auf: Handelskonflikte mit Nordamerika, die Sklavenbefreiung in der Karibik, politische Wirren in Schweizer Kantonen, Englands Opiumkrieg in China, Bürgerkrieg in Spanien oder die Kämpfe der Russen mit den Tscherkessen und vieles andere.[129] Ergänzt wurden die politischen Vorgänge durch die Erwähnung von Naturkatastrophen oder Epidemien: die Cholera, eine Überschwemmung in Budapest oder eine Feuersbrunst in Hamburg.[130] Auch wenn Burk bisweilen die Beendigung eines Krieges oder die Befriedung einer Unruheregion vermeldete, so bleibt doch der Eindruck, seine jährlichen Zusammenfassungen des Weltgeschehens hätten vor allem eines im Sinn gehabt: die Weltgeschichte als fortwährende Krise zu zeichnen. Das Krisenszenario fußte auf der apokalyptischen Logik, die in der Endzeit ein gegenseitiges Verstärken christlicher und antichristlicher Kräfte erwar-

---

127 Lieder, gesungen bei der Jahresfeier des Missionsvereins in Calw den 25. Juli 1848, S. 1 (nach der Melodie des Adventsliedes »Wie soll ich dich empfangen«). Zur endzeitlichen Resignation des Jahres 1848 vgl. auch unten Abschnitt IV. 3. *Endzeitliche Resignation*.

128 ChB 7 (1837), Sp. 3. In der Sprache der Erweckten ausgedrückt: Die Leserschaft des *Christenboten* sollte »den jetzigen Stand des Reiches Gottes genauer kennen lernen«, ChB 6 (1836), Sp. 4.

129 Zu den genannten Beispielen vgl. ChB 8 (1838), Sp. 5; 9 (1839), Sp. 6; 10 (1840), Sp. 5f; 11 (1841), Sp. 9; 14 (1844), Sp. 6; 15 (1845), Sp. 3.

130 Vgl. ChB 8 (1838), Sp. 4; 9 (1839), Sp. 5; 13 (1843), Sp. 8.

tete. Alle Nachrichten von Kriegen, Katastrophen und Konflikten einerseits und Meldungen von Missionserfolgen, Friedensschlüssen oder Aktivitäten im christlichen Sinn andererseits wurden entsprechend als Zeichen eines immer heftiger werdenden Kampfes zwischen guten und bösen Mächten interpretiert, der in der Wiederkunft Christi kulminieren sollte. Burks endzeitliche Rhetorik baute eine Drohkulisse auf, die das Entstehen einer »geistlich-weltlichen Universalmonarchie des Antichristenthums« befürchten ließ und den christlichen Widerstand dagegen dringlich machte.[131] Anfang 1845, als es aus dem Weltgeschehen keine bemerkensweteren Veränderungen zu berichten gab, breitete Burk die Bedrohung vor seiner Leserschaft aus:

»Von Jahr zu Jahr tritt es deutlicher vor Augen, wie Vieles noch überwunden werden muß, wenn die Menschheit im Großen und Ganzen zu dem Ziele gelangen soll, zu dem Christus, ihr Heiland und König, sie führen will. Denn wenn auch noch nirgends das vollständige Antichristenthum in einer einzelnen Person sich verkörpert hat, die Hörner seiner Schreckensgestalt treten doch so deutlich in unsern Tagen hervor, daß es allmählig auch den Gleichgültigeren zum Bewußtseyn kommt: dieß Alles muß noch weg, ehe der Menschheit Frieden und Heil dauernd erblühen kann.«[132]

Die folgende Aufzählung der antichristlichen Verkörperungen glich einem ›ökumenischen‹ Rundumschlag: Heidentum, Islam, Judentum, das römische Papsttum und der Jesuitenorden.[133] Ergänzt wurde die Reihe durch weitere Erscheinungen, die dem Christentum feindlich gegenüberstanden: Gewaltherrschaft, philosophischer Unglaube[134], Schwärmertum, Werkgerechtigkeit, sorglose Weltlichkeit und der beginnende Industriekapitalismus.[135] Anders ausgedrückt: Wahres Christentum, das sich genau besehen allein in der Bußhaltung eines erweckt-pietistischen Protestantismus verwirklichte, befand sich in einer dauernden Frontstellung gegen reale oder vermeintliche geistige oder gesellschaftliche Kräfte, die in oder auf Europa Einfluss ausübten. Von all diesen »antichristlichen Mächten« galt es sich loszumachen, um in den endzeitlichen Auseinandersetzungen bestehen zu können.[136]

Mit der Paränese, den antichristlichen Gefahren aktiv zu widerstehen, verlängerte Burk in seinen Neujahrsartikeln eine millenarische Haltung,

131 ChB 6 (1836), Sp. 5. Zum »Antichristenthum« vgl. auch 7 (1837), Sp. 8; 10 (1840), Sp. 8; 11 (1841), Sp. 10; 12 (1842), Sp. 3, 6; 15 (1845), Sp. 3–11: »Welches sind unsere Waffen wider das Antichristenthum?«; 18 (1848), Sp. 9.

132 ChB 15 (1845), Sp. 4.

133 Ebd., Sp. 5f. Auch in anderen Jahren räumte Burk der katholischen Kirche, dem Papsttum und dem Jesuitenorden als Verkörperungen des Antichristen viele Spalten ein, vgl. ChB 6 (1836), Sp. 7f; 8 (1838), Sp. 6f; 9 (1839), Sp. 7–9; 11 (1841), Sp. 9; 12 (1842), Sp. 6f; 13 (1843), Sp. 6f; 14 (1844), Sp. 7; 16 (1846), Sp. 9f; 17 (1847), Sp. 5f; 18 (1848), Sp. 7f.

134 Durch Anspielungen auf Kant und Fr. Th. Vischer näher ausgeführt, ChB 15 (1845), Sp. 7.

135 Ebd., Sp. 6–10.

136 Ebd., Sp. 10.

deren Unwägbarkeiten er gleichwohl nicht verschweigen konnte. Bengels
›Misserfolg‹ wirkte nach, denn es war nur noch »die *verschleierte* Uhrtafel
der letzten Zeiten«, die er seinen Leserinnen und Lesern vor Augen führen
konnte.[137] Offensichtlich stand er dabei unterschiedlichen Erwartungen
seiner Leserschaft gegenüber, zwischen denen er zu vermitteln hatte. Auf
der einen Seite wurde er von manchen Lesern aufgefordert, »endlich einmal
von antichristischen Gefahren zu schweigen, und Alles, was da ist und was
da kommt, als tröstende Zeichen des angebrochenen Reiches Gottes zu
begrüßen.«[138] Die in der Kritik laut werdende postmillenarische Stimme war
in Württemberg nicht mehr häufig zu lesen oder hören.[139] Doch hier, in
einer Situation der Undeutlichkeit, war sie einmal indirekt zu vernehmen:
die Warnung vor einem erweckten Alarmismus, der allenthalben nur antichristliche Gefahren sehen wollte. Burk verteidigte seine Warnungen, aber
er kam nicht umhin, die Unsicherheiten einer endzeitlichen Interpretation
einzugestehen. Die Weltbegebenheiten seien nicht schon die endzeitlichen
Ereignisse selbst, sondern lediglich deren Vorbereitung. Es müsste noch
viel geschehen, »ehe jener Tag wirklich anbrechen könne.«[140] Burk beharrte
auf einer apokalyptischen Sicht der Dinge, wenn auch mit unbestimmtem
Zeithorizont. Denn auf der anderen Seite seiner Leserschaft stand die von
Bengel enttäuschte Mehrheit, die sich schon am Kulminationspunkt der
endzeitlichen Entwicklung gewähnt hatte. In einem ausgedehnten Exkurs
äußerte sich Burk im Jahr 1844 zum Thema der verzögerten Endzeit:

»Es gab eine Zeit, wo gerade manche der Besserdenkenden, die mit dem offensten
Blick das Verderben der Zeit erkannten, am wenigsten geneigt waren, Hand an seine
Heilung zu legen. Sie hielten sie für unmöglich, glaubten wenigstens, es gebreche an
der hiezu erforderlichen Ruhe und Zeit. Nur Trümmer gedachten sie noch aus dem
allgemeinen Schiffbruche zu retten, und sahen sich da oder dort nach einem Bergungsorte um, der ihnen für die ganz nahe geglaubte Zeit des letzten, an Furchtbarkeit alle
bisherigen überbietenden Sturmes einigen Schutz gewähre. Der Verlauf der Ereignisse hat sie eines Andern belehrt. Der Herr verzieht zu kommen, will aber nicht, daß
Seine Knechte indeß ihre Hände träge in den Schooß legen und also Seiner warten.«[141]

Stattdessen sei jeder Einzelne dazu aufgefordert, das Seine an Missionsarbeit zu leisten, um das Gottesreich zu befördern und den Schrecken des
göttlichen Gerichts zu entgehen.[142] Der Verzögerung sollte mit gesteigerter

---

137 ChB 10 (1840), Sp. 6 (Hervorh. von mir, M.K.).

138 ChB 12 (1842), Sp. 3.

139 Zum Postmillenarismus vgl. oben Kapitel 3, Abschnitt IV. 3. *Postmillenarischer Opti-
mismus*, und Kapitel 3, Abschnitt V. 2. *Letzte Erklärungsversuche*.

140 ChB 12 (1842), Sp. 4.

141 ChB 14 (1844), Sp. 7.

142 Ebd., Sp. 8: »Darum muß von unten herauf der Bau Zions beginnen, in den verborgenen
Tiefen der Herzen muß der feste Grund gelegt werden, oder es ist Alles, was man aufbaut, nur
ein Futter für das Feuer der Gerichtstage.«

Aktivität begegnet werden, die jedoch vollkommen in den Verantwortungs-
bereich des Individuums verlegt wurde.[143] Insofern setzte sich die vorher,
bei der Auswahl der Gedichte im *Christenboten* beobachtete Tendenz zur
Individualisierung der endzeitlichen Haltung auch hier im Rahmen der
Burkschen Neujahrsbetrachtungen fort. Was Burk im Sinn hatte, waren
letztlich nicht die universalen millenarischen Szenarien, sondern die
Einübung seiner Leserschaft in eine auf Dauer gestellte individualisierte
endzeitliche Haltung, die jeglichem politischen oder gesellschaftlichen
Konfliktpotenzial aus dem Weg ging.[144]

4. Zeitzeichen und Zeitklagen

An drei verschiedenen Stellen haben wir bis hierher beobachtet, wie sich
die öffentliche Pflege endzeitlicher Frömmigkeit nach 1836 in dafür geeignete Refugien zurückzog. Als markante Protagonisten agierten bei diesem
Vorgang Christian Burk und Christian Gottlob Barth. Beide waren während
der vierziger Jahre durch die einst von Ludwig Hofacker initiierte Zirkularkorrespondenz miteinander und mit einer Reihe ihrer Pfarrkollegen verbunden.[145] In einem diesen Abschnitt beschließenden Schritt soll daher danach
gefragt werden, welchen Stellenwert die Diskussion über endzeitliche Themen im privaten Rahmen des Freundeskreises besaß und welchen Fortgang
sie nahm.

In den ersten Jahren nach 1836 schnitt keiner der Teilnehmer das Thema
›Endzeit‹ an. Bis 1844 herrschte darüber Stillschweigen. Andere Themen
beherrschten die kollegiale Korrespondenz: die Arbeit an dem neuen Gesangbuch und der neuen Liturgie, eine Debatte über Rechtfertigung und
Heiligung, der Streit zwischen Barth und Märklin im Nachgang der Auseinandersetzungen um Strauß' »Leben Jesu« oder die Ereignisse um Blumhardt

---

143 Ebd.: »*Eins ist noth!* Dieses Eine aber ist kein Anderes, als daß jeder Einzelne für sich
nicht nur beginne, sondern auch fortfahre bis an's Ende mit einer gründlichen Erneuerung seines
Herzens und Lebens, mit einer lebendigen Gemeinschaft mit Christo, dem Anfänger und Vollender
unseres Glaubens.«

144 ChB 15 (1845), Sp. 6: »Nur Thoren können wähnen, daß man ohne Obrigkeit leben, oder
daß man auch ohne Gehorsam den Segen ihres Vorhandenseyns genießen könne. Das Unterthanseyn
unter die Obrigkeit betrachtet die Schrift mit Recht als eine Ordnung Gottes, die uns heilig seyn
muß.«

145 WLB Stuttgart, Cod. hist. 4° 451 (im Folgenden: Zirkularkorrespondenz Hofacker), Bd. e:
Januar 1836–November 1842; Bd. f: Dezember 1842–September 1847; Bd. g: Oktober 1847–Juni
1859. Die Teilnehmer der Korrespondenz zwischen 1836 und 1848 waren die Gründungsmitglie-
der: Christian Gottlob Barth, Gottlob Baumann, Ludwig Bezner, Christian Burk, Albert Knapp
(bis 1840), Wilhelm Roos und Karl Gottlob Schmid; daneben Albert Christian und August Seeger.
Von 1837 bis 1840 nahm auch Wilhelm Hofacker an der Korrespondenz teil, verließ aber dann,
gemeinsam mit Knapp, wegen Arbeitsüberlastung den Zirkel. Zur ersten Phase der Zirkularkorrespondenz (1824–1828) vgl. oben Kapitel 2, Abschnitt I.

in Möttlingen.[146] Barth berichtete immer wieder ausführlich von seinen Missionsreisen.[147] Ansonsten das Übliche: Fragen des persönlichen Ergehens oder der jeweiligen Amtspraxis und Amtserfahrungen nahmen den meisten Raum ein. Das Stillschweigen über millenarische Themen bedeutete zwar kein Desinteresse, wohl aber eine Gewichtsverschiebung. War zu Zeiten Ludwig Hofackers in der Zirkularkorrespondenz fortwährend eine untergründige endzeitliche Stimmung spürbar[148], so trat sie in den Jahren zwischen 1837 und 1844 ganz in den Hintergrund. Auch Barth und Burk äußerten sich in dieser Zeit nicht entsprechend. Damit bestätigt sich die Beobachtung, dass sich die endzeitliche Frömmigkeit nach 1836 in geeignete Refugien zurückgezogen hatte: bei Barth in seine Gedichte, Lieder und Missionsreden, bei Burk in seine Neujahrsartikel. Der pfarramtliche Alltag aber wurde offensichtlich von anderen Themen geprägt.

Es war dann Barth, der das Stillschweigen durchbrach. Im September 1844 äußerte er sich eingehend zu den von ihm wahrgenommenen Zeitzeichen:

»Vor zehn Jahren habe ich oft gedacht, es lasse sich leicht begreifen, wie die klugen und thörichten Jungfrauen einschlafen können, wenn sie die Ankunft des Herrn auf einen bestimmten Zeitpunkt erwarten, der dann ohne den gehofften Erfolg verstreiche; diejenigen aber, die nur auf die Zeichen der Zeit merkten, mußten doch leicht wach bleiben können. Das Erstere ist eingetroffen; was aber das Leztere betrifft, so habe ich an mir selbst die traurige und unerwartete Erfahrung gemacht, daß man bei aller theoretischen Erkenntniß und Ueberzeugung von der Nähe des Herrn doch unvermerkt in eine Lauigkeit und Gleichgiltigkeit gegenüber von dieser Erwartung hineingezogen werden kann, obgleich die Zeichen der Zeit nicht undeutlicher, sondern immer merkwürdiger werden.«[149]

Barth beschrieb zwei unterschiedliche endzeitliche Haltungen, die man auch als deduktive und induktive Methode bezeichnen kann. Beiden Methoden lag die biblizistische Überzeugung zugrunde, die Bibel enthalte definitive und identifizierbare Aussagen über den faktischen Geschichts-

---

146 Vgl. z.B. Zirkularkorrespondenz Hofacker, Bd. e, S. 250ff: Eintrag W. Hofacker, 13. Februar 1838, S. 255–258: Eintrag Knapp, 12. Mai 1838 (Gesangbuch und Liturgie); Bd. e, S. 300–307: Eintrag Baumann, o. D. [September 1838], S. 308–314: Eintrag W. Hofacker, Oktober 1838, S. 318–330: Eintrag Roos, 30. August 1839 (Rechtfertigung und Heiligung); Bd. e, S. 360–372: Eintrag W. Hofacker, 20. Dezember 1839/9. Januar 1840 (Gesangbuch, Liturgie, Barth-Märklin-Streit); Bd. f, S. 113: Eintrag Barth, 21./29. Mai 1844, S. 140f: Eintrag Barth, 30. August/6. September 1844, S. 148f: Eintrag Schmid, 29. November 1844, S. 166f: Eintrag Barth, 16. Februar 1845 (Blumhardt und die Frage der Handauflegung).

147 Vgl. Zirkularkorrespondenz Hofacker, Einträge Barth, Bd. e, S. 481–488: 31. Juli/7. August 1841 (England); S. 549: 8./12. November 1842 (Elsass); Bd. f, S. 114f: 21./29. Mai 1844 (Hohenlohe); S. 196–200: 12./22. Juni 1845 (England).

148 Vgl. oben Kapitel 2, Abschnitt I. 3. *Endzeitliche Stimmungen und Meinungen.*

149 Zirkularkorrespondenz Hofacker, Bd. f, S. 139, Eintrag Barth, 30. August/6. September 1844.

verlauf. Die deduktive Methode ging von einem in der Bibel vorgegebenen endzeitlichen Plan aus, dessen Erfüllung an bestimmten Terminen zu erwarten war. Nachdem Barth schon frühzeitig erkannt hatte, dass die durch Bengels Berechnungen bestimmte deduktive Methode nicht erfolgreich sein würde, hatte er sich auf die induktive Methode verlegt, die von der Beobachtung einzelner Zeitzeichen – auffallenden Vorgängen in Kirche, Politik, Gesellschaft oder Natur, die mit biblischen Weissagungen verglichen wurden – auf den Stand der endzeitlichen Entwicklung zu schließen versuchte.[150] Der ›Vorteil‹ der induktiven Methode lag in der geringeren Gefahr ihrer Falsifizierung. Denn nach der apokalyptischen Logik konnten ja positive wie negative Vorgänge gleichermaßen Anzeichen für eine beschleunigte endzeitliche Entwicklung sein.

Doch Barths Interesse an den Zeitzeichen lässt sich noch näher ausleuchten. Der Ausbau des Pressewesens seit Beginn des 19. Jahrhunderts versorgte immer weitere Kreise der Bevölkerung mit Informationen, die vorher nicht in dieser Vollständigkeit und Präzision zur Verfügung standen.[151] Damit verbreiterte sich das Reservoir an potenziellen Zeitzeichen ungemein. Um 1844 wusste der durchschnittliche Bürger mehr von Vorgängen in aller Welt als einige Dekaden vorher. Und das bedeutete gleichzeitig eine Ausweitung der Welt. Gerade in den Kreisen der Missionsinteressierten richtete sich der Blick auf Ereignisse in aller Welt. Der Horizont war entgrenzt. Barth selbst berichtete in seinem *Calwer Missionsblatt* von allen Kontinenten und ließ sich durch Missionare von überall her auf dem Laufenden halten. Die Fülle an Nachrichten ließ bei ihm zweifellos den Eindruck entstehen, Zeuge einer beschleunigten endzeitlichen Entwicklung zu sein.[152] Die von ihm gegenüber den Pfarrkollegen aufgezählten Zeitzeichen umspannten einen weiten Umkreis:

»Ich rechne dazu u.A. 1.) den immer offener und frecher hervortretenden Abfall unsrer Theologen und Philosophen von der Wahrheit des Evangeliums, der ja so weit gediehen ist, daß man das Christenthum in öffentlichen Druckschriften für das Verderben der Menschheit erklärt. 2) die großen Bewegungen im Morgenlande, die laut ausgesprochene Ahnung der Muhamedaner im türkischen Reich, daß es mit ihrer

---

150 »Das traditionelle Verfahren endzeitlicher Weissagungen wurde umgedreht.« (GÄBLER, »Erweckung«, S. 171). Zu den »Zeichen der Zeit« vgl. auch oben Kapitel 2, Abschnitt IV.

151 Zum Aufstieg der Presse im 19. Jahrhundert vgl. NIPPERDEY, Deutsche Geschichte, S. 587–594.

152 Ähnliches lässt sich anderen Orts beobachten, so z.B. bei dem Leiter der Erziehungs- und Armenschullehrer-Anstalt im badischen Schloss Beuggen Christian Heinrich Zeller (1779–1860) und seinem *Monathsblatt von Beuggen*, in dem er die Ereignisse der Weltgeschichte als Prolog des kommenden Gottesreiches interpretierte. Im Unterschied zu Barth vertrat Zeller allerdings eine postmillenarische Position, die das Kommen des Reiches durch karitative und missionarische Aktivitäten zu befördern suchte. Zu Zeller vgl. KUHN, Streit um die Zukunft, S. 24–35; DERS., Religion und neuzeitliche Gesellschaft, S. 225–338.

Herrlichkeit zu Ende gehe, und die neu erwachte Orientierung der Christenheit. 3) die Bewegung unter Israel, das sich innerlich immer mehr zersetzt und äußerlich immer nachdrücklicher die Tendenz offenbart, sich mit dem Heidenthum in der Christenheit zu amalgamiren, ein Bestreben, das nach dem prophetischen Wort nicht zur Vollziehung kommen kann. 4) die neue Erhebung des Papstthums und namentlich des Jesuitismus, die so gegen alle Erwartung ist, daß bei einer Conferenz in Stuttgart um 1830 Steudel und Bahnmaier sie für etwas Unmögliches erklärt haben. 5) die Steigerung aller industriellen und mechanischen Kräfte und Verhältnisse, der Verkehrsmittel, u.s.w., was ja offenbar zu nichts Anderem führt als zu einem babylonischen Thurm, nur daß dieser nicht in die Höhe, sondern in die Länge und Breite gestreckt ist.«[153]

Die Aufzählung zog einen weiten Bogen von einer nicht mehr im engeren Sinne christlich geprägten Religionsphilosophie über Entwicklungen im Islam und im Judentum und ein Erstarken der katholischen Kirche bis zu den Vorboten des Industriekapitalismus.[154] Eine genauere Erklärung, wie er die einzelnen Indikatoren mit biblischen Weissagungen in Beziehung brachte, blieb Barth seinen Korrespondenzpartnern schuldig. Und letztere forderten sie auch nicht ein. Zumindest die Möglichkeit der von Barth unterstellten Interpretation wurde nicht bestritten. Barth stieß mit seinen Überlegungen aber nur bei einzelnen Kollegen auf Resonanz. Einer ergänzte die Aufzählung durch ein weiteres Zeichen der Zeit, »nehmlich die große Armuth eines Theils der Menschen neben dem größten Luxus beim andern Theil«, und verwies dabei auf die Armut der württembergischen Weingärtner, deren »ängstliches Ringen um die leibliche Existenz« ihn beunruhigte. Er befürchtete, es liege »ein Bauernkrieg so nahe als ein Religionskrieg.«[155] Ein anderer Kollege tröstete sich über den Tod seines jüngsten Sohnes mit der Überlegung, die nächste Zukunft bringe so oder so »die vom Herrn vorhergesagte große Trübsal« und ergänzte:

»Die Bosheit reget sich nun nicht mehr heimlich, sondern sie hat angefangen öffentlich zu rumoren. Dieser Sauerteig der Bosheit – des Antichristenthums – durchsäuert schnell vollends die christlichen Völker, und macht sie reif zum Abthun dessen, der noch die Offenbarung des Menschen der Sünde aufhält. Von der andern Seite ist der heilige Geist auch besonders thätig und eilt ebenso die, die aus der Wahrheit sind, zu erwecken, zu beleben und aus zu rüsten zum bevorstehenden letzten Kampf zwischen dem Reich der Bosheit [darüber ergänzt: Lüge] und dem Reiche der Wahrheit. Beides darf ich auch in meiner Pfarrei wahrnehmen.«[156]

153 Zirkularkorrespondenz Hofacker, Bd. f, S. 139f, Eintrag Barth, 30. August/6. September 1844.
154 Eine ähnliche Aufzählung bot wenig später Burk im *Christenboten* als Zusammenfassung der dem Christentum drohenden antichristlichen Gefahren, ChB 15 (1845), Sp. 3–10 (vgl. den vorigen Unterabschnitt II. 3. *Neujahrs-Betrachtungen*). Zum letzten Punkt in Barths Aufzählung (»Steigerung aller industriellen und mechanischen Kräfte und Verhältnisse, der Verkehrsmittel«) vgl. auch unten Abschnitt III. 2. *Theologische Deutungen und pragmatische Haltung*.
155 Zirkularkorrespondenz Hofacker, Bd. f, S. 147f, Eintrag Schmid, 29. November 1844.
156 Ebd., S. 162, Eintrag Bezner, 28. Januar/12. Februar 1845.

Damit war der Brückenschlag in die eigene Lebenswelt geschaffen. Auch im eigenen Umkreis waren die antichristlichen Kräfte tätig und wahrnehmbar. Und dass sich ihnen »der heilige Geist« entgegenstellte, war nach der apokalyptischen Logik nur zu erwarten gewesen. Doch dann dauerte es wieder knapp zwei Jahre, bis sich derselbe Korrespondenzteilnehmer, Ludwig Bezner, mit einer millenarischen Einlassung zu Wort meldete. Der Blick auf die Zeitzeichen verwandelte sich dabei in eine ausgedehnte Zeitklage. Denn so sicher sich Bezner in seiner endzeitlichen Interpretation der Gegenwart zu sein schien, so ernüchternd war für ihn die Beobachtung, wie wenig Resonanz er mit dieser Haltung fand:

»Nirgends nimmt man wahr, daß die Zeiten der Noth zur Buße leiten, vielmehr zeigen sich Spuren von Lästerungen darüber. Die Armen werden trotziger und frecher und anspruchsvoller und mit der Armuth nimmt Faulheit und Trägheit zu. Ich werde gegenwärtig oft an den Ausspruch der Apocalypse erinnert: und die Menschen thaten nicht Buße über den Plagen, sondern lästerten Gott darüber. Das erinnert mächtig an die letzte Zeit der Trübsal für die Kinder Gottes, von der man in unsern Tagen immer weniger sprechen hört, was ebenfalls ein sicheres Zeichen der letzten Zeit ist.«[157]

Dass der Wiederkunft Christi nach den apokalyptischen Szenarien eine Leidens- und Verfolgungszeit für die wahren Christen vorhergehen würde, war nach Bezners Eindruck in der Öffentlichkeit kein Gesprächsthema mehr: für ihn ein weiterer Beweis der nahe gekommenen endzeitlichen Entwicklung. Bezner ließ es offen, ob er die pietistische, die kirchliche oder die bürgerliche Öffentlichkeit im Blick hatte. Man wird seine Äußerung daher weniger als objektive Mitteilung, denn als Selbstaussage zu werten haben: Hinter der Zeitklage verbarg sich eine beginnende tiefere Verunsicherung über die Möglichkeit und Verbindlichkeit einer endzeitlichen Interpretation der Gegenwart. Gleich im folgenden Eintrag versuchte Barth der Verunsicherung gegenzusteuern:

»Daß es mit unsrer Zeit und unsrem Volk immer mehr bergab geht, wird keines Beweises mehr bedürfen. Im Politischen und Kirchlichen mehren sich die Verwicklungen, und daß immer mehr auch das Volk, bis zu welchem, wenigstens in unsrem Würtemberg, die Zweifel am Wort Gottes bis jezt nicht hinabgedrungen waren, in den Proceß hineingezogen wird, ist ein sehr bedenkliches Symptom.«[158]

Barths Worte offenbaren letztlich den angestrengten Kampf gegen schwindende Gewissheiten. Was den pietistischen Theologen in den Jahren vor und unmittelbar nach 1836 gelungen war, die endzeitliche Enttäuschung aufzufangen und in neue Perspektiven umzuwandeln, schien nicht mehr die gewohnte Resonanz zu finden. Die daraus resultierende Verunsicherung

---

157 Ebd., S. 314, Eintrag Bezner, 22. Dezember 1846/10. Januar 1847.
158 Ebd., S. 318, Eintrag Barth, 18. Januar 1847.

ließ die Theologen verstummen. Das Thema der Zeitzeichen wurde aufgegeben. Und mehr noch: Zwischen Oktober 1847 und Juli 1848 blieb das
Korrespondenzbuch bei Karl Gottlob Schmid in Laichingen liegen. Als die
politische und gesellschaftliche Krise in den revolutionären Ereignissen
kulminierte, schwieg der kollegiale Austausch. Als er dann im Sommer
1848 wieder in Fluss kam, war es wiederum Barth, der angesichts der Zeitereignisse auf seine »besondern apokalyptischen Ansichten«[159] zu sprechen
kam und damit Burk zu der Bitte und Frage anregte:

> »Sehr lieb wäre es mir gewesen, wenn der l. Barth seine Ansichten über die jetzigen
> Zeiten im Verhältniß zu dem prophetischen Worte noch weiter ausgeführt hätte. Es
> wäre so nöthig, daß man eine helle und richtige Einsicht in dieses Gebiet bekäme,
> aber die bisherigen Erfahrungen zeigen, wie schwer sie zu gewinnen ist. Wie sehr
> haben sich erleuchtete Männer Gottes darin geirrt, und über ihrem Irthum [!] ein guter
> [!] Theil ihrer Kraft gewißermaßen vergeudet, der auf besseres und nöthigeres hätte
> verwendet werden sollen. Sollen wir den nämlichen Fehler wieder begehen und wie
> machen wirs, daß wir ihn vermeiden?«[160]

Burk, der in seinen Neujahrs-Betrachtungen unbeirrt auf millenarische
Szenarien anspielte, war von der Verunsicherung angesteckt und hoffte, von
Barth genauere Aufschlüsse zu erhalten. In seinen Worten war die Sorge,
einer erneuten endzeitlichen Enttäuschung entgegenzugehen, deutlich spürbar. Andere teilten die Sorge und so begann Barth im Dezember 1848, in
einer sich über mehrere Monate hinziehenden Folge von Briefen, seine
»apokalyptischen Ansichten« näher darzulegen.[161] Und damit wurde schließlich auch das Korrespondenzbuch der pietistischen Theologen zu einem
Refugium ihrer endzeitlichen Frömmigkeit, einem unsicheren allerdings,
das nicht mehr der gegenseitigen Vergewisserung diente, sondern einer
Suchbewegung, die aus den biblizistischen Gewissheiten keine Sicherheit
mehr gewann.

III. Eisenbahn als »Zeichen der Zeit«

Nicht zuletzt der Prozess der Industrialisierung und die mit ihm einhergehenden gesellschaftlichen Umwälzungen veränderten die Lebenswelt auch
der pietistischen Württemberger und boten reichlich Anlass für die weitere
Verunsicherung ihrer endzeitlichen Frömmigkeit. Am Beispiel der Eisen-

---

159 Zirkularkorrespondenz Hofacker, Bd. g, S. 27, Eintrag Barth, 18./31. August 1848. Dazu
und zu den Entwicklungen des Jahres 1848 vgl. unten Abschnitt IV. 3. *Endzeitliche Resignation*.
160 Zirkularkorrespondenz Hofacker, Bd. g, S. 37, Eintrag Burk, 24. September/1. Oktober
1848.
161 Ebd., S. 65–67, Eintrag Barth, 8. Dezember 1848, Zitat: S. 65 (vgl. dazu unten Abschnitt
IV. 3. *Endzeitliche Resignation*).

bahn, die seit 1845 durch Württemberg zu fahren begann, soll im Folgenden gezeigt werden, wie gesellschaftliche Veränderungen immer wieder aufs Neue endzeitliche Bilder hervorriefen und wie unterschiedlich Theologen darauf reagierten.

1. Das Ungeheuer, von dem die Offenbarung schreibt

Vornehmlich literarische Zeugnisse spiegeln den Schrecken wider, der in der Zeit ihres Aufkommens von der Eisenbahn auszugehen schien. In seinem Gedicht »Im Eisenbahnhofe«, das ungefähr im Jahr 1850 entstand, rief der Arzt und Dichter Justinus Kerner (1786–1862) die entsprechende Szene in Erinnerung:

> »Hört ihr den Pfiff, den wilden, grellen,
> Es schnaubt, es rüstet sich das Tier,
> Das eiserne, zum Zug, zum schnellen,
> Her braust's wie ein Gewitter schier.
>
> In seinem Bauche schafft ein Feuer,
> Das schwarzen Qualm zum Himmel treibt;
> ein Bild scheint's von dem Ungeheuer,
> Von dem die Offenbarung schreibt.«[162]

Assoziativ brachte Kerner die lautstarke und rauchende Dampflokomotive mit apokalyptischen Figuren in Verbindung, von denen die Johannesoffenbarung berichtete. Kerner selbst distanzierte sich von der Verknüpfung (»ein Bild *scheint's*«), aber er unterstellte manchen Zeitgenossen, solche Gedanken gehegt zu haben, als sie das erste Mal der Eisenbahn begegnet waren. Die von außen nicht erkennbare Ursache der Bewegung und wohl noch mehr die gegenüber dem Pferdewagen höhere Geschwindigkeit hatten einen Schrecken ausgelöst, der sich scheinbar spontan mit endzeitlichen Bildern verband. Auch der im 19. Jahrhundert populäre Schriftsteller Berthold Auerbach (1812–1882) erinnerte in einer seiner Kalendergeschichten 1856 an den endzeitlichen Schrecken, der auf dem Land von dem unbekannten Fortbewegungsmittel angeblich ausgegangen war. Er ließ darin einen Bauern aus der Frühzeit der Eisenbahn berichten:

»Sie können sich gar nicht vorstellen, was für Geschrei und Aberglaube überall auf den Dörfern war, als man die Eisenbahn anlegte. Man wird's in hundert Jahren nicht mehr für wahr halten, was man davon fabelte; denn jetzt schon kommt es einem vor wie ein Traum nach einem Rausch. Noch jetzt, wenn man so am Geländer steht und der Bahnzug braust daher, ist es einem als ob der ganze Zug zermalmend auf einen losfahre; damals aber haben die Leute wirklichen Schwindel davon bekommen. Ich

---

162 KERNER, Werke, Bd. 1, Teil 2, S. 251f. Zu Kerner vgl. PFÄFFLIN/TGAHRT, Justinus Kerner.

will dessen gar nicht gedenken, daß man wirklich und wahrhaftig geglaubt hat, der Teufel allein habe den Bau zu Stande gebracht und er fahre dahin und käme über's Jahr wieder um seine Opfer zu holen; der jüngste Tag sei vor der Thüre.«[163]

Das eine war also der Schrecken, der von der technischen Innovation ausging, das andere die Assoziationen, die sie auszulösen vermochte: Als ein teuflisches Werk wurde die Eisenbahn interpretiert, das die endzeitliche Entwicklung beschleunigte. Dass die von Auerbach nicht näher lokalisierte Geschichte durchaus als eine württembergische gelesen werden konnte, wird aus einem letzten literarischen Beleg deutlich. In Richard Weitbrechts schwäbischem Bauern- und Pfarrerroman »Bohlinger Leute« wandern im Jahr 1858 zwei Pietisten, der Stundenhalter Märte und die junge Christine, vom Remstal zur Schwäbischen Alb, wo die junge Frau bei einer Verwandten des Stundenhalters in Stellung gehen soll. Zwischen Plochingen und Göppingen queren sie das Filstal und treffen auf die Bahnlinie von Stuttgart nach Ulm:

»Da hörte Christine ein fernes donnerähnliches Rasseln. Vergeblich bemühte sie sich, den Nebel zu durchdringen, und das Geräusch wuchs und kam näher und wurde lauter und klang ihr, wie wenn Wagenräder über die flache Tenne geschleift würden, aber nicht vier, sondern hundert, und als ob die Tenne nicht von Lehm, sondern von Eisen wäre. Plötzlich sperrte eine Schranke den Weg, und nun wurde das Donnern stärker, und jetzt war das Rasseln in nächster Nähe; sie spürte einen Luftzug, hohe Kästen tauchten vor ihren Augen auf, und ein gellender Pfiff schnitt durch den Nebel. Sie packte ängstlich den Arm ihres Begleiters und starrte auf den Spuck. [...] ›Die Eisenbahn‹, sagte Märte ruhig. Er war schon dreimal auf ihr gefahren und kannte sich aus. ›Ob's Gottes Werk oder des Teufels ist, darüber streiten die Brüder. Ich sag: auch das ist von Gott, wiewohl‹, fügte er bedächtig bei, ›wenn kein Sündenfall gewesen wär, hätte die Welt auch keine Eisenbahn gebraucht.‹ [...] Und nun erzählte er ihr näheres über die Eisenbahn, wie sie eingerichtet sei, und wie schnell man da vorwärts komme; und Christine hörte aufmerksam zu.«[164]

Im Gegensatz zu Kerner und Auerbach war Weitbrecht (1851–1911) kein Augenzeuge der frühen Bahnzeit. Seine wohl aus zeitgenössischen Erinnerungen gespeiste intime Schilderung der Szene bestätigt jedoch die Notwendigkeit, zwischen dem unmittelbaren Schrecken und dessen theologischer Reflexion zu unterscheiden. Das junge Mädchen empfindet die

163 AUERBACH, Schatzkästlein, S. 275f. Auerbachs Geschichte gehört zu jenen »künstlichen« Kalendergeschichten, die nicht in seinem für die Landbevölkerung geschriebenen Kalender »Der Gevattersmann« zuerst erschienen, sondern erst in der späteren Sammlung »Schatzkästlein des Gevattersmanns«, die für ein städtisches Lesepublikum gedacht war. In und mit ihr wendete sich der zum Städter gewordene, aber aus einem Dorf des Nordschwarzwaldes stammende Schriftsteller an eine imaginierte »ländliche« Leserschaft, die jedoch im Falle des *Schatzkästleins* vornehmlich aus städtischen Bürgern bestand (vgl. ROHNER, Kalendergeschichte, S. 353–355). Zu Auerbach vgl. SCHEUFFELEN, Berthold Auerbach.
164 WEITBRECHT, Bohlinger Leute, S. 97.

vorbeieilende Eisenbahn als »Spuck«, erst der sie begleitende Stundenhalter
weist auf die Diskussionen hin, die sich an das technische Novum anknüpften, erst er bringt eine mögliche endzeitliche Interpretation als Teufelswerk
ins Spiel. Dabei waren im württembergischen Pietismus gute Voraussetzungen gegeben, der technischen Erfindung Eisenbahn positiv gegenüber zu
treten. Denn schon Philipp Matthäus Hahn, der Pfarrer, Erfinder und Vater
von Beate Paulus[165], hatte bereits im Jahr 1760 die Vision eines übers Land
fahrenden dampfbetriebenen Wagens:

> »In einer mir von Professor Oetinger geliehenen Schrift (Schauplatz der Maschinen),
> las ich von der Potter'schen Feuer-Maschine, was der Druck der Atmosphäre und der
> heiße Wasser-Dampf für eine große Gewalt haben, und setzte sogleich in meinen
> Gedanken die Maschine verkleinert auf einen Wagen, um solchen allein durch Wasser
> und Feuer, ohne weitere Hülfe, über Berge und Thäler in beliebiger Geschwindigkeit
> bewegen zu können. Es fehlten mir jedoch die Kosten, um es im Kleinen versuchen
> zu können.«[166]

Hahns autobiographische Reminiszenz wurde 1828 in seinen *Hinterlassenen
Schriften* wieder veröffentlicht und blieb als Prophezeiung der Eisenbahn in
pietistischen Kreisen noch lange in Erinnerung.[167] Ob die Eisenbahn, von
dem unmittelbaren Schrecken der ersten Begegnung abgesehen, von der
Landbevölkerung sofort endzeitlich interpretiert wurde, wie es Kerner und
Auerbach unterstellten, bleibt fraglich. Ein Blick auf theologische Deutungen der Eisenbahn durch pietistische Theologen lässt anderes vermuten.

2. Theologische Deutungen und pragmatische Haltung

Am 7. Dezember 1835 wurde die erste deutsche Eisenbahnstrecke zwischen
Nürnberg und Fürth eröffnet, doch die Diskussionen darüber waren schon
seit langem im Gange.[168] Die ersten Wortmeldungen württembergischer
pietistischer Theologen wurden im Sommer 1835 laut. Unter der Rubrik
»Chronik« brachte der *Christenbote* am 9. August den Hinweis: »In allen
Gegenden Deutschlands werden in diesem Sommer Plane [!] zur Errichtung
von Eisenbahnen gemacht.«[169] Dass der *Christenbote* die Meldung nicht als
simple Nachricht verstanden wissen wollte, machte der Kontext deutlich:
Ansonsten berichtete die »Chronik« an diesem Tag über einen Ausbruch
des Vesuvs, von Pest- und Choleraepidemien in Nordafrika und im südlichen Frankreich, von Erdbeben in Chile und auf der Insel Mallorca, von
Aufständen in Albanien und in Bosnien; außerdem wurde gemeldet, in

165 Vgl. oben Kapitel 1, Abschnitt IV.
166 PH. M. HAHN, Hinterlassene Schriften, Bd. 1, S. 25.
167 BAUSINGER, Volkskultur, S. 26f.
168 GALL, Eisenbahn in Deutschland, S. 13.
169 ChB [5] (1835), Sp. 312.

Preußen sei das *Homiletisch-liturgische Correspondenzblatt* verboten worden. Darauf folgte der Hinweis auf die Eisenbahnpläne! Im Zusammenhang der Katastrophenmeldungen nahm er sich als dunkle Andeutung einer drohenden Zukunft aus. Was hinter der Notiz stand, wird deutlicher, wenn man einen Artikel liest, den Christian Gottlob Barth als Redakteur des *Calwer Missions-Blattes* einen Tag früher veröffentlichte. »Das Eilen der Zeit« überschrieb Barth seine Überlegungen zur Beschleunigung der öffentlichen Mobilität. Dampfschiffe und Eisenbahnen führen »mit reißender Schnelligkeit« und brächten eine vorher nicht gekannte Beschleunigung der Zeit mit sich. Auch in der Handelswelt und in der Politik sei eine »rastlose und athemlose Hastigkeit« zu erkennen.

>»Ebenso ist es im Reiche Gottes. Die Arbeit an demselben hat in der lezten Zeit fast allenthalben den Charakter der Eile angenommen, und auf allen ihren Botschaften steht: *pressant*. Es ist, als ob noch eine kurze Frist zur Arbeit vergönnt wäre, die man so gut als möglich benüzen müßte, weil dann ein großer Riegel vorgeschoben werde.«[170]

Mit spürbarer Ambivalenz reagierte Barth auf die von ihm beobachtete Beschleunigung der Lebensverhältnisse. Einerseits erkannte er die wachsenden Möglichkeiten für die missionarische Arbeit, andererseits fürchtete er, die beschleunigte Zeit führe nur um so schneller auf letzte endzeitliche Entwicklungen hin, durch die jedes Wirken für das Gottesreich unmöglich werde. Barths Sorge angesichts der beschleunigten Zeit erwuchs aus der apokalyptischen Logik, der wir schon mehrfach begegnet sind.[171] Ihrzufolge war in der Endzeit eine gegenseitige Verstärkung christlicher und antichristlicher Kräfte zu erwarten, die nach einer immer schnelleren Entwicklung in einer letzten entscheidenden Krise kulminieren und mit dem Sieg des wiederkehrenden Christus über den Antichrist enden sollte. Die Beschleunigung des Lebens durch moderne Verkehrsmittel konnte also nur als Zeichen dieser letzten Entwicklung gedeutet werden.

Der von Barth angeschlagene Ton in der Beurteilung der Eisenbahn setzte sich in der Folgezeit fort. Auch andere pietistische Theologen griffen seine Argumentation auf und äußerten sich mit ähnlich ambivalenten Gedanken. Christian Burk schrieb Anfang 1836 im *Christenboten*, das Netz von Eisenbahnen, das sich über die ganze Erde verbreite, sei eine »ungemeine Erleichterung des Verkehrs zwischen den entferntesten Völkern für die Ausbreitung des Reiches Gottes«, könne aber auch der »Vorbereitung

---

170 CMB 8 (1835), S. 65.
171 Vgl. oben Kapitel 1, Abschnitt III. 2. *Apokalyptische Logik*; Kapitel 2, Abschnitt III. 3. *Universalgeschichtliche Erklärung der Offenbarung Johannis*; Kapitel 3, Abschnitt II. 3. *Verteidigung des Apokalyptikers*. Zur Wahrnehmung der beschleunigten Zeit vgl. KOSELLECK, Gibt es eine Beschleunigung der Geschichte?; DERS., Zeitverkürzung und Beschleunigung; dazu auch oben Kapitel 2, Abschnitt IV. 2. *Ermahnung und Selbstdisziplinierung unter Amtsbrüdern*.

zur geistlich-weltlichen Universalmonarchie des Antichristenthums« dienen.[172] Ähnlich äußerte sich Sixt Carl Kapff in seiner Schrift »Die Zukunft
des Herrn«. Er verurteilte darin die Industrie »als einen Hauptgötzen dieser
Zeit« und warf der Eisenbahn vor, sie bewirke eine »rasche Verbreitung
unheilschwangerer Ideen«, wenn sie auch »andrerseits einer schnellen Entwicklung des Reiches Gottes förderlich« sein könne.[173] Wie Barth versuchten
auch Burk und Kapff in ihren öffentlichen Äußerungen zu differenzieren
und erwünschte von befürchteten Folgen der Eisenbahn zu unterscheiden.
Ohne diese Ausgewogenheit notierte zur gleichen Zeit Ludwig Bezner in
das private Zirkularkorrespondenzbuch der pietistischen Pfarrkollegen:

> »Es ist jetzt ein böser Geist in der Welt fühlbar [...] und dieß spürt man auch im kirch-
> lichen Verband auch selbst unter den Bessergesinnten. Es kann übrigens nicht anders
> seyn und es wird und muß noch schlimmer kommen; denn sonst würde der Antichrist
> keinen Anklang finden. Alles arbeitet darauf hin, dem einen schnellen und allgemei-
> nen Anhang zu verschaffen. Mir sind daher auch die projektirte[n] Eisenbahnen von
> Wichtigkeit.«[174]

Bezner sah in der Eisenbahn den Ausdruck aller negativen Kräfte, die er in
seiner Gegenwart als wirksam erkannte. Nicht ihre äußere Erscheinung,
sondern ihre imaginierte Bedeutung als potentielles Beförderungsmittel des
Antichrists machte sie für ihn und seine Kollegen Barth und Burk zum
Gegenstand endzeitlicher Gedankengänge. Allerdings hatte zu diesem Zeitpunkt keiner von ihnen eigene Erfahrungen mit der Bahn gemacht. Das
änderte sich, als mit dem Beginn der vierziger Jahre auch in Südwestdeutschland immer mehr Bahnstrecken eröffnet wurden. Im Laufe des Jahres 1843 erlebten Barth, Burk und Bezner ihre ersten Bahnfahrten.[175] Auf
ihr Urteil hatte das zunächst kaum Einfluss. In seinen Neujahrsartikeln im
Christenboten kam Burk zwischen 1842 und 1846 immer wieder auf die
Eisenbahn zu sprechen, erwähnte ihre Vorzüge, vergaß aber nicht, darauf
hinzuweisen, dass auch der Antichrist sie nutzen könne.[176] Und Barth räso-

---

172 ChB 6 (1836), Sp. 5 (3. Januar).
173 KAPFF, Zukunft, S. 59f.
174 WLB Stuttgart, Cod. hist. 4° 451, Bd. e, S. 10, Eintrag 2./9. Januar 1836.
175 Barth und Burk fuhren im Mai 1843 auf einer gemeinsamen Reise nach Berlin ab Altenburg
mit der Bahn (WERNER, Barth, Bd. 3, S. 94). Die am 10. April 1843 eröffnete Strecke zwischen
Heidelberg und Karlsruhe nutzten Barth und Bezner am 31. Juli 1843 auf der Rückfahrt von einer
Reise nach Kreuznach und Frankfurt (ebd., S. 99). Vor allem Barth fuhr, wo immer es ihm möglich war, mit der Bahn; vgl. nur die weiteren bei WERNER, Barth, Bd. 3, erwähnten Fahrten: S. 154
(August 1846, Frankfurt-Mainz), 160 (September 1846, London-Brighton, Rouen-Paris), 162
(Dezember 1846, Esslingen-Plochingen), 184 (Juli 1848, Bruchsal-Wiesloch), 195 (Juni 1849,
Biberach-Friedrichshafen) u.ö.
176 ChB 12 (1842), Sp. 5f: »Denn wirklich gewinnt, durch den andauernden Frieden begüns-
tigt, diese Erfindung [die Eisenbahn] immer mehr Grund und Boden in allen Landen Europa's. [...]
Wird dadurch die Verbreitung gefährlicher Gedanken, böser und üppiger Sitten, verderblicher
Verbrüderung u. dgl. ungemein erleichtert und ein wunderschnelles Emporkommen einer anti-

nierte im September 1844 im Zirkularkorrespondenzbuch über die von ihm
beobachteten Anzeichen für das Herannahen endzeitlicher Ereignisse; neben
anderen zählte er dazu:

»die Steigerung aller industriellen und mechanischen Kräfte und Verhältnisse, der
Verkehrsmittel, u.s.w., was ja offenbar zu nichts Anderem führt als zu einem babylonischen Thurm, nur daß dieser nicht in die Höhe, sondern in die Länge und Breite
gestreckt ist. Ich meinestheils glaube, daß, sobald einmal die Eisenbahnverbindungen
überall ausgeführt sind, die lezte Entwicklung nicht mehr fern seyn wird.«[177]

Barth verglich das sich ausbreitende Schienennetz mit einem in die Breite
gestreckten Turm von Babel. War dieser von Gott verworfen worden und
die an ihm bauenden Menschen in alle Länder verstreut, so sorgte das sich
in alle Himmelsrichtungen verbreitende Schienennetz von alleine dafür,
dass sich der Mensch – im eigentlichen wie im übertragenen Sinne – zer-
streute und nicht zur notwendigen Sammlung vor Gott fand. So jedenfalls
wird man Barths Einlassung verstehen können. Neben ihrer Nutzbarkeit
durch antichristliche Kräfte warf er der Eisenbahn als weiteres Argument
vor, die Menschen vom eigentlich Notwendigen abzulenken: der Vorbereitung auf Christi Wiederkunft.

Fasst man die Äußerungen der pietistischen Theologen zusammen, so
sind gewisse Zweifel angebracht, ob der von der Bahn ausgehende Schrecken in der Landbevölkerung unmittelbar endzeitlich erklärt wurde oder ob
ihm nicht eher die Reflexion durch meinungsbildende Theologen voraus-
ging oder aber nachfolgte und erst in der Erinnerung mit dem unmittelbaren
Erlebnis in eins gesetzt wurde.[178]

Während pietistische Pfarrer die Eisenbahn zu diesem Zeitpunkt dezidiert endzeitlich deuteten, hatten andere Theologen, die nicht zum Umkreis

christlichen Herrschaft möglich gemacht, so öffnen sich dagegen dem evangelischen Lichte lange
verschlossene Thore und fortgesetzte Geistestyrannei wird je länger je unmöglicher.« Vgl. auch
ChB 13 (1843), Sp. 5f; 14 (1844), Sp. 6; 16 (1846), Sp. 6: »Am verständlichsten ist wohl der
Zusammenhang des raschen Baues der Eisenbahnen mit den Vorbereitungen zum Kommen des
Reiches Gottes. – Es darf uns hier nicht irren, daß Diejenigen, welche mit so leidenschaftlicher
Eile dieser Sache sich annehmen, allermeist nur Zeitliches, und wenn auch mitunter Geistiges,
doch nicht das Reich Gottes, Einige vielleicht das gerade Gegentheil im Auge haben; ohne es zu
wissen und zu wollen, dienen sie doch den geistigsten Absichten Gottes, öffnen dem Evangelium
verschlossene Pforten, und erleichtern das brüderliche Zusammenwachsen der Menschheit zu dem
Leibe, dessen Haupt ist Christus. [...] Niemand wird mißkennen, daß durch das Alles auch der
Verführung zur Sünde Thür und Thor geöffnet wird, indem diese Verbindungsmittel eben so gut
dem Widerchrist als dem Heiland der Welt offen stehen.« (Zu Burks Neujahrsartikeln vgl. oben
Abschnitt II. 3. *Neujahrs-Betrachtungen*).
  177 WLB Stuttgart, Cod. hist. 4° 451, Bd. f, S. 140 (vgl. dazu auch oben Abschnitt II. 4.
Zeitzeichen und Zeitklagen).
  178 Der bürgerliche Spott über den angeblichen Horror der Landbevölkerung vor der Eisenbahn ist Legende (BRUNE, Bürgerlicher Humor, bes. S. 269ff). Doch wie viel daran war Projektion
eigener Ängste angesichts der Veränderungen der Lebenswelt?

des Pietismus gehörten, eine durchweg pragmatische Haltung eingenommen. Als im Januar 1843 die Abgeordnetenkammer des württembergischen Landtages mit der Frage befasst war, ob im Königreich Württemberg auf Staatskosten Eisenbahnen gebaut werden sollten, votierten alle sechs evangelischen Prälaten für den Bau. Ihre Debattenbeiträge kreisten dabei vor allem um den Nutzen und die Notwendigkeit der Bahn für das von ihnen angerufene Vaterland. Der Reutlinger Prälat Karl August Friedrich von Faber (1782–1850) meinte:

»Die Eisenbahn ist eine so außerordentliche und gewaltige Erscheinung dieser Zeit, daß sie über kurz oder lang Alles mit sich fortreißen und in der Gestaltung des Gesellschaftszustandes unberechenbare Veränderungen hervorbringen muß. [...] Wie könnte nun unser Vaterland, welches zu allen Zeiten durch besonnenen Fortschritt auf dem Wege der Cultur von Stufe zu Stufe sich erhoben hat, länger anstehen, von dieser wichtigsten Erfindung unseres Jahrhunderts Gebrauch zu machen.«[179]

Auf ganz ähnliche Weise argumentierte Prälat Heinrich Christoph Wilhelm von Sigwart (1789–1844) aus Schwäbisch Hall mit kulturellen Notwendigkeiten, denen man zum Nutzen des Vaterlandes zu entsprechen habe:

»Die Eisenbahnen sind nun einmal ein mehr oder weniger wesentliches Element unseres gegenwärtigen Culturzustandes; sie haben ihre großen und vielfachen Vortheile, wie überhaupt, so insbesondere für unser Vaterland.«[180]

Alle sechs Prälaten dachten und äußerten sich in solch pragmatischen Kategorien, ohne – soweit erkennbar – selbst schon einmal mit der Bahn gefahren zu sein.[181] Pietistische Theologen dagegen blieben zunächst bei ihren skeptischen Gedanken hinsichtlich der endzeitlichen Qualität der Bahn, auch nachdem sie die Bahn selbst zu nutzen gelernt hatten. Allerdings begann sich die Thematik der Kritik zu wandeln. Denn im Hintergrund von Barths Vorwurf, die Bahn führe zur Zerstreuung und Ablenkung, stand ein Problem, das kirchliche Kreise auch außerhalb des Pietismus zu beschäftigen

179 Verhandlungen der Kammer der Abgeordneten, Bd. 10, 131. Sitzung vom 19. Januar 1843, S. 52f. Zu Faber vgl. RABERG, Biographisches Handbuch, S. 187f.
180 Verhandlungen der Kammer der Abgeordneten, Bd. 10, 131. Sitzung vom 19. Januar 1843, S. 14. Zu Sigwart vgl. RABERG, Biographisches Handbuch, S. 867f.
181 Anders der katholische Domdekan Ignaz von Jaumann (1778–1862), der in der Debatte von einer eigenen Bahnfahrt berichten konnte: »Als ich vor einigen Jahren zum ersten Male die Eisenbahn von Augsburg nach München befahren hatte, und im Münchner Bahnhofe von dem Stellwagen herabgestiegen war, muß ich gestehen, daß ich mit wahrer Begeisterung und Dank zu meinem Schöpfer emporblickte, der mich den Tag hat erleben lassen, selbst noch Zeuge und Genosse dieser großen Erfindung zu seyn. Möchte man doch alle Gegner auf die Eisenbahnen schicken, um selbst das Experiment zu machen, und ich bin überzeugt, sie werden aus Gegnern bald lebhafte Vertheidiger werden.« (Verhandlungen der Kammer der Abgeordneten, Bd. 10, 131. Sitzung vom 19. Januar 1843, S. 12). Zu Jaumann vgl. RABERG, Biographisches Handbuch, S. 411f.

begonnen hatte: die Gefährdung der Sonntagsheiligung durch die Eisenbahn. Bereits im März 1843, kurz nach dem Landtagsbeschluss, auch in
Württemberg ein Eisenbahnnetz aufzubauen, monierte ein anonymer Autor
im *Evangelischen Kirchenblatt*, die Eisenbahn werde nur ein weiteres,
bedeutenderes Beispiel der »Entheiligungen heiliger Ruhe- und Festzeiten
bilden«.[182] Im Dezember 1846 griff Burk im *Christenboten* das Problem auf
und mahnte – nach englischem und schottischen Vorbild – eine Reduzie-
rung der Bahnfahrten an Sonn- und Feiertagen an, um den Bahnbeamten
und -arbeitern den Gottesdienstbesuch zu ermöglichen.[183] Und einige Wochen später untermauerte er seine Kritik mit einer kleinen Notiz, die das
Problem erneut zur Sprache brachte:

> »Unlängst äußerte ein, früher an einer auswärtigen Eisenbahn, jetzt an der württem-
> bergischen Angestellter: ›Wir Eisenbahnarbeiter werden wie der Hölle geopfert. Seit
> sechs Jahren habe ich keinen Sonntag mehr feiern dürfen!‹«[184]

Die Eisenbahn, so ist die Notiz zu lesen, behinderte nicht nur die Frömmigkeitspraxis, sondern wurde darüber hinaus zur Quelle endzeitlicher Gefahren.
Denn wer den Sonntag nicht feiern konnte, vermochte sich nicht geistlich
auf sein künftiges Schicksal angemessen vorzubereiten und drohte, bildlich
gesprochen, der Hölle anheimzufallen. Doch schließlich setzte auch Burk
immer mehr auf die positiven Wirkungen der Eisenbahn. In seinem Neujahrsartikel zum Jahr 1848 zählte er die Eisenbahn zu den Hilfsmitteln,
duch die »die ganze Menschheit wieder zu einem zusammenhängenden,
lebendigen Organismus« werde.[185] Von der Beförderung des Antichristen
war nicht mehr die Rede.

   Die theologischen Deutungen, mit denen pietistische Pfarrer die Einführung der Eisenbahn begleiteten, erfuhren also zwischen 1835 und 1848 eine
Wandlung, die durch den eigenen Gebrauch und die wachsende Selbstverständlichkeit des neuen Fortbewegungsmittels unterstützt wurde. Stand
anfangs die Befürchtung im Raum, die Eisenbahn werde neben dem Reich
Gottes auch antichristliche Kräfte befördern und damit zu einem beschleunigten Herannahen endzeitlicher Ereignisse beitragen, so drängte sich mit
ihrer faktischen Einführung in Württemberg die Beobachtung in den Vordergrund, dass die Sonntagsheiligung durch die Eisenbahn weiter erschwert
wurde. Schließlich wich die Kritik einer pragmatischen Haltung: Man nutzte
die Bahn ausgiebig und erkannte ihre Vorteile an. Der Einstellungswandel

---

182 EvKiBl 4 (1843), S. 131f: »Wie steht es um die Sonntagsfeier?«, Zitat: S. 132.
183 ChB 16 (1846), Sp. 607f: »Die Eisenbahnen und die Sonntagsfeier«. Zu kirchlichen
Stellungnahmen gegen die Sonntagsarbeit im öffentlichen Verkehrswesen vgl. HECKMANN, Arbeitszeit, S. 83–87.
184 ChB 17 (1847), Sp. 72.
185 ChB 18 (1848), Sp. 9.

konnte jedoch nicht die grundsätzliche Fortschrittsskepsis verbergen, die sich in den kritischen Äußerungen der Theologen offenbarte. So pragmatisch sie sich letztendlich verhielten, so wenig waren sie noch in der Lage, die Notwendigkeiten der Zeit zu erkennen. Ihre Besorgnisse wegen einer möglichen Beförderung des Antichrists durch die Eisenbahn verstellten ihnen den Blick auf die seelsorglichen und diakonischen Erfordernisse, die sich aus der auch in Württemberg mit Macht vordringenden Industrialisierung ergaben.[186]

3. Ein besonderes Eisenbahn-Büchlein

Der Bau der Geislinger Steige verdeutlicht exemplarisch die Problematik, der sich auch die Kirche und ihre Vertreter zu stellen hatten. Um den Mittelgebirgszug der Schwäbischen Alb auf der Strecke von Stuttgart nach Ulm zu überqueren, wurde zwischen 1847 und 1850 vom Filstal bei Geislingen auf die Albhochfläche nahe Amstetten eine Rampe in den Fels gebaut, die auf einer Länge von 5,6 Kilometern einen Höhenunterschied von 112 Metern zu überwinden hatte.[187] Beim Bau der Steige kamen in drei Jahren 4.000 Arbeiter zum Einsatz. Sie wurden in Geislingen untergebracht, einer Oberamtsstadt, die nur knapp 2.400 Einwohner zählte. Für die Bevölkerung und besonders für die Lohnarbeiter war die Situation denkbar schwierig. Letztere bekamen für ihre stundenlange und körperlich schwere Arbeit nur einen kargen Lohn, der ihnen von Subunternehmern im Zweifelsfall noch gekürzt oder vorenthalten wurde – und das im Hungerjahr 1847. Spannungen und Konflikte konnten nicht ausbleiben.[188] Die Notwendigkeit einer speziellen Seelsorge und diakonischen Zuwendung war mit Händen zu greifen, wurde aber erst vereinzelt wahrgenommen. Im *Christenboten* wurde schon 1839 gefragt, wer sich der Bedürfnisse der Eisenbahnarbeiter annehme und auf das Beispiel eines in England wirkenden Eisenbahnpredigers hingewiesen.[189] Doch das blieb für längere Zeit eine einsame Stimme. Erst 1846 kam im *Evangelischen Kirchenblatt* in einer längeren Abhandlung über die freiwillige kirchliche Tätigkeit auch die Notwendigkeit von

---

186 Eine grundsätzlich andere Einstellung wird an dem badischen Theologen Gottlieb Bernhard Fecht (1771–1851) deutlich, der bereits im Oktober 1833 – also noch zwei Jahre bevor überhaupt die erste deutsche Eisenbahnlinie zwischen Nürnberg und Fürth eröffnet wurde – in einer Landtagsrede nachdrücklich die Einrichtung von Eisenbahnlinien in Baden forderte. Technischer Fortschritt bedeutete für Fecht einen Gewinn an gesellschaftlicher Freiheit. Anders als viele erweckte württembergische Theologen gehörte Fecht dann auch zu den Unterstützern der revolutionären Ereignisse von 1848 (vgl. Protestantismus und Politik, S. 124–129; Geschichte der badischen evangelischen Kirche, S. 568).

187 BERGMANN, Geislinger Steige, S. 75, 85–89.

188 Vgl. STILLE, Filsthalbahn, S. 69–102; DERS., Bahnbau, S. 76–80.

189 ChB 9 (1839), Sp. 373–376: *Der Eisenbahnprediger*.

Seelsorge beim Eisenbahnbau wieder zur Sprache. Der Autor wusste allerdings nur zu berichten, eine Person handle unter Eisenbahnarbeitern mit
Traktaten.[190]

Bevor Johann Hinrich Wichern (1808–1881) in seiner berühmten Stegreifrede auf dem Wittenberger Kirchentag 1848 einer breiteren kirchlichen
Öffentlichkeit die Dringlichkeit der Seelsorge und Diakonie an Eisenbahnarbeitern ins Gewissen rief, gab es nur vereinzelte Versuche, dieser Aufgabe
gerecht zu werden.[191] Einen davon unternahm der in der unmittelbaren Nähe
der Geislinger Steige amtierende Amstetter Pfarrer August Viktor Binder
(1807–1877). Auf seinen Fußmärschen in die Dekanatsstadt Geislingen
konnte er den Bau entlang der Steige unmittelbar verfolgen und ließ sich
von den Mühen und Sorgen der Eisenbahnarbeiter berühren. Im Sommer
1847 verfasste er ein Traktatheft, »Den Eisenbahnarbeitern zur Erinnerung«, das er für zwei Kreuzer an diese verkaufen ließ.[192] Schon aus dem
Vorwort wurden die pädagogisch-missionarischen Absichten Binders deutlich. Er rechtfertigte den Verkaufspreis des zwanzigseitigen Heftes im Oktavformat mit dem Hinweis, er habe den Arbeitern »ein besonderes Eisenbahn-Büchlein in die Hand« geben wollen, sie könnten dafür ja »lieber
einmal am Zahltag einen Schoppen weniger« trinken. Im Übrigen wolle das
Heft der Erinnerung dienen, »nicht nur an deine Arbeit, sondern auch an
das Haus des Herrn, an die hl. Schrift und dein evangelisches Gesangbuch«.[193] Das Interesse, die aus ihrem sozialen Umfeld entwurzelten Arbeiter an die Kirche und ihre Angebote wenn nicht zu binden, so jedoch zu
erinnern, ist offenkundig. Mit Einfühlungsgabe, Geschick und Humor verknüpfte Binder in seinem Traktat 16 Themen rund um den Eisenbahnbau
unkommentiert mit Bibelsprüchen und Gesangbuchversen und illustrierte

---

190 EvKiBl 7 (1846), S. 360–369, 397–402, 437–449, hier: S. 400 (Autor: H. ZELLER).
191 Vgl. Verhandlungen der Wittenberger Versammlung, S. 70f: »Der Redner ging dann auf
noch andere Gebiete über, z. B. auf das der *Eisenbahnarbeiter*, die zu Tausenden in Nomaden-
Hütten zu leben pflegen. Wer hat sich um ihre Noth bekümmert oder wer hat die einzelnen spurlos
verschollenen Rufe nach Hülfe für sie vernommen? Niemand denkt daran, ihre religiösen Bedürfnisse zu befriedigen.« (Das Protokoll von Wicherns Rede findet sich auch in: WICHERN, Sämtliche
Werke, Bd. 1, S. 155–165, Zitat: S. 158).
192 [BINDER], Den Eisenbahnarbeitern zur Erinnerung, Geislingen: Ils, 1847. Ein Exemplar
des Traktats findet sich im Heimatmuseum Geislingen an der Steige, Inv. Nr. 1402. Auflage und
Nachfrage sind nicht bekannt. – Das Vorwort des anonymen Traktats ist unterschrieben: »B. in A.
am 11. u. 27. Sept. 1847«. Binders Autorschaft ergibt sich aus einem Bericht des Geislinger
Dekans an das Konsistorium, in dem er sich über eingegangene schriftliche Ausarbeitungen der
Pfarrer seines Bezirks äußerte: »Pfarrer Binder in Amstetten hat für die in seiner Nähe beschäftigten Eisenbahnarbeiter einen Traktat geliefert, der mit der religiösen Belehrung zugleich einen
wohlthätigen Zweck verbindet. Der Gedanke [...] ist originell; die Ausführung öfters gelungen.«
(LKA Stuttgart, DA Geislingen, Nr. 65.2: Begleitungsbericht zu den Synodalaufsätzen der Diöce-
sangeistlichen und Pfarrgehilfen, 30. Juli 1847, S. 1f).
193 [BINDER], Den Eisenbahn-Arbeitern zur Erinnerung, S. 3.

sie jeweils mit einem Holzschnitt. Seine Einfühlungsgabe zeigte sich in der
Auswahl der Themen, die sich eng an dem Tageslauf der Arbeiter orientierte:
»Der Gang zur Arbeit«, »Die Grabarbeiten und der Damm«, »Die Aufseher«,
»Der Regentag«, »Der Feierabend«, »Der Zahltag und die Akkordanten«
und »Das Wirthshaus« waren einige der behandelten Stichworte. Sein Geschick lag darin, zu vollkommen unbiblischen Themen geeignete Sprüche
und Verse zu finden. Ohne Scheu bediente er sich dabei der im Pietismus
verbreiteten Gedankenfigur der »Transgression auf das Himmlische«, also
der assoziativen Verknüpfung eines weltlichen Sachverhalts mit einer geistlichen Betrachtung.[194] So zitierte er zum Thema »Die Grabarbeiten und der
Damm« aus Jes 40,3: »Bereitet dem Herrn den Weg, macht auf dem Gefilde
eine ebene Bahn unserem Gott.«[195] Und wenn er zum Thema »Das Schie-
nenlegen« aus Jes 30,21 zitierte: »Dieß ist der Weg, denselbigen gehet,
sonst weder zur Rechten, noch zur Linken«, dann kann ihm ein phantasie-
voller Humor nicht abgesprochen werden.[196] Seine Pädagogik war nicht
rigoristisch. Beim Stichwort »Das Wirthshaus« zog er Sirach 31,32 heran:
»Der Wein erquickt dem Menschen das Leben, so man ihn mäßiglich
trinkt.«[197] Gleichzeitig wurde das Bemühen spürbar, die Schattenseiten des
Arbeitslebens in ein freundlicheres Licht zu rücken, so bei den Themen
»Die Aufseher« und »Der Regentag«. Letzteren deutete er mit Pred 7,15:
»Am guten Tag sei guter Dinge und den bösen Tag nimm auch für gut;
denn diesen schaffet Gott neben jenem, daß der Mensch nicht wissen soll,
was künftig ist.«[198]

Binders Traktat war von einer pragmatischen Frömmigkeit und einem
konservativen Gesellschaftsbild geprägt. Die gesellschaftlichen Verhältnisse,
in denen die Lohnarbeiter der Willkür ihrer Aufseher und Akkordanten
unterworfen waren, stellte er nicht zur Diskussion. Aber er hatte erkannt,
dass der Eisenbahnbau und seine Umstände eine dringende Anfrage an
kirchliches Handeln darstellten. Vor dem Hintergrund der endzeitlichen
Assoziationen, die Binders Pfarrkollegen mit der Bahn verbanden, ist sein
»Eisenbahn-Büchlein« in zweierlei Hinsicht bemerkenswert. Zum einen war
es im Raum der württembergischen Kirche – soweit bekannt – der erste
Beitrag zum sozialen Problem des Eisenbahnbaus. Zum anderen bediente er
sich bei seiner Textauswahl keinerlei endzeitlicher Anspielungen. Das Thema »Der Dampfwagen« verknüpfte er nicht, wie es nach den eingangs
zitierten literarischen Belegen zu erwarten gewesen wäre, mit dem apokalyptischen Bild der feuerspeienden Rosse (Offb 9,17), sondern – gewagt

---

194 Zum Begriff vgl. oben Kapitel 1, Abschnitt I. 3. *Bürgerliche Organisatoren.*
195 [BINDER], Den Eisenbahn-Arbeitern zur Erinnerung, S. 7.
196 Ebd., S. 16.
197 Ebd., S. 14.
198 Ebd., S. 9.

genug – mit Ex 13,21: »Und der Herr zog vor ihnen her, des Tages in einer Wolkensäule, daß er sie den rechten Weg führete, und des Nachts in einer Feuersäule, daß er ihnen leuchtete, zu reisen Tag und Nacht.«[199] Nicht Angst, sondern Dank sollte die Begegnung mit dem neuartigen Fortbewegungsmittel bestimmen. Die Eisenbahn war für Binder in der Kommunikation mit den Arbeitern kein Thema endzeitlicher Gedankengänge, sondern eine Aufforderung zur seelsorglichen Zuwendung. Auch er kam auf das Problem der Sonntagsheiligung zu sprechen. Unter der Überschrift »Die Kirche« erwähnte er das dritte Gebot, den Feiertag zu heiligen und fügte einen Gesangbuchvers an, mit dem er zum Gottesdienstbesuch einlud: »Wie du bist, so darfst du kommen / und wirst gnädig aufgenommen.«[200]

Zweifellos trug der Amstetter Pfarrer mit seinem Traktat nichts zur äußeren Verbesserung der Lebensumstände der Eisenbahnarbeiter bei. Sein Vorgehen war seelsorglich motiviert, nicht sozialpolitisch. Binder war kein Revolutionär, auch kein Reformer. Ihm lag an der Bewahrung des Vertrauten. Aber er versuchte sich der neuen technischen und gesellschaftlichen Entwicklung zu stellen und ihr einen eigenständigen Platz in seinem konservativen Weltbild zuzuweisen. Sein Traktat kann als ein erster – wenn auch vorläufiger und marginaler – Versuch eines Pietisten gewertet werden, die Eisenbahn und damit den technischen Fortschritt als Element des Alltags religiös zu deuten, ohne sich dabei endzeitlicher Erklärungen zu bedienen.[201]

Einige Jahre später sollte dies im pietistischen Württemberg wieder anders zu sehen und zu lesen sein. Auf dem um 1860 entstandenen Andachtsbild der Stuttgarterin Charlotte Reihlen, das unter dem Titel »Der breite und der schmale Weg« weite Verbreitung fand und das die beiden zur Hölle und zum Gottesreich führenden Lebenswege plastisch und drastisch vor Augen führte, war auf dem breiten Weg, kurz vor den Flammen der Hölle ein

---

199 Ebd., S. 17.

200 Ebd., S. 15. Wie sich im Jahr 1853 ein lauenburgischer Pfarrer erfolgreich gegen die Sonntagsarbeit bei der Eisenbahn wehrte, beschreibt JAKUBOWSKI-TIESSEN, Pastor Förster und die Eisenbahner.

201 Dass Binder mit Barth, Burk und anderen pietistischen Theologen in Verbindung stand und selbst wohl als solcher anzusehen ist, ergibt sich zum einen aus seiner Teilnahme an der Stuttgarter Predigerkonferenz, vgl. BINDER, Spruch- und Liederschatz, S. 3, 14. Zum anderen verfasste er zu Barths »Zweimal zweiundfünfzig biblischen Geschichten« ein ergänzendes Bändchen mit »26mal 52 Fragen und Antworten zu den 2mal 52 biblischen Geschichten des Calwer Verlagsvereins«. Die von MAIER, Freihofer, S. 321f, unterstellte Mitverfasserschaft Binders an Barths *Biblischen Geschichten* beruht im übrigen auf einem Missverständnis. Letztere sind und bleiben ein Werk von Barth und dessen Simmozheimer Pfarrkollegen Gottlob Ludwig Hochstetter (1790–1863); vgl. BRECHT, Christian Gottlob Barths »Zweimal zweiundfünfzig biblische Geschichten«, S. 127. Aus Binders Feder dagegen stammt das erwähnte Bändchen, von dessen 2. Aufl. sich ein Exemplar in der UB Basel (Sign.: fb 919) erhalten hat und das von Barth in einer Rezension lobend erwähnt wurde (vgl. BINDER, 26mal 52 Fragen und Antworten, 2. Aufl., S. VIIf).

heraneilender Dampfzug zu erkennen.[202] In der dem Bild beigegebenen Erklärung hieß es:

»Bezüglich des abgebildeten Eisenbahnzuges möge erwähnt sein, daß die Eisenbahn an sich eine gute und nützliche Erfindung ist, welche auch dem Reiche Gottes Vorschub leistet; im großen Ganzen dient sie jedoch mehr dem Reiche des Antichrists zur Ausbreitung und hat viele Sünde im Gefolge, z.B. die Sonntagsentheiligung u.s.w.«[203]

Noch skeptischer als die Theologen Barth, Burk und Kapff stellte Charlotte Reihlen den von ihr befürchteten Missbrauch der Eisenbahn über deren Vorteile und gelangte so zu einer frommen Verurteilung der Bahn, die in ihrem Weltbild lediglich einen Platz als Vorbote der Endzeit erhielt.

IV. Hauptweg und Nebenwege

Als im Januar 1838 das Innenministerium vom Konsistorium einen Bericht »wegen des Überhandnehmens des sogenannten Pietismus« verlangte, erschien wohl auch Oberkonsistorialrat Karl Christian Flatt (1772–1843) die Anfrage nicht dringlich zu sein.[204] Erst nachdem das Ministerium eine Erinnerung verschickt hatte, verfasste er über ein halbes Jahr später einen Bericht, in dem er konstatierte, der Pietismus sei seit der letzten Erhebung im Jahr 1821 eher im Ab- als im Zunehmen. Damals sei man von 20.000 Seelen ausgegangen, jetzt seien es höchstens 18.000.[205] Und auch hinsichtlich der im Pietismus vertretenen endzeitlichen Anschauungen, 1821 noch ein zentraler Punkt der Untersuchung, gab Flatt Entwarnung:

»Die schwärmerischen Erwartungen eines nahen tausendjährigen Reichs scheinen zu schwinden, seit das für die Erscheinung desselben von Bengel bezeichnete Jahr 1836 vorübergegangen ist.«[206]

202 Zu Charlotte Reihlens Andachtsbild vgl. JUNG, Reihlen, S. 190–198; SCHARFE, Andachtsbilder, S. 267–270; DERS., Zwei-Wege-Bilder, S. 140f, und im folgenden Abschnitt IV. 4. *Der breite und der schmale Weg.*

203 Erklärung des Bildes »Der breite und der schmale Weg«, S. 6, zitiert nach: SCHARFE, Andachtsbilder, S. 269.

204 LKA Stuttgart, A 26, 464, 1 , Nr. 51: Schreiben des Innenministeriums an das Konsistorium, Stuttgart, 23. Januar 1838. Flatt forderte daraufhin am 1. Februar die Übersichtsberichte aller Dekane von 1837 und die Akten, den Methodisten Müller von Winnenden betreffend, an. Einen Bericht verfasste er vorerst nicht. Der Hintergrund der ministeriellen Anfrage waren anscheinend die im Vorjahr erfolgten Untersuchungen gegen den Winnender Methodisten Christoph Gottlob Müller, der seit 1830 zuerst in seiner Heimatstadt, später in ganz Württemberg als Erweckungsprediger tätig war und damit in landeskirchlichen Kreisen für Unruhe sorgte (vgl. BURKHARDT, Müller; zu den Untersuchungen von 1837 bes. S. 253–260).

205 LKA Stuttgart, A 26, 464, 1, Nr. 52: Schreiben des Innenministeriums an das Konsistorium, Stuttgart, 23. Juli 1838 (Erinnerung); Nr. 53: Bericht an das Innenministerium, Stuttgart, 22. August 1838.

206 Ebd., S. 7.

Die überwiegende Mehrheit der pietistischen Privatversammlungen stellte für das Konsistorium kein nennenswertes Problem mehr dar, da sie sich in den Rahmen der Landeskirche integriert oder diesen nie verlassen hatte. Auch in den folgenden Jahren beschritt diese Mehrheit den Hauptweg des württembergischen Pietismus, der in den Endzeiterwartungen die Tendenz zur Verbürgerlichung des Gottesreiches mit sich brachte. Zur gleichen Zeit traten jedoch aus den pietistischen Kreisen heraus neue Gruppen und Personen auf, die sich nicht mehr ohne weiteres einbeziehen ließen. Der Reintegrationskurs, den Theologen wie Burk, Kapff oder Knapp verfolgten, erfasste zwar eine Mehrzahl der Versammlungen, die sich auf den Hauptweg der Verbürgerlichung begaben. An den Rändern eröffneten sich jedoch diverse Nebenwege, die zu alternativen endzeitlichen Konzepten führten und von einer Minderheit offensichtlich aus Unzufriedenheit mit dem pietistischen Mainstream beschritten wurden. Dazwischen gab es einzelne pietistische Theologen wie Christian Gottlob Barth oder Johann Tobias Beck (1805–1878), die aus einer endzeitlichen Resignation heraus keinen der Haupt- und Nebenwege zu beschreiten vermochten. Sie waren daher den Herausforderungen des Jahres 1848 nicht gewachsen und konnten keine gestalterischen Impulse für eine kirchliche Reaktion auf die revolutionären Ereignisse geben. Anders Sixt Carl Kapff, der die Bedeutung des Pietismus innerhalb der württembergischen Landeskirche nicht zuletzt dadurch zu sichern und auszubauen wusste, dass er seinen endzeitlichen Vorstellungen im bürgerlichen Wertekanon einen dezentralen Platz anwies, wie in dem von ihm inspirierten Andachtsbild vom breiten und schmalen Weg unübersehbar festgehalten.

1. Hauptweg: Verbürgerlichung des Gottesreiches

Der württembergische Pietismus war auf dem Weg, zu einer Konstante der landeskirchlichen Institutionen zu werden, die nicht mehr übergangen werden konnte. Das zeigte sich auch bei der Erarbeitung eines gemeinschaftlichen Predigtbuches zugunsten des Pfarrwaisenvereins seit 1842. Die Initiative zur Gründung des Vereins ging von einer Gruppe mehrheitlich pietistischer Pfarrer um den Besigheimer Dekan Magnus Friedrich Zeller (1803–1843) aus, die sich im August 1841 in Ludwigsburg darauf verständigte, aus Anlass des 25-jährigen Thronjubiläums des Königs um die Genehmigung zu bitten, einen Verein zur Unterstützung von Pfarrwaisen gründen zu dürfen.[207] Aus formalen Gründen verzögerte sich die Genehmigung, die schließlich im Oktober 1842 erteilt wurde.[208] Zu diesem Zeitpunkt existierte

---

207 LKA Stuttgart, A 26, 1547, 3a, Nr. 1: Schreiben an das Konsistorium, Besigheim, 19. August 1841.
208 Ebd., Nr. 5: Erlass des Innenministeriums, Stuttgart, 25. Oktober 1842.

wohl schon der Plan, zur unterstützenden Finanzierung des Vereins ein Predigtbuch herauszugeben, ähnlich dem Wilhelmsdorfer Predigtbuch, das in Württemberg und darüber hinaus ein großer Verkaufserfolg gewesen war.[209] Man wählte ebenfalls den 1830 eingeführten und 1842 revidierten zweiten Jahrgang der Evangelientexte als Grundlage und bat die Theologen der Landeskirche um entsprechende Beiträge. Offensichtlich stellten sich jedoch verschiedene Schwierigkeiten einer zügigen Umsetzung des Vorhabens in den Weg. Zweimal wechselte der verantwortliche Redakteur, für manche Predigttexte lagen zwei Jahre später immer noch keine Predigten vor und die ursprünglich zugesagte Anonymität der Autoren konnte nicht eingehalten werden.[210] Erst im November 1845 meldete die Redaktion, die letzten Predigten seien im Druck.[211] Anfang 1846 erschien das fertige Predigtbuch »zum Besten des Württembergischen Pfarrwaisenvereins« im Stuttgarter Verlag der Belserschen Buchhandlung, von der höflichen Bitte um Entschuldigung bei den Subskribenten begleitet, die lange auf die Vollendung des Werks hatten warten müssen.[212] Über die tieferen Ursachen der Verzögerung ist letztlich nichts bekannt. Die genannten Schwierigkeiten deuten aber auf Unstimmigkeiten im Ausschuss des Pfarrwaisenvereins und unter den Autoren hin, die möglicherweise aus unterschiedlichen theologischen Anschauungen resultierten. An sich war die Unterstützung des Pfarrwaisenvereins eine Frage des die theologischen Parteien übergreifenden berufsständischen Interesses. Entsprechend beteiligten sich an dem Buch Theologen recht unterschiedlicher frömmigkeitlicher Couleur: auf der einen Seite Prälat Karl Christian Flatt, Oberkonsistorialrat Carl Heinrich Stirm (1799–1873), der spätere Prälat Albert Friedrich Hauber (1806–1883) und der Rektor des Stuttgarter Katharinenstifts Karl Wolff (1803–1869), alle nicht dem Pietismus zugehörend; auf der anderen Seite Burk, Hofacker, Kapff, Knapp, Roos, Seeger, insgesamt 14 Prediger, die auch schon zum Wilhelmsdorfer Predigtbuch beigetragen hatten und mit vielen anderen zur pietistischen Theologenschaft Württembergs zu rechnen waren. Die theologischen Differenzen, die dem fertigen Buch noch abzulesen sind, führten wohl auch zu einem konzeptionellen Dissens, zum Beispiel in der Frage, ob die Namen der Autoren mit abgedruckt werden sollten. Welche Seite sich schließlich durchsetzte, ist nicht mehr erkennbar. Die Nennung der Auto-

---

209 Zum Wilhelmsdorfer Predigtbuch vgl. oben Kapitel 3, Abschnitt IV. Die Planungen für das Predigtbuch zugunsten des Pfarrwaisenvereins werden erstmals erwähnt: EvKiBl 4 (1843), S. 48 (11. Januar).

210 EvKiBl 4 (1843), S. 48 (11. Januar): Wechsel der Redaktion von Härlin zu Christian Palmer; ebd., S. 432 (1. September): Wechsel der Redaktion von Palmer zum Vereinsausschuss unter Leitung des Besigheimer Dekans Wilhelm Heinrich Zeller; EvKiBl 5 (1844), S. 346f: Schwierigkeiten, genügend Predigten zu bekommen; keine Anonymität der Autoren möglich.

211 EvKiBl 6 (1845), S. 567f (21. November).

212 Predigten über den zweiten Jahrgang (1846), vgl. das Vorwort, S. IV.

rennamen im Inhaltsverzeichnis zeigt jedenfalls, dass der Wunsch nach vorgängiger Identifizierbarkeit der theologischen Prägung obsiegte: Die Leserin oder der Leser konnte gezielt nach den Predigten suchen, von denen eine Stärkung der eigenen Frömmigkeit zu erwarten war. Exemplarisch lässt sich das an den Unterschieden in den Zukunftsbildern zeigen. Die kommunikativen Angebote der Prediger zeigten eine große Spannbreite.

Auf der einen Seite stand die amillenarische Haltung des Oberkonsistorialrates Stirm, der in seiner Predigt am Sonntag nach dem Neujahrsfest von der Beobachtung ausging, die Zukunft sei in tiefes Dunkel gehüllt und dem Menschen nicht erkennbar. In die Zukunft führten die vielen verworrenen Wege des Lebens, mitten darin aber die Bahn des Heils, die Christus eröffne. Dieser sei nicht in die Welt gekommen, um zu richten, sondern Barmherzigkeit zu üben. Wenn von seiner richterlichen Tätigkeit die Rede sei, dann nicht im Sinne einer gegenwärtigen oder unmittelbar drohenden Abwägung von Schuld und Verdienst, sondern ausschließlich im Sinne des am Ende der Tage auftretenden Weltenrichters.[213] Sei aber Christus in die Welt gekommen, um Barmherzigkeit zu üben: »in welch einem köstlichen Lichte muß uns dann auch alles, was die Zukunft bringen mag, erscheinen.«[214] Mit aller Gelassenheit könne man daher dem Wechsel der irdischen Dinge gegenübertreten. Stirms Publikum (sei es das hörende oder das lesende) bekam in der Predigt ein optimistisches, offenes Bild der Zukunft angeboten, das von keinen millenarischen Erwägungen beeinflusst war. Das zum Zeitpunkt seiner Predigt gerade angebrochene Jahr versprach, »ein Jahr der Gnade und des Segens« zu werden.[215]

Zu entgegengesetzten Schlüssen kam der Metterzimmerner Pfarrer Carl August Heinrich (1807–1875). Er interpretierte die Aufforderung Jesu an seine Jünger, zu wachen und zu beten (Mk 13,33) als Aufruf zur Buße angesichts der zu erwartenden persönlichen, leiblichen und sichtbaren Wiederkunft Christi.[216] Deren Zeitpunkt sei zwar unbekannt, könne aber unvermutet schnell eintreten.[217] In Heinrichs Predigt wurde die Hörer- und Leser-

---

213 Ebd., S. 61–69; vgl. S. 65: »Wir müssen aber, meine andächtigen Freunde, unterscheiden den Zweck Seiner Erscheinung und Wirksamkeit auf Erden und Seine Thätigkeit am Ende der Tage.«

214 Ebd., S. 66.

215 Ebd., S. 69.

216 Ebd., S. 616–622; vgl. S. 620: »Wachet, denn der Herr kommt. Also ist er nicht da? [...] Da ist Er, und zwar sowohl in der Kirche im ganzen und großen, als in der Herzenswohnung des einzelnen, allein dieses Daseyn ist theils mehr ein mittelbares, theils, wenn auch unmittelbar, doch eben ein Daseyn im Geiste, während die persönliche Erscheinung des Herrn in leiblicher Gestalt und auf sichtbare Weise noch übrig ist. [...] So wirds nicht bleiben.«

217 Ebd., S. 621: »Der Herr ist nicht an eine gewisse Zeit gebunden. Wohl magst du dir den Gang der Dinge als eine Entwicklung denken, welche Schritt für Schritt geht und noch durch manche Zeitabschnitte durchlaufen muß, bis das Ende kommt; aber die Entwicklung kann auch beschleunigt werden.«

schaft an entscheidende Elemente eines millenarischen Szenarios erinnert: Buße, Wachsamkeit, Wiederkunft Christi. Die Zukunft war endzeitlich geprägt und handlungsorientierend vorbestimmt.

Wieder anders interpretierte der Tuttlinger Dekan Friedrich Jakob Philipp Heim (1789–1850) das Verhältnis von Gegenwart und Zukunft. Er entwickelte die Dialektik eines zukünftig kommenden und eines gegenwärtig schon anwesenden Reiches Gottes, die sichtlich auf ein pietistisches Publikum gemünzt war, dem die erhofften und versprochenen Entwicklungen nicht schnell genug eintrafen oder nicht ernsthaft genug befördert wurden.[218] Heim hielt seinen Hörern und Lesern entgegen, das Reich Gottes könne, »soviel es durch uns kommen soll«, nur durch Geduld kommen; zudem müsse es dazu »ja wohl zuerst zu uns und in uns gekommen seyn«. Davon könne aber erst die Rede sein, wenn man allen Eifer und alle Ungeduld abgelegt habe. In einer Art Prolepse individualisierte und domestizierte Heim die endzeitlichen Erwartungen seines Publikums. Das zukünftige Gottesreich musste aus dem individuellen gegenwärtigen Leben erwachsen, es musste zuerst »in unsern eigenen Haushaltungen gefördert und herbeigeführt werden«.[219] Nicht die äußeren Entwicklungen eines millenarischen Szenarios waren entscheidend, sondern der Wille des Einzelnen, sich dem Vorbild Jesu anzuschließen und in ausharrender Geduld das gegenwärtige und zukünftige Kommen des Gottesreiches zu fördern.

Die beiden letzten Predigten zeigen die Differenzen selbst innerhalb des pietistischen Lagers. Bei aller Varianz der kommunikativen Angebote sind in den Predigten der pietistischen Autoren dennoch übereinstimmende Tendenzen erkennbar, die sich unter der Überschrift *Verbürgerlichung des Gottesreiches* zusammenfassen lassen.

1. *Individualisierung.* Nicht mehr das Gottesvolk, sondern der Einzelne war das Subjekt der endzeitlichen Hoffnung. Die schon bei Ludwig Hofacker und im Wilhelmsdorfer Predigtbuch erkennbare Tendenz zur Individualisierung der Endzeithoffnung setzte sich bei den pietistischen Predigern des Pfarrwaisenpredigtbuches fort. Nicht das Wiederkommen Christi inmitten seines Gottesvolkes wie bei Johann Jakob Friederich stand im Mittelpunkt des Interesses, sondern der einzelne Glaubende und dieser speziell in seiner Innerlichkeit.[220]

---

218 Ebd., S. 216–226; vgl. S. 218: »Auch will es einem, wenn man das Reich Gottes gern kommen sähe, besonders in unsrer Zeit, manchmal vorkommen, als ob die von Gott verordnete Obrigkeit das ihr gegebene Schwert zu wenig gebrauche, [...] daß die Schranken christlicher Zucht und Ordnung, die um Gottes Gemeinde her seyn sollten, immer lockerer gemacht, und die Lücken nicht nur nicht ausgefüllt, sondern immer weiter gerissen werden.«
219 Alle Zitate: Ebd., S. 221.
220 Vgl. das dreimal wiederholte »in uns« in F. J. P. Heims Predigt am 1. Advent (ebd., S. 1–10, Zitat: S. 3): »[...] das Wort: der Herr kommt, fordert uns auf, daß wir, weil jetzt noch die Gnadenzeit vorhanden ist, mit williger Drangebung unseres eigenen sündenvollen, eitlen Lebens und mit

2. *Quietismus*. Dem Zug nach innen entsprach der Aufruf zur Geduld und zum Schweigen angesichts unhaltbarer äußerer Umstände. Sixt Carl Kapff, damals Dekan in Münsingen, sagte es in seiner Gründonnerstagspredigt mit aller Deutlichkeit: Auf dem Weg zur Versöhnung mit Gott müssten sich die Menschen erst untereinander versöhnen – und dies sei nur möglich, wenn man von Jesus lerne, »zu schweigen beim größten Unrecht und mit stiller Geduld alles zu tragen was der Unverstand oder die Bosheit der Menschen« mit sich brächten.[221] Kapff empfahl seinen Hörern und Lesern eine quietistische Grundhaltung, die mit den Pflichten des bürgerlichen Untertanen ohne weiteres zu vereinbaren war: Ruhe als erste Christenpflicht.[222]

3. *Leistungsstufen*. Auffallend häufig verwiesen pietistische Prediger auf Ordnungen, die das Gottesreich strukturierten und die durch ihren Stufencharakter einen Leistungsgedanken in die endzeitlichen Erwartungen einführten. Die Menschheit in der Endzeit war nicht mehr durch einen millenarischen Dualismus geprägt, der nur Gerettete oder Verlorene, Glaubende oder Ungläubige, Christen oder Antichristen kannte.[223] Vielmehr entsprachen die Ordnungen einem Innen und Außen und Dazwischen. Dem Einzelnen wurde die Möglichkeit offeriert, sich auf einen Stufenweg zu begeben, der nach innen oder oben führte und das Gottesreich zu einem durch Leistungen zu erwerbenden Gut machte. So sprach der schon vorher zitierte Tuttlinger Dekan Friedrich Jakob Philipp Heim von der Notwendigkeit, sich auf eine kommende »gefährliche Trübsalszeit« vorzubereiten und unterschied dabei zwischen den nur Erweckten und den zudem Bekehrten.[224] Oder der Tübinger Professor Johann Tobias Beck differenzierte zwischen den zukünftig zur Mitherrschaft im Gottesreich Berufenen und den letztlich Auserwählten, die ihre Berufung auch annehmen und bestätigen

Freuden Ihm unsere Herzen bereiten und öffnen, damit Er auch in uns geboren werde, Seine göttliche Gestalt in uns offenbaren und seine Klarheit in uns leuchten lasse.«

221 Ebd., S. 226–239, Zitat: S. 238.

222 Gegen SCHEFFBUCH, Kapff, S. 127.

223 Noch 1836 schrieb Kapff: »Nicht bloß jemehr der Teufel wächst, sondern auch jemehr Christus wächst, desto bälder kommt's zum Kampfe und so zur Zukunft Christi. Und da ist nun offenbar, daß immermehr zwei Hauptparteien sich herausstellen, Christen und Antichristen. Halbirtes Wesen geht immer weniger. Man muß Parthei nehmen [...]. Entweder Glaube oder Unglaube, Pietist oder Rationalist, Feind oder Freund der Demagogie. Die, welche keiner Parthei angehören wollen, gehören ebendeßwegen zur Parthei der Partheilosen, Farblosen, Halben. Je mehr die Welt sich regt, desto mehr auch die Kirche Christi, und je mehr Licht, desto mehr Finsterniß und desto raschere Entwicklung.« (KAPFF, Zukunft, S. 67).

224 Predigten über den zweiten Jahrgang (1846), S. 24; vgl. auch S. 27: »Was ist nun aber die eigentliche Bekehrung? Sie besteht in der Wiedergeburt und in der fortwährenden Heiligung. Was heißt aber: von neuem geboren werden? Es heißt: die Stimme des heiligen Geistes nicht bloß von ferne hören, von außen her durch dieselbe erweckt und beunruhigt werden, sondern mit dem heiligen Geist selbst erfüllt, von ihm getrieben, mit dem Feuer der göttlichen Liebe entzündet und so wirklich innerlich aus dem Geist geboren, ein neuer Mensch, ein in den Grundtrieben des Herzens ganz umgeänderter Mensch werden.«

würden.[225] Beck sprach in diesem Zusammenhang geradezu von einer »Hausordnung«, die den Aufstieg innerhalb des Gottesreiches regle.[226] Von außen nach innen oder von unten nach oben: Die noch erkennbare antithetische Struktur der Einteilung in gegensätzliche Klassen von Menschen wurde überlagert von einer Stufenstruktur, die den Aufstieg nach oben oder Einstieg nach innen ermöglichte. Die Durchlässigkeit der bürgerlichen Gesellschaft begann sich damit auch im Glaubensleben abzubilden.

4. *Domestizierung und Moralisierung.* Die Rede von der »Hausordnung« des Gottesreiches fügte sich in die Tendenz, das Gottesreich in Bilder der Häuslichkeit und der familiären Ordnung zu übersetzen. Sei es, dass das Gottesreich (nach Joh 14,2) als Wohnstätte bezeichnet wurde, in die der Glaubende aufgenommen werden würde[227]; sei es, dass von der Durchsetzung des Gottesreiches »in unsern eigenen Haushaltungen« gesprochen wurde[228]; oder sei es, dass ein Prediger die Wiederkunft Christi als Heimkehr des Hausherrn in den Kreis seiner Großfamilie stilisierte[229]: die Bildlichkeit versah die endzeitliche Stimmung und Haltung mit einem bürgerlichen Rahmen der häuslichen Pflichterfüllung und Schicklichkeit. In Karl Friedrich Werners Predigt am zweiten Advent versetzt der wiederkehrende Hausherr Christus die »Glieder der Familie« und die »übrigen Hausgenossen« in moralische Unruhe:

»Bei den einen wird Freude, bei den andern Schrecken seyn, bei den dritten beides vermischt, je nachdem ein jedes nach seinem bisherigen Verhalten Lob oder Tadel zu erwarten hat. Jedes aber wird sich fragen, ob es so, wie es steht und geht, vor dem Herrn des Hauses erscheinen darf?«[230]

Derart domestiziert und moralisiert war die Erwartung des Gottesreiches wohl auch für nichtpietistische Leser und Hörer annehmbar.[231]

Die vier genannten Tendenzen zeigen das Bestreben der pietistischen Prediger, ihre endzeitlichen Erwartungen in den Kategorien einer bürgerlichen Gesellschaft auszudrücken.[232] Gleichzeitig war damit die Voraussetzung

---

225 Ebd., S. 61.

226 Ebd., S. 57: »Wir herbergen hier in Gottes Haus, und bei Ihm ist die rechte Hausordnung, die Seine Gäste sollen lernen und einhalten; wir wandern durch die Welt zur Ewigkeit, durch das niedrigere Reich Gottes in Sein höheres Reich, und Er hat eine feste Reichsordnung hier unten wie dort oben.«

227 Ebd., S. 327 (August Seeger).

228 Ebd., S. 221 (Fr. J. Ph. Heim).

229 Ebd., S. 11 (Karl Fr. Werner).

230 Ebd., S. 10–19, Zitate: S. 11. Werner (1804–1872) war der spätere Biograph von C. G. Barth und von 1839 bis 1862 Redakteur der *Basler Sammlungen*.

231 Einen weiteren Eindruck von der Dezentrierung der Endzeiterwartungen, bzw. ihrer Moralisierung vermittelt das Andachtsbild vom breiten und schmalen Weg (vgl. dazu unten in diesem Abschnitt IV. 4. *Der breite und der schmale Weg*).

232 Vgl. LEHMANN, Pietismus und weltliche Ordnung, S. 208f, der eine Predigt Wilhelm Hofackers von 1837 heranzieht.

geschaffen, gemeinsam mit Theologen anderer frömmigkeitlicher Prägung ein Predigtbuch herauszugeben. Man meinte vielleicht nicht dasselbe, aber man begann, eine gemeinsame Sprache zu sprechen. Pietismus und Landeskirche rückten wieder ein Stück zusammen. Nicht überall in den Kreisen der Versammlungsleute wurde diese Entwicklung einhellig begrüßt. Von dem Hauptweg des Pietismus, der zur Verbürgerlichung des Gottesreiches führte, begannen diverse Nebenwege abzuzweigen.

2. Pietistische Nebenwege

Burk, Kapff, Knapp und andere hatten den württembergischen Pietismus auf den Weg der Konsolidierung und der Reintegration in die Landeskirche geführt. Als Gegenreaktion eröffneten sich aber aus den pietistischen Versammlungen heraus verschiedene Nebenwege, die von einer Minderheit beschritten wurden. Als Leitfiguren waren dabei ebenfalls Theologen tätig, die den Kirchendienst allerdings verließen und unabhängige Gruppen oder Personalgemeinden gründeten: Johann Christoph Blumhardt (1805–1880), Gustav Werner (1809–1887) und Christoph Hoffmann (1815–1885). Nur im Sinne kurzer summarischer Skizzen sollen deren Wege und endzeitliche Motive im Folgenden erwähnt werden. Die Hauptzeit ihrer Wirksamkeit lag bei allen dreien erst nach 1848. Die entscheidende Weggabelung passierten sie aber schon im Vormärz.

Blumhardts theologische Entwicklung ging von den Stuttgarter pietistischen Gemeinschaftskreisen aus, in denen er aufgewachsen war.[233] Während seiner Schul- und Universitätszeit kam er in engen Kontakt mit der Korntaler Gemeinde: Wilhelm Hoffmann, der Sohn des dortigen Vorstehers, gehörte zu seinen engsten Freunden. In dessen Familie verbrachte er regelmäßig seine Vakanzen.[234] Die in Korntal vertretene endzeitliche Naherwartung wurde ihm zu einer vertrauten Anschauung. Allerdings distanzierte er sich, ähnlich wie Christian Gottlob Barth, schon seit 1830 von den Berechnungen Bengels: Die Johannesoffenbarung spielte für die Entwicklung seiner endzeitlichen Theologie keine wichtige Rolle.[235] Von existentiell entscheidender Bedeutung waren hingegen die Erfahrungen, die Blumhardt als Seelsorger und Barths Nachfolger in Möttlingen seit 1838 machte. Die von ihm ausgehende Heilung der psychisch kranken Gottliebin Dittus in den Jahren 1841 bis 1843 und die nachfolgende Buß- und Erweckungsbewegung in Möttlingen und Umgebung überzeugten Blumhardt von der Auffassung, dass »Gottes Gnadenwirken *noch vor dem Jüngsten Tag* in universaler Weise *auf der*

---

233 ISING, Blumhardt, S. 18–21.
234 Ebd., S. 34–39.
235 Ebd., S. 100f; GROTH, Chiliasmus, S. 80.

Erde zum Zuge kommen« werde.[236] Er erwartete in Anlehnung an alttestamentliche Heilsprophetie *vor* der Wiederkunft Christi, bzw. *vor* dem Anbruch des tausendjährigen Reiches eine universale Geistausgießung, die
einen herrlichen Zustand auf Erden mit sich bringen werde. Mit einer solchen postmillenarischen Konzeption setzte er einen Traditionsstrang im
württembergischen Pietismus fort, der vor allem bei Oetinger und Michael
Hahn Anhalt hatte, durch den von Ludwig Hofacker und seinen Freunden
vertretenen apokalyptischen Prämillenarismus aber fast völlig aus der Diskussion verdrängt worden war.[237] Unter seinen pietistischen Pfarrkollegen
fand Blumhardt mit seinen Anschauungen wenig Anklang. Der *Christenbote*
berichtete mit freundlich-kritischer Distanz über die Ereignisse in Möttlingen.[238] Mit Barth kam es zu länger anhaltenden Auseinandersetzungen, die
schließlich 1851 zu Blumhardts Austritt aus dem Calwer Verlagsverein
führten.[239] Auf der anderen Seite bot ihm auch das landeskirchliche Pfarramt auf Dauer nicht das seinen Anschauungen und Fähigkeiten entsprechende Betätigungsfeld. Im Jahr 1852 erhielt er die Gelegenheit, das
Schwefelbad Boll bei Göppingen vom württembergischen Staat günstig zu
erwerben und zu einem weithin bekannten Zentrum der Seelsorge auszubauen. Sein alternatives endzeitliches Konzept hatte Blumhardt aus dem
Dienst der Landeskirche und aus dem engeren Freundeskreis der pietistischen Pfarrkollegen herausgeführt.

Noch konfliktreicher verlief der Weg Gustav Werners, der 1839 sein
Amt als Vikar in Walddorf bei Tübingen niederlegte und 1851 durch das
Konsistorium von der Liste der württembergischen Predigtamtskandidaten
gestrichen wurde.[240] Während seines Studiums in Tübingen war Werner mit
Anhängern Emanuel Swedenborgs (1688–1772) vertraut geworden und
hatte die Werke des schwedischen Theosophen intensiv studiert. Ein zwei-
jähriger Aufenthalt im Freundeskreis des verstorbenen Swedenborgianers

---

236 Ebd., S. 76–82, Zitat: S. 76.
237 Zur Unterscheidung von Prä- und Postmillenarismus vgl. oben Einleitung, Abschnitt I. 1.
Fragestellung und Abgrenzung.
238 ChB 16 (1846), Sp. 295–300, 311–314.
239 Vgl. den Verteidigungsbrief Blumhardts an Barth, Möttlingen, 24. April 1844 (BLUM-
HARDT, Briefe, Bd. 3, Nr. 1215, S. 225f); vgl. auch ISING, Blumhardt. Ein Brevier, S. 134–138.
Gegenüber Wilhelm Hoffmann, damals Missionsinspektor in Basel, äußerte Barth seine Enttäuschung über Blumhardt: »Bei der Conferenz in Möttlingen ists gut abgelaufen, es kamen glücklicherweise keine Streitfragen aufs Tapet. Uebrigens ist's allerdings vergeblich, mit Blumhardt zu
disputiren, da er keiner Vorstellung zugänglich ist, und nur auf diejenigen Leute etwas hält, die mit
ihm in Ein Hörnle blasen. Ich habs längst aufgegeben und kann warten, bis Gott selber ihm den
Kopf zurechtsezt.« (ABM Basel, Q-3–4,1.1, Nr. 172: Brief C. G. Barth an [W. Hoffmann], Calw,
29. Oktober 1845).
240 Zu Gustav Werner vgl. die umfassende Quellensammlung WERNER, Reich Gottes; die
ältere Literatur fasst zusammen VIDA, Gustav-Werner-Bibliographie. Vgl. daneben TRAUTWEIN,
Gustav Werner; ZWINK, Johanneisches Christentum.

und Sozialreformers Johann Friedrich Oberlin (1740–1826) in Straßburg schloss sich an. In diesen Kreisen übernahm Werner die Anschauung von den vier Zeitaltern der Kirche: Auf die apostolische, die petrinisch-katholische und die paulinisch-reformatorische Kirchenzeit sollte schließlich die johanneische Kirche folgen, eine diakonische und überkonfessionelle Gemeinschaft der liebenden Zuwendung zum Mitmenschen. Werner sah seine Aufgabe darin, das damit verbundene Programm einer sukzessiven Verwirklichung des Gottesreiches durch eine umfassende Tätigkeit als Reiseprediger und durch die Gründung karitativer Institutionen in die Tat umzusetzen.[241] Weniger seine diakonischen Initiativen als seine religiösen Vorträge an vielen württembergischen Pfarrorten sorgten seit 1839 für erhebliche Unruhe und lösten sowohl mit den Behörden als auch in den betroffenen Orten zahlreiche Konflikte aus.[242] Besonders mit traditionell orientierten pietistischen Kreisen kam es zu tiefgreifenden Auseinandersetzungen. Im *Christenboten* wurde Werner vorgehalten, von den Bekenntnissen der Kirche abzuweichen und damit den seit Beginn des Jahrhunderts neu gewonnenen Zusammenhalt zu zerstören.[243] Werner selbst wendete sich gegen jede dogmatische Verengung der Kirche:

»Wenigstens haben mich meine bisherigen inneren wie äußeren Erfahrungen überzeugt, daß nur auf diesem Wege Heil für die Kirche zu finden ist und sie neben der dogmatischen Richtung die johannische in sich aufnehmen muß, wenn wahrhaft christliches Leben, wenn Einheit und Geist für die Kirche gewonnen und erhalten werden soll, die bereits mehr als je von Parteikämpfen zerrissen wird und noch schwereren entgegen geht.«[244]

241 Auf einem Flugblatt aus dem Jahr 1850 schrieb Werner: »Es ist seit 16 Jahren mein unablässiges Streben, der Kirche zu ihrer Vollendung, dem Reiche Gottes zu seiner Verwirklichung, der seufzenden Kreatur zu ihrer Erlösung zu helfen. Dies suchte ich zu erreichen teils durch mündliche Ausbreitung der Wahrheit, teils durch Herstellung einer Gemeinschaft, welche die Liebe und den Gemeingeist des Christentums nicht bloß im *innern* Leben, sondern auch im äußern Wirken darstellen soll.« (WERNER, Reich Gottes, S. 405).

242 Vgl. dazu WERNER, Reich Gottes, S. 74–85, 215–301. Exemplarischen Einblick in einen dörflichen Konflikt zwischen Anhängern und Gegnern Werners erlauben die Akten des Pfarrarchivs Unterböhringen (Nr. 36.2: Kirchenkonventsprotokolle 1835–1854; Nr. 108.4: Angelegenheit Gustav Werner 1848–1854). Im Gegensatz zu anderen Orten, wo Pfarramt und örtliche Gremien einen Auftritt Werners in der Kirche zu verhindern suchten, entstand der Konflikt hier zwischen einem Werner freundlich gesonnenen Pfarrer und Kirchenkonvent auf der einen Seite und einer innerörtlichen Opposition. Die im Jahr 1850 zur Debatte stehende Frage, ob die Kirche dem Reiseprediger Werner für religiöse Vorträge eingeräumt werden dürfe, wurde dabei von dörflichen Machtfragen überlagert (Nr. 36.2, S. 187–194, 196–201, 207f).

243 Vgl. die bei VIDA, Gustav-Werner-Bibliographie, S. 123–126, aufgezählten Artikel zwischen 1840 und 1851, zwei davon auszugsweise abgedruckt in: WERNER, Reich Gottes, S. 237ff (ChB 11 (1841), Sp. 17–24 vom 10. Januar 1841) u. S. 284f (ChB 21 (1851), Sp. 67–70 vom 9. Februar 1851).

244 WERNER, Reich Gottes, S. 242 (Erklärung an das Dekanatamt Reutlingen, 25. April 1841, ebd., S. 241–251).

Ein Pietismus, der sich seiner landeskirchlichen Verwurzelung und Anbindung gerade erst wieder neu vergewissert hatte, der seine Bekenntnisbindung gegen manche Zweifel an seiner Treue zu verteidigen gehabt hatte und der den wahren evangelischen Glauben mannigfaltigen Gefahren, sei es durch das Papsttum oder sei es durch ein mythologisch verstandenes Christentum, ausgesetzt sah – ein solcher Pietismus musste auf den Vorwurf des Dogmatismus und des Parteiengezänks allergisch reagieren. Werner und die sich ihm zuwendenden Privatversammlungen waren zu einem religiösen Konkurrenten geworden, der nicht zuletzt in der Frage nach den endzeitlichen Hoffnungen einen alternativen Akzent setzte. Die von Werner favorisierte johanneische Richtung im Christentum sollte nichts anderes sein als ein innerhalb der äußeren Kirchengemeinschaft wirkendes Ferment zur Durchsetzung des Gottesreiches auf Erden. In Werners Worten:

»Sie will nur ein Sauerteig, ein Salz im Ganzen und für das Ganze setzen. Daß sie hofft, zur endlichen Vollendung der Kirche mitzuwirken, wer wollte ihr das verargen oder wehren? Hofft dies nicht auch die philosophische, katholische, pietistische Richtung, und ruht nicht hierauf die Freudigkeit und der Erfolg ihres Strebens? Und läßt man nicht jede dieser Richtungen frei gewähren? Die Liebe führt am wenigsten durch Reaktionen oder unheilvolle Restaurationen, an welchen unsere politischen wie religiösen Zustände so reich sind, sondern nur durch allmähliche freie Entwicklung zum Ziel.«[245]

Der ökumenische und postmillenarische Charakter von Werners Szenario für eine aktiv herbeizuführende »Kirche der Zukunft« war weder mit dem von Kapff und Wilhelm Hofacker vertretenen konfessionellen Gepräge der pietistischen Mehrheit in der Landeskirche, noch mit dem resignativen Prämillenarismus Barths vereinbar.[246] Werners Weg führte schließlich aus dem Kirchendienst und an den Rand der verfassten Kirche. Seine Vorstellung von einer sukzessiven Durchsetzung des Gottesreiches auf Erden, die er mit den von ihm gegründeten diakonischen Einrichtungen befördern wollte, wurde nach 1848 zum Nebenweg im pietistischen Württemberg.[247]

---

245 Ebd., S. 245.
246 Der »Kirche der Zukunft« Bahn zu brechen, war der Hauptgedanke in einer Erklärung, die Werner am 4. Juli 1850 gegenüber dem Konsistorium abgab (WERNER, Reich Gottes, S. 265–277, Zitat: S. 268 u.ö.). Zu Barth und Hofacker vgl. den folgenden Unterabschnitt.
247 Dass Werner mit seinen sozialpolitischen Vorstellungen im württembergischen Pietismus scheiterte (vgl. LEHMANN, Pietismus und weltliche Ordnung, S. 239f), lag also nicht zuletzt an unterschiedlichen endzeitlichen Konzepten. Schon 1837 wandte sich Werner in einem Synodalaufsatz gegen die Erwartung eines tausendjährigen Reiches, weil die Annahme eines solchen gegen Gottes Ordnung verstoße, »nach welcher diese Erde eine Vorbereitungsstätte für den Himmel, nicht der Himmel selbst sein soll, wozu sie ja durch jenes Reich erhoben würde und nach welcher der Mensch in *allmählichem freiem* Entwicklungsgang von der niedersten Stufe zur höchsten aufsteige und keinerlei gewaltsame Einwirkung auf denselben erleide, was doch mit dem Erscheinen jenes Reiches geschähe.« (WERNER, Reich Gottes, S. 68–74, Zitat: S. 71).

Zuletzt sei wenigstens en passant an Christoph Hoffmann erinnert, der nach 1848 auf eigentümliche Weise an frühere endzeitliche Vorstellungen anknüpfte und dazu den Weg der Auswanderung nach Palästina wählte.[248] Der jüngste Sohn des Korntalgründers gab seit 1845 gemeinsam mit seinen Schwägern Philipp (1809–1878) und Immanuel Paulus (1814–1876), Söhnen von Beate Paulus, die Wochenzeitung *Süddeutsche Warte* heraus, mit der er versuchte, den aus seiner Sicht zu angepassten Kurs des *Christenboten* zu radikalisieren. Es gelang ihm, enttäuschte Pietisten zu sammeln, die ein engeres Zusammengehen mit der Landeskirche weiterhin ablehnten. Im Revolutionsjahr 1848 kandidierte er in Ludwigsburg für die Frankfurter Nationalversammlung und schlug seinen Gegenkandidaten, David Friedrich Strauß, deutlich. Mit seinem endzeitlich motivierten Programm einer Trennung von Staat und Kirche hatte er in Frankfurt jedoch keinen Erfolg. Er hatte in allen Lebensbereichen derart verdorbene Zustände diagnostiziert, dass er sich bald nur noch von einer Sammlung des Volkes Gottes Hoffnung versprach, die mit einer Wiederherstellung des Tempels in Jerusalem beginnen sollte. Der Plan, Korntal als Ausgangspunkt der Sammlungsbewegung zu nutzen, ließ sich nicht durchführen, da die dortige Gemeinde mit dem separatistischen Vorhaben nicht in Verbindung gebracht werden wollte. Auch die Landeskirche trennte sich von Hoffmann und schloss ihn 1861 aus, nachdem er auf dem Kirschenhardthof zwischen Marbach und Winnenden die Gemeinschaft der »Jerusalemsfreunde« gegründet und begonnen hatte, Taufen und Konfirmationen selbst durchzuführen. Das Auswanderungsprojekt wurde schließlich 1868 in die Tat umgesetzt. Hoffmann und seine Anhänger gründeten in Palästina verschiedene landwirtschaftliche Mustersiedlungen.[249] Johann Jakob Friederichs *Hoffnungsblick* auf einen Zufluchtsort am Zion, der bei den »Jerusalemsfreunden« neue Wertschätzung erfuhr, fand damit – wenn auch in bescheidenem Maße – eine späte Erfüllung. In ihren weitergehenden endzeitlichen Hoffnungen wurden die Auswanderer jedoch bald enttäuscht. Der angestrebte Durchbruch zu einer christlichen Massenbewegung blieb aus. Hoffmann entsprach dieser Erkenntnis in seiner Alterstheologie durch eine nachträgliche Spiritualisierung seiner Vorstellungen vom Gottesreich.[250] Der landeskirchliche Pietismus nahm von den »Jerusalemsfreunden«, die auch »Deutscher Tempel« oder Tempelgesellschaft genannt wurden, zu diesem Zeitpunkt keine Notiz mehr. Hoffmann war von den Gemeinschaftsverbänden, die seit 1850 dem Pietismus in Württemberg eine neue organisatorische Gestalt gaben, zum

---

248 Zu Christoph Hoffmann vgl. dessen zweibändige Autobiographie »Mein Weg nach Jerusalem«; LEHMANN, Pietismus und weltliche Ordnung, S. 217–220, 240–245.
249 Vgl. CARMEL, Siedlungen.
250 RUDOLF F. PAULUS, Reich Gottes, S. 383f.

Außenseiter gemacht worden, der den bürgerlichen Hauptweg verlassen hatte.[251]

3. Endzeitliche Resignation

Hatten Blumhardt, Werner und Hoffmann und ihre jeweiligen Anhänger Auswege von dem bürgerlichen Hauptweg des Pietismus gefunden, so endete der Weg einiger anderer prominenter pietistischer Theologen in der endzeitlichen Resignation. Die prämillenarische Grundstruktur ihrer Zukunftserwartungen führte sie während der Ereignisse des Jahres 1848 in die selbstgewählte Passivität, mit der sie beinahe den württembergischen Pietismus angesteckt hätten. Die Rede ist von der aus endzeitlicher Resignation gespeisten Weigerung Christian Gottlob Barths, Johann Tobias Becks und Wilhelm Hofackers, an dem ersten deutschen Kirchentag in Wittenberg im September 1848 teilzunehmen.

Schon seit 1815 hatte es im Deutschen Bund Bestrebungen gegeben, zu einem engeren Zusammenschluss der evangelischen Landeskirchen zu gelangen. Seit 1842 wurden die Bemühungen von der preußischen und der württembergischen Regierung forciert, in Württemberg personell vor allem durch den Hofprediger Karl Grüneisen vertreten.[252] Ein erster Erfolg war die Berliner Kirchenkonferenz im Januar 1846, bei der sich Delegierte von 26 deutschen evangelischen Kirchenregierungen versammelten. Im Ergebnis wurden allerdings keine konkreten Schritte zu einem näheren Zusammenschluss der Landeskirchen gemacht, sondern lediglich vereinzelte Absprachen über Fragen der Kirchenverfassung, der Liturgie und der Bekenntnisse getroffen.[253]

Die revolutionären Ereignisse des Jahres 1848 brachten neuen Schub in die Diskussion. Die Tendenz, politische Entscheidungen parlamentarisch zu treffen, und die Bestrebungen zur Schaffung eines deutschen Nationalstaates zwangen auch die Kirchenregierungen, über den Fortbestand des landesherrlichen Kirchenregiments und den Territorialismus der Landeskirchen nachzudenken. Verschiedene Konferenzen wurden das Jahr über einberufen und berieten über die Situation von Kirche und Staat.[254] Die Zusammenkunft mit der weitesten Ausstrahlung war die Versammlung zur Gründung eines deutschen evangelischen Kirchenbundes, die mit gut 500 Teilnehmern vom 21. bis 23. September 1848 in der Wittenberger Schloss-

---

251 LEHMANN, Pietismus und weltliche Ordnung, S. 244f.
252 Vgl. GOETERS, Nationalkirchliche Tendenzen, S. 332–335, 338f; zum Gesamtzusammenhang COCHLOVIUS, Bekenntnis.
253 GOETERS, Nationalkirchliche Tendenzen, S. 340f. Grüneisens Handakten der Berliner Kirchenkonferenz werden im LKA Stuttgart aufbewahrt (A 26, 306).
254 GOETERS, Kirchentag, S. 392–396.

kirche tagte.[255] Von einer vorbereitenden Konferenz auf dem Sandhof bei
Frankfurt am Main war am 15. Juli ein Einladungsschreiben ausgegangen,
in dem als Ziel der Wittenberger Versammlung die Gründung eines evangelischen Kirchenbundes anvisiert wurde und das 96 Persönlichkeiten des
kirchlichen Lebens namentlich aufführte, um deren Zustimmung man ersu-
chen wollte. Dem erwecklichen Charakter der Sandhofkonferenz entsprechend, wurden aus dem Bereich der württembergischen Kirche fast ausschließlich pietistische Theologen und Laien genannt.[256] Offensichtlich
hatten die Verantwortlichen die Stimmung im württembergischen Pietismus
jedoch falsch eingeschätzt. Von den Angeschriebenen erklärte sich neben
Hofprediger Grüneisen lediglich Inspektor Ludwig Völter (1809–1888) aus
Lichtenstern bereit, das Einladungsschreiben, das Ende August veröffentlicht wurde, zu unterschreiben.[257] Aus Württemberg nahm schließlich »nur
Ein jüngerer Mann« an der Wittenberger Versammlung teil.[258] Warum verweigerten württembergische Pietisten ihre Unterstützung und verzichteten
auf die Teilnahme an der Versammlung, deren Höhepunkt Johann Hinrich
Wicherns Stegreifrede war, die als Initialzündung für die Innere Mission in
Deutschland gilt?[259] War der Grund der Abstinenz wirklich nur in den politischen Unruhen des Revolutionsjahres zu suchen, wie der Protokollant der
Versammlung unterstellte?[260]

Auf eine andere Spur wird man geführt, wenn man einen Bericht von der
Stuttgarter Predigerkonferenz hinzuzieht, die am 17. Mai 1848 tagte und
auf der darüber debattiert wurde, ob in der aktuellen Situation des Revolu-

---

255 KLING, Konferenz; COCHLOVIUS, Bekenntnis, S. 174–188; KREFT, Kirchentage, S. 76–82.
Die Protokolle der Versammlung wurden von dem damaligen Bonner Professor Christian Fried-
rich Kling veröffentlicht (Verhandlungen der Wittenberger Versammlung). Handschriftliche
Akten konnten trotz intensiver Nachforschungen bei Archiven in Berlin, Bonn, Magdeburg und
Wittenberg nicht ausfindig gemacht werden.

256 Rundschreiben des von der Sandhof-Konferenz gewählten Ausschusses an 96 Persönlichkeiten des deutschen Protestantismus, Frankfurt, 15. Juli 1848, abgedruckt bei COCHLOVIUS,
Bekenntnis, S. 277–280. Unter den Angeschriebenen war einzig der Hofprediger Karl Grüneisen
nicht dem Pietismus zuzurechnen.

257 Einladungsschreiben für den ersten Wittenberger Kirchentag, Ende August 1848, abgedruckt bei COCHLOVIUS, Bekenntnis, S. 281f.

258 KLING, Konferenz, S. 478. Die Identität des einsamen Württembergers ließ sich nicht ermitteln. Weder einer der einladenden Württemberger, noch der damalige Waiblinger Diakon
Gotthard Viktor Lechler (vgl. die Notiz bei KREFT, Kirchentage, S. 39 Anm. 73) reichten beim
Konsistorium für den Kirchentag ein Urlaubsgesuch ein. Trotz intensiver Suche war das »gedruckt
vorliegende Verzeichniß« (EKZ 43 (1848 II), Sp. 801) der Versammlungsteilnehmer nicht mehr
auffindbar.

259 Vgl. WICHERN, Sämtliche Werke, Bd. 1, S. 155–171 (Erklärung, Rede und Vortrag
Wicherns auf dem Wittenberger Kirchentag 1848). Zu Wichern vgl. in aller Kürze GOETERS,
Kirchentag, S. 399ff.

260 KLING, Konferenz, S. 478: »Am schwächsten vertreten war das südwestliche Deutschland, damals gerade durch Aufruhr bedrängt und bedroht, weßhalb aus *Baden* auch nicht ein
Einziger sich einfand, aus *Württemberg* nur Ein jüngerer Mann.«

tionsjahres überhaupt »kirchliche Versammlungen veranstaltet werden«
sollten.[261] Offensichtlich wurden auf der Predigerkonferenz Stimmen laut,
die aus endzeitlichen Gründen den Sinn von kirchenpolitischen Aktivitäten
grundsätzlich in Frage stellten. In dem die Diskussion knapp zusammenfas-
senden Bericht des *Evangelischen Kirchenblattes* hieß es weiter:

»Ob es aber überhaupt noch Zeit sei zu solchen Gestaltungen, da so viele Zeichen der
Zeit auf die letzten Entwickelungen und Gerichte hinweisen? Man erkennt allgemein
das Zutreffen der bedeutsamsten Zeichen des prophetischen Worts und fühlt sich
aufgefordert, für sich und seine Gemeinden mehr als bisher darein einzudringen;
jedenfalls aber, ob man das Ende näher oder ferner glaube, ist es Pflicht, unermüdet
thätig zu seyn; wie um's Jahr 1000 bei eben so allgemeiner Erwartung des Endes der
Dinge die großen Gotteshäuser gebaut wurden, deren wir jetzt noch uns freuen.«[262]

Der Bericht lässt durchscheinen, dass sich die Teilnehmer der Predigerkonferenz über die endzeitliche Qualität der aktuellen Ereignisse nicht einig
waren. Von einem nicht zu vernachlässigenden Teil der Anwesenden wurde
jedenfalls bezweifelt, dass kirchliche Einigungsbestrebungen angesichts der
drohenden Nähe der vermuteten endzeitlichen Entwicklungen noch sinnvoll
waren. Diese Beobachtung findet eine unmittelbare Bestätigung in verschiedenen brieflichen Äußerungen prominenter pietistischer Theologen im
Sommer 1848.

Von drei der zur Unterstützung der Einladung nach Wittenberg aufgefor-
derten württembergischen Theologen existieren nämlich schriftliche Begründungen ihrer Absage, sich an dem Unternehmen zu beteiligen. Johann
Tobias Beck, seit 1843 Professor in Tübingen, argumentierte in seiner
Absage mit einer grundsätzlichen Kritik an Zustand und Verfassung der
bestehenden kirchlichen Strukturen:

»Ich sehe sicher voraus, daß die Auflösung der bisherigen kirchlichen Verbindungs-
formen einen politischen und socialen Bankrott [?] herbeiführt, und möchte daher
nicht die Verantwortung übernehmen, zur Herbeiführung desselben [?] irgend etwas
zu thun. Auf der andren Seite aber muß ich auch im bestehenden Kirchenwesen zu
viele Schäden, Schein und Unwahrheit anerkennen, als daß ich für eine künstliche
Erhaltung und Wahrung des Status quo thätig sein könnte, sehe auch im Schooße der
Kirche wie in der ganzen Zeit zu mächtige und verschmizte [?] Auflösungs-Elemente,
als daß ich denselben durch äußerliche Bündniße zu begegnen wüßte, zumal dadurch
nur der revolutionäre Antagonismus wie der falsch positive provozirt, beschleunigt
und gesteigert werden wird.«

Die Zeichen der Zeit, so Beck, deuteten untrüglich darauf hin, dass der
Auflösungszustand von Kirche und Staat ihnen selbst »zum nothwendigen
Gericht geworden« sei. Eine Wendung zum Besseren sei einzig durch die

---

261 EvKiBl 9 (1848), S. 315–318: »Stuttgart-Prediger-Konferenz vom 17. Mai«, Zitat: S. 316.
262 Ebd., S. 318.

Buße der Einzelnen zu erwarten, nicht durch die Kirchen und »ihre übereilten Organisations-Versuche«.[263] An dem Projekt eines Kirchenbundes wollte er sich daher nicht beteiligen und bat darum, seinen Namen im Einladungsschreiben nach Wittenberg auszulassen. Becks Kritik gründete in einem millenarisch motivierten Spiritualismus, der sich gegen alle äußeren Strukturen richtete und sich Abhilfe allein von einer individuellen Zuwendung zum »göttlichen Regierungsplan Jesu Christi« versprach.[264] Auch innerhalb des Pietismus, der immer mehr Eingang in die landeskirchlichen Strukturen und Organisationen fand, wurde Beck damit zum Außenseiter.

Ähnliches gilt für Christian Gottlob Barth, der in der Zirkularkorrespondenz Ende August 1848 seinem Pessimismus angesichts der politischen und kirchlichen Verhältnisse breiten Raum gab und das Szenario des apokalyptischen Prämillenarismus auf die von ihm beobachteten Zeitumstände anwendete. Allen kirchlichen Reformbemühungen erteilte er eine Absage, da die endzeitliche Entwicklung schon zu weit vorangeschritten sei:

»Nach meiner Ansicht stehen wir jezt in Matth. 24 in der Mitte des 7ten Verses, wobei ich freilich voraussetze, was ich erweisen zu können glaube, daß das ganze Capitel von der lezten Zeit, und gar nicht von der Zerstörung Jerusalems handelt. Jezt ist, glaube ich, unsre Aufgabe hauptsächlich die, auf die Zeichen der Zeit zu merken und Andere aufmerksam zu machen, unsre Lampen brennend zu erhalten und, weil doch dem Ganzen nicht mehr zu helfen ist, wenigstens so viele Einzelne noch zu retten, als möglich ist.«[265]

263 Alle Zitate: LKA Stuttgart, D2, 81,10: eigenhändige Abschrift eines Briefes von J. T. Beck an ? [den vorbereitenden Ausschuss der Wittenberger Versammlung], Tübingen, 27. Juli 1848.

264 Zur näheren Erläuterung seiner Ansichten verwies Beck auf seine »neue Sammlung christlicher Reden N. III, XI, XII, XLII« (ebd.). In der letzten der genannten Reden, ursprünglich gehalten am 3. Advent 1846, die vom »*göttlichen Regierungsplan* Jesu Christi« (BECK, Christliche Reden, S. 592) handelte, sagte er über den kirchlichen Zustand: »Alles drängt sich heran, und will an dem alten evangelischen Wesen des Christenthums angeblich bessern und reformiren; die Gedanken des eigenen Herzens, Meynungen, wie sie in der jetzigen Welt herrschend geworden sind, setzen sich keck an die Stelle des göttlichen Reichsplanes, auf welchen der Stifter des Christenthums sein großes Rettungswerk in der Welt gegründet hat. Nach solchen menschlichen Gedanken und Meynungen wollen die Einen, indem sie wenigstens die geweihten Namen des Christenthums beibehalten, einem neuen göttlichen Reich zum Anbruch helfen, und neue Kirchen stiften; die Andern wollen dem Reich Christi und der vorhandenen Kirche bald diese bald jene Gestalt geben; nicht jene inwendige geistliche Gestalt, wie sie vom Herrn für diese ganze Zeit festgesetzt ist, sondern eine Gestalt, wie sie für die neue Zeit passe, der jetzigen Welt wohlgefalle und so, schnell und weithin, sich zu verbreiten im Stande sey. [...] Aber freilich gerade das stille, demüthige Wesen des evangelischen Christenthums, wonach es die prunkenden Aeußerlichkeiten der Welt von sich stößt, das viele und stolze Wortwesen, Formenwesen, Schein- und Heuchelwesen als unnütz und verderblich verwirft, und dagegen auf das Inwendige mit aller Macht dringt, auf Seelenrettung und Bekehrung zu Gott und Versöhnung mit ihm im Glauben, auf Heiligung in der Liebe und auf Verleugnung der Welt in Hoffnung eines ewigen Lebens – das Alles ist so sehr gegen den herrschenden Geist unserer Zeit, daß im unverständigen Eifern gegen jene heilige Liebesgestalt der Lehre und Peson Jesu Christi Leute der verschiedensten Art einig sind.« (Ebd., S. 597ff).

265 WLB Stuttgart, Cod. hist. 4° 451 (im Folgenden: Zirkularkorrespondenz Hofacker), Band g, S. 28: Eintrag Barth, 18./31. August 1848. In den folgenden Jahren äußerte sich Barth noch mehr-

Dass sich nach Mt 24,7 Völker und Königreiche gegeneinander erheben, hielt Barth also schon für erfüllt; als nächsten endzeitlichen Schritt erwartete er demgemäß Hungersnöte und Erdbeben. Auch er empfahl als einzigen Ausweg die Konzentration auf die Rettung Einzelner, den Weg der Buße und Bekehrung. Den Glaubenden drohe, gleich wie sie sich öffentlich verhielten, eine Zeit der Verfolgung und Unterdrückung. Für Barth hieß das in der Konsequenz: »Wir sollten uns, dünkt mich, jetzt passiv, nicht aktiv verhalten«.[266] Einer Einladung nach Wittenberg wollte er sich daher nicht anschließen und bat ebenfalls um die Streichung seines Namens aus der Liste der Unterstützer. Zur Bekräftigung seiner Position zitierte er aus einem Brief, den ihm Wilhelm Hofacker zwei Wochen vor seinem Tod (10. August 1848) hatte zukommen lassen. Auch Hofacker wollte mit der Wittenberger Versammlung nichts zu tun haben. Seine Ablehnung gründete allerdings eher in einem theologischen Konservativismus, der vor jeder Art von konfessioneller Einigung zurückschreckte:

»Sodann scheinen mir auch die Punctationen des Committees außerordentlich vorgreiflich und *vorerst* kirchenrevolutionär à la Vorparlament. Vorerst muß sich die Scheidung vollziehen; dann wird man weitersehen können, wie eine Einigung unter den auf dem evangelischen Bekenntniß stehenden Gemeinden räthlich und thunlich ist.«[267]

Hofackers Konservativismus, Barths apokalyptischer Prämillenarismus und Becks Spiritualismus bildeten eine resignative Melange, die den württembergischen Pietismus – zu diesem Zeitpunkt – daran hinderte, an den Reformentwicklungen im deutschen Protestantismus aktiv gestaltend teilzunehmen.[268] Die Wittenberger Versammlung im September 1848 fand

---

fach ausführlich zu seinen apokalyptischen Anschauungen: ebd., S. 109–113, Eintrag 16./23. Mai 1849; S. 144–147, Eintrag 10./22. Juni 1850; S. 181–184, Eintrag 18. November 1850; S. 319–324, Eintrag 9./13. November 1852; S. 415f, Eintrag 16./28. Februar 1855; S. 439f, Eintrag 13./20. Juni 1855.

266 Zirkularkorrespondenz Hofacker, Band g, S. 28: Eintrag Barth, 18./31. August 1848. Ein Vierteljahr später schrieb Wilhelm Roos: »Es geht jetzt sehr rasch, u. wird kein Friede, und keine feste Ordnung mehr werden, bis der Hauptsturm losbricht, und sich austobt. Aber kleine Fristen zur Stärkung der Glaubigen, und zu einiger Consolidirung, ehe die Kirche für *vogelfrei* erklärt wird, kann der Herr doch noch schenken. Bei diesen Ansichten kann auch ich mich nicht hitzig an Kirchenreformen betheiligen, und glaube, daß man bei dem besten Willen nichts Dauerhaftes, sondern höchstens etwas Provisorisches zu Stande bringen kann. Aber man hat sich sehr zu hüten vor jeder Voreiligkeit. Wie der württembergische Staat sich gegen unsere evangelische Kirche benehmen wird, muß abgewartet werden. Passive, nicht aggressive müssen wir uns dabei verhalten.« (Ebd., S. 54f: Eintrag Roos, 28./29. November 1848).

267 Zirkularkorrespondenz Hofacker, Band g, S. 29: Eintrag Barth, 18./31. August 1848, darin Zitat aus einem Brief W. Hofackers an Barth, Ende Juli 1848.

268 Dass kulturpessimistische und gesellschaftskritische Äußerungen nicht vorschnell als Resignation interpretiert werden dürfen, betont zu Recht THOMAS K. KUHN (Religion und neuzeitliche Gesellschaft, S. 336f). Im Falle der genannten württembergischen Theologen im Jahr

nahezu ohne württembergische Beteiligung statt. Zwar darf man den Einfluss Barths und Becks auf die pietistischen Theologen und Laien nicht zu hoch einschätzen. Auf der Predigerkonferenz im Mai 1848 war immerhin die endzeitliche Interpretation der Gegenwart noch mit einem Aufruf zur unermüdlichen Tätigkeit verbunden worden.[269] Aber im Sommer und Herbst 1848 waren die pietistischen Kreise Württembergs eher mit sich selbst beschäftigt als mit der Frage einer möglichen Einigung des deutschen Protestantismus. Es ist bezeichnend, dass zeitgleich mit der Wittenberger Versammlung in Stuttgart verschiedene Treffen stattfanden, durch die prominente württembergische Pietisten, darunter auch der nach Wittenberg eingeladene Albert Knapp, personell und örtlich gebunden waren. Am 21. September feierte die württembergische Bibelgesellschaft ihr Jahresfest in der Stuttgarter Stiftskirche und am folgenden Tag fand im Bibelhaus die Predigerkonferenz unter Knapps Leitung statt.[270] Aus endzeitlicher Resignation heraus verpassten die pietistischen Theologen Württembergs den Startschuss zur organisierten Inneren Mission in Deutschland, der von der Wittenberger Versammlung ausging. Erst im folgenden Jahr konnte Wichern die Württemberger gewinnen, sich an dem Zukunftsprojekt zu beteiligen.[271] Sein wichtigster Ansprechpartner wurde dabei der damalige Herrenberger Dekan Sixt Carl Kapff, der anders als Barth, Beck oder Hofacker die eigentlichen Zeichen der Zeit – wenn auch mit Verzögerung – zu erkennen wusste und in der Folge zum engagierten Förderer einer Inneren Mission wurde, die erste Schritte vom Almosenwesen hin zur Sozialpolitik unternahm.[272]

1848 scheint mir aber deren Handlungsunfähigkeit durchaus einen resignativen Grundzug zu offenbaren. Dem enttäuschten Prämillenaristen entweichen grundsätzlicher als dem enttäuschten Postmillenaristen die Handlungsperspektiven.

269 EvKiBl 9 (1848), S. 318 (vgl. oben Anm. 261f). In Baden war es vor allem der Erweckungsprediger Aloys Henhöfer (1789–1862), der als Postmillenarist den Kampf gegen revolutionäre Bestrebungen mit einem Programm zur Rechristianisierung der Gesellschaft verband (KUHN, Streit um die Zukunft, S. 61).

270 Sechs und dreißigster Jahresbericht, S. 3: »Am 21. September d. J., am Matthäus–Feiertage, beging die vaterländische Bibelgesellschaft ihr Jahresfest in der hiesigen Stiftskirche.« Teilnehmer war u.a. der Bönnigheimer Diakon Christoph Ulrich Hahn, der später zum großen Förderer der Inneren Mission in Württemberg wurde (LEHMANN, Pietismus und weltliche Ordnung, S. 230). – EvKiBl 9 (1848), S. 593ff: »Stuttgarter Conferenz vom 22. September 1848 im Bibelhaus«, dabei u.a. anwesend der Vorsitzende A. Knapp.

271 ZEILFELDER-LÖFFLER, Anfänge, S. 143f.

272 SCHRÖDER, Kapff, S. 321, 325f. Allerdings fehlte auch Kapff auf dem ersten Wittenberger Kirchentag 1848 (gegen HERMELINK, Geschichte, S. 402). Ein ausführlicher Brief, den er am 19. September 1848 von Herrenberg aus an A. Knapp schrieb, zeigt, dass auch Kapff in jenen Tagen von innerwürttembergischen Diskussionen absorbiert war (LKA Stuttgart, D2, 83, 1; zu dem Brief vgl. im folgenden).

4. Der breite und der schmale Weg

Auch Sixt Carl Kapff war in den Ereignissen des Jahres 1848 nicht frei von resignativen Anwandlungen. Am 19. September schrieb er an Albert Knapp:

»Mehr als je gilt jezt: Menschenhülfe ist kein nütze. Es ist ja eine babylonische Verwirrung in Köpfen und Herzen, wer Frieden stiften will, macht Krieg. O das Herz blutet mir über der Zerrißenheit des Vaterlandes und bald auch der Kirche und Gemeinschaft. Täglich stehe ich als Priester Gottes auf der Warte und trage Staat und Kirche, Schule und Gemeinden auf betendem Herzen und sehne mich: ach daß die Hülfe aus Zion über Israel käme und der Herr sein gefangen Volk erlösete! Wie gut hats unser Hofaker, nach dem ich stündlich das Heimweh habe. Ach wäre ich bei ihm.«[273]

Nachdem Kapff seit 1833 Pfarrer in Korntal gewesen war, wurde er 1843 als Dekan nach Münsingen und vier Jahre später nach Herrenberg berufen. Seine Karriere begann sich schon früh abzuzeichnen. Korntal war nur eine vorübergehende Zwischenstation, auf der er seine Fähigkeit unter Beweis stellte, Pietismus und Landeskirche wieder zusammenzuführen.[274] Seine politische und kirchenpolitische Begabung prädestinierte ihn, als prononcierter Vertreter des Pietismus in die Kirchenleitung aufzusteigen. In den Wirren des Jahres 1848 betätigte er sich als Verfechter einer engen Verbindung von »Staat und Kirche, Schule und Gemeinden« und wendete sich öffentlich gegen die von Christoph Hoffmann und den Brüdern Paulus in der *Süddeutschen Warte* erhobene und durch diverse Eingaben an die Nationalversammlung in Frankfurt untermauerte Forderung nach einer strikten Trennung von Kirche und Staat und einer Abtretung der Schulaufsicht an die freien Kirchengemeinden vor Ort.[275] Kapff verfasste eine Erklärung, in der er die enge Verbindung von Kirche und Staat verteidigte und gegen manche Stimmen im Pietismus ein volkskirchliches Leitbild empfahl:

---

273 LKA Stuttgart, D2, 83, 1: Brief von Kapff an Knapp, Herrenberg, 19. September 1848.

274 Schon 1838 hatte er sich erfolglos auf die Diakonenstelle in Tübingen beworben und anschließend die Dekanatsprüfung abgelegt, vgl. Kapffs Personalakten, LKA Stuttgart, A 27, 1532.

275 KAPFF, Lebensbild, Bd. 2, S. 37–44; SCHRÖDER, Kapff, S. 321f. Zum Thema Kirche und Revolution in Württemberg 1848 vgl. SCHÄFER, Die evangelische Kirche in Württemberg und die Revolution 1848/1849; DIETRICH, Christentum. In dem zitierten Brief an Knapp (LKA Stuttgart, D2, 83, 1: 19. September 1848) schrieb er gegen die Brüder Paulus, die auf dem Salon bei Ludwigsburg 1837 eine Bildungsanstalt gegründet hatten (vgl. dazu RUDOLF F. PAULUS, Bildungsanstalt): »Es ist arg, daß die Paulus ihre unbegründeten und unreifen Ansichten für infallibel halten und unser Volk in eine Aufregung bringen, die alle Verständigung unmöglich macht. Sie wissen auf ihrem Salon nicht, wie es im Volk gährt, wie ihre Artikel bei den Leuten, die kein Urtheil haben, zünden und wie furchtbar die Aufregung von der anderen Seite gegen den Pietismus zunimmt hauptsächlich durch ihre Schuld. Aus lauter Angst vor Frankfurt werfen sie auch in unsre Leute hinein eine Angst, als stünde der Antichrist vor den Thoren.«

»Deßwegen hat das Land, dessen erhabene Aufgabe die Vereinigung der tiefsten Gegensätze ist, unser deutsches Vaterland, auch die Aufgabe erhalten, Staat und Kirche, nicht als Mächte der Selbstsucht, sondern als Anstalten der Bildung und Beglückung der Völker in höherer Einheit darzustellen. Ringt unsre Zeit, dieser Einheit mehr Freiheit, Gegenseitigkeit und Rechtlichkeit zu geben, so muß man die Auseinandersetzung nicht mit der Scheidung anfangen, muß die Kirche nicht als bloße Erbauungsanstalt in Sekten und Stunden auflösen und die Masse des Volks dem Unchristenthum Preis geben, sondern die unvermeidliche Gährung ruhig abwartend dahin arbeiten, daß das Volk als Kirchen- und Staatsgesellschaft die Rechte und Pflichten gewissenhaft übe, auf denen sein irdisches, wie sein ewiges Wohl beruht.«[276]

Das *Volk als Kirchen- und Staatsgesellschaft*: Damit waren Kapff und der mit ihm verbundene Pietismus in der Volkskirche angekommen. Kapffs loyale Haltung wurde honoriert: 1850 ernannte der König Kapff zum Prälaten und Generalsuperintendenten von Reutlingen, zwei Jahre später wurde er Stiftsprediger in Stuttgart unter Beibehaltung des Prälatentitels.[277]

Mit dem Aufruf zur Staats- und Kirchentreue und seiner abwartenden, die Ruhe und das duldende Schweigen zur Christenpflicht erhebenden Haltung wirkte Kapff zweifellos stabilisierend auf die Mehrheit der Versammlungen ein.[278] Endzeitliche Erwartungen konnten dabei nicht mehr im Vordergrund stehen. Als Korntaler Pfarrer hatte sich Kapff 1836 noch ausführlich über die »Zukunft des Herrn« geäußert.[279] Damals stand die Geduld Gottes im Mittelpunkt von Kapffs Erklärungsversuch, warum das Jahr 1836 nicht den Anbruch des Gottesreiches gebracht hatte. Gut ein Jahrzehnt später hatte sich das Augenmerk auf die Geduld der Glaubenden verschoben, die sich auf einen noch länger andauernden Weg in der Welt einrichten mussten.

Sinnlichen und sinnbildlichen Ausdruck fand diese Verschiebung in Andachtsbildern, die unter verschiedenen Titeln seit dem Beginn des Jahrhunderts verbreitet wurden und in Anlehnung an Mt 7,13f die unterschiedlichen Wege zum ewigen Heil oder Verderben illustrierten. Das Sujet erhielt, von Kapff inspiriert und von der Gründerin der Stuttgarter Diakonissenanstalt Charlotte Reihlen initiiert, 1867 seine im württembergischen Pietismus über Jahrzehnte gültige Form.[280] In allen früheren Bildgestaltungen stand das himmlische Jerusalem als Ziel des glückenden Glaubenslebens im Mittelpunkt, nahm breiten Raum ein, manchmal die ganze obere Bildhälfte. Der

---

276 *Schwäbische Chronik* vom 23. August 1848, S. 1221f (unterzeichnet: Herrenberg, 16. August), zitiert nach: KAPFF, Lebensbild, S. 41f.

277 Kapffs Weg von Korntal nach Stuttgart zeichnet kurz und prägnant nach: SCHÄFER, Zu erbauen, S. 249–259.

278 Vgl. oben in diesem Abschnitt IV. 1. *Hauptweg: Verbürgerlichung des Gottesreiches.*

279 Vgl. KAPFF, Zukunft, und dazu oben Kapitel 3, Abschnitt V. 2. *Letzte Erklärungsversuche.*

280 Vgl. JUNG, Reihlen, S. 190–198; KÖHNLEIN, Weltbild; SCHARFE, Zwei-Wege-Bilder, S. 140f, und Abbildung 9 vor S. 137; zur Datierung vgl. EHMER, Frauen, S. 29.

Weg zum ewigen Verderben dagegen war als seitlicher Abweg dargestellt.[281] Das von Charlotte Reihlen geschaffene Andachtsbild verlagerte die
Gewichte doppelt: Zum einen nahmen die beiden Wege in der Welt wesentlich mehr Raum ein, der Zielpunkt in Himmel oder Hölle verschob sich an
den oberen Bildrand und rückte durch die perspektivische Darstellung in
die Ferne; zum anderen waren Höllenfeuer und himmlisches Jerusalem
links und rechts oben nebeneinander gestellt. Das Reich Gottes hatte sich
damit vom zentralen Bezugspunkt zu einem peripheren Appendix verwan-
delt. Stand am Anfang der Entwicklung der »Appell, den einzig richtigen
Weg zu gehen«, so trat nach und nach eine »Dramaturgie der Entschei-
dungsmöglichkeit und Entscheidungsnotwendigkeit« in den Vordergrund.[282]
In die obere Bildmitte war das Auge Gottes gestellt, das über die beiden
Lebenswege wachte, die nun drei Viertel des Bildraumes einnahmen. Der
schmale Weg zum Gottesreich führte an einer Kirche, einer Sonntagsschule,
einer Kinderrettungsanstalt und einem Diakonissenhaus vorbei: alles Stati-
onen mit biographischen Bezügen zu Charlotte Reihlen, die ihren eigenen
Lebensweg hier ins Bild brachte.[283] Der breite Weg zur Hölle wurde von
Gasthaus, Theater, Spielhölle, anderen Lustbarkeiten und schließlich der
Eisenbahn gesäumt.[284] Bürgerliche und pietistische Moralvorstellungen
verbanden sich und rückten ins Zentrum des Interesses. Der Bürger sollte
unter den verschiedenen Alternativen der Lebensgestaltung die richtige
Wahl in der Gegenwart treffen. Und er sollte sich der endzeitlichen Konsequenzen seiner Wahl bewusst sein. Deren genauere Ausgestaltung war
jedoch zu einem Ausstattungsgegenstand der Peripherie geworden.

Reihlens theologischer Berater Sixt Carl Kapff hatte durch verschiedene
Schriften die Bildgestaltung vorbereitet und begleitet. Seit 1850 wandte er
sich in seinen Veröffentlichungen verstärkt Fragen der Sozialpolitik, Moral
und Lebensgestaltung zu.[285] Auch bei ihm waren endzeitliche Erwägungen
an den Rand des Horizontes gerückt. Pointiert gesagt wurden sie zu einem
Gegenstand des nurmehr antiquarischen Interesses eingeweihter Liebhaber.
In Korntal hatte Kapff seinerzeit einen Aufsatz »Ueber das tausendjährige

---

281 Vgl. SCHARFE, Zwei-Wege-Bilder, S. 133–139, und die Abbildungen 1–8b nach S. 136.

282 SCHARFE, Zwei-Wege-Bilder, S. 142. »Solang es in einem Territorium nur *eine* Kirche
gibt (und die Kirche als Staats- und Zwangsinstitut), also *ein* Sinndeutungsmonopol, genügt der
Appell, den hinlänglich bekannten Verhaltensnormen zu entsprechen. Sobald wir es aber mit einer
ideologisch pluralistischen Gesellschaft zu tun haben, ist Entscheidung gefordert« (ebd., S. 142f).
Vgl. auch KÖHLE-HEZINGER, Fortschreiten, S. 61.

283 EHMER, Frauen, S. 27.

284 Vgl. oben Abschnitt III. 3. *Ein besonderes Eisenbahn-Büchlein.*

285 Als Beispiele seien genannt: Vortrag über die Sonntagsfeier (1850); Die Revolution, ihre
Ursachen, Folgen und Heilmittel (1851); Das Hazardspiel und die Nothwendigkeit seiner Aufhebung (1854); Erziehung und Ehe, behandelt in vier Predigten (1855); Der glückliche Fabrikarbeiter
(1856).

Reich und die Wiederbringung« geschrieben, aber nie veröffentlicht. Ein Sohn von Charlotte Reihlen fertigte später eine Abschrift des Aufsatzes an, die Kapff mit dem Vorsatz versah:

»Dieses Heft ist die von Theodor Reihlen gemachte Abschrift eines Aufsatzes, den ich als Pfarrer in Kornthal machte, von dem ich aber nicht wünsche, daß er veröffentlicht wird. Er ist nur für tiefer denkende bekehrte Christen. Die Welt kann das nicht gehörig würdigen, versteht es nicht und würde es leicht mißbrauchen. S. C. Kapff.«[286]

So wie Christian Gottlob Barth sich nur noch in der privaten Zirkularkorrespondenz zu apokalyptischen Fragen äußerte, wollte auch Kapff das Thema nicht mehr öffentlich verhandelt wissen. Die Hoffnungen, die mit den endzeitlichen Erwartungen verbunden waren, verschwanden damit aus dem Blickfeld. Sie waren zur Sache von Außenseitern oder privater Liebhaberei geworden. Worum es dem württembergischen Pietismus seit Bengel und Johann Jakob Friederich gegangen war, spielte auf der Tagesordnung der öffentlichen Debatten keine Rolle mehr. Die Einsichten des Korntaler Pfarrers Kapff wurden vom Prälaten Kapff als Antiquität archiviert. Und der endzeitliche Kommunikationsraum, in dem der württembergische Pietismus viele Jahre und Jahrzehnte gelebt hatte, verlagerte sich in die Archive, wo er bis heute überdauert hat.

---

286 WLB Stuttgart, Cod. theol. 4° 613. Der Aufsatz ist wohl zwischen 1838 und 1843 entstanden, die Abschrift mit Kapffs Vorsatz in späteren Jahren.

Schluss
Der württembergische Pietismus zwischen Korntal und Konsistorium

Als der spätere Prälat Bengel im Jahr 1740 seine endzeitlichen Berechnungen veröffentlichte, eröffnete er dem württembergischen Pietismus einen erweiterten Zeithorizont: Es blieb nahezu ein Jahrhundert »eingeräumte letzte Zeit«[1], um sich auf die Ankunft des göttlichen Friedensreiches vorzubereiten, um den Privatversammlungen eine stabile Organisation zu verleihen und nicht zuletzt um Kirchenpolitik zu betreiben.[2] Doch der Horizont verkürzte sich unausweichlich. Das Jahr 1836 rückte immer näher. Schon im Jahr 1800 betete der Winzerhäuser Pfarrer Johann Jakob Friederich darum, der erhofften Ereignisse teilhaftig werden zu dürfen.[3] Die von ihm mitausgelöste millenarische Sehnsucht ergriff den württembergischen Pietismus und führte viele zur Auswanderung nach Russland, um die Wiederkunft Christi an einem sicheren Ort zu erleben.

Doch auch die im Land verbliebenen Pietisten suchten nach einem solchen ›Bergungsort‹. Viele fanden ihn in der 1819 gegründeten unabhängigen Gemeinde in Korntal. Sie verfolgte weniger einen Kurs der Kooperation mit dem württembergischen Staat als das Ziel einer geregelten Separation, die es ihren Siedlern erlaubte, an einem ›Bergungsort‹ in ihrer Heimat der Endzeit entgegen zu leben. In dem Einsatz für die Korntaler Gemeinde vereinten sich bürgerliche und populare Pietisten. Ein Kreis um den Leonberger Notar Gottlieb Wilhelm Hoffmann organisierte die Aktivitäten im Vorfeld der erwarteten endzeitlichen Ereignisse. Herrnhuter Reiseprediger, die pietistische Versammlungen im ganzen Land regelmäßig besuchten, nahmen mit dem Näherrücken des Jahres 1836 nicht nur in Korntal eine gestiegene

---

1   GÄBLER, Zeiten des Endes, S. 14.

2   Auf die zeitliche Nähe des Erscheinens von Bengels *Erklärung der Offenbarung Johannis* (1740) und des Pietisten-Reskripts (1743) fällt so gesehen neues Licht. Möglicherweise konnte Bengel, der seit 1741 Prälat war, nicht nur indirekt auf die Entstehung und Formulierung des Reskripts Einfluss nehmen (vgl. GUTEKUNST, Pietistenreskript, S. 17ff).

3   »Weil ich weiß, daß die Zeit wirklich da ist, daß die Vertriebene wieder nach Zion sollen gebracht werden: so war es schon lange mein Wunsch, daß diß noch in meinen Lebenstagen geschehen möchte, und ich nicht vor der Zeit, ehe ich die Wiederaufrichtung Zions gesehen, aus diesem Leben möchte genommen werden.« (FRIEDERICH, Glaubens- und Hoffnungs-Blik, [2]1801, S. 173f; vgl. auch S. 56).

Spannung wahr. Immer wieder wurden sie auf die drohenden antichristlichen Gefahren angesprochen und um ihre Meinung gefragt. Es gab einen
immensen Bedarf an endzeitlichem Rat: Was zu erwarten sei und wie man
sich darauf vorbereiten könne.

Der württembergische Pietismus vor 1836 war eine millenarische Bewegung, in der ein endzeitlicher Denkstil die Wahrnehmung und die Kommunikation prägte. Theologen, bürgerliche und populare Pietisten bildeten ein
Denkkollektiv[4], das sich durch eine endzeitliche Wahrnehmung der Wirklichkeit und bestimmte kommunikative Strukturen – Korrespondenzen,
Konferenzen, karitative Aktivitäten, Privatversammlungen etc. – auszeichnete. Wichtige Aspekte des endzeitlichen Denkstils waren: (1) eine apokalyptische Logik, nach der eine Durchsetzung des Gottesreiches nur denkbar
war durch eine gleichzeitige Verstärkung entgegenwirkender Kräfte und
Mächte, die erst in einem schlussendlichen apokalyptischen Kampf zu überwinden sein würden; (2) die Denkfigur der »Transgression aufs Himmlische«, die jederzeit Assoziationen von alltäglichen und weltlichen Gegenständen oder Umständen auf religiöse, nicht zuletzt endzeitliche Gedanken,
Erwartungen und Erklärungen erlaubte; (3) eine proleptische Denkweise,
die den auf das Gottesreich Wartenden entweder dasselbe gedanklich schon
als gegenwärtig erleben ließ, oder ihn – in der Art einer umgekehrten Prolepse – in das ersehnte Reich vorausversetzte, jeweils mit dem Ertrag, dass
sich der Wartende durch die als gegenwärtig erlebte Erfüllung der Verheißungen gestärkt und zu entsprechendem Verhalten verpflichtet und ermuntert fühlen durfte.

Der ausgeprägte endzeitliche Denkstil und die kommunikativen Strukturen, in denen er gepflegt wurde, zeigen den württembergischen Pietismus
vor 1836 als endzeitlichen Kommunikationsraum, in dem Theologen mit
dem Näherrücken des erwarteten Jahres und seiner Ereignisse eine immer
wichtigere Rolle spielten. Schon seit Anfang der zwanziger Jahre hatte sich
eine junge pietistische Pfarrergeneration zu formieren begonnen, die traditionelle Kommunikationsformen des Pietismus (Zirkularkorrespondenzen,
Predigerkonferenzen, Korrespondenz mit Herrnhut) neu belebte und sich
damit tragfähige organisatorische Strukturen verlieh. Besonders die zweimal im Jahr stattfindende Stuttgarter Predigerkonferenz wurde seit 1824 zu
einem kommunikativen Brennpunkt ohnegleichen. Hier lagen die Anfänge
pietistischer Kirchenpolitik, wie sie noch heute die württembergische Landeskirche prägt.

---

4   »Definieren wir ›Denkkollektiv‹ als *Gemeinschaft der Menschen, die im Gedankenaus-
tausch oder in gedanklicher Wechselwirkung stehen, so besitzen wir in ihm den Träger geschicht-
licher Entwicklung eines Denkgebietes, eines bestimmten Wissensbestandes und Kulturstandes,
also eines besonderen Denkstiles.*« (FLECK, Entstehung, S. 54f; vgl. dazu Einleitung, Abschnitt II. 2.
Methodendiskussion).

Doch das Jahr 1836 war noch nicht erreicht. Jede millenarische Bewegung hat eifernde und bremsende Prediger: die aufgeregten Hähne, die jeden Moment den Anbruch des endzeitlichen Tages erwarten, ja ihn herbeirufen wollen, und auf der anderen Seite die zurückhaltenden Eulen, die entgegnen, es sei noch mitten in der Nacht und die Dämmerung fern.[5] Im württembergischen Millenarismus vor 1836 war es nicht anders. Die jungen Theologen aus dem Kreis um Ludwig Hofacker und Christian Burk übernahmen eine doppelte Rolle: Einerseits förderten sie die endzeitliche Stimmung in ihren Gemeinden und zunehmend auch in der Öffentlichkeit; andererseits bremsten sie alle Erwartungen, die sich auf eine termingenaue Erfüllung der Bengelschen Berechnungen bezogen. Je näher das Jahr 1836 rückte, desto mehr Gewicht erhielten die bremsenden Mahnungen.

Dabei kamen ähnliche argumentative Strategien zur Anwendung wie in allen enttäuschten millenarischen Bewegungen: (1) Entweder wurde die Möglichkeit, überhaupt definitive endzeitliche Daten vorhersagen zu können, nachträglich bestritten und durch eine nicht näher terminierte Endzeiterwartung ersetzt; oder (2) das erwartete Ereignis wurde reinterpretiert und spiritualisiert, indem man an der Korrektheit des verstrichenen Datums festhielt, jedoch das Ereignis als im Verborgenen geschehen annahm. (3) Die Spiritualisierung der Hoffnung ging einher mit dem Übergang von einer kollektiven zu einer individualisierten Eschatologie. Nicht mehr das Volk Gottes oder die Gemeinschaft der wahrhaft Glaubenden standen im Mittelpunkt, sondern die einzelne Person, ihre Bekehrung, ihre Vorbereitung auf den Tod und das ewige Leben. (4) Der Übergang in die Normalzeit erforderte eine neue Zeitwahrnehmung, die nicht mehr an einer linearen Erwartung, sondern an einer zyklischen Wiederkehr orientiert war.[6] Alle diese Strategien waren vor und nach 1836 auch in Württemberg zu hören oder zu lesen. Der Aufruf zu Buße und Bekehrung rückte dabei in den Mittelpunkt und verdrängte die universalen endzeitlichen Szenarien. Die Notwendigkeiten kirchlicher und bürgerlicher Ordnung obsiegten über den millenarischen Eifer.

Dass die jungen Theologen den endzeitlichen Kommunikationsraum des württembergischen Pietismus immer stärker prägen und auf die enttäuschten Erwartungen erfolgreich Einfluss nehmen konnten, lag an ihren kommunikativen Aktivitäten, mit denen sie den Erfordernissen der Zeit gerecht

---

5   LANDES, On Owls, Roosters, and Apocalyptic Time, S. 53: »Roosters crow about the imminent dawn. Apocalpytic prophets, messianic pretenders, chronologists calculating an imminent doomsday – they all want to rouse the courtyard, stir the other animals into action, shatter the quiet complacency of a sleeping community. Owls are night-animals; they dislike both noise and light; they want to hush the roosters, insisting that it is still night, that the dawn is far away, that the roosters are not only incorrect, but dangerous – the foxes are still about and the master asleep.«

6   Vgl. dazu O'LEARY, Prophecy, bes. S. 358–361.

wurden. Durch die erneute Herausgabe der Schriften sowie einer Biographie Bengels betonten sie dessen unveränderliche Bedeutung als Theologe, Exeget und vor allem als »Pietistenvater« und stabilisierten damit den Traditionszusammenhang des württembergischen Pietismus. Das Erscheinen des *Christenboten* verschaffte ihnen ein ideales Instrument der Öffentlichkeitsarbeit, mit dem sie erwecklich aufklärend in die pietistischen Kreise des Landes hineinwirken konnten. Mit der Organisation von jährlichen Missionsfesten schufen sie eine neue, öffentliche Gemeinschaftsform des Pietismus. Dadurch und durch die Propagierung der Sonntagsheiligung sorgten sie schließlich für eine neue Ausrichtung der Zeitwahrnehmung: Letztere sollte nicht mehr durch die apokalyptische Zeit, also die lineare Erwartung bestimmter endzeitlicher Ereignisse geprägt sein, sondern durch die zyklisch wiederkehrende Feier von Sonn- und Festtagen. Die pietistischen Theologen ermöglichten mit ihren Aktivitäten eine Rückkehr der pietistischen Kreise in die Normalzeit, in den Alltag.

In der Auseinandersetzung um David Friedrich Strauß und Christian Märklin fanden der von den Theologen angeführte Pietismus und die württembergische Kirchenleitung schließlich zu einer ersten, noch unausgesprochenen, aber erfolgreichen Zusammenarbeit. Die Mitarbeit an landeskirchlichen Reformprojekten wie einer neuen Liturgie und einem neuen Gesangbuch sorgte gleichzeitig für die Rückbindung der Versammlungen an die organisierte Landeskirche. Kleinere Gruppen verweigerten sich der Heimkehr und wählten den Weg der endgültigen Separation oder wurden von der neuen Koalition aus Landeskirche und Pietismus auf diesen Weg gedrängt: so z. B. in den dreißiger Jahren die Neukirchler oder Nazarener, die Anhänger Emanuel Swedenborgs und die methodistischen Versammlungen; in den vierziger Jahren und danach folgten die Anhänger Gustav Werners sowie Christoph Hoffmann und seine Jerusalemsfreunde. Doch die Mehrheit der pietistischen Kreise folgte dem Vorbild des späteren Prälaten Sixt Carl Kapff, der seine pfarramtliche Laufbahn in Korntal begonnen hatte und im Konsistorium beendete. Spätestens mit Kapffs Eintritt ins Konsistorium war der württembergische Pietismus wieder im Alltag der Landeskirche angekommen.

Mehr noch: Die bis zum heutigen Tag herausgehobene Stellung des Pietismus in der württembergischen Landeskirche hat letztendlich ihre Ursache in dessen durch Kapff personifiziertem Weg von Korntal ins Konsistorium. Die in dieser Arbeit dargestellte, erfolgreiche Umarbeitung endzeitlicher Energien war es, die den Pietismus in Württemberg anhaltend in die Position einer die Volkskirche mitgestaltenden Kraft beförderte. Der Preis ist evident: eine verbürgerlichte, domestizierte Eschatologie. Die universalen Kategorien des Gottesreiches wurden heruntergebrochen auf die übersichtlichen Dimensionen des Hauses Gottes, dessen Bewohner sich mehr um moralische Hausordnungen als um weitgespannte Zukunftsbilder bemühten.[7] Die Hoffnungen wurden domestiziert, moralisiert und dem Leistungsstreben der bürgerlichen Gesellschaft kompatibel gemacht. Hinfort schmückte das Andachtsbild vom breiten und schmalen Weg das Wohnzimmer der bürgerlichen Familie – eine zum Interieur gewordene Erinnerung an die Hoffnung besserer Zeiten.

7   »Der Reich-Gottes-Begriff machte eine Bedeutungsschrumpfung durch.« (GÄBLER, Geschichte, Gegenwart, Zukunft, S. 38).

Anhang

I. Abkürzungen

Die Abkürzungen richten sich nach SIEGFRIED M. SCHWERTNER, Theologische Realenzyklopädie. Abkürzungsverzeichnis, Berlin u. New York [2]1994. Daneben werden folgende Abkürzungen verwendet:

ABG	Archiv der Brüdergemeinde
ABM	Archiv der Basler Mission
Art.	Artikel
BSB	Bayerische Staatsbibliothek
Bü	Büschel
BV	Brüderverzeichnis (ABM Basel)
ChB	Christenbote, hg. v. J. C. F. Burk
D.	Datum
DA	Dekanatsarchiv
DLA	Deutsches Literaturarchiv
EvKiBl	Evangelisches Kirchenblatt, zunächst für Württemberg
f	die folgende (Seite, Spalte)
ff	die zwei folgenden (Seiten, Spalten)
FS	Festschrift
GdP	Geschichte des Pietismus, 4 Bde., Göttingen 1993–2004
GV	Gesamtverzeichnis des deutschsprachigen Schrifttums 1700–1910
Hs	Handschrift
HStA	Hauptstaatsarchiv
J.	Jahr
LB	Landesbibliothek
LKA	Landeskirchliches Archiv
LKZB	Landeskirchliche Zentralbibliothek
Ms	Manuskript
O.	Ort
PA	Privatarchiv
StA	Staatsarchiv
StadtA	Stadtarchiv
StadtB	Stadtbibliothek
UA	Unitätsarchiv
UB	Universitätsbibliothek
V.	Verlag
Verf.	Verfasser
WLB	Württembergische Landesbibliothek

II. Tabellen

Tabelle 1:
Pietistische Kommunikation in Württemberg am Anfang des 19. Jahrhunderts

(zu Kapitel 1, Abschnitt I)

PIETISTISCHE KOMMUNIKATION	*nach innen*	*nach außen individuell*	*nach außen als Gruppe*
pietistische Theologen	Konferenzen Korrespondenzen	Predigten Predigtbände – K. F. Harttmann Druckschriften – C. A. Dann – J. J. Friederich	Zeitschriften – Christenbote 1831 Predigtsammlungen – Wilhelmsdorf 1833f

bürgerlicher Pietismus	Korrespondenzen Netzwerke
	– Christentums-
	  gesellschaft
	Privatversammlungen
		karitative Initiativen
		– Armenverein
		  Stuttgart 1805
		– Bibelgesellschaft
		  Stuttgart 1812
		– Bücherstiftung
		  Stuttgart 1820
			Missionsvereine
			– Leonberg 1816
			– Stuttgart 1816
			– Tübingen u.a. 1819
			Gemeindegründungen
			– Korntal 1819
			– Wilhelmsdorf 1824
			Anstalten
			– Stuttgart 1820
			– Korntal 1823
			– Winnenden 1823

popularer Pietismus	Privatversammlungen	Widerstand gegen die neue Liturgie 1809ff[1]	Petitionen – Korntal 1818 – Hofacker 1825[2] – Sonntagsfeier 1833 Missionsfeste – Tübingen 1821 – Calw 1832 – Güglingen 1836 – Großbottwar 1836

Während die Inhalte der pietistischen Kommunikation in der ersten Hälfte des 19. Jahrhunderts eine zunehmende Individualisierung und Verinnerlichung erfahren, zielen die Formen der Kommunikation immer mehr auf Öffentlichkeit und gesellschaftliche Wahrnehmbarkeit.

---

1   FRITZ, Entstehung, BWKG 1991, S. 173–188 (teilweise durch G. W. Hoffmann vermittelt).
2   KNAPP, Hofacker, S. 162ff.

Tabelle 2:
Bücher, die von Wilhelm Dürr in seinem Vakanztagebuch 1818 erwähnt werden

(zu Kapitel 1, Abschnitt I)

Quelle: ABM Basel, QS-10.1,1: [Wilhelm Dürr], »ReißJournal welches ich auf meiner lezten vacanz Reiße nach Würtemberg im Jahr 1818 aufgenommen habe«, 2 Hefte im Oktavformat

Autor	*Titel (mögliche Ausgabe und Erstausgabe)*	*Nachweis*
	»Neues Testament im Taschenformat«	Heft 2, S. 16: in Stuttgart für seine Schwestern gekauft
Arndt, Johann	Wahres Christenthum	Heft 1, S. 42: in einer Versammlung von Männern in Kaltenwesten vorgelesen;
Arndt, Johann	»Wahres Christenthum samt dem Paradiesgärtlein«: Sechs Bücher vom Wahren Christenthum samt dem Paradiß-Gärtlein, mit einer Vorrede und etwas weiteren Lebensbeschreibung des sel. Verfassers begleitet von Johann Christian Storren, 8. Aufl., Stuttgart: Helfferich, 1805 (Erstausgabe: »Vier Bücher vom wahren Christentum«, Magdeburg 1610; »Paradiesgärtlein«, Magdeburg 1612).	Heft 2, S. 15: in Stuttgart für sich gekauft
Bengel, Johann Albrecht	Sechzig erbauliche Reden über die Offenbarung Johannis, Stuttgart: Erhardt, [3]1771, [1]1748.	Heft 1, S. 41: in einer Versammlung von Frauen in Kaltenwesten benutzt; Heft 2, S. 16: in Stuttgart für seine Schwestern gekauft
Bengel, Johann Albrecht	»Schatzkästlein«: [Johann Albrecht Bengel], Biblisches Gebet-Schatzkästlein, oder Sammlung derjenigen Seufzer und Gebetlein, welche in dem von dem seel. Herrn D. Bengel nach dem revidirten Grundtext übersezten und mit dienlichen Anmerkungen begleiteten Neuen Testament [...] enthalten sind, Stuttgart: Mezler, 1766.[3]	Heft 1, S. 36: von der Tochter seines ehem. Meisters geschenkt bekommen
Francke, August Hermann	»ein Heft«	Heft 1, S. 33: in Marbach gekauft

---

3   MÄLZER, Werke, Nr. 248.

Autor	Titel (mögliche Ausgabe und Erstausgabe)	Nachweis
Hahn, Philipp Matthäus	»Predigbuch« [=?]: Sammlung von Betrachtungen über die Sonn- Fest- und Feyertägliche Evangelien durch das ganze Jahr. Nebst sechszehen Passions-Predigten für Freunde der Wahrheit, o. O. u. D., 1774.	Heft 2, S. 23: von der Schwester Michael Hahns [!] in Sindlingen geschenkt bekommen
Hahn, Philipp Matthäus	»Schriften« [=?]: [Philipp Matthäus Hahn], Eines ungenannten Schriftforschers vermischte theologische Schriften, 4 Bde., Winterthur: Steiner, 1779 u. 1780.	Heft 2, S. 15: in Stuttgart für sich gekauft
Hiller, Philipp Friedrich	»Schazkästlein«: Geistliches Liederkästlein zum Lobe Gottes, 2 Tle. in 1 Bd., Stuttgart: Macklot, 1810 (Erstausgabe von Teil 1, Stuttgart: Mezler, 1762; Teil 2 unter dem Titel: Betrachtung des Todes, der Zukunft Christi und der Ewigkeit etc. auf alle Tage des Jahrs, Stuttgart: Mezler, 1786).	Heft 2, S. 16: in Stuttgart für seine Schwestern gekauft
Roos, Magnus Friedrich	»Morgen- und Abendandachten«: Christliches Haus-Buch, welches Morgen- und Abendandachten aufs ganze Jahr nebst beygefügten Liedern enthält, Neue Auflage, Nürnberg: Raw, 1808 (Erstausgabe Stuttgart: Mezler, 1783).	Heft 1, S. 33: bei Roos' Sohn (Dekan in Marbach) zu erhalten versucht; Heft 1, S. 43: von Uhrenmacher Schuler in Heilbronn geschenkt bekommen
Seiz, [Georg Leonhard?]	»Predigbuch« [=?]: Vorbild der heilsamen Lehre für Kinder und Kindlichgesinnte, in 84 [...] Catechismus-Predigten, Tübingen: Fues, ^{3}1783 (Erstausgabe »in 31 [...] Catechismus-Predigten«, Stuttgart: Mäntler, 1763).	Heft 2, S. 15: in Stuttgart für sich gekauft
Steinhofer, Friedrich Christoph	»Tägliche Nahrung des Glaubens über die Ebräerepistel«: Tägliche Nahrung des Glaubens aus der Erkenntniss Jesu, nach den wichtigsten Zeugnissen der Epistel an die Ebräer, 2 Bde., Schleiz: Maucken, 1743 u. 1746 (auch Tübingen: Schramm, 1752).[4]	Heft 1, S. 32: in Marbach gekauft

4 MÄLZER, Werke, Nr. 2689, 2693.

Tabellen zur Auswertung der pfarramtlichen Berichte von 1821
(zu Kapitel 1, Abschnitt V)

Tabelle 3.1:
Herkunft der ausgewerteten Berichte

Diözese	Zahl der Pfarramtsberichte	Zahl der Versammlungen
Balingen	9	13
Böblingen*	14	33
Cannstatt*	10	29
Crailsheim*	2	2
*Gaildorf**	3	3
*Geislingen**	2	2
*Hall**	1	1
Herrenberg*	18	28
Leonberg*	21	29
Öhringen*	1	1
Reutlingen*	13	22
*Sulz**	4	5
Tübingen*	23	27
*Tuttlingen**	4	4
Waiblingen	7	28
Wildbad*	11	2
Wildberg	1	4
17 Diözesen *Summe*	144	233

* in diesen Diözesen sind alle Versammlungen erfasst!
Kursiv sind die Diözesen, aus denen statt der nicht vorliegenden Pfarramtsberichte die detaillierten Einzelangaben aus den Dekanatamtsberichten herangezogen wurden.

Tabelle 3.2:
Lektüre in den Erbauungsstunden

Lektüre	in Versammlungen	Zahl
Bibel (auch: Bibel oder NT in bestimmten Einzelausgaben)	++++++++++ ++++++++++ ++++++++++ ++++++++++ ++++++++++ ++++++++++ ++++++++++ ++++++++++ ++++++++++ ++++++++++ ++++++++++ ++++++++++ ++++++++++ ++++++++++ ++++++++++ ++++++++++	160
Hiller, Ph. Fr. (davon: Schatzkästlein – 59)	++++++++++ ++++++++++ ++++++++++ ++++++++++ ++++++++++ ++++++++++ ++++++++	68
Bengel, J. A. (davon: Erklärte Offb – 20; Sechzig Reden zur Offb – 24)	++++++++++ ++++++++++ ++++++++++ ++++++++++ ++++++++++ +++++	55
Arndt, J. (davon: Wahres Christentum – 32)	++++++++++ ++++++++++ ++++++++++ +++++++++	39
Oetinger, Fr. Chr.	++++++++++ ++++++++++ ++++++++++ ++++	34
Altes Gesangbuch von 1741	++++++++++ ++++++++++ ++++++++++ ++	32
Brastberger, I. G.	++++++++++ ++++++++++ ++++++++++ +	31
Hahn, Michael	++++++++++ ++++++++++ ++++++++	28
Neues Gesangbuch von 1791	++++++++++ ++++++++++ +++	23
Basler Nachrichten[5]	++++++++++ +++++	16
Harttmann, K. Fr.[6]	++++++++++ +++++	15
Steinhofer, Fr. Chr.	++++++++++ ++	12
Missionsberichte allg.	++++++++++	10
Missionsmagazin	++++++++++	10
Basler Sammlungen	+++++++++	9
Luther, M.	++++++++	8
Rieger (G. K. und K. H.)[7]	++++++++	8
Spener, Ph. J.	++++++++	8
Herrnhuter Nachrichten	++++++	6

5   Eine Publikation dieses Namens ist für 1821 nicht nachweisbar. Es wird sich entweder um das Missionsmagazin oder um die Basler Sammlungen handeln.

6   In den Berichten steht durchweg »Hartmann«. Es könnte also auch Andreas Hartmann (1677–1729) gemeint sein. Ich halte die Identifikation mit Karl Friedrich Harttmann (1743–1815) dennoch für wahrscheinlicher. Es dürfte sich um seine Predigten über die Sonn-, Fest- u. Feiertags-Evangelien von 1800 handeln (vgl. dazu BRECHT, Der württembergische Pietismus, S. 282f). Im Übrigen findet sich sein Name bei drei frühen gedruckten Predigten auch in der kürzeren Form, vgl. MÄLZER, Werke, Nr. 1053–1055.

7   In den Berichten werden sie nur teilweise unterschieden.

Lektüre	in Versammlungen	Zahl
Roos, M. Fr.	++++++	6
Jung-Stilling, J. H.	+++++	5
Lindl, Ignaz	+++++	5
Predigtbücher u. Erbauungsschriften allgemein	+++++	5

dazu:
- viermal: Erklärungen der Offb allgemein, diverse Gesangbücher, Helfrich (?)
- dreimal: Hahn (welcher?), Lorenz, Prätorius, verschiedene Zeitungen
- zweimal: Arnold, Battier, Dann, Eytel, Ph. M. Hahn, Leutwein, Scriver, Seiz, Storr
- einmal: Armbruster, Bilhuber, Bogatzky, Böhme, Francke, Goßner, Hollaz, Pordage, Rambach, Stunden der Andacht, Summarien, Thomas a Kempis

Tabelle 3.3:
Lektüre in Privatversammlungen, die in den Berichten als
pregizerianisch eingestuft werden
(Zahl der Versammlungen: 17)

Lektüre	in Versammlungen	Zahl	Bemerkung
Bibel (oder: NT)	++++++++++ ++++	14	
Bengel, Schriften zur Offb	++++++	6	
Hiller	+++++	5	
Luther	+++	3	(von 8)
Prätorius	+++	3	(von 3)
Arnold	++	2	(von 2)
Oetinger	++	2	
Arndt	+	1	
neues Gesangbuch	+	1	

Tabelle 3.4:
Lektüre in Privatversammlungen, in denen Schriften Michael Hahns
gelesen wurden

(Zahl der Versammlungen: 28)

Lektüre	in Versammlungen	Zahl	Bemerkung
Hahn, Michael	++++++++++ ++++++++++ ++++++++	28	
Bibel (oder: NT)	++++++++++ +++++++	17	
Hiller (davon: Schatzkästlein – 10)	++++++++++ ++	12	
Oetinger	++++++++++ ++	12	
Altes Gesangbuch von 1741	+++++++++	9	
Bengel (davon: Offb/Reden – 5)	++++++++	8	
Brastberger	+++++	5	
Arndt, Wahres Christentum	++	2	
Erklärungen der Offb	++	2	
Hahn, Ph. M.	++	2	(von 2)
Jung-Stilling	++	2	(von 5)
Neues Gesangbuch von 1791	++	2	

dazu:
– einmal: Böhme, Eytel, Hartmann, Steinhofer, Storr d. Ältere, Thomas a Kempis, Missionsschriften

Tabelle 3.5:

Apokalyptische Meinungen nach den Pfarramtsberichten 1821

Quelle: Pfarramtsberichte von 1821 (130 Berichte aus 12 Diözesen über 218 Versammlungen)
Die Angaben beziehen sich auf die Zahl der Versammlungen.

Diözese	apokalyptische Meinungen				
	ja, noch vermehrt	*ja, verbreitet*	*ja, aber nicht weiter vermehrt*	*selten*	*nein*
Balingen			2		5
Böblingen		9	5		10
Cannstatt		3	17	6	3
Crailsheim		2			
Herrenberg		3	3	4	14
Leonberg	1	7	5		7
Öhringen				1	
Reutlingen		4	4	2	4
Tübingen		10	1	4	5
Waiblingen		1	5	7	
Wildbad	1	2			2
Wildberg	4				
Summe:	6	41	42	24	50
		89		74	

Tabelle 4:
In Württemberg zwischen 1831 und 1839 zu Bengels Zeitrechnung
erschienene Schriften[8]
(zu Kapitel 3, Abschnitt II)

	Autor	Titel	Verweis auf [...]	Erscheinungsjahr (Datum des Vorworts)
[1]	J. C. F. BURK	Bengels Leben und Wirken	–	1831 (30. März)
[2]	J. F. WURM	Bengels Cyklus	[1]	1831 (–)
[3]	C. G. BARTH	Der vierzehente Oktober 1832	[1]	1832 (14. Aug.)
[4]	J. F. WURM	Bengels apokalypt. Zeitrechnung	[1, 2, 3]	1832 (12. Sept.)
[5]	C. G. BARTH	Das Jahr 1836	[1, 3, 4]	1832 (14. Nov.)
[6]	J. J. FETZER	Wird mit dem Jahr 1836 [...]?	[1, 2, 4]	1834 (–)
[7]	W. HOFFMANN	Vorwort, in: BENGEL, Erklärte Offenbarung Johannis, Neue Ausgabe	[1]	1834 (22. Juni)
[8]	J. C. F. BURK	Bengels literarischer Briefwechsel	[1, 7]	1836 (3. Dez. 1834)
[9]	J. C. F. BURK	Vorrede zu dieser neuen Auflage, in: BENGEL, Sechzig erbauliche Reden, 3. Auflage	[1, 7]	1837 (20. Juli 1835)
[10]	J. C. F. BURK	Vorrede, in: BENGEL, Hinterlassene Predigten	[1]	1839 (5. Januar)

8   Bis auf Fetzers Schrift, die in Reutlingen erschien, wurden alle genannten Schriften in Stuttgart verlegt. Die Liste erhebt keinen Anspruch auf Vollständigkeit. Aufgrund der in den Schriften enthaltenen Querverweise dürfte sie aber die wichtigsten Beiträge umfassen.

III. Biogramme

Zur biographischen Orientierung werden im Folgenden Personen aufgeführt, die – gleich in welcher Funktion – in dieser Arbeit erwähnt werden und zwischen 1818 und 1848 gewirkt haben. Genannt werden wichtige Ämter, Funktionen und Tätigkeiten, die sie in dieser Zeit ausgeübt haben. Neben der angegebenen Literatur vgl. zu den biographischen Daten: EBERL, Klosterschüler; SIGEL, Das evangelische Württemberg; STAEHELIN, Christentumsgesellschaft. Die biographischen Daten der Mitarbeiter der Herrnhuter Brüdergemeine wurden den Dienerblättern im Unitätsarchiv Herrnhut entnommen.

ADE, GEORG LUDWIG, 1769–1838, 1796 Präzeptor in Böblingen, 1807 Pfr. in Schömberg, 1822/23 in Dusslingen. – Fordert 1821, den Postversand von Basler Traktaten zu unterbinden (LKA Stuttgart, DA Neuenbürg, Nr. 72c: Bericht, 17. September 1821).

ARMBRUSTER, CHRISTIAN, 1750–1815, Küfermeister in Bönnigheim und Autor der mehrfach aufgelegten apokalyptischen Schrift *Die sieben letzten Posaunen oder Wehen*. – Lit.: SCHWINGE, Populär-Apokalyptik.

AUERBACH, BERTHOLD, 1812–1882, Autor der im 19. Jahrhundert populären Dorf- und Kalendergeschichten. – Lit.: SCHEUFFELEN, Berthold Auerbach.

BAHNMAIER, JONATHAN FRIEDRICH, 1774–1841, Schwager von C. F. Spittler, 1806 Diakon in Marbach, 1810 zweiter Diakon in Ludwigsburg, 1814 erster Diakon ebenda, 1815 Prof. f. Homiletik und Pädagogik in Tübingen, nach der Amtsenthebung 1819 Dekan in Kirchheim. – Mitarbeiter am Wilhelmsdorfer Predigtbuch (1834). Mitglied der Gesangbuch-Kommission 1838–40. – Lit.: NARR, Bahnmaier; KÜBLER, Biographie.

BÄHR, KARL, 1801–1874, badischer Theologe und Mitautor der Evangelischen Schullehrer-Bibel. – Lit.: WÜSTENBERG, Bähr; NEU, Pfarrerbuch, S. 32f.

BARNER, ANDREAS, 1793–1859, aus Owen an der Teck, Mädchenschullehrer in Münsingen, Lehrer in Beuggen bei Basel, seit 1825 Hausvater und Lehrer an der Kinderrettungsanstalt in Korntal.

BARTH, CHRISTIAN GOTTLOB, 1799–1862, 1824 Pfr. in Möttlingen, seit 1838 nicht mehr im Pfarrdienst. – Publizist, Jugend- und Missionsschriftsteller. Teilnehmer an der von L. Hofacker gegründeten Zirkularkorrespondenz 1823–1868. Mitarbeiter am Wilhelmsdorfer Predigtbuch (1834). – Lit.: RAUPP, Barth.

BAUER, DANIEL, Siedler in Korntal, wandert 1831 mit seiner Familie nach Russland aus (StA Ludwigsburg, F 179 Bü 501).

BAUMANN, GOTTLOB, 1794–1856, ausgebildeter Kaufmann, danach am Gymnasium in Stuttgart und anschließend Theologiestudium, 1821 Pfarrverw. in Notzingen, 1824 Pfr. ebenda, 1839 in Kemnat. – Teilnehmer an der von L. Hofacker gegründeten Zirkularkorrespondenz 1823–1868. Mitarbeiter am Wilhelmsdorfer Predigtbuch (1834).

BAUMANN, SAMUEL DAVID CHRISTIAN, 1793–1843, 1820 Pfr. in Gündelbach, 1826 auf eigenes Ansuchen entlassen und Lehrer an der Erziehungsanstalt in Korntal,

1828 Pfarrverweser in Korntal, 1832–41 Pfr. in Münklingen. – Lit.: HESSE, Korntal, S. 66f.

BECK, JOHANN CHRISTOPH DAVID, 1777–1822, 1809 Pfr. in Fleinheim, 1819 in Maichingen.

BECK, JOHANN TOBIAS, 1805–1878, 1827 Pfr. in Waldtann, 1829 Stadtpfr. in Mergentheim, 1836 Ehrenbürger von Althausen, Prof. d. Theologie in Basel, 1842 in Tübingen. – Mitarbeiter am Wilhelmsdorfer Predigtbuch (1834) und am Pfarrwaisen-Predigtbuch (1846).

BERINGER, IMMANUEL FRIEDRICH, 1772–1832, 1807 Pfr. in Höpfigheim, 1820 in Rommelshausen.

BEZNER, LUDWIG FRIEDRICH, 1788–1850, Lehrer, danach Theologiestudium, 1820 als Missionar in Stuttgart ordiniert, 1820–1823 Aufenthalt als Judenmissionar in Südrussland, 1824 Pfr. in Breitenberg, 1831 in Altburg. – Teilnehmer an der von L. Hofacker gegründeten Zirkularkorrespondenz 1823–1868. – Lit.: ABM Basel, Personalfaszikel BV 19b.

BILFINGER, KARL BERNHARD, 1782–1855, 1811 Diakon in Neuenstadt, 1823 Pfr. in Nufringen, 1829 in Sulzbach an der Murr. – Verfasser einer Streitschrift gegen die Korntaler Gemeinde.

BINDER, AUGUST VIKTOR, 1807–1877, 1834 Pfr. in Maienfels, 1845 in Amstetten. – Verfasser einiger religionspädagogischer Schriften und eines Traktates »Den Eisenbahnarbeitern zur Erinnerung« (1847).

BINDER, GUSTAV, 1807–1885, 1833 Repetent am Tübinger Stift, 1834 Diakon in Heidenheim, 1844 Prof. in Ulm, 1858 Oberstudienrat in Stuttgart. – Verteidigt mit seiner Schrift »Der Pietismus und die moderne Bildung« seinen Freund und Promotionskollegen David Friedrich Strauß gegen Sixt Carl Kapffs Angriffe im *Christenboten*.

BLANK, JOHANN FRIEDRICH, geb. 1781, seit 1819 Lehrer in Korntal, wandert 1831 – nach gemeindeinternen Auseinandersetzungen – mit seiner Familie nach Russland aus (StA Ludwigsburg, F 179 Bü 501).

BLUMHARDT, CHRISTIAN GOTTLIEB, 1779–1838, 1803 Sekretär der Basler Christentumsgesellschaft, 1807 im württembergischen Kirchendienst, 1816 Leiter der Basler Missionsschule. – Lit.: OSTERTAG, Art. Blumhardt.

BLUMHARDT, DORIS, GEB. KÖLLNER, 1816–1886, Tochter von Karl Köllner, 1838 verheiratet mit Johann Christoph Blumhardt.

BLUMHARDT, JOHANN CHRISTOPH, 1805–1880, 1829 Vikar in Dürrmenz, 1830 Lehrer am Missionshaus in Basel, 1837 Pfarrgehilfe in Iptingen, 1838 Pfr. in Möttlingen als Nachfolger C. G. Barths, 1852 aus dem Pfarrdienst ausgeschieden und Vorsteher einer Privatheilanstalt in Boll. – Eigenwilliger Theologe und Seelsorger. – Lit.: ISING, Blumhardt (2002).

BOLEY, JOHANN GEORG, 1757–1822, Müllermeister in Berg bei Stuttgart, Leiter der pietistischen Versammlung ebenda, Taufpate der Kinder von J. J. Friederich. – Lit.: FRIEDERICH, Rede am Grabe; BUCK, Bilder, 2. Hälfte, S. 46f.

BRANDT, CHRISTIAN PHILIPP HEINRICH, 1790–1857, fränkischer Pfarrer, 1825–1838 Schriftleiter des *Homilitisch-liturgischen Correspondenzblattes*, 1829–1831 Herausgeber der *Evangelischen Schullehrer-Bibel*. – Verbunden mit K. A. Osiander und C. G. Barth in Württemberg. – Lit.: SCHINDLER-JOPPIEN, Neuluthertum, S. 109f u.ö.

BREITSCHWERDT, JOHANN FRIEDRICH, 1774–1824, 1802 Kaplan und Präzeptor in Ingelfingen, 1808 Dekan und Stadtpfr. ebenda.

BREUNING, JOHANN MATTHIAS FRIEDRICH, 1775–1866, 1800 Präzeptor in Besigheim, 1814 Pfr. in Möglingen, 1828–1852 in Kochersteinsfeld. – Verfasser eines Diözesanaufsatzes über die Korntaler Gemeinde (ABG Korntal, Archiv I A. 1819, Nr. 8).

BRUNN, NIKOLAUS VON, 1766–1849, Basler Theologe, 1795 Pfr. in Bubendorf, 1804 in Liestal, 1810–1846 Pfr. von St. Martin in Basel, 1815 Mitbegründer der Basler Missionsgesellschaft. – Chiliastischer Theologe und Verfasser eines *Apokalyptischen Wörterbuches* (1834). – Lit.: KUHN, Religion und neuzeitliche Gesellschaft, S. 297–301.

BÜHRER, GOTTLOB FRIEDRICH, 1801–1894, Schwiegersohn von Johann Jakob Häring, 1829 Pfr. in Asperg, 1838 in Neckarrems, 1848 in Birkach, 1851–1856 Sekretär der Evang. Gesellschaft in Stuttgart, 1856–1886 Dekan in Waiblingen. – Mitglied der Gesangbuch-Kommission 1838–40.

BUNZ, JOHANN GOTTLOB FRIEDRICH, 1799–1856, 1831 Stadtpfv. in Winnenden, 1832 Diakon in Großbottwar, 1839 Pfr. in Grunbach. – Teilnehmer an der von J. C. F. Burk gegründeten Zirkularkorrespondenz 1824–1828 (seit 1826).

BURK, ERHARD WILHELM GOTTFRIED, 1769–1850, 1802 Diakon in Markgröningen, 1807 zweiter Diakon in Göppingen, 1808 erster Diakon ebenda, 1812–1840 Dekan ebenda.

BURK, JOHANN CHRISTIAN FRIEDRICH, 1800–1880, 1823 Pfarrverw. in Gönningen, 1823 Diakon in Liebenzell, 1826 Pfr. in Tailfingen im Gäu, 1835 Stadtpfr. in Großbottwar, 1849 erster Diakon an St. Leonhard in Stuttgart, 1860–1875 Pfr. in Echterdingen. – Teilnehmer an der von L. Hofacker gegründeten Zirkularkorrespondenz 1823–1868; Initiator der Zirkularkorrespondenz 1824–1828. 1831 gründete er die Zeitschrift *Der christliche Bote aus Schwaben*, die seit 1832 *Der Christenbote* hieß und deren Herausgeber er bis 1867 war. Mitherausgeber des Wilhelmsdorfer Predigtbuchs (1834). Mitarbeiter am Pfarrwaisen-Predigtbuch (1846). – Lit.: WLB Stuttgart, Cod. hist. 2° 877f (Nachlass).

CHRISTIAN, ALBERT HEINRICH, 1799–1859, 1826 Pfarrverw. in Neuenhaus, Vikar in Waldbach, Diakon in Tuttlingen, 1841 Stadtpfr. in Sindelfingen. – Teilnehmer an der von L. Hofacker gegründeten Zirkularkorrespondenz 1823–1868 sowie an der von J. C. F. Burk gegründeten Zirkularkorrespondenz 1824–1828. Mitarbeiter am Wilhelmsdorfer Predigtbuch (1834).

CONRAD, JOHANN GOTTLIEB, 1762–1836, Weber und Kaufmann in Marbach am Neckar, Leiter der dortigen Pietistenversammlung, beteiligt an der Gründung Korntals. – Lit.: BUCK, Bilder, 2. Hälfte, S. 135ff.

DANN, CHRISTIAN ADAM, 1758–1837, 1785 Repetent am Stift in Tübingen, 1793 zweiter Diakon in Göppingen, 1794 an St. Leonhard in Stuttgart, 1800 an der Hospitalkirche ebenda, 1812 Pfr. in Öschingen, 1819 in Mössingen, 1824 erster Diakon an der Stiftskirche in Stuttgart, 1825 Stadtpfr. an St. Leonhard ebenda. – Bindeglied zwischen dem Versammlungspietismus des 18. Jh. und dem Erweckungspietismus der Generation Ludwig Hofackers.

DEININGER, GOTTLIEB CHRISTOPH, 1799–1824, Basler Missionsschüler. – Lit.: ABM Basel, QS-10.1 (Tagebuch 1819); Personalfaszikel BV 22.

DETTINGER, CHRISTIAN FRIEDRICH, 1804–1876, 1829 Repetent am Stift in Tübingen, 1830 Diakon in Backnang, 1837 zweiter Stiftsdiakon in Stuttgart, 1846 erster Stiftsdiakon und Amtsdekan ebenda, 1852 Prälat von Reutlingen. – Mitarbeiter am Pfarrwaisen-Predigtbuch (1846).

DIETZSCH, WILHELM, 1799–1851, 1826 Pfr. in Neuenhaus, 1834 in Hofen. – Hielt im September 1831 in Neuenhaus eine Cholerapredigt (Predigten über Perikopen, S. 75–91).

DINTER, GUSTAV FRIEDRICH, 1760–1831, Pädagoge und seit 1822 Prof. f. Praktische Theologie in Königsberg, Autor einer neunbändigen Schullehrerbibel (1824–1830).

DITTUS, GOTTLIEBIN, 1815–1872, wird 1841–1843 durch J. C. Blumhardt von einer wohl psychischen Krankheit geheilt und anschließend in dessen Haushalt aufgenommen. – Lit.: ISING, Blumhardt (2002).

DIZINGER, CHRISTOPH FRIEDRICH GOTTHOLD, 1766–1850, 1803 Diakon in Sulz, 1812 Pfr. in Nufringen, 1823 in Kusterdingen.

DÖRNER, PHILIPP FRIEDRICH, 1754–1831, 1788 Diakon in Neuffen, 1804 Pfr. in Rohracker.

DÖRR, IMMANUEL GOTTLOB, 1787–1845, 1812 Pfarrverw. in Friedrichshafen, 1817 Pfr. in Erpfingen, 1824 in Hagelloch, 1837 in Oppelsbohm.

DÜRR, WILHELM, 1790–1862, Basler Missionsschüler des ersten Jahrgangs, 1818 Ordination in Lörrach, 1819–1842 Missionar in Indien. – Lit.: ABM Basel, QS-10.1 (Tagebuch 1818), Personalfaszikel BV 1.

EGELER, ANTON, 1770–1850, Schneider in Nebringen und führendes Mitglied der dortigen Pietisten-Versammlung, enger Mitarbeiter Michael Hahns. – Lit.: Hahn'sche Gemeinschaft, Bd. 1, S. 157–164.

EIPPER, CHRISTIAN CHRISTOPH, 1799–1877, 1822 Repetent in Blaubeuren, 1824 in Tübingen, 1828 Stadtvikar in Stuttgart, 1829 Pfr. in Boll, 1836 in Stetten im Remstal. – Teilnehmer an der von L. Hofacker gegründeten Zirkularkorrespondenz 1823–1868 sowie an der von J. C. F. Burk gegründeten Zirkularkorrespondenz 1824–1828.

ELSÄSSER, CHRISTIAN, 1778–1847, Bauer und Weingärtner aus Vaihingen auf den Fildern, 1819 nach Korntal gezogen, 1826 Vorsteher der Wilhelmsdorfer Gemeinde.

ERHARD, JOHANN CHRISTIAN, 1749–1831, 1782 Pfr. in Hirsau, 1792 Stadtpfr. in Heubach, 1814 in Winnenden.

FABER, KARL AUGUST FRIEDRICH (VON), 1782–1850, 1812 Pfr. in Zaisersweiher, 1821 Pfr. in Altenstadt und Dekan von Geislingen, 1832 Dekan in Reutlingen, 1839 Prälat von Schwäbisch Hall, 1841 Prälat von Reutlingen mit Wohnsitz in Stuttgart.

FAULHABER, FRIEDRICH, 1801–1843, 1824 Vikar in Gärtringen, in Kirchheim u. T., 1827–29 Pfarrverw. in Beimbach, 1830 Kandidat am Schullehrerseminar in Esslingen, 1831 Diakon in Lauffen, 1834/35 Stadtpfr ebenda. – Teilnehmer an der von J. C. F. Burk gegründeten Zirkularkorrespondenz 1824–1828.

FECHT, GOTTLIEB BERNHARD, 1771–1851, badischer Theologe, liberaler Politiker im Landtag und Förderer des Eisenbahnbaus in Baden. – Lit.: NEU, Pfarrerbuch, S. 156.

FETZER, JOHANN JACOB, 1760–1844, Jurist, Aufklärer und frühliberaler Publizist in Reutlingen, veröffentlicht 1834 eine kritische Flugschrift zu den Bengelschen Berechnungen. – Lit.: JUNGER, Johann Jacob Fezer.

FISCHER, LUDWIG FRIEDRICH, 1780–1857, 1810 Pfr. in Winzerhausen, 1817 Oberhelfer in Göppingen, 1824 Dekan in Calw (während der Amtszeit von C. G. Barth und C. Märklin im dortigen Bezirk).

FLATT, KARL CHRISTIAN, 1772–1843, 1803 Diakon in Cannstatt, 1804 Prof. d. Theologie in Tübingen, seit 1812 Oberkonsistorialrat, Stiftsprediger und (seit 1823) Prälat in Stuttgart. – Mitarbeiter am Pfarrwaisen-Predigtbuch (1846).

FLATTICH, ANDREAS FRIEDRICH, 1752–1824, 1786 Pfr. in Häfnerhaslach, 1789 in Engstlatt. – Sohn von Johann Friedrich Flattich, Onkel von Beate Paulus.

FRIEDERICH, EBERHARDINA DOROTHEA, GEB. CANZ, 1761–1816, erste Frau von J. J. Friederich, deren Tod ihn in eine schwere Lebenskrise führte und zu einem umfangreichen Manuskript über die Auferstehung der Toten veranlasste (ABG Korntal, [FRIEDERICH] Betrachtungen, 1817).

FRIEDERICH, JOHANN JAKOB, 1759–1827, 1792 Präzeptor in Urach, 1795 Pfr. in Winzerhausen, 1810 Entlassung aus dem Pfarrdienst und Umzug nach Leonberg, Reisetätigkeit bei pietistischen Versammlungen im Land, 1819 Umzug nach Korntal und ebenda Versehung der pfarramtlichen Dienste (seit 1821 mit offizieller Genehmigung). – Autor der weit wirkenden millenarischen Schrift *Glaubens- und Hoffnungs-Blik des Volks Gottes* (1800). – Lit.: BARTH, Erinnerung; FRITZ, Johann Jakob Friederich.

FURKEL, JOHANN GEORG, 1755–1837, Sattlermeister, Diasporaarbeiter der Herrnhuter Brüdergemeine, 1808–1818 in Württemberg.

FURKEL, SUSANNA CATHARINA, GEB. BENKERT, 1765–1842, 1793 verheiratet mit J. G. Furkel, Diasporaarbeiterin der Herrnhuter Brüdergemeine, 1808–1818 in Württemberg.

GAAB, KARL ULRICH, 1767–1841, 1799 Pfr. in Lotenberg-Eschenbach, 1805 in Faurndau, 1814 Pfr. in Altenstadt und Dekan von Geislingen, 1821–1834 Dekan und Stadtpfr. in Herrenberg.

GEBHARD, JOHANNES, 1761–1825, ledig, Beutler, Diasporaarbeiter der Herrnhuter Brüdergemeine, 1814–1825 in Württemberg.

GLEISSBERG, JOHANN ERNST, 1798–1864, 1824 Pfr. in Belsenberg, 1828 zweiter Stadtpfr. in Künzelsau, 1829 erster Stadtpfr. ebenda, 1831 zugleich Dekan ebenda, 1837 Dekan in Blaufelden, 1841 in Cannstatt. – Mitglied der Gesangbuch-Kommission 1838–40. Mitarbeiter am Pfarrwaisen-Predigtbuch (1846).

GÖSS, GEORG FRIEDRICH DANIEL, 1768–1851, 1793 Privatdozent d. Theologie in Erlangen, 1794 Prof. am Gymnasium in Ansbach, 1809 Rektor und Prof. am Gymnasium in Ulm, 1818 Pfr. in Ballendorf unter Beibehaltung seines Ranges, 1824–1843 Dekan und Stadtpfr. in Aalen. – Verfasser einer Streitschrift gegen die Korntaler Gemeinde.

GRIESINGER, JOHANN JAKOB, 1772–1831, 1804 Pfr. in Kirnbach (jetzt badisch), 1810 in Mötzingen, 1822 in Gültstein. – Vater des Publizisten und Satirikers Karl Theodor Griesinger, 1809–1884.

GRÜNEISEN, KARL (VON), 1802–1878, 1825 Hofkaplan in Stuttgart, 1835 Hofprediger und Oberkonsistorialrat, 1846 Oberhofprediger, 1848 Titel und Rang eines Prälaten. – Mitglied der Gesangbuch-Kommission 1838–40. Wichtigster württembergischer Vertreter einer Einigung der deutschen Landeskirchen. Vielfältiges Engagement für die Kirchenmusik und die christliche Kunst.

GUNDERT, HERMANN, 1814–1893, Missionar, Schriftsteller und 1862 Nachfolger C. G. Barths in der Leitung des Calwer Verlagsvereins.

GUNDERT, LUDWIG, 1783–1854, Vater von Hermann Gundert, Kaufmann in Stuttgart, Mitbegründer und Sekretär der Stuttgarter Bibelanstalt. – Lit.: [GUNDERT], Christianens Denkmal.

GÜNTHER, JAKOB, 1806–1879, Basler Missionsschüler. – Lit.: ABM Basel, QS-10.1 (Tagebücher 1829–1831); Personalfaszikel BV 117.

HAFA, JOHANNES, 1781–1839, Schuhmacher, Diasporaarbeiter der Herrnhuter Brüdergemeine, 1811 Missionsdienst in Surinam und Jamaika, 1822 in Neuwied, 1827 in Württemberg.

HAFA, JOHANNE SOPHIE, GEB. KASTEN, 1793–1859, 1829 verheiratet mit Johannes Hafa, Diasporaarbeiterin der Herrnhuter Brüdergemeine, 1829–1839 in Württemberg.

HAHN, BEATA REGINA, 1757–1824, Tochter von Johann Friedrich Flattich, zweite Frau von Philipp Matthäus Hahn, Mutter von Beate Paulus.

HAHN, CHRISTOPH ULRICH, 1805–1881, 1828 Lehrer in Lausanne und ebenda Gründer eines Traktatvereines, 1829 Vikar in Esslingen und ebenda Gründer eines Traktatvereines (aus dem später die Evangelische Gesellschaft in Stuttgart hervorgeht), 1833–1859 Diakon in Bönnigheim und seit 1834 Vorsteher einer Privat-Erziehungsanstalt ebenda, 1859–1872 Pfr. in Heslach. – Mitarbeiter am Wilhelmsdorfer Predigtbuch (1834). Kirchengeschichtlicher Schriftsteller und Förderer der Inneren Mission.

HAHN, (JOHANN) MICHAEL, 1758–1819, Bauernsohn aus Altdorf bei Böblingen, erlebte 1777/78 und 1783 Visionen und trat danach als Sprecher in Erbauungsstunden auf, seit 1794 lebte er zurückgezogen auf einem Gut der Herzogin Franziska in Sindlingen. – Theosoph, seelsorglicher Briefsteller und Gemeinschaftsgründer, dessen vielfältige Schriften erst nach seinem Tod gedruckt wurden. – Lit.: TRAUTWEIN, Theosophie.

HANDEL, JOHANN GEORG, 1778–1856, Rektor der Lateinschule in Nürtingen, 1820 Lehrer am Missionshaus in Basel, 1826 Pfr. in Stammheim bei Calw und ebenda 1827 Gründer und Leiter einer Kinder-Rettungsanstalt. – Eng verbunden mit C. G. Barth. Mitarbeiter am Wilhelmsdorfer Predigtbuch (1834).

HÄRING, JOHANN JAKOB, 1775–1838, Kaufmann in Stuttgart und führender Vertreter der dortigen Pietisten. – Lit.: BUCK, Bilder, 2. Hälfte, S. 17f.

HÄRLIN, NATHANAEL BENJAMIN HEINRICH, 1801–1870, 1827 Pfr. in Grimmelfingen, 1834 in Heiningen, seit 1835 zugleich Vorstand eines Privat-Schullehrerseminars. – Mitherausgeber des Theophilus (1834–1836). Kurzzeitig Redakteur des Pfarrwaisen-Predigtbuches (1842/43).

HARPPRECHT, KARL CHRISTIAN HEINRICH, 1766–1847, 1797 Garnisonspfr. auf Hohenasperg, 1803 Pfr. in Asperg, 1809 Garnisonspfr. in Ludwigsburg, 1812 Diakon an der Hospitalkirche in Stuttgart, 1814 Hofkaplan ebenda, 1818–1835 erneut Garnisonspfr. in Ludwigsburg und Hofprediger der verwitweten Königin.

HARPPRECHT, VALENTIN CHRISTIAN HEINRICH, 1762–1840, 1799 Pfr. in Onstmettingen, 1813–1837 in Hedelfingen.

HARTMANN, FRIEDERIKE MARGARETHA, GEB. FLATTICH, 1759–1838, Tochter von Johann Friedrich Flattich. – Pfarrfrau und -witwe in Esslingen, Leiterin des dortigen Jungfrauenvereins. – Lit.: EHMER, Flattich.

HAUBER, ALBERT FRIEDRICH (VON), 1806–1883, 1832 Repetent am Tübinger Stift, 1834 Diakon in Nürtingen, 1844 erster Diakon in Tübingen, 1848 Dekan ebenda, 1851 Prälat von Ulm, 1868 von Ludwigsburg. – Mitarbeiter am Pfarrwaisen-Predigtbuch (1846).

HAUSMEISTER, JACOB AUGUST, 1806–1860, stammte aus einer jüdischen Familie in Stuttgart, von Ludwig Hofacker zur Konversion bewegt und 1825 in Esslingen getauft, 1826–1831 Basler Missionsschüler, seit 1832 für die Londoner Judenmissionsgesellschaft in Straßburg tätig. – Durch vielfältige Schriften und durch Reden auf Missionsfesten in Württemberg, Baden, im Elsass und darüber hinaus warb er für die Judenmission. – Lit.: KOCH, Art. Hausmeister; ABM Basel, QS-10.1 (Tagebücher 1826–1830), Personalfaszikel BV 97 (eigenhändiger Lebenslauf, 1825).

HAUSSMANN, JOHANN GOTTLIEB FRIEDRICH, 1807–1869, 1830–1832 Vikar in Winnenden, 1838 Diakon in Lorch, 1846 Pfr. in Nellingen, 1853 in Oberensingen.

HEIM, FRIEDRICH JAKOB PHILIPP, 1789–1850, 1816 Pfr. in Klosterreichenbach, 1821 Diakon in Winnenden, 1834 Stadtpfr. ebenda, seit 1824 zugleich Gründer und Vorsteher der Paulinenpflege ebenda, 1842 Dekan in Tuttlingen. – Mitarbeiter am Wilhelmsdorfer Predigtbuch (1834) und am Pfarrwaisen-Predigtbuch (1846).

HEINRICH, CARL AUGUST, 1807–1875, 1842 Pfr. in Metterzimmern, 1863 in Neckarhausen, 1872 in Ersingen. – Mitarbeiter am Pfarrwaisen-Predigtbuch (1846).

HELLWAG, WILHELM FRIEDRICH, 1754–1827, 1788 Pfr. in Oßweil, 1800 in Strümpfelbach.

HENGSTENBERG, ERNST WILHELM, 1802–1869, gründet 1827 die *Evangelische Kirchenzeitung*, 1828 Prof. f. Exegese in Berlin. – Lutherisch konfessionalistischer Theologe.

HENHÖFER, ALOYS, 1789–1862, badischer Erweckungsprediger, seit 1815 katholischer Priester in Mühlhausen (Baden), tritt 1822 mit einem Teil seiner Gemeinde zur evangelischen Kirche über. – Lit.: HEINSIUS, Henhöfer; GÄBLER, »Auferstehungszeit«, S. 115–135; KUHN, Streit um die Zukunft, S. 54–63.

HERMANN, CHRISTIAN LUDWIG OTTO ALBRECHT FÜRCHTEGOTT, 1812–1880, 1835–1838 Vikar in Renningen, danach Pfarrverw. in versch. Orten, 1846 Pfr. in Unterheinriet, 1852 in Freudental, 1863 in Eberdingen, 1873 in Nussdorf. – Teilnehmer an einer Zirkularkorrespondenz württembergischer Vikare im Frühjahr 1836 (LKA Stuttgart, R 5/1).

HOCHSTETTER, GOTTLOB LUDWIG, 1790–1863, 1814–17 Pfarrverw. auf Hohentwiel (dort Kontakt zu Frau v. Krüdener), 1818 Pfr. in Cleversulzbach, 1825 in Königsbronn, 1830 in Simmozheim, 1837 in Hohengehren, 1848 in Ursping. – Mitarbeiter am Wilhelmsdorfer Predigtbuch (1834). Hochstetter war der heute fast vergessene Autor des alttestamentlichen Teiles der »Biblischen Geschichten« von C. G. Barth. – Lit.: WERNER, Barth, Bd. 2, 169f u.ö.

HOFACKER, KARL FRIEDRICH, 1758–1824, Vater von L. und W. Hofacker, 1793 Diakon in Wildbad, 1798 Pfr. in Gärtringen, 1811 in Öschingen, 1812 an St. Leonhard und Amtsdekan in Stuttgart.

HOFACKER, LUDWIG, 1798–1828, 1823–1825 Vikar in Stuttgart, 1826 Pfr. in Rielingshausen. – Zentralfigur eines Freundeskreises junger pietistischer Theologen. Initiator der Stuttgarter Predigerkonferenz und der Zirkularkorrespondenz 1823–1868. – Lit.: KIRN, Hofacker.

HOFACKER, WILHELM, 1805–1848, 1828–1829 Vikar und Pfarrverw. in Rielingshausen, 1830 Repetent am Stift in Tübingen, 1833 Diakon in Waiblingen, 1835 an St. Leonhard in Stuttgart. – Mitherausgeber des Wilhelmsdorfer Predigtbuchs (1834). Mitarbeiter am Pfarrwaisen-Predigtbuch (1846).

HOFFMANN, CHRISTIAN IMMANUEL, 1767–1834, 1803–1822 Pfr. in Beihingen. – Verfasser eines Diözesanaufsatzes über die Korntaler Gemeinde (LKA Stuttgart, DA Ludwigsburg, Nr. 79b).

HOFFMANN, CHRISTOPH, 1815–1885, Sohn von Gottlieb Wilhelm Hoffmann, 1840–1841 Repetent am Stift in Tübingen, 1841 Lehrer auf dem Salon bei Ludwigsburg, seit 1845 Mitherausgeber der Wochenzeitung *Süddeutsche Warte,* Gründer der separatistischen »Gesellschaft für Sammlung des Volkes Gottes in Jerusalem«. – Lit.: HOFFMANN, Mein Weg.

HOFFMANN, GOTTLIEB WILHELM, 1771–1846, Notar und Amtsbürgermeister in Leonberg, 1819 Gründer und erster Vorsteher der unabhängigen Gemeinde Korntal, 1815–1826 Mitglied der württembergischen Ständeversammlung. – Einflussreicher bürgerlicher Pietist mit separatistischem Einschlag.

HOFFMANN, LUDWIG FRIEDRICH WILHELM, 1806–1873, Sohn von Gottlieb Wilhelm Hoffmann, 1832 Repetent am Tübinger Stift, 1834 Diakon in Winnenden, 1839 Inspektor der Basler Mission, 1850 Ephorus des Tübinger Stifts, 1852 Hof- und Domprediger in Berlin. – Mitarbeiter am Wilhelmsdorfer Predigtbuch (1834). – Lit.: K. HOFFMANN, Hoffmann.

HÖLDER, JOHANN KARL, 1793–1853, 1818 Pfr. in Münster am Kocher und Diakon in Gaildorf, 1823 in Nellingen, 1834 in Magstadt, 1843 in Münchingen. – Mitarbeiter am Wilhelmsdorfer Predigtbuch (1834).

HOYER, FRIEDRICH KONRAD LUDWIG, 1785–1855, Neffe des Dichters Christian Friedrich Daniel Schubart, 1819 Oberamtmann in Münsingen, 1826 in Ravensburg, 1838–1848 in Gerabronn. – Gegner der pietistischen Versammlungen. – Lit.: Amtsvorsteher, S. 327.

JÄGER, PHILIPP FRIEDRICH, 1751–1823, 1783 Diakon in Cannstatt, 1796 Dekan in Waiblingen.

JAUMANN, IGNAZ (VON), 1778–1862, seit 1828 katholischer Domdekan in Rottenburg. – Lit.: RABERG, Biographisches Handbuch, S. 411f.

JOSENHANS, EMANUEL, 1780–1847, Weißgerber in Stuttgart, führendes Mitglied der dortigen Pietistenversammlung. – Lit.: LKA Stuttgart, Nachlass Josenhans.

JOSENHANS, JOHANN FRIEDRICH, 1769–1850, Kaufmann in Leonberg, führendes Mitglied der dortigen Pietistenversammlung. – Lit.: LKA Stuttgart, Nachlass Josenhans.

KAPFF, KARL FRIEDRICH, 1772–1838, 1804 Präzeptor in Güglingen, 1809 Diakon in Knittlingen, 1812 Pfr. in Winterbach, 1819 Dekan in Tuttlingen. – Vater von Sixt Carl Kapff.

KAPFF, SIXT CARL (VON), 1805–1879, 1830 Repetent am Stift in Tübingen, 1833 Pfr. der unabhängigen Gemeinde in Korntal, 1843 Dekan in Münsingen, 1847 in Herrenberg, 1850 Prälat von Reutlingen, 1852 Stiftsprediger in Stuttgart und Oberkonsistorialrat mit Titel Prälat. – 1849–50 Abgeordneter in der württembergischen Landesversammlung; pietistischer Kirchenpolitiker und Förderer der Inneren Mission. Mitherausgeber des Wilhelmsdorfer Predigtbuchs (1834). Mitarbeiter am Pfarrwaisen-Predigtbuch (1846). – Lit.: SCHRÖDER, Kapff.

KELLER, JOHANN JAKOB, 1764–1832, 1796 Konrektor des Pädagogiums in Esslingen, 1806 Pfr. in Oberiflingen, 1809 dritter Diakon in Esslingen, 1811 Pfr. in Pleidelsheim, 1827 Stadtpfr. in Bietigheim. – Geschichtsschreiber seiner Heimatstadt Esslingen und Verfasser einer Streitschrift gegen die Korntaler Gemeinde.

KERN, GOTTLOB CHRISTIAN, 1792–1835, 1817 Repetent am Stift in Tübingen, 1820 Diakon in Besigheim, 1824 Prof. am Seminar in Schöntal, 1829 Pfr. in Dürrmenz (während dieser Zeit war J. C. Blumhardt sein Vikar). – Mitarbeiter am Wilhelmsdorfer Predigtbuch (1834). – Lit.: ChB 6 (1836), Sp. 1–4.

KERNER, JUSTINUS, 1786–1862, Arzt und Dichter, seit 1819 Amtsarzt in Weinsberg. – Mit seiner Frau FRIEDERIKE, 1786–1854, machte er sein Haus zum Treffpunkt für Gäste aus ganz Europa. – Lit.: PFÄFFLIN/TGAHRT, Justinus Kerner; DE LA ROI-FREY, Frauenleben.

KLAIBER, CHRISTIAN FRIEDRICH (VON), 1782–1850, 1809 Prof. am Oberen Gymnasium in Stuttgart, 1829 Oberkonsistorialrat und Oberstudienrat in Stuttgart, 1844 Titel und Rang eines Prälaten. – Mitglied der Gesangbuch-Kommission 1838–40.

KLAIBER, JOHANN CHRISTOPH GOTTLOB, 1788–1873, Bruder von Christian Friedrich Klaiber, Kaufmann in Böblingen, führendes Mitglied der dortigen michelianischen Versammlung, stark beeinflusst von dem Frankfurter Ratsherr J. F. v. Meyer. – Lit.: Hahn'sche Gemeinschaft, Bd. 1, S. 224–242.

KLING, CHRISTIAN FRIEDRICH, 1800–1862, Sohn von Christian Gottlieb Kling, 1826 Diakon in Waiblingen, 1833 Prof. d. Theologie in Marburg, 1842 in Bonn, 1849 Pfr. in Eberbach, 1851 Dekan in Marbach. – Zwischen 1831 und 1833 und wieder seit 1849 Teilnehmer der von L. Hofacker gegründeten Zirkularkorrespondenz 1823–1868. Teilnehmer am ersten Wittenberger Kirchentag 1848.

KLING, CHRISTIAN GOTTLIEB, 1751–1828, 1782 Diakon in Boll, 1788 Pfr. in Hagelloch, 1800 Pfr. in Altdorf. – Vater von Christian Friedrich Kling.

KNAPP, ALBERT, 1798–1864, 1820 Vikar in Stuttgart-Feuerbach, 1821 in Stuttgart-Berg, 1825 Diakon in Sulz am Neckar, 1831 in Kirchheim/Teck, 1836 an der Hospitalkirche in Stuttgart, 1837 erster Stiftsdiakon ebenda, 1845 Stadtpfr. an St. Leonhard ebenda. – Publizist, Liederdichter, Biograph Ludwig Hofackers. Mitarbeiter am Wilhelmsdorfer Predigtbuch (1834). Mitglied der Gesangbuch-Kommission 1838–40. Mitarbeiter am Pfarrwaisen-Predigtbuch (1846). – Lit.: LÄCHELE, Knapp; RÖSSLER, Liedermacher. – LKA Stuttgart, D 2 (Knapp-Archiv).

KÖHLER, JOHANN GOTTLIEB FRIEDRICH, 1788–1855, 1815 Diakon in Vaihingen, 1824 Stadtpfr. in Lauffen am Neckar, 1834–1847 Pfr. in Degerloch. – Verfasser unzähliger geistlicher Lieder. – Lit.: FRITZ, Amtsdiözese, S. 34 Anm. 59.

KÖLLNER, KARL, 1790–1853, Sohn von Wilhelm Köllner, entfernter Verwandter von C. G. Barth, Weinhändler in Segnitz am Main, seit 1819 in Würzburg, seit 1822 in Sitzenkirch bei Basel, Gründer einer (erfolglosen) Anstalt für jüdische Kinder, danach einer Kinder-Rettungsanstalt, 1845 Vorsteher der Armenanstalten in Korntal. – Einige Jahre gerät er unter den Einfluss des Basler Seidenwebers Johann Jakob Wirz. Seine Tochter Doris heiratet 1838 Johann Christoph Blumhardt. – Lit.: LÖTSCH, Rettungshausbewegung, S. 158f.

KÖLLNER, WILHELM, 1760–1835, Vater von Karl Köllner, hessischer Pfarrer, seit 1818 Mitarbeiter Spittlers in Basel, seit 1825 bei seinem Sohn in Sitzenkirch bei Basel.

KRAZ, HEINRICH, 1811–1891, 1835 Repetent am Stift in Tübingen, 1838 Diakon in Backnang, 1846 Prof. in Urach, 1850–1878 am Oberen Gymnasium in Stuttgart. – Veröffentlichte eine Schrift über die »Gesangbuchsnoth in Württemberg«. Betätigte sich in den Jahren 1848 und 1849 als liberaler Politiker, was ihm die Versetzung nach Stuttgart einbrachte.

KULLEN, CHRISTIAN FRIEDRICH, 1785–1850, Bruder von Johannes Kullen, seit 1819 Lehrer und Leiter der pietistischen Versammlung in seinem Geburtsort Hülben, Tätigkeit als Reiseprediger (WLB Stuttgart, Cod. theol. 4° 592: Ansprachen, 1820–22).

KULLEN, JOHANNES, 1787–1842, Bruder von Christian Friedrich Kullen, seit 1819 Lehrer u. Schulleiter in Korntal, Tätigkeit als Reiseprediger (WLB Stuttgart, Cod. theol. 4° 592: Ansprachen, 1820–22), kurz vor seinem Tod 1842 zum Pfr. in Wilhelmsdorf gewählt.

LAUER, HEINRICH WILHELM, geb. 1807, 1829 Vikar in Gültstein, 1830–1831 in Pliezhausen, weiterer Lebensweg unklar. – Predigt 1826 in Rielingshausen und sorgt damit für Unruhe in Hofackers Gemeinde. Plant 1831 die Auswanderung zu deutschen Gemeinden in Südrussland. – Lit.: SIGEL, Bd. 8, S. 699; LKA Stuttgart, A 27, 1910 (Personalakte); WLB Stuttgart, Cod. hist. 4° 451, Bd. c, Bl. 97ᵛ (Brief von L. Hofacker, 19./24. März 1828).

LECHLER, GOTTHARD VIKTOR, 1811–1888, 1838 Repetent am Stift in Tübingen, 1841 Diakon in Waiblingen, 1853 Dekan in Knittlingen, 1858 Prof. d. Theologie und Pastor an der Thomaskirche in Leipzig.

LECHLER, GOTTLOB LUDWIG, 1793–1861, 1820 Pfr. in Hundersingen, 1827 in Adelberg, 1838 in Unterweissach, 1845 in Uhingen, 1851 in Kornwestheim. – In Hundersingen führte er nach Herrnhuter Vorbild eine Auferstehungsfeier am Ostermorgen ein, weswegen er sich im Juli 1821 gegenüber dem Münsinger Dekan verantworten musste (LKA Stuttgart, A 26, 464, 1, Nr. 16, Beilage A: Bericht an das Dekanatamt, 12. Juli 1821). Im Juli 1826 nimmt er aktiv an einer Missions-Brüderkonferenz in Metzingen teil (ABM Basel, QH-1.10: Protokoll, 19. Juli 1826). Von Hundersingen aus war er auch mit gottesdienstlichen Aufgaben in Wilhelmsdorf betraut. Mitarbeiter am Wilhelmsdorfer Predigtbuch (1834).

LEMPP, ERNST FRIEDRICH, 1791–1850, 1818 Pfr. in Uhlbach, 1829 in Ruit.

LEUTWEIN, CHRISTIAN PHILIPP FRIEDRICH, 1768–1838, 1792 Vikar in Eningen/ Achalm, 1800 Feldprediger, 1800 Präzeptor in Pfullingen, 1805–09 Pfr. in Weilersteußlingen, danach Privatlehrer in Pfullingen. – Autor verschiedener chiliastischer Schriften.

LINDL, ELISABETHA, GEB. VÖLK, gest. 1841, wanderte 1819 mit Ignaz Lindl nach Russland aus und heiratete diesen im Juli 1820 in Sankt Petersburg; die zuerst verheimlichte Ehe wurde zum Grund für die Ausweisung aus Russland Ende 1823; die drei Kinder des Paares sterben früh.

LINDL, IGNAZ, 1774–1845, 1802 katholischer Priester in Baindlkirch, 1818 in Gundremmingen, 1819 nach Russland ausgewandert, um dort endzeitliche Kolonien zu gründen, Ende 1823 ausgewiesen, 1824 zurückgekehrt und zur evangelischen Kirche übergetreten, 1825 Hilfsprediger in Barmen und Lehrer an der neu gegründeten Missionsschule der Rheinischen Missionsgesellschaft, 1828 Aufgabe des Lehramts, 1829 bemüht er sich vorübergehend um die Pfarrstelle in Korntal, sagt aber schließlich 1832 endgültig ab. – Seit 1825 war er unter den Einfluss des Basler Seidenwebers Johann Jakob Wirz gekommen und schloss sich schließlich der von diesem gegründeten Nazarener-Gemeinschaft an. – Seine wohl umfangreiche seelsorgliche Korrespondenz ist nur bruchstückhaft erhalten. – Lit.: WIRZ, Briefe (nur Briefe an Lindl); UB Basel, Handschriftenabteilung, A XIV 7 (»Leitfaden zur Erklärung der Apokalips«, handschriftl. Ms., 1818); StA Basel, PA 653 (Briefe an Spittler, 1813–1842); Freies Deutsches Hochstift Frankfurt (Briefe an Röschen Scharff, 1831–1838).

MALBLANC, SIXT AUGUST, 1794–1877, 1819 Pfr. in Wankheim, 1839 in Schlaitdorf.

MANN, KARL MAX FRIEDRICH, 1806–1869, Sohn eines württembergischen Beamten, 1833–1842 Pfr. in Wilhelmsdorf, vorher und nachher badischer Pfarrer. – Mitarbeiter am Wilhelmsdorfer Predigtbuch (1834). – Lit.: ERTZ, Mann; NEU, Pfarrerbuch, S. 391.

MÄRKLIN, CHRISTIAN, 1807–1849, Sohn von Jakob Friedrich Märklin, 1833 Repetent in Tübingen, 1834 Diakon in Calw, 1840 Verzicht auf die Pfarrstelle, 1841 Prof. am Gymnasium in Heilbronn. – Freund von David Friedrich Strauß und prononcierter Kritiker des Pietismus. – Lit.: GOTTSCHICK, Märklin; KÖPF, Märklin.

MÄRKLIN, JAKOB FRIEDRICH, 1771–1841, Vater von Christian Märklin, 1797 Repetent am Stift in Tübingen, 1802 Prof. an der evangelischen Klosterschule in Bebenhausen, 1807 Prof. am Seminar in Maulbronn, 1814 Dekan in Neuenstadt, 1821 Prälat von Heilbronn.

MÄRKLIN, JOHANN CARL ADOLF, 1809–1834, Vikar in Aich, 1833 Pfarrverw. in Würtingen, Vikar in Unterhausen. – Herausgeber eines kleinen Predigtbandes »zum Besten der flüchtigen Polen« (1832).

MEHL, WILHELM TOBIAS, 1807–1862, 1832 Repetent am Stift in Tübingen, 1835 Diakon in Balingen, 1837 erster Diakon am Hospital in Stuttgart, 1848 Stadtdekan und Hospitalpfarrer ebenda. – Mitarbeiter am Pfarrwaisen-Predigtbuch (1846).

MENKEN, GOTTFRIED, 1768–1831, reformierter Pfarrer, 1786 in Wetzlar und 1802–1825 in Bremen. – Spekulativer Biblizist in der Nachfolge Bengels. – Lit.: NOWAK, Die Welt ist angezündet.

MESSNER, JOHANNES, Gemeinderat aus Aldingen bei Tuttlingen. – Veröffentlicht 1838 im *Christenboten* eine Reihe von »Briefen über den Pietismus und die Bildung von gestern her« (gegen David Friedrich Strauß und Gustav Binder).

MEYER, JOHANN FRIEDRICH VON, 1772–1849, Jurist und Politiker in Frankfurt. – Theosophischer Schriftsteller. – Lit.: BENRATH, Erweckung, S. 245ff; LINDINGER, Art. Meyer.

MILLER, ANTON, 1781–1861, 1809 Präzeptor in Ulm, 1809–1861 Pfr. in Asselfingen.

MÖGLING, WILHELM LUDWIG FRIEDRICH, 1788–1854, 1809 Präzeptor in Güglingen, 1811 in Brackenheim, 1819 in Öhringen, 1824 Rektor der Lateinschule ebenda, 1827 Prof. am Lyzeum in Tübingen, 1831 Pfr. in Mössingen, 1840 in Aldingen bei Tuttlingen, 1852 in Groß-Süßen. – Mitarbeiter am Wilhelmsdorfer Predigtbuch (1834).

MOLL, JOHANN GOTTFRIED, 1747–1830, Theologiestudium, seit 1775 Lehrer für Mathematik und Geographie an der Hohen Karlsschule, 1794–1801 pensioniert, 1801–1805 Lehrer am Oberen Gymnasium in Stuttgart. – Beschäftigte sich mit apokalyptisch-chronologischen Berechnungen. – Lit.: HAGEL, Geographie, S. 226;

WLB Stuttgart, Cod. hist. 4° 451, Bd. a, S. 38 (Brief L. Hofacker, 2. Februar 1824).

MÜLLER, CHRISTOPH GOTTLOB, 1785–1858, aus Winnenden, 1806–1830 in London, methodistischer Missionar und Gemeinschaftsgründer, zuerst in seiner Heimatstadt, später in ganz Württemberg. – Lit.: BURKHARDT, Müller.

MÜNCH, JOHANN GOTTLIEB, 1774–1837, 1796 Prof. d. Theologie in Altdorf, 1803 evang. Hofprediger in Ellwangen, 1806 Pfr. in Möhringen auf den Fildern, 1808 Stadtpfr. an St. Leonhard in Stuttgart, 1812 Dekan in Tübingen, zugleich Prof. d. Theologie. – Autor der anonymen »Briefe aus dem Volk« (1818).

NANZ, AUGUST FRIEDRICH, 1781–1863, 1810 Pfr. in Bissingen an der Enz, 1822 Stadtpfr. in Zavelstein, 1837 Pfr. in Bernhausen. – Mitarbeiter am Wilhelmsdorfer Predigtbuch (1834).

NAST, CHRISTIAN LUDWIG, 1763–1847, 1798 Diakon in Wildbad, 1804 Garnisonspfr. in Ludwigsburg, 1809 Pfr. in Wangen am Neckar, 1823–1841 Pfr. in Münchingen. – Scharfer Kritiker des Pietismus.

NEUFFER, WILHELM CHRISTIAN, 1769–1829, 1800 Feldprediger, 1802 Diakon in Güglingen, 1807 Pfr. in Horrheim, 1819 in Holzgerlingen, 1828 in Dürrmenz.

OSIANDER, EMILIE, GEB. HOFFMANN, 1809–1849, aus Stuttgart, Pfarrfrau, in erster Ehe 1833 verheiratet mit Karl August Osiander, in zweiter Ehe 1836 mit Albert Knapp.

OSIANDER, KARL AUGUST, 1792–1834, 1815 Repetent am Stift in Tübingen, 1819 Pfr. in Münklingen, 1832 in Maichingen. – Spekulativer Biblizist in der Nachfolge Bengels und Oetingers. Freund von C. G. Barth und mit diesem Hauptautor der Evangelischen Schullehrer-Bibel. Mitarbeiter am Wilhelmsdorfer Predigtbuch (1834). – Lit.: Zum Andenken des verewigten M. Karl August Osiander.

OSTERTAG, ALBERT, 1810–1871, 1834–1836 Stadtvikar in Stuttgart, 1837 Lehrer am Missionshaus in Basel.

PAHL, JOHANN GOTTFRIED (VON), 1768–1839, 1790 Pfr. im reichsritterschaftlichen Neubronn, 1801 zugleich Amtmann ebenda, 1808 in Affalterbach, 1814 in Vichberg (Fichtenberg), 1824 Dekan in Gaildorf, 1832 Prälat von Schwäbisch Hall. – Origineller und produktiver Publizist und Historiker mit ambivalentem Verhältnis zum Pietismus. – Lit.: NARR, Pahl.

PALMER, CHRISTIAN, 1811–1875, 1836 Repetent am Stift in Tübingen, 1839 Diakon in Marbach, 1843 zweiter Diakon in Tübingen, 1848 erster Diakon ebenda, 1851 Dekan ebenda, 1852 Prof. f. Praktische Theologie und Moral ebenda. – Vertreter einer zwischen Pietismus und Landeskirche vermittelnden Theologie. Kurzzeitig Redakteur des Pfarrwaisen-Predigtbuches (1843).

PALMER, JOHANNES, 1797–1835, vor 1825 Vikar in Weiler zum Stein, 1825 Pfr. in Eschenau, 1831 in Schwabbach. – Teilnehmer an der von J. C. F. Burk gegründeten Zirkularkorrespondenz 1824–1828.

PAULUS, BEATE, GEB. HAHN, 1778–1842, Tochter von Philipp Matthäus Hahn und Enkelin von Johann Friedrich Flattich. – Als Pfarrfrau 1800 in Klosterreichenbach, 1810 in Ostelsheim, 1813–1828 in Talheim bei Tuttlingen; als Pfarrwitwe in Münchingen, Korntal und 1837 auf dem Salon bei Ludwigsburg. Verfasserin diverser Wochenbücher (WLB Stuttgart, Cod. hist. 4° 370, 8 und 11; Cod. hist. 8° 109, 4 bis 7, 9 und 10, aus den Jahren 1817–28).

PAULUS, ERNST PHILIPP, 1809–1878, Sohn von Beate Paulus, 1837 gemeinsam mit seinem Bruder Philipp Gründer einer Bildungsanstalt auf dem Salon bei Ludwigsburg, seit 1845 Mitherausgeber der Wochenzeitung *Süddeutsche Warte*. – Lit.: R. F. PAULUS, Bildungsanstalt.

PAULUS, IMMANUEL, 1814–1876, Sohn von Beate Paulus, 1837 gemeinsam mit seinem Bruder Philipp Gründer einer Bildungsanstalt auf dem Salon bei Ludwigsburg, seit 1845 Mitherausgeber der Wochenzeitung *Süddeutsche Warte*, 1855 Pfr. in Hopfau, 1865 in Münster am Neckar, 1872 in Fellbach. – Lit.: R. F. PAULUS, Bildungsanstalt.

PAULUS, KARL FRIEDRICH, 1763–1828, 1799 Pfr. in Klosterreichenbach, 1810 in Ostelsheim, 1813 in Talheim bei Tuttlingen. – Seit 1800 verheiratet mit Beate, geb. Hahn.

PFANDER, CARL GOTTLIEB, 1803–1865, 1820 Basler Missionsschüler, seit 1825 Missionar, u.a. in Armenien und Indien. – Lit.: ABM Basel, QS-10.1 (Tagebuch 1823); Personalfaszikel BV 40.

PFISTER, JOHANN CHRISTIAN (VON), 1772–1835, 1806 Diakon in Vaihingen an der Enz, 1813 Pfr. in Untertürkheim, 1832 Prälat von Tübingen mit Wohnsitz in Stuttgart. – Akribischer Historiker Württembergs.

PICHLER, EBERHARD LUDWIG, 1798–1846, 1822 Pfr. in Wangen bei Göppingen, 1829 in Oberwälden, 1842 in Mössingen. – Mitarbeiter am Wilhelmsdorfer Predigtbuch (1834).

PLOUCQUET, CHRISTOPH FRIEDRICH, 1781–1844, Kaufmann und Textilfabrikant in Heidenheim, Förderer von Ignaz Lindl und dessen Anhängern.

PREGIZER, CHRISTIAN GOTTLOB, 1751–1824, 1778 Schlossprediger in Tübingen, 1783 Pfr. in Grafenberg, 1795 Stadtpfr. in Haiterbach. – Origineller, von Luther und Prätorius beeinflusster Theologe und Förderer pietistischer Gemeinschaften. – Lit.: MÜLLER, Pregizer.

PREZINGER, JOHANN JAKOB, 1787–1848, Provisor und Mitglied der Nazarener-Gemeinschaft in Haiterbach, 1829 zur Ruhe gesetzt, richtet anschließend eine sonntägliche Versammlung für Kinder ein. – Lit.: LKA Stuttgart, A 26, 471, 4 (Akten zu Provisor Prezinger); ebd., Hs 118 (Konvolut von handschriftl. u. gedruckten Briefen, Betrachtungen und Flugschriften aus dem Umkreis der Anhänger von Johann Jakob Wirz); WLB Stuttgart, Cod. hist. 2° 878 X (Brief an J. C. F. Burk, Haiterbach, 1. Juni 1831); Ortssippenbuch der Stadt Haiterbach, S. 28.

REIHLEN, CHARLOTTE, GEB. MOHL, 1805–1868, 1823 heiratete sie den wohlhabenden Stuttgarter Kaufmannssohn Johann Friedrich Reihlen, 1841 gründete sie eine Privatlehranstalt für Töchter und einen Hilfsverein zur Herausgabe eines »Armengesangbuches«, 1842/43 setzte sie sich für die Gründung eines Missionsvereines und die Abhaltung von Missionsfesten in Stuttgart ein, 1844 gründete sie einen Bibelverein, auf ihre Initiative geht die Gründung des Stuttgart Diakonissenhauses 1854 zurück. – Sie stand in engem Kontakt mit Sixt Carl Kapff und gab dem Andachtsbild »Der breite und der schmale Weg« seine heute bekannte Gestalt. – Lit.: EHMER, Frauen.

RENZ, JOHANNES, 1808–1883, Mitglied der Nazarener-Gemeinschaft in Haiterbach. – Lit.: LKA Stuttgart, Hs 118 (Konvolut von handschriftl. u. gedruckten Briefen, Betrachtungen und Flugschriften aus dem Umkreis der Anhänger von Johann Jakob Wirz); Ortssippenbuch der Stadt Haiterbach, S. 196.

REUCHLIN, JOHANN CHRISTOPH FRIEDRICH, 1775–1838, 1807 Diakon in Markgröningen, 1820 Dekan in Heidenheim und zugleich Gründer und Vorsteher eines Privat-Schullehrerseminars ebenda.

RHEIN, GOTTLOB JONATHAN, 1769–1832, aus dem Elsass, 1795 Kandidat in Straßburg, 1804 Pfarrer in Hürtigheim (Elsass), 1811 in Plobsheim (Elsass), 1818 in Ladenburg (Baden), 1821 in Oefingen (Baden), 1825 in Sexau (Baden). – In seiner Oefinger Zeit war er geistlicher Berater von Beate Paulus, geb. Hahn, in Talheim. – Lit.: STAEHELIN, Christentumsgesellschaft, S. 120, 449; NEU, Pfarrerbuch, S. 485.

RHEINWALD, GEORG FRIEDRICH HEINRICH, 1802–1849, 1830 Prof. d. Kirchengeschichte in Berlin, 1831 in Bonn, seit 1837/41 Ministerialrat in Berlin. – Herausgeber des *Allgemeinen Repertoriums für die theologische Litteratur und kirchliche Statistik.*

RIECKE, VIKTOR HEINRICH, 1759–1830, evangelischer Prediger in Mähren, 1789–1802 in Brünn, 1803 am Waisenhaus in Stuttgart, 1811 Pfr. in Lustnau. – Scharfer Kritiker des Pietismus.

RÖHRBORN, KARL FRIEDRICH, geb. 1773 (?), Verfasser chiliastischer Traktate im oberschwäbischen Biberach.

RÖMER, KARL LUDWIG AUGUST GÜNTHER, 1810–1856, Schwiegersohn von Christian Friedrich Klaiber, 1833–36 Vikar in Nürtingen, danach an diversen weiteren Orten, 1843 Diakon in Sindelfingen. – Teilnehmer an einer Zirkularkorrespondenz württembergischer Vikare im Frühjahr 1836 (LKA Stuttgart, R 5/1). Verfasste eine *Kirchliche Geschichte Württembergs.*

ROMMEL, GOTTLOB FRIEDRICH, 1790–1833, 1817 Diakon in Tuttlingen, 1826 Pfr. in Winterbach. – Mitarbeiter am Wilhelmsdorfer Predigtbuch (1834).

ROOS, WILHELM FRIEDRICH, 1798–1868, Enkel von Magnus Friedrich Roos, 1825 Pfr. in Oßweil und zugleich Gefängnisseelsorger in Ludwigsburg, 1833 Pfr. in Steinenbronn, 1849 in Ditzingen. – Freund L. Hofackers und dessen erster Biograph. Teilnehmer an der von L. Hofacker gegründeten Zirkularkorrespondenz. Mitarbeiter am Wilhelmsdorfer Predigtbuch (1834) und am Pfarrwaisen-Predigtbuch (1846).

ROSER, CHRISTOPH HEINRICH, 1756-1847, Rotgerber in Stuttgart, führendes Mitglied der dortigen Pietisten und Bindeglied zur Herrnhuter Brüdergemeine. – Lit.: BORST, Stuttgart, S. 297; UA Herrnhut, R. 19. B. 1. 14a Nr. 82, 90, 98 (Briefe an G. M. Schneider und Unbekannt, 1824 und o. D.).

RUOFF, DAVID, aus Ditzingen, seit 1819 Siedler in Korntal, wandert 1831 mit seiner Familie nach Russland aus (StA Ludwigsburg, F 179 Bü 501).

SCHLATTER, ANNA, GEB. BERNET, 1773–1826, aus St. Gallen. – Umfangreicher Briefwechsel und vielfältige Begegnungen mit pietistischen Persönlichkeiten. – Lit.: SCHLATTER, Reise nach Barmen.

SCHMID, CHRISTIAN FRIEDRICH, 1794–1852, 1818 Repetent am Stift in Tübingen, 1821 Prof. d. Theologie in Tübingen. – Irenischer Vertreter des Pietismus an der Tübinger Fakultät. Mitarbeiter am Wilhelmsdorfer Predigtbuch (1834).

SCHMID, JOHANN AUGUST, 1779–1856, 1810 Pfr. in Obertürkheim, 1834–1853 in Untertürkheim. – 1843–1856 Vorstand des Pfarrwaisenvereins.

SCHMID, JOHANN CHRISTOPH (VON), 1756–1827, seit 1788 auf verschiedenen Stellen Pfr. und Lehrer in Ulm, 1809 Münsterprediger ebenda, 1810 Prälat von Ulm. –

Historiker und Verfasser einer ausführlichen konsistorialen Stellungnahme zum Pietismus in Württemberg (LKA Stuttgart, A 26, 464, 1, Nr. 19: Stellungnahme, 12. Dezember 1821). – Lit.: APPENZELLER, Münsterprediger, S. 422–428.

SCHMID, KARL GOTTLOB, 1799–1871, 1825 Diakon in Dettingen an der Erms, 1830 Pfr. in Gronau, 1845 in Laichingen, 1858–1867 in Holzmaden. – Teilnehmer an der von L. Hofacker gegründeten Zirkularkorrespondenz.

SCHMID, LUDWIG FRIEDRICH, 1798–1860, 1824 Pfarrverw. in Effringen (als Nachfolger von C. G. Barth), 1825 Pfr. ebenda, 1834 in Althengstett, 1847 Stadtpfr. in Neuffen. – Teilnehmer an der von J. C. F. Burk gegründeten Zirkularkorrespondenz 1824–1828.

SCHNEIDER, GOTTLOB MARTIN, 1763–1849, 1818–1836 Bischof der Herrnhuter Brüdergemeine mit Dienstsitz in Berthelsdorf.

SCHOLDER, JOHANN ABRAHAM, gest. 1831, Färber, führendes Mitglied der Pietistenversammlung in Nagold. – Lit.: BUCK, Bilder, 2. Hälfte, S. 59f.

SCHÖNTHALER, JOHANN MICHAEL, 1804–1836, 1832 Lehrer der alten Sprachen am Knabeninstitut in Korntal, nimmt 1832 dort vorübergehend die pfarramtlichen Handlungen wahr, 1835 Vikar in Mössingen.

SCHÜLE, JOSIAS, 1797–1843, 1822 Vikar in Leonberg, 1823 Repetent am Seminar Urach, 1825 Diakon in Münsingen, 1829 in Calw, 1834 Dekan in Münsingen, 1843 in Vaihingen an der Enz. – Teilnehmer an der von J. C. F. Burk gegründeten Zirkularkorrespondenz 1824–1828.

SCHWAB, GUSTAV, 1792–1850, 1815 Repetent am Stift in Tübingen, 1817 Prof. am Oberen Gymnasium in Stuttgart, 1837 Pfr. in Gomaringen, 1841 Pfr. an St. Leonhard und Amtsdekan in Stuttgart, 1845 Oberkonsistorialrat und Oberstudienrat ebenda. – Dichter, Redakteur und irenischer Theologe mit gewissen Sympathien gegenüber dem Pietismus. – Lit.: SCHILLBACH/DAMBACHER, Gustav Schwab.

SCHWEIZER, JOHANNES, aus Leonberg, seit 1819 Siedler in Korntal, wandert 1831 mit seiner Familie nach Rußland aus (StA Ludwigsburg, F 179 Bü 501); sein ältester Sohn, Johann Jacob, geb. 1806, schließt sich nicht an.

SEEGER, JOHANN BENJAMIN, 1763–1827, 1799 Pfr. in Reinerzau, 1815 in Willmandingen.

SEEGER, JOSEPH KARL AUGUST, 1795–1864, 1820 Pfr. in Hirsau, 1828 in Strümpfelbach, 1848 in Untersielmingen. – Hielt im Oktober 1824 eine (nachher gedruckte) Bußpredigt anlässlich einer Überschwemmungskatastrophe im Nordschwarzwald. Seit 1826 Teilnehmer der von Ludwig Hofacker gegründeten Zirkularkorrespondenz. Mitherausgeber des Wilhelmsdorfer Predigtbuchs (1834). Mitarbeiter am Pfarrwaisen-Predigtbuch (1846).

SEYBOLD, JOHANN JAKOB, 1787–1863, 1814 Diakon in Langenburg, 1816 Pfr. in Bürg, 1820 Diakon in Wildbad, 1828 Pfr. in Ditzingen, 1849 in Erdmannhausen. – Mitarbeiter am Wilhelmsdorfer Predigtbuch (1834).

SIGWART, HEINRICH CHRISTOPH WILHELM (VON), 1789–1844, 1816 Prof. d. Philosophie in Tübingen, 1834 Ephorus des Stifts in Tübingen, 1841 Prälat von Schwäbisch Hall.

SILCHER, FRIEDRICH, 1789–1860, seit 1817 Universitätsmusikdirektor in Tübingen.

SNETHLAGE, KARL WILHELM MORITZ, 1792–1871, 1822–1842 unierter Pfr. in Unterbarmen und Superintendent der Elberfelder Synode, 1843 Hof- u. Domprediger in

Berlin, 1862 Oberhofprediger ebenda. – Stellte Ignaz Lindl im März 1829 ein gutes Zeugnis aus. – Lit.: Geschichte der Evangelischen Kirche der Union, Bd. 1, S. 432.

SPITTLER, CHRISTIAN FRIEDRICH, 1782–1867, Ausbildung zum Schreiber, 1801 zweiter Sekretär der Basler Christentumsgesellschaft, 1808 erster und leitender Sekretär, 1815 Mitbegründer der Basler Missionsgesellschaft, 1816 zugleich Verlags- und Sortimentsbuchhändler, 1828 zugleich Gründer und Leiter der Pilgermission. – Mittelpunkt eines der wichtigsten Kommunikations-Netzwerke des Erweckungspietismus. – Lit.: StA Basel, PA 653 (Spittler-Archiv).

STANGE, KARL FRIEDRICH, 1792–1865, 1818 Repetent am Stift in Tübingen, 1822 Diakon in Cannstatt, 1834 Pfr. in Gerlingen. – Mitarbeiter am Wilhelmsdorfer Predigtbuch (1834).

STÄNGEL, FRIEDRICH PHILIPP, 1749–1829, 1782 Pfr. in Fleinheim, 1798–1827 in Sontheim/Brenz. – Teilnehmer einer pietistischen Zirkularkorrespondenz (LKA Stuttgart, Hs 79/2).

STANGER, JOHANN MARTIN, 1794–1861, Basler Missionsschüler, Aufseher in Korntal und Hausvater in Wilhelmsdorf. – Lit.: ABM Basel, QS-10.1 (Tagebuch 1825), Personalfaszikel BV 56; BUCK, Bilder, 2. Hälfte, S. 305–310.

STEINKOPF, JOHANN FRIEDRICH, 1771–1852, Antiquar, Sortiments- und Verlagsbuchhändler in Stuttgart. – Engagierter Verleger pietistischer Literatur, u.a. seit 1831 des *Christenboten*.

STEUDEL, JOHANN CHRISTIAN FRIEDRICH, 1779–1837, 1810 Diakon in Cannstatt, 1812 zweiter Diakon in Tübingen, 1814–1822 erster Diakon ebenda, seit 1815 zugleich Prof. d. Theologie in Tübingen. – Mitarbeiter am Wilhelmsdorfer Predigtbuch (1834). – Dem Supranaturalismus entstammend, dem Pietismus zuneigend.

STIRM, CARL HEINRICH (VON), 1799–1873, 1825 Repetent am Stift in Tübingen, 1828 Pfr. in Unterensingen, 1835 Oberkonsistorialrat und (bis 1850) Hofkaplan in Stuttgart, 1867 Titel Prälat. – Mitarbeiter am Pfarrwaisen-Predigtbuch (1846).

STOCKMAYER, WILHELM FRIEDRICH, 1776–1852, 1802 Pfr. in Deufringen, 1816–1848 in Fellbach.

STOTZ, JAKOB FRIEDRICH, 1809–1895, 1834 Vikar bei C. G. Barth in Möttlingen, 1838 Pfarrverw. in Hertmannsweiler, 1843 am Zuchthaus in Ludwigsburg, 1844 Pfr. ebenda, 1862–1888 in Kornwestheim. – Teilnehmer an einer Zirkularkorrespondenz württembergischer Vikare im Frühjahr 1836 (LKA Stuttgart, R 5/1).

STOTZ, JOHANN MARTIN, 1801–1855, 1824–27 Vikar in Winnenden, 1828 wiss. Reise, Pfarrverw. in Schnait, 1829 Vikar in Stammheim bei Calw, Pfarrverw. auf Hohenasperg, 1830 Pfr. in Wangen bei Göppingen, 1837 in Linsenhofen, 1845 in Neckarweihingen. – Teilnehmer an der von J. C. F. Burk gegründeten Zirkularkorrespondenz 1824–1828.

STRAUB, JOHANN ADAM, 1776–1858, Schuhmacher in Zell unter Aichelberg und führendes Mitglied der dortigen Pietisten-Versammlung, gehörte 1819 zu den ersten Siedlern in Korntal. – Lit.: Mittheilungen aus dem Lebensgang; Hahn'sche Gemeinschaft, Bd. 1, S. 296–302.

STRAUSS, DAVID FRIEDRICH, 1808–1874, 1832 Repetent in Tübingen, 1835 aus dem Pfarrdienst entlassen, danach Privatgelehrter. – Autor des umstrittenen Werkes »Das Leben Jesu, kritisch bearbeitet« (2 Bde., 1835/36). – Lit.: KUHN, Art. Strauß.

SUHL, JOHANN DANIEL, 1759–1838, Diasporaarbeiter der Herrnhuter Brüdergemeine, 1819–1827 in Württemberg.

SUHL, MARIA MAGDALENA, GEB. HUSS, 1771–1846, 1811 verheiratet mit Johann Daniel Suhl, Diasporaarbeiterin der Herrnhuter Brüdergemeine, 1819–1827 in Württemberg.

SÜSKIND, FRIEDRICH GOTTLIEB, 1767–1829, 1795 Diakon in Urach, 1798 Prof. d. Theologie in Tübingen, 1805 Oberhofprediger (bis 1814) und Oberkonsistorialrat in Stuttgart, 1814 Titel Prälat. – Verfasser der neuen, rationalistisch inspirierten Liturgie von 1809.

VAIHINGER, JOHANN GEORG, 1802–1879, 1825 Ordination als Missionar in Stuttgart, 1826–1829 Lehrer am Missionshaus in Basel, 1833 Stadtpfr. in Grözingen, 1842 Pfr. in Nehren, 1862–1866 in Kochersteinsfeld. – Verfasste diverse exegetische und kirchengeschichtliche Schriften. – Lit.: ABM Basel, Personalfaszikel BV 44.

VEYGEL, GOTTLIEB, 1780–1847, Kaufmann und Kompagnon von Christian Friedrich Werner in Giengen an der Brenz, wandert mit seiner Frau und Werner im Mai 1823 nach Sarata in Bessarabien aus. – Lit.: LEIBBRANDT, Auswanderung, S. 177–200; HStA Stuttgart, E 146/1 Bü 1631 (Auswanderung der Anhänger Lindls); StA Ludwigsburg, F 172 I Bü 128 (Auswanderungsverzeichnisse).

VISCHER, FRIEDRICH THEODOR, 1807–1887, Freund von David Friedrich Strauß, Kritiker und Ästhetiker, Erfinder der »Tücke des Objekts« (in seinem Roman »Auch Einer«, 1879), erklärter Gegner des Pietismus.

VÖLTER, JOHANN LUDWIG, 1809–1888, Schwiegersohn von Christian Heinrich Zeller, 1830 Vikar in Dürrmenz, 1833 Lehrer und Vikar in Winnenden, 1839 Inspektor der Armenschullehrer- und Kinderrettungsanstalt in Lichtenstern, 1850–1880 Pfr. in Zuffenhausen. – Mitarbeiter am Pfarrwaisen-Predigtbuch (1846).

VÖLTER, JOHANNES, 1804–1899, 1832 Diakon in Güglingen, 1840 Pfr. in Grafenberg, 1846/47 in Geradstetten, 1864–1882 in Münchingen. – Mitarbeiter am Wilhelmsdorfer Predigtbuch (1834).

WÄCHTER, FRIEDRICH EBERHARD, 1792–1838, 1817 Repetent am Stift in Tübingen, 1819 Diakon in Marbach, 1833 Dekan in Leonberg (mit der Visitation in Korntal beauftragt).

WEIGENMAJER, JACOB LUDWIG FRIEDRICH, 1762–1837, 1791 Pfr. in Bergfelden, 1811/12 Stadtpfr. in Dornstetten. – Autor einer neuen »Enträthselung der Offenbarung Johannis« (1827).

WEIHENMAYER, CHRISTOPH FRIEDRICH, 1768–1845, 1804 Diakon in Dettingen u. T., 1810 Pfr. in Adelberg, 1827–1842 in Aldingen. – Als Pfarrer in Adelberg lässt er 1823 eine Brandpredigt drucken.

WEITBRECHT, JAKOB FRIEDRICH, 1798–1868, 1822 Instruktor der Prinzen Friedrich und August von Württemberg, 1824 Pfr. in Hegenlohe, 1833 Stadtpfr. in Sindelfingen, 1839 Dekan in Welzheim, 1854/55–1866 Pfr. in Groß-Süßen unter Beibehaltung von Titel und Rang. – Teilnehmer an der von J. C. F. Burk gegründeten Zirkularkorrespondenz 1824–1828. Mitarbeiter am Wilhelmsdorfer Predigtbuch (1834).

WEITBRECHT, RICHARD, 1851–1911, bis 1893 im württembergischen Kirchendienst, danach erster Pfr. in Wimpfen (damals hessisch). – Autor des schwäbischen Bauern- und Pfarrerromans »Bohlinger Leute« (1911).

WEIZ, JOHANN CONRAD, 1780–1857, Buchbindermeister, Diasporaarbeiter der Herrnhuter Brüdergemeine, seit 1827 in Württemberg mit Wohnsitz in Stuttgart. – Lit.: MEYER, Weiz.

WEIZ, MARGARETHA ELISABETH, GEB. RAILLARD, 1788–1864, 1810–1814 Lehrerin in Königsfeld, 1814 verheiratet mit Johann Conrad Weiz, Diasporaarbeiterin der Herrnhuter Brüdergemeine, 1827–1857 in Württemberg.

WERNER, CHRISTIAN FRIEDRICH, 1759–1823, wohlhabender Kaufmann in Giengen an der Brenz, Anhänger und Mäzen Ignaz Lindls, wandert im Mai 1823 zusammen mit seinem Compagnon Gottlieb Veygel nach Sarata in Bessarabien aus, wo aus seinem Nachlass eine Kirche und eine Schule gebaut werden kann. – Lit.: LEIBBRANDT, Auswanderung, S. 177–200; HStA Stuttgart, E 146/1 Bü 1631 (Auswanderung der Anhänger Lindls); StA Ludwigsburg, F 172 I Bü 128 (Auswanderungsverzeichnisse).

WERNER, CHRISTOPH GOTTLIEB, 1779–1860, 1810 Pfr. in Altensteig (Stadt), 1823 Dekan in Wildbad, 1835–1855/56 in Waiblingen. – Verfasser einer Streitschrift gegen die Korntaler Gemeinde.

WERNER, GUSTAV, 1809–1887, während des Theologiestudiums Kontakt mit Anhängern Emanuel Swedenborgs, 1834–1839 Pfarrverw. in Walddorf bei Tübingen, seit 1837 diakonische Arbeit, daneben Tätigkeit als Reiseprediger, 1840 Umzug nach Reutlingen und Fortführung der Anstaltsarbeit (seit 1855 unter dem Namen »Bruderhaus«), 1851 von der Liste der württembergischen Predigtamtskandidaten gestrichen. – Lit.: WERNER, Reich Gottes.

WERNER, KARL FRIEDRICH, 1804–1872, 1831 Lehrer am Missionshaus in Basel, 1834 Pfr. in Effringen, 1841 in Großheppach, 1849 in Fellbach. – 1839–1862 Herausgeber der Basler Sammlungen. Freund und Biograph C. G. Barths. Mitarbeiter am Pfarrwaisen-Predigtbuch (1846).

WERNER, LUDWIG IMMANUEL, 1802–1892, Bruder von Karl Friedrich Werner, 1831 Pfr. in Erligheim. – Mitarbeiter am Wilhelmsdorfer Predigtbuch (1834) und am Pfarrwaisen-Predigtbuch (1846).

WICHERN, JOHANN HINRICH, 1808–1881, Hamburger Theologe, 1833 Gründer des *Rauhen Hauses* und Förderer der Diakonie. – Brachte mit seiner berühmt gewordenen Stegreifrede auf dem ersten Kirchentag 1848 in Wittenberg die Innere Mission als Aufgabe der Kirche ins Bewusstsein des deutschen Protestantismus.

WIEDERSHEIM, AUGUST JOHANN ANDREAS, 1753–1833, 1787 Pfr. in Jesingen, 1802 in Iptingen, 1812 in Endersbach.

WIRZ, JOHANN JAKOB, 1778–1858, Seidenweber in Basel, Gründer der Nazarener-Gemeinschaft, der sich auch Ignaz Lindl und (vorübergehend) Karl Köllner anschließen.

WOLFF, KARL WILHELM, 1803–1869, 1833/34 Pfr. in Beinstein, 1843 Rektor am Katharinenstift in Stuttgart. – Theologischer Schriftsteller, Freund und Förderer Eduard Mörikes. Mitarbeiter am Pfarrwaisen-Predigtbuch (1846).

WURM, JOHANN FRIEDRICH, 1760–1833, 1788 Präzeptor in Nürtingen, 1797 Pfr. in Gruibingen, 1800 Prof. am Seminar in Blaubeuren, 1807–1824 am Oberen Gymnasium in Stuttgart. – Neben dem Pfarramt erwarb er sich als Mathematiker und Astronom einen Namen. Verfasste zwei Schriften zur astronomischen Widerlegung der Bengelschen Berechnungen. – Lit.: ADB, Bd. 44, S. 333f; BWKG 57/58 (1957/58), S. 105.

WURM, JULIUS FRIEDRICH, 1791–1839, Sohn von Johann Friedrich Wurm, 1833 Stadtpfr. in Waldenbuch. – Mitarbeiter am Wilhelmsdorfer Predigtbuch.

WURSTER, CHRISTOPH HEINRICH, 1783–1837, Schwager von J. C. F. Burk, 1805 Präzeptor in Pfullingen, 1807 in Böblingen, 1813 zweiter Diakon und Präzeptor in Göppingen, 1815 Pfr. in Oberurbach, 1821 Stadtpfr. in Güglingen, 1828 Pfr. in Rötenberg. – Verfasser einer Streitschrift für die Korntaler Gemeinde und diverser Gedichte im *Christenboten*.

ZELLER, CHRISTIAN FERDINAND FRIEDRICH, 1785–1860, 1814 Pfr. in Erzingen, 1820 in Tailfingen im Gäu, 1825 in Mühlhausen an der Enz, 1839 aus dem württembergischen Pfarrdienst ausgeschieden und 1840 nach Amerika ausgewandert.

ZELLER, CHRISTIAN HEINRICH, 1779–1860, Lehrer in der Schweiz, 1820 Leiter der Armenschullehrer- und Armenkinderanstalt in Schloss Beuggen. – Lit.: KUHN, Religion und neuzeitliche Gesellschaft, S. 225–338.

ZELLER, MAGNUS FRIEDRICH, 1803–1843, 1828 Diakon in Besigheim, 1834 Pfr. in Nellingen bei Esslingen, 1840 Dekan in Besigheim. – Initiator des 1842 gegründeten Pfarrwaisenvereins.

ZELLER, THEODOR CHRISTIAN, 1783–1847, 1806 Präzeptor in Tuttlingen, 1812/13 Pfr. in Münster am Kocher, 1816 in Bodelshausen, 1820 in Öschingen (als Nachfolger von C. A. Dann), 1827/28 in Laichingen, 1840 in Dusslingen.

ZENNECK, KARL AUGUST GOTTLIEB, 1791–1869, 1817 Pfr. in Heutingsheim, 1828 in Überkingen, 1838–1868 in Bermaringen. – Verfasser eines Diözesanaufsatzes über die Korntaler Gemeinde (LKA Stuttgart, DA Ludwigsburg, Nr. 90c).

ZIEGLER, JOHANN LUDWIG, 1778–1851, 1804 Präzeptor in Göppingen, 1812 zugleich zweiter Diakon ebenda, 1813 Stadtpfr. in Münsingen, seit 1817/18 auch Dekan, 1823 Dekan in Creglingen, 1826–50 in Urach. – Während seiner Amtszeit wird in Münsingen der Pietismus durch das Konsistorium beobachtet. – Lit.: LKA Stuttgart A 26, 464, 1, Nr. 16 (Bericht über Separatismus und Pietismus im Oberamt Münsingen, 30. Juli 1821).

IV. Quellen- und Literaturverzeichnis

1. Archivalien

Staatsarchiv des Kantons Basel-Stadt
Privatarchiv [PA] 653, Spittlerarchiv
   Abt. V: Briefe an Christian Friedrich Spittler

Universitätsbibliothek Basel, Handschriftenabteilung
A XIV 7: »Leitfaden zur Erklärung der Apokalips für Jene die sie mit Nutzen und Seegen
   lesen wollen«, 1818, handschriftl. Ms. (Abschrift), 116 S. [Autor: Ignaz Lindl; vgl.
   Kapitel 1, Abschnitt III]
A XIV 8: Jonathan Friedrich Bahnmaier, Religionsvorträge, Palmsonntag 1827–Cantate
   1828
Nachlass Nr. 245: David Spleiss
   3: Aufzeichnungen zu Pastoralia und zur Theologie

Archiv der Basler Mission
Komiteeprotokolle, Bd. 1 (1815/16), Bd. 2 (1817)
   Personalfaszikel
   BV 1: Wilhelm Dürr
   BV 19b: Ludwig Friedrich Bezner
   BV 22: Gottlieb Christoph Deininger
   BV 40: Carl Gottlieb Pfander
   BV 44. Johann Georg Vaihinger
   BV 56: Johann Martin Stanger
   BV 97: Jacob August Hausmeister
   BV 117: Jakob Günther
Q-3–4 Gemischte Briefe
   1: Briefe von und an Christian Gottlob Barth, 1818–1862
   2d: Briefe von Ludwig Hofacker, 1820–1827
   2e: Briefe von Jonathan Friedrich Bahnmaier, 1819–1841
   3 bis 31: Gemischte Briefe, 1816–1850
QH-1.10: Missionsvereine Baden und Württemberg, 1818–1942
QH-1.41 bis 44: Korrespondenz mit Evang. Missionsvereinen in der Schweiz und im
   Ausland
QS-10.1: Vakanztagebücher, 1817–1841

Staatsbibliothek zu Berlin – Preußischer Kulturbesitz, Handschriftenabteilung
Nachlass Hengstenberg
   Bestand Barth, Chr. G.: 14 Briefe von Christian Gottlob Barth an Ernst Wilhelm
   Hengstenberg, 1827–1835

Freies Deutsches Hochstift Frankfurt
5235 bis 5241: 7 Briefe von Ignaz Lindl an Röschen Scharff, 1831–1838

Heimatmuseum Geislingen an der Steige
Inv.-Nr. 1402: [Binder, August Viktor], Den Eisenbahn-Arbeitern zur Erinnerung, Geislingen: Ils, 1847

Stadtarchiv Herrenberg
Stifts- und Dekanatsarchiv Herrenberg
> D 79/3: Umfrage wegen der Privatversammlungen, 1821
> D 79/4: Umfrage nach Stundenhaltern in der Diöcese, 1820
> D 79/5: Verzeichniß der im Land befindlichen religiösen Gemeinschaften, [ca. 1821]

Unitätsarchiv Herrnhut
Dienerblätter
R. 18. A. 27b: Korrespondenz mit der Herrnhuter Predigerkonferenz
R. 19. B. l.: Diaspora der Brüder-Unität, Württemberg
> 6 bis 10: Berichte aus Württemberg, 1809–1841
> 14: Briefe aus Württemberg, 1806–1850

Archiv der Brüdergemeinde Korntal
Archiv I: Akten aus der Gründungszeit Korntals bis etwa 1900
Archiv II: Bevölkerungslisten der Gemeinde Korntal, 1820–1882
Archiv VIII: II. Predigtentwürfe von Pfarrer Friederich, handschriftl. Ms., 20 unpag. S.,
> 1819ff
Archiv X: Wilhelmsdorf
Archiv XI: Briefe aus dem Umkreis von Pietismus, Erweckungsbewegung, Mission
Gemeinderatsprotokolle
> Bd. 1: 1819–1831; Bd. 2: 1831–1839
[JOHANN JAKOB] FRIEDERICH, Betrachtungen über den Zustand eines Christen von
> seinem Abscheiden an biß hin zur Auferstehung des Leibes, aus den Belehrungen der
> heiligen Schrift, zu christlich wahrer Beruhigung über unsere im Herrn entschlaffene
> Lieben, 3 Tl. in 4 Bd., handschriftl. Ms., 1817

Staatsarchiv Ludwigsburg
E 173 I Kreisregierung Ludwigsburg
> 1017: Zensur, Bücher und Bilder, 1818–1831
E 173 III Kreisregierung Ludwigsburg
> 7505f: Brüdergemeinde Korntal, 1818–1840
F 172 I Oberamt Heidenheim
> 128: Auswanderungsverzeichnisse, 1816–1853
> 129: Auswanderung, 1816–1824
F 179 Oberamt Leonberg
> 501: Ein-/Auswanderung Korntal, 1821, 1825–1871
FL 20/11 Oberamt Leonberg
> 151: Korntal
FL 20/11 Oberamt Leonberg
> 4437: Besetzung der Pfarrstelle Korntal

Deutsches Literaturarchiv Marbach
A: Eyth, Eduard
> 6 Briefe von Christian Gottlob Barth an Eduard Eyth, 1837–1842
A: Kerner, Justinus
> 3 Briefe von Gottlieb Wilhelm Hoffmann an Justinus Kerner, 1833–1837
> 3 Briefe von August Viktor Binder an Justinus Kerner, 1835–1841
A: Knapp, Albert
> 3 Briefe von Albert Knapp an Johann Georg Vaihinger, 1823–1825
> 7 Briefe von Gustav Schwab an Albert Knapp, 1829–1839

B: Hofacker, Hofacker
Brief von Ludwig Hofacker an Johann Christian Friedrich Burk, Stuttgart, 26. Februar
1821

Bayerische Staatsbibliothek München
Autogr. Barth, Christian Gottlob: eigenhändige autobiograph. Skizze, o. D. [1852/53]

Hauptstaatsarchiv Stuttgart
E 146/1 Ministerium des Innern III, Teil 1
    1631: Auswanderung der Anhänger Lindls 1820/21

Württembergische Landesbibliothek Stuttgart, Handschriftenabteilung
Cod. hist. 2° 847: Reisebeschreibung einer Auswanderung nach Südrussland, 1817
Cod. hist. 2° 877f: Nachlass Johann Christian Friedrich Burk
Cod. hist. 2° 1006, 51: Brief von Ludwig Hofacker an Wilhelm Hofacker, Stuttgart,
    22. Juni 1824
Cod. hist. 4° 370, 8 und 11: Wochenbücher von Beate Paulus, geb. Hahn, 1817–1829
    (vgl. Cod. hist. 8° 109)
Cod. hist. 4° 451: Zirkularkorrespondenz württembergischer Pietisten, 1823–1868 [Zirku-
    larkorrespondenz Hofacker]
Cod. hist. 4° 505: Zirkularkorrespondenz württembergischer Pietisten, 1824–1828 [Zirku-
    larkorrespondenz Burk]
Cod. hist. 4° 613: Briefe von Wilhelm Hoffmann
Cod. hist. 4° 713: Autographensammlung Pfleiderer
Cod. hist. 4° 733 I: Briefe aus dem Nachlass von Christian Adam Dann
Cod. hist. 8° 109, 4 bis 7, 9 und 10: Wochenbücher von Beate Paulus, geb. Hahn,
    1817–1829 (vgl. Cod. hist. 4° 370)
Cod. theol. 4° 592: Religiöse Ansprachen (»Stunden«) von Christian Friedrich Kullen
    (1785–1850) und Johannes Kullen (1787–1842) gehalten in den Jahren 1820–1822 in
    Hülben, Metzingen, Dettingen und Würtingen, handschriftl. Ms. (Nachschriften), 272 S.
Cod. theol. 4° 613: Sixt Karl Kapff, »Ueber das tausendjährige Reich und die Wieder-
    bringung«, handschriftl. Ms. (Abschrift), 20 Bl., [ca. 1840]

Landeskirchliches Archiv Stuttgart
A 2 Sitzungsprotokolle des Synodus, Band 1820–1829
A 3 Protokolle des Konsistoriums, Band 103, 1829
A 26 Allgemeine Kirchenakten
    371: Heidenmission
    373, 4: Warnung vor Auswanderung, 1817–1851
    462: Korntal
    463: Wilhelmsdorf
    464, 1: Pietisten, Hauptakten, 1811–1874
    464, 2: Privatversammlungen, Berichte der Generalsuperintendenten, 1821
    471, 4: Provisor Prezinger in Haiterbach, 1811–1833
    536: Sonntagsfeier, 1832f
    567, 6: Gebete in der Cholerazeit, 1831–1836
    635: Gesangbuch, Hauptakten
    638: Gesangbuchkommission
    639: Vorarbeiten zum Gesangbuch von 1842
    1547, 3: Pfarrwaisenverein, 1841–1889

A 27 Personalakten
   365: Bührer, Gottlob Friedrich
   1002: Grüneisen, Karl
   1532: Kapff, Sixt Carl
   1910: Lauer, Heinrich Wilhelm
Dekanatsarchiv Balingen
   A 229: Auseinandersetzung mit dem Pietismus
Dekanatsarchiv Böblingen
   275: Pietismus
Dekanatsarchiv Cannstatt
   62A, b: Privatversammlungen von Pietisten, 1743–1851
Dekanatsarchiv Degerloch, Akten des Amtsdekanates Stuttgart
   70a: Gottesdienste, Festtage, Sonntagsheiligung, 1696–1862
Dekanatsarchiv Geislingen an der Steige
   65, 2: Synodalaufsätze
Dekanatsarchiv Leonberg
   1. Abt., Nr. 27: Pietismus und Separatismus, 1694–1821
Dekanatsarchiv Ludwigsburg
   79b: Synodalaufsätze, 1819–1901
   90: Gemeinschaften, Sekten; darunter, c: Korntal
Dekanatsarchiv Münsingen
   10: Diözesanverein, Cirkularheft, 1822–1824
Dekanatsarchiv Neuenbürg
   72c: Pietisten, Sekten, Separatisten, Andersgläubige
Dekanatsarchiv Reutlingen
   D91a: Pietisten, Privatversammlungen, 1821–1861
Dekanatsarchiv Schorndorf
   21: Pietisten, Separatisten, 1743–1832
Dekanatsarchiv Tübingen
   40: Berichte über Pietisten-Versammlungen, 1821–1835
Dekanatsarchiv Urach
   135: Synodalaufsätze der Pfarrer, 1799–1849
Dekanatsarchiv Waiblingen
   3, 74: Gemeinschaften und Separatisten, 1711–1824
   3, 75: Separatisten, Privatbriefe und -berichte, 1779–1819
D 2 Knapp-Archiv
   34, 2: 3 Protokolle der Stuttgarter Predigerkonferenz, 1832, 1845, 1847
   38: Albert Knapp, Tagebücher, Notizen, 1813–1826
   44: »Des seligen Hofakers Pfarr Leben, leztes Leiden und Sterben vom Juli 1826 –
   Novbr. 1828 für seine Freunde beschrieben von Einem derselben«, handschriftl. Ms., 402 S.
   63, 3: Schriftwechsel der Familie Osiander, 1813–1841
   64: Emilie Osiander, Album
   81–86: Briefe von und an Albert Knapp
   216, 1: Briefe von Christian Adam Dann an Albert Knapp, 1829–1836
   220, 3: Briefe von Wilhelm Hofacker an Albert Knapp, 1825–1841
   220, 4: Ludwig Hofacker, Mitschriften von Predigten u.a., 1824, o. D.
Handschriften
   65: Roos, Wilhelm Friedrich, »Des seligen Hofackers Vikariatsleben vom Spätjahr
   1820 bis zum Sommer 1826 für seine Freunde beschrieben von Einem derselben«,
   handschriftl. Ms., 119 S.

79: Teile pietistischer Zirkularkorrespondenzen, 1791–1826
118: Briefe und Betrachtungen von Johann Jakob Wirz und dessen Anhängern (Neukirchler), 1826–1849
Nachlass Josenhans
Briefe an und von Emanuel Josenhans (1780–1847) und dessen Sohn Johannes Josenhans (1822–1895)
Gedruckte und handschriftliche Dokumente zu pietistischen Versammlungen in Stuttgart und Umgebung
Sammelstelle, R 5/1
Circularheft Januar–Mai 1836

Pfarrarchiv Unterböhringen
Nr. 36.2: Kirchenkonventsprotokolle, 1835–1854
Nr. 108.4: Angelegenheit Gustav Werner, 1848–1854

Archiv der Paulinenpflege Winnenden
Privatarchiv Friedrich Jakob Philipp Heim
Abt. 10: Zirkularkorrespondenzen

2. Gedruckte Quellen

Einträge desselben Autors sind chronologisch sortiert. Bei seltenen Schriften wurden Bibliotheksnachweise ergänzt; bei Gesangbüchern deren Nachweis in: METZGER, Gesangbücher in Württemberg.

ARMBRUSTER, CHRISTIAN, Die sieben letzten Posaunen oder Wehen, wann sie anfangen und aufhören; und von den 70 Danielischen Wochen und 42 prophetischen Monaten [...], Stuttgart: Wolters, ²1830 (¹1814) [WLB Stuttgart: Theol. oct. K. 119].

[AUERBACH, BERTHOLD], Der Gevattersmann. Volksschrift für 1846, Karlsruhe: Gutsch u. Rupp, [1845].

AUERBACH, BERTHOLD, Schatzkästlein des Gevattersmanns, Stuttgart u. Augsburg: Cotta, 1856.

[BAHNMAIER, JONATHAN FRIEDRICH], Schriftmäßige Gedanken über die Erwartungen des Volks Gottes in der gegenwärtigen Zeit, Stuttgart: Mezler, 1801.

[BAHNMAIER, JONATHAN FRIEDRICH], Bruder Ulrich an die lieben Brüder der neuen Gemeinden in Würtemberg. Nebst Wünschen und Bitten für die alte Mutter-Kirche von einem Freunde der Wahrheit und Freiheit, Stuttgart: Helffrich u. Rueff, Tübingen: Schramm, 1818 [WLB Stuttgart: Theol. oct. 2350].

[BARTH, CHRISTIAN GOTTLOB], Ueber die Pietisten mit besonderer Rücksicht auf die Württembergischen und ihre neuesten Verhältnisse. Nebst einem Anhang über den Plan der neuen Religiösen Gemeinden, über Bruder Ulrich, und über Tractatgesellschaften dargestellt von einem evangelischen Landgeistlichen, Tübingen: Fues, 1819 [WLB Stuttgart: Theol. oct. 13911].

[BARTH, CHRISTIAN GOTTLOB], Hoffmännische Tropfen gegen die Glaubensohnmacht. Worte des Friedens über die neue Württembergische Gemeinde, Tübingen: Laupp, 1820 [UB Tübingen: L XIII 123, 3].

BARTH, CHRISTIAN GOTTLOB (Hg.), Süddeutsche Originalien, 4 Hefte, Stuttgart: Löflund [Heft 1–3], 1828–1832 und Stuttgart: Beck und Fränkel [Heft 4], 1836.

[BARTH, CHRISTIAN GOTTLOB], Historisch-topographische Notizen über den Pietismus in Württemberg, in: Evangelische Kirchenzeitung, 1828, Sp. 77–80.

[BARTH, CHRISTIAN GOTTLOB], Erinnerung an den, den 19. October 1827 heimgegangenen Pfarrer M. Johann Jacob Friedrich [!] zu Kornthal, in: Evangelische Kirchenzeitung, 1828, Sp. 393–395.

[BARTH, CHRISTIAN GOTTLOB], Ueber die christlichen Predigervereine in Würtemberg, in: Evangelische Kirchenzeitung, 1828, Sp. 613–616.

[BARTH, CHRISTIAN GOTTLOB], Der vierzehente Oktober 1832, Stuttgart: Löflund, 1832 [WLB Stuttgart: Allg. G. oct. K. 358].

[BARTH, CHRISTIAN GOTTLOB], Das Jahr 1836. Von dem Verfasser der Schrift: »Der vierzehnte Oktober 1832.«, Stuttgart: Löflund, 1833 [WLB Stuttgart: Allg. G. oct. K. 232].

BARTH, CHRISTIAN GOTTLOB, Zwiespalt und Einung der Gläubigen. Aus dem Jahrgang 1827 des »Homiletisch-liturgischen Correspondenz-Blattes« besonders abgedruckt und mit Zusätzen vermehrt, Stuttgart: Steinkopf, 1835 [WLB Stuttgart: Theol. oct. K. 202].

BARTH, CHR[ISTIAN] G[OTTLOB], Christliche Gedichte, Stuttgart: Steinkopf, 1836.

BARTH, [CHRISTIAN GOTTLOB], Rückblick auf das Jahr 1836, in: Sammlungen für Liebhaber christlicher Wahrheit und Gottseligkeit, Basel: Schneider, [52] (1837), S. 25–31.

BARTH, CHR[ISTIAN] G[OTTLOB], Der Pietismus und die spekulative Theologie. Sendschreiben an Herrn Diakonus Dr. Märklin in Calw, Stuttgart: Steinkopf, 1839.

BECK, J[OHANN] T[OBIAS], Christliche Reden, Dritte Sammlung, Stuttgart: Steinkopf, ²1869 (¹1847).

BECKER, RUDOLPH ZACHARIAS, Versuch über die Aufklärung des Landmannes; ZERRENNER, HEINRICH GOTTLIEB, Volksaufklärung, Neudruck der Erstausgaben Dessau und Leipzig 1785 bzw. Magdeburg 1786, mit einem Nachwort von REINHART SIEGERT, Stuttgart-Bad Cannstatt 2001 (Volksaufklärung. Ausgewählte Schriften, Bd. 8).

Die Bekehrung des Sünders, o. Verf., O., V. u. J. [Stuttgart: Steinkopf, 1823].

BENGEL, JOHANN ALBRECHT, Erklärte Offenbarung Johannis und vielmehr Jesu Christi, Stuttgart: Erhardt, 1740.

BENGEL, JOHANN ALBRECHT, Gnomon Novi Testamenti [...], Tübingen: Schramm, ¹1742, ³1773 (vermehrt und korrigiert hg. v. ERNST BENGEL).

BENGEL, JOHANN ALBRECHT, Sechzig erbauliche Reden über die Offenbarung Johannis oder vielmehr Jesu Christi [...], Stuttgart: Erhardt, 1748.

BENGEL, JOHANN ALBRECHT, Das Neue Testament zum Wachsthum in der Gnade und der Erkänntniß des Herrn Jesu Christi nach dem revidirten Grundtext übersetzt und mit dienlichen Anmerkungen begleitet, Stuttgart: Metzler, 1753.

[BENGEL, JOHANN ALBRECHT], Erklärende Umschreibung der Offenbarung Jesu Christi, als ein Auszug aus [...] Joh. Albrecht Bengels erklärten Offenbarung und sechzig Reden, hg. v. ERNST BENGEL. Nebst den apokalyptischen Liedern [...], hg. v. CHR. CARL LUDWIG VON PFEIL, Reutlingen: Grözinger und Schauwecker, 1824 [WLB Stuttgart: Theol. oct. 1419].

BENGEL, JOHANN ALBRECHT, Erklärte Offenbarung Johannis oder vielmehr JEsu Christi. [...] Neue Ausgabe [...] mit einer Vorrede von WILHELM HOFFMANN, nebst einem Anhange bisher noch ungedruckter apokalyptischer Briefe Bengels, mitgetheilt von Pfarrer BURK in Thailfingen, Stuttgart: Brodhag, 1834 [WLB Stuttgart: Theol. oct. 1407].

BENGEL, JOHANN ALBRECHT, Sechzig erbauliche Reden über die Offenbarung Johannis oder vielmehr Jesu Christi, sammt einer Nachlese gleichen Inhalts, 3. Auflage, hg. v.

JOH. CHRIST. FRIED. BURK, Stuttgart: Brodhag, 1837 [WLB Stuttgart: Theol. oct. 1413].

BENGEL, JOHANN ALBRECHT, Hinterlassene Predigten, hg. v. JOHANN CHRISTIAN FRIEDRICH BURK, Reutlingen: Heerbrandt, 1839 [WLB Stuttgart: Theol. oct. 1410].

BILFINGER, KARL BERNHARD, Bemerkungen gegen die religiösen Ansichten der neuen Gemeinde in Württemberg, Heilbronn: Strasser, 1819 [UB Tübingen: L XIII 123, 1].

[BINDER, AUGUST VIKTOR], Den Eisenbahn-Arbeitern zur Erinnerung, Geislingen: Ils, 1847 [Heimatmuseum Geislingen an der Steige].

BINDER, [AUGUST] VICTOR, 26mal 52 Fragen und Antworten zu den 2mal 52 biblischen Geschichten des Calwer Verlagsvereins für Schulen und Familien, Ludwigsburg: Riehm, [1]1860; Basel und Ludwigsburg: Balmer und Riehm, [2]1863 [UB Basel: fb 919].

BINDER, [AUGUST] VIKTOR, Illustrirter Spruch- und Liederschatz für Jung und Alt. Ein Beitrag zur Wiedergewinnung eines festen gemeinsamen Gedächtnißschatzes von Sprüchen und Liedern für evangelische Schulen und Familien, Stuttgart: Selbstverlag des Verf., in Commission bei Steinkopf, [1866].

BINDER, GUSTAV, Der Pietismus und die moderne Bildung. Sendschreiben an den Herrn Herausgeber des Christenboten, Stuttgart: Hallberger, 1838.

BLUMHARDT, JOHANN CHRISTOPH, Briefe, hg. v. DIETER ISING, Band 3: Möttlinger Briefe 1838–1852. Texte, Göttingen 1997; Band 4: Möttlinger Briefe 1838–1852. Anmerkungen, Göttingen 1997 (BLUMHARDT, JOHANN CHRISTOPH, Gesammelte Werke. Schriften, Verkündigung, Briefe, hg. v. GERHARD SCHÄFER, Reihe III).

BRASTBERGER, IMMANUEL GOTTLOB, Evangelische Zeugnisse der Wahrheit zur Aufmunterung im wahren Christenthum, theils aus denen gewöhnlichen Sonn- Fest- und Feyertags-Evangelien, theils aus der Paßions-Geschichte unsers Erlösers, in einen vollständigen Predigt-Jahrgang zusammen getragen, [...], Eßlingen: Mäntler, 1758.

[BRUNN, NIKOLAUS VON], Apokalyptisches Wörterbuch, brauchbar als ein Schlüssel zur Eröffnung der geheimen Winke, die in der Offenbarung Jesu Christi durch den Jünger, den Er lieb hatte, der Kirche ertheilt worden, Basel: Spittler, 1834 [UB Tübingen: 17 A 18080].

BURK, JOHANN CHRISTIAN FRIEDRICH, Dr. Johann Albrecht Bengel's Leben und Wirken, Stuttgart: Steinkopf, 1831 [WLB Stuttgart: w. G. oct. 527].

BURK, J[OHANN] CH[RISTIAN] FR[IEDRICH] (Hg.), Dr. Johann Albrecht Bengel's literarischer Briefwechsel. Eine Zugabe zu dessen Leben und Wirken, Stuttgart: Brodhag, 1836 [WLB Stuttgart: AH 1063a].

BURK, JOHANN CHRISTIAN FRIEDRICH, Was wollen die Pietisten? Ein Gemälde mit Licht und Schatten, Stuttgart: Steinkopf, 1836 [WLB Stuttgart: Theol. oct. K 770].

D[ANN], C[HRISTIAN] A[DAM], Kern des alten Würtembergischen Gesangbuchs in zwey Lieder-Sammlungen, Stuttgart: Steinkopf, 1832 [METZGER 1832–508].

Entwurf eines Gesangbuches für die evangelische Kirche im Königreich Württemberg, Stuttgart u. Tübingen: Cotta, 1839 [METZGER 1839–501].

Evangelische Schullehrer-Bibel. Neues Testament, hg. v. CHRISTIAN PHILIPP HEINRICH BRANDT, 3 Teile und Zugabe, Sulzbach: Seidel, 1829–1831.

FETZER, [JOHANN JACOB], Wird mit dem Jahre 1836 das 1000jährige Reich anfangen? Freunden und Feinden der Offenbarung Johannis und Allen, welche in die Zukunft zu blicken, und auch die Bedeutung des im Jahre 1835 erscheinenden Cometen kennen zu lernen wünschen, Reutlingen: Schradin, 1834 [LB Oldenburg; Stadtbibliothek Reutlingen].

FLATTICH, JOHANN FRIEDRICH, Briefe, hg. v. HERMANN EHMER u. CHRISTOPH DUNCKER, Stuttgart 1997 (QFWKG, Bd. 15).

[FRIEDERICH, JOHANN JAKOB], Glaubens- und Hoffnungs-Blik des Volks Gottes in der antichristischen Zeit, aus den göttlichen Weissagungen gezogen von Irenäus U--us. Im Jahr Christi 1800 gewidmet allen denen die auf das Reich Gottes warten, 1. Aufl., o. O. u. V., 1800 [LKA Stuttgart].

[FRIEDERICH, JOHANN JAKOB], Glaubens- und Hoffnungs-Blik des Volks Gottes in der antichristischen Zeit aus den göttlichen Weissagungen gezogen. Im Jahr Christi 1800 gewidmet dem der auf das Reich Gottes wartet, 2. verm. u. verb. Aufl., o. O. u. V., 1801 [WLB Stuttgart: Theol. oct. 5568].

FRIEDERICH, [JOHANN JAKOB], Betrachtungen über den Zustand eines Christen von seinem Abscheiden an biß hin zur Auferstehung des Leibes, aus den Belehrungen der heiligen Schrift, zu christlich wahrer Beruhigung über unsere im Herrn entschlaffene Lieben, 3 Tl. in 4 Bd., handschriftl. Ms., 1817 [ABG Korntal].

FRIEDERICH, [JOHANN JAKOB], Rede am Grabe des vollendeten J. G. Boley in Berg bei Cannstadt, gehalten den 2. Jan. 1823, in: Evangelisches Prediger-Magazin, hg. v. CHRISTIAN PHILIPP HEINRICH BRANDT, Bd. 1, Heft 1, Sulzbach: Seidel, 1829, S. 227–234.

FRIEDERICH, JOHANN JAKOB, Glaubens- und Hoffnungsblick des Volkes Gottes. Aus den göttlichen Weissagungen gezogen, neu bearb. u. hg. v. GOTTLIEB ADE, Stuttgart: Selbstverlag, 1857.

Fünf und zwanzigster Jahresbericht des Tübinger Missions-Hilfsvereins vom Jahre 1844/45. Sammt der Rechnung über Einnahme und Ausgabe, Tübingen: Fues, 1844 [UB Tübingen: L XV 31].

Gesangbuch für die evangelische Kirche in Württemberg, Stuttgart: Verlags-Comptoir der ersten Auflage des neuen evangelischen Gesangbuchs, 1842 [METZGER 1842–501].

[GÖSS, GEORG FRIEDRICH DANIEL], Lebensgeist für die Glaubens-Ohnmacht gewisser vermeintlich starker Christen im Königreich Würtemberg. Eine Predigt, gehalten vor den Gemeinden in B[a]ll[endo]rf und B[ö]rsl[in]gen, Ulm: Ebner, 1821 [Kopie in: ABG Korntal, Archiv I A, Nr. 36].

GRÜNEISEN, C[ARL], Ueber Gesangbuchsreform, Stuttgart u. Tübingen: Cotta, 1839.

[GUNDERT, HERMANN], Christianens Denkmal. Ein Stück Familienchronik aus dem ersten Dritteil unseres Jahrhunderts, Calw u. Stuttgart: Calwer Verlagsverein, 1894 (Calwer Familienbibliothek, Bd. 33).

HAHN, CHRISTOPH ULRICH, Der symbolischen Bücher der evangelisch-protestantischen Kirche Bedeutung und Schicksale, Stuttgart: Steinkopf, 1833.

HAHN, JOHANN MICHAEL, Schriften, 13 Bde., Tübingen: Fues (Bd. 3: Schramm), 1819–1841.

HAHN, JOHANN MICHAEL, Sammlung von auserlesenen geistlichen Gesängen, zur Erbauung und Glaubensstärkung in manchen Erfahrungen, Proben und Anfechtungen des Christen und wahren heilsbegierigen Seelen zum gesegneten Gebrauch, hg. v. einer Gesellschaft Wahrheitsliebender Freunde (teilw. 2 Bde.), Tübingen: Fues, 1822 [METZGER 1822–Z51].

HAHN, PHILIPP MATTHÄUS, Erbauungsstunden über die Offenbarung Johannis. Oder: kurze Reden über einen jeden Vers derselben; auf alle Tage im Jahr eingetheilt, und jedesmal mit einem dazu gehörigen Liede und Gebete versehen, Winterthur: Steiner, [1]1795 (Stuttgart: Löflund, [3]1804 [WLB Stuttgart: Theol. oct. 7211]).

[HAHN, PHILIPP MATTHÄUS], Die Hauptsache der Offenbarung Johannis oder vielmehr Jesu Christi, aus den Schriften des seel. Dr. Joh. Albr. Bengels ausgezogen, und in deutliche Fragen und Antworten verfasset. Neue Ausgabe, Reutlingen: Kurtz, 1827 (zuerst Stuttgart: Erhard, 1772) [WLB Stuttgart: Theol. oct. 1403].

HAHN, PHILIPP MATTHÄUS, Hinterlassene Schriften, hg. v. CHR[ISTOPH] ULR[ICH] HAHN, Bd. 1: Lebenslauf nebst Anhängen. Mit einem Vorworte von Stadtpfarrer M.

Wurster in Güglingen; Bd. 2: Auserwählte Kasual-Predigten. Mit einem Vorworte von M. Gottlob Rhein, Pfarrer in Sexau im Großherzogthum Baden, Heilbronn u. Rothenburg an [!] der Tauber: Claß, 1828.

HARMS, L[UDWIG], Predigten über die Evangelien des Kirchenjahrs, Hermannsburg: Missionshaus, [2]1861.

HARTTMANN, KARL FRIEDRICH, Predigten über die Sonn-, Fest- und Feyertags-Evangelien, nebst einem Anhang von sechs Paßions-Predigten, Tübingen: Fues, [1]1800; [2]1812.

HENKE, HEINRICH PHILIPP KONRAD (Hg.), Actenmäßige Geschichte einer Würtembergischen neuen Prophetin und ihres ersten Zeugen nebst Nachrichten und Bemerkungen über mehrere chiliastische Schriften und Träumereyen Würtembergischer Pietisten und Separatisten, Hamburg: Hoffmann, 1808.

HILLER, PHILIPP FRIEDRICH, Geistliches Liederkästlein zum Lobe Gottes, bestehend aus 366 kleinen Oden über so viel biblische Sprüche, Stuttgart: Mezler, 1762 [METZGER 1762–Z52].

HILLER, PHILIPP FRIEDRICH, Betrachtung des Todes, der Zukunft Christi, und der Ewigkeit [...] oder: Geistliches Liederkästlein, zweiter Theil, Stuttgart: Metzler, 1767 [nicht bei METZGER].

HOFACKER, LUDWIG, Zehn Predigten über evangelische Texte, Stuttgart: Steinkopf, 1828 [WLB Stuttgart: Theol. oct. 8322].

HOFACKER, LUDWIG, Zwölf Predigten über evangelische Texte, Stuttgart: Steinkopf, 1828 [WLB Stuttgart: Theol. oct. 8322].

HOFACKER, LUDWIG, Predigten über evangelische Texte, 3.–7. Heft, Stuttgart: Steinkopf, 1829–1830 [WLB Stuttgart: Theol. oct. 8322].

HOFACKER, LUDWIG, Predigten für alle Sonn- Fest- und Feiertage. Neue berichtigte und vermehrte Auflage [erste Gesamtausgabe], Stuttgart: Steinkopf, 1833.

HOFACKER, LUDWIG, Predigten für alle Sonn- und Festtage, 52. Aufl., 2 Bde., Neuhausen-Stuttgart 1998.

HOFACKER, WILHELM, Bekenntniß und Vertheidigung. Erstes und zweites Wort gegen Dr. Chr. Märklins Schriften: »Darstellung und Kritik des modernen Pietismus« und »das Ketzergericht des Christenboten«, Stuttgart: Steinkopf, 1839.

[HOFFMANN, GOTTLIEB WILHELM], Geschichte und Veranlassung zu der Bitte des Königlichen Notars und Burgermeisters Gottlieb Wilhelm Hoffmanns zu Leonberg, um Erlaubnis zu Gründung und Anlegung Religiöser Gemeinden unabhängig vom Consistorium, mit denen, darauf erfolgten Resolutionen, – dem Plan zur Einrichtung – und dem Glaubensbekenntniß dieser Gemeinden, [o. O. u. V.] 1818 [WLB Stuttgart: w. G. oct. 1341].

HOFFMANN, WILHELM, Vorwort, in: BENGEL, Erklärte Offenbarung, Neue Ausgabe 1834 [s. d.], S. III–XII.

HOFFMANN, WILHELM, Das Leben Jesu kritisch bearbeitet von Dr. D. F. Strauß. Geprüft für Theologen und Nichttheologen, Stuttgart: Balz, 1836 ([2]1839).

[JUNG-STILLING, JOHANN HEINRICH], Die Siegsgeschichte der christlichen Religion in einer gemeinnüzigen Erklärung der Offenbarung Johannis, Nürnberg: Raw, 1799.

JUNG-STILLING, JOHANN HEINRICH, Briefe, ausgew. u. hg. v. GERHARD SCHWINGE, Gießen 2002.

KAPFF, S[IXT] C[ARL], Die Zukunft des Herrn. Belehrungen aus Matthäi 24 und 25 verglichen mit den Zeichen der Zeit, Stuttgart: Müller, 1836 [WLB Stuttgart: Theol. oct. 9281].

KAPFF, S[IXT] C[ARL], Die Würtembergischen Brüdergemeinden Kornthal und Wilhelmsdorf, ihre Geschichte, Einrichtung und Erziehungs-Anstalten, Kornthal: In Commission bei S. G. Liesching in Stuttgart, 1839.

KAPFF, [SIXT CARL], Vortrag über die Sonntagsfeier in der Sprengelversammlung zu Herrenberg am 15. Juli 1850, Tübingen: Fues, 1850.

KAPFF, S[IXT] C[ARL], Die Revolution, ihre Ursachen, Folgen und Heilmittel, Hamburg: Rauhes Haus, 1851.

KAPFF, SIXT CARL, Das Hazardspiel und die Nothwendigkeit seiner Aufhebung, Stuttgart: Steinkopf, 1854.

KAPFF, [SIXT CARL], Erziehung und Ehe, behandelt in vier Predigten, Stuttgart: Belser, 1855.

KAPFF, S[IXT] C[ARL], Der glückliche Fabrikarbeiter, seine Würde und Bürde, Rechte und Pflichten, Sonntag und Werktag, Glaube, Hoffnung und Gebet, Stuttgart: Evangelische Gesellschaft, 1856.

KERN, CHRISTIAN GOTTLOB, Predigten auf alle Sonn- und Festtage des Kirchenjahrs, hg. v. WILHELM HOFFMANN u. LUDWIG VÖLTER, Stuttgart: Metzler, 1837.

KERNER, JUSTINUS, Werke, hg. v. Raimund Pissin, Hildesheim 1974 (Nachdruck der Ausgabe Berlin 1914).

KLING, CHRISTIAN FRIEDRICH, Die Konferenz in Wittenberg 21.– 23. September 1848, in: ThStKr 22 (1849), S. 475–498.

KNAPP, ALBERT, Evangelischer Liederschatz für Kirche und Haus. Eine Sammlung geistlicher Lieder aus allen christlichen Jahrhunderten, gesammelt und nach den Bedürfnissen unserer Zeit bearbeitet, 2 Bände, Stuttgart u. Tübingen: Cotta, 1837 [METZGER 1837–501].

KNAPP, ALBERT, Das Jugendleben Ludwig Hofacker's, in: Christoterpe [12] (1844), S. 191–227.

KNAPP, ALBERT, Aus dem Leben des sel. Ludwig Hofacker, Pfarrers in Rielingshausen, in: Christoterpe [13] (1845), S. 123–242; [14] (1846), S. 37–189.

KNAPP, ALBERT, Leben von Ludwig Hofacker, weil. Pfarrer zu Rielingshausen, mit Nachrichten über seine Familie und einer Auswahl aus seinen Briefen und Cirkularschreiben, Heidelberg: Winter, [1]1852.

KRAZ, HEINRICH, Die Gesangbuchsnoth in Würtemberg, Stuttgart: Liesching, 1838.

KULLEN, JOHANNES, Fünf und fünfzig Erbauungsstunden des entschlafenen Johannes Kullen, Institutsvorstehers in Kornthal, sammt seinem Lebensabriß und Anderem aus seinem Nachlaß, hg. v. SAMUEL KULLEN, Korntal: Rettungsanstalt, 1852.

KULLEN, JOHANNES, Vierzig Erbauungsstunden des seligen Johannes Kullen, Instituts-Vorstehers in Kornthal über Evangelien und Episteln und einige freie Texte samt kurzem Lebensabriß, hg. v. SAMUEL KULLEN, Stuttgart: Belser, 1887.

Kurze und faßliche Erklärung der Offenbarung des Johannes. Ein Beitrag zu gesundem Schriftverständniß. Von einem Landgeistlichen, Stuttgart: Löflund, 1827 [WLB Stuttgart: Theol. oct. 4795].

LEUTWEIN, CHRISTIAN PHILIPP FRIEDRICH, Die Nähe der großen allgemeinen Versuchung und der sichtbaren Ankunft unsers Herrn zur Errichtung seines sichtbaren Reiches auf Erden. Eine Erklärung der sieben Siegel, Trommeten und Schalen der Offenbarung Johannis, Tübingen: Osiander 1821 [WLB Stuttgart: Theol. oct. 10657].

LEUTWEIN, CHR[ISTIAN] PHIL[IPP] FRIEDR[ICH], Das Thier war und ist nicht und wird wiederkommen aus dem Abgrunde, Ludwigsburg: Nast, 1825 [WLB Stuttgart: Theol. oct. 10658].

LEUTWEIN, CHRISTIAN PHILIPP FRIDERICH, Maran ata, oder: schriftmäßiger Beweis, daß die sichtbare Wiederkunft unsers Herrn, welche von Jesu selbst und den Aposteln voraus verkündiget ist, keine andere sey, als die zu unserer Zeit nahe bevorstehende [...], Reutlingen: Fleischhauer, 1830 [WLB Stuttgart: Theol. oct. 10656].

Lieder, gesungen bei der Jahresfeier des Missions-Vereins in Calw, den 1. Mai 1843, o. O. u. V. [UB Tübingen: L II 27ba].

Lieder, gesungen bei der Jahresfeier des Missionsvereins in Calw den 25. Juli 1848, o. O. u. V. [UB Tübingen: L II 27ᵇᵃ].

LINDL, IGNAZ, Die Wiedergeburt des Menschen. Eine Jubiläumspredigt, gehalten d. 13. März 1815, Berlin 1815 [nach GV, Bd. 89, S. 72].

LINDL, IGNAZ, Zwei Predigten, Dillingen: Roßnagel, 1819 [nach GV, Bd. 89, S. 72].

LINDL, IGNAZ, Der Kern des Christenthums in Predigten vorgetragen, Dillingen: Rossnagel, ²1820, ³1827 [nach GV, Bd. 89, S. 71].

LINDL, IGNAZ, Leitfaden zur einfachen Erklärung der Apokalypse, besonders für diejenigen, welche sie zu ihrer Erbauung lesen wollen, Berlin: Köbike, 1826 [UB Tübingen: Ge 931].

[LINDL, IGNAZ, Eine Posaune Gottes oder die Weissagung Jesu Christi von der Zerstörung Jerusalems u. von dem Ende dieses Weltlaufes nach den drey Evangelisten in eine Harmonie gebracht, u. mit Bemerkungen begleitet, Ort? Verlag? 1831? – Ein Exemplar ohne Titelblatt in: LKA Stuttgart, Hs 118; Autor und Titel erschlossen aus: StA Basel, PA 653 V, Lindl, Ignaz, Brief an Spittler, Barmen, 14. Juli 1831].

MÄRKLIN, CHR[ISTIAN], Darstellung und Kritik des modernen Pietismus. Ein wissenschaftlicher Versuch, Stuttgart: Köhler, 1839.

MÄRKLIN, CHR[ISTIAN], Das Ketzer-Gericht des Christenboten über meine Schrift: Darstellung und Kritik des modernen Pietismus. Ein Wort mit Rücksicht auf einen Artikel in diesem Blatte, Stuttgart: Köhler, 1839.

MÄRKLIN, CHR[ISTIAN], Die spekulative Theologie und die evangelische Kirche. Antwortschreiben an Herrn Dr. theol. Barth, Stuttgart: Köhler, 1840.

[MÜNCH, JOHANN GOTTLIEB], Briefe aus dem Volk an den württembergischen Volksfreund und den Volksfreund aus Schwaben. Erste Sammlung, grob gedruckt für Leute mit und ohne Brille, Tübingen: Osiander, 1818 [WLB Stuttgart: w. G. oct. K. 530].

[OETINGER, FRIEDRICH CHRISTOPH], Die Güldene Zeit oder Sammlung wichtiger Betrachtungen von etlichen Gelehrten zur Ermunterung in diesen bedenklichen Zeiten zusammen getragen, 3 Bde., Frankfurt u. Leipzig: o. V., 1759–1761.

[OETINGER, FRIEDRICH CHRISTOPH], Biblisches und Emblematisches Wörterbuch, dem Tellerischen Wörterbuch und Anderer falschen Schrifterklärungen entgegen gesezt, o. O. u. V., 1776.

OSIANDER, AUGUST, Erklärung der Offenbarung Johannis, Sulzbach: Seidel, 1831 (Evangelische Schullehrerbibel, hg. v. CHRISTIAN PHILIPP HEINRICH BRANDT, Zugabe zu Teil 3) [UB Tübingen: Ga LIII 66].

PAHL, JOHANN GOTTFRIED, Ueber den Obscurantismus, der das teutsche Vaterland bedroht, Tübingen: Osiander, 1826 [WLB Stuttgart: A2/2363].

PALMER, [CHRISTIAN], An Freunde und Feinde des Pietismus. Eine Zugabe zu der Schrift des Herrn Diac. Dr. Märklin:»Darstellung und Kritik des modernen Pietismus«, Stuttgart: Steinkopf, 1839 [LKA Stuttgart, Sammelstelle R 7/3].

PRÄTORIUS, STEPHAN, Geistliche Schatzkammer der Glaubigen, anfänglich von Stephan Prätorius [...] stückweise an den Tag gegeben, und Anno 1622 von Johann Arndt zusammen gesuchet. Nunmehro von Martin Statius, Reutlingen: Grözinger u. Mäcken, ⁴1807.

Predigtbuch zur Beförderung der häuslichen Andacht. In Verbindung mit einigen evangelischen Geistlichen herausgegeben von CHRISTIAN PHILIPP HEINRICH BRANDT, zweytem Pfarrer zu Roth, bey Nürnberg, 2 Bde., Sulzbach: Seidel, 1827.

Predigten über den zweiten Jahrgang der Evangelien. Zum Besten des Württembergischen Pfarrwaisenvereins, Stuttgart: Belser, 1846.

Predigten über den zweiten Jahrgang der in Würtemberg eingeführten evangelischen Abschnitte auf alle Sonn-, Fest- und Feiertage. Zur Gründung einer Pfarrbesoldung für die Gemeinde Wilhelmsdorf herausgegeben von evangelischen Predigern Würtemberg's, Stuttgart: Müller, 1834.

Predigten über Perikopen, sowie über freigewählte Texte der heiligen Schrift. Von einem Vereine evangelischer Geistlichen Würtembergs zum Besten der flüchtigen Polen, hg. v. C[ARL] A[DOLF] MÄRKLIN, Vicarius in Aich, Stuttgart: Löflund, 1832 [WLB Stuttgart: Theol. oct. 11382].

Predigten über sämtliche Sonn- und Festtagsevangelien des Jahres. Eine Gabe christlicher Liebe der neuen evangelischen Gemeinde in Mühlhausen dargebracht von jetzt lebenden deutschen Predigern, 2 Bde., Darmstadt: Leske, 1825 und 1827.

PREGIZER, CHRISTIAN GOTTLOB, Lieder und einzelne Verse verschiedenen Inhalts, Tübingen: Fues, 1817 [WLB Stuttgart: Theol. oct. K. 4138].

Prüfung der apokalyptischen Zeitrechnung mit näherer Berichtigung der Termine und Deutung der Bilder aus der »erklärten Offenbarung« des Prälaten Dr. J. A. Bengel, Stuttgart: Steinkopf, 1840 [WLB Stuttgart: Theol. oct. 14241].

[RHEINWALD, GEORG FRIEDRICH HEINRICH], Die Conferenzen in Württemberg, in: Allgemeines Repertorium für die theologische Literatur und kirchliche Statistik, hg. v. DEMS., Berlin: Herbig, 7 (1834), S. 104–111, 123–128, 181–187.

RÖHRBORN, KARL FRIDERICH, Einige Blicke in die Zukunft, Biberach: Mayer, 1823 [WLB Stuttgart: Theol. oct. 14755].

RÖHRBORN, CARL FRIED[RICH], Höchst wichtige Weissagungen über die großen Begebenheiten auf der Erde, welche sich in den Jahren 1832 bis 1836 ereignen werden, und vom tausendjährigen Reiche, Stuttgart: Wachendorf, 1832 [WLB Stuttgart: Theol. oct. 15016].

Sammlung geistlicher Lieder zum Gebrauche für glaubige Kinder Gottes zusammengetragen von zerschiedenen [!] Verfassern, Ludwigsburg: Baumann, 1821 [WLB Stuttgart: Theol. oct. 15384; METZGER 1821–504].

SANDER, FRIEDRICH, Versuch einer Erklärung der Offenbarung Johannis, Stuttgart: Steinkopf, 1829 [WLB Stuttgart: Theol. oct. 15413].

Die Schattenseite des Pietismus. Den »Betrachtungen über das Wesen und die Verhältnisse der Pietisten« (von Stadtpfarrer M. Wurster in Güglingen) gegenüber gestellt, o. O. u. V., 1822 [WLB Stuttgart: Theol. oct. 2350 angebunden].

SCHLATTER, ANNA, Etwas von und über meine Reise nach Barmen im Sommer 1821 für mich und meine Kinder, in: JUNG, MARTIN H., Nachfolger, Visionärinnen, Kirchenkritiker. Theologie- und frömmigkeitsgeschichtliche Studien zum Pietismus, Leipzig 2003, S. 218–264.

SCHWAB, GUSTAV, Gedichte. Neue Auswahl, Stuttgart u. Tübingen: Cotta, 1838.

S[CHWAB], G[USTAV], Die Controverse des Pietismus und der spekulativen Theologie in Württemberg, in: Deutsche Vierteljahrs Schrift 1840, H. 4, S. 1–80.

Sechs und dreißigster Jahresbericht der privilegirten Bibel-Anstalt im Königreiche Württemberg, Stuttgart: Steinkopf, 1848.

S[EEGER], A[UGUST], Buß- und Bettags-Predigt nach der Ueberschwemmung in den letzten Tagen des Oktobers 1824, Stuttgart: Steinkopf, o. J. [1824] [WLB Stuttgart: Theol. oct. 2660].

STAEHELIN, ERNST (Bearb.), Die Christentumsgesellschaft in der Zeit von der Erweckung bis zur Gegenwart. Texte aus Briefen, Protokollen und Publikationen, Basel 1974 (ThZ, Sonderbd. IV).

STEUDEL, JOH[ANN] CHRIST[IAN] FRIED[RICH], Ein Wort der Bruder-Liebe an und über die Gemeinschaften in Württemberg, namentlich die Gemeinde in Kornthal, vorzüglich aus Anlaß des Schriftchens: »Hoffmännische Tropfen gegen die Glaubens-Ohnmacht etc.«; sammt einer Predigt verwandten Inhalts und einem Nachworte an die Geistlichen, Stuttgart: Steinkopf, 1820 [WLB Stuttgart: Theol. oct. 17262; LKA Stuttgart, R 5/6].

STEUDEL, JOH[ANN] CHRISTIAN FRIEDR[ICH], Vorläufig zu Beherzigendes bei Würdigung der Frage über die historische oder mythische Grundlage des Lebens Jesu, wie die canonischen Evangelien dieses darstellen, vorgehalten aus dem Bewußtseyn eines Gläubigen, der den Supranaturalisten beigezählt wird, zur Beruhigung der Gemüther, Tübingen: Fues, 1835.

STRAUSS, DAVID FRIEDRICH, Das Leben Jesu, kritisch bearbeitet, 2 Bde., Tübingen: Osiander, 1835f.

Die unlängst angepriesenen Hofmännischen Tropfen gegen die Glaubens-Ohnmacht. Chemisch untersucht und unächt erfunden. Ein Wort der Ehrenrettung für die alte Würtembergische Geistlichkeit. Eine Vorlesung in einem PastoralVerein, o. O. u. V., 1820 [UB Tübingen: L XIII 123, 4].

VAIHINGER, J[OHANN] G[EORG], Ueber die Widersprüche in welche sich die mythische Auffassung der Evangelien verwickelt. Ein Sendschreiben an Herrn David Friedrich Strauß, Stuttgart: Köhler, 1836.

Verhandlungen der Kammer der Abgeordneten des Königreichs Württemberg auf dem Landtage von 1841–43, Bd. 10, Stuttgart: Hasselbrink, 1843.

Die Verhandlungen der Wittenberger Versammlung für Gründung eines deutschen evangelischen Kirchenbundes im September 1848, hg. v. Dr. [CHRISTIAN FRIEDRICH] KLING, Berlin: Hertz, 1848.

Vorträge, gehalten bei dem Missionsfeste in Stuttgart am 24. Juni 1844, Stuttgart: Evangelische Bücherstiftung, [1844] [UB Tübingen: Gd 456–76, 2].

Vorträge, gehalten bei dem Missionsfest in Stuttgart am 25. August 1845, Stuttgart: Evangelische Bücherstiftung, [1845] [UB Tübingen: Gd 456–76, 3].

Vorträge, gehalten bei dem Missionsfest in Stuttgart am 24. August 1846, Stuttgart: Evangelische Bücherstiftung, [1846] [UB Tübingen: Gd 456–76, 4].

Vorträge, gehalten bei dem Missionsfest in Stuttgart am 24. August 1847, Stuttgart: Evangelische Bücherstiftung, [1847] [UB Tübingen: Gd 456 -37, 6].

Vorträge, gehalten bei dem Missionsfest in Stuttgart am 21. September 1848, Stuttgart: Evangelische Bücherstiftung, [1848] [UB Tübingen: Gd 456 XXXV 22].

WEIGENMAJER, J[ACOB] L[UDWIG] F[RIEDRICH], Eine ganz neue Enträthelung der göttlichen Offenbarung Johannis, Tübingen: Osiander, 1827 [WLB Stuttgart: Theol. oct. 19030].

WEIHENMAYER, [CHRISTOPH FRIEDRICH], Predigt am 15. Sonntag nach Trinitatis. Nach dem in dem Dorfe Hundsholz vorgefallenen großen Brand-Unglück, o. O. u. V., 1823 [WLB Stuttgart: Theol. oct. K. 5723].

WEITBRECHT, RICHARD, Bohlinger Leute. Ein schwäbischer Bauern- und Pfarrerroman, Heilbronn: Salzer, 1911.

WERNER, [CHRISTOPH GOTTLIEB], Freimüthige Betrachtungen über die neue politisch-religiöse Gemeinde in Würtemberg, Stuttgart: Sattler, 1819 [WLB Stuttgart: Theol. oct. 2350 angebunden].

WERNER, GUSTAV, Dem Reich Gottes Bahn brechen. Briefe – Predigten – Schriften in Auswahl, hg. v. GERHARD K. SCHÄFER, Stuttgart u.a. 1999.

WICHERN, JOHANN HINRICH, Sämtliche Werke, hg. v. PETER MEINHOLD, Bd. 1: Die Kirche und ihr soziales Handeln, Berlin u. Hamburg 1962.

Wirtembergisches Gesangbuch, zum Gebrauch für Kirchen und Schulen, Stuttgart: Cotta, 1791 [METZGER 1791–501].

[WIRZ, JOHANN JAKOB], Briefe von Joh. Jakob Wirz. Glaubensgrund der Nazarenergemeine, 2. Band (3. Sammlung): Briefe an Ignaz Lindl, Barmen: Teschemacher, 1868 [UB Basel: F. q. X 109].

WURSTER, CHRISTOPH HEINRICH, Betrachtungen über das Wesen und die Verhältnisse der Pietisten, Heilbronn: Carl Schells Witwe, 1821 [WLB Stuttgart: Theol. oct. 2350 angebunden].

Würtembergisches Gesang-Buch [...], Stuttgart: Cotta, 1741 [METZGER 1741–502].

ZERRENNER, HEINRICH GOTTLIEB, Volksaufklärung, Neudruck der Erstausgabe Magdeburg 1786, in: BECKER; ZERRENNER [s.d.], S. 135*–286*.

Zum Andenken des verewigten M. Karl August Osiander, Pfarrers in Maichingen, Tübingen: Fues, 1834 [UB Tübingen: L XVI 77].

Zwei und zwanzigste Anzeige, den Missions-Hilfsverein zu Tübingen betreffend, sammt der Rechnung über Einnahme und Ausgabe, Tübingen: Fues, 1841 [UB Tübingen: L XV 31].

3. Zeitungen und Zeitschriften

Allgemeines Repertorium für die theologische Litteratur und kirchliche Statistik, hg. v. G. F. H. RHEINWALD.

Calwer Missionsblatt, hg. v. C. G. BARTH.

Der Christenbote, [1831 unter dem Titel: *Der christliche Bote aus Schwaben*], hg. v. J. C. F. BURK.

Christoterpe. Ein Taschenbuch für christliche Leser, hg. v. A. KNAPP.

Evangelische Kirchenzeitung, hg. v. E. HENGSTENBERG.

Evangelisches Kirchenblatt zunächst für Württemberg, hg. v. HEINRICH HARTMANN [seit 1848 unter dem Titel: *Evangelisches Kirchen- und Schulblatt zunächst für Württemberg*].

Evangelisches Prediger-Magazin, hg. v. C. P. H. BRANDT.

Fortgesetzte Nachrichten von der Gemeinde Kornthal.

Königlich-Württembergisches Staats- und Regierungsblatt [mit Beilage: *Intelligenz-Blatt*].

Sammlungen für Liebhaber christlicher Wahrheit und Gottseligkeit.

Schwäbische Chronik. Des Schwäbischen Merkurs zweite Abtheilung.

Süddeutsche Warte. Religiöses und politisches Wochenblatt für das deutsche Volk.

Theophilus. Ein Sonntagsblatt zur Beförderung christlicher Erkenntniß und christlichen Lebens, hg. v. N. H. HÄRLIN, C. D. HASSLER u. G. H. F. SCHOLL.

Würtembergisches Kirchenblatt zur Besprechung des einzuführenden Gesangbuchs für die evangelische Kirche, hg. v. HEINRICH HARTMANN.

4. Hilfsmittel

Amts-Handbuch für die evangelischen Geistlichen und Lehrer des Königreichs Württemberg nach dem Stand vom 1. Jan. 1822, aus amtlichen Nachrichten zusammengestellt von Consistorial-Sekretair Gaupp, Stuttgart: Mäntler, 1822 (Magisterbuch, Bd. 13).

Die Amtsvorsteher der Oberämter, Bezirksämter und Landratsämter in Baden-Württemberg 1810–1972, hg. v. d. Arbeitsgemeinschaft der Kreisarchive beim Landkreistag Baden-Württemberg, Stuttgart 1996.

APPENZELLER, BERNHARD, Die Münsterprediger bis zum Übergang Ulms an Württemberg 1810. Kurzbiographien und vollständiges Verzeichnis ihrer Schriften, Weißenhorn 1990 (Veröffentlichungen der Stadtbibliothek Ulm, Bd. 13).

DANIELS, TED, Millennialism. An International Bibliography, New York u. London 1992 (Garland reference library of social science, Bd. 667).

EBERL, IMMO, Die Klosterschüler in Blaubeuren 1751–1810. Ein Beitrag zur Sozialgeschichte des württembergischen Pfarrstandes, in: BWKG 80/81 (1980/81), S. 38–141.

Die evangelische Geistlichkeit in Württemberg. Nachrichten über die kirchlichen Behörden, die kirchliche Einteilung des Landes, die einzelnen Kirchenstellen und deren Besetzung, sowie über die persönlichen Verhältnisse der Geistlichen und Candidaten, hg. v. HEINRICH HARTMANN, Stuttgart: Metzler, 1853 (Magisterbuch, Bd. 16).

FRITZ, EBERHARD (Bearb.), Auswanderer aus dem Königreich Württemberg 1816–1820. Auswertung der Auswanderungsanträge im »Königlich-Württembergischen Staats- und Regierungsblatt«, Altshausen 2002 [LKZB Stuttgart: NEE 22].

Gesamtverzeichnis des deutschsprachigen Schrifttums (GV) 1700–1910, Bd. 1–6: bearb. v. PETER GEILS u. WILLI GORZNY, Bd. 7–160: bearb. v. HILMAR SCHMUCK u. WILLI GORZNY, München u.a. 1979–1987.

MÄLZER, GOTTFRIED, Die Werke der württembergischen Pietisten des 17. und 18. Jahrhunderts. Verzeichnis der bis 1968 erschienenen Literatur, Berlin u. New York 1972 (BGP, Bd. 1).

METZGER, HEINZ DIETRICH, Gesangbücher in Württemberg. Bestandsverzeichnis, Stuttgart u. Weimar 2002 (Repertorien zur deutschen Literaturgeschichte, Bd. 20).

NEU, HEINRICH, Pfarrerbuch der evangelischen Kirche Badens von der Reformation bis zur Gegenwart, Teil II, Lahr 1939 (VVKGB, [Bd. 13/2]).

Ortssippenbuch der Stadt Haiterbach, bearb. v. BURKHART OERTEL, Neubiberg 1996 (Deutsche Ortssippenbücher, Reihe A, Bd. 211).

RABERG, FRANK, Biographisches Handbuch der württembergischen Landtagsabgeordneten 1815–1933, Stuttgart 2001.

REYSCHER, A[UGUST] L[UDWIG] (Hg.), Vollständige, historisch und kritisch bearbeitete Sammlung der württembergischen Geseze, Bd. 1–19, Tübingen: Fues, 1828–1851.

SIGEL, CHRISTIAN (Bearb.), Das evangelische Württemberg. Seine Kirchenstellen und Geistlichen von der Reformation an bis auf die Gegenwart. Ein Nachschlagewerk, Ms. 1910–1932 [LKA Stuttgart; WLB Stuttgart].

STAEHELIN, ERNST (Bearb.), Die Christentumsgesellschaft in der Zeit von der Erweckung bis zur Gegenwart. Texte aus Briefen, Protokollen und Publikationen, Basel 1974 (ThZ, Sonderbd. IV).

VIDA, STEFAN, Gustav-Werner-Bibliographie, in: BWKG 75 (1975), S. 118–165.

5. Sonstige Literatur

ALTERMATT, URS; METZGER, FRANZISKA, Religion und Kultur – zeitgeschichtliche Perspektiven, in: SZRKG 98 (2004), S. 185–208.

Apocalyptic Time, hg. v. ALBERT I. BAUMGARTEN, Leiden u.a. 2000 (SHR, Bd. 86).

Apokalypse. Endzeiterwartungen im evangelischen Württemberg, Katalog zur Ausstellung im Landeskirchlichen Museum Ludwigsburg vom 10. Juni 1999 bis 16. Juli 2000, Ludwigsburg o. J. [1999] (Kataloge und Schriften des Landeskirchlichen Museums, Bd. 9).

BAUCKHAM, RICHARD, Art. Chiliasmus IV: Reformation und Neuzeit, in: TRE, Bd. 7, S. 737–745.

BAUMGARTNER, MARKUS, Der Zug ist abgefahren? Erste Notizen zu einer »Theologie der Eisenbahn«, in: Theologische Kaprizen. FS für Hans Friedrich Geisser zum 60. Geburtstag, hg. v. MARKUS BAUMGARTNER u. HANS JÜRGEN LUIBL, Zürich 1988, S. 69–89.

BAUSINGER, HERMANN, Volkskultur in der technischen Welt, [Stuttgart 1961] Neuausgabe Frankfurt am Main u. New York 1986 (Reihe Campus, Bd. 1008).

BENRATH, GUSTAV ADOLF, Die Basler Christentumsgesellschaft in ihrem Gegensatz gegen Aufklärung und Neologie, in: PuN 7 (1981), S. 87–114.

–, Die Erweckung innerhalb der deutschen Landeskirchen 1815–1888. Ein Überblick, in: GdP [s. d.], Bd. 3, S. 150–271.

–, Die Verbreitung und Entfaltung der Erweckungsbewegung in Baden 1840–1860, in: Mission und Diakonie, Kultur und Politik. Vereinswesen und Gemeinschaften in der evangelischen Kirche in Baden im 19. Jahrhundert, hg. v. UDO WENNEMUTH, Karlsruhe 2004, S. 1–71 (VVKGB, Bd. 59).

BENSCHEIDT, ANJA R., Kleinbürgerlicher Besitz. Nürtinger Handwerkerinventare von 1660 bis 1840, Münster 1985 (Volkskunde, Bd. 1).

BERGMANN, KARL, Die Geislinger Steige – 150 Jahre technischer und betrieblicher Wandel einer europäischen Eisenbahn-Magistrale, in: Die Geislinger Steige – Ein schwäbisches Jahrhundertbauwerk. 150 Jahre Eisenbahngeschichte, hg. v. Stadtarchiv Geislingen an der Steige, Geislingen 2000, S. 75–178.

BERNER, J., Die Stellung der Herrnhuter in Württemberg im Anfang des 19. Jahrhunderts, in: BWKG 8 (1904), S. 1–25.125–143.

BEYREUTHER, ERICH, Ludwig Hofacker, Wuppertal 1988.

BLASCHKE, OLAF; KUHLEMANN, FRANK-MICHAEL, Religion in Geschichte und Gesellschaft. Sozialhistorische Perspektiven für die vergleichende Erforschung religiöser Mentalitäten und Milieus, in: Religion im Kaiserreich. Milieus – Mentalitäten – Krisen, hg. v. DENS., Gütersloh 1996 (Religiöse Kulturen der Moderne, Bd. 2), S. 7–56.

BLOCH, RUTH, Visionary Republic. Millennial Themes in American Thought. 1756–1800, Cambridge u.a. 1985.

BÖNING, HOLGER; SIEGERT, REINHART, Volksaufklärung. Biobibliographisches Handbuch zur Popularisierung aufklärerischen Denkens im deutschen Sprachraum von den Anfängen bis 1850, Bd. 1: Die Genese der Volksaufklärung und ihre Entwicklung bis 1780, Stuttgart-Bad Cannstatt 1990; Bd. 2: Der Höhepunkt der Volksaufklärung 1781–1800 und die Zäsur durch die Französische Revolution, 2 Teile, Stuttgart-Bad Cannstatt 2001.

BORST, OTTO, Stuttgart. Die Geschichte der Stadt, Stuttgart ³1986 (¹1973).

BOTZENHARDT, JOACHIM, Wann geht die Welt unter? Johann Albrecht Bengel und die Folgen, in: Apokalypse [s. d.], S. 101–111.

BRECHT, MARTIN, Die Anfänge der historischen Darstellung des württembergischen Pietismus, in: BWKG 66/67 (1966/67), S. 44–51.

–, Aufbruch und Verhärtung. Das Schicksal der nach Osten ausgerichteten Erweckungsbewegung in der nachnapoleonischen Zeit, in: DERS., Ausgewählte Aufsätze, Bd. 2: Pietismus, Stuttgart 1997, S. 563–590 (zuerst veröffentlicht in: Miscellanea Historiae Ecclesiasticae, Bd. 4, Louvain 1972, S. 131–164).

–, Chiliasmus in Württemberg im 17. Jahrhundert, in: PuN 14 (1988), S. 25–49.

–, Christian Gottlob Barths »Zweimal zweiundfünfzig biblische Geschichten« – ein weltweiter Bestseller unter den Schulbüchern der Erweckungsbewegung, in: PuN 11 (1985), S. 127–138.

–, Philipp Friedrich Hillers Geistliches Liederkästlein. Einführung – Bestandsaufnahme – Empfehlung, in: DERS. (Hg.), Gott ist mein Lobgesang. Philipp Friedrich Hiller (1699–1769), der Liederdichter des württembergischen Pietismus, Metzingen 1999, S. 87–137.

–, Pietismus und Erweckungsbewegung, in: PuN 30 (2004), S. 30–47.

–, Vom Pietismus zur Erweckungsbewegung. Aus dem Briefwechsel von Christian Adam Dann, in: BWKG 68/69 (1968/69), S. 347–374.

–, Der württembergische Pietismus, in: Geschichte des Pietismus, Bd. 2 [s. d.], S. 225–295.

–, Zur Konzeption der Geschichte des Pietismus. Eine Entgegnung auf Johannes Wallmann, in: PuN 22 (1996), S. 226–229.

BREYMAYER, REINHARD, »Anfangs glaubte ich die Bengelische Erklärung ganz ...«.
Philipp Matthäus Hahns Weg zu seinem wiederentdeckten »Versuch einer neuen Erklärung der Offenbarung Johannis« (1785), in: PuN 15 (1989), S. 172–219.

–, Ein unbekanntes Gedicht Friedrich Hölderlins in einer Sammlung württembergischer
Familiengedichte, in: BWKG 78 (1978), S. 73–145.

BRIESE, OLAF, Angst in den Zeiten der Cholera, 4 Bde., Berlin 2003.

BRUNE, THOMAS, Bürgerlicher Humor in technischer Welt. Eisenbahn und Automobil in
den »Fliegenden Blättern« zwischen 1844 und 1914, in: Tübinger Beiträge zur Volkskultur, hg. v. UTZ JEGGLE u.a., Tübingen 1986, S. 263–284 (Untersuchungen des
Ludwig-Uhland-Instituts der Universität Tübingen, Bd. 69).

BUCK, FR[IEDRICH], Bilder aus dem christlichen Leben Württembergs im 19. Jahrhundert, 1. Hälfte: Aus Kirche und Mission; 2. Hälfte: Aus den Gemeinschaften, Stuttgart
²1924 (Württembergische Väter, Bd. 3 und 4).

BURKHARDT, FRIEDEMANN, Christoph Gottlob Müller und die Anfänge des Methodismus in Deutschland, Göttingen 2003 (AGP, Bd. 43).

CARMEL, ALEX, Die Siedlungen der württembergischen Templer in Palästina 1868–1918.
Ihre lokalpolitischen und internationalen Probleme, Stuttgart 1973 (Veröffentlichun-
gen der Kommission für geschichtliche Landeskunde in Baden-Württemberg, Reihe
B, Bd. 77).

CLAUS, W[ILHELM], Von Bengel bis Burk. Bilder aus dem christlichen Leben Württembergs, Stuttgart ³1926 (Württembergische Väter, Bd. 1).

–, Von Brastberger bis Dann. Bilder aus dem christlichen Leben Württembergs, Stuttgart
³1933 (Württembergische Väter, Bd. 2).

COCHLOVIUS, JOACHIM, Bekenntnis und Einheit der Kirche im deutschen Protestantismus 1840–1850, Gütersloh 1980 (Die Lutherische Kirche, Geschichte und Gestalten,
Bd. 3).

DANIEL, UTE, Kompendium Kulturgeschichte. Theorien, Praxis, Schlüsselwörter, Frankfurt am Main ⁴2004 (2001).

DAVIDSON, JAMES WEST, The Logic of Millennial Thought. Eighteenth-Century New
England, New Haven u. London 1977 (Yale historical publications, Miscellany, Bd. 112).

DE LA ROI-FREY, KARIN, Frauenleben im Biedermeier. Berühmte Besucherinnen bei
Justinus Kerner in Weinsberg, Leinfelden-Echterdingen 1998.

–, Schulidee: Weiblichkeit. Höhere Mädchenschulen im Königreich Württemberg, 1806
bis 1918, Diss. Tübingen 2003, http://w210.ub.uni-tuebingen.de/dbt/volltexte/2004/
1353/; Abruf: 20. Dezember 2004.

DELGADO, MARIANO, Religion und Kultur – Kirchenhistorische Überlegungen zum
»cultural turn«, in: SZRKG 99 (2005), S. 403–416.

DICKENBERGER, UDO, Poesie auf Gräbern. Die literarischen Inschriften des Hoppenlau-
Friedhofs, in: Der Stuttgarter Hoppenlau-Friedhof als literarisches Denkmal, bearb. v.
UDO DICKENBERGER, WALTRAUD u. FRIEDRICH PFÄFFLIN, Marbach 1992, S. 3–37
(Marbacher Magazin 59).

DIETRICH, STEFAN J., Christentum und Revolution. Die christlichen Kirchen in Württemberg 1848–1852, Paderborn u.a. 1996 (Veröffentlichungen der Kommission für Zeitgeschichte, Reihe B: Forschungen, Bd. 71).

DRUCKENMÜLLER, ALFRED, Der Buchhandel in Stuttgart seit Erfindung der Buchdru-
ckerkunst bis zur Gegenwart, Stuttgart 1908.

DÜKER, ECKHARD, Freudenchristentum. Der Erbauungsschriftsteller Stephan Prätorius,
Göttingen 2003 (AGP, Bd. 38).

EGLOFF, RAINER (Hg.), Tatsache – Denkstil – Kontroverse: Auseinandersetzungen mit Ludwik Fleck, Zürich 2005 (Collegium Helveticum, Heft 1).

EHMER, HERMANN, Der ausgewanderte Pietismus. Pietistische Gemeinschaftsprojekte in Nordamerika, in: RAINER LÄCHELE (Hg.), Das Echo Halles. Kulturelle Wirkungen des Pietismus, Tübingen 2001, S. 315–357.

–, Frauen im württembergischen Pietismus – Das Beispiel Charlotte Reihlen, in: Arbeitskreis für Landes- und Ortsgeschichte im Verband der württembergischen Geschichts- und Altertumsvereine, Protokoll der 89. Sitzung am 1. März 1997 im Hauptstaatsarchiv Stuttgart, S. 19–30.

–, Johann Friedrich Flattich. Der schwäbische Salomo. Eine Biographie, Stuttgart 1997 (Calwer Taschenbibliothek, Bd. 65).

–, Ländliches Schulwesen in Südwestdeutschland während der frühen Neuzeit, in: Regionale Aspekte des frühen Schulwesens, hg. v. ULRICH ANDERMANN u. KURT ANDERMANN, Tübingen 2000, S. 75–106 (Kraichtaler Kolloquien, Bd. 2).

–, Ludwig Hofacker. Ein Lebensbild, in: Rielingshausen. Vom fränkischen Adelssitz zum Marbacher Stadtteil, Marbach am Neckar 1996, S. 293–302.

–, (Bearb.), Von Gottes Gnaden. 250 Jahre Württembergisches Pietisten-Reskript 1743–1993, Stuttgart o. J. [1993].

The Encyclopedia of Apocalypticism, Bd. 1: The Origins of Apocalypticism in Judaism and Christianity, hg. v. JOHN J. COLLINS; Bd. 2: Apocalypticism in Western History and Culture, hg. v. BERNARD MCGINN; Bd. 3: Apocalypticism in the Modern Period and the Contemporary Age, hg. v. STEPHEN J. STEIN, New York 1999.

Encyclopedia of millennialism and millennial movements, hg. v. RICHARD LANDES, New York 2000 (Routledge encyclopedias of religion and society).

ERTZ, MICHAEL, Karl Mann (1806–1869), ein Zeuge der Erweckung in Baden, in: Die Erweckung in Baden im 19. Jahrhundert, hg. v. GERHARD SCHWINGE, Karlsruhe 1990, S. 118–138 (VVKGB, Bd. 42).

FESTINGER, LEON; RIECKEN, HENRY W.; SCHACHTER, STANLEY, When Prophecy Fails. A Social and Psychological Study of a Modern Group that Predicted the Destruction of the World, New York 1956.

FINDEISEN, HANS-VOLKMAR, Pietismus in Fellbach 1750–1820. Zwischen sozialem Protest und bürgerlicher Anpassung. Zur historisch-sozialen Entwicklungsdynamik eines millenarischen Krisenkults, Tübingen 1985.

FITSCHEN, KLAUS, Die Transformation der christlichen Festkultur. Von der Aufklärung zur Konfessionalisierung im 19. Jahrhundert, in: JBTh 18 (2003), S. 307–337.

FLECK, LUDWIK, Entstehung und Entwicklung einer wissenschaftlichen Tatsache. Einführung in die Lehre vom Denkstil und Denkkollektiv, hg. v. Lothar Schäfer u. Thomas Schnelle, Frankfurt 1980 (zuerst: Basel 1935).

FÖLL, RENATE, Sehnsucht nach Jerusalem. Zur Ostwanderung schwäbischer Pietisten, Tübingen 2002 (Studien und Materialien des Ludwig-Uhland-Instituts der Universität Tübingen, Bd. 23).

FRIED, JOHANNES, Aufstieg aus dem Untergang. Apokalyptisches Denken und die Entstehung der modernen Naturwissenschaft im Mittelalter, München 2001.

FRITZ, EBERHARD, Die Anfänge der Kolonie Wilhelmsdorf, in: 175 Jahre Wilhelmsdorf. Festschrift. Beiträge zur Geschichte und Gegenwart, hg. v. ANDREAS BÜHLER, Wilhelmsdorf 1999, S. 19–42.

–, Entstehung von pietistischen Privatversammlungen und Widerstand gegen die Liturgie von 1809 in der Superintendenz Urach, in: BWKG 91 (1991), S. 148–188.

–, Radikaler Pietismus in Württemberg. Religiöse Ideale im Konflikt mit gesellschaftlichen Realitäten, Epfendorf/Neckar 2003 (QFWKG, Bd. 18).

–, Separatisten und Separatistinnen in Rottenacker. Eine örtliche Gruppe als Zentrum eines »Netzwerks« im frühen 19. Jahrhundert, in: BWKG 98 (1998), S. 66–158.

–, Urchristliches Ideal und Staatsraison. Württembergische Separatistinnen und Separatisten im Zeitalter Napoleons, in: ZWLG 59 (2000), S. 71–98.

FRITZ, F[RIEDRICH], Johann Jakob Friederich (1759–1827). Ein Kapitel vom Glauben an einen Bergungsort und an das Tausendjährige Reich, in: BWKG 41 (1937), S. 140–194.

–, Die Stuttgarter Amtsdiözese nach den napoleonischen Kriegen, in: BWKG 48 (1948), S. 17–55.

FROMMER, HEINRICH, 1836 – und danach? Wohin verlagerte sich die Energie der Endzeiterwartung?, in: Apokalypse [s. d.], S. 113–118.

GÄBLER, ULRICH, »Auferstehungszeit«. Erweckungsprediger des 19. Jahrhunderts. Sechs Porträts, München 1991.

–, »Erweckung« – Historische Einordnung und theologische Charakterisierung, in: DERS., »Auferstehungszeit« [s. d.], S. 161–186.

–, Evangelikalismus und Réveil, in: GdP [s. d.], Bd. 3, S. 27–84.

–, Geschichte, Gegenwart, Zukunft, in: GdP [s. d.], Bd. 4, S. 19–48.

–, »Hoffen auf bessere Zeiten«. Daseinsangst und Zukunftssehnen der Pietisten, in: JOHANNES FISCHER u. ULRICH GÄBLER (Hg.), Angst und Hoffnung. Grunderfahrungen des Menschen im Horizont von Religion und Theologie, Stuttgart u. a. 1997, S. 105–121.

–, Zeiten des Endes – Ende der Zeiten?, Basel 2002 (Basler Universitätsreden, H. 100).

GALL, LOTHAR, Eisenbahn in Deutschland: Von den Anfängen bis zum Ersten Weltkrieg, in: Die Eisenbahn in Deutschland. Von den Anfängen bis zur Gegenwart, hg. v. LOTHAR GALL u. MANFRED POHL, München 1999, S. 13–70.

Geschichte der badischen evangelischen Kirche seit der Union 1821 in Quellen, Karlsruhe 1996 (VVKGB, Bd. 53).

Die Geschichte der Evangelischen Kirche der Union. Ein Handbuch, hg. im Auftrag der Evangelischen Kirche der Union v. J. F. GERHARD GOETERS u. JOACHIM ROGGE, Bd. 1: Die Anfänge der Union unter landesherrlichem Kirchenregiment (1817–1850), hg. v. J. F. GERHARD GOETERS u. RUDOLF MAU, Leipzig 1992.

Geschichte des Pietismus, hg. v. MARTIN BRECHT, KLAUS DEPPERMANN, ULRICH GÄBLER und HARTMUT LEHMANN, Bd. 1: Der Pietismus vom siebzehnten bis zum frühen achtzehnten Jahrhundert, hg. v. MARTIN BRECHT, Göttingen 1993; Bd. 2: Der Pietismus im achtzehnten Jahrhundert, hg. v. MARTIN BRECHT und KLAUS DEPPERMANN, Göttingen 1995; Bd. 3: Der Pietismus im neunzehnten und zwanzigsten Jahrhundert, hg. v. ULRICH GÄBLER, Göttingen 2000; Bd. 4: Glaubenswelt und Lebenswelten, hg. v. HARTMUT LEHMANN, Göttingen 2004.

GESTRICH, ANDREAS, »Am letzten Tag schon fertig sein«. Die Endzeiterwartungen der schwäbischen Pietisten, in: ULRICH HERRMANN; KARIN PRIEM (Hg.), Konfession als Lebenskonflikt. Studien zum württembergischen Pietismus im 19. Jahrhundert und die Familientragödie des Johannes Benedikt Stanger, Weinheim und München 2001, S. 93–126 (Materialien zur Historischen Jugendforschung).

–, Gottlieb Wilhelm Hoffmann (1771–1846), in: Kirchengeschichte Württembergs in Porträts. Pietismus und Erweckungsbewegung, hg. v. SIEGFRIED HERMLE, Holzgerlingen 2001, S. 245–264.

–, Pietismus und ländliche Frömmigkeit in Württemberg im 18. und frühen 19. Jahrhundert, in: Ländliche Frömmigkeit. Konfessionskulturen und Lebenswelten 1500–1850, hg. v. NORBERT HAAG, SABINE HOLTZ u. WOLFGANG ZIMMERMANN in Verb. m. DIETER R. BAUER, Stuttgart 2002, S. 343–357.

–, Pietistische Dörfer in Württemberg: Lokal- und regionalgeschichtliche Zugänge zur Sozialgeschichte der Religion, in: Arbeitskreis für Landes- und Ortsgeschichte im

Verband der württembergischen Geschichts- und Altertumsvereine, Protokoll der 87. Sitzung am 22./23. März 1996 im Hauptstaatsarchiv Stuttgart, S. 11–28.

–, Pietistische Rußlandwanderung im 19. Jahrhundert. Die Walddorfer Harmonie, in: Historische Wanderungsbewegungen. Migration in Antike, Mittelalter und Neuzeit, hg. v. DEMS., Münster 1991, S. 109–125 (Stuttgarter Beiträge zur historischen Migrationsforschung, Bd. 1).

–, Religion in der Hungerkrise von 1816/1817, in: Um Himmels Willen. Religion in Katastrophenzeiten, hg. v. MANFRED JAKUBOWSKI-TIESSEN u. HARTMUT LEHMANN, Göttingen 2003, S. 275–293.

GIERL, MARTIN, Im Netz der Theologen – die Wiedergeburt der Geschichte findet nicht statt. Von Pietismusforschung, protestantischer Identität und historischer Ethik 2003/04, in: ZHF 32 (2005), S. 463–487.

–, Pietismus und Aufklärung. Theologische Polemik und die Kommunikationsreform der Wissenschaft am Ende des 17. Jahrhunderts, Göttingen 1997 (VMPIG, Bd. 129).

–, Rezension zu: MARTIN BRECHT, Ausgewählte Aufsätze, Bd. 2: Pietismus, Stuttgart 1997, in: PuN 26 (2000), S. 198–204.

GLASER, HERMANN, Von deutscher Eisenbahn, in: Die deutsche Eisenbahn. Bilder aus ihrer Geschichte, hg. v. HERMANN GLASER u. NORBERT NEUDECKER, München 1984, S. 6–43, 250f.

GLEIXNER, ULRIKE, Pietism, Millenarianism, and the Familiy Future: The Journal of Beate Hahn-Paulus (1778–1842), in: J. C. LAURSEN; R. H. POPKIN (Hg.), Millenarianism and Messianism in Early Modern European Culture. Continental Millenarians: Protestants, Catholics, Heretics, Dordrecht u.a. 2001, S. 107–121.

–, Pietismus und Bürgertum. Eine historische Anthropologie der Frömmigkeit. Württemberg 17.–19. Jahrhundert, Göttingen 2005 (Bürgertum Neue Folge, Bd. 2).

–, Pietismus, Geschlecht und Selbstentwurf. Das »Wochenbuch« der Beate Hahn, verh. Paulus (1778–1842), in: Historische Anthropologie, 10 (2002), S. 76–100.

–, Wie fromme Helden entstehen. Biographie, Traditionsbildung und Geschichtsschreibung, in: WerkstattGeschichte 30 (2001), S. 38–49.

GOETERS, J. F. GERHARD, Nationalkirchliche Tendenzen und Landeskirchen. Gustav Adolf-Verein und Berliner Kirchenkonferenz (1846), in: Geschichte der Evangelischen Kirche der Union [s. d.], S. 332–341.

–, Der Wittenberger Kirchentag und die Innere Mission (1848/49), in: Geschichte der Evangelischen Kirche der Union [s. d.], S. 391–401.

GOTTSCHICK, KONRAD, Christian Märklin (1807–1849) und der Pietismus, in: BWKG 94 (1994), S. 149–178.

GRAF, FRIEDRICH WILHELM, Die Wiederkehr der Götter. Religion in der modernen Kultur, München 2004.

GRAUS, FRANTIŠEK, Mentalität – Versuch einer Begriffsbestimmung und Methoden der Untersuchung, in: DERS., Ausgewählte Aufsätze (1959–1989), hg. v. HANS-JÖRG GILOMEN, PETER MORAW u. RAINER C. SCHWINGES, Stuttgart 2002, S. 371–411 (Vorträge und Forschungen, Bd. 55; zuerst veröffentlicht in: Mentalität im Mittelalter. Methodische und inhaltliche Probleme, hg. v. FRANTIŠEK GRAUS, Sigmaringen 1987, S. 9–48 [Vorträge und Forschungen, Bd. 35]).

GROTH, FRIEDHELM, Chiliasmus und Apokatastasishoffnung in der Reich-Gottes-Verkündigung der beiden Blumhardts, in: PuN 9 (1983), S. 56–116.

–, Die »Wiederbringung aller Dinge« im württembergischen Pietismus. Theologiegeschichtliche Studien zum eschatologischen Heilsuniversalismus württembergischer Pietisten des 18. Jahrhunderts, Göttingen 1984 (AGP, Bd. 21).

GRUNDMANN, CHRISTOFFER H., Studien zur Theologie und Wirkungsgeschichte von Ludwig Harms, Ammersbek b. Hamburg 1994.

GRÜNEISEN, CARL, Abriß einer Geschichte der religiösen Gemeinschaften in Württemberg, mit besonderer Rücksicht auf die neuen Taufgesinnten, in: ZHTh, hg. v. CHRISTIAN FRIEDRICH ILLGEN, 11 (1841), H. 1, S. 63–142.

GUTEKUNST, EBERHARD, Das Pietisten-Reskript von 1743, in: BWKG 94 (1994), S. 9–26.

–; ZWINK, EBERHARD, Zum Himmelreich gelehrt. Friedrich Christoph Oetinger 1702–1782. Württembergischer Prälat, Theosoph und Naturforscher, Katalog der Ausstellung der Württembergischen Landesbibliothek Stuttgart und des Landeskirchlichen Archivs Stuttgart, Stuttgart 1982.

HAARBECK, AKO, Ludwig Hofacker und die Frage nach der erwecklichen Predigt, Neukirchen 1961 (Zeugen und Zeugnisse, Bd. 8).

HABERMAS, REBEKKA, Rituale des Gefühls. Die Frömmigkeit des protestantischen Bürgertums, in: Der bürgerliche Wertehimmel. Innenansichten des 19. Jahrhunderts, hg. v. MANFRED HETTLING u. STEFAN-LUDWIG HOFFMANN, Göttingen 2000, S. 169–191.

HAGEDORN, ECKHARD, Vom armen und großen Herzen. Anmerkungen zu den Predigten Ludwig Hofackers, in: Frömmigkeit unter den Bedingungen der Neuzeit (FS Gustav Adolf Benrath zum 70. Geburtstag), hg. v. REINER BRAUN u. WOLF-FRIEDRICH SCHÄUFELE, Karlsruhe 2001, S. 237–248 (Sonderveröffentlichungen des Vereins für Kirchengeschichte in der Evangelischen Landeskirche in Baden, Bd. 2).

HAGEL, JÜRGEN, Die Geographie als Lehrfach an der Hohen Karlsschule in Stuttgart, in: ZWLG 45 (1986), S. 197–227.

Die Hahn'sche Gemeinschaft. Ihre Entstehung und seitherige Entwicklung, 2. erw. Aufl., 2 Bde., Stuttgart 1949 und 1951.

Handbuch der Kulturwissenschaften, Bd. 1: Grundlagen und Schlüsselbegriffe, hg. v. FRIEDRICH JAEGER u. BURKHARD LIEBSCH, Stuttgart u. Weimar 2004.

HARRISON, JOHN FLETCHER CLEWS, The Second Coming. Popular Millenarianism 1780–1850, London u. Henley 1979.

HARTTMANN, G. F.; EHMANN, K. CH. E., Karl Fr. Harttmann, ein Charakterbild aus der Geschichte des christlichen Lebens in Süddeutschland, Tübingen 1861.

HAUG, [GUSTAV FERDINAND], Die Sekte der Michelianer nach ihrer Lehre und ihrem Verhältnisse zu andern pietistischen Partheien in Würtemberg, in: Studien der evangelischen Geistlichkeit Würtembergs, hg. v. C. H. STIRM, 11 (1839), H. 1, S. 115–168.

HAUMANN, HEIKO, »Das Land des Friedens und des Heils«. Rußland zur Zeit Alexanders I. als Utopie der Erweckungsbewegung am Oberrhein, in: PuN 18 (1992), S. 132–154.

HECKMANN, FRIEDRICH, Arbeitszeit und Sonntagsruhe. Stellungnahmen zur Sonntagsarbeit als Beitrag kirchlicher Sozialkritik im 19. Jahrhundert, Essen 1986 (Theologie im Gespräch, Bd. 2).

HEINSIUS, WILHELM, Aloys Henhöfer und seine Zeit, neu hg. v. Gustav Adolf Benrath, Neuhausen-Stuttgart und Karlsruhe 1987 (VVKGB, Bd. 36) [urspr. Karlsruhe 1925].

HENNINGER, MARGARETE, Friedrich Jakob Philipp Heim (1789–1850). Gründer der Paulinenpflege Winnenden. Ein Beitrag zur Frühgeschichte der Diakonie in Württemberg, Winnenden 1990.

HERMELINK, HEINRICH, Geschichte der evangelischen Kirche in Württemberg von der Reformation bis zur Gegenwart. Das Reich Gottes in Wirtemberg, Stuttgart u. Tübingen 1949.

HESSE, JOH[ANNES], Korntal einst und jetzt, Stuttgart 1910.

HETTLING, MANFRED, Reform ohne Revolution. Bürgertum, Bürokratie und kommunale Selbstverwaltung in Württemberg von 1800 bis 1850, Göttingen 1990 (Kritische Studien zur Geschichtswissenschaft, Bd. 86).

Historisch-kritische Geschichtsbetrachtung. Ferdinand Christian Baur und seine Schüler (8. Blaubeurer Symposion), hg. v. ULRICH KÖPF, Sigmaringen 1994 (Contubernium, Bd. 40).

HOFFMANN, CHRISTOPH, Mein Weg nach Jerusalem. Erinnerungen aus meinem Leben, Erster Theil: Erinnerungen aus meiner Jugend, Zweiter Theil: Erinnerungen des Mannesalters, Jerusalem: Selbstverlag, 1881 u. 1884.

HOFFMANN, C[ONRAD], Aus einer altpietistischen Zirkularkorrespondenz. Ein Beitrag zur Geschichte des württembergischen Pietismus, in: BWKG 3 (1899), S. 1–34; 4 (1900), S. 1–35.

HOFFMANN, KONRAD, Ludwig Friedrich Wilhelm Hoffmann. Missionsinspektor in Basel, Hofprediger und Generalsuperintendent in Berlin. 1806–1873, in: Lebensbilder aus Schwaben und Franken, Bd. 14, Stuttgart 1980, S. 219–254.

HOLTHAUS, STEPHAN, Prämillenniarismus in Deutschland. Historische Anmerkungen zur Eschatologie der Erweckten im 19. und 20. Jahrhundert, in: PuN 20 (1994), S. 191–211.

ISING, DIETER (Hg.), Johann Christoph Blumhardt. Ein Brevier, Göttingen 1991.

–, Johann Christoph Blumhardt. Leben und Werk, Göttingen 2002.

Jahrhundertwenden. Endzeit- und Zukunftsvorstellungen vom 15. bis zum 20. Jahrhundert, hg. v. MANFRED JAKUBOWSKI-TIESSEN, HARTMUT LEHMANN, JOHANNES SCHILLING und REINHARD STAATS, Göttingen 1999 (VMPIG, Bd. 155).

JAKUBOWSKI-TIESSEN, MANFRED, Eigenkultur und Traditionsbildung, in: GdP [s. d.], Bd. 4, S. 195–210.

–, Pastor Förster und die Eisenbahner. Sonntagsheiligung im Maschinenzeitalter, in: Religion zwischen Kunst und Politik. Aspekte der Säkularisierung im 19. Jahrhundert, hg. v. DEMS., Göttingen 2004, S. 12–25.

JENKINS, PAUL, Towards a definition of the Pietism of Wurtemberg as a Missionary Movement, 1978 (unveröffentl. Ms. für die Oxford Conference 1978 der African Studies Association of the United Kingdom).

–, Wenn zwei Welten sich berühren. Kontextuelle Gedanken über die Basler Missionare in Südghana im neunzehnten Jahrhundert, in: Reformatio 35 (1986), S. 451–458.

JUNG, MARTIN H., 1836 – Wiederkunft Christi oder Beginn des Millenniums? Zur Eschatologie J. A. Bengels und seiner Schüler, in: DERS., Nachfolger [s. d.], S. 93–116; bearbeiteter Abdruck von: 1836 – Wiederkunft Christi oder Beginn des Tausendjährigen Reichs? Zur Eschatologie Johann Albrecht Bengels und seiner Schüler, in: PuN 23 (1997), S. 131–151.

–, Die Anfänge der Tierschutzbewegung im 19. Jahrhundert. Christian Adam Dann und Albert Knapp, in: DERS., Nachfolger [s. d.], S. 171–215; erheblich bearbeiteter und aktualisierter Abdruck von: Die Anfänge der deutschen Tierschutzbewegung im 19. Jahrhundert. Mössingen – Tübingen – Stuttgart – Dresden – München, in: ZWLG 56 (1997), S. 205–239.

–, Charlotte Reihlen (1805–1868), in: HAUFF, ADELHEID M. VON (Hg.), Frauen gestalten Diakonie, Bd. 2: Vom 18. bis zum 20. Jahrhundert, Stuttgart 2006, S. 181–199.

–, Magnus Friedrich Roos und die Deutsche Christentumsgesellschaft, in: Religion in Basel. Ein Lese- und Bilderbuch. Ulrich Gäbler zum 60. Geburtstag, hg. v. THOMAS K. KUHN u. MARTIN SALLMANN, Basel 2001, S. 49–52.

–, Nachfolger, Visionärinnen, Kirchenkritiker. Theologie- und frömmigkeitsgeschichtliche Studien zum Pietismus, Leipzig 2003.

–, Der Pietismus in Leonberg und seine Ausstrahlungen, in: BWKG 98 (1998), S. 49–65.

–, Der Protestantismus in Deutschland von 1815 bis 1870, Leipzig 2000 (KGE, Bd. III, 3).

JUNG, MARTIN, Die württembergische Kirche und die Juden in der Zeit des Pietismus (1675–1780), Berlin 1992 (SKI, Bd. 13).

JUNGER, GERHARD, Johann Jacob Fezer als Spätaufklärer und frühliberaler Publizist im Zeitalter der Französischen Revolution in Reutlingen und Wien (1760–1844), Reutlingen 1988.

JUREIT, ULRIKE; WILDT, MICHAEL (Hg.), Generationen. Zur Relevanz eines wissenschaftlichen Grundbegriffs, Hamburg 2005.

KAHLE, WILHELM, Die Zeichen der Zeit. Ein Beitrag zur Theologie- und Geistesgeschichte des 19. Jahrhunderts, in: ZRGG 24 (1972), S. 289–315.

KANNENBERG, MICHAEL, »Die Notwendigkeit einer sachlichen Beschäftigung mit den Quellen«. Kritische Anmerkungen und Ergänzungen zu Werner Raupp: Christian Gottlob Barth. Studien zu Leben und Werk, Stuttgart 1998, in: BWKG 101 (2001), S. 321–335.

KAPFF, CARL, Lebensbild von Sixt Carl v. Kapff, 2 Bde., Stuttgart: Belser, 1881.

KASCHUBA, WOLFGANG, Öffentliche Kultur – Kommunikation, Deutung und Bedeutung, in: Handbuch der Kulturwissenschaften, Bd. 1: Grundlagen und Schlüsselbegriffe [s. d.], S. 128–138.

KELBER, WERNER H., Geschichte als Kommunikationsgeschichte: Überlegungen zur Medienwissenschaft, in: Konstruktion von Wirklichkeit. Beiträge aus geschichtstheoretischer, philosophischer und theologischer Perspektive, hg. v. JENS SCHRÖTER mit ANTJE EDDELBÜTTEL, Berlin u. New York 2004, S. 153–168 (TBT, Bd. 127).

KIRN, HANS-MARTIN, Deutsche Spätaufklärung und Pietismus. Ihr Verhältnis im Rahmen kirchlich-bürgerlicher Reform bei Johann Ludwig Ewald (1748–1822), Göttingen 1998 (AGP, Bd. 34).

–, Ludwig Hofacker 1798–1828. Reformatorische Predigt und Erweckungsbewegung, Metzingen 1999.

KOCH, GUSTAVE, Art. Hausmeister, Jacques Auguste [Jacob August], in: Nouveau dictionnaire de biographie alsacienne, Heft 15, Strasbourg 1989, S. 1450f.

KÖHLE-HEZINGER, CHRISTEL, Fortschreiten – fortgehen – fortlaufen. Fortschritt als kulturelles Handeln, in: Fortschrittsglaube und Zukunftspessimismus, hg. v. Haus der Geschichte Baden-Württemberg in Verbindung mit der Landeshauptstadt Stuttgart, Tübingen 2000, S. 46–62, Anm. S. 230–234 (Stuttgarter Symposion, Schriftenreihe, Bd. 8).

KÖHNLEIN, MANFRED, Weltbild und Glaubensverständnis im württembergischen Pietismus des 19. Jahrhunderts – zur erwecklichen Predigt des Bildes »Der breite und der schmale Weg«, in: BÜTTNER, GERHARD; THIERFELDER, JÖRG (Hg.), Religionspädagogische Grenzgänge, Stuttgart 1988, S. 127–149 (AzP, Bd. 26).

KOLB, CHR[ISTOPH], Die Geschichte des Gottesdienstes in der evangelischen Kirche Württembergs, Stuttgart 1913.

KOLB, CHRISTOPH, Das neunzehnte Jahrhundert, in: Württembergische Kirchengeschichte, hg. v. Calwer Verlagsverein, Calw und Stuttgart 1893, S. 544–694.

KÖPF, ULRICH, Christian Märklin und der württembergische Pietismus, in: Historisch-kritische Geschichtsbetrachtung [s. d.], S. 165–184 (mit Beilagen: S. 184–208).

KOSELLECK, REINHART, Gibt es eine Beschleunigung der Geschichte?, in: DERS., Zeitschichten. Studien zur Historik, Frankfurt am Main 2000 (Vortrag 1976; Teilabdruck 1985), S. 150–176.

–, Zeitverkürzung und Beschleunigung, in: DERS., Zeitschichten. Studien zur Historik, Frankfurt am Main 2000 (ungedruckter Vortrag 1985), S. 177–202.

KREFT, WERNER, Die Kirchentage von 1848–1872, Frankfurt am Main 1994 (EHS, Reihe 23, Bd. 514).

KÜBLER, URSULA, Biographie Jonathan Friedrich Bahnmaier, in: Schriftenreihe des Stadtarchivs Kirchheim unter Teck, Bd. 6, Kirchheim 1987, S. 173–184.

KUHLEMANN, FRANK-MICHAEL, Mentalitätsgeschichte. Theoretische und methodische Überlegungen am Beispiel der Religion im 19. und 20. Jahrhundert, in: Kulturgeschichte heute, hg. v. WOLFGANG HARDTWIG u. HANS-ULRICH WEHLER, Göttingen 1996, S. 182–211 (Geschichte und Gesellschaft, Sonderheft 16).

–, Die neue Kulturgeschichte und die kirchlichen Archive, in: Der Archivar 53 (2000), S. 230–237.

KUHN, THOMAS K., Art. Erweckungsbewegungen, in: Enzyklopädie der Neuzeit, Bd. 3, Stuttgart u. Weimar 2006, Sp. 509–516.

–, Art. Strauß, David Friedrich, in: TRE, Bd. 32, S. 241–246.

–, Diakonie im Schatten des Chiliasmus. Christian Heinrich Zeller (1779–1860) in Beuggen, in: Das »Fromme Basel«. Religion in einer Stadt des 19. Jahrhunderts, hg. v. DEMS. u. MARTIN SALLMANN, Basel 2002, S. 93–110.

–, Krisen und Erweckungen. Anmerkungen zur Modernisierung des Protestantismus im 19. Jahrhundert, in: SZRKG 99 (2005), S. 449–463.

–, Religion und neuzeitliche Gesellschaft. Studien zum sozialen und diakonischen Handeln in Pietismus, Aufklärung und Erweckungsbewegung, Tübingen 2003 (BHTh, Bd. 122).

–, Der Streit um die Zukunft. Religion und Revolution in Baden 1848/49, in: ZNThG/ JHMTh 7 (2000), S. 20–65.

LÄCHELE, RAINER, Albert Knapp (1798–1864), in: Kirchengeschichte Württembergs in Porträts. Pietismus und Erweckungsbewegung, hg. v. SIEGFRIED HERMLE, Holzgerlingen 2001, S. 299–313,

LANDES, RICHARD, Art. Millenarianism, in: Encyclopedia of Social History, hg. v. PETER N. STEARNS, New York u. London 1994, S. 499ff.

–, Art. Millennialism in the Western World, in: Encyclopedia of millennialism and millennial movements [s. d.], S. 257–265.

–, On Owls, Roosters, and Apocalyptic Time: A Historical Method for Reading a Refractory Documentation, in: USQR 49 (1995), S. 49–69.

LANGEWIESCHE, DIETER, Bildungsbürgertum und Protestantismus in Gesellschaft und Politik: Württemberg in der ersten Hälfte des 19. Jahrhunderts, in: Historisch-kritische Geschichtsbetrachtung [s. d.], S. 53–66.

–, Humanitäre Massenbewegung und politisches Bekenntnis. Polenbegeisterung in Südwestdeutschland 1830–1832, in: Blick zurück ohne Zorn. Polen und Deutsche in Geschichte und Gegenwart, hg. v. DIETRICH BEYRAU, Tübingen 1999, S. 11–37.

LEHMANN, HARTMUT, Endzeiterwartung und Erlösungshoffnung im württembergischen Pietismus, in: Fortschrittsglaube und Zukunftspessimismus, hg. v. Haus der Geschichte Baden-Württemberg in Verbindung mit der Landeshauptstadt Stuttgart, Tübingen 2000, S. 25–45, Anm. S. 230 (Stuttgarter Symposion, Schriftenreihe, Bd. 8).

–, Endzeitszenarien als Alternativen zur absolutistischen Religions- und Kirchenpolitik, in: Religionspolitik in Deutschland. Von der frühen Neuzeit bis zur Gegenwart (FS M. Greschat), hg. v. ANSELM DOERING-MANTEUFFEL u. KURT NOWAK, Stuttgart u.a. 1999, S. 67–74.

–, Engerer, weiterer und erweiterter Pietismusbegriff. Anmerkungen zu den kritischen Anfragen von Johannes Wallmann an die Konzeption der Geschichte des Pietismus, in: PuN 29 (2003), S. 18–36.

–, Erledigte und nicht erledigte Aufgaben der Pietismusforschung. Eine nochmalige Antwort an Johannes Wallmann, in: PuN 31 (2005), S. 13–20.

–, Grenzüberschreitungen und Grenzziehungen im Pietismus, in: PuN 27 (2001), S. 11–18.

–, Horizonte pietistischer Lebenswelten, in: DERS., Protestantische Weltsichten. Transformationen seit dem 17. Jahrhundert, Göttingen 1998, S. 11–28; Erstdruck unter dem

Titel: Vorüberlegungen zu einer Sozialgeschichte des Pietismus im 17./18. Jahrhundert, in: PuN 21 (1995), S. 69–83.

–, Pietismus und weltliche Ordnung in Württemberg vom 17. bis zum 20. Jahrhundert, Stuttgart u. a. 1969.

–, Pietistic Millenarianism in Late Eighteenth-Century Gemany, in: DERS., Religion und Religiosität in der Neuzeit. Historische Beiträge, hg. v. MANFRED JAKUBOWSKI-TIESSEN und OTTO ULBRICHT, Göttingen 1996, S. 158–166; Erstdruck in: The Transformation of Political Culture. England and Germany in the Late Eighteenth Century, hg. v. ECKHART HELLMUT, Oxford 1990, S. 327–338.

–, Probleme einer Sozialgeschichte des württembergischen Pietismus, in: BWKG 75 (1975), S. 166–181.

–, Zur Charakterisierung der entschiedenen Christen im Zeitalter der Säkularisierung, in: PuN 30 (2004), S. 13–29.

LEIBBRANDT, GEORG, Die Auswanderung aus Schwaben nach Rußland 1816–1823. Ein schwäbisches Zeit- und Charakterbild, Stuttgart 1928 (Schriften des Deutschen Ausland-Instituts Stuttgart, Reihe A: Kulturhistorische Reihe, Bd. 21).

LEIDHOLD, ARTHUR, Philipp Friedrich Hiller, in: BWKG 59 (1959), S. 150–170.

LERNER, ROBERT E., Art. Eschatologie 6, in: TRE, Bd. 10, S. 305–310.

LEUBE, MARTIN, Geschichte des Tübinger Stifts, 3. Teil: Von 1770 bis zur Gegenwart, Stuttgart 1936 (BWKG; Sonderheft 5).

LINDINGER, STEFAN, Art. Meyer, Johann Friedrich von, in: BBKL, Bd. 17, Sp. 961–969.

LIPPOTH, ROLF, Maria Gottliebin Kummer aus Cleebronn – eine Prophetin im Umkreis der Frau von Krüdener, in: Pietismus-Forschungen. Zu Philipp Jacob Spener und zum spiritualistisch-radikalpietistischen Umfeld, hg. v. DIETRICH BLAUFUSS, Frankfurt am Main u.a. 1986, S. 295–383 (EHS, Reihe 23, Bd. 290).

LÖTSCH, GERHARD, Die Rettungshausbewegung in Baden. Verbindungen nach Württemberg, in: BWKG 99 (1999), S. 154–168.

LÖW, MARTINA, Raum – Die topologischen Dimensionen der Kultur, in: Handbuch der Kulturwissenschaften, Bd. 1: Grundlagen und Schlüsselbegriffe [s. d.], S. 46–59.

MAIER, GERALD, Zwischen Kanzel und Webstuhl. Johann Georg Freihofer (1806–1877). Leben und Wirken eines württembergischen Pfarrers im Spannungsfeld von Staat, Kirche und Gesellschaft, Leinfelden-Echterdingen 1997 (Schriften zur südwestdeutschen Landeskunde, Bd. 20).

MAIER, GERHARD, Die Johannesoffenbarung und die Kirche, Tübingen 1981.

MAISCH, ANDREAS, Notdürftiger Unterhalt und gehörige Schranken. Lebensbedingungen und Lebensstile in württembergischen Dörfern der frühen Neuzeit, Stuttgart u. a. 1992 (Quellen und Forschungen zur Agrargeschichte, Bd. 37).

MARON, GOTTFRIED, Revolution und Biographie. Zum Problem der Generation in der evangelischen Theologie 1848, in: PuN 5 (1979), S. 21–38.

MARTIN, ROGER H., Evangelicals United: Ecumenical Stirrings in Pre-Victorian Britain, 1795–1830, Metuchen, N. J., u. London 1983 (Studies in Evangelicalism, Bd. 4).

MAURER, MICHAEL, Briefe, in: Aufriß der Historischen Wissenschaften, hg. v. DEMS., Bd. 4: Quellen, Stuttgart 2002, S. 349–372.

–, Feste und Feiern als historischer Forschungsgegenstand, in: HZ 253 (1991), S. 101–130.

MAYR, FLORIAN, Gundremmingen und die Lindlianer, in: Gundremmingen. Heimatbuch einer schwäbischen Gemeinde an der Donau, Weißenhorn [Jahr?], http://www.geocities.com/andorama/LindlGerman.htm; Abruf: 17. September 2002.

MEDICK, HANS, Weben und Überleben in Laichingen 1650–1900. Lokalgeschichte als Allgemeine Geschichte, Göttingen 1996 (VMPIG, Bd. 126).

MEUMANN, MARKUS, Zurück in die Endzeit, oder: Ist die Moderne das Tausendjährige Reich Christi? Beobachtungen zum Verhältnis von heilsgeschichtlicher und säkularer Zukunftserwartung in der Neuzeit, in: ZfG 52 (2004), S. 407–425.

MEYER, GERHARD, Johann Conrad Weiz. Ein Beitrag Herrnhuts zum schwäbischen Pietismus im Anfang des 19. Jahrhunderts, Wuppertal 1962.

Millenarianism and Messianism in Early Modern European Culture, Bd. 3: The Millenarian Turn: Millenarian Contextes of Science, Politics, and Everyday Anglo-American Life in the Seventeenth and Eighteenth Centuries, hg. v. JAMES FORCE u. RICHARD H. POPKIN; Bd. 4: Continental Millenarians: Protestants, Catholics, Heretics, hg. v. JOHN CHRISTIAN LAURSEN u. RICHARD H. POPKIN, Dordrecht u.a. 2001.

Millennium, Themenheft der Zeitschrift WerkstattGeschichte 24 (1999).

Mitteilungen aus dem Lebensgang von Johann Adam Straub aus Korntal, Stuttgart: Hahnsche Gemeinschaft, [3]1953 ([1]1858).

Mittheilungen aus dem Leben des theuern Vaters Carl Köllner, Kornthal, o. V., [2]1856 ([1]1855).

MÖRTH, INGO, Art. Kommunikation, in: HrwG, Bd. 3, Stuttgart u.a. 1993, S. 392–414.

MÜLLER, ERNST, Kleine Geschichte Württembergs. Mit Ausblicken auf Baden, Stuttgart 1963.

MÜLLER, GOTTHOLD, Christian Gottlob Pregizer (1751–1824). Sein Leben und seine Schriften, Stuttgart 1961 (BWKG, Sonderheft 13).

MÜLLER, KARL, Die religiöse Erweckung in Württemberg am Anfang des 19. Jahrhunderts, Tübingen 1925.

MYGDALIS, LAMPROS, Ersatzweg Hellas, in: Aufruhr und Entsagung. Vormärz 1815–1848 in Baden und Württemberg, hg. v. OTTO BORST, Stuttgart 1992, S. 106–127, 458–461 (Stuttgarter Symposion, Bd. 2).

NARR, DIETER, Johann Gottfried Pahl und die Affalterbacher Pietisten, in: DERS., Studien [s. d.], S. 344–355.

–, Studien zur Spätaufklärung im deutschen Südwesten, Stuttgart 1979 (Veröffentlichungen der Kommission für geschichtliche Landeskunde in Baden-Württemberg, Reihe B Forschungen, 93).

–, Zum Lebens- und Charakterbild Jonathan Friedrich Bahnmaiers, in: DERS., Studien [s. d.], S. 356–372.

–, Zur Stellung des Pietismus in der Volkskultur Württembergs, in: DERS., Studien [s. d.], S. 41–62.

NIPPERDEY, THOMAS, Deutsche Geschichte 1800–1866. Bürgerwelt und starker Staat, München 1983 (46.–51. Tausend, 1994).

NOWAK, KURT, Geschichte des Christentums in Deutschland. Religion, Politik und Gesellschaft vom Ende der Aufklärung bis zur Mitte des 20. Jahrhunderts, München 1995.

–, Die Welt ist angezündet. Endzeiterfahrung und Zukunftshoffnung um 1800 bei Gottfried Menken und Friedrich Schleiermacher, in: Jahrhundertwenden [s. d.], S. 253–276.

O'LEARY, STEPHEN D., Arguing the Apocalypse. A Theory of Millennial Rhetoric, New York u. Oxford 1994.

–, When Prophecy Fails and When it Succeeds: Apocalpytic Prediction and the Re-Entry into Ordinary Time, in: Apocalyptic Time, hg. v. ALBERT I. BAUMGARTEN, Leiden u.a. 2000 (SHR, Bd. 86), S. 341–362.

OEHLER, [GUSTAV FRIEDRICH], Art. Steudel, Johann Christian Friedrich, in: RE[1], Bd. 15, S. 75–81.

OSTERTAG, A[LBERT], Art. Blumhardt, Christian Gottlieb, in: RE[1], Bd. 19, S. 210–238.

PAHL, HENNING, Die Kirche im Dorf. Religiöse Wissenskulturen im gesellschaftlichen Wandel des 19. Jahrhunderts, Berlin 2006 (Wissenskultur und gesellschaftlicher Wandel, Bd. 18).

PALMER, CHRISTIAN, Art. Würtemberg, in: RE^1, Bd. 18, S. 276–303.

PARENT, ULRICH, Albert Knapps »Evangelischer Liederschatz« von 1837, Frankfurt am Main 1987 (EHS, Reihe 1, Bd. 991).

PAULUS, MAGDALENA, Beate Paulus und Johann Friedrich Flattich, in: Rundbrief der Familiengemeinschaft Gebhardt-Paulus-Hoffmann, 38 (1997), http://www.gebhardt-paulus-hoffmann.org/Rundbr97/rundbr97.html; Abruf: 18. Juni 2002.

PAULUS, PHILIPP, Beate Paulus, geb. Hahn oder Was eine Mutter kann. Eine selbst miterlebte Familiengeschichte, Stuttgart 1874.

PAULUS, RUDOLF F., Beate Paulus geborene Hahn (1778–1842) in der Diskussion, in: Rundbrief der Familiengemeinschaft Gebhardt-Paulus-Hoffmann, 40 (1999), http://www.gebhardt-paulus-hoffmann.org/Rundbr99/rundbr99.html; Abruf: 18. Juni 2002.

–, Beate Paulus. Was eine Mutter kann. Nach alten Quellen neu erzählt, Metzingen (^{1}1970) ^{4}1990.

–, »Beate Paulus, was eine Mutter kann«. Quellen und Voraussetzungen, in: BWKG 72 (1972), S. 134–150.

–, Das Reich Gottes in der Alterstheologie von Christoph Hoffmann, in: BWKG 68/69 (1968/69), S. 375–384.

–, Die wissenschaftliche Bildungsanstalt auf dem Salon bei Ludwigsburg, in: Ludwigsburger Geschichtsblätter 39 (1986), S. 77–180.

PETRI, HORST, Ignaz Lindl und die deutsche Bauernkolonie in Bessarabien, in: Südostdeutsches Archiv 8 (1965), S. 78–112.

–, Jung-Stilling und Ignaz Lindl, in: Südostdeutsches Archiv 10 (1967), S. 249.

–, Zur Geschichte der Auswanderung aus Württemberg nach Rußland, in: BWKG 57/58 (1957/58), S. 373–379.

PFAFF, CHRISTOPH HEINRICH, Lebenserinnerungen, Kiel 1854.

PFÄFFLIN, FRIEDRICH; TGAHRT, REINHARD, Justinus Kerner. Dichter und Arzt, Marbach ^{2}1990, ^{1}1986 (Marbacher Magazin, Bd. 39).

PFLEIDERER, G., Art. Korntal, in: RE^1, Bd. 19, S. 734–758.

PRINZ, J., Die Kolonien der Brüdergemeinde. Ein Beitrag zur Geschichte der deutschen Kolonien Südrußlands, Moskau 1898.

Protestantismus und Politik. Zum politischen Handeln evangelischer Männer und Frauen für Baden zwischen 1819 und 1933, hg. v. d. Badischen Landesbibliothek, Karlsruhe 1996.

QUARTHAL, FRANZ, Leseverhalten und Lesefähigkeit in Schwaben vom 16. bis zum 19. Jahrhundert. Zur Auswertungsmöglichkeit von Inventuren und Teilungen, in: Die alte Stadt 16 (1989), S. 339–350.

RAUPP, WERNER, Christian Gottlob Barth. Studien zu Leben und Werk, Stuttgart 1998 (QFWKG, Bd. 16).

RÖSSLER, MARTIN, Liedermacher im Gesangbuch, Bd. 3: Christian Fürchtegott Gellert – Ernst Moritz Arndt – Albert Knapp – Otto Riethmüller – Jochen Klepper, Stuttgart 1991 (Calwer Taschenbibliothek, Bd. 6).

ROHNER, LUDWIG, Kalendergeschichte und Kalender, Wiesbaden 1978.

RUTZ, ANDREAS, Ego-*Dokument* oder Ich-*Konstruktion*? Selbstzeugnisse als Quellen zur Erforschung des frühneuzeitlichen Menschen, in: Zeitenblicke 1 (2002), Nr. 2 [20.12.2002], http://www.zeitenblicke.historicum.net/2002/02/rutz/index.html; Abruf: 3. Januar 2003.

SANDBOTHE, MIKE, Medien – Kommunikation – Kultur. Grundlagen einer pragmatischen Kulturwissenschaft, in: Handbuch der Kulturwissenschaften, Bd. 1: Grundlagen und Schlüsselbegriffe [s. d.], S. 119–127.

SARASIN, PHILIPP, Geschichtswissenschaft und Diskursanalyse, Frankfurt am Main 2003.

SAUER, PAUL, Reformer auf dem Königsthron. Wilhelm I. von Württemberg, Stuttgart 1997.

SAUTER, GERHARD, Die Zahl als Schlüssel zur Welt. Johann Albrecht Bengels »prophetische Zeitrechnung« im Zusammenhang seiner Theologie, in: EvTh 26 (1966), S. 1–36.

–, Einführung in die Eschatologie, Darmstadt 1995.

–, Endzeit- oder Endvorstellungen und geschichtliches Denken, in: Jahrhundertwenden [s. d.], S. 377–402.

SCHAD, PETRA, Buchbesitz im Herzogtum Württemberg im 18. Jahrhundert am Beispiel der Amtsstadt Wildberg und des Dorfes Bissingen/Enz, Stuttgart 2002 (Stuttgarter Historische Studien, Bd. 1).

SCHÄFER, GERHARD, Elemente. Die Welt der großen Schwabenväter des 18. Jahrhunderts und ihre Erben, in: BWKG 95 (1995), S. 114–132.

–, Die evangelische Kirche in Württemberg und die Revolution 1848/1849, in: PuN 5 (1979), S. 39–65.

–, Ludwig Hofacker und die Erweckungsbewegung in Württemberg, in: Bausteine zur geschichtlichen Landeskunde von Baden-Württemberg, hg. v. d. Kommission für geschichtliche Landeskunde in Baden-Württemberg, Stuttgart 1979, S. 357–379.

–, Non ad omnes, ad nonnullos quidem pertinens. Der Spekulative Pietismus im Württemberg des 18. Jahrhunderts, in: PuN 19 (1993), S. 70–97.

–, Das Ringen um einen christlichen Staat. Die Württembergische Landeskirche in der Mitte des 19. Jahrhunderts, in: PuN 1 (1974), S. 125–158.

–, Das Ringen um neue kirchliche Ordnungen der württembergischen Landeskirche in der ersten Hälfte des 19. Jahrhunderts, in: BWKG 62 (1962), S. 282–308.

SCHARFE, MARTIN, Evangelische Andachtsbilder. Studien zu Intention und Funktion des Bildes in der Frömmigkeitsgeschichte vornehmlich des schwäbischen Raumes, Stuttgart 1968 (Veröffentlichungen des Staatlichen Amtes für Denkmalpflege Stuttgart, Reihe C: Volkskunde, Bd. 5).

–, Die Religion des Volkes. Kleine Kultur- und Sozialgeschichte des Pietismus, Gütersloh 1980.

–, Zwei-Wege-Bilder. Volkskundliche Aspekte evangelischer Bilderfrömmigkeit, in: BWKG 90 (1990), S. 123–144.

SCHEFFBUCH, ROLF, Sixt Carl Kapff. Geistliches Ringen um die Gemeinschaft von Pietisten und Nichtpietisten in der württembergischen Kirche, in: BWKG 94 (1994), S. 122–148.

SCHENDA, RUDOLF, Volk ohne Buch. Studien zur Sozialgeschichte der populären Lesestoffe 1770–1910, Frankfurt am Main 1970.

SCHEUFFELEN, THOMAS, Berthold Auerbach. 1812–1882, Marbach 1985 (Marbacher Magazin, Bd. 36).

SCHICK, HERMANN, Marbach – Ein Knoten im separatistischen Netzwerk, in: BWKG 102 (2002), S. 109–125.

SCHILLBACH, BRIGITTE; DAMBACHER, EVA, Gustav Schwab. 1792–1850. Aus seinem Leben und Schaffen, Marbach ²1998, ¹1992 (Marbacher Magazin, Bd. 61).

SCHINDLER-JOPPIEN, ULRICH, Das Neuluthertum und die Macht. Ideologiekritische Analysen zur Entstehungsgeschichte des lutherischen Konfessionalismus in Bayern (1825–1838), Stuttgart 1998 (CThM.ST, Bd. 16).

SCHLATTER, WILHELM, Geschichte der Basler Mission 1815–1915, Bd. 1: Die Heimatgeschichte der Basler Mission, Basel 1916.

SCHLIENTZ, GISELA, Bevormundet, enteignet, verfälscht, vernichtet. Selbstzeugnisse württembergischer Pietistinnen, in: Geschriebenes Leben. Autobiographik von Frauen, hg. v. MICHAELA HOLDENRIED, Berlin 1995, S. 61–79.

SCHMIDT, ANDREAS, »Wolken krachen, Berge zittern, und die ganze Erde weint ...«. Zur kulturellen Vermittlung von Naturkatastrophen in Deutschland 1755 bis 1855, Münster u. a. 1999.

SCHMOLKE, MICHAEL, Theorie der Kommunikationsgeschichte, in: BURKART, ROLAND; HÖMBERG, WALTER (Hg.), Kommunikationstheorien. Ein Textbuch zur Einführung, dritte überarb. u. erw. Aufl., Wien 2004, S. 234–257.

SCHOLDER, KLAUS, Grundzüge der theologischen Aufklärung in Deutschland, in: Geist und Geschichte der Reformation, Festgabe Hanns Rückert zum 65. Geburtstag, Berlin 1966, S. 460–486.

SCHÖN, ERICH, Vorlesen, Literatur und Autorität im 18. Jahrhundert. Zum Wandel von Interaktionsstrukturen im Umgang mit Literatur, in: Histoires du livre, nouvelles orientations, hg. v. HANS ERICH BÖDEKER, Paris 1995, S. 199–224.

SCHORN-SCHÜTTE, LUISE, Politische Kommunikation in der Frühen Neuzeit: Obrigkeitskritik im Alten Reich, in: GeGe 32 (2006), S. 273–314.

SCHRÖDER, TILMAN-MATTHIAS, Sixt Carl Kapff (1805–1879), in: Kirchengeschichte Württembergs in Porträts. Pietismus und Erweckungsbewegung, hg. v. SIEGFRIED HERMLE, Holzgerlingen 2001, S. 315–329.

SCHWEITZER, ALBERT, Geschichte der Leben-Jesu-Forschung, 9. Aufl., Nachdruck der 7. Aufl., Tübingen 1984 (zuerst unter dem Titel: Von Reimarus zu Wrede. Eine Geschichte der Leben-Jesu-Forschung, Tübingen 1906.)

SCHWERHOFF, GERD, Kommunikationsraum Dorf und Stadt. Einleitung, in: BURKHARDT, JOHANNES; WERKSTETTER, CHRISTINE (Hg.), Kommunikation und Medien in der Frühen Neuzeit, München 2005, S. 137–146 (HZ, Beihefte, Bd. 41).

SCHWINGE, GERHARD, Populär-Apokalyptik. Zu einem unbekannten, neu faksimilierten Jung-Stilling-Pseudepigraph, in: PuN 18 (1992), S. 187–193.

SCOTT, JAMES C., Domination and the Arts of Resistance. Hidden Transcripts, New Haven und London 1990.

SELLIN, VOLKER, Mentalität und Mentalitätsgeschichte, in: HZ 241 (1985), S. 555–598.

–, Mentalitäten in der Sozialgeschichte, in: SCHIEDER, WOLFGANG; SELLIN, VOLKER (Hg.), Sozialgeschichte in Deutschland, Bd. 3: Soziales Verhalten und soziale Aktionsformen in der Geschichte, Göttingen 1987, S. 101–121.

SIEGERT, REINHART, Zum Stellenwert der Alphabetisierung in der deutschen Volksaufklärung, in: Lesen und Schreiben im 17. und 18. Jahrhundert. Studien zu ihrer Bewertung in Deutschland, England, Frankreich, hg. v. PAUL GOETSCH, Tübingen 1994, S. 109–124.

STÄLIN, PAUL FRIEDRICH, Das Rechtsverhältniß der religiösen Gemeinschaften und der fremden Religionsverwandten in Württemberg nach seiner geschichtlichen Entwicklung, in: Württembergische Jahrbücher für Statistik und Landeskunde, Jg. 1868, S. 151–312.

STAMBOLIS, BARBARA, Religiöse Festkultur. Zu Umbruch, Neuformierung und Geschichte katholischer Frömmigkeit in der Gesellschaft des 19. und 20. Jahrhunderts, in: Geschichte und Gesellschaft 27 (2001), S. 240–273.

STEINECKE, O., Die Diaspora (Gemeinschaftspflege) der Brüdergemeine in Deutschland. Ein Beitrag zu der Geschichte der evangelischen Kirche Deutschlands, Dritter Teil: Süd- und Westdeutschland, Halle 1911.

STILLE, BERNHARD, Filsthalbahn und Alpüberquerung. Erinnerungen an den Bau der Geislinger Steige, Geislingen 1985.

–, Der Bahnbau brachte Geislingen den Aufschwung. Strukturwandel im 19. und 20. Jahrhundert auf allen Gebieten, in: Kirche und Bahn. Von der Fils auf die Alb in die weite Welt, hg. v. ALBRECHT FRENZ u. MICHAEL KANNENBERG, Geislingen 2000, S. 76–89.

TRAUTWEIN, JOACHIM, Freiheitsrechte und Gemeinschaftsordnungen um 1800. Pietismus und Separatismus in Württemberg, in: Baden und Württemberg im Zeitalter Napoleons, hg. v. Württembergischen Landesmuseum Stuttgart, Band 2: Aufsätze, Stuttgart 1987, S. 323–342.

–, Gustav Werner: Theologische, sozialpolitische und psychologische Aspekte, in: BWKG 80/81 (1980/81), S. 279–298.

–, Art. Korntal, in: TRE, Bd. 19, S. 640–645.

–, Pietismus in Nagold, in: 1200 Jahre Nagold, Konstanz 1985, S. 119–144.

–, Der Pietismus zwischen Revolution und Kooperation (1800–1820), in: BWKG 94 (1994), S. 27–46.

–, Religiosität und Sozialstruktur. Untersucht anhand der Entwicklung des württembergischen Pietismus, Stuttgart 1972 (CwH, Bd. 123).

–, Die Theosophie Michael Hahns und ihre Quellen, Stuttgart 1969 (QFWKG, Bd. 2).

TURTUR, HERMANN, Chiliastisch-schwärmerische Bewegungen in Bayern im frühen neunzehnten Jahrhundert, Diss. phil. masch. (Bd. 1: Text; Bd. 2: Anmerkungen und Beilagen), München 1953.

WAIBEL, RAIMUND, Frühliberalismus und Gemeindewahlen in Württemberg (1817–1855). Das Beispiel Stuttgart, Stuttgart 1992 (Veröffentlichungen der Kommission für geschichtliche Landeskunde in Baden-Württemberg, Reihe B: Forschungen, Bd. 125).

WALLMANN, JOHANNES, Eine alternative Geschichte des Pietismus. Zur gegenwärtigen Diskussion um den Pietismusbegriff, in: PuN 28 (2002), S. 30–71.

–, Fehlstart. Zur Konzeption von Band 1 der neuen »Geschichte des Pietismus«, in: PuN 20 (1994), S. 218–235.

–, Der Pietismus, Göttingen 1990 (KIG, Bd. 4, O1).

–, Pietismus – ein Epochenbegriff oder ein typologischer Begriff?, in: PuN 30 (2004), S. 191–224.

–, »Pietismus« – mit Gänsefüßchen, in: ThR 66 (2001), S. 462–480.

–, Was ist Pietismus?, in: PuN 20 (1994), S. 11–27.

WAPPLER, KLAUS, Das Bistum Jerusalem (1841) und der Kölner Dombau (1842), in: Geschichte der Evangelischen Kirche der Union [s. d.], S. 290–298.

WEIGELT, HORST, Die Allgäuer katholische Erweckungsbewegung, in: GdP [s. d.], Bd. 3, S. 85–111.

–, Die Allgäuer katholische Erweckungsbewegung und ihre Ausstrahlung in den süddeutschen Raum, in: PuN 16 (1990), S. 173–195.

–, Die Diasporaarbeit der Herrnhuter Brüdergemeine und die Wirksamkeit der Deutschen Christentumsgesellschaft im 19. Jahrhundert, in: GdP [s. d.], Bd. 3, S. 112–149.

–, Lavater und die Stillen im Lande – Distanz und Nähe. Die Beziehungen Lavaters zu Frömmigkeitsbewegungen im 18. Jahrhundert, Göttingen 1988 (AGP, Bd. 25).

–, Der Pietismus im Übergang vom 18. zum 19. Jahrhundert, in: GdP [s. d.], Bd. 2, S. 700–754.

WEIZSÄCKER, CARL, David Friedrich Strauß und der Württembergische Kirchendienst, in: JDTh 20 (1875), S. 641–660.

WESSINGER, CATHERINE, Art. Catastrophic Millennialism, in: Encyclopedia of millennialism and millennial movements [s. d.], S. 61–63.

–, Art. Progressive Millennialism, in: Encyclopedia of millennialism and millennial movements [s. d.], S. 332f.

WHALEN, ROBERT K., Art. Postmillennialism, in: Encyclopedia of millennialism and millennial movements [s. d.], S. 326–329.

–, Art. Premillennialism, in: Encyclopedia of millennialism and millennial movements [s. d.], S. 329–332.

WICKIHALDER, WALTER, Einem kleinen Papsttum wieder auf der Spur, in: BWKG 83/84 (1983/84), S. 215–217.

WILLI, THOMAS, Die Geschichte des Vereins der Freunde Israels in Basel, in: Der Verein der Freunde Israels. 150 Jahre, hg. v. der Schweizerischen Evangelischen Judenmission und der Stiftung für Kirche und Judentum, Basel 1980 (= Der Freund Israels, 143/1980, Heft 2), S. 10–75.

WÜSTENBERG, ULRICH, Karl Bähr (1801–1874). Ein badischer Wegbereiter für die Erneuerung und die Einheit des evangelischen Gottesdienstes, Göttingen 1996 (Veröffentlichungen zur Liturgik, Hymnologie und theologischen Kirchenmusikforschung, Bd. 30).

ZEILFELDER-LÖFFLER, MONIKA, Anfänge der Inneren Mission in Württemberg, in: BWKG 99 (1999), S. 136–153.

ZWINK, EBERHARD, Johanneisches Christentum bei Gustav Werner. Seine Auseinandersetzung mit der Neuen Kirche, Vortrag bei der Jahrestagung des Vereins für Württembergische Kirchengeschichte, Korntal, 19. September 1998, und bei der Swedenborgtagung, Horath, 3. Juni 1999, http://www.wlb-stuttgart.de/referate/theologie/volltext/ gwjhswd1.html bzw. [...]/gwjhswd2.html bzw. [...]/gwjhswd3.html; Abruf: 8. Juni 2004.

–; TRAUTWEIN, JOACHIM, Geistliche Gedichte und Gesänge für die nach Osten eilenden Zioniden. 1817, in: BWKG 94 (1994), S. 47–90 [S. 47–55: Kommentar; S. 56–90: Abdruck der Liedersammlung].

V. Register

1. Bibelstellen

2. Personen

3. Orte

4. Begriffe und Sachen